CLAUDE MOLLARD

Le cinquième pouvoir

La culture et l'État de Malraux à Lang

ARMAND COLIN

Du même auteur

L'Enjeu du Centre Pompidou, 10/18, 1976

Le Mythe de Babel, essai sur l'artiste et le système, Grasset, 1984

La Passion de l'art, La différence, 1986

Jeanclos, en collaboration avec Bruno Foucart et Marcelin Pleynet, La Différence, 1986

Profession : ingénieur culturel, La Différence 1987

Les mille et une nuits de Ramsà, Pictura Edelweis, 1989

Profession : ingénieur culturel (deuxième édition), Charles le Bouil, 1989

Concevoir un équipement culturel, Le Moniteur, 1992

L'ingénierie culturelle, Que Sais-je ? PUF, 1992 ; 1999 (2e édition)

Vana Xenou, Le cercle d'art, 1995

La cathédrale d'Évry, Odile Jacob, 1996

Le poème attrapé par la queue, fantaisie poétique, AREA, 1999

ISBN 2-200-01645-X

Armand Colin • 21, rue du Montparnasse • 75006 Paris

Sommaire

Remerciements

Je remercie : Jack Lang qui m'a accordé de son temps et m'a donné accès à une partie de ses archives ;

Christophe Degruelle, qui m'en a donné les clés ;

Tous ceux qui m'ont accordé des entretiens : Louis Bec, Patrick Bouchain, Jean-François Chaintreau, Paul Chaslin, Michel Colardelle, Olivier Donnat, Bertrand Eveno, Geneviève Gentil, Augustin Girard, André Holleaux, Sylvie Hubac, Bernard Latarjet, Jean Maheu, Gabriel Monnet ;

Pour leurs mémoires d'études, les étudiants de l'ISMC : Martin Bidou, Gilles Duval, Valérie Flacher, Christine Goby, Mme Grigner-Niddam, Claude Lemaire, Barbara Lugez, Xavier Perron, Juliette Rajon,Nadia Roger, Jacqueline Samulon, M-G de Saint-Venant ;

Pour leurs relectures et suggestions : Nicole Briot, Augustin Girard, Marion Laporte, Claire L'Hoër, Franck Smith, Bruno Vallée ;

Pour ses recherches statistiques : Bruno Vallée ;

Pour ses recherches documentaires : Marion Laporte.

Introduction

De Malraux à Lang

1. LE SUJET

Fondateurs et acteurs du rôle de l'État dans la culture, Malraux et Lang tiennent les deux bouts de la chaîne de notre politique culturelle. L'un comme l'autre sont les ministres incontestés des liturgies laïques, des grandes célébrations de l'art et de l'État, des relations avec les intellectuels, de la communication gouvernementale. Ayant l'oreille des représentants de l'intelligentsia, des artistes, des grands du petit monde culturel, tous deux font preuve d'une capacité à transcender les partis politiques. Avec eux la politique culturelle devient source de lien social et de consensus autour d'un certain nombre de valeurs républicaines. Malraux sait faire valoir auprès de la gauche son passé d'intellectuel engagé. Lang sait s'ouvrir au centre et à la droite. Tous deux lient leur destin politique à celui d'un président de la République qui a compris l'importance et la portée du rôle culturel de l'État.

Ce sentiment d'obéir à un destin en investissant la rue de Valois est un autre trait commun aux deux hommes. Leur vie se distingue en cela de celle des nombreux autres ministres de la Culture qui ont pu être de bons ministres sans pour autant avoir comme Malraux et Lang voué leur existence à la culture. Un destin, c'est la conscience de répondre à un appel, le besoin inéluctable d'un engagement, c'est également une durée : l'un et l'autre siègent dix ans rue de Valois, ce qui leur donne la possibilité de construire.

Tous deux entretiennent les mêmes liens privilégiés avec le chef de l'État. Malraux siège à la droite de de Gaulle au Conseil des ministres. De 1959 à 1969, il est de tous les gouvernements assurant une sorte de permanence suprême, de présence symbolique, celle des fondements historiques du gaullisme, de révélateur du dialogue que veut entretenir le chef de l'État avec les forces intellectuelles et morales, passées et présentes de la France.

Une photo de Gisèle Freund présente les deux hommes dans le reflet d'une glace : de Gaulle de trois-quarts le regard tourné vers la gauche, Malraux de profil, regardant vers la droite. Elle fait ce commentaire : « Pour moi, c'est l'image du père et du fils[1]. » Peut-être faudrait-il mieux évoquer l'image de deux frères. Et le mieux est encore de demander à de Gaulle ce que lui-même en pense : « À ma droite, j'ai et j'aurai toujours André Malraux. La présence à mes côtés de cet ami génial, fervent des hautes destinées, me donne l'impression que, par là, je suis couvert du terre-à-terre. L'idée que se fait de moi cet incomparable témoin contribue à m'affermir. Je sais que, dans le débat, quand le sujet est grave, son fulgurant jugement m'aidera à dissiper les ombres[2]. »

Ce sont bien deux frères, deux frères d'armes : le fil de l'épée et le fil de la plume...

L'image du père et du fils convient mieux en revanche à Mitterrand et Lang que rapproche une vraie complicité culturelle mais que sépare une génération. S'il ne bénéficie pas du même rang que Malraux parmi les ministres, sauf à partir de 1992 lorsqu'il est promu à son tour ministre d'État, Lang reçoit d'autres privilèges : les dîners en tête-à-tête du dimanche soir, les visites à Latché, les entretiens personnels, une correspondance ininterrompue[3]. Comme Malraux, il est le seul ministre des deux septennats à avoir été de tous les gouvernements nommés par François Mitterrand (à l'exception de la période de cohabitation de 1986 à 1988). À la différence de Malraux, il exerce auprès du président de la République moins un rôle symbolique — dont Mitterrand comme de Gaulle joue à la perfection —, qu'une fonction de maître d'œuvre des vœux du chef de l'État qu'il s'efforce toujours d'anticiper.

Mais les deux couples sont très différents : Malraux ne consulte guère de Gaulle sur ses choix culturels ou artistiques. Tous deux éprouvent la même fascination pour la mise en scène institutionnelle : avec eux, l'État joue le spectacle de son propre jeu. Malraux, le fondateur ne serait-il pas lui-même acteur ?

Au contraire, Lang sollicite volontiers Mitterrand. Tantôt le président lui laisse pleins pouvoirs, comme dans le domaine du théâtre, tantôt il va très loin dans le détail : la désignation du conservateur du musée Picasso, la nomination d'un professeur à l'École des beaux-arts, le choix des artistes recevant des commandes publiques, etc. La relation entre les deux hommes est moins marquée par le souci de l'imperium. Le décorum reste sobre. La primauté va aux relations psychologiques pour la célébration du « mystère de la création » : Mitterrand-Lang, c'est un peu Dieu le père et son fils, tous deux nimbés dans le mystère de l'Esprit. Lang, l'acteur, ne serait-il pas lui-même fondateur d'une nouvelle politique culturelle ?

Dans les deux cas, on reste toujours, au sommet de la République laïque, marqué par l'assimilation de la culture à la religion. À la fondation ou restauration des rites par Malraux fait suite l'obsession portée aux mystères païens (la fête de la musique) ou chrétiens (la cathédrale de Nevers ou celle d'Évry) par Mitterrand et Lang : entre temps on a changé de génération, et si le père de la République socialiste reste empreint d'histoire, le fils est plus marqué par la psychologie des profondeurs et l'appel aux forces de la vie.

Pour comprendre les origines et les motivations de la politique culturelle, il faut raisonner en termes de couple, au sens presque mécanique du mot. Celui que forment de Gaulle et Malraux baigne dans le symbole et l'histoire, au point de pouvoir résumer toute une politique culturelle par quelques mesures fortes et bien orchestrées comme le transfert des cendres de Jean Moulin au Panthéon, l'hommage à Le Corbusier dans la Cour carrée du Louvre, l'envoi de la *Vénus* de Milo au Japon ou la commande à Chagall de la peinture du plafond de l'Opéra. Le couple Mitterrand-Lang est maître dans les « actes fondateurs » (la politique culturelle ne cesse de fonder et de refonder) et les multiplie au point de prendre le risque de les banaliser : la visite au Panthéon le jour même de l'investiture (on se garde bien de nous montrer les images du président devant les tombes de manière à respecter le mystère...), la première sortie officielle à la mi-juin 1981 pour visiter une exposition au Centre Pompidou et rendre ainsi discrètement hommage au prédécesseur de

Giscard d'Estaing à l'Élysée, la présence au Festival d'Avignon en juillet 1981, le lancement des grands travaux, le défilé de Jean-Paul Goude le 14 juillet 1989. Jack Lang est lui aussi un prince de la mise en scène et de l'orchestration comme l'illustrent par exemple la Fête de la musique ou la nuit de SOS Racisme à la Concorde. Mitterrand et lui sont plus tournés vers la société civile, ils ne craignent pas de banaliser les hiérarchies traditionnelles : Mitterrand va jusqu'à accepter que Mourousi qui l'interroge en direct à la télévision, s'appuie sur le plateau du bureau auquel il est assis, ce qui eut été, sous de Gaulle, un crime de lèse-majesté.

Mais, à la différence de Malraux, dont de Gaulle ne se souciait guère qu'il engageât de grands projets, préférant peut-être qu'il se cantonne dans l'exercice du verbe, Lang est un homme pratique dont Mitterrand apprécie les capacités de réalisation et qui possède un sens inné de la mobilisation des personnes et des choses. Le président avait eu l'occasion de s'en persuader au Festival de Nancy que Lang avait créé dans les années soixante et où il s'était rendu au milieu des années soixante-dix. Cette différence est très révélatrice. Malraux travaille plus dans le domaine du symbolique et de l'exceptionnel, Lang veut sans cesse étonner par la réalisation de projets extraordinaires auxquels il se voue avec boulimie. Il y a du dilettante chez Malraux, un esprit de distance par rapport à l'événement qui tient sans doute à sa personnalité profondément mélancolique d'écrivain, voire d'ancien dandy. Et il ne faut pas se laisser abuser par les allures décontractées que se donne Lang qui est en fait un activiste passionné, obsédé par le temps qui passe trop vite, plus militant qu'artiste, et plus homme de théâtre qu'écrivain. Plus profondément, Malraux ne cesse d'être marqué et de se définir par la mort. « Si le mot culture a un sens, dit-il, il est ce qui répond au visage qu'a dans la glace un être humain quand il regarde ce que sera son visage de mort[4]. » Ce qui veut dire que pour Malraux la culture est une réponse à l'empire de la mort sur la condition humaine. Réponse de dimension philosophique et personnelle, sa vie étant marquée par la mort brutale qui frappe ses proches. Au contraire, Lang ne cesse de lancer des hymnes à la vie : « Le droit à la vie : ainsi s'écrit l'appel du 10 mai. Le droit à la vie ou le droit à l'avenir. Le droit à la vie, c'est le droit au travail — et c'est la principale bataille — et c'est, osons les mots, le droit au bonheur, le droit à la beauté[5]. »

Enfin joue, bien sûr, la différence d'époque. Malraux est marqué par le communisme des années trente, le Front populaire, la guerre d'Espagne et la Résistance, Lang par la guerre d'Algérie et les combats anti-impérialistes, le Vietnam et Cuba. Chaque époque secrète ses propres figures romantiques. Assurément, Malraux incarne celle des combats contre le fascisme, tout comme Régis Debray représente ici, mieux que Lang, les engagements politiques de la génération des années soixante. Malraux arrive rue de Valois à soixante ans, Lang à quarante. Le premier se considère, dans son propre domaine, comme l'égal de Gaulle : il a publié l'essentiel de son œuvre. En 1981, Lang a commencé son parcours politique depuis seulement quelques années (il est encore un jeune conseiller municipal de Paris), il est connu pour son action dans le théâtre et comme délégué à la culture au parti socialiste. C'est déjà beaucoup. Mais rien de comparable à l'itinéraire parcouru par Malraux : lorsqu'il arrive rue de Valois, il a complètement affirmé sa personnalité. Chez Lang les voies restent encore ouvertes : on peut encore l'imaginer en successeur de Jean Vilar. Il sera l'un des fils-héritiers de Mitterrand. Pour l'un, le ministère est un couronnement, pour l'autre c'est plus un avènement.

Ces différences entre les deux hommes se mesurent dans la composition de leur entourage. Malraux avec Gaëtan Picon, Pierre Moinot ou Blaise Gautier fait appel à des « tempéraments » issus de Gallimard et du Mercure de France, on ne s'en étonne guère. La présence de Bernard Anthonioz, venu de la Résistance et de l'édition d'art, est aussi un signe de fidélité à la famille de Gaulle. Émile Biasini représente la fonction publique formée à l'école de la France d'outre-mer qui se retrouve rue de Valois dans les années soixante, car ce nouveau ministère sert de débouché aux fonctionnaires démobilisés après la décolonisation. Pierre Moinot vient de la Cour des comptes et se prépare à une carrière administrative autant que littéraire.

De son côté, Jack Lang puise largement dans le vivier des anciens élèves de l'Ena, les grands corps de l'État qui ne considèrent plus, comme dans les années soixante, le ministère de la Culture comme indigne d'eux ni de leurs perspectives de carrière. Il fait aussi largement appel à des professionnels de la culture, dont il exige une expérience réelle du terrain, un engagement politique authentique, une compétence professionnelle reconnue. Ainsi de l'équipe constituée en 1981 avec les Sallois, Larquié, Wallon, Abirached, Gattegno, Fleuret, moi-même… L'entourage de Lang, comparé à celui de Malraux, est plus jeune et plus aguerri. Il a déjà longuement réfléchi à la politique culturelle, il y a même apporté son concours, il est au fait des rouages de l'État et immédiatement compétent. Celui de Malraux est plus hétérogène et sans doute moins au fait de l'administration.

L'un et l'autre veulent mettre la culture au service du peuple. Ainsi Marc Fumaroli[6] n'hésite-t-il pas à qualifier Malraux de premier ministre socialiste de la culture. C'est excessif, mais cela pose la question de la relation de la culture avec le peuple. Pour Malraux, le peuple est une idée abstraite, c'est aussi une référence à laquelle il assimile le gaullisme dont il dit qu'il est « le métro à 18 heures », une masse où se confondent « dans la ferveur » toutes ses composantes. Pour Lang le peuple répond à une définition plus concrète, sociologique presque, comportant des stratifications qui vont commander des actions différenciées. Dès lors, il le segmente, distingue les jeunes des personnes âgées, les populations des banlieues de celles des zones rurales, les passionnés de musique de ceux des arts plastiques, les professionnels des amateurs, et ainsi sans cesse il adapte ses actions à ces cibles. Car Lang sait que s'il veut être compris, il doit délivrer des messages en harmonie par leur contenu et leur forme avec les attentes de ceux qui sont censés les entendre. Le langage du premier est plus universel, plus évocateur de mythes collectifs, celui du second est plus porteur d'espoirs. Si Lang multiplie les initiatives, c'est aussi pour que chaque composante de la population soit touchée. Il est pédagogue, professeur de droit international, alors que Malraux est autodidacte. Se faire comprendre est l'objectif premier d'un ministre de la Culture qui entend se placer réellement au service de tous les Français. Malraux parle du peuple comme d'un tout, ce qui peut le conduire parfois à une certaine démagogie, tandis que Lang évoque ses parties puisque toute parole ne peut pas être entendue par tout le monde. Ainsi s'expliquent, au-delà des caractères, le rêve passionné de l'un et l'activisme inspiré de l'autre.

Malraux et Lang, mais aussi tous les autres ministres de la Culture, se reconnaissent dans l'objectif de la démocratisation culturelle. L'une des déclarations récurrentes des locataires de la rue de Valois est de faciliter l'accès de la culture la plus exigeante au plus grand nombre. Reste à apprécier si, dans la réalité, ces deux axes de travail apparemment contradictoires — la plus haute culture pour le plus grand nombre — ont été également poursuivis. Car rien n'est plus difficile que de faire partager par tous des formes d'expression qui n'appartiennent qu'à la sensibilité de quelques-uns. Est-il même concevable de démocratiser une culture qui est en soi une aristocratie du langage et du goût ? S'interroger sur les résultats atteints, au-delà des déclarations d'intention, par les différents ministres dans ce domaine, sera la mission de l'historien et du sociologue.

Malraux et Lang ont aussi en commun un besoin viscéral de défendre la liberté de création. Cela donne lieu à un très bel hommage de Lang à Malraux à propos de l'affaire des *Paravents* de Genet. Dans sa *Lettre à Malraux*[7], écrite à l'occasion du transfert de ses cendres au Panthéon, Lang reconnaît les limites de l'homme politique et la grandeur de l'orateur : « Le ministre qui contraignit un Pierre Boulez à l'exil est aussi celui sous le règne duquel la diffusion musicale prend un nouvel élan grâce à la création d'orchestres symphoniques. Le ministre qui tolère l'interdiction de *La Religieuse* est celui qui, en plein Parlement, prendra rudement à partie Christian Bonnet, futur ministre de l'Intérieur, et quelques députés de sa majorité qui réclamaient l'interdiction de la pièce de Genet *Les Paravents*. André Malraux, vous n'avez pas mâché vos mots contre Christian Bonnet qui avait qualifié ce spectacle de « pourriture ».

Et Lang de citer la réponse de Malraux à l'assemblée nationale : « Le véritable problème qui se pose ici — il a d'ailleurs été posé — c'est celui, comme vous l'avez appelé, de la "pourriture". Mais là encore, mesdames, messieurs, allons lentement ! Car avec des citations on peut tout faire : "Alors, O ma beauté, dites à la vermine qui vous mangera de baisers...", c'est de la pourriture ! Une charogne, ce n'est pas un titre qui plaisait beaucoup au procureur général, sans parler de *Madame Bovary*. Ce que vous appelez de la pourriture n'est pas un accident. C'est ce au nom de quoi on a toujours arrêté ceux qu'on arrêtait. Je ne prétends nullement — je n'ai d'ailleurs pas à le prétendre — que M. Genet soit Baudelaire. S'il était Baudelaire, on ne le saurait pas. La preuve c'est qu'on ne savait pas que Baudelaire était un génie... Vous voulez avoir un droit de regard sur ce que vous avez appelé la pourriture. Baudelaire n'a pas été imprimé par l'empereur Napoléon III, mais vous vous trouvez tout de même dans la situation de ceux qui condamnaient Baudelaire. Il y a quelque chose de beaucoup plus profond qu'un débat dans cette enceinte, c'est de savoir où la poésie prend ses racines. Or vous n'en savez rien et moi non plus et je reprends ce que j'ai dit : la liberté n'a pas toujours les mains propres, mais il faut choisir la liberté.

« Ce jour-là, poursuit Lang, j'aurais aimé vous serrer dans mes bras, vous embrasser, vous dire toute notre affection. Vous aviez parlé d'or et nous nous sommes reconnus en vous. »

Ce texte écrit par Lang en 1996 est peut-être la seule rencontre, irréelle et presque affective, entre les deux hommes qui en réalité ne se sont jamais ni vus, ni parlés. Ils habitent sur deux planètes différentes, mais elles peuvent se croiser.

Pour expliquer la longévité de ces deux ministres, il faut évoquer, au-delà de la sensibilité et de l'écoute de la création qui transcende les opinions politiques, les difficultés que les gouvernements auxquels ils ont appartenu ont rencontrées pour affirmer leur légitimité, du moins dans leurs débuts. C'est clair pour de Gaulle, revenu au pouvoir en 1958 sur les ruines de la IVe République par ce qu'on a pu appeler un putsch militaire. C'est perceptible chez le Mitterrand des premiers mois de 1981 soumis aux critiques acerbes d'une droite qui n'en revient pas de voir la gauche occuper le pouvoir et qui, dans les discours et les médias, ne cesse de contester sa légitimité. Dans les deux cas, le ministre de la Culture est aussi celui qui doit renforcer la légitimité du pouvoir. Malraux et Lang jouent le même rôle de mobilisation des forces culturelles, exprimant les aspirations et les valeurs profondes de la nation. Ainsi, ils contribuent à développer un consensus politique autour d'un pouvoir un peu fragile, à cimenter les oppositions entre classes sociales, ou encore à réduire le décalage entre le pays réel et le pays légal. Le chantre du gaullisme rejoint ainsi le zélateur du mitterrandisme. Certes de Gaulle ne doute pas un instant qu'il incarne la France et Mitterrand sait que le peuple a clairement tranché en sa faveur. Mais tous deux perçoivent avec réalisme les réactions hostiles d'une partie importante de l'opinion publique et ils y répondent en partie par l'initiative culturelle. Cela devient dès lors l'un des attributs de l'exercice du pouvoir sous la Ve République. Les deux hommes ont un sens aigu de l'histoire et de la place qu'ils peuvent y occuper. La nouvelle fonction présidentielle, définie par la Constitution de 1958, doit assumer l'héritage culturel des rois et des empereurs. Depuis la Ve République, et à cause des pouvoirs renforcés dont bénéficie le chef de l'État, notamment sur le plan symbolique, il y a du Louis XIV et du Napoléon dans notre politique culturelle contemporaine.

Une autre raison de la longévité des deux ministres se trouve dans leur capacité à incarner les aspirations de leur époque. Malraux symbolise la Résistance et la renaissance de la France sinon sur le terrain politique du moins sur celui des idées et de l'histoire. Lang incarne plutôt les aspirations de la jeunesse et la générosité de la gauche. Le premier est parvenu à la conscience politique avec la guerre de 14-18, l'autre avec la guerre d'Algérie. L'un est un découvreur de l'expression artistique, l'autre est un explorateur des pulsions des hommes de son temps. Le premier regarde derrière lui, le second se projette sans cesse en avant au point de ne pouvoir sans malaise considérer son action passée. L'un et l'autre atteignent une sorte de perfection dans l'art de s'identifier aux aspirations du moment. Un peu comme Lamartine en 1848 ou Victor Hugo en 1871. Les poètes du XIXe siècle ont pu, de ce point de vue, exercer une sorte de ministère symbolique de la Culture. Malraux et Lang se sont imposés, à leur manière, comme les poètes de leur époque, au point que leur rôle n'a pu être exercé par d'autres. On comprend la difficulté rencontrée par les successeurs de Malraux à trouver le bon ton et l'embarras de François Léotard qui ne pouvait pas rivaliser avec Lang sur un terrain plus poétique que politique.

Mais l'attachement personnel du ministre à la personne du chef de l'État est si fort que Malraux suit de Gaulle en 1969 dans sa démission et ne remettra pas les pieds rue de Valois. De même, Lang doit-il « payer » quinze ans de fidélité et se résoudre à ne pas faire partie du gouvernement de Lionel Jospin en 1997.

Pompidou était convaincu qu'il laisserait dans l'histoire une marque plus forte grâce au centre culturel qui porte son nom que par l'entrée de la Grande-Bretagne dans l'Union européenne qui était pourtant sa grande affaire. Pour Mitterrand, ce sera la Pyramide du Louvre plus que les lois Auroux, les nationalisations ou l'entrée de l'Espagne dans l'Europe. Valéry Giscard d'Estaing laisse une présidence inaccomplie parce qu'il n'a pas pu achever le musée d'Orsay. Et de Gaulle, à défaut de grands travaux culturels, érige un autre « monument » en la personne même de Malraux, que son lointain successeur, Jacques Chirac, fait entrer au Panthéon. Louis XIV déjà savait user de la présence à Versailles de Racine et Molière. Notre politique culturelle n'en finit pas de relire l'histoire qui nous enseigne que tout ministre de la Culture soucieux de mener à bien son action doit bénéficier de la confiance et de l'appui privilégié du chef de l'État. Faute de quoi, il s'expose aux réductions budgétaires et son espérance de vie est soumise aux caprices du milieu culturel, aux calculs de l'entourage et aux aléas du moment. Depuis bientôt trente ans, cette règle non écrite ne connaît aucune dérogation.

C'est ce qui se passe avec les neuf ministres de la Culture qui se succèdent sous Pompidou et Giscard d'Estaing. La place de la culture dans la politique nationale, si elle paraît bien assise sur ses précédents historiques, demeure fragile. En France, comme dans tous les États du monde, on considère en effet le plus souvent qu'elle ne relève pas du nécessaire.

À la différence de Malraux qui fait figure de précurseur, Lang doit compter avec ses prédécesseurs de la rue de Valois. À la seule exception de Malraux et de Michelet qu'il n'a jamais rencontrés, il les a fréquentés et, d'une certaine manière, ils ont déjà commencé à le reconnaître. C'est en effet Jacques Duhamel qui le nomme directeur du théâtre de Chaillot sur la suggestion de son conseiller Antoine de Clermont-Tonnerre, en plein accord avec Jacques Rigaud, et c'est Michel Guy qui le destitue de cette même fonction et précipite ainsi son engagement dans l'opposition, son rapprochement avec François Mitterrand et le parti socialiste.

Malraux, le fondateur, est installé dans la statue du « Commandeur ». Lang, l'homme d'action, est aussi son challengeur.

2. LA MÉTHODE

Les méthodes d'évaluation des politiques culturelles n'ont pas cessé de s'améliorer depuis les débuts de l'ère Malraux. Il faut veiller à ne pas confondre les moyens avec la fin et, en cataloguant des listes de mesures prises par les ministres successifs, en déduire que la création artistique s'est plus ou moins bien portée. Cette conception déterministe et mécaniste est trop souvent mise à profit par les hommes politiques. Le nombre des artistes subventionnés peut décupler, ce n'est pas une preuve de vitalité de la création artistique. De ce point de vue, Malraux a eu le bonheur d'exercer en un temps où les géants artistiques de ce siècle étaient encore vivants. Lang n'a pas eu cette chance, la fin du siècle étant peut-être moins prolifique en talents que ses débuts. On peut en déduire que l'intervention nouvelle de l'État a pu trouver une légitimité dans la situation de moindre création qu'il a rencontrée. Malraux, quant à lui, n'avait peut-être pas besoin de tant intervenir.

On ne peut donc participer à l'écriture de l'histoire culturelle de la France sans tenter un bilan non seulement des actions politiques engagées, mais encore des réalisations artistiques et littéraires qui ont suivi ou accompagné un mandat ministériel et des comportements adoptés par les principaux acteurs de la politique.

Aussi faut-il convenir de critères de jugement. À partir d'une définition du système culturel fondée sur l'analyse des rôles respectifs des quatre catégories d'acteurs culturels — créateurs, décideurs, médiateurs, publics — il est possible de rechercher si l'action conduite par les ministres a été plus ou moins facteur de développement culturel. On en jugera en tentant de répondre aux questions à poser à l'heure du bilan : les pratiques culturelles des citoyens se sont-elles démocratisées ? Se sont-elles renouvelées et dans quel sens ? Les moyens nouveaux mobilisés au service de l'action culturelle ont-ils débouché sur des résultats et lesquels ? Les milieux professionnels de la culture se sont-ils structurés dans un sens favorable au développement de leur activité ? La création artistique et littéraire s'est-elle enrichie et comment ? Les lieux et équipements culturels se sont-ils accrus et ont-ils été mieux répartis sur le territoire ? L'impact économique et social de l'action culturelle s'est-il accru et dans quel sens ?

L'analyse de système permet de répondre à ces questions sur un plan quantitatif grâce aux outils statistiques macroscopiques et monographiques de la culture qui se sont développés. Les publications effectuées sous l'égide du comité d'histoire du ministère de la Culture permettent de se référer à des éléments documentaires objectifs qui sont précieux[8]. Elle doit aussi intégrer des jugements qualitatifs, voire subjectifs, rendus par le commentateur lui-même ou apportés par des critiques compétents dans chaque discipline artistique concernée. De ce point de vue, une histoire culturelle se fonde nécessairement sur des prises de position concernant l'évolution de la création artistique. Aussi doit-elle doser ce qui ressort de l'analyse politique, économique, sociologique et ce qui relève de jugements plus subjectifs.

L'une des questions qui se pose à celui qui réfléchit à l'histoire des politiques culturelles est de savoir si, au cours de ces trente-cinq années, on enregistre une véritable continuité au-delà des changements de politique, comme le jugent un certain nombre d'observateurs ou si, au contraire, cette histoire fait apparaître des changements de cap importants. Je privilégierai cette dernière interprétation. Le socle posé par Malraux tend à gommer les différences. Aussi, par méthode, je m'attacherai à mettre l'accent sur les virages, les changements, voire les ruptures qui me paraissent plus intéressants à observer que les phénomènes de permanence. N'est-ce pas lorsque le voilier vire de bord que l'on voit le mieux l'art du skipper ?

Je sais que ce point de vue prend à contre-pied nombre des analyses qui mettent l'accent sur la continuité. Des acteurs aussi éminents que Pierre Moinot ou Jacques Rigaud choisissent de voir dans les différentes approches des politiques culturelles la permanence d'une même politique, au-delà de ministres différents[9]. Certes le souci de la démocratisation, de la sauvegarde de la qualité, les efforts en faveur aussi bien de la création et du patrimoine sont-ils constants. Mais, au cours de ces années, les objectifs, le contexte politique, la philosophie même qui inspirent l'action divergent souvent. Les moyens mis en œuvre connaissent des variations considérables.

Mettre l'accent sur ces différences et ces divergences dans les politiques culturelles est une manière de faire voir, en creux, ce qui les rapprochent. C'est aussi éclairer les failles et les ruptures afin de mieux comprendre la topographie, voire la géologie de la politique culturelle française considérée comme une *exception*[10], sinon culturelle, du moins nationale. L'exercice permettra, je l'espère, de mieux comprendre ce que j'appelle le *système culturel*[11]. Et de mieux connaître non pas la mais les politiques culturelles que l'État promeut dans ce cadre plus général.

Enfin, je me suis efforcé de ne pas succomber à « l'histoire officielle » du ministère de la Culture. Il existe en effet un genre hagiographique qui consiste à se délecter de souvenirs où l'esprit critique n'est guère de mise. Ainsi les colloques tenus sur Malraux en 1989 ou sur Duhamel en 1993, qui sont fort précieux par la précision des informations recueillies, souffrent parfois d'un manque d'analyse critique. Malraux et Duhamel en ressortent statufiés. L'influence puissante de l'idéologie de la continuité embellit la vision de l'histoire de la politique culturelle.

J'ai écrit cet ouvrage à la fois en m'appuyant sur une documentation profuse, cherchant à y mettre de l'ordre et du sens, mais aussi en tirant parti de l'expérience de l'acteur engagé dans un certain nombre des actions de politique culturelle de ces trente années. La part des arts plastiques y est donc importante, même si je me suis efforcé de faire une place à toutes les formes de la création. Aussi ce livre est-il à la fois écrit à la troisième et à la première personnes du singulier.

3. L'ENJEU

L'existence d'un ministère de la Culture ne s'impose pas de prime abord. Elle fait souvent l'objet de réserves de la part d'intellectuels dont l'individualisme moque volontiers les interventions de l'État. Elle ne se retrouve pas dans tous les pays. Certains n'hésitent pas à faire remonter la création du ministère de la Culture à l'institution des États totalitaires.

« Ce sont les partis ou les États totalitaires qui se sont plu, les premiers, à bâtir des palais de la Culture : pesants mausolées de porphyre ou de bronze dressés sur le cadavre de la pensée. Et c'est après la seconde guerre mondiale, qu'à leur imitation, les États libéraux se sont avisés de flanquer leurs Machiavel d'ambassade d'attachés "culturels". La IVe République n'avait connu qu'un sous-secrétariat aux Beaux-Arts, la Ve République en fit un ministère de la Culture : la Culture est née quand le Prince se décide à l'administrer, et que François Villon est inscrit à la sécurité sociale[12]. »

Ce sarcasme de Bernard Charbonneau montre toute la difficulté qui s'attache à écrire une histoire objective de la politique culturelle sans céder aux clichés.

J'ai choisi de ne pas traiter des origines de la politique culturelle, ce qui nous entraînerait loin, car les limites sont difficiles à fixer. Il est clair que si la IVe République a comporté des éléments de politique culturelle, il revient à Malraux d'avoir fondé la politique culturelle.

Fallait-il retracer l'action de la IVe République qui est loin d'être négligeable ? Marc Fumaroli[13] prétend que l'histoire de la politique culturelle de la Ve République doit faire une place importante au rôle précurseur joué par Jeanne Laurent, dont il dresse un portrait contrasté, critique, voire accablant. Il est certain que son influence s'est prolongée au-delà des cinq ou six ans où elle a exercé les fonctions de sous-directeur à la direction générale des arts et des lettres (1946-1951). Mais Fumaroli lui prête un rôle excessif qui facilite son argumentation contre la politique culturelle de la Ve République. Il adhère en effet complètement au point de vue exprimé par l'intéressée dans son essai *La République et les beaux-arts. Bilan artistique de la IIIe République*, paru en 1955, après qu'elle ait été démise de ses fonctions par le directeur général des arts et des lettres, Jacques Jaujard. Or sa vision de l'incurie de la IIIe République est un peu caricaturale. Sa critique porte moins sur la faiblesse de l'administration de la culture que sur ses fautes de goût. Elle était obsédée par le rôle néfaste joué par l'Académie des beaux-arts, au point qu'elle demandera encore sa dissolution, en 1981, à François Mitterrand, ce dont il se gardera de peur de rallumer une querelle inutile, la vieille maison n'ayant en effet plus guère d'influence. Sans doute Jeanne Laurent a-t-elle attaché son nom à la décentralisation théâtrale, à la création du Festival d'Avignon où elle nomma Jean Vilar. Mais elle n'est qu'un ancêtre lointain de la politique culturelle. Celle à qui Marc Fumaroli « accorde un rôle déterminant dans cette histoire (la naissance de l'État culturel), au moins autant qu'à Malraux », était beaucoup moins interventionniste qu'il ne veut bien le dire. Elle vint me voir à plusieurs reprise en 1981 et 1982 pour critiquer le projet de Centre national des arts plastiques (CNAP) que je mettais au point en vue de fédérer les actions diverses de l'État dans le domaine des arts plastiques. Elle craignait qu'il en résultât un centralisme bureaucratique incompatible avec la liberté propre au monde de l'art. Elle montrait ainsi une forte méfiance vis-à-vis des interventions de l'État dans la culture. Elle n'hésitait pas à écrire sous forme de lettre ouverte :

« Le CNAP pourrait être beaucoup plus néfaste que ne le fut l'Académie des beaux-arts pendant un siècle et demi. [...] Le projet de CNAP doit être combattu. [...] Il est urgent d'en appeler au premier ministre, voire au président de la République[14]. »

En faire la prêtresse de l'État culturel est donc pour le moins exagéré.

En réalité, pour Fumaroli, la mise en exergue du rôle de Jeanne Laurent permet d'accréditer l'idée d'une lignée d'acteurs culturels qui, depuis le Front populaire, les premières années de Vichy avec le mouvement Jeune France (la Résistance est curieusement passée sous silence, comme si elle n'avait pas été à l'origine d'expérimentations et de textes fondateurs de la nouvelle politique culturelle) vont œuvrer pour créer l'État culturel. Le relais tout trouvé entre la IIIe République, Vichy et la Ve République sera donc assuré sous la IVe République par Jeanne Laurent. Or, pendant la guerre, elle n'a fréquenté ni Mounier, ni le général de la Porte du Theil, directeur de l'école des cadres d'Uriage, ni Pierre Fresnay, ni Raymond Rouleau, ni Albert Ollivier, ni Claude Roy, ni André Jolivet, ni Roger Leenhardt, ni Max-Pol Fouchet, ni Joffre Dumazedier, ni Paul-Henry Chombart de Lauwe, ni Hubert Beuve-Méry, ni Jean Lacroix, ni Simon Nora, ni Paul Delouvrier, pour ne citer que quelques-uns des noms des adhérents de l'association Jeune France dirigée en 1942 par Emmanuel Mounier et que Fumaroli assimile un peu légèrement à des collaborateurs ! Pour démontrer le lien étroit entre cette association et la création de l'État culturel, Fumaroli a besoin d'ériger Jeanne Laurent en bras séculier de la nouvelle politique culturelle, promue maillon central de cette lignée des « conspirateurs » de la naissance de l'État culturel dont le couronnement est assuré par Malraux.

De là, cette conclusion de Marc Fumaroli : « [...] lorsque l'on écrira l'histoire du ministère de la Culture, Jeanne Laurent, qui n'en fut jamais, y tiendra une place méritée, au titre de Lénine [sic] de cette révolution administrative. »

Je doute que Jeanne Laurent, quelles qu'aient été ses qualités et ses mérites, ait joué un rôle aussi important que Malraux et comparable à celui de Lénine dans la naissance de l'État culturel ! Aux origines de ce que je préfère nommer la politique culturelle, il n'y a pas eu conspiration, mais aspiration. Je préfère évoquer les espérances d'une génération d'hommes et de femmes désireux, à la fin de la guerre, ici comme partout, de rompre avec des institutions et des mœurs politiques d'un autre âge qui n'étaient pas pour rien dans la défaite de la France.

Ne faut-il pas plutôt se reporter au programme du comité national de la Résistance, aux textes élaborés à Alger, aux propositions d'André Philip, à l'action qu'il a entreprise dans le mouvement de maisons de jeunes et de la culture, dans ce que l'on a appelé « l'éducation populaire ? »

Faut-il évoquer la IIIe République et le Front Populaire ? Jean Zay, ministre de l'Éducation nationale et des Beaux-Arts de 1936 à 1939 ? Léo Lagrange, ministre des Sports et des Loisirs ? Georges Huisman, directeur des Beaux-Arts qui laissa un profond souvenir ? Faut-il évoquer la nationalisation de l'opéra et de l'opéra comique ?

L'histoire de la politique culturelle de la IIIe République a été excellemment décrite par Marie-Claude Genet-Delacroix[15]. Elle a été relayée avec brio, pour la fin de la IIIe République, par Pascal Ory. Elle est assez bien connue et montre que l'intervention de l'État dans la culture se développe régulièrement tout au long de ses soixante-dix ans.

L'histoire de la naissance du concept de développement culturel, plutôt que de l'État culturel, au cours des années de l'occupation nazie, reste à faire, mais n'est pas détachable de l'histoire de la Résistance dans son ensemble qui a déjà donné lieu à de nombreux écrits.

Il est clair que les origines de l'État culturel remontent sans doute plus loin encore et qu'on en trouve de nombreuses traces dans l'histoire de la royauté comme l'a montré André-Hubert Mesnard[16].

Notre sujet est celui de la politique culturelle de la Ve République et nous nous y tiendrons, tout en sachant que Malraux et ses collaborateurs ont trouvé nombre des idées de la nouvelle politique dans des écrits émanant de personnes ayant évidemment connu la IIIe République, Vichy et la IVe République. La politique de développement culturel de Malraux à Lang n'est pas cette excroissance monstrueuse que veut nous faire accroire Marc Fumaroli pour reprendre le titre d'un de ses articles accusateurs[17].

C'est au contraire la patiente construction, sous l'impulsion d'hommes illustres, et avec le concours de nombreux militants obscurs et dévoués, d'un système non exempt de contradictions, mais qui puise dans la mémoire collective de la nation l'énergie nécessaire à son adaptation au monde moderne. C'est aussi ce qui permet à la France de vivre les « Trente glorieuses », puis de faire face aux années de crise. C'est enfin un effort de reconversion, en partie inconscient, d'une France qui, ayant dû renoncer à sa position de métropole d'un Empire, continue de briller dans le monde en artisan de la construction de l'Europe et en initiateur des rapprochements pacifiques entre les nations et les hommes.

L'apparition et le développement du pouvoir culturel sont indissociables de ce contexte et de ces finalités. Cette réalité est à relier à l'évolution des pouvoirs politiques. Si aux trois pouvoirs décrits par Montesquieu s'est ajouté, au début du XXe siècle, le « quatrième pouvoir » de la presse et des médias, le pouvoir culturel ne peut-il être à son tour qualifié de « cinquième pouvoir » ?

Les politiques culturelles ne sauraient se résumer à la seule action des ministres qui se sont succédés rue de Valois. Pourtant, comme on l'a vu, la personnalité des ministres compte beaucoup dans la définition et la conduite des politiques culturelles : inséparable de la politique générale conduite par les gouvernements, elles sont parfois résumées, lorsque ces derniers n'ont fait que passer, dans l'action du ministère plus que dans celle des ministres.

Les trente cinq années de politique culturelle qui nous intéressent sont encadrées par les deux figures de Malraux et de Lang. Entre les deux, elles laissent moins de place à des ministres plus nombreux et dont le séjour est plus bref.

La première partie est consacrée à la période Malraux, fondateur du ministère des Affaires culturelles : c'est, de 1959 à 1969, le « ministre du ministère », au double sens du mot, le ministre qui institue le ministère et lui donne un caractère quasi religieux, en en faisant un véritable ministère du culte de la culture.

La deuxième période, qui va de Malraux à Lang, de 1969 à 1981, est beaucoup moins sujette à focalisation sur une seule personne : elle se répartit au contraire entre de nombreuses personnalités. Dès lors, elle est marquée par l'enracinement du ministère dans la réalité plus que par les coups d'éclat d'un ministre. C'est « le ministère des ministres ».

Lui succède, de 1981 à 1993, la période Lang, avec un intermède de deux ans de François Léotard, au titre de la première cohabitation. Le ministère est de nouveau éclipsé par l'action forte et en profondeur du ministre. Un ministre qui n'a de cesse de vouloir élargir le champ de la politique culturelle, qui ne se contente pas du seul domaine du « petit ministère » de la rue de Valois et qui bataille pour imposer un « grand ministère », intervenant dans les domaines les plus variés du champ social. Le ministère de la Culture ne se limite plus au champ de la seule culture pure. C'est la période du « ministre des ministères », puis de l'au-delà des ministères.

Pour reprendre Péguy, la présence de Malraux et Lang rue de Valois s'apparente pour chacun à une « époque » alors que l'entre-deux serait plutôt une « période ». Fondateurs et acteurs, ils le sont l'un et l'autre, chacun à sa façon, et peut-être dans des sens différents.

Partie I

André Malraux, le « ministre du ministère » (1959-1969)

Le fondateur et la politique du verbe

Avant-propos

De Gaulle, Malraux

Dans la mémoire collective de la nation, Malraux est l'homme qui a prononcé le discours en hommage à Jean Moulin devant le Panthéon, ou encore celui qui rencontrait tous les grands de ce monde de Mao à Kennedy ou Nehru ; il a été l'aventurier, l'ami des artistes, l'écrivain. Du point de vue de la politique culturelle, il reste le fondateur du ministère. Précurseur, son rôle est reconnu par tous ceux qui lui ont succédé. Malraux s'est essayé à créer le ministère, Duhamel et Lang ont réussi à le transformer. Mais Malraux est la référence obligée. Référence et révérence. Jack Lang lui-même, pourtant volontiers irrévérencieux, ne manque pas, dans son premier discours de 1981 devant l'Assemblée nationale, d'invoquer son immense prédécesseur[1].

Ministère de la Culture, ministère des Affaires culturelles, peu importe ici la dénomination. C'est la première organisation gouvernementale durable de ce type et dans ce domaine en France au XXe siècle, et elle revêt un caractère quasi religieux conféré à la fonction de ministre de la Culture, grand prêtre parmi les grands prêtres, officiant dans une multitude de cérémonies et instituant les rites de la nouvelle « religion d'État », avec un clin d'œil à la Révolution et à ses rituels républicains, la fête de la Fédération ou le culte de l'Être suprême. Près de deux siècles plus tard, la République ne s'en est pas départie.

Pourtant, s'il paraît spécialement doué pour la fonction de ministre des Affaires culturelles, c'est presque par hasard que Malraux est amené à créer le nouveau ministère. Lorsque de Gaulle revient aux affaires en juin 1958, Malraux est en effet chargé de l'information, comme en 1945. Cette mission est-elle bien à sa taille ? En quinze ans de traversée du désert, comme le général, il a acquis une stature. L'idée d'un ministère des Affaires culturelles va germer durant l'été 1958 et c'est le 3 février 1959 qu'est signé par de Gaulle le décret instituant officiellement le ministère des Affaires culturelles, Malraux ayant, dans le protocole, le rang de ministre d'État, ce qui le place dans tous les conseils des ministres à la droite du général de Gaulle. Ce décret transfère à André Malraux les attributions du ministère de l'Éducation nationale pour ce qui concerne la direction générale des Arts et des Lettres, certaines attributions du Haut Commissariat à la jeunesse et aux sports et le Centre national de la cinématographie (CNC) en provenance du ministère de l'Industrie et du Commerce.

Par décret du 22 juillet 1959, Malraux est nommé « ministre d'État, chargé des Affaires culturelles ». Enfin, le décret du 24 juillet 1959 définit les attributions du nouveau ministère.

Lui qui a passé la première moitié de sa vie à poursuivre en vain le succès politique ressent avec jubilation l'exercice du pouvoir. Jean Lacouture nous fait découvrir en effet l'importance de la mutation qui s'opère en Malraux lorsqu'il se lie au général de Gaulle en 1945 : « Cet homme qui fut pauvre aime maintenant l'aisance. Cet homme qui fut marginal aime la respectabilité. Cet homme qui fut pourchassé et condamné aime le pouvoir[2]... »

Mais il n'y prend pas le plaisir que certains y trouvent. Il reste toujours habité par les sentiments du jeune dandy de l'après première guerre mondiale. Vanité que les artifices et les rituels de la vie politique. Il sait que la vie n'est qu'un jeu obligeant à ruser sans cesse avec la mort. Mais il lui faut se soumettre à cet exercice comme à une discipline de l'esprit.

En ce début de 1959, sont présentes d'entrée de jeu deux marques qui expliquent alors et toujours le style et le caractère de la politique culturelle française : d'une part, la bonne entente entre le président de la République et son ministre des Affaires culturelles, d'autre part, l'imprécision des compétences du nouveau ministère qui ne cessera de chercher à définir les limites de son champ d'intervention, notamment par rapport au ministère de l'Éducation nationale et à celui de la Jeunesse et des Sports ; mais aussi, plus fondamentalement, au regard d'une définition de la culture plus ou moins élitiste ou plus ou moins populaire, aux finalités plus ou moins artistiques ou plus ou moins sociales.

De Gaulle et Malraux vont entretenir des relations à la fois étroites, voire complices, et lointaines, tant leurs préoccupations quotidiennes sont différentes. Ils savent que leur action est désormais indissociable et qu'ils ont besoin l'un de l'autre. « L'action culturelle » devient une composante du régime de caractère présidentiel institué par de Gaulle. La nouvelle fonction ministérielle revêt un caractère non seulement honorifique et symbolique mais aussi politique. Au binôme de Gaulle-Malraux succéderont d'autres binômes, Pompidou-Duhamel, Giscard d'Estaing-Lecat, mais surtout Mitterrand-Lang. En donnant à la France un système constitutionnel de caractère présidentiel et en s'attachant de manière aussi ostensible un homme de lettres, de Gaulle contribue, peut-être sans le savoir, à lier étroitement la fonction culturelle à l'Élysée. Lettré lui-même, mais de culture classique essentiellement historique, il était naturellement enclin à reconnaître l'importance politique de cette fonction.

Pourtant, la première équipe de Malraux chargée de cette fondation de la politique culturelle ne sait pas encore exactement quels doivent être son rôle et sa place. D'ailleurs, le champ d'intervention du ministère ne cesse de se modifier au fil des gouvernements, se donnant peu à peu une identité qui n'était pas clairement fixée au départ. C'est particulièrement apparent dans la multitude des appellations qu'il a revêtues et dans l'exercice de ses relations avec d'autres départements ministériels. La fonction du nouveau ministre d'État chargé des affaires culturelles innove et dérange. Il disait : « Je suis le seul, au Conseil des ministres, à ne pas savoir ce qu'est la culture, mais mon rôle n'est pas de définir la culture, c'est de chercher à poser les véritables questions[3]. »

Fallait-il créer un ministère des Affaires culturelles là où la IVe République se contentait d'un secrétariat d'État aux Beaux-Arts rattaché au ministre de l'Éducation nationale ? N'allait-il pas devenir, comme sous l'Ancien Régime, le ministère des « menus plaisirs » du roi ? Ne fallait-il pas plutôt introduire l'action culturelle dans le ministère chargé de la Jeunesse ? Ou dans un autre ministère, comme celui de l'équipement, retrouvant le rôle de la « surintendance des bâtiments » du roi ?

La question n'est pas innocente, car elle montre en quoi l'administration des Affaires culturelles peut être considérée par les hommes politiques ou l'opinion publique comme nécessaire ou accessoire. La constitution de chaque nouveau gouvernement ne manque pas d'alimenter l'inquiétude de ceux qui redoutent « cette fois-ci une suppression du ministère ». D'ailleurs, n'a-t-on pas assisté en 1974 à sa diminutio capitis, sa transformation par Valéry Giscard d'Estaing en simple secrétariat d'État ?

Pourtant, l'idée de la création d'un véritable ministère de la Culture était périodiquement débattue depuis les années du Front populaire. La légitimité et la nécessité même de l'action de l'État dans la culture avait été discutée dans les maquis de la Résistance. Pierre Bourdan avait presque réussi à l'imposer en 1947, dans le gouvernement Ramadier, à la tête d'un ministère de la Jeunesse, des Arts et des Lettres, encore que l'administration des bibliothèques et celle des archives fussent restées alors au ministère de l'Éducation nationale. Mais il avait obtenu le secteur de l'information qu'il devait partager avec le président du Conseil. Journaliste de la radio de Londres pendant la guerre aux côtés de Maurice Schumann, ce qui le rendait populaire, proche de François Mitterrand au sein de l'UDSR, il meurt accidentellement en 1948. Il réussit à réformer l'Agence France Presse, mais il se heurte, déjà, aux résistances du ministère de l'Éducation nationale dont le portefeuille était entre les mains du puissant Marcel-Edmond Naegelen. Aidé par Jeanne Laurent, Pierre Bourdan donne la priorité au théâtre, comme le fera Malraux douze ans plus tard : il met en place les centres dramatiques nationaux en province, développe l'aide aux jeunes compagnies, et participe aux « semaines d'art » d'Avignon, première version du Festival. Pour emprunter une formule à Pascal Ory, « la politique théâtrale sert déjà de prototype à la politique générale[4] ».

Malheureusement cette initiative fait long feu. Une occasion a été manquée de réunir, au moment ou l'éducation populaire était florissante, la culture, la jeunesse et l'éducation populaire. Et la direction générale des Arts et Lettres souffrit de se faire par la suite amputer : en quelques années la grande direction fut laissée dans le plus total abandon, dès lors qu'en 1953 la sous-direction dirigée par Jeanne Laurent est supprimée. En 1957, il ne reste plus que vingt-trois personnes regroupées en trois bureaux[5].

La IVe République ne reste pourtant pas inerte. En 1951, par exemple, un décret initie la « procédure du 1 % » permettant d'assurer le financement de commandes aux artistes à hauteur de 1 % du budget d'investissement des bâtiments scolaires et universitaires. Cette procédure sera généralisée à d'autres bâtiments par Jean-Philippe Lecat à la fin des années soixante-dix, puis par Jack Lang. De même, on ne peut faire référence à la IVe République sans évoquer la création du Festival d'Avignon. Sans Jeanne Laurent, Jean Vilar n'aurait certainement pas pu se mesurer à la cour d'honneur du palais des Papes, ce qui fonda son succès et sa réputation.

Après l'épisode Bourdan, l'idée d'un ministère de la Culture apparaît de plus en plus pressante. Robert Brichet a laissé un article qui précise en 1956 ce qu'il pourrait être. Le concept qui prévaut alors relève encore du « système artistique » plus que du « système culturel ». Le nouveau ministère aura à « élever le goût du public, aider les artistes, conserver le legs du passé[6]. » Depuis Napoléon III qui crée en janvier 1870, un ministère des Arts (8 mois), Gambetta qui lance, en 1881, un autre ministère des Arts[7] qui dure quelques mois, et Ramadier qui institue en 1947 le ministère de la Jeunesse, des Arts et des Lettres, le mot culture n'a pas été retenu pour qualifier l'intervention de l'État et les expériences ont été trop courtes pour être concluantes. Mais l'idée est dans l'air. Il lui manquait l'étincelle de la rencontre de Gaulle et de Malraux.

Malraux avait pensé lui-même à ce projet, il faut le rappeler, en compagnie de certains intellectuels qui rêvaient d'une plus grande intervention de l'État dans le champ culturel mais dans des termes essentiellement idéologiques ou politiques. Contrairement aux thèses de Marc Fumaroli qui accuse ce groupe d'avoir voulu instaurer comme en URSS un « ministère de la propagande », la préoccupation dominante était d'aider la création artistique, de réconcilier l'État avec les artistes et les écrivains contemporains, de mettre fin au règne de l'Académie des beaux-arts, refuge de l'académisme le plus rétrograde. Mais faute de temps et de moyens, l'idée était restée à l'état de projet habité par Jeanne Laurent ou de rêve exprimé par Jean Vilar.

Le ministère nouveau-né va longtemps souffrir de ces difficultés de conception. On affectera volontiers dans certains cercles politiques, et plus encore au ministère des Finances (qui au fond n'a pas cessé de douter de sa légitimité), et on affecte aujourd'hui encore volontiers de le cantonner dans le domaine des idées, voire des utopies. Malraux le traitait « d'engin[8] ». Il faut attendre Jacques Duhamel, puis surtout Jack Lang, pour qu'il fasse officiellement l'objet d'une reconnaissance institutionnelle. De ce point de vue, le doublement du budget par Lang en 1981 signifie l'entrée du ministère dans « la cour des grands ».

Si, contrairement à la réputation qui lui est faite, Malraux est un gros travailleur, il n'est pas un organisateur. Taillé à sa mesure, le ministère va rester pendant des années à la fois une machine à célébrer et l'outil d'une politique. La politique culturelle qui est alors inaugurée doit autant sinon plus à son entourage qu'au ministre lui-même. Malraux est un fondateur plus qu'un entrepreneur. « C'est la fusion en lui de l'imaginaire et du réel, jointe à une obstination de laboureur, qui en a fait un ministre lanceur, propulseur, gagneur[9] », écrit André Holleaux. Le paradoxe est que cet homme qui s'ennuie si vite au pouvoir et qui a une conscience aussi aiguë de la vanité des choses, reste dix ans rue de Valois. C'est long pour une simple fondation. Mais en dix ans elle devient irréversible. En droit français, il est toujours plus facile de créer une institution que de la supprimer.

Sous les IIIe et IVe Républiques, les interventions culturelles de l'État restent comme honteuses. Malraux, aidé par de Gaulle, les transforme en politique et leur ajoute la légitimité. Il leur donne du souffle. Il leur apporte aussi l'intuition des choses de l'art. La première sortie officielle de de Gaulle et Malraux, en 1959, est un spectacle donné par Jean-Louis Barrault à l'Odéon, *Tête d'Or* de Claudel, avec musique de Pierre Boulez et décors d'André Masson : on comprend aussitôt que l'action du nouveau ministre entre dans le domaine du spectacle et de la création.

On gagne toujours à analyser la première sortie culturelle d'un nouveau président de la République, comme on le verra plus loin : elle n'est jamais neutre ; elle est même riche d'enseignements sur ce que sera sa politique culturelle.

Mais Malraux est aussi une personnalité complexe qui souffre d'instabilité, ce qui l'amène parfois à jouer les prestidigitateurs au « Royaume farfelu[10] », du titre dont il affuble parfois le ministère des Affaires culturelles, ce qui permet à Pierre Cabanne de s'adonner à la caricature : « Il n'a pas son pareil pour sortir de son chapeau un lapin qui, après une course hagarde à travers le bureau ministériel, retourne au couvre-chef et y disparaît tandis qu'un autre, un peu plus tard, ressort ; mais peu d'interlocuteurs du ministre voient le chapeau et l'animal, ils entendent seulement la voix écho des émotions, des ambitions et des rêves. Cela, au début du règne, les contentera. Cette voix qu'aucun imitateur professionnel n'osa contrefaire, fut, des années durant, pour cet homme hanté d'un si vaste idéal que nul n'a jamais pu, même parmi ses meilleurs exégètes, l'appréhender dans tous ses détours et ses retours, le substitut de l'action, qui se cherchait[11]. »

Pressé de s'expliquer sur sa politique, il aura souvent tendance à éluder les questions. « J'ai quand même d'autres choses à faire, figurez-vous, que de m'occuper des charmants rigolos de *Lectures pour tous*[12] », déclare-t-il à André Brincourt. Et Pierre Cabanne de poursuivre ce portrait sans complaisance : « l'avenir démontra que le ministre, dont nous savons qu'il ne peut s'occuper que d'un seul problème à la fois, aura toujours « d'autres choses à faire » quand on lui posera des questions précises ». De la même manière, peut-être est-ce propre aux écrivains qui entrent en politique, Pierre Emmanuel, chaque fois qu'il devait affronter une difficulté, parlait de se remettre à l'écriture, s'exclamant « J'ai quand même autre chose à faire, j'ai mon œuvre à terminer ».

L'arrivée de Malraux rue de Valois n'est pas sans faire penser à celle de Jack Lang, sauf qu'il n'a pas, lui, « autre chose à faire » ! Les deux hommes ont le sens de la formule et le souci de la dramatisation. Jack Lang, avec l'emphase qui parfois le caractérise, oppose son ministère à ceux qui l'ont précédé en faisant de la victoire du 10 mai une rupture totale avec le passé : « Ce jour-là, les Français ont franchi la frontière qui sépare la nuit de la lumière. En choisissant un nouveau chef d'État, ils ont vaincu la peur et bravé les interdits ; ils ont déchiré les convenances, mis en pièces les habitudes et crié leur volonté de vivre[13]. » Malraux n'est pas loin de faire une comparaison semblable entre la Vᵉ et la IVᵉ Républiques. Les deux hommes ont en commun une conception romantique de la politique, un tempérament boulimique, une philosophie de l'action qui va marquer à jamais l'esprit et l'image du ministère.

Malraux applique son goût de l'accumulation[14] aux images des civilisations du monde sans jamais cesser « d'enrichir ce fabuleux musée, cette quête obsessionnelle titanesque de culture et d'images, d'étendre sa boulimie aux quatre coins de la planète, aux plus mystérieuses des civilisations disparues, à toutes les formes d'art qu'il pouvait s'approprier, comme s'il voulait appréhender la mémoire du monde[15]... » Jack Lang cherche de son côté à lancer des idées dans tous les champs culturels, y compris les plus inattendus, agissant comme un collectionneur de projets qui sont le contraire de mythes, et qui lui paraissent souvent plus excitants avant qu'après leur réalisation. Avide jusqu'à l'excès, il n'est jamais satisfait, hanté par un sentiment de la perfection qui fonde son exigence, voulant dans chaque nouveau projet démontrer aux autres la pertinence de son jugement et tentant sans doute de s'étonner lui-même de sa capacité de démiurge. Mais si la quête mythique de l'un, méprisant les seconds rôles, le pousse sans cesse à se mesurer aux seuls grands de ce monde, la recherche permanente de l'autre le conduit à s'entourer des personnes et des choses qui puissent l'aider à matérialiser ses projets. L'un se confronte à l'imaginaire et y épuise ses forces, passant sans cesse d'une idée à une image, tandis que l'autre se confronte au réel, capable de mener mille projets simultanément. Comme l'écrit Jean-Marie Colombani, « Malraux et Lang : à eux seuls ou presque, ils ont incarné et incarnent encore la "Cinquième culturelle"[15 bis]. »

Malraux n'a donc pas totalement inventé la politique culturelle : elle lui préexistait dans une certaine mesure sous la IVe République, comme sous la IIIe République[16]. On peut en discuter en opposant les « affaires culturelles » à la « politique culturelle ». Sans doute, la politique culturelle de la IIIe République et la IVe République était moins explicite que celle initiée par Malraux. Mais en politique, et plus encore dans le domaine culturel, le *dire* est souvent plus important que le *faire* et Malraux, comme de Gaulle, excelle à user de la magie du verbe. Il n'est pas pour rien dans la création de ce mythe de la *tabula rasa*. Les gaullistes auraient donc inventé la politique culturelle, tout comme, autre mythe, ils auraient incarné la seule France légitime pendant la guerre. Il faut dire que cette tentation est dans l'air au moment de la faillite cuisante de la IVe République et du retour du général de Gaulle à la tête du pays. Mais, comme on l'a vu, Malraux a mis en forme plus qu'il n'a réellement créé les idées de l'époque sur la politique culturelle : il en est plus le catalyseur que le créateur.

Lorsqu'il arrive rue de Valois, l'écrivain-Malraux a rendez-vous avec le personnage-Malraux, le révolutionnaire, le combattant, le résistant. Il n'est pas un politicien, il a déjà la posture et l'attitude d'un homme d'État. Il méprise les partis et il n'est jamais autant lui-même que dans les face-à-face, réels ou imaginés, avec les grands de ce monde, que ce soit Mao Tsé-Tung, Jean Moulin ou le général de Gaulle.

C'est pourquoi Malraux ne se prend pas pour un ministre. Il a bien le sentiment d'être plus que cela. Il assume sa prééminence dans le gouvernement et son appellation, faute de mieux, de ministre d'État. En témoigne la réponse cinglante qu'il retourne à Picasso. Le peintre s'étonne de ne pas le voir à l'un de ses vernissages et lui envoie un télégramme : « Croyez-vous que je suis toujours vivant ? ». Malraux répond : « croyez-vous que je sois ministre ? ». Malgré les dix années passées dans cette fonction, il a toujours conscience de son aspect éphémère et transitoire au regard d'une œuvre, qui, à ses yeux, est beaucoup plus importante. La légitimité d'un ministre de la Culture se trouve bien au-delà de la fonction politique ou administrative, certains de ses successeurs ne l'ont pas assez médité. Malraux saura toujours conjuguer l'écriture, la pensée et l'action. C'est aussi à la fois l'homme de l'histoire et l'homme du présent, l'homme de gauche et l'homme de droite. Être ministre de la Culture lui permet de concilier toutes ces positions antagonistes. Le ministre de la Culture est de gauche parce que la culture est de gauche — Jacques Toubon ne dira rien d'autre — tout comme l'armée est — ou était — de droite.

Ou, plus exactement, la politique culturelle est de gauche et c'est un gouvernement de droite qui va lui donner ses lettres de noblesse. La politique culturelle conçue à l'époque du Front Populaire sera incarnée par Malraux. La différence entre le Malraux-ministre et le Malraux-historien ou le Malraux-homme de lettres est souvent ténue. On s'en rend compte à la lecture de *La Tête d'obsidienne* qu'il écrit en 1974 à l'occasion de sa visite à Jacqueline Picasso après la mort de Pablo et en hommage à l'exposition sur le Musée imaginaire, à la fondation Maeght. Malraux s'exprime alors avec la profondeur du philosophe de l'art et avec l'autorité de l'ancien ministre. Le discours qu'il prononce lors de l'inauguration sublime l'homme privé et l'homme public : « Nous venons d'assister à la première incarnation du Musée imaginaire. Non par un État, mais par une des premières galeries d'art moderne de notre temps. Car ce musée est inséparable de notre art, et notre art, depuis Manet jusqu'à Picasso, est inséparable de son dialogue avec le musée Imaginaire qu'il ressuscite[17]… »

La politique culturelle de Malraux ne peut toutefois se résumer au face-à-face d'un homme, fût-il génial, avec un président, fût-il de Gaulle, ni au Musée imaginaire, dût-il englober l'art de tous les lieux et de tous les temps. Elle est tributaire de réalités politiques, sociales autant qu'économiques.

1

De l'état de l'homme à l'homme d'État

Lorsqu'il devient le premier ministre des Affaires culturelles, l'auteur de *La Condition humaine* n'a cessé, depuis les années trente, dans la littérature épique ou l'essai artistique, de s'interroger sur le destin de l'homme, s'efforçant de dresser une sorte d'état de l'Homme. Le voici dans les habits de l'homme d'État. Le témoin, qui a toujours voulu agir, se prépare à devenir acteur à part entière de l'Histoire.

1. DÉCOLONISATION ET CHANGEMENT DE RÉPUBLIQUE

De 1954 à 1962, la guerre d'Algérie, par la place qu'elle occupe dans la vie politique, masque de nombreux problèmes de société. Le passage de la IVe à la Ve République qu'elle provoque correspond également à une mutation sociale profonde. On glisse de l'après-guerre et de la reconstruction à une société industrialisée dans laquelle la classe ouvrière va peu à peu perdre le leadership qu'elle avait acquis. Le développement de la productivité industrielle, l'émergence de l'économie des services et de la communication en sont responsables. Dans le même temps, les pratiques sociales se démocratisent par suite de l'élévation générale du niveau de vie. La classe ouvrière perd en effectifs, voire en combativité, au profit d'une « nouvelle classe ouvrière », décrite par Serge Mallet[1], plus technicienne et plus autogestionnaire, qui sera à la pointe du mouvement de mai 68 dans les entreprises, et d'une classe moyenne de plus en plus assimilée aux employés et aux cadres. C'est l'époque de la « société de consommation », des « trente glorieuses ». La société de l'audiovisuel et de la télévision — on ne dit pas encore : de la communication et du multimédia — pointe son nez. Le succès de la Fnac est un symbole des nouvelles pratiques sociales et culturelles qui se font jour : écouter des disques, faire des photos, regarder la télévision, collectionner des livres de poche, autant de pratiques qui se répandent, d'abord chez les cadres, puis dans les classes moyennes.

Décomposition et recomposition de la gauche

La gauche qui, à travers la SFIO, est associée au premier gouvernement du général de Gaulle, se trouve très ébranlée par son échec face à la décolonisation. Sur ses marges naissent des mouvements de contestation plus radicaux ou plus réalistes. L'UGS (Union de la gauche socialiste), le PSA (Parti socialiste autonome) voient le jour et vont bientôt en 1960 fusionner autour du projet du PSU (Parti socialiste unifié) avec des hommes comme Pierre Mendès-France, Édouard Depreux, Gilles Martinet, Michel Rocard. La naissance de la Vᵉ République s'accompagne de la création d'un grand nombre de groupes de réflexion comme le club Jean Moulin et le cercle Tocqueville de Lyon. Les syndicats ouvriers ne restent pas à l'écart de cette mutation. La CFTC se transforme en CFDT, l'UNEF s'engage dans la lutte contre la guerre d'Algérie et prend en 1960 et 1961 des initiatives avec les autres organisations syndicales. Le PCF ne reste pas à l'abri de ce mouvement de remise en cause. Les jeunes de l'Union des étudiants communistes (UEC) entrent en conflit avec la direction du parti. De la rupture, naîtront des groupuscules d'extrême gauche d'inspiration trotskiste ou maoïste qui feront florès en 1968. Autre institution vénérable, l'Église catholique est également secouée par ses mouvements de jeunes, en particulier par la Jeunesse étudiante chrétienne (JEC). En même temps que s'engagent les intellectuels, le mouvement étudiant affirme sa présence sur le terrain politique et syndical : il revendique désormais la reconnaissance des étudiants comme de « jeunes travailleurs intellectuels ».

Après les accords d'Évian, en 1962, les mouvements étudiants vont changer la nature de leur engagement politique. Ils embrassent plus largement des causes situées en dehors des frontières hexagonales comme les révolutions nationalistes et prolétariennes d'Amérique Latine autour du personnage mythique de Che Guevara ou du Mao de la Révolution culturelle chinoise. De là, des mouvements de contestation qui s'attaquent à la fois à la hiérarchie catholique et au centralisme du parti communiste. Les mouvements de jeunes se marginalisent et s'internationalisent, en se radicalisant. Mais ils vont aussi entretenir des liens étroits avec les nouvelles générations d'étudiants qui arrivent plus nombreux à l'université.

Tirant parti de l'éclatement et des tiraillements de la gauche, arrivant à fédérer les différentes composantes de la droite, le mouvement gaulliste se sent très fort et reçoit un soutien important au sein de l'opinion publique. Le référendum de 1962, qui institue l'élection du président de la République au suffrage universel direct, donne une majorité écrasante au général de Gaulle, même si, quelques années plus tard, il est mis en ballottage par François Mitterrand. Ce dernier, soucieux de perspectives politiques concrètes, crée en 1964 la Convention des institutions républicaines dont l'objet est clairement d'ouvrir une alternative politique au gaullisme.

Avec l'arrivée de Malraux aux affaires, le contexte change et, d'une certaine manière, le rôle des intellectuels se durcit. Malraux se distingue en cela de Jack Lang qui ne cessera pas de lancer, depuis de la rue de Valois, des actions de dénonciation des pouvoirs, voulant montrer ainsi que l'on peut être au pouvoir sans être pour autant du pouvoir.

Malraux, homme privé et homme public

En ces années, Malraux apporte au pouvoir politique en place une vision. Il voit plus loin, c'est sa force et sa faiblesse, que les crises qui se succèdent : il dialogue, au-delà des siècles, avec les génies qui ont créé les civilisations du monde. Est-il conscient des transformations, des décalages, des situations de rupture qui marquent le temps présent ? Quelle approche a-t-il du réel ? On n'est pas toujours sûr qu'il entende celui qui lui parle, on peut craindre que ne lui parvienne de l'autre que l'écho de sa propre voix d'écrivain ou d'orateur, comme en témoigne l'anecdote rapportée par Émile Biasini : « Son discours incantatoire pouvait être transcendant lorsqu'il s'agissait de célébrer la naissance d'une république née de la décolonisation, et affligeant devant une cargaison de viande. J'ai vécu ce contraste à Fort-Lamy en 1959 : le ministre présidait le matin la création de la République du Tchad et, à la nuit tombée, l'inauguration d'une ligne aérienne transportant en Algérie la viande des nouveaux abattoirs. Le ton, sinon le discours, était le même. Mais autant j'étais admiratif le matin, autant j'étais gêné le soir devant les Tchadiens[2]... »

Sans doute Malraux aurait-il été moins déconnecté de la réalité s'il n'avait dû affronter la mort, une nouvelle fois, à travers l'accident causant la disparition de ses deux fils, le 23 mai 1961. Mais en même temps, car l'homme est complexe, il est capable de la plus grande attention pour autrui, comme en témoigne un récit de Jean-Marie Drot qui le rencontrait régulièrement en 1975 à l'occasion du tournage des treize émissions du *Journal de voyage* : « Il y a parmi mes amis un peintre naïf belge, Joseph Ghin, un homme tout à fait du peuple, qui était fasciné par Malraux, au point qu'il m'avait supplié de venir le voir, sur le tournage [...]. Je lui avais dit : "la façon la plus simple c'est que tu te glisses dans l'équipe, tu prends une blouse grise, tu fais semblant de porter des projecteurs et tu écoutes." À la fin du tournage qui était consacré à Piero della Francesca, Malraux m'a dit : "Dites-moi Drot, vous m'avez joué un tour. Le type qui est au fond, oui celui là (il désigne mon copain Ghin) ce n'est pas un électricien n'est-ce pas ? C'est un peintre du dimanche ?" Je lui demande : "Pourquoi vous me dites cela ? Parce qu'il nous a écouté parler de Piero della Francesca avec un œil qui n'est pas celui d'un électricien [...]". Alors, en riant, il est allé vers mon peintre et lui a offert un de ses livres qu'il avait sous la main, en y dessinant le fameux petit chat que nous connaissons bien, qu'il griffonnait très souvent sur ses livres, en lui disant : "celui qui fait semblant d'être un écrivain au peintre qui fait semblant d'être un électricien"[3]. »

Aussi faut-il distinguer l'homme privé et l'homme public, celui capable de grande délicatesse pour les autres et celui qui refuse d'adresser la parole à Biasini lors de l'inauguration de la maison de la culture d'Amiens. Le pouvoir peut rendre sourd ou aveugle, rarement muet.

Et, qu'on le veuille ou non, Malraux va sans cesse conforter de la voix le régime de la Ve République face aux attaques qu'il juge illégitimes, remettant en cause l'autorité de l'État, considérée alors comme une sorte d'absolu. Pendant qu'il préside les inaugurations des grandes expositions du patrimoine artistique mondial ou qu'il participe avec le général de Gaulle aux premières de l'Opéra de Paris, les jeunes générations d'artistes font irruption sur le devant de la scène et il ne les voit guère. Jack Lang, au contraire, par goût personnel ou par crainte d'éviter toute rupture entre le pouvoir politique et les jeunes, mettra un soin extrême à rester en contact avec les jeunes générations d'artistes.

Le décalage entre les discours tenus par le ministre des Affaires culturelles et les avant-gardes de l'époque est criant. Issu de la génération de l'art moderne, il est mal à l'aise avec la jeune création contemporaine comme en témoigne sa rencontre ratée avec Jean Tinguely : « À la première Biennale de Paris, en 1959, le sculpteur Jean

Tinguely, alors inconnu, présentait sur le parvis du musée d'art moderne son Metamatic, machine à peindre et à dessiner "abstrait". Malraux s'approche, demande des explications ; l'artiste, très ému, met en marche sa machine ; on guette les réactions du ministre visiblement intrigué, et amusé : Que puis-je faire pour vous ? demande-t-il à Tinguely qui, bredouillant, ne trouve à répliquer qu'un : mais je suis suisse. Alors Malraux : "dommage !". Et il s'en alla[4]. »

Ce qui s'appelle aussi manquer les rendez-vous avec l'histoire. Mais il est vrai que ce n'était pas la sienne. À l'issue de cette Biennale, naîtra l'année suivante le « nouveau réalisme » fondé par Restany et Klein, le premier mouvement européen qui s'opposera à l'Amérique. Malraux y est étranger.

En réalité, l'arrivée de Malraux rue de Valois contraste avec l'état de la classe intellectuelle et artistique. Il est beaucoup plus à l'unisson avec l'opinion publique qu'avec les intellectuels ou les artistes. Il est devenu un homme politique. L'état fusionnel entre les leaders et le peuple entretenu par de Gaulle correspond fort bien à ses aspirations. Mais, cet état de passion, dès lors qu'il cesse, pour une raison ou pour une autre, laisse un grand vide entre le peuple et celui ou ceux qui le faisaient rêver. Et en mai 68, le peuple ne rêve plus. Ou du moins, il rêve à d'autres horizons et s'identifie à d'autres héros. Une nouvelle génération naît à la conscience politique. Treize ans plus tard, elle arrive au pouvoir. Le renouvellement de la politique culturelle de Jack Lang correspond aussi à ce changement de générations.

2. L'INTELLECTUEL EN BUTTE AUX INTELLECTUELS

Dans le contexte de la guerre d'Algérie, les intellectuels jouent un rôle beaucoup plus important que vingt cinq ans plus tard lorsqu'ils seront entrés dans les arcanes du pouvoir ou des médias audiovisuels.

Le ralliement de Malraux à de Gaulle est vécu par les intellectuels comme une sorte de reniement.

Le collectif des intellectuels contre le pouvoir

L'engagement est à l'ordre du jour, celui de Sartre et de Simone de Beauvoir avec *Les Temps Modernes*, mais également les intellectuels catholiques comme Marrou, Massignon et Mauriac. Le 6 septembre 1960, des écrivains, (Simone de Beauvoir, Sartre, Francis Jeanson, Vercors), des artistes (François Truffaut ou Simone Signoret), même des catholiques (Barrat et Mandouze) et bien d'autres signent le « manifeste des 121 » qui réclame le droit à l'insoumission dans la guerre d'Algérie.

Qu'il le veuille ou non, dans le camp des accusés se trouve Malraux qui n'hésitait pas lui-même à pétitionner et, en avril 1958, s'était encore engagé aux côtés de Roger Martin du Gard, de François Mauriac et de Jean-Paul Sartre en protestant contre la saisie de l'ouvrage d'Henri Alleg, *La Question*, dénonçant l'utilisation de la torture en Algérie. Cette adresse solennelle était envoyée à René Coty, alors président de la République. Mais en quelques mois, le Malraux-intellectuel s'est mué en Malraux-homme-politique et, dès lors, une coupure s'établit entre lui et les intellectuels, y compris sa fille Florence[5], cinéaste, qui n'hésite pas à apposer sa signature. Peut-on rester intellectuel et exercer un pouvoir politique inscrit à droite?

Ceux qui soutiennent la politique menée par la France en Algérie sont souvent des hommes plus âgés, d'une culture politique imprégnée du souvenir de la IIIe République et de la faste période coloniale. Face à de Gaulle, qui avant de négocier avec le FLN, semble s'engager pour l'Algérie française, les intellectuels prennent position. Certains sont très actifs comme le comité Audin avec Pierre Vidal-Naquet et Laurent Schwartz.

L'apparition de ces nouveaux intellectuels, l'apprentissage de cette nouvelle manière de vivre l'engagement s'expriment dans des journaux comme *L'Express*, créé par Jean-Jacques Servan-Schreiber et Françoise Giroud en 1953, ou comme *France Observateur* animé par Claude Bourdet.

Dans les années 1961-1962, le rôle joué par l'OAS durcit les positions et amène Malraux à faire front uni avec les intellectuels de gauche contre les menaces de fascisme. Les étudiants de l'Union des étudiants communistes mettent en place le Front unitaire antifasciste et réussissent à attirer nombre de jeunes venus d'autres sphères politiques.

La fin du conflit algérien en 1962 permet un déplacement de la mobilisation de ces forces intellectuelles et politiques sur le terrain des luttes anti-impérialistes. Cette nouvelle démarche est symbolisée par Régis Debray, qui est emprisonné en Bolivie tandis que des intellectuels et des responsables politiques obtiennent sa libération. Itinéraire politique et intellectuel qui fait penser à celui du jeune Malraux quarante ans plus tôt, engagé à Saïgon pour l'indépendance de l'Indochine ou aux côtés des Républicains espagnols. Lui aussi, avec l'appui de Clara, savait faire pétitionner en sa faveur! En 1996, lorsque les cendres de Malraux seront transférées au Panthéon, ce n'est pas un hasard si l'un des commentateurs choisis par la télévision sera Régis Debray lui-même[6]. Il incarne en effet, comme Malraux, la figure romantique de l'intellectuel révolutionnaire, exprimant un courant qui imprègne, non sans contradictions, la politique culturelle française. Il croise d'autres formes d'expression.

Ainsi *Les Choses* de Georges Pérec expriment dans la littérature l'ambiance de la nouvelle société de consommation, tandis que l'ouverture des frontières est marquée par la multiplication des voyages internationaux que de Gaulle et Malraux entreprennent. Ils sont partout, à Athènes ou à Phnom Penh, à Brasilia ou à Pékin, au Caire ou à Brazzaville, à New York ou à Tokyo. C'est l'époque où l'Europe doit se construire « de l'Atlantique à l'Oural », où l'Union soviétique connaît une première libéralisation grâce à Khrouchtchev, d'autant plus remarquable que la Chine durcit sa révolution. L'anti-impérialisme des jeunes engagés à gauche est comme encouragé par l'anti-américanisme politique de Gaulle. En même temps que la France s'ouvre au monde par leaders interposés, elle s'affirme timidement européenne, encore tentée par le nationalisme cocardier d'un président d'une autre génération. Là aussi les Français, et notamment les jeunes, supportent de plus en plus difficilement le contraste entre ces positions isolationnistes et l'ouverture généralisée des frontières.

Autant dire que Malraux arrive aux affaires dans un contexte trouble. On le verra, au moment du putsch d'Alger, armer des volontaires pour défendre le ministère. Ses proches l'entendront même évoquer la possibilité d'une résistance dans les escaliers du musée du Louvre aux pieds de la *Victoire de Samothrace*[7]…

Malraux, Sartre : le ministre et le contre-ministre

Le pouvoir gaulliste s'exprime alors de manière tellement dominatrice et unilatérale qu'il génère des sortes de contre-pouvoirs réactifs, sinon naturels : ainsi Sartre peut-il faire figure de « contre-ministre de la Culture », tout comme Gaston Defferre lance un « contre-gouvernement » et le PSU de PMF [8] et Michel Rocard un « contre-Plan ».

Malraux, en 1945, « a échangé un magistère contre un ministère «, selon la belle expression de Jean-Yves Guérin. Et il prend le risque de laisser l'exercice du magistère au seul Sartre. Et de rompre avec lui. Les deux hommes ne se sont guère rencontrés. Et jusqu'au bout leurs destins divergent. En mai 1941, Sartre et Simone de Beauvoir rendent visite à Malraux, alors installé à Saint-Jean Cap-Ferrat, pour lui demander d'entrer en résistance.

« Quatre ans plus tard la gloire du colonel Berger est à son zénith. Sartre cite dans ses articles des formules de l'Espoir telles que "sang de gauche" et "exercice de l'apocalypse". Il refuse un article à un hebdomadaire qui a éreinté Malraux. Tout naturellement, il demande à celui-ci de participer à l'aventure des *Temps modernes* ; mais Malraux, à qui le numéro zéro de la revue a déplu, donne une réponse négative. Il est clair que les stratégies qu'ils ont adoptées ne peuvent qu'éloigner ces deux monstres sacrés[9]. »

Sartre est à la Libération au cœur d'un réseau alors que Malraux, excepté ses compagnons du RPF, est un homme isolé. Il n'a pas de disciple. « Il préfère dialoguer avec les grands de ce monde qu'avec les écrivains de sa génération et de la suivante. Mais les deux auteurs ont aussi des traits communs. Tous deux sont de grands voyageurs, aiment à fréquenter les hommes illustres (chacun les siens qui ne sont jamais les mêmes), s'adressent volontiers à la jeunesse et supportent mal les égaux. « […] En 1947, les relations entre les deux hommes s'enveniment. « Merleau-Ponty prend à partie Malraux dans *Les Temps modernes*. L'intéressé le prend fort mal et somme aussitôt Gaston Gallimard de choisir entre lui-même et la revue de Sartre. Et *Les Temps modernes* passent chez Julliard. Il est clair que l'adhésion de Malraux au RPF exerce un effet révulsif sur un Sartre résolument campé à gauche. […] En 1958 Malraux reprend du service actif auprès du général de Gaulle. Le voici en charge des affaires culturelles. De Gaulle en fait un commis voyageur, inégalement inspiré, de sa politique et le charge, notamment, d'expliquer tous azimuts sa gestion du conflit algérien. Fort de son prestige progressiste, Sartre s'institue contre-ministre des affaires culturelles et contre-ambassadeur itinérant. Malraux se rend-il à Rio de Janeiro, il entend le contrer : "Je veux être au Brésil l'anti-Malraux pour effacer ce que celui-ci a fait en mettant la culture française au service de la guerre d'Algérie." Il s'attire depuis Mexico une réponse fulgurante : "Moi, j'étais devant la Gestapo pendant que Sartre, à Paris, faisait jouer ses pièces visées par la censure allemande […]"

Le coup a porté. Après 1959 Sartre se garde d'attaquer Malraux. C'est Simone de Beauvoir qui s'en charge. Les deux hommes, à l'occasion, co-signent un appel en faveur de Régis Debray mais ne se rencontrent pas. Malraux, pour sa part, refuse à la fin de sa vie le face-à-face avec Sartre que lui avait proposé Pierre Viansson-Ponté. Qu'auraient eu à se dire deux hommes qui vivaient sur des planètes aussi opposées ? [...] Que l'exercice de responsabilités gouvernementales soit l'aboutissement, le couronnement d'un engagement civique est, pour Malraux, une évidence dont il est à peu près le seul intellectuel à être persuadé. D'où la déclaration à Roger Stéphane : "D'où peut-on le mieux arrêter la guerre d'Algérie ? De l'Hôtel Matignon ou des Deux Magots[10] ?" »

De Gaulle, homme d'ordre s'il en est, laisse agir son bouillonnant ministre, espérant qu'il pourra conquérir sinon tous les intellectuels, du moins une partie de ceux qui se trouvent engagés à gauche. Malraux y réussit, mieux du côté des artistes que du côté des intellectuels, sociologues ou anthropologues portés par la vague de fond de la pensée structuraliste. C'est que Malraux n'est pas un intellectuel théoricien, il est surtout un romancier et un essayiste de la philosophie de l'art. Mais il est aussi un autodidacte brillant, lui qui n'a jamais passé son baccalauréat et ne connaît pas l'université, ce qui lui fait préférer les artistes. Jack Lang — sans doute la fonction le veut-elle ainsi — rencontrera un problème voisin, plus à l'aise qu'il est avec les artistes ou les médias qu'avec les universitaires, bien qu'il soit lui-même professeur de droit.

3. LES ANNÉES SOIXANTE ET LES NOUVELLES AVANT-GARDES

Une politique culturelle conduite pendant dix ans a-t-elle un effet sur la création et sur la diffusion de l'art et de la culture ? Est-ce vérifiable ? Est-ce possible ? Quelle légitimité l'État a-t-il pour intervenir dans ce domaine ? Interrogé en 1952 par Frank Elgar (pour *Carrefour*) sur la possibilité d'une direction « saine » de la vie artistique nationale par l'État, Malraux avait répondu : « Grands Dieux ! Que l'État en art ne dirige rien !... L'État n'est pas fait pour diriger l'art mais pour le servir[11] !... »

Oui, mais quel art et quel État ? Dix ans plus tard, Malraux est aux commandes et intervient dans le champ artistique, nommant les directeurs de théâtres nationaux ou mettant fin à leur contrat, commandant des œuvres d'art aux artistes. En donnant une légitimité à l'intervention de l'État dans le champ de la modernité, il oriente l'art mais cet art est celui de la première moitié du XXe siècle et cet État, dans la forme gaullienne de l'époque, tutélaire, hiérarchique, tatillon, est de moins en moins supporté par l'opinion publique, particulièrement les jeunes générations.

Culture populaire et populisme

Depuis la fin de la guerre, la création se déroule sur un fond de décor marqué par l'omniprésence des intellectuels. Jean-Paul Sartre et l'existentialisme exercent pendant de nombreuses années un magistère indiscutable, incarné par la revue *Les Temps*

Modernes. Dans le même temps, la revue *Esprit* réunit les intellectuels progressistes d'inspiration catholique. Tous les débats sont de près ou de loin déterminés par la position adoptée au regard du marxisme qui est la référence obligée dans une époque ou le parti communiste exerce encore une influence massive. Aux élections législatives de 1962, il recueille 21,7 % des suffrages, et à celles de 1965, 22,4 %.

Les pratiques culturelles sont donc marquées par l'aspiration à la démocratie culturelle, l'éducation est « populaire », le Théâtre national est lui aussi « populaire », les maisons de jeunes et de la culture sont largement conditionnées par des mouvements d'éducation populaire comme Peuple et Culture, Travail et Culture. Jean Vilar prône une ouverture du théâtre au plus grand nombre et Gérard Philipe devient lui-même un véritable mythe populaire.

Malraux éprouve une contradiction entre ses objectifs artistiques et ses ambitions populistes. Ses goûts sont en décalage croissant avec la création de son temps. Les mouvements politiques révolutionnaires, faute de connaître des issues politiques, se transforment en mouvements qui font appel aux forces de la vie et à l'autogestion. L'époque connaît une rénovation radicale des formes esthétiques, mais aussi des pratiques culturelles et politiques avec l'épanouissement d'une contre-culture, comme l'a bien montré Alfred Willener[12]. Au moment où l'Union pour la nouvelle république (UNR) fait son apparition en fanfare, et regroupe en 1962 presque la majorité au Parlement avec 233 députés sur 482, l'adjectif « nouveau » s'apprête à imprégner toutes les formes d'expression artistique.

Depuis 1958, tout se veut nouveau : la politique et l'art.

L'art et le culte du « Nouveau »

La fin des années cinquante et le début des années soixante connaissent en effet simultanément ou presque la « Nouvelle Vague » dans le cinéma, le « Nouveau Réalisme » dans le domaine des arts plastiques, suivi par la « Nouvelle Figuration » avec Jean-Louis Ferrier en 1963, puis la « Figuration narrative » avec Gérald Gassiot-Talabot. En littérature, le « Nouveau Roman » fait son apparition, bien avant les « Nouveaux Philosophes ». Cette utilisation un peu abusive du mot « nouveau » n'est pas un pur phénomène de mode, elle explique l'apparition de nouvelles générations d'artistes et de créateurs et de nouvelles pratiques artistiques auxquelles Malraux reste largement étranger.

La IVe République avait connu un développement assez puissant de la création. Dans le domaine de la peinture, les différentes formes d'abstraction avaient acquis leurs lettres de noblesse et promu sur le devant de la scène l'École de Paris. Sous l'influence d'Olivier Messiaen, une nouvelle génération de compositeurs prenait place sur la scène musicale avec Pierre Boulez et Jean Barraqué. Dans le même temps que se développait la musique sérielle, Paris occupait une place importante dans le domaine des musiques concrètes et électroacoustiques, avec Pierre Schaeffer, Pierre Henry ou Yannis Xenakis. Le théâtre était également en plein essor avec Beckett ou Ionesco, tous deux d'origine étrangère, comme d'ailleurs la plupart des artistes reconnaissant dans Paris une capitale culturelle.

Au cinéma, la Nouvelle Vague apparaît en 1958, 1959 avec *Le Beau Serge* et *Les Cousins* de Claude Chabrol, *Les 400 Coups* de François Truffaut, *Hiroshima, mon amour* d'Alain Resnais, *À bout de souffle* de Jean-Luc Godard[13]… Quelque quatre-vingt-dix-sept nouveaux cinéastes voient leur premier film diffusé en salle entre 1958 et 1962. C'est dix fois plus que les années précédentes.

« Cette renaissance du cinéma ne se résume pourtant pas à l'existence de conditions économiques et politiques favorables, c'est aussi une rupture artistique radicale avec l'Académisme de la qualité française[14]. »

Celui qui incarne sans doute le mieux cette rénovation du cinéma est Jean-Luc Godard qui exerce son regard acide et aigu dans des films comme *Vivre sa vie* (1962) ou *Deux ou trois choses que je sais d'elle* (1966), et surtout *La Chinoise*, film prémonitoire des événements de mai 1968 et fortement accusateur de la « société de consommation ».

Sur le plan des arts plastiques, le symbole de cette société de consommation se trouve dans la naissance du mouvement des Nouveaux Réalistes avec son concepteur, le critique Pierre Restany, et « ses » plasticiens : César dont la première compression date de 1960 mais aussi Arman, Tinguely, Yves Klein, Raymond Hains, Nicky de Saint-Phalle, Christo et les autres. Les objets usuels de la société de consommation sont leur matière première artistique pour à la fois rendre compte de leur environnement économique, social et technique et le critiquer ou en faire l'éloge en en détournant l'usage.

Les écrivains ne restent pas en deçà de la main dans cette course au « nouveau ». Le Nouveau Roman naît dans les années 1957-1958 autour de l'éditeur Jérôme Lindon avec Alain Robbe-Grillet, Claude Simon, Michel Butor, Marguerite Duras, entre autres. L'apparition du Nouveau Roman est sans doute plus ancienne avec *Les Gommes* d'Alain Robbe-Grillet en 1953. Mais c'est en 1958 que le groupe est consacré en tant que tel avec un numéro spécial de la revue *Esprit.* Le manifeste d'Alain Robbe-Grillet, *Pour un nouveau roman,* est de 1963. Ainsi le Nouveau Roman est-il un véritable pôle dans le champ culturel des années soixante, suscité à partir d'éditeurs, essentiellement les Éditions de Minuit et Gallimard, et de revues spécialisées comme *Tel Quel* ou d'hebdomadaires de gauche comme *L'Express* ou *France Observateur.*

Le structuralisme et la révolution des sciences sociales

Pas plus qu'il n'est conquis par ces nouvelles formes d'expression artistique, Malraux n'est sensible aux mouvements philosophiques de l'époque et en particulier ceux qui accompagnent la percée des sciences sociales. Claude Lévi-Strauss publie en 1955 *Tristes Tropiques* qui connaît un véritable succès public, puis Roland Barthes, en 1957, *Les Mythologiques,* pour prendre ensuite une place croissante dans l'interprétation de l'objet, de sa structure, des signes.

Le début des années soixante voit apparaître le développement de la sociologie. Pierre Bourdieu y prend une place particulière. Il publie en 1964, *Les Héritiers*[15], et deux années plus tard, *L'Amour de l'art*[16] consacré à la pratique des musées. Au moment où André Malraux proclame l'avènement de la culture pour tous, la sociologie française, qui soudain se passionne pour la culture, dénonce, paradoxalement, les illusions populistes de « l'action culturelle ». Sociologie et politique culturelle : deux langages et deux pratiques antagonistes, mais aussi deux réalités vont s'affronter tout au long des trente ans de politique culturelle qui commencent.

C'est un peu en réaction contre l'Éducation nationale, qu'il juge incapable de donner à voir, à sentir et à aimer les œuvres de l'art et de l'esprit, que Malraux crée le ministère des Affaires culturelles. Lequel ne cessera d'être en butte aux universitaires. Leur conception de la culture est très différente. Au réalisme et au scepticisme de la pensée universitaire s'opposent l'idéalisme et l'optimisme des artistes et des acteurs culturels. Bourdieu conclut son livre *Les Héritiers* en 1964 par une mise en garde : « En l'absence d'une pédagogie rationnelle mettant tout en œuvre pour neutraliser méthodiquement et continûment, de l'école maternelle à l'université, l'action des facteurs sociaux d'inégalité culturelle, la volonté politique de donner à tous des chances égales devant l'enseignement ne peut venir à bout des inégalités réelles, lors même qu'elle s'arme de tous les moyens institutionnels et économiques ; (manière de condamner tout effort de l'État en matière de démocratisation culturelle...) et, réciproquement, une pédagogie réellement rationnelle, c'est-à-dire fondée sur une sociologie des inégalités culturelles, contribuerait sans doute à réduire les inégalités devant l'école et la culture, mais elle ne pourrait entrer réellement dans les faits que si se trouvaient données toutes les conditions de démocratisation réelle de recrutement des maîtres et des élèves, à commencer par l'instauration d'une pédagogie rationnelle. »

La boucle est ainsi bouclée, ouvrant la voie à une sorte de pessimisme de gauche auquel ni Malraux, ni ses successeurs ne seront jamais sensibles. En revanche, Malraux trouve un appui auprès des sociologues des loisirs, réunis autour de Joffre Dumazedier. Mais la question pédagogique est déjà un fil rouge qui va se dérouler pendant quarante ans de politique culturelle.

La psychanalyse, également sensible au structuralisme, trouve en Lacan son prophète. Toute une génération est marquée par les séminaires donnés par le maître.

La philosophie, c'est également Michel Foucault, avec *L'Histoire de la folie à l'Âge classique* (1961) et *Les Mots et les Choses* (1966[17]), qui connaît un vrai succès de librairie et pose l'écrivain en concurrent, du point de vue de l'influence intellectuelle, de Jean-Paul Sartre.

L'apparition de ces multiples formes d'expression, et notamment le rôle croissant de la critique de la société par la sociologie, la psychanalyse, la psycho-sociologie, donne des armes aux jeunes qui vont s'exprimer en mai 68. Ce mois de mai sera comme un moment de fusion entre les idées des uns et les formes d'expression des autres. De là l'engagement des directeurs des théâtres populaires et des maisons de la culture autour de Planchon à Villeurbanne, la production de « ciné-tracts » par Resnais et Godard, la réalisation d'affiches à l'École nationale des beaux-arts baptisée « populaire », l'appel à un certain vitalisme (Changer la vie !), l'accès des artistes plasticiens au domaine de l'expression politique et sociale. Les uns comme Arroyo, Rancillac, Fromanger prennent position par la figuration contre toute forme d'autoritarisme. Les autres comme Viallat, Dezeuze, Cane, inventent le groupe Supports-Surfaces qui détache l'œuvre de son support, de son cadre, pour qu'elle puisse être accrochée dans des espaces extérieurs, dans des villages, des carrières, des plages, en dehors des circuits traditionnels d'exposition et d'évaluation critique de l'art.

Au moment où Malraux célèbre son Musée imaginaire, en multipliant les expositions de caractère patrimonial, les artistes de la nouvelle génération proposent le leur, qui est à la fois pluridisciplinaire et implanté en dehors des musées. Leur maison de la culture est le monde entier, bien au-delà des murs des musées et des frontières nationales. Jack Lang, qui appartient à cette génération, ne cessera de vouloir, comme elle, transgresser les frontières.

Paradoxe de la vie des formes, c'est alors que de Gaulle et Malraux portent la France au pinacle, que sa suprématie artistique est remise en cause : en 1964, à la Biennale de Venise, on attend que le premier prix soit décerné à Alfred Manessier, l'un des meilleurs représentants de l'École de Paris, mais c'est l'Américain Rauschenberg qui est lauréat. Cette date devient une référence dans les relations respectives des États-Unis et de la France. Désormais, il faudra compter avec les artistes américains et, bien plus, accepter de près ou de loin leur existence et leur domination. Leur arrivée en force au Centre Pompidou, à l'instigation de Pontus Hulten, Suédois nommé à la tête du Musée national d'art moderne, à partir de 1973, est un signe : effacement d'une ignorance et fin d'une omniprésence française, sinon réelle du moins souvent exprimée avec nostalgie par l'intelligentsia de l'époque. Ce sentiment de l'excellence artistique nationale, pour de pas le nommer impérialisme culturel, s'exprime dans la bouche de Malraux en 1952 dans l'interview précité : « Nous n'aurons pas de nouveau Versailles ; néanmoins, si vous montrez Paris à vos touristes, vous pouvez leur montrer la ville d'où vient, depuis plus d'un siècle, la peinture du monde [...]. Depuis que la France est devenue reine incontestée de la peinture[18]... », phrases révélatrices d'un chauvinisme aujourd'hui insupportable. La politique culturelle, devenue politique du verbe, est bien un « tigre de papier ».

La « condition humaine » du ministre de la Culture sera sans cesse marquée par le déchirement entre l'être intellectuel qui subsiste en lui et le politique auquel il prend goût — car il aime le pouvoir et ses signes — sans jamais en devenir un professionnel. Voué à la tragédie par son existence et par son œuvre, Malraux sera aussi un grand ministre tragique. Mais, devenu homme d'État, plus qu'homme politique, car il ne voudra jamais être élu, il n'aura plus besoin de personnages de roman pour vivre son roman personnel : il en sera le meilleur acteur sur une scène taillée à sa mesure. Le fondateur est bien aussi un acteur.

2

Le fondateur du ministère de la Culture (1959)

À la différence du général de Gaulle, André Malraux n'est pas un amateur de conférences de presse. Il se distingue de ses successeurs qui useront largement de ce mode de communication. Il préfère agir par notes ou par textes réglementaires. Il adore en revanche prononcer des discours d'inauguration ou de célébration et met à profit chaque année la tribune parlementaire qu'offre le débat sur le budget du ministère. C'est l'occasion pour lui de s'adresser aux députés et sénateurs et, au-delà, à l'opinion publique. Le discours à l'assemblée nationale est devenu au fil des ans un moment littéraire à ne pas manquer. On y attend les perspectives lyriques, les condamnations péremptoires, les confessions pathétiques et les souvenirs héroïques. Et l'on n'est pas déçu. L'une de ses réparties célèbres à l'assemblée nationale, où il était pris à partie sur la politique de la musique, est un mélange de rouerie et de dialectique subtile qui lui vaut un succès d'assistance : « Après tout, Messieurs, on ne m'a pas attendu pour ne rien faire pour la musique ! ».

Malraux n'exclut pourtant pas le contact avec les journalistes. Il commence avec le théâtre : il donne une conférence de presse le 9 avril 1959 sur le thème de la réorganisation des théâtres nationaux. L'un des premiers actes politiques de Lang sera la loi sur le prix unique du livre. On aurait pu imaginer le contraire. Mais chaque ministre tient à se démarquer de l'image qui lui colle à la peau. Malraux, écrivain, ne traite pas de la politique du livre. Lang, homme de théâtre, ne fera pas du théâtre une priorité annoncée, (ce qui ne l'empêchera pas de faire une vraie politique pour le théâtre). Après le théâtre, Malraux poursuit par les maisons de la culture. L'une des grandes orientations de sa politique est ainsi clairement annoncée, car les maisons de la culture seront presque toutes fondées autour d'un théâtre. Malraux rend son importance au verbe, à une parole qui rompt avec la rhétorique parlementaire. Prise de parole et prise de pouvoir vont chez lui de pair. Il est un ministre au style oratoire révolutionnaire.

Il est certes difficile de résumer les grands choix de la politique culturelle de Malraux : créateur du ministère, il a eu le devoir de toucher à tout. Un certain nombre de lignes de force apparaissent cependant : la première, marquée par des débats importants au cours de l'année d'installation, touche au champ de compétences du ministère, et donc à la définition de la politique culturelle. Les questions qui se posent sont multiples, les réponses complexes.

On hésite alors entre deux orientations : la politique culturelle relève-t-elle d'une conception d'un État mécène des arts, comme en témoigne l'histoire de France ? Ou bien, doit-elle, dans la lignée du Front populaire, s'inscrire dans une perspective plus sociale ? Doit-elle disposer de ses propres finalités plus nettement artistiques ? Emprunter au domaine de compétences du ministère de la Jeunesse et des Sports et de ses maisons de jeunes et de la culture, de ses mouvements d'éducation populaire ? Quelles formes doit revêtir l'objectif de démocratisation culturelle qui est sans cesse réaffirmé ?

Vient ensuite la question des choix dans les réalisations et les projets. Malraux donne la priorité aux maisons de la culture : elles renouent avec une sorte de mythe de l'époque du Front Populaire tendant à créer des lieux distincts de l'université, des musées ou des bibliothèques, nouveaux creusets d'une synergie des formes esthétiques, sortes de temples de la rencontre avec l'art, où les relations entre l'individu et l'œuvre pourraient s'établir dans des conditions fusionnelles. Malraux les conçoit comme des lieux de médiatisation d'un type nouveau entre l'artiste et le public, de rencontres directes entre le visiteur et l'œuvre d'art, selon une alchimie où joue la profondeur indicible de l'intuition comme qualité de l'homme et où se met en œuvre une communion entre les hommes, de caractère plus mystique que cognitif. L'œuvre d'art relève du sacré. Sa pratique s'écarte de la pédagogie jugée lourde et pédante des professionnels de l'enseignement artistique.

Une troisième ligne d'action touche au patrimoine. Au-delà de sa fraternité avec les artistes contemporains, Malraux est plus tourné, comme on l'a dit, vers le passé que vers l'art du présent et vers les grands artistes reconnus que vers les jeunes. Il est aussi plus sensible au monument comme mémoire de l'Histoire qu'à l'expression populaire (ce qui peut expliquer qu'à la différence de Gaëtan Picon, il n'ait guère fraternisé avec un grand artiste comme Jean Dubuffet, passionné d'art brut et de graffiti).

Enfin, sans taxer Malraux de nationalisme, l'une des forces qui le guident se trouve dans une conception prophétique du rôle de la France qui se marie bien avec la conception gaullienne qu'il défend en toute occasion, notamment à l'étranger. La politique culturelle de Malraux est imprégnée d'un messianisme agnostique qui veut que la France soit la reine des arts et l'ambassadrice de la culture universelle. On le répétera longtemps après lui.

1. LA RÉHABILITATION DE L'ÉTAT

En un mot, la création du ministère réhabilite le rôle de l'État au service d'une mobilisation du peuple dans sa mémoire comme dans son devenir et promeut une certaine idée de la France dans le monde.

Un « État esthétique » ?

Même si Malraux ne cesse de dire que l'État ne doit pas influencer les choix esthétiques, l'intervention publique qu'il appelle de ses vœux ne peut pas être neutre. Elle fait référence à ce que Philippe Urfalino appelle « l'État esthétique[1] », concept qui va marquer pour de nombreuses décennies le ministère des Affaires culturelles. « La philosophie de Malraux, suivant la partition ternaire des leçons de Schiller, situe le rôle social de l'art entre deux pôles : d'une part, l'incapacité de la raison et de la connaissance à rassembler les hommes et à suppléer la religion perdue ; et d'autre part, la part organique de l'homme, l'attrait exercé par le sexe et la violence qu'exploitent pour en tirer profit les "machines de rêves", fruits du machinisme et du capitalisme. Seul l'art, touchant le cœur et les sentiments, peut rassembler[2]. »

• *L'installation*

Un ministère pour quoi faire ? Le décret du 3 février 1959 transfère au ministère des Affaires culturelles la direction de l'Architecture et la direction des Archives de France, qui relevaient de la direction générale des Arts et des Lettres, certains services du Haut Commissariat à la jeunesse et aux sports chargés d'activités socioculturelles, le Centre national de la cinématographie rattaché jusqu'alors au ministère de l'Industrie et du Commerce.

Malraux a trouvé en arrivant rue de Valois un directeur général des Arts et Lettres jusqu'alors omniprésent en la personne de Jacques Jaujard, personnage important qui règne depuis 1944 sur l'administration des Beaux-Arts. Il le nomme secrétaire général du ministère le 24 février 1959, fonction plus symbolique que réelle. L'éloignement de Jaujard met fin à la politique des Beaux-Arts. La place est ouverte désormais à la politique culturelle que Malraux pressent et qui reste encore à inventer. Jaujard et Picon ne vont guère s'entendre : tout les oppose. Jaujard est membre de l'Académie des beaux-arts depuis 1955. Gaëtan Picon, issu de l'enseignement, puis des postes de conseiller culturel à l'étranger, voit dans cette noble institution, comme Malraux d'ailleurs, un conservatoire de ce qu'il y a de plus médiocre dans la création artistique (si on peut l'appeler ainsi). M. Cornu qui avait été secrétaire d'État aux Beaux-Arts sous la IVe République, raconte[3] dans ses mémoires que : « [...] préférant "dans son for intérieur" le figuratif, il crut montrer, de conserve avec Jaujard, son libéralisme vis-à-vis de la peinture abstraite en commandant un plafond pour le Louvre... à Braque ! Un ministre des Beaux-Arts prenant Braque pour un peintre abstrait, cela vaut bien, commente Pierre Cabanne, d'être élu à l'Institut ! »

Le nouveau ministère a vocation à s'intéresser non seulement aux arts mais aussi à d'autres formes d'expression culturelle. Une commission est constituée afin de déterminer les conditions du transfert et de l'installation des différents services. En mai 1959, un protocole d'accord est signé entre André Malraux et André Boulloche, ministre socialiste, chargé de l'Éducation nationale, de manière à rattacher au ministère des Affaires culturelles un certain nombre d'associations, et les crédits correspondants, qui relevaient jusqu'alors du Haut Commissariat à la jeunesse et aux sports, lui-même dépendant du ministère de l'Éducation nationale.

Derrière la complexité des rattachements administratifs se trouve posé le problème des relations entretenues par le nouveau ministère avec celui de l'Éducation nationale et celui de la Jeunesse et des Sports. On se demandait alors, et cette interrogation va se prolonger plus d'une année durant, quelles devaient être les compétences du nouveau ministère du point de vue des activités culturelles ayant une dimension pédagogique (enseignements artistiques) et de celles ayant une dimension d'éducation populaire (Jeunesse et Sports). Un mauvais compromis est finalement passé. Pendant les trente ans qui suivront, cette question ne sera jamais tranchée et continue encore aujourd'hui à poser des problèmes. Cette incertitude se trouve placée au centre des enjeux de la définition d'une politique culturelle. Là encore, la « puissante bureaucratie d'État » de Marc Fumaroli est en réalité une timide administration qui s'interroge sur les limites de son intervention.

Pendant un an, Malraux hésite, comme le montre bien Philippe Urfalino[4], entre une définition large et une définition étroite de la culture. La première aurait eu pour effet de rattacher au nouveau ministère non seulement les écoles d'art et les conservatoires de musique, mais peut-être tout ou partie des enseignements artistiques qui sont dispensés à l'école ou à l'université. Elle aurait également entraîné le rattachement au ministère des maisons des jeunes et de la culture, des grandes associations d'éducation populaire et des associations de jeunes. La deuxième limitait l'influence du ministère au seul domaine de la « culture cultivée » et reconnue. Après de nombreux débats, de Malraux à Moinot, puis de Moinot à Biasini, le ministre et son entourage décident d'adopter une définition étroite de la culture. « La maison de la culture doit, elle, (par opposition aux maisons des jeunes et de la culture) organiser la rencontre de tous ceux qui aspirent à cette culture avec ses formes les plus parfaites. Elle trouvera donc sa caractéristique fondamentale dans la notion du niveau culturel le plus élevé, et de la qualité la meilleure, en proscrivant la condescendance tout autant que le paternalisme[5] », écrit Émile Biasini en conclusion d'une note d'orientation.

Le ministère sera d'abord celui des artistes et des amateurs de manifestations culturelles de haute qualité. Il prendra volontairement des distances avec les associations de caractère éducatif et populaire.

Malraux n'avait aucun atome crochu avec l'éducation populaire. En témoigne le mot avec lequel il salua les nouvelles fonctions occupées à partir de l'été 1967 par Jean Maheu quittant l'Élysée pour devenir directeur de la Jeunesse au ministère de la Jeunesse et des Sports. Il l'invite chez Lasserre pour marquer la fin d'une collaboration de plusieurs années. Il lui dit : « La direction de la jeunesse ? Cela va du cheval de bois à la maison de la culture ! ». Toutes les hésitations du Malraux des années 1959-1960 sont contenues dans cette expression.

En revanche, le rattachement du Centre national de la cinématographie ne soulève guère de problèmes. Nul ne conteste vraiment que le cinéma soit devenu le septième art autant qu'une industrie.

En juillet 1959, l'organisation du ministère est arrêtée : elle comprend un service d'administration générale, la direction générale des Arts et des Lettres[6], la direction de l'Architecture, la direction des Archives de France et le Centre national de la cinématographie. Le 22 décembre 1959, Gaëtan Picon est nommé directeur général des Arts et des Lettres. Ami de Malraux bien avant la guerre, ce professeur de lettres est connu pour ses écrits sur la littérature, pour son ouverture à l'art moderne et contemporain et pour ses essais sur Malraux : un Malraux, publié dès 1945 et un *Malraux par lui-même* publié au Seuil[7]. Pendant cinq ans, Geneviève et Gaëtan Picon vont tenir un salon littéraire et artistique bien fréquenté.

L'équipe d'hommes est choisie, l'organisation est arrêtée, Malraux peut se consacrer à l'action. Ses premiers discours valent programme. Successivement, il traite de la réorganisation des théâtres nationaux, il inaugure le Festival de Cannes, il prononce une allocution sur l'*Acropole* d'Athènes, se rend à Brasilia, inaugure la première Biennale de Paris, le Théâtre de France, remet le Grand Prix national des lettres à Saint-John-Perse et présente au Parlement le premier budget des affaires culturelles, en plaidant pour son autonomie : « L'autonomie du budget permet l'autonomie de l'action ». La phrase est belle, mais restera un vœu pieux.

Dans la pratique, Malraux n'arrivera jamais à arracher au ministère des Finances les moyens de sa politique. Il est pourtant convaincu de l'importance du budget, mais, en pleine guerre d'Algérie, il éprouve des scrupules à l'idée de déranger le général de Gaulle par ces questions d'intendance ; et d'ailleurs, peut-être croit-il au Plan plus qu'au budget. Il en fera un cheval de bataille : « Tout ce que je viens d'exposer est à quelques égards épisodique. Nous n'obtiendrons les résultats que nous souhaitons que lorsqu'un plan culturel aura été inscrit au plan national de modernisation et d'équipement. [...] On ne peut comparer le développement des affaires culturelles de la France à celui de quelques autres pays parce que, pendant quinze ans, il a toujours été impossible de continuer une action culturelle d'une année sur l'autre. Jamais la seule force dont auraient pu disposer les hauts fonctionnaires chargés de ces tâches n'a pu s'exercer de façon continue. C'est dans le plan d'équipement national, et dans ce plan seulement, que l'on peut concevoir un développement véritable et durable des affaires culturelles[8]. »

C'est l'époque où le commissariat général au Plan reçoit une mission importante du général de Gaulle pour qui le Plan doit être une « ardente obligation », et la culture a besoin de perspectives. Elle fait son entrée dans le domaine des grands secteurs d'orientation de l'activité de l'État à partir du IVe Plan. Pierre Moinot y présente son programme pour les maisons de la culture[9], tout comme André Chastel y définit son projet d'inventaire général.

L'année 1959 est pour Malraux l'occasion d'affirmer l'identité du nouveau ministère et le moment d'inventer un nouveau style. La politique culturelle est aussi affaire de style. La pratique du verbe acquiert une place nouvelle dans la politique, d'autant plus que le style Malraux, mélangeant lyrisme et raccourcis surprenants, est fait pour frapper les imaginations et entraîner à l'action. Les prémices étant ainsi posées, arrive avec l'année 1960 le moment des grands choix. Le souffle peut être puissant et large, mais aussi imprécis, ce qui laisse du flou dans l'action et favorise les manœuvres de cabinet, voire les complots entretenus par « l'ambiance onirique et cynique » de l'entourage[10].

• *La durée de l'État*

Malraux effectue une mue surprenante : inspiré, il parle comme un poète, réaliste, il s'exprime comme un homme d'État. L'homme qui invente le style du ministère de la Culture épouse si bien ses nouveaux habits de ministre qu'il ne va pas les quitter pendant dix ans pour une mission ambitieuse : réconcilier l'État et la culture. Pas moins.

Il est vrai pourtant que l'État et l'art relèvent de catégories différentes, voire opposées. L'État s'est toujours intéressé à l'art pour le meilleur et pour le pire. Ce que l'on attend de lui c'est moins un jugement que des moyens. Comme le grand mécène capable de faire confiance sans prétendre tout comprendre. Mais celui qui dispose des moyens peut avoir l'illusion de connaître et, pire, de sentir... Malheur à lui, s'il lui prend le caprice de prétendre juger ! Aujourd'hui encore, le ministère de la Culture apparaît plus comme le ministère des artistes, des professionnels de la culture, des grandes célébrations que comme le ministère des corps intermédiaires, médiateurs, éducateurs et animateurs. Son organisation est constamment marquée par les aspirations corporatistes des artistes. Elles existaient déjà sous Henri IV. On y trouve une direction pour les conservateurs de musées, une direction pour les comédiens, une autre pour les interprètes et compositeurs, une direction pour les artistes plasticiens, une direction pour les écrivains, etc. En même temps, Malraux résiste à la tentation du corporatisme qui exprime à ses yeux une vision trop étroite du champ culturel. Aussi maintient-il, de nombreuses années durant, la direction générale des arts et lettres. Il faudra le départ de Gaëtan Picon en 1966, puis les événements de mai 68 et la démission de Pierre Moinot de cette direction pour qu'il s'engage, à son corps défendant, après neuf ans de fonction, dans la voie d'une organisation « verticale » et cloisonnée du ministère.

Depuis qu'il a été créé, le ministère a rencontré les plus grandes difficultés à intégrer des institutions à vocation généraliste de caractère « horizontal », telles que la direction de l'action culturelle, puis plus tard, en 1981, celle du développement culturel. Mais il devient, lorsque Malraux s'apprête à le quitter, une addition de services verticaux dans lesquels chacune des disciplines artistiques dispose de sa propre administration et privilégie les relations avec sa clientèle d'artistes, de professionnels et ses publics. Résultat paradoxal de dix ans de politique : la création d'une organisation à laquelle le ministre d'État était lui-même hostile.

Des choix *a priori* modestes, faits parfois à contrecœur, comme sa résignation à ne pas exercer la tutelle sur les associations d'éducation populaire relevant du ministère de la Jeunesse et des Sports, ni à exiger le rattachement de tous les enseignements artistiques, sont lourds de conséquences. Malraux a ainsi fait le choix implicite d'une conception à la fois aristocratique, messianique, voire monastique de l'action culturelle de l'État.

Elle est aristocratique : après quelques hésitations, le ministère devient celui des professionnels et se comporte comme le ministère des artistes. La mission de l'État est de les sélectionner, de retenir les plus créatifs d'entre eux, de susciter et entretenir une sorte de mécénat d'État qui s'inscrit bien dans la tradition royale et républicaine et s'appuie sur le savoir-choisir supposé du ministre et de ses collaborateurs. Aussi ne sommes-nous pas éloignés en cette fin du XXe siècle d'une forme moderne de despotisme culturel éclairé. La création par le mécène d'État d'une sorte de Panthéon contemporain, mais aussi historique, est destinée à l'éducation du peuple, grâce au culte des émotions esthétiques qu'il est censé éprouver dans la contemplation des chefs d'œuvre. Mais les artistes ne seront pas choisis par leurs pairs. L'Académie des beaux-arts est vue comme l'Enfer. L'État doit résolument choisir la modernité, qui implique prise de risque. Comme l'intellectuel, le ministre doit s'engager. Pour reprendre la formule du peintre Henri Cueco, le mécénat d'État est toujours plus ou moins arbitraire, mais ce doit être un arbitraire signé, car le bénéficiaire, et plus encore celui qui n'a pas été choisi, doivent savoir qui a choisi ou refusé. Les crédits utilisés à cette fin sont en effet financés par le paiement de l'impôt par tous.

Réconciliateur de l'État et de la modernité, Malraux favorise les rapprochements avec les grands artistes de l'époque. Il insiste pour les honorer, comme si leur proximité apportait une sorte de noblesse au gouvernement. Malraux vibre de ces reconnaissances. Celles des artistes et celle du général. La présence régulière de de Gaulle à ses côtés apporte la sanction du chef suprême aux choix de son ministre. Est-ce à dire que de Gaulle attend en retour une reconnaissance des artistes ? En a-t-il besoin ? La fascination réciproque du prince et de l'artiste est une composante permanente de l'exercice du pouvoir. Mais de Gaulle n'est pas très porté vers la peinture et la sculpture : à Malraux de se charger de ces jeux de miroirs.

Pendant des décennies, notamment à la fin de la IIIe République, mais même sous la IVe République, les dirigeants de l'État ont souvent jeté leur dévolu sur les artistes et architectes académiques, autant dire médiocres. Malraux, et c'est là qu'on reconnaît le philosophe de l'État et de la dialectique institutionnelle, veut moderniser la République dans son style et dans ses œuvres. C'est la raison pour laquelle il accorde une très grande importance aux principaux représentants de l'art moderne. Maillol aux Tuileries, Picasso au Grand et au Petit Palais, les cérémonies nécrologiques de Braque et de Le Corbusier au Louvre sont autant de signes d'une évolution qui va se poursuivre longtemps et qui est peut-être même l'une des marques, voire des exceptions, de la politique culturelle à la française. Ce en quoi Fumaroli s'oppose tant à Malraux relève sans doute moins de sa soi-disant dictature sur les arts que de ses choix en faveur de la modernité. La polémique qu'il ouvre renoue avec celle des Anciens et des Modernes. Pourtant les audaces de Malraux restent contenues dans le goût le plus classique. Pas de discours de sa part lors de la mort d'Yves Klein en 1962 (et d'ailleurs le connaissait-il ?), ni à l'occasion de celle de Giacometti en 1966, ce qui est plus étonnant.

« L'État esthétique » incarne par ailleurs une certaine forme de messianisme dans la mesure où les « cérémonies » présidées par Malraux revêtent un caractère quasi religieux avec oraisons, épiphanies et homélies. Ces célébrations sont censées établir une relation immédiate entre les artistes et le public. Elles tendent aussi à lui proposer de participer à l'aventure esthétique du « *Musée imaginaire* ». Le mot revient si souvent dans la bouche du ministre qu'il mérite que l'on s'y attarde : « J'appelle *Musée imaginaire* la totalité de ce que les gens peuvent connaître aujourd'hui même en n'étant pas dans les musées, c'est-à-dire ce qu'ils connaissent par la reproduction, ce qu'ils connaissent par les bibliothèques[11]... »

On y trouve l'une des sources du développement des équipements culturels qui vont fleurir en France après Malraux.

Enfin, cet État esthétique est monastique car il méprise l'argent et s'appuie sur un corps de fonctionnaires culturels désintéressés. Pour Malraux, la politique culturelle peut fourbir d'autres armes que le budget de l'État, car elle est d'un autre ordre. On ne se bat pas contre le ministère des Finances même si l'on essaye de négocier avec lui. On ne craint pas de penser que la création artistique fait bon ménage avec une certaine forme de pauvreté. Bernard Anthonioz et son épouse, Geneviève de Gaulle, rendent visite aux artistes avec des paniers à provision. À aucun moment, Malraux n'a exigé de de Gaulle les moyens de sa politique. Il aurait pu le faire, et s'il n'a jamais osé lui forcer la main c'est qu'au fond il n'était pas totalement convaincu que l'argent fût absolument nécessaire à l'art. Le moment est encore loin où un ministre de la Culture, Jack Lang, peut s'exclamer au Parlement « culture et économie même combat ! ». Tandis que le commissariat à l'énergie atomique et le ministère des Armées inscrivent des milliards pour développer l'arme nucléaire, Malraux n'obtient pas les millions qui lui eussent été nécessaires. Il doit vite renoncer à ses ambitions de construire une maison de la culture dans chacun des départements de France, ou même d'entreprendre les quarante maisons de la culture que Biasini estimait nécessaires. Une vingtaine d'entre elles sont retenues, dix seront réalisées. Comportement estimable d'un ministre discipliné, acceptant sans discussion les arbitrages du Premier ministre ou du ministre des Finances. À l'opposé, Jack Lang n'aura de cesse de solliciter l'autorité du président de la République pour obtenir des moyens budgétaires. La logique de l'État-mécène n'est-elle pas de disposer d'un budget suffisant ?

Plus que mécène, l'État est d'abord pour Malraux, que l'on imagine parfois en habits de moine-templier, le rempart qu'il faut opposer aux forces barbares qui menacent notre culture : « Si les États créent tour à tour des ministères des Affaires culturelles, c'est que toute civilisation est menacée par la prolifération de son imaginaire, si cet imaginaire n'est pas orienté par des valeurs[12]. »

Jugement terrible qui pourrait laisser croire que l'État doit s'opposer au désordre imaginaire… Mais Malraux distingue le bon et le mauvais imaginaire, celui du négoce, comme en Amérique et celui de la culture dont la liberté est garantie par l'État : « Ce que le cinéma nous révèle chaque année davantage c'est que les hommes, malgré tout ce qui les sépare, malgré les plus graves conflits, communient dans quelques rêves fondamentaux[13]. » Pour lui, la culture est d'abord un combat : « La culture est devenue l'autodéfense de la collectivité, la base de la création et l'héritage de la noblesse du monde[14] », phrase qui pourrait être inscrite à l'entrée du ministère de la Culture.

Un État-mécène ?

Pour Malraux, la légitimité du mécénat d'État repose sur une vision de l'État plus que de l'art. Elle est profondément politique.

De là une distance prise avec la perspective économique de la culture conforme à la vision sociologique du champ culturel proposée par Pierre Bourdieu : « L'économie antiéconomique de l'art pur, fondée sur la reconnaissance obligée des valeurs de désintéressement et sur la dénégation de l'économie (du commercial) et du profit économique (à court terme) privilégie la production et ses exigences spécifiques, issues d'une histoire autonome ; cette production qui ne peut connaître d'autre demande que celle qu'elle peut produire elle-même, mais seulement à long terme, est orientée vers l'accumulation de capital symbolique, comme capital économique dénié, reconnu, donc légitime, véritable crédit, capable d'assurer, sous certaines conditions et à long terme, des profits économiques[15]. »

De là le goût de Malraux pour le plan à long terme plus que pour le budget à court terme et, rapidement, la relégation des questions budgétaires au rôle de l'intendance subalterne. Il faudra au moins vingt cinq ans au ministère de la Culture pour sortir de cette logique de la pauvreté érigée en vertu. Et encore le changement introduit par Lang tient plus à l'homme qu'à l'institution qui, après lui, retombe dans les ornières de l'État nécessiteux.

Si « l'État culturel » est nécessairement mécène, souvent impécunieux, il l'est par nécessité, par fonction, plus que par finalités. Chez Malraux, la conception de l'État-esthétique est souvent antagoniste avec la quête de l'État-mécène. Ce en quoi la politique culturelle de Malraux prend souvent des allures de dilemmes.

En premier lieu, l'État doit protéger et mettre en valeur aussi bien la création passée que la création présente, il doit se placer au service des artistes d'autrefois et d'aujourd'hui, parce qu'il est au-dessus de l'individu et qu'il incarne une forme de noblesse du monde. Subventionner la culture, c'est donc à la fois un devoir et une nécessité. Mais subventionner c'est choisir. L'une des premières déclarations de Malraux, le 9 avril 1959, lors de la conférence de presse consacrée à la réorganisation des théâtres nationaux, lui permet d'affirmer : « Quiconque subventionne choisit son subventionné. Et s'il croit ne pas choisir, choisit sans le savoir, l'amateur de Feydeau. »

Le discours est clair, qui ne choisit pas choisit l'ordre esthétique dominant, et donc médiocre. Seul le choix est une manière de reconnaître la création, il faut donc réconcilier l'État et les artistes. La question est alors : qui choisit ? Pour qui ? Pourquoi ? Comment ? À défaut du ministre, un système ? Mais lequel ? Malraux ne répond guère à ces questions : le grand mécène c'est lui et c'est son regard qui choisit.

En second lieu, le rôle de l'État est de contribuer à démocratiser la culture. À défaut de se mesurer en termes de résultat, cette exigence un peu vague et populiste, présente dans le décret constitutif du ministère, s'apprécie déjà en termes de volonté. Malraux ne fait pas cavalier seul : il est à l'unisson avec les intellectuels de sa génération pour qui la culture doit disposer de véritables services publics, comme l'énonce Jean Vilar : « Dieu merci, écrit-il, il y a encore certaines gens pour qui le théâtre est une nourriture aussi indispensable que le pain et le vin. Le TNP est donc, au premier chef, un service public. Tout comme le gaz, l'eau, l'électricité[16]. »

Pour affirmer le rôle fondamental de la prévision économique à long terme dans la culture et pour réunir les moyens d'évaluer les conséquences de ses décisions, est créé le Service des études et des recherches. Son origine se trouve dans le commissariat au Plan. En 1961, lors de la préparation du IVe Plan, Pierre Moinot constate que le ministère souffre d'un « manque tragique d'information [...]. Le Plan a eu une influence fondamentale sur les autres et sur nous, en ce qu'il a révélé que pour situer le développement culturel dans le développement économique et social, il fallait des données de fait, il fallait des chiffres ». En 1963, Jacques Delors, responsable des affaires sociales au commissariat au Plan, charge Augustin Girard, ancien enseignant à l'école alsacienne et rapporteur en 1961 du groupe de travail « action culturelle » du IVe Plan, de créer une cellule d'études et de recherche[17]. Plus que Malraux, des hommes comme Jacques Delors, proches des milieux du Plan, des syndicats et d'inspiration de gauche plus que de droite, vont œuvrer pour que le ministère s'ouvre aux publics, à l'économie, à la sociologie. En 1965, Augustin Girard jette les bases d'un système d'études culturelles qu'il situe lui-même à « mi-chemin entre la plaisanterie et le sacrilège[18] ». En approuvant cette initiative, André Malraux comprend bien que les questions de culture méritent d'être traitées sous l'angle de l'économie et de la sociologie : la demande sociale de culture doit être confrontée à l'offre publique de services culturels ; les formes extérieures qu'empruntent les politiques culturelles (concerts, spectacles, expositions etc.) ne peuvent pas se limiter à des formes d'expression artistique. Bref, la dimension populaire de la culture est sans doute une préoccupation qui inspire cette décision en même temps qu'elle est à l'origine du développement de la recherche dans le domaine des études culturelles.

Trente-cinq ans plus tard, le domaine des études sur la culture se trouve développé dans un grand nombre d'universités et l'ingénierie culturelle a acquis droit de cité. À l'époque de Malraux, il n'existait aucune statistique sur le champ culturel. Paradoxe : le philosophe du *Musée imaginaire* favorise ainsi les statistiques culturelles, et les recherches en sociologie et en économie de la culture. C'est une des réponses à la question de savoir qui décide : le ministre, ses fonctionnaires ou un système plus complexe. Une politique culturelle démocratique exige la connaissance de ce système et un effort pour l'organiser d'une manière aussi libérale que possible. Le responsable du « Royaume farfelu », nom qu'il prêtait parfois au ministère, est aussi inspiré par « l'ardente obligation » du Plan.

Malraux n'aura pas le temps de connaître tous les résultats des pratiques culturelles induites par le développement des industries culturelles, mais il sera convaincu qu'entre le marché et l'État, le marché va à la facilité et l'État à l'exigence. D'un côté la petite culture, ou du moins la culture mercantile, celle des « industries du rêve », de l'autre la grande ou la haute culture, mais pour tous.

En troisième lieu, le rôle de l'État est d'éviter que le système d'enseignement n'exerce un monopole culturel. Malraux ne se garde pas de fustiger la IVe République : « Si la IVe République, dans le domaine culturel s'est montrée si hésitante, cela tient en grande partie à la subordination des Affaires culturelles à l'Éducation nationale, à la précarité des gouvernements, mais aussi à une absence de toute doctrine due à la confusion dans tout l'Occident de la notion de culture[19]. »

Cette hostilité de Malraux au système d'enseignement tient sans doute à sa propre conception de la culture. La délectation artistique ne peut pas être le résultat d'un développement de la connaissance, elle provient d'une rencontre magique, d'une sorte d'état de grâce qui unit dans la contemplation l'individu et l'œuvre. À la culture de l'éducation nationale historique, abstraite et théorique, Malraux préfère une « Action culturelle » contemporaine, concrète et sensible. L'état culturel, sans E majuscule, n'est pas éloigné de l'état de grâce. Ce sentiment de l'inutilité des médiateurs culturels le rattache encore au système artistique plus qu'au système culturel.

Enfin, l'État doit exercer dans l'aménagement du territoire un rôle de régulateur, de force de proposition, d'initiateur de projets. Malraux est un grand précurseur qui a compris combien les régions seront appelées à jouer un rôle fondamental dans l'équilibre culturel de la nation. L'un de ses principaux collaborateurs, Émile Biasini, va passer des années à sillonner les régions de France. Mais il manque de moyens et l'une des dernières volontés de Malraux-ministre, c'est un signe révélateur, est d'adresser, le 23 mai 1969, une lettre de mission aux trois premiers directeurs régionaux des affaires culturelles. Il a dû attendre dix ans pour nommer seulement trois directeurs alors que tous ses discours mettent les régions et les villes sur le devant de la scène. Il réussit toutefois à confier des missions de vacataires à des représentants présents dans chaque région et qui mettront en œuvre la procédure du 1 %. Mais c'est bien peu eu égard aux besoins. Malraux a compris le rôle fondateur de lieux artistiques nouveaux pour la rencontre entre le grand public et l'art, mais, en dépit des efforts de Bernard Anthonioz, il n'arrive pas à faire réellement pénétrer l'art contemporain dans les régions : il reste l'apanage de Paris.

La démocratisation de la culture est déjà très dépendante des industries culturelles et l'aménagement culturel du territoire reste quasiment lettre morte. Ce philosophe de la réconciliation de l'État et de l'art va essentiellement réussir dans la protection et la mise en valeur du patrimoine. La rue de Valois agit alors sans guère se soucier du marché de la culture qu'elle va mettre des années à mieux connaître.

Dilemme et paradoxe de ce Malraux, individualiste forcené, révolutionnaire de l'entre-deux-guerres, qui devient le fondateur et le premier organisateur d'un ministère de la Culture qui bride ses rêves ! Lui qui a longuement côtoyé les communistes, a acquis la conviction que l'État doit d'intervenir dans la promotion des arts et des lettres pour faire accéder le peuple aux œuvres de l'art et de l'esprit. Le ministère de la Culture doit veiller avant tout à la plus haute qualité pour le plus grand nombre : paradoxe, en forme de paradis accessible, que les gaullistes ne vont cesser de présenter comme fondement de leur politique culturelle.

Mais pour en permettre l'accès, Malraux ne va pas trouver son Saint Pierre ! Ses directeurs de cabinet sont des juristes plus que des financiers. Pierre Moinot et Bernard Anthonioz reconnaissent avoir dû bricoler avec les moyens du bord[20]. «Les conditions étaient épouvantables, se rappelle Pierre Moinot : une quasi inexistence de moyens, un dénuement qu'on a peine à imaginer, un entourage administratif totalement sceptique et souvent hostile, qui guettait la fin de l'expérience, [...] ».

Certes, très rapidement, on fait venir Jean-Marie Schmerber, issu du ministère des Finances, pour gérer la sous-direction du budget, pensant pouvoir de la sorte bénéficier d'un transfuge de la rue de Rivoli. Biasini, qui sera le collaborateur le plus opérationnel de Malraux, est remercié en 1966 : à peine plus de cinq ans pour mettre une pensée en acte. On fait appel à Jean Autin, inspecteur des finances, pour diriger l'administration générale. Il faudra attendre Jacques Duhamel, en 1972, pour qu'un inspecteur des finances, Jean-Marie Roche, vienne au cabinet du ministre. En définitive, pendant dix ans, il va manquer au ministère un grand organisateur.

Et pourtant, Malraux, touche par touche, ne cesse de construire le ministère. Il dispose pour cela du temps, qui sera son meilleur allié. André Holleaux qui fut son premier vrai directeur de cabinet, membre du Conseil d'État, juriste éminent, n'était pas un financier avéré. Les souvenirs qu'il a gardés de sa présence rue de Valois rappellent que l'on a procédé par décisions multiples plus que par lignes de force[21]. Le ministère n'était pas véritablement dirigé. Chaque direction constituait encore un État dans l'État. Ainsi de la direction de l'Architecture ou de celle des Archives nationales. L'équipe Duhamel aura à cœur de créer au contraire l'esprit du ministère.

Mais si Malraux n'était pas un organisateur, il savait jouer de la dynamique institutionnelle. À défaut de concevoir le ministère dans sa globalité, il va se révéler un innovateur institutionnel. Après avoir créé le CNAC, en 1967, par exemple, il met fin aux privilèges de l'Académie des beaux-arts et, à la suite des événements de mai 68, donne leur autonomie à l'École nationale supérieure des beaux-arts et à la Villa Médicis. Il dépasse aussi la sourde résistance du Musée d'art moderne à l'art contemporain et permet à Bernard Anthonioz de mettre en place une institution qui sera l'une des prémices du Centre Pompidou.

Lui qui avait rêvé de transparence entre les domaines de la culture, de convivialité, de relations directes entre les artistes et les publics, devra finalement faire son deuil de cette transversalité impossible et se résoudre à des services spécialisés dans une discipline et en direction d'une profession, sorte d'image institutionnelle éclatée d'une culture dont il plaidait au contraire l'unité profonde.

Théoricien du rôle de l'État dans la culture, bâtisseur du ministère et concepteur institutionnel, Malraux est également le célébrant des grands rites gaullistes, rites populaires sinon populistes. À ce titre il développe une conception de la culture qu'il dénomme lui-même « démocratique ».

2. LE SERVICE DU PEUPLE : LA CULTURE DÉMOCRATIQUE

« Trois hypothèses, dit Malraux, dominent en France le problème de la culture. La première, c'est la culture totalitaire, et nous l'écartons. La seconde c'est la culture bourgeoise, c'est-à-dire pratiquement celle qui n'est accessible qu'à ceux qui sont assez riches pour la posséder... Si nous n'acceptons ni la première, ni la deuxième hypothèse, si noble ou si usé que soit le mot démocratie, alors il n'y a qu'une culture démocratique qui compte, et cela veut dire quelque chose de très simple. Cela veut dire qu'il faut que par les maisons de la culture qui, dans chaque département français, diffuseront ce que nous essayons de faire à Paris, n'importe quel enfant de seize ans, si pauvre soit-il, puisse avoir un véritable contact avec son patrimoine national, avec la gloire de l'esprit de l'humanité[22]. »

Au sein de « l'État esthétique », les relations entre le gouvernement, les fonctionnaires du ministère et le public se passent de médiateurs, tout comme de Gaulle voue les partis politiques aux gémonies et se méfie des corps intermédiaires. Elles prennent souvent la forme de manifestations populaires dont les grandes expositions rétrospectives sont la plus belle illustration. Avec les expositions Picasso et Toutankhamon, c'est par centaines de milliers que les visiteurs désormais fréquentent le Grand et le Petit Palais. Malraux organise le « sacre » de Picasso. Le peintre lui apporte en retour la lumière de son génie. Les « rétrospectives » sont à Malraux ce que les « opérations » seront à Lang.

Malraux légitime le rôle de l'État dans la culture, pensant que la politique culturelle peut favoriser, dans un système démocratique, l'accession de tous les citoyens aux valeurs culturelles reconnues par le ministre et le système artistique. Le grand mythe mobilisateur de la démocratisation culturelle nourrit toute son action et inspirera, par la suite, celle de ses successeurs. Il l'inscrit en lettres d'or dans l'article I du décret du 24 juillet 1959 qui institue le ministère : « Le ministère des Affaires culturelles a pour mission de rendre accessibles les œuvres capitales de l'humanité, et d'abord de la France, au plus grand nombre possible de Français ; d'assurer la plus vaste audience à notre patrimoine culturel, et de favoriser la création des œuvres de l'art et de l'esprit qui l'enrichissent. »

Cette démocratisation de la culture ne se fera pas par l'enseignement, ce qui est l'une des grandes limites de l'action de Malraux : « [...] Jules Ferry n'a rien fait pour les beaux-arts parce qu'ils ne dépendaient pas de lui... Partout les républiques ont créé de puissants systèmes pédagogiques mais pas de système artistique. Pourquoi ? Parce que, en ce temps là, l'art c'était la bourgeoisie, tandis que ce qu'a incarné Jules Ferry, c'était un grand mouvement populaire[23] [...] »

La démocratisation culturelle se fera donc grâce au ministère des Affaires culturelles et aux moyens qu'il va pouvoir mettre en œuvre. Et Malraux imagine une politique culturelle ambitieuse fondée sur la critique de notre système éducatif : « Mon prédécesseur, du temps de Napoléon III, était un homme qui achetait des tableaux et ne faisait rien d'autre, nous avons hérité dans toute l'Europe d'un système scolaire changé de fond en comble et d'un système d'aide aux arts, qui, lui, n'a jamais été modifié. L'œuvre pédagogique de la IIIe République a été l'une des plus grandes du monde jusqu'à l'alphabétisation de la Russie... La pédagogie dans l'Europe entière a été prise en main par la volonté révolutionnaire républicaine ; l'art jamais !... Le problème est donc de faire pour la culture ce que la IIIe République a fait pour l'enseignement : chaque enfant de France a droit aux tableaux, au théâtre, au cinéma comme à l'alphabet[24]. »

Il ajoute lors d'un voyage à Athènes : « La culture ne s'hérite pas, elle se conquiert. Cette semaine, l'image de l'*Acropole* sera contemplée par plus de spectateurs qu'elle ne le fut pendant deux mille ans... Le peuple de la liberté, c'est celui pour lequel la résistance est une tradition séculaire, celui dont l'histoire moderne est celle d'une inépuisable guerre de l'Indépendance[25]. »

La démocratisation se fera donc par de grandes expositions, par un usage accru du livre d'art et des reproductions des chefs d'œuvre, par de nouvelles institutions comme les maisons de la culture et par l'organisation de grands rituels nationaux : ceux de Malraux affectionnent la célébration des artistes morts. Lang organisera à son tour des rituels accomplis par et pour des vivants.

On a souvent rapporté comment de Gaulle, qui avait lui-même un sens de la mise en scène immortalisé par ses conférences de presse ou ses voyages en province, était attaché à la présence de Malraux à ses côtés pour ajouter à la politique l'onction nécessaire de la dramaturgie des manifestations publiques rythmant sa présidence. Aux côtés de Malraux, il ne manque pas les réceptions à l'Opéra, les vernissages au Grand Palais. Ce principe de célébration a un sens politique profond. Malraux n'était-il pas celui qui au RPF, dix ans plus tôt, avait animé les grands rassemblements publics ? (comme Lang au Parti socialiste...). N'était-il pas celui qui, pour l'anniversaire de la République, avait organisé le 4 septembre 1959, place de la République à Paris, la grande manifestation avec un discours précédant celui du général de Gaulle annonçant la nouvelle constitution de la Ve République ? (Lang préférera la place de la Bastille, le 10 mai 1981). À de Gaulle les grandes manifestations politiques, les estrades, les grandes places de Paris, de province ou d'Alger ; à Malraux, les inaugurations, les hommages aux disparus. Il y a une certaine grandeur dans cette capacité à théâtraliser les grands mythes républicains, à développer le culte des héros laïcs, à inciter les masses à partager cette ferveur républicaine. Il veut s'inscrire dans la tradition des fêtes nationales, depuis la Révolution et Napoléon. Pour lui, comme le rappelle Pierre Moinot, la Vᵉ République n'est pas celle qui succède à la IIIᵉ puis à la IVᵉ République, elle est l'héritière de la première République qu'il invoque le 14 juillet 1958 : « Le vieil hôtel de ville de Paris était celui de la Commune de 1793 et de celle de 1871 ; l'une et l'autre au service de la France. Les murs de ce monument-ci portaient la croix de la Libération qu'y fit graver le général de Gaulle — au nom de la République qui fut celle de Danton et de Saint Just, celle de tous ceux qui ne concevaient pas que l'on pût désespérer de la nation[26]. »

Le témoin de la tradition républicaine rappelle à qui en douterait que le Général n'est pas un putschiste. Grâce à Malraux, de Gaulle est bien, pour qui en aurait douté, un général républicain.

La théâtralisation s'accompagne volontiers d'une certaine dramatisation. Il en est ainsi à l'époque du putsch des généraux d'Alger lorsque Malraux fait distribuer des armes dans la cour du Palais-Royal, ou le 30 mai 1968 lorsqu'il est aux premiers rangs, avec Michel Debré, de la grande manifestation qui redresse la situation en faveur du général. Comme les gaullistes et comme de Gaulle, Malraux aime bien côtoyer le bord du précipice et, pendant dix ans, il développe cette pratique romantique du pouvoir, qui reste peut-être une des marques des dix premières années de la Vᵉ République.

3. UNE CERTAINE IDÉE DE LA FRANCE DANS LE MONDE

Le service de la France est ce qui réunit profondément les deux hommes : la France, deux fois présente dans le texte du décret fondateur du ministère. Une France rayonnante dans le monde, car Malraux a fortement conscience du caractère planétaire de notre civilisation et des dangers qui pèsent sur son identité. Entre la tyrannie totalitaire de l'Union soviétique et le mercantilisme américain, il y a place pour un « troisième continent[27] ».

L'affirmation du rôle universel de la France

Le « troisième continent » est composé des pays européens, mais aussi de pays d'Amérique latine, d'Afrique et d'Asie qui acceptent le combat engagé par la France au service du développement d'une culture démocratique.

C'est pourquoi Malraux veille spécialement dès l'année 1960 à ce que soit créé sous l'autorité de Jacques Jaujard, un comité pour le développement de la présence culturelle de la France à l'étranger. Le 16 juin 1960, il définit par note les attributions du secrétaire général qui est chargé des grandes missions culturelles françaises à l'étranger en liaison avec le Quai d'Orsay. Cette mission sera difficile à remplir, le Quai d'Orsay veillant à la sauvegarde de ses attributions. Question posée en 1960, et toujours d'actualité. En réalité, l'AFAA (Association française d'action artistique) va poursuivre son rôle, présidée par des hommes éminents, comme Louis Joxe, et l'action du ministère des Affaires culturelles au plan international sera longtemps éclipsée par la direction générale des Relations culturelles, scientifiques et techniques du Quai d'Orsay qui gère les postes de conseillers culturels, les instituts et lycées français à l'étranger. La mission internationale du ministère des Affaires culturelles dépend du charisme, de la volonté du ministre et de sa capacité à voyager. Elle est grande.

Partout où il se rend, il dispense sa parole prophétique. Malraux ne parcourt-il pas le monde pour essayer de faire vivre ou revivre son *Musée imaginaire* plus que pour nouer de véritables échanges institutionnels ou commerciaux ? Pour rappeler le rôle universel de la culture française ? Conception très gaullienne de la politique qui débouche sur des relations internationales bilatérales : il cherche à rencontrer tel ou tel interlocuteur dont il apprécie le charisme et dressera le portrait dans ses *Antimémoires*, beaucoup plus qu'à lancer un projet ou un chantier. À aucun moment, Malraux ne participe à une réunion de plusieurs pays débattant de la culture. Il prononce certes des discours à l'Unesco, mais il ne participe pas à des réunions de ministres de la Culture, comme Jack Lang saura en susciter, notamment dans le cadre de l'Europe. Les temps ne s'y prêtent sans doute pas encore et sa conception des relations internationales, empreinte d'esprit missionnaire, donne la primauté à la position centrale de la France dans le monde, ce qui écarte la rencontre à plusieurs. Le ministre des Affaires culturelles discute avec un pays et un seul pour concevoir un projet, une exposition, une visite. L'action culturelle internationale du ministère n'est pas encore institutionnalisée, elle n'est pas encore inter-étatique, elle est loin de s'intéresser à la mise en place de directives communes à plusieurs pays, comme aujourd'hui, dans le domaine de la télévision ou des droits d'auteur. Elle reste essentiellement liée à la personne de Malraux. On navigue dans le prestige, on privilégie les plus grandes œuvres, les trésors des grandes civilisations, on chemine dans un monde fait de superlatifs, d'universalité et de généralités. La politique culturelle reste précaire et se cantonne dans un monde de valeurs artistiques unanimes. Le *Musée imaginaire*, ce sera l'une de ses fonctions, va aider à apporter l'universalité de l'art à la relativité de la politique.

Le théoricien du *Musée imaginaire*

Malraux rêve d'une démocratie culturelle élargie aux quatre coins du monde. Le ciment en serait le *Musée imaginaire*, la réunion de tous les chefs-d'œuvre de l'humanité, au-delà des catégories qui en opposent parfois les parties tant sur le plan des croyances que sur celui des coutumes. L'homme contemporain sera de plus en plus un visuel. Plus sensible de ce fait aux arts plastiques, il choisit pourtant le théâtre comme fer de lance de sa politique des maisons de la culture, ce qui n'ira pas sans contradictions. Il balancera donc entre les arts du regard et les arts de la parole et de l'écoute : arts plastiques, cinéma, photo, d'un côté, théâtre, musique, de l'autre.

Il n'est pas le dernier à affronter cette différence. Considérant l'évolution du théâtre au cours des vingt ou trente dernières années, Robert Abirached part d'un constat voisin : le recul du discours et du texte dans l'art théâtral va de pair avec une montée de ce que l'on pourrait appeler les arts gestuels : la danse, la marionnette, le cirque… Il résume d'un trait cette sorte de court-circuit entre l'expression parlée et les autres : « À l'assurance de l'esprit qui parle et qui comprend se substitue l'appel de l'œil qui écoute, selon la belle formule de Paul Claudel[28]. »

Le *Musée imaginaire* selon Malraux c'est le domaine où l'œil écoute. Chez Malraux, cet œil parle encore, avec une voix d'outre-tombe et des mains qui en palpent vainement le dessin dans l'espace. Chez d'autres, la nouvelle culture est déjà véhiculée par l'image, directement perceptible, plus que par l'intelligence raisonnante, ce que tentera de contester l'un des historiens d'art de l'époque, Georges Duthuit[29], pour qui le recours à la photographie conduit à transformer l'œuvre en « art fictif ».

Malraux se livrera à quelques tentatives de concrétisation du *Musée imaginaire* : en 1945, déjà, en voulant implanter des reproductions de chefs d'œuvre de l'histoire de l'art dans les écoles, dans les années soixante en cherchant à utiliser les crédits du 1 % pour faire réaliser par des sculpteurs des reproductions de sculptures classiques à implanter dans les lycées et les universités, ce qui n'aura évidemment aucune suite. Mais la seule expression concrète du *Musée imaginaire* est peut-être l'exposition que la fondation Maeght organise sur ce thème en son honneur en 1973, trois ans avant sa mort… Il est surtout un mythe puissant qui hante ses discours.

Puisque priorité est donnée aux chefs-d'œuvre, Malraux reste pour la postérité l'ami des artistes, non pas des jeunes ni des plus démunis, mais de ceux qui ont réussi dans l'histoire ou dans le présent, qui incarnent « la noblesse du monde ». Ce n'est pas un hasard s'il nomme Gaëtan Picon, écrivain, directeur général des Arts et Lettres ou encore Balthus, peintre, directeur de la Villa Médicis à Rome. Ses élus sont Chagall, Braque, Masson, Miro, Picasso, Giacometti, Balthus. Il ne cesse de se mesurer aux plus grands de son temps, peut-être parce qu'il trouve en eux la séduction du miroir… Mais aussi par ambition de la plus haute création.

Mais au-delà du miroir, Malraux se recherche lui-même dans cette quête incessante des fréquentations exceptionnelles, dans toutes les catégories artistiques et dans tous les pays. Il applique en réalité à la politique culturelle l'une de ses obsessions personnelles pour construire comme une sorte de panthéon qu'il propose à la vénération du grand public qui n'a pas forcément les connaissances, l'intelligence, ni le don d'observation dont il est pourvu. Dès lors, l'apologie du *Musée imaginaire* comme substitut d'une claire énonciation de sa politique culturelle, conduit à privilégier la politique des petites touches, parfois imperceptibles, parfois puissantes, rendant difficile à l'observateur la distinction entre l'accessoire et le principal. Jamais plus grand prophète de la politique culturelle n'aura laissé aussi peu de textes sur les objectifs qu'il poursuivait.

Bien qu'il soit installé rue de Valois pour affronter le présent, Malraux a déjà mis un pied dans un au-delà d'où il peut regarder de plus près les visages de ceux qui sont morts, avec cette fascination qui le bouleverse. Il y considère avec distance la vie artistique, et plus encore intellectuelle, qui anime la France. Pour lui, la politique culturelle ne consiste pas tellement à développer la création puisqu'elle ne se décrète pas : elle est ou elle n'est pas. Son rôle est plutôt d'en révéler les mystères aux publics, d'éveiller leur curiosité et d'encourager leurs pratiques. À force de sonder les grandes cultures passées et de prophétiser ce que sera celle du XXIe siècle, peut-il encore voir et entendre le présent ? Cette forme d'autisme explique sans doute les crises qui vont secouer son action au fur et à mesure que s'approchera la fin, en 1966 avec le conflit Boulez-Landowski, en 1968 avec l'affaire Langlois et, en mai 68, avec son incompréhension de la vague contestataire. La poésie a quitté le palais du pouvoir et éclate sur les murs et dans la rue.

En réalité, Malraux accompagne la fin d'un monde, celui de la première moitié du XXe siècle, celui des grands artistes de la rupture et des avant-gardes, artistes cubistes ou surréalistes, expressionnistes ou abstraits. Il ne voit pas venir la nouvelle génération et ne comprend pas ce qu'elle s'apprête à dire. Un génie brillamment inspiré vient clôturer en apothéose l'époque où la France, au temps du siècle des lumières, était le phare qui éclairait l'humanité.

On peut regretter que ce temps ait glissé entre nos doigts ; comprendre que ceux qui en ont été les témoins ne l'aient pas vu décliner ou se soient refusés à le voir s'éclipser. Mais le réalisme nous contraint à cette évidence : près de quarante ans plus tard, les pays du monde parlent de moins en moins le français et les amis étrangers de la France ont tendance à assimiler la bonne conscience universelle de la France de cette époque — ou ce qui en reste aujourd'hui — au mieux à un manque de modestie, au pire à une forme d'arrogance. Pourtant la culture française ne peut plus se permettre de continuer à répéter qu'elle incarne les valeurs universelles de l'humanité et qu'elle est le centre du monde, surtout maintenant que l'Europe a besoin de devenir culturelle si elle ne veut pas abdiquer son identité sous la pression du capitalisme international et abandonner à d'autres continents le soin de régler ses problèmes intérieurs[30]. Comment faire passer le message du « *Musée imaginaire* » dans le réel des choses et des hommes ? Le *Musée imaginaire* ne porte-t-il pas bien son nom ?

4. L'HOMME, L'ENTOURAGE, LA MÉTHODE

Un ministère ce sont d'abord des hommes d'action. Malraux va les chercher, naturellement, dans les milieux de l'art et de la littérature. Mais pas seulement. Il constitue son équipe de bric et de broc en réunissant à la fois des amis de la Résistance, des arts et lettres, des hauts fonctionnaires et des transfuges, connaissances du ministère de l'Éducation nationale et de la France d'outre-mer. Il s'installe rue de Valois où siégeait le secrétariat d'État aux Beaux-Arts et il s'y organise.

Il sera assisté de trois directeurs de cabinet successifs, Georges Loubet de 1959 à 1962, André Holleaux de 1962 à 1965 et Antoine Bernard de 1965 à 1969, ces deux derniers, hauts fonctionnaires du Conseil d'État. Georges Loubet, que Malraux avait rencontré dans la Résistance, connaissait trop peu l'administration. Or un directeur de cabinet doit assurer l'interface entre l'homme politique et les services pour être garant de l'efficacité du ministre. Les premiers pas de Malraux en politique en seront entravés. Mais il y a aussi les hommes de l'ombre, comme Pierre Juillet, cheville ouvrière de l'installation, qui connut la notoriété plus tard auprès de Georges Pompidou.

Prennent place dans son premier cabinet trois personnalités qui vont y jouer un rôle important et qui poursuivront leur carrière au sein de l'administration de la culture, Pierre Moinot, Bernard Anthonioz et Émile Biasini. Chacun représente l'une des nombreuses facettes de l'entourage du ministre. Pierre Moinot, magistrat de la Cour des comptes, est en même temps écrivain et il succédera à Gaëtan Picon en qualité de directeur général des Arts et des Lettres. Il entrera à l'Académie française et finira sa carrière professionnelle en 1986 comme procureur général de la Cour des comptes. Homme de culture et de rigueur, de générosité et de délicatesse, il est la première figure de la nouvelle génération de hauts fonctionnaires qui se passionnent pour l'administration de la culture.

Bernard Anthonioz représente la fidélité gaulliste, ayant épousé Geneviève de Gaulle, nièce du général, résistante et déportée. Homme d'une profonde probité et d'une grande conscience allant jusqu'au scrupule, au point parfois de préférer la complexité à la simplicité, d'une grande timidité lui faisant commettre des maladresses célèbres, il sait nouer des liens avec les milieux artistiques, notamment dans les jeunes générations que Malraux ne fréquente pas et dirige, de longues années durant, le service de la création artistique où il s'épuise faute de moyens.

Émile Biasini incarne la génération des administrateurs de la France d'outre-mer qui, à partir de 1962, du fait de la décolonisation, se retrouvent sans emploi et viennent renforcer les cadres du nouveau ministère. Baroudeur de tempérament, il réussit à bâtir quelques maisons de la culture avec les maigres moyens qui lui sont alloués. Après être passé par la télévision, il se retrouve responsable de l'aménagement de la côte Aquitaine, avant d'être appelé par Mitterrand pour aménager le Grand Louvre, puis diriger les « grands travaux », jusqu'à la Bibliothèque nationale de France. Ayant une haute idée de lui-même, il a tendance à tout ramener à lui. Homme pratique, rompu à la palabre africaine, il devient le collaborateur indispensable de Gaëtan Picon, qui « se sentait inutile et impuissant[31] ».

Aucun énarque dans ce premier cabinet. C'est un signe qui ne trompe pas : le nouveau ministère n'a pas encore acquis sa légitimité au sein de l'État. Le premier qui est affecté au ministère des Affaires culturelles en 1962, Robert Chelle, n'y reste d'ailleurs pas. Il faut attendre les années 1967-1968 pour que des énarques décident de faire carrière dans la culture, encore considérée comme une « danseuse » et non comme une administration sérieuse. Pour le reste, on trouve aux côtés de cette cohorte bigarrée un essayiste, Georges Elgozy, un professeur de droit, Jacques de Lanversin, puis plus tard, un juriste spécialiste du mécénat, Michel Pomey. En 1962, André Holleaux qui vient du cabinet d'Edmond Michelet, succède à Georges Loubet lorsque Georges Pompidou remplace Michel Debré à Matignon. Nommé trois ans plus tard directeur général du Centre national de la cinématographie, il est remplacé en 1965 par Antoine Bernard, lui-même issu du Conseil d'État.

Il faudra attendre la fin du règne de Malraux, et même la nomination de Jacques Duhamel, pour que le ministère de la Culture devienne un choix normal à la sortie de l'Ena. Contrairement à la thèse de Marc Fumaroli, l'État culturel connaît des débuts difficiles. Non pas qu'il souffre de maladies infantiles ; mais il rencontre une difficulté à affirmer sa légitimité, qui durera longtemps et perdure aujourd'hui. Cela permet de douter qu'il soit le monstre bureaucratique dont l'historien donne une image inquiétante et caricaturale : « puissante bureaucratie », « gigantesque comité d'entreprise chargé des loisirs », « système solaire de l'État culturel et communicationnel », « l'excroissance culturelle », « l'héritier gigantesque de la surintendance des bâtiments de la monarchie », « le crépuscule de l'Âge d'or culturel », « un des boulevards de la gauche et de l'extrême gauche intellectuelle », « les commissaires politiques de la culture », « Kremlin-Beaubourg », « Kremlin-Bastille »[32]...

Pourtant les fonctionnaires qui ont exercé leur carrière au ministère de la Culture au cours des années Malraux ont souvent choisi l'obscurité du labeur et le désintéressement à des carrières plus rapides et plus spectaculaires. Il est vrai que le ministère des Affaires culturelles vivait alors essentiellement d'expédients et du dévouement de ses « bureaucrates », qui étaient en réalité d'authentiques serviteurs de l'esprit public.

Malraux est-il un ministre assidu ? C'est vrai surtout pour les premières années où il exerce encore avec fougue ses nouvelles fonctions de ministre. Ce le sera beaucoup moins par la suite, surtout après 1966, où il est absent longtemps du fait de longues missions à l'étranger et où il tend à fuir ses collaborateurs. En période normale, il arrive tous les matins vers 9 h 30, distribue aux membres de son cabinet des papiers de couleurs différentes selon leur fonction et sur lesquels il a annoté un certain nombre d'observations qui impliquent de leur part des réponses ou l'exécution de décisions. Il déjeune chez Lasserre qui devient sa « cantine », allant jusqu'à prêter son nom à certains intitulés des plats, étonnant encore aujourd'hui André Holleaux par sa science gastronomique : « [...] la conversation débutait par un avant-propos de gastronomie comparée, car il était suprêmement orfèvre en la matière, descripteur et assembleur de saveurs, sérieux dans le choix des mets (Attention aux vins ! Malraux n'erre pas. On va bien au-delà du classement rouge et blanc. Sa science ou sa perception embrasse les châteaux et millésimes). Et qu'on prenne bien garde de ne pas l'attrister par un choix incongru et même une indifférence. Peut-être un peu de France serait atteinte plus encore que s'il s'agissait de fromages[33] ».

Après l'attentat de l'OAS contre la maison des Renard dont il est le locataire à Boulogne, il est logé, quelque temps, au pavillon de la Lanterne à Versailles. Il connaît des périodes de dépression dont Biasini témoigne : « L'alternance abusive de tranquillisants et d'excitants l'a peu à peu atteint dans son équilibre nerveux, et mis dans un état où ses tics, sa nervosité et ses abattements avaient pris un tour paroxystique. Le général de Gaulle aida à sa guérison en le chargeant, à la fin de 1965, d'une mission en Chine où il n'était en réalité jamais allé. En justifiant, par le port d'une missive personnelle pour Mao Tsé-Tung, son grand voyage de convalescent vers l'Orient sur les traces de son épopée originelle, celle d'où était sorti l'écrivain, le président de la République a aussi comblé son orgueil. Reposé, réaffirmé, rénové, il lui fallait sa propre révolution intime. En quelques mois après son retour de Chine, il se débarrassa de trois témoins de son passé, d'inégale importance certes, sa femme Madeleine, son témoin littéraire, Gaëtan Picon, et le collaborateur administratif que j'étais. Ce fut la table rase, à partir de laquelle il a pu s'engager dans l'existence conventionnelle d'une vedette mondaine[34]. »

Le jugement est sévère, mais les conditions d'exercice du travail au ministère de la Culture n'ont jamais eu la réputation d'être reposantes et sereines. Malraux y ajoutait une dose d'imaginaire et d'instabilité. Comme souvent les autodidactes, il aborde les questions dans leur plus grande généralité ou leur plus extrême détail. André Holleaux le dit capable de poser des questions d'une extrême minutie, même si elles ne sont pas nécessairement de son niveau. Inversement, il se contente souvent de prophétiser la vision d'une mission de l'État, laissant aux Picon, Moinot et Biasini, le soin de la mise en œuvre.

Malraux nous a moins légué un ministère de la Culture qu'une certaine manière de concevoir la politique culturelle, d'en haut, unissant les attentes du Front populaire et les appels du gaullisme de la Résistance. Il a longuement médité les idées qu'il va développer désormais au poste qu'il occupe. Il va devoir confronter le verbe aux forces du monde, pour donner naissance à la politique que l'on ne qualifie pas encore de « culturelle ».

3

L'initiateur de la politique culturelle (1959-1965)

L'invention de la politique culturelle ne procède pas de l'illumination du chemin de Damas. Elle va se faire par touches impressionnistes. Elle ne se résume pas aux seules maisons de la culture même si elles jouent un rôle très symbolique.

Partant de rien ou presque, Malraux a réalisé beaucoup, laissant un fossé immense entre les rêves et les réalisations, entre ce qu'il a pu dire, évoquer, annoncer et ce qu'il a pu faire. Nombre de projets n'ont pu aboutir, nombre d'intentions n'ont pu se concrétiser.

1. LES RETARDS DE LA FRANCE

La situation qu'il trouve rue de Valois n'est pas brillante. La France subit des retards dans nombre de secteurs. Ainsi, dans le domaine de la musique, Jacques Charpentier[1] stigmatise un véritable abandon : « En 1966, il y avait moins de musiciens professionnels en France que dans n'importe quel autre pays qui nous entoure, y compris la Suisse et la Belgique ! [...] Le musicien français était une espèce en voie de disparition, alors que, jusqu'à la fin du XVIIIe siècle, nous étions le premier pays musical d'Europe. Deux siècles d'abandon nous ont fait oublier cette réalité historique[2]. »

Dans le domaine de l'inventaire du patrimoine, la France connaissait une incurie dénoncée par André Chastel : « Après 1945, il était facile de voir que les instituts de culture et d'histoire en Grande-Bretagne, aux États-Unis et en Allemagne se partageaient déjà les enquêtes sur l'art français que notre carence laissait libres. L'université toute nouvelle de la Sarre avait mis en route l'inventaire systématique de la sculpture en Lorraine[3]... »

La France, on le voit, n'avait pas de leçon de gestion culturelle à donner. En dépit du constat sévère des retards accumulés, c'est pourtant ce que va faire Malraux quelques années seulement après son arrivée rue de Valois. Il est vrai que la nouvelle politique culturelle va retourner la situation rencontrée. Mais le poids des mots y sera souvent plus fort que la réalité des faits.

Deux chantiers sont prioritaires : le patrimoine, le théâtre et les maisons de la culture[4]. L'étude du recensement des actions conduites par le ministère de 1959 à 1969, permet de connaître l'ordre d'importance des différents domaines d'action[5].

Vient en tête le secteur du théâtre et des maisons de la culture (68 notices), suivi par le patrimoine (48 notices). Les arts plastiques et la musique viennent à égalité (avec respectivement 29 et 28 notices), le cinéma (24 notices) et les musées en dernière position (21 notices). Les deux priorités de Malraux trouvent ainsi une base objective.

Elles correspondent d'ailleurs aux deux piliers sur lesquels repose l'administration des beaux-arts que trouve Malraux en 1959. Le théâtre qui bénéficie de l'ancienneté et de l'organisation. Des équipes existent sur le terrain, qui sont aguerries. C'est en elles que Malraux puise pour concevoir et diriger les maisons de la culture. La primauté des monuments historiques remonte au milieu du XIXe siècle avec des hommes comme Prosper Mérimée et Viollet le Duc ! Malraux, l'innovateur, va fonder le ministère sur ces deux piliers traditionnels.

Dans d'autres domaines de compétence du ministère, il est beaucoup moins présent. S'il se passionne pour la création artistique, il se désintéresse en réalité de l'organisation des musées. Longtemps, il ne saura que faire avec la musique. En 1965, il répond à Jacques Chailley, alors président du comité de la musique, qui lui reproche de ne rien faire pour la musique : « Je ne peux pas faire tout à la fois, je me suis donné un calendrier. Le tour de la musique n'est pas encore arrivé. Je pense à l'inscrire pour l'année prochaine. »

Et ce n'est qu'en 1967 qu'il obtient des crédits pour le plan Landowski de développement de la musique.

La solution apportée à la question de la culture populaire en 1961 n'a pas été satisfaisante et elle reste comme une épine dans le pied du ministre qui ne cesse d'hésiter entre une conception très professionnelle de l'action culturelle, essentiellement consacrée aux artistes, et une conception beaucoup plus populaire, tournée vers le grand public. Et c'est dans le domaine de la musique, qui n'était pas celui de ses prédilections, que le conflit entre ces deux orientations va surgir de la manière la plus voyante et la plus spectaculaire, entraînant une rupture aussi bien dans l'opinion publique avertie qu'au sein du ministère (comme on le verra plus loin dans l'affaire Landowski-Boulez en 1966).

Le ministère de la Culture aurait pu être un « grand ministère » réunissant des compétences issues de l'Éducation nationale et des Affaires étrangères. Ainsi le pense Jacques Rigaud : « Dans cette période où tout était possible, y compris bousculer les bastilles administratives, un chef de l'État tel que le général de Gaulle et un homme de l'envergure de Malraux auraient pu, s'ils avaient vraiment entendu faire de la culture une priorité nationale, ajouter à ces services des arts et lettres, la radio-télévision, la direction générale des relations culturelles du Quai d'Orsay, le secteur socio-éducatif, la tutelle de l'Institut de France et des grands musées scientifiques et lui donner, d'une manière ou d'une autre, autorité ou influence sur l'aspect culturel de l'éducation. Rien de cela ne fut fait et les quelques extensions de compétences, dont bénéficia, par la suite, le ministère des Affaires culturelles, furent obtenues de haute lutte par les successeurs d'André Malraux[6]. »

L'initiateur de la politique culturelle a donc choisi, ou laissé choisir, une conception étroite du champ culturel. Ses successeurs, puis Jack Lang, n'auront de cesse de tenter d'élargir les missions du ministère. L'orientation de la politique culturelle entre la voie étroite de Malraux et l'horizon sans frontières de Lang est au cœur de toute lecture de l'action conduite rue de Valois de 1959 à nos jours.

2. LE PATRIMOINE PLUS QUE LA CRÉATION

Si l'on adoptait la thèse de Philippe Urfalino[7], considérant que l'essentiel de la politique culturelle de Malraux se trouve dans les maisons de la culture, devrait-on conclure que les monuments historiques sont passés au second plan ? Ce ne serait pas exact. Sans doute la priorité des maisons de la culture prend-elle un sens symbolique ; mais celle des monuments historiques s'impose du point de vue politique, c'est-à-dire du réel, des financements, des textes législatifs et réglementaires. Et les monuments historiques passent en définitive devant la création contemporaine. Les choix politiques et les budgets l'attestent.

La priorité du patrimoine

L'un des grands choix de Malraux est de mettre l'accent sur les valeurs patrimoniales, sur la mémoire plus que sur la création, sur les monuments plus que sur l'acte de créer. Malraux est-il vraiment convaincu de la qualité de la création contemporaine ? Certes, il inaugure dès 1959 la première biennale de Paris qui présente les jeunes générations, tout comme il lance le Centre national d'art contemporain (CNAC) en 1967, mais l'essentiel de ses choix esthétiques se porte sur les artistes consacrés. C'est à Chagall et à Masson qu'il passe commande des plafonds de l'Opéra et de l'Odéon, c'est Braque dont il prononce l'hommage à l'occasion de sa disparition, c'est Picasso avec lequel il a manqué son face à face et auquel il consacre *La Tête d'obsidienne*[8] pour une sorte de rendez-vous fictif au-delà de la mort. La détection des jeunes talents ne l'occupe guère. Jack Lang eut l'occasion de le dire : « Malraux ne nous connaissait pas (Nous ? Jack Lang, Ariane Mnouchkine, Patrice Chéreau). Nous n'avons jamais eu de subvention de son ministère et nous n'étions pas reçus ». Il ajouta : « Mais Malraux était pour nous un symbole et un signal, ceux de la liberté de création. Cela nous a rendus plus forts, ajoutant à mi-mot : à une époque où il y avait tant de forces contraires[9] ».

À Bernard Anthonioz, fidèle parmi les fidèles, échoit le rôle de s'occuper des jeunes artistes, au ministre celui de traiter avec les grands. Symbolique de cette manière de voir est la nomination de Balthus à la tête de la Villa Médicis, comme on l'a vu plus haut. Un grand nom, un artiste de qualité mais dont l'esthétique est l'une des plus classiques du XXe siècle, l'une des moins dérangeante. Pendant que Balthus règne à Rome, Daniel Buren colle ses premières affiches rayées sur les colonnes du Palais-Royal (déjà !) et se fait poursuivre par la police. Lui non plus n'est pas reçu par le ministre.

Le cinéma est un domaine de la création qui doit à Malraux une impulsion au moment de l'émergence de la « nouvelle vague » du cinéma. À peine arrivé, il institue la commission d'avance sur recettes. Cette initiative doit autant sinon plus à Pierre Moinot qui, à ses débuts, était en charge du cinéma. Le fait est là : les années soixante sont celles d'une nouvelle génération qui va marquer la place et le sens du cinéma français. Mais Malraux est-il convaincu que les réalisateurs de films sont aussi importants que les peintres ou les sculpteurs ? Ceci d'autant plus qu'en 1968 ils se rangeront tous contre lui sous la bannière d'Henri Langlois !

On peut comprendre qu'un ministère encore jeune ait besoin pour s'affirmer du renom d'artistes reconnus. Et il est possible que Malraux en ait joué pour renforcer la légitimité de son action. Mais, surtout, il reste un homme de goûts classiques en art pour qui l'histoire s'arrête plus ou moins à Braque, Picasso et Matisse[10].

Malraux s'attaque donc à la protection et la mise en valeur du patrimoine. Il obtient en janvier 1961 la création d'une commission de l'équipement culturel et du patrimoine artistique auprès du commissariat du Plan d'où sortiront aussi bien les maisons de la culture que l'inventaire général, il se prononce pour la sauvegarde des monuments de Nubie en Égypte, il inaugure de nombreuses expositions consacrées au patrimoine artistique. Il fait adopter la loi du 21 juillet 1962 (c'est sa première loi) complétant celle de 1913 sur les monuments historiques. Le 29 janvier 1964, c'est la création d'un bureau des fouilles et antiquités ; le 4 mars 1964, celle de la Commission nationale de l'inventaire général des monuments et des richesses artistiques de la France. Cette dernière vient clôturer trois ans d'efforts de Julien Cain (qui en devient le président) et d'André Chastel (son vice-président) qui ont réussi à convaincre le ministre de la nécessité de l'entreprise. Roger Delarozière en est le secrétaire général. Elle ouvre un chantier de longue haleine qui va mobiliser des centaines de chercheurs et érudits dans toutes les régions de France et qui n'est pas encore achevé en1999.

Mais comme en peinture, Malraux ne s'intéresse qu'aux grands : Versailles, le Louvre. Le Grand Trianon est son préféré, en tous les cas celui à la restauration duquel il passe le plus de temps, et aussi le plus d'argent, au point d'être sévèrement critiqué par la Cour des comptes… en juillet 1969 : il avait quitté les lieux depuis trois mois. Mais il avait pu vivre la vie de mécène au temps du Grand Siècle.

L'accent mis sur le patrimoine c'est également, au-delà des textes, un certain nombre d'actes symboliques. En 1963, le prêt de la *Joconde* aux États-Unis où elle est montrée à Washington, en 1964, le prêt de la *Vénus* de Milo au Japon (des voyages qui font trembler de peur les conservateurs de musées). Les expositions qu'inaugure Malraux sont également révélatrices de ses préoccupations : avril 1960, « Les trésors de l'Inde, 5 000 ans d'art indien » à Paris au Petit Palais ; octobre 1961, « 7 000 ans d'art en Iran » ; juin 1962, « Chefs-d'œuvre de l'art mexicain ».

En même temps, il veille à la bonne inscription des monuments dans leur environnement. Il avait été sensibilisé à la dégradation du patrimoine de la ville de Sarlat en Dordogne lorsqu'en 1944 il animait les maquis de Corrèze et il fait adopter, le 4 août 1962, la loi sur les secteurs sauvegardés qui s'applique en priorité à Dôle dans le Jura, à Sarlat et dans le quartier du Marais à Paris. Passionné d'histoire, c'est au moment de rendre hommage à ceux qui viennent de mourir, qu'il exprime le mieux sa passion pour l'art vivant : Georges Braque au Louvre en septembre 1963, Le Corbusier au Louvre en septembre 1965, ou pour les héros comme Jean Moulin au Panthéon. Tout comme les personnages de ses romans, il est fasciné par la mort, au point d'emprunter une conduite d'échec en commandant des œuvres à ceux qui vont mourir, comme s'il ne voulait pas qu'ils les réalisent : le musée du XXe siècle à Le Corbusier quelques semaines avant son décès, la mosaïque de Braque pour la tour de l'université de Jussieu, dont la maquette, non exécutée, restera accrochée au mur de son bureau de Verrières-le-Buisson[11].

Certaines opérations, comme le blanchiment des monuments de Paris, revêtent un aspect plus symbolique et plus visible, même si elles sont plus superficielles. Épousant les idées parfois simplificatrices de Le Corbusier (n'avait-il pas proposé de raser le centre de Paris pour y construire une cité radieuse ?), Malraux voulait que les cathédrales soient blanches, alors qu'elles avaient souvent été colorées. En fait, Malraux, par un usage excessif de la couleur blanche, gomme les couleurs traditionnelles des murs de Paris : mais il tient là une idée simple, forte et symbolique de la reconquête du patrimoine historique des Français. En même temps que le lavage des monuments devenus sombres à force de pollution comme le Louvre, Notre-Dame ou les Invalides, il entreprend le ravalement des façades hausmaniennes. Cette idée est-elle réellement de lui ? N'est-elle pas venue de Pierre Sudreau[12], ministre de la Construction ? L'opinion publique l'a attribuée à Malraux. C'est le signe de la puissance du verbe qui rend populaire son action en faveur du patrimoine.

Avec la loi de programme du 31 juillet 1962, il s'attache à restaurer sept grands monuments : Versailles et le Grand Trianon, Vincennes, Fontainebleau, Chambord, les Invalides et la cathédrale de Reims (à laquelle Lang accordera aussi ses faveurs). Mais il ne peut empêcher la construction de la tour Maine-Montparnasse et autres gracieusetés architecturales de l'époque de la bétonisation, ni s'opposer à la destruction de superbes réalisations anciennes : ainsi la démolition du garage d'Auguste Perret, première tentative du monde de béton armé artistique, le castel Henriette à Sèvres. Et c'est de justesse que sont épargnés les hôtels Napoléon III du Rond-Point des Champs ÉLysées.

Pendant qu'il règne sur le monumental, Georges Pompidou qui est à Matignon, ne reste pas inerte et s'intéresse, lui, à la nouvelle génération des artistes contemporains. Mais le temps n'est pas à la collaboration active entre le ministre d'État et le Premier ministre (qui aurait pu, comme celle de Mitterrand et Lang, recouvrir deux générations complémentaires...).

La création : moderne plus que contemporain

Jusqu'alors, Paris ne disposait d'aucun lieu pour les expositions d'art contemporain. Le musée d'Art moderne était privé de moyens et ne s'intéressait guère qu'à l'art moderne. Au musée de la Ville de Paris, l'initiative de Pierre Gaudibert tendant à créer l'ARC est un succès, mais elle reste marginale. Avant elle, il n'y a guère que François Mathey[13] qui ouvre les salles du musée des Arts décoratifs à des artistes contemporains comme Yves Klein. Dans les années cinquante et une bonne partie des années soixante, le musée des Arts décoratifs de Paris est le seul lieu, en dehors des galeries, à se consacrer à l'art contemporain. C'est à lui, parce qu'il est indépendant de l'État, que Dubuffet fait sa donation. C'est là que l'on pourra voir aussi bien le tableau *Guernica* de Picasso, que des œuvres de Léger, de Matisse, mais aussi d'artistes beaucoup plus jeunes, comme Soto ou Stahly. En réalité, les galeries sont encore les lieux les plus dynamiques de la création contemporaine à Paris.

L'ouverture de la France à l'art contemporain doit aussi beaucoup à Blaise Gautier, par une multitude d'expositions au Cnac de la rue Berryer, comme elle doit à son compère du musée des arts décoratifs, François Mathey : deux hommes ayant réussi à échapper à la logique des carrières administratives et animés par la passion, la compétence et l'ouverture à toutes les disciplines artistiques.

En 1961, Malraux institue le Service de la création artistique, en 1965, il installe des correspondants pour la création artistique dans les régions de France, préfigurant le rôle des actuels conseillers pour les arts plastiques. En 1967, il décide la création du Centre national d'art contemporain, le Cnac, implanté rue Berryer dans le 8e arrondissement de Paris. Cette pierre d'attente du Centre Pompidou va œuvrer sous la houlette de Blaise Gautier de 1967 à 1976. Ce dernier avait été remarqué par Gaëtan Picon dans l'équipe du Mercure de France. Bien qu'il n'eût pour tout diplôme qu'une licence en droit, il était aussi érudit dans les arts que dans les lettres. Saltimbanque comme sa famille d'origine, il était la simplicité même, la bonne humeur, pouvant allier la plus grande distraction à l'extrême détail, à l'aise dans toutes les disciplines, capable de monter une exposition sur les hyperréalistes américains et d'animer des soirées littéraires avec l'Oulipo. Il sera l'un des acteurs importants de la naissance du Centre Pompidou.

Là encore, comme pour les études de planification et de prévision, il est abusif de prêter à Malraux plus qu'il n'a fait ou voulu. Beaucoup a été entrepris sous son nom qu'il a approuvé sans en être l'initiateur.

Il n'est pas non plus à l'abri de bévues. Comme celle qu'il commet à l'assemblée nationale en 1963 en parlant de la procédure du 1 % consacrée à la décoration des édifices publics : « Il est certain, assurait-il, qu'avec cette part du 1 % nous pouvons couvrir les murs des écoles de France de la *Piéta* de Villeneuve-lès-Avignons, de la *Pietà* de Nouans, de l'*Embarquement pour Cythère*, de l'Olympia, de tant d'œuvres qui ont fait la gloire de la France… Ce n'est pas de gaieté de cœur que je renonce à ce qui a été conçu comme une aide aux artistes pauvres. Ce que je crois, c'est qu'il faut aider les artistes pauvres en faisant en sorte qu'ils le soient moins, mais non pas en rédigeant des lois ou règlements qui sont inapplicables, qui en fait ne leur donnent pas un sou et qui empêchent de faire autre chose[14]. »

C'est le 1 % pour les artistes pauvres ! Le *Musée imaginaire* devrait-il se construire en ôtant le pain de la bouche des artistes ? Le culte de l'histoire irait-il jusqu'à piétiner les artistes vivants ? Propos tragiques donnant du 1 % une définition qu'il n'a jamais eue, celle d'entretenir les artistes nécessiteux, dont le destin serait d'être les assistés de l'État ! Malraux-ministre c'est aussi, hélas, de telles bévues, que les admirateurs cachent pudiquement : on doit tout pardonner au grand homme ! Ce thème des « artistes pauvres » refera surface sous Michelet et sous Druon. Il subsiste dans l'inconscient des ministres de la Culture comme on l'a vu dans l'analyse de Pierre Bourdieu.

Pendant ce temps, Bernard Anthonioz ne reste pas inerte. Il développe le 1 % dans toutes les régions, tirant profit de l'effort de constructions scolaires entrepris. Le Mobilier national, les manufactures de Sèvres, des Gobelins sont repris en main. On nomme Jean Coural à la tête de la manufacture des Gobelins et du Mobilier national. Il donne un coup de neuf à la vieille maison. La création y fait son entrée, aussi bien sous l'influence de Malraux que sous celle de Pompidou. Les lissiers doivent désormais tisser Hartung, Soulages, Vieira da Silva, Bazaine, Manessier et Mathieu, plutôt que les Picart Le Doux et les Lurçat. Il en va de même de la manufacture de Sèvres où Serge Gauthier, qui vient du musée Adrien Dubouché à Limoges, ouvre les ateliers à Arp, Adam, Hajdu, Prassinos, aux Lalanne, Mathieu, James Guitet. Mais rien à Tinguely, Nicky de Saint-Phalle, Christo, Klein qui triomphent pourtant à l'étranger.

Les artistes reconnus appartiennent essentiellement à l'École de Paris. Et la France officielle reste étrangement fermée aux artistes étrangers, américains notamment, dont il faudra attendre le fil des années soixante-dix et le Centre Pompidou pour qu'ils soient enfin exposés avec quelques décennies de retard. Dominique Bozo explique cette situation : « Le prestige de l'École de Paris, retombée tardive du succès de l'Impressionnisme, a sans doute incité les collections privées. Mais depuis l'après-guerre ces collections ont continué de se constituer à partir seulement de ce que le marché ou la situation artistique française autorisait. Les Français des années cinquante/soixante n'ont pas su voir ce qui se passait ailleurs, aux États-Unis notamment, alors même que l'École américaine était largement exposée aussi à Paris, mais cela est vrai également de New York qui ne reconnaît ses artistes que très tardivement[15]. »

Malraux ne fait pas exception, ici, dans le jugement artistique moyen des Français de cette époque. Pierre Cabanne fustige même ce qu'il appelle son incapacité à comprendre l'art de son temps. Le goût qu'il éprouve pour Fautrier et Dubuffet « lui permet d'être moderne et même de se faire passer, Fautrier et Dubuffet étant encore fort malmenés par la critique conservatrice et les notables des grandes galeries, pour un homme d'avant-garde. [...] Ignore-t-il, poursuit-il, que les débuts de son ministère coïncident avec l'une des plus radicales transformations du langage plastique ? En, effet, avec le cinétisme et le "nouveau réalisme" une totale volonté d'appropriation perceptive de l'individu créateur se fait jour. La peinture de chevalet, et avec elle tous les moyens traditionnels, vivent les derniers instants d'un long monopole ; l'art ne représente plus un passé, il s'intègre à la réalité quotidienne, il devient, selon la formule de Pierre Restany, "un éternel présent[16]". [...] Duchamp est, aux yeux de Malraux, un excentrique (d'ailleurs il s'est fait naturaliser américain !), et tout ce qui s'est passé dans l'art mondial depuis 1960 ne requiert guère sa curiosité. [...] La crise de la civilisation en art n'est pas à ses yeux, celle qui est née avec les petits enfants de Duchamp (et dont nous ne sommes pas encore revenus en 1999), mais celle qu'a provoquée Cézanne et fait du cubisme la première grande révolution picturale du siècle. »

Sans doute le marché de l'art contemporain est-il encore réparti essentiellement entre Paris et New York. Mais il va, pendant les dix années de pouvoir Malruxien, éclater entre de nombreuses autres villes : en Allemagne au premier rang, dès lors qu'elle a retrouvé sa prospérité, avec notamment une grande manifestation internationale, la *Documenta* de Cassel. Puis en Italie, en Grande-Bretagne, et au Japon. Paris n'est plus le centre du monde. Contribuer à lui redonner son lustre passé sera l'une des préoccupations incessantes des ministres successifs de la Culture depuis Malraux, avec des méthodes et des réussites diverses.

Mais Malraux est moins fasciné par l'évolution des systèmes culturels, des pouvoirs culturels entre continents que par les relations entre les hommes. Le grand artiste reste encore pour lui Picasso. C'est aussi une sorte de rival. Gaëtan Picon voulut lui rendre hommage par une rétrospective au Grand Palais. Malraux, très tenté, hésite et lui répond : « Bien entendu vous vous engagez personnellement », manière d'éluder toute responsabilité, ce qui ne l'empêche pas d'évoquer plus tard dans *La Tête d'obsidienne* la rétrospective « que j'ai fait organiser ». L'année 1966 est choisie, année anniversaire des quatre vingt cinq ans du peintre. Jean Leymarie est nommé commissaire de l'exposition. Il séduit Picasso qui apporte un concours enthousiaste au projet. Malraux doute, craignant un pied de nez de l'artiste au dernier moment. Le jour de l'inauguration, le 19 novembre 1966, il déclare : « Il s'agit de la plus grande entreprise de destruction et de création de formes de notre temps, et peut-être de tous les temps[17] ». Malraux veut le décorer, un rang au-dessus de Braque, pas moins que grand officier. Mais l'administration renâcle. Malraux tergiverse et adresse trop tard une lettre au maître pour lui apprendre l'hommage du gouvernement. Picasso refuse le cordon. Trop tard aussi pour la donation que Picasso était prêt à offrir à l'État français. Malraux a-t-il voulu récupérer Picasso comme l'explique Pierre Cabanne ? Ce serait le sens de *La Tête d'obsidienne* : « Dans le cimetière de la mémoire des hommes, le tombeau de *La Tête d'obsidienne* faisait face à celui des Chênes qu'on abat, comme Malraux l'avait voulu. C'était le Panthéon d'un double mythe qui avait bouleversé la planète dans des domaines qui ne se recoupaient pas. Ainsi l'histoire reprenait-elle possession de celui qui, par son adhésion au communisme, s'en était retranché ; l'histoire qu'avait faite, bien entendu, Charles de Gaulle. Les derniers gestes de l'exorcisme étaient accomplis[18]. »

Dix ans après Malraux, j'empruntais régulièrement le chemin de Notre-Dame de Mougins. Jacqueline souhaitait installer sa collection à Vauvenargues, dans le château près duquel était enterré Pablo et où sa place était prévue. Je l'aidais à concevoir ce que pouvait être un nouveau musée Picasso. Malraux était à ses yeux l'homme qui avait en effet établi un lien entre la République et l'artiste. Toute visite d'un représentant de la République, ce que j'étais alors, se transformait inéluctablement en répétition de la visite de Malraux. À vivre moi-même de tels instants, je comprenais mieux encore comment les propos d'un après midi entre la gardienne de la mémoire et le transfigurateur de l'histoire pouvaient être la matrice de *La Tête d'obsidienne*. Pour lutter contre sa dépression chronique, Jacqueline se raccrochait désespérément au souvenir de Pablo (« tu l'entends, il est dans la pièce à côté », disait-elle parfois en me regardant de ses yeux étranges). Et elle répétait devant le représentant du ministère de la Culture, la « visite de Malraux » : quelques heures seulement qui se transforment en monument, par la vertu d'une rencontre, là encore, imaginaire. Vertu d'absorption de l'histoire des autres, ce qui est exactement le propre, fondamentalement, du « *Musée imaginaire* ». Capacité de passeur, comme Caron sur le Styx, accompagnant l'œuvre encore contemporaine vers son état d'œuvre d'art moderne, celui qui a déjà un pied dans l'histoire et qui appartient déjà aux effets du *Miroir des Limbes*[19].

« Il guette l'apparition, écrit Jean-François Lyotard, qui est le commencement, à même la grosse coulée des apparences, dans les corps expédiés à la fosse par milliards : car il en est qui ont surgi et qui surgissent comme s'ils étaient premiers, œuvres pourtant visibles mais irradiant leur naissance. [...] Plus de merveilles dans une grotte de Lascaux que dans la caverne de Platon[20]. »

3. L'IMAGINAIRE DES ŒUVRES PLUS QUE LES MUSÉES

Il est paradoxal pourtant que Malraux se soit intéressé plus au patrimoine monumental qu'aux musées : en dix ans, il n'en a pas inauguré un seul nouveau qu'il ait lui-même promu. Certes il est présent en 1964 à l'ouverture de la Fondation Maeght. Mais il s'agit d'une initiative entièrement privée à laquelle le directeur des musées de France refusa d'ailleurs de se rendre[21]. Pour lui, au fond, il n'y a pas une nécessité des musées, dans lesquels les œuvres souffrent d'être coupées de leur contexte, comme il y a une urgence des maisons de la culture. Il semble leur préférer le « *Musée imaginaire* » rendu possible par l'édition d'art et la haute qualité des reproductions qui le fascinaient dans ses travaux avec Skira et Tériade. Il avait la prémonition du rôle central que joueraient un jour les images du fait du développement des technologies (comme on le voit avec Internet et les CD-Rom). Il passe en effet une grande partie de sa vie à visiter les sites les plus extraordinaires du monde pour des rencontres exceptionnelles avec les œuvres les plus diverses entre lesquelles, au-delà des catégories scientifiques, il établit des correspondances qui manquent cruellement aujourd'hui à nos collections trop froidement classées et hiérarchisées.

Il s'intéresse peu aux musées comme instruments de connaissance scientifique. L'atteste une initiative rappelée par Pierre Cabanne : « Au début de son règne, il eut l'idée extravagante, mais non réalisée, de vider les salles de peinture du Louvre et d'en exposer les œuvres majeures au Cnit de La Défense afin de permettre une restructuration des collections et des circuits[22]. »

Pour lui les musées sont d'abord des temples, des réserves à trésors. Il en attend plus des révélations qu'une politique d'information et de formation. Trois musées de conception moderne sont toutefois construits au cours de la décennie : le musée-maison de la culture du Havre, le musée des Arts et Traditions populaires à Paris, le mémorial Chagall à Nice. Le premier inauguré en 1961 avait été conçu par Reynold Arnoult qui terminera comme conservateur des galeries nationales du Grand Palais. Le second, sorti de l'imagination et de la volonté de Georges-Henri Rivière, avant son arrivée, sera inauguré après son départ. Le troisième, voulu par lui, sera inauguré par lui, après qu'il aura quitté la rue de Valois.

Il ne va pourtant pas cesser de batailler pour transformer le Louvre. Souhaitant sa réorganisation totale, il accepte le projet élaboré par Jean Châtelain, directeur des Musées de France, André Parrot et Michel Laclotte, avec une répartition par écoles et une priorité donnée à l'École française. Il réussit le creusement des fossés de la colonnade de Perrault, récupère le pavillon de Flore, veut transformer le square du Carrousel en jardin à la française, fait enlever les sculptures de Gérome et de Meissonier, se prépare à séparer en deux la grande galerie, la fait élégamment décorer par Pierre Paulin. Mais cette muséographie de cloisonnements par écoles et par époques était critiquée pour sa conception trop gaullienne de l'Europe des patries. L'entreprise se poursuivit longtemps sous le nom de « plan Laclotte », puis de « plan Malraux » avant de devenir « plan Lecat » qui redeviendra « plan Laclotte »...

Il y a, certes, le projet du Musée du XXe siècle, commandé à Le Corbusier à La Défense. Malraux et Max Querrien, directeur de l'architecture, chargent Maurice Besset, adjoint de Jean Cassou, directeur du musée d'Art moderne, d'une mission sur le nouveau musée. Le programme est élaboré en 1964. « L'architecture devra être très flexible afin de permettre toutes les transformations souhaitables [On croirait lire une recommandation du programme du Centre Pompidou]. De surcroît, ce musée n'est pas conçu comme un élément isolé. Il est prévu de l'insérer dans un ensemble architectural, afin de maximiser les synergies et les effets de diffusion. L'avant-projet prévoit une surface d'exposition de trente-quatre mille mètres carrés (le double du musée d'art moderne dans le Centre Pompidou, ce qui est pour l'époque particulièrement ambitieux). [...] André Malraux et André Wogenscky, le plus proche collaborateur de Le Corbusier, étudient d'abord un terrain porte Dauphine et le jugent trop petit. Ils envisagent ensuite un immense espace de quarante hectares situé à La Défense [...]. Le ministère d'État propose à Le Corbusier un prestigieux ensemble de travaux : le Musée du XXe siècle, le conservatoire d'Art dramatique, une École nationale des arts décoratifs. S'y ajoute la préfecture des Hauts-de-Seine, dont Le Corbusier confie la réalisation à Wogenscky (et qui sera achevée par lui). Le Corbusier commence ses premières esquisses en juillet 1965, mais il meurt subitement le 27 août 1965[23]. »

Une fois de plus, Thanatos aura eu raison du ministre.

Le Corbusier n'eut guère de chance avec Malraux. Il aurait préféré que le Musée du XXe siècle fût construit en plein cœur de Paris, à l'emplacement du Grand et du Petit Palais qu'il voulait démolir. Le projet fit rêver Malraux. Mais il s'avéra irréalisable. Peut-être aurait-il pu être construit à l'emplacement de la gare d'Orsay, alors appelée à la destruction : un immeuble de 97 mètres de haut pour un hôtel et une masse horizontale contenant des auditoriums, des salles de congrès, des centres culturels, etc. Une sorte de Beaubourg avant la lettre. Le projet de « Corbu » est violemment attaqué par les membres de l'Institut, et par André Chastel. Malraux laisse faire et baisse les bras. Claudius-Petit, comme à l'accoutumée, prend position en faveur de la modernité et s'efforce de convaincre le général. En vain. Au Salon d'automne de 1963, où sont présentés des projets pour Paris, le « vaincu d'Orsay » écrit de sa main, sur un panneau : « Depuis trente années Le Corbusier n'a pas construit un centimètre cube pour Paris[24] ». À défaut, Malraux lui organisera de belles funérailles.

Hubert Landais fait état du désintérêt de Malraux pour les musées : « Pour André Malraux, les musées avaient peut-être un tort : celui de ne pas être... imaginaires. Ce qu'il aimait, ce qui le passionnait, c'était non pas les musées, mais les œuvres qu'ils conservaient, œuvres qu'il prenait isolément en les rapprochant ensuite les unes des autres avec une incroyable audace et une mémoire visuelle stupéfiante ; l'institution elle-même ne l'intéressait guère, l'administration encore moins, quant à l'histoire de l'art elle l'ennuyait[25]. »

Les rêves d'un ministre de la Culture peuvent-ils faire l'économie de toute mégalomanie ? Malraux rêvait trop de la présence universelle des œuvres d'art pour se cantonner dans le monde clos des musées et de leur discipline, voire de leur rigueur. Sans doute est-ce pourquoi sa politique muséale est restée dans le domaine de l'imaginaire.

Mais au moins était-il à l'aise dans le domaine des formes plastiques. Plus en tous les cas que dans celui des arts de la scène.

4. LES GRINCEMENTS DU THÉÂTRE

À peine arrivé rue de Valois, Malraux s'attaque à la politique théâtrale. Le 10 mars 1959, il donne une conférence de presse sur le théâtre et la Comédie française. Il attaque avec des statistiques : depuis un an, sur cinq cent soixante six représentations, la Comédie française n'a joué que seize fois Racine, pas une seule tragédie grecque, rien de Victor Hugo, mais cent treize fois Labiche ! Mission est donnée de remplir la salle avec *Phèdre*, *Cinna* ou *Le Soulier de satin*. À qui ? Au nouvel administrateur que l'on est allé dénicher à Prague où il termine sa carrière d'ambassadeur, Claude Bréart de Boisanger, qui restera neuf mois au Français et dont la destinée sera de donner son nom à un célèbre arrêt du Conseil d'État... Malraux, toujours soucieux d'affirmer l'autorité de l'État avec la maladresse du néophyte — on le verra dans l'affaire Langlois —, lui demande de réformer les statuts de la Comédie française en renforçant les pouvoirs de l'administrateur. Le nouveau nommé n'est pas plus informé que lui des us et coutumes de la vieille maison. Conformément aux vœux du ministre, il met Phèdre sur le chantier : c'est un échec retentissant. Rapidement les deux hommes se brouillent. La relation vire à la tragédie : « d'accord avec le Premier ministre, je vous laisse le choix entre la démission et la révocation ». Il refuse de démissionner. Il est révoqué par le Conseil des ministres. Il obtient du Conseil d'État l'annulation de cette décision pour excès de pouvoir. Le gouvernement doit réformer d'urgence les statuts de la Comédie française, afin que son administrateur soit désormais nommé sans qu'une durée soit fixée à ses fonctions. Il révoque, cette fois-ci sur une base juridique toute neuve, Boisanger d'un poste qu'il n'avait pas réoccupé ! Cette décision sera à nouveau annulée par le Conseil d'État, cette fois-ci pour détournement de pouvoir. Le gouvernement dut donc réintégrer Boisanger dans ses fonctions à dater de la date de sa révocation. Il demanda alors à Malraux sa mise en congé. L'affaire avait duré près de deux ans. Elle laissait une impression mitigée d'improvisations et de crispations[26].

« On a beaucoup daubé sur cette étrange affaire, confie Pierre Cabanne, qui, pour la première fois, révélait un Malraux jouant d'instinct puis refusant l'erreur, impulsif, vulnérable, impatient, violent même, moins sûr de lui que sa fonction pouvait le laisser supposer, dont le mécanisme cérébral, extrêmement rapide, mélangeait les réactions de sorte que ce qui occupait un moment son esprit en était chassé par l'opinion contraire sans que la première idée eût été complètement approfondie, refusant même à quiconque de lui en rappeler l'existence[27]. »

On sait que la Comédie française n'est pas une sinécure. Mais Malraux s'est ici surpassé. Au point que l'on peut se demander si le goût prononcé qu'il va désormais exprimer en faveur du théâtre de province ne provient pas d'une réaction contre l'humiliation que lui a infligée le saint des saints du théâtre parisien ! N'y aurait-il pas dans le choix de la politique des maisons de la culture en province une sorte de revanche inconsciente contre cet échec ?

Mais décidément, les gens de théâtre ne sont pas faciles. Après Boisanger... Jean Vilar. Il remet sa démission du TNP le 21 février 1963, « pour raisons personnelles ». En réalité Vilar est épuisé par le manque de moyens : « Ce que je réclame peut m'être donné. Si on le refuse, c'est qu'on ne veut plus d'un Théâtre national populaire. Ou bien qu'on cherche des mécènes. Il faut choisir ». Il a choisi. Il se consacre à Avignon. Jamais Malraux n'y mettra les pieds. Jean Lacouture qui a étudié le personnage, estime que Malraux au fond n'aimait guère le théâtre : « Sous Malraux le théâtre français aura connu une nouvelle ère Meilhac et Halévy, n'était ce qui se passe dans les maisons de la culture[28] ».

5. COMMENT ON INVENTE LES MAISONS DE LA CULTURE

On n'a pas fini d'épiloguer sur l'intérêt, la légitimité et l'importance des choix faits par André Malraux en matière de maisons de la culture. Sans doute s'agissait-il d'un vieux rêve. Comme on disait à l'époque, la politique culturelle devait accoucher d'une nouvelle institution capable d'engendrer un homme nouveau. Les maisons de la culture devaient être les « cathédrales du XXe siècle ». Malraux n'en a construit que dix, faute de moyens, faute de temps, faute de partenaires locaux (car chaque maison devait être cofinancée par l'État et une ville), faute de personnes responsables aussi, car ces nouveaux équipements devaient trouver des animateurs compétents. Malraux en fait, surtout au début, l'un des axes de sa politique.

Philippe Urfalino voit en elles le symbole et le début de réalisation de ce qu'il appelle « l'invention de la politique culturelle[29] ». Faut-il leur conférer un rôle aussi stratégique ? Ne trouve-t-on pas d'autres champs d'action qui sont aussi prioritaires comme les monuments historiques, l'inventaire, les arts plastiques ? La politique culturelle n'a-t-elle pas commencé sous la IVe République ? Sans aller aussi loin, force est de reconnaître le rôle éminent que Malraux va leur consacrer. Elles sont des institutions bizarres qui vont focaliser beaucoup d'énergies et dont l'originalité ouvre un domaine singulier d'observation et, partant, un mode d'entrée significatif dans la politique culturelle. Mais l'invention de la politique culturelle ne se résume pas aux maisons de la culture dont le destin tourne court rapidement : mai 68 entame sérieusement leur légitimité. Institutions placées au confluent d'aspirations d'artistes et de la volonté de Malraux, créations utopiques, mythiques, elles incarnent une volonté de communication entre les arts, de démocratisation et de décentralisation. On en attendait un décloisonnement entre disciplines artistiques, entre catégories de publics. Il n'a pas eu lieu, ou de manière expérimentale et passagère. C'est l'un des drames de l'action de Malraux rue de Valois.

En réalité, en choisissant l'axe des maisons de la culture, il s'inscrit lui-même dans un mouvement de l'époque. Avec son génie, il transforme en mythe un projet qui était déjà à l'œuvre dans les esprits et les pratiques culturelles.

L'un des authentiques initiateurs des maisons de la culture est Gabriel Monnet. Il crée la maison de la culture de Bourges qui fut la première à être érigée autour d'un projet théâtral[30] (après celle du Havre qui est en réalité un musée). Son expérience peut servir de modèle à l'épopée des maisons de la culture. Son témoignage a donc une portée générale. Le général de Gaulle lui-même lui rendra visite.

Issu de la résistance, il fonde après la guerre une troupe de théâtre à Annecy dans des cercles où se trouvait déjà l'un des sociologues de la culture, Joffre Dumazedier. Puis le voici appelé à Saint-Étienne par Jean Dasté, plus âgé que lui, qui anime la Comédie de Saint-Étienne. Me trouvant à cette époque jeune potache dans cette ville, j'ai le privilège de le rencontrer. Saint-Étienne était alors une ville d'expérimentation culturelle avancée. J'y fais aussi la connaissance d'Eugène Claudius-Petit, qui dans les années cinquante était maire de Firminy et travaillait avec Le Corbusier à la réalisation de *Firminy vert*. J'eus alors la chance de les rencontrer tous les deux, le politique et l'architecte. Saint-Étienne c'était aussi une ville qui disposait d'une collection d'art moderne présentée avec passion par un conservateur entreprenant, Maurice Allemand. Bref, les rencontres avec trois ou quatre hommes peuvent déterminer l'itinéraire d'une vie.

Gabriel Monnet va lancer l'idée de maison de la culture avec Dasté, qui était à Saint-Étienne depuis vingt ans. Il lui dit : « Tu as un cercle, tu vas jouer partout, mais tu n'as pas de centre, pas de lieu d'implantation ». Les décors étaient rangés dans des locaux de l'École des mines de Saint-Étienne… Il jouait un peu partout dans la ville… dans la salle Jeanne d'Arc, la salle des mutilés du travail. L'idée de ce lieu de rassemblement va naître peu à peu, y compris au niveau politique.

Cette entreprise n'ira pas sans conflits avec le maire, Michel Durafour, qui avait exprimé très tôt ses propres idées sur l'animation culturelle, selon le témoignage de Daniel Mandon : « L'idée même d'une maison de la culture fut pour ainsi dire liée à l'évolution de la Comédie de Saint-Étienne ; et tous les directeurs des affaires culturelles depuis 1960, de Gaëtan Picon à Francis Raison en passant par Émile Biasini, ont dit sans ambages : Saint-Étienne aura une maison de la culture parce qu'elle a la Comédie de Saint-Étienne. […] Deuxième en date de nos centres nationaux, la Comédie de Saint-Étienne a pour une large part servi de modèle à ceux de Rennes, de Toulouse ou d'Aix-en-Provence… Jean Dasté grâce à un accord avec la municipalité stéphanoise le 21 juillet 1947, vint poursuivre la tentative de création d'un centre dramatique qu'il avait amorcée à Grenoble dès 1945. »

Pour le maire Michel Durafour, « […] la maison de la culture devait être un lieu privilégié de rencontre où toutes les associations de qualité auraient leur place. […] Le conflit Dasté-Durafour a été un cas type de la crise qui a secoué les maisons de la culture et les a vouées à l'échec […]. En refusant de confier la direction de sa maison des arts et des loisirs à Jean Dasté le maire de Saint-Étienne s'est opposé à une conception du "pourvoir aux créateurs" telle qu'on la trouve dans le programme du comité de Villeurbanne en 1968[31]. »

À la fin des années cinquante, voici Gabriel Monnet appelé à Bourges pour y diriger le centre dramatique. Mais il va y bâtir une maison de la culture. La ville dispose d'une « maison du peuple » dont la construction est à l'abandon depuis la guerre. Gabriel Monnet conçoit son programme : pour la première fois, un théâtre composé de deux salles, une place faite aux arts plastiques avec une commande symbolique passée à Calder, et une ouverture à tous les publics. Son témoignage contraste avec les analyses faites à partir des archives du ministère et citées par Philippe Urfalino.

« La politique des maisons de la culture de Malraux, confie Gabriel Monnet, n'a pas du tout été programmée. Malraux a découvert, a trouvé à Bourges une maison qui préexistait à la conception des maisons de la culture. Certes il avait participé au débat, en 1936 et après, sur les maisons de la culture. Mais le projet n'était pas formalisé pour constituer l'axe de sa politique.

J'ai été influencé par Jeanne Laurent qui avait avancé dans *Le Public et les beaux arts*[32], un livre publié dans les années cinquante, l'idée de lieux de rassemblement des disciplines artistiques dans des maisons qui seraient populaires. »

Gabriel Monnet est allé à Bourges : «[...] parce qu'il y avait parmi mes anciens stagiaires un monsieur, avoué à la Cour, devenu conseiller municipal et qui souhaitait que je dirige le théâtre. J'invente le nom de comédie de Bourges. Je monte quatre spectacles dans l'année. Moinot était alors directeur des arts et lettres, ou du théâtre. Premier spectacle, *L'École des femmes et Critique de l'école des femmes*. Puis la création de *Timon d'Athènes* en France. Brajot (alors fonctionnaire de la direction du théâtre et qui deviendra dans les années soixante-dix directeur du théâtre, puis directeur de l'administration générale à la fin des années soixante-dix et au début des années Lang...) me dit : "continuez". Je lui réponds : "je ne vais pas avoir assez d'argent". Il me rétorque "nous vous suivrons". Je monte une pièce sur un texte de Goldoni de Michel Arnaud, (avec dans le programme un dessin de Siné, un type qui courait et disait : "il faudrait que je désertasse" : on était en pleine guerre d'Algérie...). Je voulais entrer dans la chair de l'époque. Et je crée le *Don Juan* de Molière. Je termine tout ce programme avec 11 millions de centimes seulement de déficit. Entre temps Moinot était parti et avait été remplacé par Biasini. Je le rencontre à Paris. Il me dit "Bourges c'est où ? Il y a des pistes pour aller là-bas[33] ? Il n'y a pas d'argent. On tiendra compte de ceux qui tiennent le coup." Je reviens. Je licencie tout le monde sauf deux ou trois membres de l'équipe. On était payé de l'ordre de 800 F par mois ! Je monte un petit spectacle. Biasini et Brajot qui revenaient de Limoges passent par Bourges. Je les conduis à la maison en ruine dont Pierre Aymé Touchard avait dit "il n'a rien à en faire". Je lui montre (à Biasini) le projet. Silence. Puis il me dit "d'accord" et c'est parti. Il a débloqué l'argent pour construire les deux théâtres, une cafétéria, une bibliothèque, une discothèque, une salle d'exposition. On avait les premiers éléments d'une maison pluridisciplinaire, dans laquelle le théâtre déployait ses ailes. Tous les collaborateurs du théâtre pouvaient s'exprimer en tant que créateurs : le musicien, le peintre, le poète, le cinéaste... Là dessus, Biasini et Malraux nous donnent le label "maison de la culture". Malraux vient à Bourges. On lui fait une belle exposition. Je lui joue *L'École des femmes*. Il nous fait un de ses discours fameux. Et voilà les maisons de la culture parties avec une structure qui n'était plus seulement théâtrale. C'était un centre dramatique qui animait dans tous les recoins la maison de la culture. Je pensais, quant à moi, que c'était une démarche de transition, de recherche. Avec l'aide du conseil culturel que j'avais créé, elle allait permettre d'organiser un débat permanent. Il y avait tous les jours (ou presque) deux pages sur notre action dans la presse locale. Les faits divers étaient consacrés à l'actualité de la maison de la culture. C'était énorme.

« Ce qui était formidable c'était la conversation continue entre l'État central, les pouvoirs locaux, nous les professionnels-animateurs-créateurs et le public. Une sorte d'effervescence de parole continue, de discours en train de se créer. Partout où il y avait une maison, un lieu où se retrouvaient des gens de culture, pour moi, il devait y avoir une maison de la culture. Ma boutade : "la première et la dernière maison de la culture du monde c'est encore la personne humaine". Mais il fallait élargir la maison de la culture en maison du cinéma, en maison des écrivains, en maison des peintres, en maison de la musique, on aurait ainsi fabriqué des neurones dans la ville. La maison de la culture était une matrice. C'était une maison d'éveil, un lieu de naissance. Comme à Grenoble où d'ailleurs ce n'est pas encore fini. Mais elle est aussi devenue, plus tard, et ailleurs, une maison grande surface.

« Le concept de maison de la culture existait en 1936, comme espace de rencontre des intellectuels avec des travailleurs. Il a été mis en œuvre par Malraux. Mais il était dans l'air du temps. Qu'est-ce qui est advenu de cette expérience ? Il annonçait des maisons de la culture partout. Et il l'aurait fait. Mais 1968 est arrivé. Les maisons de la culture se sont retrouvées dans la rue. Je ne voulais pas les gardes mobiles contre les étudiants. Les maisons de la culture sont devenues aux yeux de l'État des institutions dangereuses, des repaires de gauchistes. Pompidou et Duhamel vont discrètement s'ingénier à faire échec à la tentative de Malraux. Ils ont trouvé la parade : l'éteignoir. [...] À Bourges, on travaillait sous Malraux sans contrat avec l'État. C'était une aventure, suivie, mais une aventure. Duhamel a inventé les fameux "contrats de direction". On a placé ainsi la responsabilité sur le dos de l'artiste. Je recevais désormais des millions de francs chaque année, mais assortis d'un cahier des charges. J'en étais responsable. On était loin de la coopération des pouvoirs, telle qu'elle existait sous Malraux.

« Urfalino gamberge sur des relations de couloirs là haut... au cabinet du ministre. Dire que la fondation du ministère de la Culture ce sont les maisons de la culture n'est pas vrai du tout. La naissance des maisons de la culture a été due à un hasard. Que Biasini passe par là, à Bourges. Il n'y avait alors pas d'autres lieux de ce type. Ils avaient baptisé à l'époque maison de la culture, au ministère, le musée du Havre ! Mais ce n'était pas une vraie maison de la culture, elle ne disposait pas de salle de spectacle, mais seulement d'un lieu d'exposition. Là, à Bourges, ils (Malraux et ses collaborateurs) ont trouvé l'anticipation de ce que pouvaient être les maisons de la culture. Cathédrales du XXe siècle ? Je n'aime pas beaucoup ce mot. Je disais qu'on était plutôt des catacombes.

« Pourquoi les maisons de la culture se sont faites autour du théâtre ? Pourquoi Malraux est passé par nous ? C'est parce que nous étions dans le public. Dans les pays nordiques, le développement culturel est passé par le livre et la lecture publique. »

Au-delà du témoignage d'un homme, il est vrai que les maisons de la culture qui devaient être pluridisciplinaires ont en réalité accordé la part du lion à l'activité théâtrale. À cette époque, Malraux ne disposait comme cadres culturels locaux que des directeurs de troupes de théâtre qui bénéficiaient d'une expérience et d'une ancienneté que d'autres cadres culturels n'avaient pas. C'était l'un des fruits de la politique de décentralisation active conduite depuis le Front populaire et poursuivie par Jeanne Laurent sous la IVe République. Malraux, ou du moins Biasini, souvent tenté de rejeter d'un seul bloc tout ce qui n'a pas été pensé et fait par la IVe République, saura faire appel à eux. Avec les maisons de la culture, il aurait pu développer des chantiers nombreux, susciter des vocations nouvelles, créer des emplois, dynamiser véritablement la vie culturelle. L'idée était bonne en soi, elle répondait à l'une des aspirations du moment, mais ses modalités de mise en œuvre ont souffert de manque de moyens financiers et humains.

Autre obstacle, l'incompréhension que rencontrait l'initiative de Malraux auprès des élus locaux. Au début des années soixante, la plupart d'entre eux partageaient une conception très académique de la culture, avec spectacles Karsenty et musique classique obligée. Malraux veut au contraire que « ce mot affreux de province », comme il disait, disparaisse du vocabulaire. Il pressent le rôle que jouera la décentralisation culturelle, que Jack Lang mettra en œuvre vingt ans plus tard, en réhabilitant « ce beau mot de province ». Mais ces idées souffrent d'être en avance sur leur époque.

Le principal acteur qui met en œuvre cette politique est Émile Biasini. Il s'illustre, plus tard, par sa capacité à construire rapidement des équipements culturels, le dernier en date étant la Bibliothèque nationale de France. Mais il ne suffit pas de bâtir, encore faut-il trouver un contenu et s'appuyer sur des hommes. La maison de la culture du Havre, construite par Niemeyer, est animée par Reynold Arnoult, homme remarquable qui saura ouvrir et faire fonctionner cette maison très rapidement. À Bourges succéderont Amiens, Grenoble, Châlon et d'autres. Mais c'est bien peu de chose au regard de l'ambition affichée d'engendrer un homme nouveau, de susciter de nouvelles pratiques culturelles, de démocratiser la culture. On perçoit mal les projets des maisons de la culture si l'on ne voit pas qu'elles empruntent aux « maisons du peuple » lancées dans les années trente et rendues immortelles par Louis Guilloux[34] que Malraux affectionnait particulièrement. En réalité, les personnes qui fréquentent les maisons de la culture appartiennent toujours à la petite élite culturelle favorisée, comme l'avait montré Pierre Bourdieu dans *L'Amour de l'art*. Les inerties sociales ont la vie dure, la volonté politique ne suffit pas à les gommer.

Biasini est un fonceur. Pour Jack Lang, qui écrit alors sa thèse de droit sur le théâtre, son action dans le domaine des maisons de la culture est illustrée par l'adage : « Le roi règne et gouverne », si on le compare à deux de ses prédécesseurs : Jeanne Laurent (1946-1952) : « Le roi gouverne mais ne règne pas », puis à M. Coumet (1953-1959) : « Le roi ne gouverne, ni ne règne[35] ».

Avec le « roi » Biasini existent une volonté et une continuité. Le plan qu'il conçoit est global et progressif, mais il ne sera que partiellement appliqué quoi qu'il en dise : « Après la mise en place du premier réseau déconcentré (les vingt maisons de la culture alors envisagées), le Plan futur devrait logiquement se charger de mettre en place les relais secondaires destinés à établir un échelon intermédiaire de décentralisation régionale entre les centres de rayonnement régional et les maisons des jeunes et de la culture, les foyers ruraux ou tous autres établissements d'animation locale, fixes dans leur ressort[36]. »

Le projet, ainsi énoncé dans un rapport fameux, sonne beau. Mais la réalité sera tellement différente.

6. L'ESPOIR

1962-1963 : La guerre d'Algérie est terminée. Malraux est en pleine possession de l'administration qu'il a mise en place. On attend de lui que la politique culturelle prenne son envol. Les intellectuels placent encore leur confiance dans ce ministre hors du commun.

Mais Malraux n'est pas homme à creuser un sillon. C'est un homme de tourbillons. Il est autant poussé par le mouvement de la pensée que par le goût de l'action. Sitôt est-il arrivé quelque part, à peine a-t-il lancé une idée, suscité un débat ou transformé une situation, qu'il est déjà ailleurs. C'est un révélateur plus qu'un homme de solutions, un explorateur et pas du tout un administrateur, ce en quoi il peut être révolutionnaire.

Il laisse ses collaborateurs régler le difficile problème des maisons de la culture et il est déjà sur le terrain de la régionalisation, sur celui de la musique, de la prospective ou du mécénat. Ayant pris la mesure de son domaine d'intervention, il agit dans des sens multiples. À partir de 1962, le temps des grandes priorités laisse la place à celui des ouvertures dans les nombreux domaines de la politique culturelle.

Il avait construit les bases de sa politique avec les maisons de la culture, le théâtre, le patrimoine et la régionalisation. Il avait retardé les décisions à prendre dans le domaine musical.

Au moment où la Délégation à l'aménagement du territoire et à l'action régionale (DATAR) lance l'idée de la régionalisation, il signe, en février 1963, une circulaire aux préfets coordonateurs, les ancêtres des préfets de région, leur demandant de constituer des comités régionaux des Affaires culturelles composés des fonctionnaires locaux responsables des Affaires culturelles, issus essentiellement des administrations anciennes des archives et des monuments historiques. Ces comités sont associés à la préparation des Plans d'équipement. Un membre est désigné par le ministre pour exercer les fonctions de correspondant permanent : ce sera le prédécesseur des Directeurs régionaux des affaires culturelles (DRAC). Un an plus tard, le 2 mars 1964, par arrêté, il crée un bureau de la programmation et de l'animation régionale au sein de la direction de l'administration générale, lequel est chargé de suivre les questions de déconcentration et de décentralisation, un chantier qui n'est pas encore terminé trente-cinq ans plus tard.

En décembre 1964, il fait voter une loi sur l'assurance maladie, maternité et décès des artistes peintres, sculpteurs et graveurs. Malraux apparaît ainsi sous son jour social car, après avoir aménagé la situation des artistes du spectacle par une loi du 22 décembre 1961, il apporte pour la première fois une solution à la situation sociale des artistes plasticiens.

Ce Malraux-social est également proche de l'initiative privée. Il inaugure la fondation Maeght à Saint-Paul-de-Vence le 28 juillet 1964, première fondation de ce type dont il dira plus de dix ans plus tard dans *La Tête d'Obsidienne* : « À Saint-Paul-de-Vence, la fondation Maeght, la seule fondation française comparable aux grandes fondations américaines, dresse au dessus des arbres de Renoir ses toits en pagode. »

Quelques mois plus tard, le 18 mars 1965, il demande au Conseil d'État de confier à Michel Pomey, ancien membre de son cabinet, une étude sur le mécénat et les fondations. Cette mission est à l'origine d'un énorme travail qui est la base du développement et de la promotion du mécénat privé en France. Malraux, le promoteur de l'État, est également le défenseur de l'initiative privée.

Grand voyageur, Malraux ne peut rester enfermé rue de Valois. Il lui faut se mesurer avec les grands espaces du monde. De retour du Japon pour le prêt de la *Vénus* de Milo, il inaugure quelques jours plus tard, le 18 avril, la maison de la culture de Bourges, lance le même mois la commission de l'inventaire, intervient le 12 mai 1964 à l'Assemblée nationale sur un problème de protection des droits d'auteur à l'étranger, anime en novembre de la même année un colloque à la maison de la culture de Bourges, prononce comme chaque année le discours présentant son projet de loi de finances en novembre à l'Assemblée et au Sénat et nomme, en décembre 1964, Marcel Landowski inspecteur général de l'Enseignement musical.

Un Malraux éblouissant.

Cette dernière nomination, pour discrète qu'elle ait pu paraître, allait pourtant être à l'origine d'un débat important et faire apparaître au grand jour les contradictions dans lesquelles le ministre va se trouver pris : entre le service des artistes et celui des publics, entre l'art moderne et l'art contemporain, entre l'ambition de ses objectifs et les moyens qui lui sont alloués, entre son tempérament d'homme de gauche et les forces de droite qui soutiennent le gouvernement, etc. La puissance du verbe, les capacités d'illusionniste parfois de Malraux réussiront souvent à masquer ces contradictions. Mais pour combien de temps ? Après le temps de la fondation et de l'initiative culturelle, après le temps de l'espoir, arrive le temps de la déception.

4

De l'espoir à la déception (1966-1969)

La contradiction principale à laquelle se heurte Malraux depuis 1959 voit le jour entre deux orientations auxquelles il tient pour des raisons différentes, mais avec la même conviction : si la politique culturelle doit être au service des artistes, elle doit aussi répondre aux attentes des publics ; d'un côté, le ministère doit être celui des professionnels de l'art et de la culture, de l'autre, il doit jouer le rôle d'instrument actif de la démocratisation de la culture. Peut-il concilier ces deux exigences contradictoires, l'une élitiste, l'autre démocratique ? Sans doute pas, et c'est sur un domaine qui lui était moins familier que les autres — la musique — que cette contradiction apparaît au grand jour. Sans doute le chaman n'a-t-il pu sur ce terrain, qui lui était relativement étranger, déjouer les pièges qui étaient posés sous ses pas.

André Malraux va réussir à surmonter cette contradiction jusqu'en 1966, grâce aux initiatives prises sur le terrain du patrimoine, des maisons de la culture, de la régionalisation, de la sécurité sociale des artistes, aussi bien dans le domaine du spectacle que dans celui des arts plastiques. Il affronte sans vagues l'échec du rattachement des mouvements d'éducation populaire à son ministère. Mais, avec la musique, la contradiction finit par exploser et par atteindre sa personne même, autant que le ministère. Les événements de 1968 ne feront que l'exacerber.

Malraux, peut-être parce qu'il avait le sentiment de voir les choses lui échapper, se vengeait parfois sur les hommes. D'un abord sachant être délicieux, il pouvait aussi se révéler un redoutable coupeur de têtes, spécialement celles de ses proches. Ne reparlons pas de Claude Bréart de Boisanger. Mais dans le même temps où il devait affronter les durs arrêts du Conseil d'État contre ses décisions, il révoque aussi M. Sidet directeur des musées de France qui obtient, lui aussi, sa réintégration par le Conseil d'État. Il révoque aussi plus tard Michel Florissoone, directeur du Mobilier national, pour avoir fait preuve de négligence dans l'aménagement du Grand Trianon. Il renvoie Georges-Henri Rivière, qu'il a connu aux temps du Front populaire et qui a inventé le musée des Arts et Traditions populaires[1], qu'il remplace par son adjoint Jean Cuisenier, ce dont le musée a souffert pendant des lustres. Viendra enfin la rupture avec l'ami de trente ans, Gaëtan Picon…

1. LE TEMPS DES « AFFAIRES »

Les « affaires » qui empoisonnent la deuxième partie du règne de Malraux n'ont aucune connotation financière : ce sont souvent des dérapages qui viennent de retards dans les prises de décision et de maladresses dans les comportements vis-à-vis des personnes. Elles prennent rapidement une tonalité politique.

Dans les dernières années de son mandat, il donne l'impression de ruer dans les brancards, de foncer tête baissée sur les obstacles, ou d'être absent et de laisser faire. L'opposition Landowski-Boulez, suivie de la démission-révocation de Gaëtan Picon et d'Émile Biasini, n'est que le prélude à d'autres crises : celle de l'opéra avec le retour de Boulez, accompagné cette fois de Vilar et de Béjart et, plus grave encore, du moins sur le plan politique, celle de l'affaire Langlois.

L'affaire Landowski-Boulez

Le 27 décembre 1962, André Malraux charge Gaëtan Picon de présider une commission pour étudier les problèmes de la musique en France, avec la participation d'Émile Biasini, des compositeurs Auric et Dutilleux, des critiques Claude Rostand et Dumesnil. Ayant avancé dans les questions du patrimoine et de l'architecture, se trouvant à l'aise dans le domaine des arts plastiques et des musées, ayant lancé le processus qui va conduire à l'ouverture des maisons de la culture, il se place désormais sur le terrain de la musique, qu'il connaît mal et où il a besoin d'experts. Il est tenté de reprendre la méthode utilisée pour les maisons de la culture et de proposer un grand plan de développement des pratiques musicales en direction des jeunes, ce qui équivaudrait à mettre l'accent sur les pratiques d'amateurs. Telle était l'orientation défendue par Marcel Landowski, qui a laissé plus de souvenirs comme pédagogue que comme compositeur, qu'il nomme inspecteur général de l'Enseignement musical en décembre 1964 et qui va se révéler bon administrateur.

Au contraire, Gaëtan Picon, suivi en cela par son adjoint, Émile Biasini, préférerait une orientation plus professionnelle et plus branchée sur la création la plus contemporaine. Pendant ce temps, un autre organe, le Comité national de la musique présidé par Jacques Chailley, auquel succède Darius Milhaud, remet au ministre en 1965 un mémorandum sur « les éléments d'une politique de la musique française » qui réclamait que « la responsabilité de la musique soit confiée à un musicien professionnel assisté, s'il en était besoin, d'un administrateur, mais ayant rang et titre de directeur de la musique placé sous l'autorité du ministre sans autre intermédiaire que le directeur général des arts et lettres ». L'idée de « directeur de la musique » fait ainsi son apparition officielle.

Picon et Biasini se tournent vers Pierre Boulez, jeune-turc de la musique qui, à la tête de l'association « Le Domaine musical », entretient dans le petit monde de la musique quelque remue-ménage par ses initiatives, son franc-parler, son audience en France et à l'étranger. Mais Boulez s'oppose au clan des conservateurs animé par Chailley. Il préconise de résoudre les problèmes de la musique dans le cadre d'une action culturelle globale en liaison notamment avec les maisons de la culture : du Malraux le plus pur. Le groupe Chailley avance de son côté le nom de Landowski, fils du sculpteur membre de l'Institut et soutenu par Albert Beuret, chef de cabinet de Malraux. L'affaire devient complexe. Boulez contre Landowski, Landowski contre Boulez, les médias ont beau jeu d'exciter les animosités de l'un et de l'autre. Malraux se garde d'abord de prendre position mais il n'hésite pas à faire connaître ses inclinations. Il admire Boulez, mais ce dernier, qui a vent des projets qui se trament, lui écrit une lettre en avril 1966 dénonçant « l'option artistique rétrograde » des « personnalités peu réjouissantes » qui composent le comité national de la musique[2]. Ayant choisi les publics dans les théâtres et les maisons de la culture tout en donnant la réalité du pouvoir aux professionnels, ayant choisi les professionnels et les artistes dans le domaine des musées et des arts plastiques, il ne sait plus s'il doit développer une action en direction des publics ou en direction des professionnels de la musique.

Boulez, qui a l'habitude d'appeler un chat un chat, réagit en publiant une déclaration dans *Le Monde*[3] protestant contre ce qu'il appelle la relégation de la musique dans un ghetto : « Ce serait écarter pour longtemps toutes chances de renouvellement, consolider les structures branlantes et favoriser à tous les degrés le conservatisme le plus myope. [...] On parle de placer à la tête de la musique en France des gens « compétents » en prenant des compositeurs [...] Je pense au contraire que les problèmes actuels exigent la présence d'administrateurs qualifiés, et non d'amateurs qui de surcroît risquent de se laisser guider par leurs préférences personnelles. Pour moi, croyez-le bien, je ne suis pas candidat [...] »

Et Boulez de donner un cours de management culturel au ministère en prônant à côté d'un directeur de la musique à profil d'administrateur une insertion de la direction de la musique dans l'Action culturelle[4] : celle-là même que Malraux s'efforce de mettre en place depuis sept ans ! « Il faut que la musique saisisse la chance qui s'offre à elle de rejoindre le grand courant actuel en faveur d'une action culturelle globale, de bénéficier de l'évolution qui a secoué le théâtre et la culture en France depuis quelques années, en ouvrant les fenêtres pour dissiper l'air confiné où elle s'asphyxie... »

Voici Boulez plus Malruxien que Malraux ! Le ministre devrait sauter sur l'occasion qui lui est offerte de faire dans la musique ce qu'il a fait dans le théâtre avec les maisons de la culture. Il s'enferme et s'entête. Son cabinet aussi.

Dans le *Nouvel Observateur*[5], Maurice Fleuret[6] commente lui aussi le tour que prend l'affaire : « Depuis cinq ans, écrit-il, tous les professionnels de la musique ne cessent de dénoncer la détérioration de la vie musicale en France. [...] L'an dernier la suppression de trois des six orchestres que l'ORTF entretenait en province a déclenché un tollé général [...] et on parla même un temps d'une « marche sur l'Élysée ». [...] Le ministre a tout promis, il n'a rien tenu. »

Maurice Fleuret rappelle que les affaires musicales dépendent au ministère de deux services : le service de la musique qui est rattaché à la direction générale des Arts et Lettres, et cumulé avec le théâtre et l'action culturelle, sous la direction de Biasini ; l'inspection générale de la musique (conservatoires) qui est rattachée à la direction des Enseignements artistiques dirigée par Marcel Landowski. D'un côté Boulez et Biasini, de l'autre Landowski et les caciques de la musique (Darius Milhaud, Jacques Chailley, Henri Sauguet...). Dans le *Figaro*, Bernard Gavoty dénonce « la méthode hitlérienne » des « animateurs du Domaine musical » (ceci pour dépeindre aimablement l'attitude de Boulez).

« En quelques jours, le ton est monté très vite, poursuit Maurice Fleuret. Darius Milhaud et Pierre Boulez ont échangé des lettres d'une extrême violence. Certains syndicats ont subi des pressions et reçu des menaces de personnalités officielles influentes. Georges Auric se proposerait d'abandonner son poste si Landowski était nommé. [...] La petite guerre des musiciens, écrit-il, réveille d'antiques querelles, un conflit de générations un peu assoupi, de vieilles rivalités, des haines tenaces. Et tout ça pour les "intentions" d'un ministre ! Car, il faut le redire, rien, absolument rien n'a été officiellement décidé. Et c'est finalement à André Malraux qu'il appartient de trancher. [...] On sait que ni Landowski ni Biasini n'ont fait ce qu'ils auraient dû. Limiter le problème et le choix à eux deux c'est, d'une manière ou d'une autre, accepter de continuer dans l'ornière, c'est hésiter entre un pédagogue rétrograde et un fonctionnaire zélé. [...] Il n'est pas sûr qu'un compositeur soit le plus compétent, le plus dynamique et le plus impartial des promoteurs. Il est encore moins sûr que le tonique non-conformisme de Pierre Schaeffer parvienne à contrebalancer la béatitude satisfaite de vertueux académiques. »

Malraux ne sait plus à quel saint se vouer et opte finalement, pour des raisons mi-politiques, mi-opportunistes, pour Marcel Landowski. Sans doute le remplacement d'André Holleaux, directeur de cabinet, par Antoine Bernard, le 29 avril 1965 est-il pour quelque chose dans cette évolution. Le 9 mai 1966, le bureau de la Musique de la direction générale des Arts et des Lettres devient service de la Musique et est confié à Marcel Landowski : « je suis content de voir, lui dit le ministre, que le feu d'artifice des bémols en colère ne vous a pas affecté... ». Gaëtan Picon, Émile Biasini, Pierre Boulez se sentent floués : ils découvrent que le cabinet du ministre préparait dans le plus grand secret, avec Marcel Landowski, un contre-plan pour la musique, avec un autre budget que celui qu'ils avaient élaboré. Malraux refuse de les recevoir. Le plan Biasini-Picon-Boulez, établi pourtant à sa demande, mettait l'accent sur la concentration de l'effort sur une ou deux formations de prestige, alors que le plan Landowski voulait en dix ans construire une pyramide ambitieuse couvrant l'ensemble du territoire en s'adressant d'abord aux publics et aux amateurs considérés comme le terreau de la future création : deux stratégies totalement opposées en matière de conduite de la politique culturelle.

Boulez publie à son tour dans le *Nouvel Observateur*[7] un réquisitoire très sévère : « Pourquoi je dis non à Malraux ». Il annonce qu'il décide de faire « grève en regard de tout ce qui est organisme officiel de la musique en France. Ce n'est un secret pour personne que je suis parti pour l'Allemagne faute de pouvoir réaliser en France quoi que ce soit d'une certaine envergure. [...] Je me passe aisément des invitations officielles françaises, en ayant nombre d'autres à ma disposition. Sans vouloir faire de la démagogie, je regrette une seule chose : ne plus travailler, pendant un certain temps, avec les musiciens français. Il poursuit : La décision de Malraux a été une décision de compromis, la pire : n'ayant pas voulu désavouer Biasini, mais ayant désiré apaiser les musiciens "officiels", il a partagé la poire en deux : une moitié, les théâtres, reste entre les mains de Biasini ; l'autre moitié va aux ongles de Landowski. Et la troisième moitié, je veux dire la musique à la radio et à la télévision, demeure entre les phalanges du ministre de l'information. »

Et Boulez, qui révèle ses talents de polémiste, place sa botte : « Voilà ce qu'on peut appeler une vraie réforme : positive, productive ! Il ne s'agit pas de diviser pour régner ; il s'agit de diviser pour gagner sa tranquillité. Les deux questions fondamentales restent donc posées : 1. Est-il bon de séparer la musique de l'action culturelle ? 2. Est-il bon de confier l'administration de la musique à un compositeur ? À ces deux questions, je réponds : NON ! »

Boulez prône déjà le décloisonnement tel qu'il sera prévu dans le Centre Pompidou ou dans la politique culturelle de Chaban-Delmas. « On ne peut pas organiser maintenant la musique à partir de circuits sclérosés et vieillis. Il faut s'appuyer sur des organismes plus généraux comprenant aussi bien des représentations théâtrales, des expositions de peinture que des concerts — ainsi d'ailleurs que des "magazines" — tels qu'en organise le TEP. C'est à ce prix que l'on touchera un public jeune, renouvelé dans son aspect social comme dans ses aspirations esthétiques. C'est une noire sottise que de vouloir ignorer un phénomène collectif d'une pareille envergure, et d'en rester à un cloisonnement qui est préjudiciable au développement même de la musique. »

Boulez montre que le choix des hommes ne peut pas être distingué du choix d'une réforme : « Des musiciens comme Chailley et Landowski se sont montrés depuis toujours extrêmement réactionnaires. Je ne vois pas pourquoi, et sous l'effet de quelle grâce, ils abdiqueraient leur conservatisme foncier dès lors qu'ils aborderaient l'organisation de la musique française. On peut être assuré de l'académisme et de la poussière qu'ils se feront scrupule de sauvegarder. »

Émile Biasini s'exprime en témoin direct et acteur de cette crise[8] : « La tempête était déclenchée. Elle enflamma Paris. *Le Figaro*, sous la plume de son critique musical, Bernard Gavoty, prit naturellement parti pour Landowski et les conservateurs. Ce fut une belle bataille comme les milieux culturels savent en déclencher. »

Quelques mois plus tard, le 3 août 1966, Gaëtan Picon, qui a été désavoué, démissionne de son poste de directeur général des Arts et des Lettres. Sans doute cette démission est-elle motivée par une série de raisons qui s'additionnent[9], mais c'est un choc car il a été pour Malraux un ami fidèle, un écrivain qui a écrit sur son œuvre littéraire, une intelligence reconnue dans le milieu intellectuel et qui a su formaliser avec brio les orientations de sa politique. Même s'il n'est pas nécessairement un homme d'action, Gaëtan Picon est une lumière. Elle va faire défaut à Malraux. Après la tête, les jambes : son adjoint, Émile Biasini, lui emboîte le pas et se retire à son tour, et avec lui ce qui ressemblait à un début d'organisation dans la politique des maisons de la culture. Le premier est remplacé par Pierre Moinot qui fait son retour au ministère, le second par son collègue de la Cour des comptes, Francis Raison, nommé directeur du Théâtre et des Maisons de la culture. Deux magistrats de la Cour des comptes remplacent deux hommes atypiques. Émile Biasini l'exprime avec simplicité : « Dans le domaine de l'action culturelle, la volonté de poursuivre dans la même voie fut affirmée. Mais le style n'était plus le même [...] Ma collaboration avec (André Malraux) a débuté sur une séduction, s'est approfondie dans une communauté d'action pour s'achever dans le désordre, l'injustice et le tourment. [...] Préférer Landowski à Boulez, c'était évidemment pour Malraux, un paradoxe condamnant tout ce qu'il avait défendu dans sa vie. »

Ce ne sera pas la dernière fois.

Boulez-Landowski : première bataille, comme la politique culturelle va en connaître de nombreuses et qui, toutes, apportent des indications précieuses sur certains de ses tournants.

Sans doute l'opposition entre les deux hommes et les deux politiques est-elle exagérée. Avec le recul, ne peut-on se rendre à l'opinion de Jacques Rigaud lorsqu'il apporte sur l'expérience Landowski ce jugement : « Marcel Landowski a su gérer la politique musicale de manière pluraliste, éclectique, sans aucune volonté d'imposer un courant ou une sensibilité » ? Quant à Boulez, « à l'époque du président Pompidou, il a été nommé à la tête de l'Ircam où il a pu mener [...] une certaine forme de politique musicale, autre et complémentaire[10]. »

Balancement circonspect de la pensée : il est vrai que Pompidou a réparé en 1969 la bévue de Malraux. Bévue ou grave erreur ?

Suite logique de la décision prise par Malraux, Marcel Landowski, quelques mois après sa nomination, sans doute est-ce dans la nature des choses, est reçu à l'Institut que Malraux déteste. Les membres de l'Académie des beaux-arts ont trouvé leur cheval de Troie. La bataille pour la musique prend tout son sens du point de vue de la création. Malraux a désormais choisi, peut-être sans en être conscient, le camp des conservateurs. Décidément, l'année 1966 est celle du tournant.

La censure et l'affaire de *La Religieuse* de Rivette

Mais comme une mauvaise nouvelle n'arrive jamais seule, après Boulez, Malraux s'attire les foudres de Jean-Luc Godard. Si le ministre a volé au secours de Jean Genet dans l'affaire des *Paravents*, il reste silencieux face à l'interdiction du film *La Religieuse* de Rivette. « Adieu Monsieur l'Absent », écrit Morvan Lebesque dans *Le Canard enchaîné*. On est au printemps 1966, alors que l'affaire Landowski bat son plein... Jean-Luc Godard envoie, d'accord avec François Truffaut, une lettre ouverte au *Nouvel Observateur*[11] dans laquelle il fustige la « Gestapo de l'esprit » et poursuit avec violence : « Je suis sûr maintenant, cher André Malraux, que vous ne comprendrez définitivement rien à cette lettre où je vous parle pour la dernière fois, submergé de haine... [Vous qui êtes] aveugle donc, et sans mains, juste les pieds pour fuir la réalité, lâche en un mot, ou peut-être tout bonnement faible, vieux et fatigué, ce qui revient au même. Rien d'étonnant à ce que vous ne reconnaissiez plus ma voix quand je vous parle, à propos de l'interdiction de Suzanne Simonin, *La Religieuse* de Diderot, d'assassinat. Non. Rien d'étonnant dans cette lâcheté profonde. Vous faites l'autruche avec vos mémoires intérieures. Comment donc pourriez-vous m'entendre, André Malraux, moi qui vous téléphone de l'extérieur, d'un pays lointain, la France libre ? »

Vilar, Boulez, Godard, Truffaut, et tant d'autres, cela commence à faire beaucoup. Comme s'ils pressentaient une bataille à venir (on est à deux ans de mai 68), les artistes choisissent leur camp et fourbissent leurs armes. Le « Parti des créateurs » se prépare au combat. Le dîner d'adieu de Gaëtan Picon réunit vieux grognards et jeunes loups : André Masson, Georges Auric, Ionesco, Poliakoff, Max Ernst, Robbe-Grillet, Roger Caillois, Madeleine Renaud, Jean-Louis Barrault, Vieira da Silva, Bazaine, Philippe Sollers... La rupture est consommée. Malraux reste silencieux. Comme il est dur, doit-il penser, d'être le ministre du général de Gaulle. À moins qu'il ait déjà renoncé à l'exercice du magistère culturel.

Une page a été tournée, des hommes différents arrivent. Antoine Bernard, (qui va être l'exécuteur des basses œuvres contre Picon et Biasini) issu du Conseil d'État, va régner sur le cabinet, capitaine en second du navire qui aborde la saison des tempêtes. Malraux ne sait plus que faire de l'Action culturelle. Doit-elle regrouper pêle-mêle la recherche, les expositions, les maisons de la culture *stricto sensu*, les relais culturels, bref toutes les institutions qu'il a créées en fait depuis 1959 et qui peuvent difficilement trouver place dans les catégories préexistantes et dans les services légués par l'histoire ? Mais n'est-ce pas renoncer à ce qu'elle féconde les actions traditionnelles du ministère ? Ébranlé par tout ce tintamarre, tout en feignant d'en rester détaché, il adopte encore les décisions que lui suggère son entourage.

Sous l'impulsion de Landowski, il crée en 1967 l'Orchestre de Paris. Sous celle d'Anthonioz, il décide le 23 octobre 1967 de créer le Centre national d'art contemporain. Désespérant de voir les conservateurs du Musée national d'art moderne capables de s'ouvrir à la création la plus contemporaine, il pense qu'une institution concurrente du musée pourra susciter une saine émulation qui secouera la poussière du musée devenu vieux trop tôt. Face à une institution qui refuse d'aller de l'avant, un ministre de la Culture dispose en effet de plusieurs solutions, soit la dissoudre et la remplacer par une nouvelle, ce qui est pratiquement impossible, soit changer son directeur, voire son équipe dirigeante, ce dont les hommes politiques sont en général les plus friands, mais ce qui n'est pas toujours suffisant ; il peut encore créer, en parallèle à l'organisme à réformer, une nouvelle structure, idéale, avec un personnel intégralement nouveau, en espérant que de la concurrence entre les deux naîtront de nouveaux comportements, des influences réciproques, des synergies parfois, bref une relation de type dialectique, dont la création au demeurant est plus facile à assurer que la gestion dans le temps.

C'est aussi une manière de procéder qui refait surface tout au long de l'histoire des institutions culturelles.

Boulez, Vilar, Béjart

De son passé de révolutionnaire, Malraux a-t-il retenu l'art de placer les bombes ? Mais sous ses pas ! Il semble parfois quelque peu suicidaire. Au cours d'un dîner à l'automne 1967, il annonce que des conversations sont en cours pour confier la direction de l'Opéra au triumvirat Boulez-Béjart-Vilar. Le « non à Malraux » de Boulez n'a pas dix-huit mois ! Peut-être était-ce la réponse en retour du ministre. Mais l'Opéra avait un administrateur en la personne de Georges Auric qui fit traîner les choses en longueur. Les orages de mai 68 firent avorter le projet — les trois hommes renonçant à collaborer plus avant avec un ministère de la Culture atone. La droite, fût-elle représentée par un ministre au passé révolutionnaire, avait, décidément, du mal à s'adjoindre le concours d'artistes progressistes. Elle ne cessera pourtant d'en rêver. Les nominations de Lang à Chaillot, de Chéreau et Planchon au TNP en 1972 ajoutent un épisode supplémentaire à cette série de rêves avortés : comme si la politique culturelle pouvait faire abstraction de la politique tout court.

L'affaire Langlois

En février 1968, un rapport de l'inspection des finances alerte le cabinet de défauts de gestion dans l'association de la Cinémathèque de France, dirigée par Henri Langlois, personnage du monde du cinéma à la fois riche et déconcertant, Rabelaisien et anarchiste. À son arrivée rue de Valois, Malraux lui avait alloué deux salles et fait mettre en chantier un dépôt à Bois-d'Arcy. Les choses commençaient sous de bons auspices. Certes, la tenue de ses comptes et de ses stocks de films laissait-elle sans doute à désirer, mais l'homme était dans son genre un géant qui avait su constituer un patrimoine d'une richesse incomparable. Il avait aussi le don de communiquer et de donner à l'art une dimension sociale qui sera reprise par son ami le Père Diard[12] à la tête de l'association Confluence. Le ministère des Finances insiste alors pour que le ministre de la Culture mette de l'ordre dans les affaires de la Cinémathèque de France. Malraux sait être discipliné, fidèle aux injonctions du gouvernement et même déférent aux ordres venant du ministère des Finances. Il convoque Henri Langlois dans son bureau et lui demande de quitter son poste. Il décide de remplacer l'artiste par Pierre Barbin, honnête personnage qui a fait une carrière dans l'animation des ciné-clubs et qui ne sait pas où il met les pieds. Il commence par fermer les deux salles. Langlois, d'abord interloqué, se remet de sa surprise, se rebiffe et agite le « Parti des créateurs » qui s'échauffe vite, non seulement dans le domaine du cinéma mais également dans celui du théâtre, de la musique et de la littérature.

Jean de Baroncelli, dans *Le Monde*, sous le titre « Le dragon qui veillait sur nos trésors… » emprunté à Jean Cocteau, donne le ton, à la manière de Boulez deux ans plus tôt, c'est-à-dire en se faisant Malruxien, et en montrant que le ministre n'est jamais aussi bon que lorsqu'il prend de la hauteur sur l'administration : « Henri Langlois que l'on vient de chasser à cinquante-quatre ans de chez lui était beaucoup plus que le directeur de la cinémathèque : il était la cinémathèque. Il était son âme, son cœur, son sang. Sans Henri Langlois il y aurait peut-être aujourd'hui en France une "réserve" où seraient conservés des vieux films. Mais il n'y aurait pas ce musée au sens même où M. André Malraux entend le mot, cette maison de la culture cinématographique où plusieurs générations de cinéastes ont formé leur goût, ont appris leur métier, ont communié dans la passion des films. […] Dans les milieux cinématographique du monde entier Henri Langlois était une sorte de personnage de légende. On nous l'enviait, on nous l'enviera toujours, car on sait ce que le prestige du cinéma français lui doit. Or c'est ce personnage de légende qui est remercié aujourd'hui après décision gouvernementale sous prétexte qu'il est plus poète que bon administrateur, et que sa conception de l'ordre n'est pas au goût des fonctionnaires. […] Ce ne sont pas les bons comptables ni les bons gérants qui manquent en France. Mais il n'y a avait qu'un Henri Langlois. Allons-nous admettre qu'on nous le prenne[13] ? »

L'« affaire Langlois » est née. Elle mobilise, comme jamais encore, la classe culturelle et intellectuelle contre le gouvernement. Le ministre de la Culture est mis en accusation par les artistes et les intellectuels et sert même de bouc émissaire contre la politique du général de Gaulle et sa difficulté à négocier. Maladresse, limogeage accompagné d'hommages, renvoi de la décision au niveau des services comme pour minimiser l'affaire, méconnaissance du climat du milieu cinématographique extrêmement actif, créatif et réactif depuis une dizaine d'années, tous les ingrédients d'une crise sont réunis.

C'est à André Holleaux, directeur du CNC, et commissaire du gouvernement, qu'échoit la mission d'évincer Langlois au cours de la réunion du conseil d'administration. On commence par élire un nouveau président, l'inévitable Pierre Moinot; on élimine l'indispensable Yvonne Dornès, secrétaire de la Cinémathèque depuis 1934, au profit d'un candidat du ministère. Ambroise Roux, membre du conseil d'administration, et qui s'y connaît en matière de négociations, propose une semaine de réflexion[14] : sa proposition est repoussée par les « putschistes » qui représentent le gouvernement. On a visiblement décidé de recourir à la manière forte. On va s'apercevoir qu'elle sera un boomerang.

La direction générale des arts et lettres publie une explication un peu courte : « L'évolution de la Cinémathèque française, dont la richesse, peu à peu accumulée grâce à M. Henri Langlois, a fait un organisme de plus en plus important, exclut désormais la gestion artisanale de ses débuts. C'est ce qui a amené le gouvernement à subordonner l'octroi de la subvention dont vit la Cinémathèque à des améliorations de gestion indispensables. La dualité de direction prévue par les statuts actuels a fait que si la direction artistique a été assurée par M. Henri Langlois avec une totale continuité, il n'a pu en être de même avec la direction administrative. Le gouvernement a, dans ces conditions, demandé au conseil d'administration de la cinémathèque, que préside M. Pierre Moinot, de charger M. Pierre Barbin de la gestion d'ensemble de cet organisme, en laissant au conseil le soin de définir le rôle dans lequel M. Henri Langlois pourra continuer son œuvre au sein d'une cinémathèque française réorganisée. »

En signe de protestation, les principaux metteurs en scène français retirent leurs films de la Cinémathèque. Ils sont suivis par Chaplin, Buñuel, Kazan… Droit dans ses bottes, Pierre Barbin décide de licencier les soixante agents de la Cinémathèque.

« Le Tout-Cinéma descend dans la rue; le 15 février trois mille manifestants sont devant Chaillot, où les futurs CRS de mai chargent avec une violence inouïe; dès le lendemain *Combat* offrait ses colonnes à François Truffaut, Jean Rouch, Elia Kazan, Fritz Lang, Orson Welles, Robert Wise, Jean-Luc Godard, Claude Chabrol, Claude Berri, etc. Une étonnante campagne de solidarité en faveur de Langlois se développait, dans un milieu où celle-ci n'est guère couramment pratiquée[15]. »

On appelle, déjà, maître Georges Kiejman à la rescousse. La Cinémathèque française, ne dépendant pas du gouvernement, l'assemblée générale de cet organisme, aux termes des statuts, peut remettre en cause les décisions du conseil d'administration. L'avocat signale en outre que l'on « a demandé à Langlois des comptes d'une gestion dont il n'était pas responsable, un directeur administratif et financier ayant été nommé en même temps que le directeur artistique et technique[16] ».

À l'Assemblée nationale, François Mitterrand (FGDS) pose une question écrite à André Malraux. La réponse est publiée le 24 février. Le ministre se plaint de n'avoir jamais pu obtenir d'Henri Langlois qu'il « collabore à une réorganisation de la Cinémathèque qui permette d'en améliorer la gestion. […] Les milliers de bobines qui se trouvent dans les blockhaus de Bois d'Arcy sont dans un état souvent déplorable». C'est la faute du ministère, rétorque Henri Langlois, qui ne m'a pas donné les moyens nécessaires à une bonne conservation. Pierre Moinot emmène à Bois-d'Arcy « quelques journalistes choisis par le ministère[17]. » Celui du journal *Le Monde* n'est pas convaincu, il constate que « le premier bâtiment neuf a été achevé voici un mois seulement et les clés ont été remises à la Cinémathèque il y a quinze jours[18] ». On n'a donc pas laissé beaucoup de temps à Langlois pour ranger ses bobines ! Cela ressemble à un coup monté. Mais, dans sa réponse à François Mitterrand, Malraux conclut que Langlois a refusé de collaborer avec les pouvoirs publics : « L'État a donc usé des pouvoirs légaux qu'il tient des statuts pour faire désigner un responsable de l'appareil de la Cinémathèque qui soit à même d'en assurer la gestion courante, en attendant que le conseil d'administration ait proposé une réorganisation fondamentale. [...] M. Langlois a rendu d'éminents services. Il fait bien ce qu'il aime. Moins bien ce qu'il n'aime pas et il ne l'a laissé faire à aucun de ceux qui ont tenté d'en assurer la responsabilité dont la liste commence à être longue. Pour l'avenir de la Cinémathèque française, il est devenu indispensable d'en assurer la gestion d'une façon moins personnelle et plus contrôlable. »

Après une série d'hésitations, d'avancées et de reculs, Malraux recule. Une assemblée générale finit par réintégrer Langlois le 22 avril (Malraux n'en était pas à sa première réintégration forcée...). L'État se retirait purement et simplement de la Cinémathèque, assurant la conservation des films et laissant Langlois libre.

« Pour la première fois depuis qu'André Malraux était ministre, les matraques des CRS s'étaient abattues sur des représentants de la culture ; il y avait eu une dizaine de blessés lors de la manifestation devant la Cinémathèque, dont Jean-Luc Godard[19]... »

Jean de Baroncelli tire les leçons de l'affaire en titrant « Une cinémathèque libre[20] » : « La Cinémathèque française retrouve Henri Langlois, son indépendance et sa liberté : voilà ce que signifie pour l'essentiel la résolution votée lundi soir par l'assemblée générale extraordinaire. On est heureux de voir la raison et l'intérêt général triompher au terme d'une crise déplaisante qui s'est prolongée durant plus de deux mois. En protestant dès le premier jour contre l'éviction d'Henri Langlois, nous ne défendions pas seulement un homme envers qui le cinéma français a contracté une immense dette de reconnaissance, nous entendions également, et plus encore peut-être, sauvegarder l'esprit d'un organisme de culture trop particulier pour qu'on puisse l'assimiler à d'autres organismes du même genre... »

On est à huit jours des premiers événements de mai 68. Qui a écrit que la France, alors, s'ennuyait ? En tous les cas pas au sein du « Parti des créateurs » ! Cette crise est inséparable du durcissement politique de la fin du gaullisme. Après avoir créé des espoirs, entamé une politique culturelle ambitieuse, le ministère apparaît dans toute sa réalité. L'opposition entre deux générations, entre deux manières de concevoir la vie culturelle, voire politique, se cristallise sur l'affaire Langlois.

De Gaulle n'avait-il pas choisi Malraux pour qu'il séduise la classe intellectuelle ? Dix ans plus tard, elle échange avec lui injures et quolibets. Quelques jours encore et les jeunes sont dans la rue, les artistes à leurs côtés, et vont s'opposer également à d'autres méthodes du gouvernement gaulliste, celles des mandarins et de leur ministre de l'Éducation et de l'Université, mais également tout aussi bien celles du ministre de l'Intérieur, des préfets ou des patrons dans les entreprises. De Gaulle est ébranlé par mai 68, comme Malraux l'est par l'affaire Langlois, qui joue le rôle de révélateur et d'avertisseur. Une fois encore, l'évènement culturel précède le politique. Mais le pouvoir ne sent, ni n'entend rien. Pas plus que de Gaulle ou Pompidou, Malraux ne voit venir l'explosion de mai 68, alors qu'elle est d'essence profondément culturelle. Question de générations peut-être, plus sûrement question de méthodes et, surtout, révélation de contradictions jamais surmontées.

Mai 68 prend Malraux au piège. Les maisons de la culture, l'École des beaux-arts, les professionnels du théâtre réunis à Villeurbanne, les artistes, les cinéastes, les intellectuels, tous sont dans la rue à le conspuer. Mais il est également ouvertement attaqué sur sa droite par ceux qui pensent qu'il a nourri un serpent dans le sein de la majorité politique. À l'initiative de Pierre Restany, le Musée d'art moderne ferme « pour cause d'inutilité ». Barrault annonce sa mort à l'Odéon, ce que Malraux, son protecteur, l'accusant « d'abandon de poste » (face à quel ennemi ?) ne lui pardonnera pas. Tout le milieu artistique se trouve pris dans un processus de renversement décrit par Pierre Restany : « Galeries, musées, prix, expositions, académies sont les fondements de la contestation. Sans contestation, pas d'anti-carrière. Il faut être invité à une manifestation officielle pour pouvoir refuser. Il faut recevoir des prix pour en refuser le montant et faire la charité. Il faut des musées pour pouvoir y décrocher les œuvres. Il faut des académies classiques pour contester la culture classique… S'il n'y avait pas les écoles des Beaux-Arts, il faudrait les inventer ; on y trouve le temps d'y assumer en gestes et en paroles le grand refus marcusien[21]. »

Pendant que la rue gronde le ministre reste silencieux. Il déjeune à « La Tour d'argent » avec son neveu Alain, puis avec sa fille Florence avec qui il s'est réconcilié depuis février, seule retombée positive de l'affaire Langlois !

« En dehors d'une table, occupée par deux touristes peu informés, nous y étions à peu près seuls, lui et moi. Pendant la guerre, j'y suis venu une fois : il y avait beaucoup plus de monde ! m'assura André[22]. »

Il est conscient de la situation. « Le coup est mortel » confie-t-il à Louis Guilloux. « Nous étions bien seuls », dit-il à Louise de Vilmorin, parlant des derniers jours de mai 68.

Après l'ébranlement de mai 68, Malraux a moins d'un an à passer rue de Valois. Le 31 décembre 1968, il fait voter la loi dite des « dations », tendant à favoriser la conservation et l'enrichissement du patrimoine artistique en acceptant, pour paiement des droits de succession, le don d'œuvres d'art à l'État. Cette initiative, due en réalité à Michel Debré alors ministre des Finances (lui-même mobilisé par son frère, le peintre Olivier Debré), est une très importante décision permettant de faire entrer, par centaines, voire par milliers, des œuvres d'une très grande qualité dans les collections nationales. Hommage est ainsi rendu au patrimoine artistique. Cette loi est l'une des plus riches de portée que Malraux ait fait voter.

Dans le même temps, il tire un trait sur le rôle de l'Académie des beaux-arts, qui jusqu'alors dirigeait la Villa Médicis à Rome et l'École nationale supérieure des beaux-arts. Lui, le ministre de la modernité, n'avait pas réussi en neuf ans à affranchir ces deux institutions de la tutelle des académiciens qui n'hésitaient pas à le fustiger. Il lui aura fallu les remises en cause de mai 68, les plaintes vigoureuses de Jeanne

Laurent, les impertinences des jurys des prix de Rome, pour détacher ces deux institutions de l'Académie des beaux-arts. L'Institut reste sous la coupe du ministère de l'Éducation nationale (ce qui est encore le cas en 1999). Il continue à avoir la haute main, par exemple, sur la Casa Velasquez à Madrid, sorte de Villa Médicis-bis où les artistes sont encore choisis par un jury largement dominé par les membres de l'Académie des beaux-arts. Nul n'est parfait.

L'après mai 68 : censure et épuration

Après mai 68, Malraux va entreprendre, sous la pression de son entourage et d'un pouvoir qui a eu peur du gauchisme, une forme d'épuration. Malraux dans la peau d'un Versaillais ! Mais dirige-t-il encore le ministère ? Sans doute n'est-ce pas lui qui révoque par dizaines les journalistes de l'ORTF, mais c'est bien le gouvernement auquel il appartient. Vient ensuite le tour des responsables culturels. Fin août 1968, il se sépare de son « ami » Jean-Louis Barrault, un de plus appelé à le quitter. Puis ce sont les directeurs de maisons de la culture, fer de lance de la « révolution « que les élus locaux, remis de leur peur et épaulés par les cadres politiques parisiens, vont éliminer : Gabriel Monnet est chassé de Bourges, René Jauneau de Thonon, Jo Tréhard de Caen, Francis Jeanson de Châlon-sur-Saône, Jean Dasté de Saint-Étienne... On glissera plus loin encore dans la censure dans un climat de suspicion culturelle aujourd'hui à peine imaginable : viendra l'« affaire Gatti ». Le gouvernement ayant interdit, à la demande du ministre des Affaires étrangères, la représentation au TNP d'une pièce d'Armand Gatti, *Passion en violet, jaune et rouge*, parce qu'il attaquait... Franco, Malraux — l'ancien combattant des brigades rouges — publie un communiqué affirmant que « la liberté d'expression n'était pas en cause », et que « cette pièce pouvait être représentée ailleurs (c'est-à-dire ailleurs que dans un théâtre national) sous la seule réserve du délit d'offense à chef de l'État ». L'aventure de la politique culturelle, commencée dans le souffle épique de la brigade Alsace-Lorraine, échoue dans des indignations vertueuses et petites-bourgeoises.

Sur la proposition de Pierre Moinot lui-même, il prend la décision de supprimer la direction générale des Arts et des Lettres. Rare exemple d'un haut fonctionnaire demandant à son ministre de supprimer le poste, pourtant des plus éminents, qu'il occupe. Il ne supportait pas cette administration trop tentaculaire dans laquelle il fallait passer dans la même journée de la littérature à la musique, du théâtre aux musées sans avoir les coudées franches d'un ministre. Bref, le directeur général des Arts et des Lettres était une sorte de vice-ministre (dont les compétences aujourd'hui recouperaient celles de cinq à six directions d'administration centrale) sans les moyens et sans le temps. Avec le risque de dysfonctionnements constatés dans l'affaire Langlois : Moinot était en même temps président de nombreuses associations, comme la Cinémathèque et le Cnac. En contrepartie, l'autonomie sera donnée aux anciens services de cette direction générale. C'est le résultat indirect de l'onde de choc provoquée par la crise des maisons de la culture. C'est aussi le début de l'organisation verticale du ministère de la Culture.

Malraux va commencer à mettre en œuvre cette réforme. Par décret du 2 avril 1969, la direction du théâtre et des maisons de la culture quitte la direction générale et prend le nom de direction des Spectacles de la musique et des lettres, ce qui signifie la séparation entre les institutions classiques et les maisons de la culture. Le 13 mai 1969, il place sous l'autorité de la direction chargée de l'Action culturelle les institutions qu'il a créées depuis dix ans, faute de réussir à les intégrer dans les services traditionnels : le service des Études et des Recherches, le service des Expositions et Échanges culturels, le bureau des Maisons de la culture (qui est dévolu à Catherine Tasca), le bureau des Actions et Relais culturels : il érige ainsi cette nouvelle direction en une sorte de conservatoire de ses réalisations décennales. Dans le même temps, il renforce l'autonomie de la direction des Musées de France.

Voici donc Malraux qui, en définitive, renonce à transformer de l'intérieur, au moyen des institutions de l'action culturelle qu'il a créées, les administrations traditionnelles des théâtres, de la musique, des musées et des lettres. C'est la reconnaissance de la fatalité de l'administration et de la force corporatiste des professions culturelles. Pragmatique, il prépare ainsi la mise en place d'une administration verticale en direction des milieux professionnels, toute tournée vers les artistes, dans une orientation professionnalisante qui donne la priorité à la politique de l'offre sur celle de la demande. Après avoir hésité entre ces deux orientations, il finit par choisir. Mais, comme souvent, le dos au mur. Malraux termine là où il n'avait pas souhaité commencer, dans une administration de bon aloi, isolant les conquêtes qui avaient été les siennes et qui étaient finalement assez maigres en moyens comme en résultats, dans une direction de l'Action culturelle qui n'en finira pas, lui parti, de tenter de trouver sa forme et son contenu.

Depuis les premières orientations de 1959, la politique culturelle a donc assez sensiblement changé de contenu. L'objectif de démocratisation culturelle s'éloigne au profit de celui de la bonne gestion et du service à apporter aux milieux artistiques. Pourtant mai 68 a mimé en quelques sortes les aspirations à l'idéal de démocratie culturelle.

2. LES ENNUIS DE L'INTENDANCE

Dès lors que le général de Gaulle perd, en 1969, le référendum symbolique sur la régionalisation, il se retire dans la minute. Malraux le suit. Il va de nouveau jouir d'une liberté totale. Le ministère où il a exercé pendant dix ans était une sorte de parenthèse dans sa carrière littéraire et artistique, dans sa vie d'aventurier du monde des arts et des lettres. Au cours des huit années qui lui restent à vivre, il écrira beaucoup, tirant parfois les leçons des difficultés rencontrées. Mais, paradoxalement, il ne laisse pratiquement pas de texte sur les leçons de son expérience de ministre, moins que certains éphémères ministres de la Culture qui ont accompagné leur départ d'un livre, comme Maurice Druon. Il nous manque les mémoires de Malraux-ministre. À la différence de Jacques Duhamel, il n'a pas eu son Jacques Rigaud pour jouer les historiographes : aucun de ses directeurs de cabinet, ni de ses proches collaborateurs n'a voulu écrire ni prendre le temps ou le risque de témoigner : Gaëtan Picon ou Pierre Moinot ont pourtant une plume ! Émile Biasini l'a fait jusqu'ici de manière parcellaire. Il nous reste des discours, des témoignages épars et des archives. Le sentiment de déception était-il à ce point inhibant ?

Peut-être, les mémoires de Malraux-ministre ne rassembleraient-ils que les multiples variations d'une longue plainte contre l'impuissance et la rigueur des temps. Mais sans doute eussent-t-ils été aussi une suite de morceaux d'anthologie. Cette expérience laissait-elle un goût trop brûlant de cendre, mêlant l'enthousiasme d'une chevauchée fantastique et la déception de réveils amers ?

Malraux aurait pu susciter l'adhésion par des réalisations concrètes. Il y a réussi chaque fois qu'il s'y est attaché. Cet homme de visions n'est pas un homme de moyens. Ses intuitions sont fortes, voire fulgurantes, mais il se contente souvent de les énoncer ! Il confie par exemple à Frank Elgar en 1952 qui lui demande ce que serait son programme si on lui confiait un ministère des Arts, qu'il faudrait entreprendre la réalisation du… Grand Louvre : « il ne serait pas impossible de refaire du Louvre le premier musée du monde : il s'agirait de récupérer le bâtiment occupé par le ministère des Finances et d'enrichir les collections nationales par l'annexion des grands chefs-d'œuvre dispersés, les Georges de la Tour, les Ingres, les Goya, etc. »

Il ajoutait : « Je voudrais qu'on rassemblât des reproductions irréprochables des cent chefs-d'œuvre français et qu'on les mît à la disposition des musées de province. Il me semble indispensable de rattacher les sections artistiques du musée de l'Homme aux musées nationaux (elles dépendent du Museum). Qu'on enfouisse dans des caves et qu'elles n'en sortent plus, les horreurs des Tuileries et du Luxembourg. Et qu'on érige à leur place des sculptures de Rodin, Renoir, Maillol, Despiau, etc. Pourquoi ne ferait-on pas du jardin des Tuileries un musée en plein air ?

Il serait désirable d'affecter les bâtiments du Jardin d'acclimatation au musée des Arts et Traditions populaires et d'exécuter le plan des musées d'époques (Moyen Âge, XVIIe, XVIIIe siècle, etc.).

Enfin le rattachement aux Beaux-Arts du Haut Commissariat au tourisme est, à mon avis, une décisions qui s'impose[23]. »

Le futur fondateur du ministère exprimait ainsi les aspirations d'un ministre de la Culture ayant autorité sur plusieurs ministères ! Certaines de ces intuitions de 1952, qui ne concernent que les arts plastiques, seront un jour réalisées, comme les Maillol des Tuileries. Mais ce n'est pas lui qui lancera le Grand Louvre !

L'intendance n'était pas de son ordre, elle devait suivre, comme elle devait se soumettre aux orientations données par le général. Les deux hommes ont en commun le même mépris de l'intendance (grâce à « l'ami génial », de Gaulle n'est-il pas « couvert du terre-à-terre ? », comme il l'a écrit ?), ce qui assure la bonne fortune de Pompidou, « l'agrégé sachant écrire », l'Auvergnat empirique, le vrai chef de l'exécutif. De Gaulle, s'il se rendait aux invitations de Malraux, n'était pas un familier des arts. La culture relevait pour lui plus de la citation, de l'attitude, du décorum, que de la pratique quotidienne. Mitterrand avait toujours un livre à la main. Et Lang se souciait sans cesse de l'intendance.

Faute de moyens, les ambitions Malruxiennes vont s'effilocher au fil des ans. L'évolution du budget, telle qu'on a pu la reconstituer, le montre.

• *L'un des premiers indicateurs* de l'effort de l'État en matière culturelle est le pourcentage du budget du ministère des Affaires culturelles (loi de finances initiale) dans le total du budget de l'État qui mesure sinon la réalité du moins la volonté politique exprimée dans le projet de budget : l'époque Malraux montre une stagnation voire une diminution de l'effort de l'État :

En francs courants[24] : L'année 1960 n'est pas disponible, le regroupement des moyens des différents services constituant le ministère des Affaires culturelles n'ayant été opéré qu'en 1961.

1961 : 0,407 %; 1970 (budget préparé par Malraux) : 0,380 %, soit une diminution de 7 % environ en 9 ans.

En francs constants, valeur 1995, la comparaison donne les résultats suivants : 1961 : 0,407 %; 1970 : 0,379 %, soit des chiffres très voisins des précédents.

• *Deuxième indicateur* : la dépense culturelle de l'État par habitant (loi de finances initiale et francs constants valeur 1995) :

1960	38,37 F
1961	42,02 F
1970	61,10 F

L'accroissement est ici de 59 % en 10 ans, ce qui mesure de fait l'intervention croissante des finances de l'État par habitant pendant cette période.

• *Troisième indicateur* : part du budget de la Culture (loi de règlement) dans le Produit intérieur brut (PIB) :

1961	0,069 %
1970	0,079 %

Soit un accroissement de 14,5 % en 9 ans, ou encore 1,5 % par an, ce qui représente à peu près l'évolution des consommations culturelles sur le marché privé des biens et services culturels. Cet indicateur mesure l'effort de l'État (ministère de la Culture) au regard de l'évolution de la richesse nationale. Il devrait, pour être pertinent, intégrer aussi l'effort des collectivités territoriales, celui des entreprises culturelles au titre du marché, celui du mécénat culturel, etc. Il accentue le caractère marginal de la dépense publique de l'État en matière culturelle.

Il est donc clair que la période Malraux se caractérise par une réelle stagnation de la dépense publique.

• *Indicateur de la nature des dépenses* : on se réfère à la répartition des dépenses réalisées en crédits de paiement (c'est-à-dire les dépenses effectives de l'année) à la fois en fonctionnement et en investissement. La comparaison porte sur une année moyenne de la période Malraux (1965) et une année moyenne de la période suivante (Duhamel, 1973).

Actions	Malraux (1965)	Duhamel (1973)
Monuments historiques	51,92 %	14,29 %
Théâtre	18,60 %	16,04 %
Musique et danse	7,81 %	20,67 %
Musées	7,27 %	7,36 %
Arts plastiques	4,21 %	14,83 %
Architecture	3,53 %	10,15 %
Actions de soutien	3,26 %	9,46 %
Archives	3,02 %	3,32 %
Livre et lecture	0,32 %	0,20 %
Cinéma	0,06 %	0,71 %
Beaubourg	0	0,83 %
Développement culturel	0	2,14 %
Total	100,00 %	100,00 %

On remarque clairement les deux grandes priorités de Malraux : les monuments historiques et le théâtre (y compris les maisons de la culture).

En deuxième position viennent la musique, la danse et les musées, puis les autres secteurs, celui du cinéma étant sous-évalué car le financement du CNC est assuré essentiellement par des ressources extrabudgétaires.

On voit aussi le contraste entre une politique culturelle (celle de Malraux) relevant plutôt du « système artistique » et une politique culturelle (celle de Duhamel) relevant du « système culturel » et qui repose sur le concept de développement culturel dont on verra plus loin qu'il est beaucoup plus diffus et moins concentré sur quelques secteurs traditionnels de l'action artistique de l'État.

Sous Duhamel, la part des monuments historiques passe de 52 % à 14 %, celle de la musique et de la danse de 8 % à 21 %, celle des arts plastiques de 4 % à 15 %, du fait de la réalisation du Centre Pompidou, etc. Cela témoigne de ruptures plus que d'une continuité dans la politique suivie.

L'évocation du souvenir de la politique culturelle de Malraux ne retient guère, dans la mentalité collective, cette insuffisance des moyens. La politique culturelle de Malraux a pourtant beaucoup souffert de la difficulté à concrétiser un dessein, mais elle réussit à le masquer. Comme si la puissance du verbe, au-delà de l'histoire, était plus forte que celle des faits…

Certes, le passage de Malraux rue de Valois a profondément marqué la politique culturelle nationale. L'opinion publique a retenu pour toujours ses discours, tant il apparaît que l'art oratoire séduit l'oreille et l'esprit des Français, surtout lorsqu'il réussit à se démarquer de la rhétorique parlementaire. Malraux aura plus été un ministre du discours culturel qu'un ministre des projets culturels et les Français affectent ou feignent de croire que ce que des discours énoncent est comme réalisé.

Dure est pourtant la réalité et difficile le contact que Malraux entretient avec elle. Il a eu l'immense mérite de créer un ministère qui n'existait pas, dans un contexte qui n'était guère favorable. Il faut se souvenir des contraintes que la guerre d'Algérie faisait peser sur la vie politique, sociale et culturelle. La France vivait sous la menace de putschs militaires, des groupes minoritaires dangereux s'en prenaient aux citoyens pour des mobiles avoués ou inavouables, l'OAS faisait régner la terreur. Bref, les années 1959 à 1962 furent handicapées par l'hypothèque algérienne. Malraux, et c'est le témoignage d'André Holleaux[25], ne voulait pas « déranger le général » avec ses affaires qu'il jugeait subalternes. Sans doute était-ce une erreur de sa part de le croire.

Il supposait du moins que telle était l'idée que le général s'en faisait. Toute contraire sera la conception de François Mitterrand, qui aux pires moments et dans les pires difficultés, n'aura de cesse de réaffirmer l'importance du rôle de l'État dans la culture. Dès lors que la paix en Algérie était signée, ne restait-il pas assez de temps à Malraux pour faire reconnaître la priorité culturelle ? Mais sans doute de nouveaux impératifs politiques venaient-ils alors sur le devant de la scène et offraient toujours le prétexte pour le ministre des Finances de ne pas allouer au jeune ministère les moyens qu'il attendait. Cette vision marquera assez un jeune directeur de Festival à Nancy, sans le sou lui aussi, mais qui comprendra que l'argent, en matière culturelle est le nerf de la guerre.

Une occasion de faire bénéficier le budget de la Culture d'un accroissement notable fut pourtant offerte en 1967. Antoine Bernard, directeur du cabinet de Malraux, Étienne Burin des Rosiers, secrétaire général de l'Élysée (1962-1967) et Jean Maheu[26] qui suivait alors les questions culturelles au cabinet du général de Gaulle décidèrent le principe d'une augmentation de 20 % du budget, ce qui exprimait une volonté politique forte. Certes le ministre du Budget, Pierre Boulin, le ministre de l'Économie et des Finances, Valéry Giscard d'Estaing, et même Georges Pompidou, Premier ministre, étaient réservés face à une telle hypothèse. Mais le général de Gaulle était acquis. Le jour de la discussion budgétaire, André Malraux refusa malheureusement de se battre. Une dernière occasion fut ainsi manquée. Il était déjà trop tard.

3. LA DÉCEPTION DES MAISONS DE LA CULTURE

Malraux, à la différence de Lang — et paradoxalement comme Langlois — n'arrive pas à s'intéresser à l'intendance. Il n'est à l'aise que dans des lieux ou des situations exceptionnels : la Fondation Maeght, l'Acropole, les pyramides d'Égypte ou les maisons de la culture. Ces dernières vont au demeurant occuper plus les collaborateurs du ministre que le ministre lui-même. À lui les idées, les décisions et les inaugurations, à eux le soin de réunir les financements et de concevoir la manière d'insérer cette nouvelle catégorie d'institution dans l'environnement du ministère.

Le concept

Le travail effectué par Philippe Urfalino permet de mieux comprendre les débats qui ont animé les réflexions préalables au lancement des maisons de la culture[27].

Au-delà de l'expérience particulière de Gabriel Monnet à Bourges, il revient à Pierre Moinot de définir officiellement la politique dans ce domaine. Entré au cabinet d'André Malraux en janvier 1959, il s'occupe principalement du cinéma jusqu'en mai 1960. Il est à l'origine en particulier d'un décret du 16 juin 1959 sur la mise en place de l'avance sur recettes au Centre national de la cinématographie. Il est chargé de créer au sein de la direction générale des Arts et des Lettres, dont Gaëtan Picon a pris la tête, une direction qui aurait la responsabilité du théâtre, de la musique et des futures maisons de la culture dont Malraux a parlé le 15 mai 1959 au Festival de Cannes, disant : « Et avant trois ans, dans tous nos départements, chaque maison de la culture possédera son ciné club ».

Et c'est dans le cadre de la préparation du IVe Plan que le contexte des maisons de la culture va être précisé. Pour la première fois, le Plan comporte une commission chargée spécifiquement du secteur culturel et artistique : la commission des Équipements culturels et du Patrimoine artistique. Les réunions s'y tiennent tout au long de l'année 1961, notamment dans un groupe de travail consacré à l'action culturelle et présidé par Eugène Claudius-Petit. Un autre groupe de travail est présidé par François Bloch-Lainé.

Les représentants du ministère de la Culture expriment leurs objectifs dans une note de mai 1961 intitulée « Les maisons de la culture ». Elles s'inscrivent d'abord dans la poursuite des objectifs de l'éducation populaire, mais le partage de la culture qu'elles sont censées favoriser doit éviter le détour de la pédagogie, de la vulgarisation ou de toute autre forme de médiation. La mission de la maison de la culture est de rendre possible pour chacun la rencontre, la confrontation directe et physique avec les œuvres et les artistes. L'exigence de qualité implique que la maison devra abriter un centre d'art de caractère professionnel autour duquel de multiples activités seront organisées. Les associations d'amateurs ne seront accueillies que si elles se conforment à cette exigence de qualité. Les programmes touchent en principe toutes les disciplines, le théâtre, la musique, la danse, le cinéma, les arts plastiques, mais comportent aussi les conférences de caractère littéraire, les récits de voyages, les causeries de spécialistes, et enfin des initiatives visant la coordination et les échanges entre les différentes institutions culturelles régionales, voire nationales.

À pratiques nouvelles, architecture nouvelle. Des programmes architecturaux seront donc mis en place. Les maisons de la culture seront financées à hauteur de 50 % par l'État. Il est finalement prévu d'en construire vingt-cinq pour une somme de 63,4 millions de francs sur quatre ans (ce qui correspond à un engagement plus modeste que celui du ministre lorsqu'il annonçait une maison de la culture dans chaque département). En outre, il est envisagé de créer un Centre national de formation des animateurs culturels qui sera le vivier des maisons de la culture et des centres dramatiques d'où sortiront des cadres administratifs, de jeunes auteurs, des metteurs en scène, des décorateurs, des techniciens, voire des acteurs dramatiques et des animateurs. Un Centre national d'information et de diffusion culturelle, conçu par Jean Rouvet, sorte d'agence artistique non commerciale, est alors imaginé qui trouvera son aboutissement dans l'ONDA (Office national de diffusion artistique) à l'époque de Michel Guy.

La déception

Sans qu'il dispose de moyens à la hauteur de ces ambitions, il échoit à Émile Biasini de mettre en œuvre cette politique. Le gouvernement, en réalité, ne l'a pas arrêtée : le Haut Commissariat à la jeunesse et aux sports bénéficie de 90 millions de francs de 1961 à 1965 pour la construction d'équipements socio-éducatifs financés grâce à une loi de programme, ce qui représente l'installation d'une maison de jeunes par unité de voisinage et l'installation de 613 nouveaux centres socio-éducatifs en cinq ans. En comparaison, le ministère des Affaires culturelles ne reçoit qu'une peau de chagrin : 2 millions de francs en 1960, 3 millions en 1961 et 1,8 million en 1962 pour la construction des maisons de la culture, alors que le coût de construction d'une seule maison variait à l'époque entre 2 et 6 millions et que 38 demandes avaient été déposées par les municipalités (ce chiffre étant révélateur de l'existence d'une véritable demande). Les arbitrages budgétaires refusent de prendre en compte le projet dans son intégralité. L'expérience suscitait un véritable enthousiasme, mais ni le général de Gaulle, ni son ministre des Finances, ni *a fortiori* son ministre d'État, ne se sont donné les moyens de répondre à ces attentes. L'État n'a pas cru aux maisons de la culture comme il a cru aux équipements socioculturels. Aux premières, l'inspiration sans les moyens, aux seconds, les moyens sans l'inspiration. Ainsi se manquent des rendez-vous que l'histoire propose…

Face à cette impasse prévisible, Malraux aurait dû annoncer l'interruption du projet. Au lieu de quoi, il transmet le dossier à ses collaborateurs. Émile Biasini s'en saisit et, prenant ses distances avec la conception de Pierre Moinot, entend désormais passer d'une vision « théorique » à une vision plus « pratique ». Il lui faut surtout se différencier des maisons des jeunes et de la culture, les MJC, comme l'explique Philippe Urfalino : « Là où Pierre Moinot demandait la qualité, Émile Biasini exige la perfection. Même si c'est avec le refus du mépris, la maison de la culture est située en haut d'une hiérarchie plus nettement affirmée. La maison de la culture répond à un souci de finalité, c'est-à-dire qu'elle est le lieu de rencontre final entre un public éventuellement préparé par la fréquentation des MJC et les œuvres de l'esprit ». La conclusion est claire qui montre que « au fur et à mesure que l'on s'approche de la mise en œuvre de la politique esquissée par Pierre Moinot et accomplie par Émile Biasini, la conception de la politique va vers un raidissement croissant de ses principes. Dans la compétition avec le Haut Commissariat à la jeunesse et aux sports, l'évolution va de la tentative d'annexion de l'héritage de l'éducation populaire à la différenciation croissante d'avec les MJC et la mise à distance des associations d'amateurs. Le cabinet regrette l'annexion ratée des fédérations d'associations ; Pierre Moinot veut souligner une différence, tout en maintenant les passerelles dans l'espoir d'une intégration future ; Émile Biasini édifie les frontières[28]. »

Désormais, les maisons de la culture seront des maisons de « haute culture », pour emprunter l'expression à Pierre Bourdieu. À une conception plus marquée à gauche, volontiers ouverte à la culture populaire, recherchant l'interdisciplinarité, est donc substituée par Biasini une conception plus élitiste, plus monolithique, et voilant derrière des prétentions élitistes, une évolution plus conservatrice.

Cette dualité de conceptions fait écho à une dualité des objectifs de la politique culturelle qui ne cesse d'osciller entre des domaines artistiques cloisonnés, s'appuyant sur des directions ou services à compétences verticales, comme le cinéma, le livre ou le théâtre, et, des aspirations au regroupement des actions comme au sein de la direction de l'action culturelle ou, plus tard, dans des institutions comme le Fonds d'intervention culturelle (FIC) en 1970, et comme la direction du développement culturel en 1981.

Le décalage ne va cesser de s'élargir entre le rêve de Malraux et la réalité des maisons de la culture. En 1966, il continue de croire que le territoire national va pouvoir en être couvert : « Nous devrions, dans les dix ans, avoir en France une maison de la culture par département. Avec une maison par département, nous couvrons la France. Alors qu'il coûte extraordinairement cher de faire un ensemble de représentations réparties sur cinq maisons de la culture, il est extrêmement bon marché, quand on a réalisé un prototype, de le multiplier par quatre-vingt. Par conséquent, ne jouons pas à créer une maison de la culture par an, bien gentiment ; agissons sérieusement, en sachant, mesdames messieurs, que ce que je vous demande, c'est exactement vingt-cinq kilomètres d'autoroutes ! Pour le prix de vingt-cinq kilomètres d'autoroutes, nous maintenons que la France qui a été le premier pays culturel du monde en son temps, qui est en train de refaire des expériences sur lesquelles le monde entier a l'œil fixé, la France, pour cette somme misérable, peut dans les dix ans qui viendront redevenir le premier pays culturel du monde[29]. »

Face à ces envolées irréelles — quand on mesure le retard de la France dénoncé sept ans plus tôt par Malraux lui-même — la réalité est plus dure à vivre. Mai 68 marque un arrêt de ce qui n'a été finalement que l'expérience des maisons de la culture. Bloquée par le ministère des Finances, elle est décriée par le « Parti des créateurs ». Réunis à Villeurbanne pendant trois semaines, les directeurs des théâtres populaires et des maisons de la culture adoptent une série de résolutions critiques de la politique de Malraux.

Ils « contestent la conception actuelle des Maisons de la culture, jugent impraticables leurs statuts et demandent qu'il soit sursis à toute construction nouvelle jusqu'à ce qu'une définition claire et cohérente de ces établissements soit élaborée[30]... » Ils disent sans ambages : « Nous savons désormais, et nul ne peut l'ignorer : la coupure culturelle est profonde, elle recouvre à la fois une coupure économico-sociale et une coupure entre générations. Et dans les deux cas, c'est — au plan qui nous concerne — notre attitude même à l'égard de la culture qui se trouve mise en question de la façon la plus radicale. Quelle que soit la pureté de nos intentions, cette attitude apparaît en effet à une quantité considérable de nos concitoyens comme une option faite par des privilégiés en faveur d'une culture héréditaire, particulariste, c'est-à-dire tout simplement bourgeoise. Il y a d'un côté le *public*, notre public, et peu importe qu'il soit, selon les cas, actuel ou potentiel [...] ; et il y a, de l'autre, un *non-public* : une immensité humaine composée de tous ceux qui n'ont encore aucun accès ni aucune chance d'accéder prochainement au phénomène culturel[31]... »

L'intervention des directeurs de théâtres et de maisons de la culture va très loin lorsqu'ils disent — on est bien sûr en mai 68 : « Tout effort culturel ne pourra plus que nous apparaître vain aussi longtemps qu'il ne se proposera pas expressément d'être une entreprise de *politisation* : c'est-à-dire d'inventer sans relâche, à l'intention de ce non-public, des occasions de se politiser, de se choisir librement, par delà le sentiment d'impuissance et d'absurdité que ne cesse de susciter en lui un système social où les hommes ne sont pratiquement jamais en mesure d'inventer *ensemble* leur propre humanité. »

La droite politique voit dans cette déclaration la confirmation que Malraux, par les maisons de la culture, a introduit le ver dans le fruit et qu'il faut désormais interrompre l'expérience ; la gauche retient que la politique culturelle de Malraux a échoué. La question de la démocratisation culturelle est au cœur de ce débat. Tout comme les analyses sociologiques, à la Bourdieu, face au messianisme Malruxien. L'heure de vérité a sonné pour « l'action culturelle ». L'expérience des maisons de la culture va continuer sur sa lancée encore quelques années, mais sans le ressort initial. Désormais elle sera relayée par le concept de « développement culturel ». Les maisons de la culture vont partir en quenouille, évoluant au gré de la volonté des élus et de la qualité des directeurs.

En se résignant finalement à ne pas créer un grand ministère des Affaires culturelles qui aurait eu compétence dans le domaine socioculturel de l'éducation populaire, Malraux a introduit dès l'origine une contradiction dans sa politique. L'invention des maisons de la culture tente de la résoudre. Mais on peut se demander si cette idée était suffisamment innovante. Née dans les années trente, elle avait trouvé à la Libération, avec André Philip, un point d'application dans les « maisons des jeunes et de la culture » que ce ministre socialiste et militant de l'action culturelle locale avait contribué à instaurer. S'il avait pu disposer des moyens nécessaires à l'installation d'une trentaine de ces grandes maisons de la culture, Malraux aurait pu frapper un grand coup. Faute de moyens, il a dû improviser et, souvent, dénommer maisons de la culture des institutions qui n'étaient en réalité que des théâtres améliorés. En aucun cas, une maison de la culture n'a réuni de son temps une bibliothèque, un musée et un théâtre. Il a fallu attendre le Centre Pompidou, pour avoir l'illustration d'une vraie maison de la culture. Le concept ainsi repensé répondait effectivement à une forte attente du public. Le paradoxe est que cette réalisation ne soit pas le fait de Malraux mais du pragmatique Pompidou.

Par inertie idéologique et institutionnelle, l'idée même de maison de la culture connaît pourtant une certaine longévité. La dernière qui a été construite, à Chambéry, ouvre au public après 1986, sous François Léotard, grâce aux moyens dégagés par Lang qui ne cache pas pourtant son aversion pour une institution qu'il juge dépassée. Son architecture est l'œuvre de l'excellent Mario Botta. Comme les précédentes, elle est d'abord un théâtre. Cette fortune de la formule tient sans doute au prestige de Malraux, à la lenteur des mécanismes de concrétisation des projets, mais aussi au bien fondé du concept. Je reste persuadé que l'idée des maisons de la culture, si elle avait pu s'enraciner dans quelques grands projets ayant la force du Centre Pompidou, aurait pu connaître une autre destinée. Or, non seulement Malraux a manqué de moyens, mais il a voulu surtout implanter ces « cathédrales du XXe siècle » dans de trop petites villes : la dernière à Chambéry, ville de 60 000 habitants, en est le témoignage. En 1962, Émile Biasini rêvait encore à des métropoles régionales[32]. Il faudra y renoncer. On ne trouve aucune maison de la culture à Marseille, Lille, Strasbourg,

Toulouse, Nice, Nantes. Vouloir construire des maisons de la culture dans de petites villes, c'était s'exposer à l'échec pour des raisons idéologiques et financières.

Sur le plan idéologique, le concept de maison de la culture répondait aux attentes des populations les plus urbanisées alors qu'on décidait souvent de les implanter dans de modestes chefs lieux de départements.

L'obstacle financier découle de ce contresens : implantées à Bourges, au Havre ou à Chambéry, les maisons de la culture n'ont pas pu disposer des budgets qu'elles auraient pu trouver dans des métropoles régionales plus riches. Il s'ensuit que les architectures ont souvent été décevantes et que les projets n'ont pu intégrer d'autres activités que le théâtre resté dominant.

L'isolement social de la maison de la culture a été la conséquence de ces errements. Proposant des programmations d'avant-garde dans des lieux jugés incongrus par une bonne partie de la population, elles ont été fréquentées par les seules élites locales et n'ont pu participer efficacement au projet de démocratisation culturelle dont elles avaient l'ambition. Il y a pourtant l'illusion des chiffres. Comme tout politique, Malraux venu en grande pompe à Grenoble, ville-pilote de la France moderne, succombe à leur fascination : « Vers 1835, Marie Dorval, l'une des plus grandes actrices de France, venue à Bourges, dut renoncer à jouer faute de public. En 1968, la maison de la culture de Bourges, ville de soixante cinq mille habitants, a onze mille cinq cents abonnés. La Comédie française en a environ huit mille. La maison de la culture de Grenoble, avant son ouverture, a reçu dix-huit mille adhésions. Ces chiffres appellent votre réflexion sur plusieurs points. D'abord, les maisons de la culture sont un phénomène historique. Quels que soient le talent et l'activité d'un animateur, il obtient des résultats satisfaisants parce qu'il répond à un appel. Des maisons de la culture sont en train de naître dans le monde entier. À Assouan, la somptueuse maison n'abrite encore qu'un cinéma et des expositions de produits de la région. Elle est pleine d'attente, mais elle est pleine. Ensuite, la maison de la culture ne répond nullement a un besoin de distraction. Que l'on m'entende bien : certes, on ne vient pas ici pour s'ennuyer. Mais finissons-en avec un malentendu né il y a trente ans, lorsque la culture était tenue pour une occupation privilégiée des loisirs. J'insiste sur ceci : ne voir dans la culture qu'un emploi des loisirs c'est assimiler le public des maisons de la culture à la bourgeoisie de naguère. La distraction de cette bourgeoisie c'étaient les tournées. La collectivité qui s'inscrit aux maisons de la culture attend de nous tout autre chose que les tournées pour tous. Le Théâtre national populaire de Paris n'a pas dû sa vaste audience à la diffusion des pièces de boulevard[33]... »

Illusion lyrique, vertige des chiffres, magie des mots, nombre de ministres ont par la suite invoqué des statistiques pour revendiquer un développement sans cesse et sans faille de la démocratisation des pratiques culturelles. Mais les chiffres peuvent camoufler la réalité ou simplement se faire l'écho des idées dominantes de l'époque, les sociologues nous l'ont appris. Et les pratiques culturelles restent souvent en deçà des espérances qu'ils voudraient faire accroire.

Jean Lacouture rend compte de l'inauguration de la maison de la culture de Grenoble en montrant le décalage qui s'inscrit entre ce nouveau lieu culturel et la population de cette ville moyenne : « "Qu'en penserait un Stendhal stupéfait ?" a dit André Malraux, samedi, en inaugurant l'admirable maison de la culture qui est à l'extérieur comme un paquebot coupé en deux par un iceberg : mais le Titanic n'est pas près de sombrer. Stendhal stupéfait y verrait : "le triomphe de la République et du rationalisme" assure l'auteur de *L'Espoir*, non sans ajouter "voilà pour la première fois une civilisation que ses rêves frôlent ou possèdent". Possédés, possédants, rationalistes, stupéfaits. "Que sommes-nous ?" se disent les Grenoblois tandis que se met en marche la salle tournante de leur nouvelle Maison et que leur parle de sa voix fracassée de grand prêtre troyen le ministre de la Culture du général de Gaulle. Et la voix reprend "La province recevait les connaissances, elle ne recevait pas les sentiments"[34]. »

S'il continue d'inaugurer des maisons de la culture, Malraux n'est plus guère présent dans leur conception freinée par les dures réalités des budgets, des hommes et du terrain. Il a pensé qu'il suffisait d'énoncer ce projet pour qu'il prenne corps. C'est pourquoi il ne sera pas un bâtisseur.

4. L'ABSENCE DE GESTE ARCHITECTURAL

Pourtant, tout le portait à lancer d'importants chantiers de maisons de la culture et de restauration de monuments historiques. De nombreuses initiatives ont certes été prises. Mais elles sont dispersées et modestes. Il laisse l'impression de ne pas aller jusqu'au bout de ses intuitions. En dehors de quelques maisons de la culture, celle de Niemeyer au Havre (mais dont la construction fut lancée avant qu'il n'arrive rue de Valois), celle de Wogenscky à Grenoble, peu de grandes réalisations. Le projet de musée du XXe siècle que Le Corbusier devait construire à La Défense est resté mort-né.

André Holleaux tente d'excuser Malraux : « Le grand regret d'André Malraux vis-à-vis du général de Gaulle, ce n'est pas tellement de ne pas avoir reçu tous les crédits qu'il souhaitait, mais c'est que le général de Gaulle n'ait pas construit, qu'il n'existe pas d'édifice dont le général de Gaulle aurait été l'initiateur et le promoteur. Une des raisons pour lesquelles André Malraux a creusé les fossés du Louvre devant la colonnade, c'est pour qu'il y ait quand même, rattaché au temps du général de Gaulle, quelque chose de l'ordre de l'architecture[35]. »

À défaut d'ériger des monuments, on creusera des fossés ! Cette incapacité de Malraux à laisser une « cicatrice sur la terre » a toujours donné lieu à une étonnante indulgence. Dominique Bozo, par exemple, rappelant l'histoire de la politique des arts plastiques de Malraux, écrit : « 1960-1968, André Malraux conçoit un programme ambitieux de musée du XXe siècle. Il n'aura pas les moyens de le réaliser. Le monde constate l'insuffisance des équipements culturels français alors que plusieurs capitales étrangères se dotent de grands musées d'art moderne[36]. »

Il n'ose pas écrire que Malraux puisse être désigné comme responsable de cette absence de moyens. La politique culturelle de la Ve République naît dans la résignation. Il serait intéressant de s'interroger sur les raisons qui ont conduit de Gaulle à préférer aux maisons de la culture les équipements de transport : le paquebot France et le Concorde. Après sa mort, son nom reste curieusement attaché aux moyens de communication : l'aéroport de Roissy, la place de l'Étoile et, en 1998, un pont sur la Seine... La France de de Gaulle ce sont les Français qui pensent, se déplacent, plus que les Français qui lisent ou vont au spectacle.

Malraux a-t-il jamais cru à la possibilité de construire ce qu'il appelait le « Versailles du XXe siècle » ? Il confiait à Franck Elgar en 1952 : « Il faut certainement sauver Versailles. Notre pays serait-il capable, dites-vous, de construire un nouveau Versailles ? Et les autres ? Les États-Unis, par exemple, ont un puissant style brut. Mais attention ! L'Empire State Building n'est pas la place du Capitole. Et puis, vous soulevez le problème de l'architecture, passionnant certes, mais trop complexe pour que nous l'envisagions ici dans son ampleur. Nous n'aurons pas de nouveau Versailles. »

Et pourtant, le Centre Pompidou, la Cité de la Villette, le Grand Louvre, la Bibliothèque de France, l'opéra de la Bastille, le musée d'Orsay, ne sont-ils pas, toutes proportions gardées, les « Versailles » du XXe siècle ? Mais ce n'est pas Malraux qui les a construits.

Ce qu'il a construit, ce sont ces « sinistres maisons de la culture, érigées à l'époque Malraux-Biasini », comme les qualifie un peu rudement Jack Lang[37]. Et il est vrai qu'elles ne triomphent pas par leurs prouesses architecturales : celle de Mâcon a une allure de CES, celle d'Amiens, avec son vilain mur en béton, a dû être entièrement réaménagée. Les « cicatrices architecturales » laissées par Malraux continuent de nous faire souffrir : de l'université de Jussieu à la cité administrative de la ville de Paris à Sully-Morland, la Cité des arts qui défigure le long de la Seine le superbe hôtel d'Aumont, et jusqu'à l'affreux monument en hommage au maréchal Leclerc porte d'Orléans, réalisé par Raymond Subes, cumulard de 1 % (on en a recensé 29 réalisés à lui seul !) et par le statuaire Raymond Martin, tous les deux membres de l'Institut, inauguré le 25 août 1969 : par chance, Malraux venait de quitter la rue de Valois. Il aura fallu une vingtaine d'années pour que je ne sais quel esprit clairvoyant de la ville de Paris retire les deux flèches d'acier en forme de V de Raymond Subes : l'hommage pompiériste est désormais moins visible. Autant de « chefs-d'œuvre » que nous laissent de cette époque de vénérables membres de l'Institut ! Beaucoup plus que les deux commandes passées à Chagall et Masson qui font figure d'exceptions.

Il aurait pu pourtant s'opposer à certaines réalisations. Ainsi a-t-il été en position de s'opposer à la construction de la tour Maine-Montparnasse[38]. MM. Burin des Rosiers, Dupuech (ce dernier étant conseiller pour les questions d'urbanisme à l'Élysée) et Jean Maheu (conseiller à l'Élysée en charge de la Jeunesse et des Affaires culturelles) étaient opposés à ce projet. Ils avaient convaincu Malraux, du moins en étaient-ils persuadés, de s'opposer à ce projet lors d'un conseil restreint à l'Élysée. Georges Pompidou, Premier ministre, qui voulait « adapter Paris à l'automobile », selon l'une de ses expressions, était au contraire très favorable au projet. S'il l'avait demandé, de Gaulle aurait donné raison au ministre des Affaires culturelles. Nos « comploteurs » durent déchanter : lors du conseil restreint des ministres, Malraux, à la surprise de tous, se rangea à l'avis du Premier ministre, en rajoutant même : « du moment qu'on construit cette tour autant qu'on la voie bien ! »

Si l'architecture exige une volonté dont il est dépourvu, la culture suppose une vision dont Malraux ne manque pas. Sauf pourtant dans les relations que la politique culturelle doit entretenir avec la culture populaire.

5. LA RUPTURE AVEC LA CULTURE POPULAIRE

Les conséquences de la coupure institutionnelle entre la culture pure et les mouvements d'éducation populaire ne tardent pas à se faire sentir. L'expérience de la Maison pour Tous de la rue Mouffetard, à Paris, sans prétendre occuper un rôle central, en est une bonne illustration. Elle révèle les tendances d'une époque, comme celle que l'on a pu tirer de l'histoire de la maison de la culture de Bourges.

Cette MJC, qui sera la plus importante de France dans les années soixante et soixante-dix, au point de devenir un modèle de la création française aussi bien en France qu'à l'étranger, est pendant trente ans l'un des foyers vivants de la jeune création théâtrale, de la poésie, de la chanson française. Animée par Georges Bilbille[39], elle inscrit son action dans la filiation du mouvement du Sillon de Marc Sangnier. Sans moyens publics conséquents, mais aidée par la Caisse d'allocations familiales de Paris, elle va réaliser une sorte de synthèse harmonieuse et privilégiée entre l'action sociale et l'action culturelle. On a pu dire d'elle, bien qu'elle n'ait jamais été reconnue par Malraux, qu'elle fut, peut-être avant Bourges, la première maison de la culture. L'essentiel de ses ressources provenait des dons de ses adhérents et de l'autofinancement de ses activités. Le salaire du directeur était pris en charge par un emploi Fonjep[40].

Jean Doat, élève de Charles Dullin, y crée en 1948-1949 la première activité théâtrale, qui est relayée par la suite, à partir de 1960, par Raymond Rouleau et sa Communauté théâtrale. La principale ressource est humaine. Raymond Devos, qui fut parmi les premiers comédiens de « la Mouffe », rappelle à Georges Bilbille : « J'étais venu pour faire du théâtre et je me suis retrouvé avec une brouette ; tu m'as dit : « tu vas d'abord faire le théâtre… » Cela me rappelait Jean Mermoz se présentant sur un terrain d'aviation pour faire des acrobaties dans le ciel à qui on a dit « vous allez d'abord nettoyer ce moteur[41]. »

Dans ce lieu modeste, les arts vont se croiser librement. Des lectures de pièces de théâtre y sont dites par Pierre Dux, Jean Vilar, Gérard Philipe, Françoise Rosay avec présentations de maquettes de Poliakoff, Prassinos, Schneider, Vieira da Silva.

Des pièces y sont données avec les moyens du bord. Le groupe Spartacus y monte *L'Homme et sa liberté* de Chris Marker et *Montserrat* d'Emmanuel Robles. Roger Blin y organise *La Parodie* d'Arthur Adamov, *En attendant Godot* de Samuel Beckett.

Les « samedis de La Mouffe », car la maison prend rapidement le nom de « La Mouffe », voient défiler Pia Colombo, Catherine Sauvage, les Quatre Barbus, Jacques Brel, Barbara, Jean Ferrat, Brassens, le mime Marceau, René-Louis Lafforgue, Anne Sylvestre.

Les « mardis » sont ouverts à des conférenciers parmi lesquels Henri-Georges Clouzot, Simone de Beauvoir, Raymond Queneau, Jean Vilar, Paul Fort, Paul-Émile Victor, René Clément, François Truffaut, Simone Signoret, Brancusi, Cartier-Bresson.

La Mouffe devient de plus en plus un lieu ouvert aux jeunes créateurs : ainsi Ricet-Barrier présenté par Devos, et les poulains de La Mouffe, de l'École de la chanson, animée par Solange Demolière.

Aux côtés de Raymond Rouleau, Tania Balachova dirige des cours de théâtre quotidiens, en compagnie d'Yves Brinville et Peter Brook. Le travail de Raymond

Rouleau n'a pas toujours été apprécié à sa juste valeur[42]. Mais la qualité des œuvres jouées plaide toute seule : *La Ménagerie de verre* de Tennessee Williams, *Le Songe* de Stringberg.

Georges Bilbille ouvre aussi ses théâtres — car il avait réussi à créer à côté du théâtre Mouffetard, celui de l'Épée de bois, auquel viendra s'adjoindre en 1967 celui du Troglodyte — à de jeunes metteurs en scène comme Ariane Mnouchkine qui y présente son premier spectacle *Les Petits Bourgeois* de Gorki. « C'était notre premier spectacle, dit-elle, dans un lieu estimé, reconnu ; on débarquait et malgré les problèmes techniques inévitables c'était un petit peu proche du Paradis[43]. »

Marguerite Duras y est accueillie pour créer *La Musica, Le Sagha, Les Eaux et la Forêt* : « Mon souvenir, disait-elle plus tard, est encore très vif, c'était un vrai bonheur pour moi de voir jouer mes pièces dans ces conditions-là, c'est-à-dire dans une totale liberté... Quelle réussite ! [...] Quelle joie a été la mienne d'aller un petit peu à l'encontre du parisianisme, et que cela ne se fasse pas dans un théâtre officialisé. »

Fernando Arrabal doit aussi à la Mouffe d'avoir pu créer trois pièces : *Le Couronnement, Et ils passèrent des menottes aux fleurs* et *Jeunes Barbares d'aujourd'hui.* Son témoignage est aussi émouvant : « Pendant une dizaine d'années, La Mouffe mettait à notre disposition ses salles ; c'était le seul endroit refuge à nous autres auteurs. Nous savions que c'était le seul endroit à Paris où nous pouvions monter des spectacles différents, surprenants, provocateurs, poétiques. »

L'action en faveur de la création théâtrale s'accompagne de l'action sociale. Comme l'écrivait Bilbille : « la dimension de la création artistique viendrait compléter heureusement ses actions sociales et éducatives ». Et la réussite y fut possible. Elle démontre que les deux dimensions artistiques et sociales loin d'être antinomiques sont complémentaires.

La Mouffe a permis aussi de faire d'autres démonstrations : elle est à l'origine de l'expérience des « équipements intégrés » et de la diffusion artistique en province.

Paul Chaslin, président de la Maison pour Tous dans les années soixante, est alors patron de GEEP-Industrie, un grand bureau d'études spécialisé dans la construction industrialisée. Il est aussi adjoint au maire de Yerres dans l'Essonne. Il demande à Georges Bilbille de l'aider à concevoir la « maison des jeunes de demain ». C'est ainsi que prend naissance le premier « équipement intégré[44] », réunissant dans un même site un CES de 1 200 élèves, un complexe sportif, une bibliothèque, un centre social, une maison de jeunes, un conservatoire de musique, un musée, un théâtre, un foyer de jeunes, un centre international de séjour, des ateliers artisanaux, etc. C'était en quelque sorte le descendant de La Mouffe. Il est alors accueilli avec faveur par les experts de la commission des affaires culturelles du VIe Plan. Il est testé avec l'appui de Jacques Chaban-Delmas et de Jacques Delors en 1969 comme type d'équipement pouvant prendre le relais des maisons de la culture. Malheureusement, les projets engagés, comme celui d'Istres, dans les Bouches-du-Rhône, se heurtèrent aux petits cloisonnements administratifs et aux susceptibilités mesquines des utilisateurs. Une fois de plus, une expérience pourtant intéressante restera sans lendemain. On avait oublié en d'autres lieux de compter avec la matière humaine, la plus rare et la plus précieuse. Mais le maintien des projets culturels dans le domaine de l'expérimental, toujours rassurant pour un politique, va devenir une sorte de fatalité de la politique culturelle. Du moins jusqu'en 1981.

Auprès de Bilbille, Jacques Valette crée le service de Diffusion artistique, véritable entreprise d'organisation et de diffusion de spectacles, qui s'autofinançait en organisant les tournées de Bernard Lavilliers, Coluche, Alain Souchon et Romain Bouteille. Il préfigure ainsi le futur ONDA créé en 1975 par le ministère de la Culture et animé par Philippe Téry, lui aussi un ancien ami de La Mouffe.

En mai 68, La Mouffe s'ouvre aux grévistes, aux étudiants du quartier latin. C'est alors que je fais sa connaissance. J'y suis d'abord militant avant d'en devenir le dernier président de 1977 à 1983. Le député du Ve arrondissement, René Capitant, homme d'honneur, gaulliste de gauche, est garde des sceaux. Son suppléant, Jean Tibéri, ne supporte pas que la Maison pour Tous s'ouvre aux questions du moment : « Je vais alerter le préfet. Les subventions prévues pour la reconstruction de cette maison seront supprimées. Je n'aurai de cesse que de vous faire disparaître. Vous et "Réalités V^e^[45]" sont les deux points noirs de mon arrondissement[46]. »

Il jure alors d'obtenir sa fermeture, commence par supprimer la subvention de la ville de Paris, refuse la reconstruction de la maison sur l'emplacement de son immeuble écroulé en 1967 et finit par ordonner son expropriation.

La maison mobilise le monde culturel. Une manifestation sur place réunit en 1972 des personnes aussi différentes que Pierre Emmanuel, Geneviève Anthonioz, Serge Antoine, Tania Balachova, François Bloch-Lainé, Claude Bourdet, Benigno Caceres, Marie-Thérèse Capitant, Jean-Marie Domenach, Joffre Dumazedier, Maurice Duverger, Louis Guilloux, Roger Louis, Ariane Mnouchkine, Pierre Moinot, Étienne Mougeotte, Paulette Mounier, Raymond Rouleau, Joseph Rovan, Paul-Émile Victor, Éric Westphal, Maurice Nadeau, etc.

La pugnacité de Jean Tibéri n'en fut pas ébranlée. Il avait réussi avec l'appui de promoteurs immobiliers à vider le Ve arrondissement de Paris de ses familles populaires. Manière de traiter alors ce qui allait devenir plus tard la politique des quartiers ! Il paracheva son « œuvre » par le bannissement des artistes. La Maison quittera Paris en 1979 pour Marcoussis, petite commune de l'Essonne qui voulut bien nous accueillir. Son expérience culturelle et artistique était terminée. Elle poursuit toutefois son cheminement dans les mémoires.

Il revient à Georges Bilbille — qui est de la race des Gabriel Monnet — de tirer la leçon de ces trente années vécues indépendamment du pouvoir politique : « La fermeture de la Maison pour Tous était prémonitoire de ce qui se passe en ce moment : il y a un peu partout dans le pays des équipements qui ont été conçus et financés pour décentraliser la culture et que l'on interdit de fonction en leur coupant les moyens de vivre. La raison est que, dans l'esprit de ceux qui ont le pouvoir de décision, ces équipements favorisent des actions qui vont à l'encontre des idées qu'ils se font de la culture, qu'ils considèrent avec étroitesse comme des lieux de subversion, des contre-pouvoirs sur lesquels le pouvoir leur échappe. Ces politiciens revendiquent abusivement, et avec quelle pugnacité, un héritage qui ne peut leur revenir[47]. »

Ayant le rôle, sinon le statut, d'une des premières maisons de la culture, la Mouffe ne fut jamais reconnue parce qu'elle était trop indépendante, qu'elle relevait administrativement de la Jeunesse et des Sports et qu'elle souffrait du mal congénital d'être implantée à Paris, fut-ce dans un quartier alors populaire.

D'autres centres culturels vont jouer des rôles d'avant-garde, loin des interventions du ministère de la Culture. On peut faire une mention particulière de l'expérience poursuivie avec obstination par la famille Petitot à Arras, par le centre des Marquisats à Annecy. Hélas des expériences magnifiques n'ont guère pu être généralisées au plan national parce qu'elles avaient le défaut de relever de l'éducation populaire. Elles étaient pourtant profondément culturelles et plongeaient leurs racines à la fois dans la création artistique la plus pure et dans l'humanisme le plus profond. Malraux les négligea. En partie, parce qu'elles étaient des projets de gauche.

Dans ce contexte conflictuel de l'avant-mai 68, puis de plus en plus politisé de l'après-mai 68, des initiatives, souvent extérieures au ministère, prennent le contre-pied de la politique culturelle de Malraux et ouvrent des perspectives.

Face à l'État, le système culturel pousse en avant de nouveaux partenaires.

6. LA RELÈVE DES ÉLUS LOCAUX, DES ARTISTES ET DES MÉDIATEURS

On ne peut considérer la politique culturelle du seul point de vue du ministère. Il faut prendre en compte tous les partenaires du système culturel. Pendant cette période, un certain nombre d'élus, de responsables culturels et d'artistes jettent les bases des aspirations à la démocratie culturelle. C'est aux Rencontres d'Avignon de 1966 à 1970 que Jean Vilar organise, en compagnie de Michel Debeauvais et de Paul Puaux[48], les premiers séminaires de travail qui réunissent les partenaires du « système culturel » qui cherche à se structurer : des élus comme Eugène Claudius-Petit, maire de Firminy, Bernard Gilman, issu de Peuple et Culture, adjoint chargé de la culture auprès d'Hubert Dubedout devenu maire de Grenoble en 1965[49], Michel Le Roux, adjoint chargé de la culture auprès du maire de Rennes, issu de la JEC, Jack Ralite, adjoint à la culture à la municipalité communiste d'Aubervilliers, Paul Chaslin, adjoint au maire d'Yerres ; mais aussi des chercheurs, ou ce que l'on peut déjà appeler des médiateurs : Joffre Dumazedier du groupe d'études du loisir du CNRS, qui s'oppose aux premières études de Pierre Bourdieu commandées par Augustin Girard (lui-même très présent) sur la fréquentation des musées, des médiateurs-animateurs, issus d'associations d'éducation populaire, comme Maurice Delarue (Travail et Culture), Georges Jean (Peuple et Culture), Jean Autrand (Amis du théâtre populaire), Pierre Belleville (Conseil social et culturel de Moselle), Élie Faroult qui anime un atelier thématique « enseignement et action culturelle » en 1969 ; des artistes : Jean Vilar, Georges Wilson (TNP), Gabriel Garran, Georges Goubert, Roger Planchon ; des « décideurs » : représentants du ministère de la Culture comme Gaëtan Picon (1964), Émile-Jean Biasini (1964, 1965, 1966), Pierre Moinot (1967), André Rollier (1969), Francis Raison (1967-1970) ; mais aussi des administrateurs culturels comme Bernard Richard (Bourges), Josyane Horville, Jean-Pierre Wurtz, Jean Hurstel, Didier Béraud. Comme l'explique Philippe Poirrier : « Si l'on examine l'itinéraire militant des personnes présentes, on constate que les individualités issues des mouvements d'éducation populaire teintés par les courants chrétiens sont très fortement représentées. La famille personnaliste — anciens d'Uriage, militants de Peuple et Culture, collaborateurs et lecteurs d'*Esprit* — est particulièrement active dans la diffusion de la notion de "développement culturel"[50]. »

Les thèmes traités au cours de ces rencontres montrent la prise de conscience des exigences de la décentralisation non plus conçue seulement comme à l'époque de Jeanne Laurent du point de vue des théâtres, mais plus largement de celui de tous les acteurs culturels, et en particulier des politiques. Se succèdent : le développement culturel (1964), l'école et la culture (1965), le développement culturel régional (1966), la politique culturelle des villes (1967).

On peut situer en 1964 une première définition du développement culturel par Joffre Dumazedier, au colloque de Bourges : « [...] le développement culturel se définit comme une mise en valeur des ressources physiques et mentales de l'homme en fonction des besoins de sa personnalité et de la société [...] C'est un concept formel qui a, avant tout, une valeur historique et opératoire pour une société pluraliste qui appelle dans ce nouveau domaine un progrès de la planification concertée[51]. »

Nombre des participants à ces rencontres se retrouvent dans les commissions du Plan, dans le fonctionnement de la cellule études et recherches confiée à Augustin Girard, et dans la commission des affaires culturelles du VIe Plan.

Si Malraux a initié la politique culturelle, on comprend qu'il n'a pas été le seul à participer à cette définition qui a requis le concours des acteurs les plus présents sur le terrain et les plus soucieux d'avancées conceptuelles.

Les sept villes représentées dans ces rencontres (Montbéliard, Yerres, Firminy, Grenoble, Avignon, Saint-Étienne, Annecy, Rennes, Aubervilliers) sont de sensibilités politiques variées allant du MRP au PCF en passant par les GAM[52], le PSU, la SFIO... Elles forment une avant-garde de projets pionniers, se distinguant de la moyenne de ceux soutenus par les notables locaux de l'époque. Le but poursuivi est d'échanger des connaissances, des questionnements qui accompagnent l'élaboration des politiques culturelles locales et la volonté d'évaluer les politiques mises en œuvre. Apparaissent alors les premières études budgétaires comparées.

Les Rencontres d'Avignon ont été à l'origine de la formalisation de la politique culturelle, entendue au sens organique du terme, réunissant l'État et les collectivités territoriales, mais aussi toutes les familles culturelles au sein desquelles le créateur ne cesse d'affirmer la nécessité de son indépendance et de l'autonomie de son pouvoir. Comme le disait Planchon en 1967 : « On nous parle de collaboration entre les municipalités et les créateurs. Tout cela est fini. Nous voulons le pouvoir. Pas de collaboration, le pouvoir, c'est très simple. »

Cela se passe neuf mois avant mai 1968. Le débat est lancé. Il ne s'arrêtera pas. La politique culturelle ne peut se contenter de favoriser le développement artistique. Elle a enclenché un système beaucoup plus global, au sein duquel les partenaires vont commencer à affirmer leurs pouvoirs respectifs. C'est ainsi que vont prendre corps les rouages du « système culturel ». La commission des Affaires culturelles du VIe Plan tirera son succès de sa capacité à rassembler autour d'une même table des partenaires issus de ces différentes familles culturelles que Malraux, faute d'avoir réussi à les unir, avait plutôt cherché à séparer.

5

Entre « système artistique » et « système culturel »

Les acteurs des années Malraux, d'une incontestable haute qualité, ont œuvré aux côtés d'un homme exceptionnel dans des temps eux-mêmes exceptionnels. L'aventure de la fondation du ministère de la Culture puise encore ses racines dans l'esprit de la Résistance : on éprouve le sentiment d'une forte solidarité, on se sent dévoué à la cause, on est minoritaire, accusé par le pouvoir dominant, on en éprouve une sorte de jubilation, car on est convaincu que, sur ce terrain, on peut vaincre. Nombre de résistants des années quarante ont vécu rue de Valois leur « deuxième résistance ». D'autres, plus jeunes, comme ma génération, en ont découvert l'esprit. Embarqués dans la politique culturelle, comme on part au maquis ou comme on entre dans les ordres, ils se sont opposés à un ordre culturel qui était aussi un régime politique dont on a oublié l'autoritarisme, et ils se sont aperçus qu'ils accompagnaient une mutation profonde de la société et de la civilisation.

Esprit de la résistance et substitut de la religion sont deux lumières qui éclairent la naissance et le développement de la politique culturelle.

La question de savoir si l'action de l'État au service de la culture était ou non légitime ne s'est pas posée au moment de l'engagement tant elle paraissait évidente. Elle n'a été soulevée ni pendant les dix années Malraux, ni pendant les cinq années Pompidou. Le rôle de l'État dans la culture a été remis en cause à deux reprises : par Giscard d'Estaing, de manière indirecte, c'est-à-dire sous forme de réduction de l'effort budgétaire de l'État entre 1974 et 1981, puis par l'expérience du libéralisme le plus combattif, lors de la cohabitation de 1986-1988.

C'est entre ces deux lignées, celle des acteurs culturels de terrain appuyés sur des forces intellectuelles de gauche et celles d'intellectuels de droite manquant singulièrement de pratique que s'inscrit la décennie-Malraux. Le bilan critique qui doit être tenté gagne à être éclairé par les débats idéologiques qui l'ont accompagnée.

1. GRANDEUR ET MISÈRE

La critique des années Malraux ne s'adresse aucunement aux personnes qui ont fait ce qu'elles avaient à faire et ont bien mérité du « Parti des créateurs ». Leurs mérites, aussi hauts soient-ils, ne doivent pourtant pas nous dispenser de l'exercice critique qui est une forme d'hommage à leur rendre. La vie culturelle a besoin de ce sel et de ce levain.

L'une des principales objections que l'on peut adresser aujourd'hui à la politique culturelle des années Malraux se trouve esquissée sous la plume de Jean-Pierre Rioux[1]. Elle tient aux institutions et aux choix politiques de départ. Mais aussi sans doute à la façon dont Malraux ressentait sa mission. Deux champs de la vie sociale et politique ont été absents des grands choix opérés par lui : celui de l'éducation et celui de l'information, radio et télévision comprises. Le premier a été volontairement exclu, comme on l'a vu ; le second correspond à un choix politique qui a été imposé à Malraux et qui est d'autant plus lourd de conséquences : le ministère de la Culture était exclu de la communication au moment où les ménages s'équipaient rapidement en matériels audiovisuels, ce qui conférait à son action une sorte d'irréalité dont il a eu du mal à se départir ensuite.

« Je ne veux pas poser de problème politique »

Malraux est conscient de cette amputation, comme il l'avoue lors de l'inauguration de la maison de la culture de Bourges : « Il y a cent ans, il allait à Paris trois mille personnes à un spectacle par jour. Si l'on tient compte de la télévision, il en va aujourd'hui probablement trois millions. Or quelles en sont les conséquences ? Les conséquences, c'est que l'humanité tout entière est investie par d'immenses puissances de fiction ; et ces puissances de fiction sont aussi des puissances d'argent ou des puissances politiques de même nature : mais je ne veux pas poser de problème politique[2]. »

Il en reste donc au seul domaine de la culture…

Le diagnostic de Malraux sur la crise de la civilisation du fait de la vague audiovisuelle, qui revient de manière lancinante dans ses discours, est criant de vérité. Mais les moyens mis en œuvre par le ministre du général de Gaulle sont dérisoires : que pèsent les 7 000 abonnés de la maison de la culture de Bourges, les 8 000 abonnés de la maison de la culture d'Amiens au regard de ce défi mondial ? Pendant qu'il organise la résistance contre les forces de la barbarie, en s'appuyant sur quelques milliers d'abonnés culturels, les média vendent par centaine de millions leurs « rêves de sexe et de sang ». Le ministère de l'Éducation nationale, et son million de fonctionnaires, parfois comparé à l'armée rouge, développent des formations scientifiques censées favoriser l'adaptation des jeunes aux nouvelles conditions économiques et technologiques. Ils négligent totalement les enseignements artistiques et restent étrangers aux efforts de Malraux. On se sent presque gêné par le contraste entre la menace planétaire dénoncée par le ministre-prophète et le bricolage improvisé pour y faire face.

Alors Malraux illusionniste ? Assurément, pour la part de rêves qu'il a su faire partager, car la politique culturelle sans le rêve n'est plus guère qu'un exercice rhétorique. Mais des rêves qui se brisent sur son réalisme et son sens de la discipline gouvernementale ; des rêves auxquels toute une génération a souvent cru, mais qui laissent un sentiment d'inachevé et d'impuissance lorsqu'il quitte la rue de Valois. Beaucoup a été fait. Mais si peu au regard des ambitions annoncées. Sans doute a-t-il présumé de ses forces, comme de celles de tous les Français, au point de les convier à une croisade pour la liberté qui était largement au-dessus de leurs possibilités, voire de leur volonté. Et nous découvrons alors que ces ambitions n'étaient que des « lunes en papier[3] »...

Illusionniste, Malraux y était en quelque sorte contraint : il a mis en place dans les années soixante une politique culturelle pensée en 1936. Ce décalage explique sans doute que cette politique ait laissé de côté les moyens d'information, ce que l'on appellera, à partir de Françoise Giroud et de Jean-Philippe Lecat, dans les années 1976-1978, la « communication ».

Comme l'exprime Jean-Pierre Rioux, « Les pouvoirs publics se sont alors passionnément intéressés au cinéma, au livre, à la lecture, ont amorcé l'élan du grand public vers les expositions. Sans doute. Mais qu'était-ce donc qu'une politique culturelle qui laissait une radio nationale bâtir en solitaire ce qui fut par moments le vrai triomphe du vieil esprit des universités populaires ? Qui abandonnait à la réglementation tatillonne des hôtes de Matignon le contrôle de ce qui allait devenir le premier canal culturel du pays, la télévision ? À ce point de l'analyse, comment ne pas sentir que ces politiques culturelles, aussi incomplètes ou aussi myopes fussent-elles, pouvaient proposer, mais que les pratiques culturelles, elles seules, déjà, disposaient[4] ? »

L'action de Malraux pendant ces dix années a laissé une trace profonde dans les mémoires et les institutions. À défaut d'avoir permis le succès de la croisade mondiale rêvée et engagée, a-t-elle au moins infléchi sensiblement la vie culturelle et artistique de la France au cours de cette période ? Malraux a souffert de la nature politique du gaullisme : un État fort, affirmé comme tel, qui veut rompre avec les usages de la IVe République, et qui ne peut pas s'empêcher de contrôler l'information. Le général de Gaulle a alors concédé en quelques sorte à Malraux le champ artistique. Il a tenté d'en faire un champ culturel, mais il n'a pu régner sur le champ émergent de l'information, jugé trop sérieux pour être traité comme culturel. À l'orée de la politique culturelle, la politique a donc contraint le champ de la culture. Il faudra attendre vingt ans pour que l'État se retire du champ de l'information soit au profit du marché (la vente de TF1), soit au profit d'un système de régulation indépendant (la Haute Autorité) : la culture pourra alors tenter de réinvestir le champ de la communication, mais elle le fera de manière limitée, avec la création d'une chaîne culturelle. Ainsi, l'enfermement de la culture dans une chaîne thématique (Arte, La Sept), est la conséquence lointaine de la non-intervention de Malraux dans le champ de l'information.

La télévision où est nommé un homme éminent, Albert Ollivier, est capable de présenter de très bons programmes comme *La Vie des animaux* de Frédéric Rossif ou les *Dossiers de l'écran* d'Armand Jammot. Elle propose aussi *Les Perses* d'Eschyle réalisé en 1961 par Jean Prat, *La caméra explore le temps* ou *Cinq Colonnes à la une* créée en 1959 par Pierre Lazareff, Pierre Desgraupes et Pierre Dumayet. C'est aussi l'âge d'or du service de la recherche de l'ORTF avec Pierre Schaeffer, permettant une véritable expérimentation et une prise de risque dans les programmes, le traitement de l'image, autant que les sujets abordés (tels *Les Shadoks* ou *Dim, Dam, Dom*). Des émissions jugées souvent subversives par un pouvoir politique alors directement responsable de l'information et influant sur elle. La télévision est alors un nouvel instrument d'information et de communication que le gouvernement a peur de ne pas maîtriser. Aussi éprouve-t-il des difficultés à laisser la bride sur le cou des journalistes. Les émissions produites dans ce contexte laissent pourtant dans la mémoire de la télévision du service public l'image nostalgique des productions de qualité, qu'elles étaient en effet. Le pouvoir politique de l'époque supporte mal l'indépendance d'esprit des journalistes. Déjà en 1965, *La caméra explore le temps* disparaît et au lendemain de 1968 ce sont toutes les autres émissions précédemment citées qui vont être interdites. Il ne faut pas oublier que Malraux a commencé ses fonctions de ministre auprès du général de Gaulle en qualité de « ministre de la propagande ». Le mot force peut-être la fonction, mais il se trouve en effet le 1er juin 1958 « ministre délégué à la présidence du Conseil, chargé de l'Information » comme en novembre 1945, puis chargé « de l'expansion et du rayonnement de la culture française ». Ce grand libéral est en même temps l'homme des harangues et des diatribes. De Gaulle l'expédie aux Antilles et en Guyane arracher des voix pour le référendum sur la constitution de la Ve République, puis en Iran, au Japon et en Inde où le nouveau régime français est vu comme un succédané de fascisme. Mission de cet orateur « de gauche » : interpeller la foule le 14 juillet 1958, le 24 août, anniversaire de la libération de Paris et le 4 septembre place de l'Hôtel de Ville et place de la République pour clamer la fidélité du général et de ses compagnons au régime républicain !

L'époque du ministère de la Culture est aussi celle où Alain Peyrefitte, ministre de l'Information, exerce une tutelle tatillonne sur les journaux télévisés de la première, puis de la deuxième et de la troisième chaînes, convoquant les rédacteurs en chef, les nommant ou les renvoyant selon son humeur, entrant en conflit avec les directeurs généraux de l'ORTF s'ils n'obtempèrent pas, et bien qu'ils soient généralement gaullistes eux-mêmes[5]. Cette République n'est rien moins que tolérante, même si Malraux sait prodiguer du haut de sa sagesse et de sa connaissance, des paroles et des phrases qui ennoblissent ses actes.

Lui qui a compris bien avant d'autres l'importance des médias a du mal à se faire à l'idée de regarder en spectateur cette révolution de la télévision et des images, de la radio et du son accessible de partout et par tous. « La preuve : le discours prononcé lors de l'inauguration de la Maison de l'ORTF en présence du Général, le 14 décembre 1963. Thème : la radio est une affaire d'État. Auteur : le ministre de l'Information Alain Peyrefitte. Parmi les assistants, André Malraux, se rongeant désespérément les ongles en silence[6]. »

Les pratiques culturelles des Français

En juin 1968, les responsables des maisons de la culture et les professionnels du théâtre, réunis à Villeurbanne, reconnaissent être dans une impasse : maisons de la culture et théâtre, deux domaines dont Malraux avait fait sa priorité. Les artistes et écrivains descendent dans la rue pour fustiger la politique gaulliste. Universitaires et intellectuels continuent leurs attaques contre la culture dominante et les « appareils idéologiques d'État ». Jean-Paul Sartre tient toujours le devant de la scène en s'engageant de plus en plus dans des positions de caractère révolutionnaire. Malraux, révolutionnaire devenu ministre, achève son mandat chahuté par une révolution symbolique, culturelle, qui lui est étrangère. N'a-t-il pas clairement changé de camp ? Dix années de critique souterraine ou claironnante n'auront pas pu lui ouvrir les yeux. Gabriel Monnet le décrit mèche en bataille, comme ivre, bras levés, aux côtés de Michel Debré, sur les Champs-ÉLysées, le 30 mai 1968, « parce qu'il ne peut pas accepter d'être du mauvais côté de la barrière : il sait pourtant que sa place est du côté des étudiants et des ouvriers. Alors il titube[7]. »

Dialecticien des idées et des institutions, Malraux saura encore jouer des conséquences de mai 68 qui le laisse pourtant aphone. En soustrayant l'École des beaux-arts à l'Institut et en supprimant le prix de Rome, il met fin à un système pédagogique vieux de deux siècles. Après mai 68, lui parti, les enseignements de l'art et de l'architecture vont connaître une transformation rapide. La Faculté de Vincennes, laboratoire des idées nouvelles de cette époque, crée un département « art » comme unité d'enseignement et de recherche, comprenant quatre sections : arts plastiques, cinéma, musique, théâtre. Les cours magistraux y sont remplacés par des commissions. Des artistes extérieurs sont invités et participent au cours avec aussi bien des psychologues, des biologistes, des ingénieurs et autres spécialistes. L'appel à la pluridisciplinarité devient le leitmotiv de l'action pédagogique et culturelle. Il ne cesse d'imprégner tout ce qui sera désormais entrepris rue de Valois.

Si Malraux a de toute évidence réussi à jeter les bases d'une politique culturelle moderne, il a échoué dans sa mission de bons offices entre le pouvoir gaulliste et le « Parti des créateurs ». Mais surtout à inscrire la culture au cœur des grands mouvements sociaux et technologiques de l'époque. Mais il a créé l'instrument permettant à d'autres de s'attaquer à ces défis.

Les pratiques culturelles des Français ont commencé à évoluer. Pas aussi rapidement que le rêvait Malraux, et souvent sous l'influence de facteurs qu'il ne maîtrisait pas. Il surestime le rôle des maisons de la culture, leur conférant une sorte de mission pentecôtiste qui ferait advenir comme par miracle, en quelques années, l'âge de la démocratisation culturelle. Lui-même essaye de s'en convaincre et d'en convaincre les députés : « Nous constatons que nous pouvons, par une action déterminée, changer complètement l'état d'esprit d'une ville de France. Vous savez tous que, lorsque dans une ville qui n'a pas cent mille habitants — soixante-dix mille en gros —, on a huit mille abonnés à une maison de la culture, on arrive à changer en cinq ans l'état d'esprit et le niveau intellectuel de la ville[8]. »

La réalité sociologique ne cessera de résister à ce discours qui sera repris par d'autres ministres de la Culture. Il est difficile d'en mesurer la portée ou d'évaluer les pratiques culturelles sur la période des années soixante puisque les premières données statistiques n'ont été réunies qu'en 1973. Certes, les cadres se sont ouverts à l'audiovisuel, la télévision surtout a fait irruption dans la vie quotidienne. A-t-elle joué le rôle de promotion de la culture que l'on attendait d'elle, alors qu'elle était entièrement soumise au service public ? Quant à la diffusion de la « culture noble » : sorties au théâtre, au musée, au concert, elle ne touche toujours qu'une minorité. Le développement du rôle des médias favorise plutôt la diffusion d'une culture populaire, culture jeune, incarnée par un journal comme *Salut les copains* créé en 1962 et qui tire à un million d'exemplaires.

Mais cette décennie est également celle de l'invasion des pratiques culturelles anglo-saxonnes et américaines. La culture sera populaire, oui, mais pas à la manière des maisons de la culture, plutôt dans le style des Beatles, des Rolling Stones, d'Elvis Presley. Elle sera populiste plus que populaire comme Bourvil ou Louis de Funès qui sont les acteurs fétiches de l'époque, *La Cage aux folles* qui voit briller en 1973 Jean Poiret et Michel Serrault, et comme Pierre Bellemare et Guy Lux et ses fameux *Intervilles* depuis 1962. Cette culture n'a pas réussi à faire sa place entre l'Éducation nationale et le quatrième pouvoir de la presse, de la radio et de la télévision. La censure s'exprime périodiquement, parfois sournoisement, parfois violemment. C'est le cas pour les événements de 1968 et l'épuration consécutive à la grève des journalistes, le départ fracassant de Maurice Clavel d'une émission en 1971. Protégée par son monopole, L'ORTF régente les informations sous contrôle. Faute de moyens alloués au ministère, l'essentiel de ce qui concerne la création et les pratiques culturelles se fait en dehors de sa sphère d'influence.

Dure réalité à admettre pour les hommes de pouvoir et pour ceux qui, avec la meilleure volonté du monde, ont apporté leur concours à cette grande ambition de la rue de Valois, mais réalité indiscutable. À la période du discours sur la culture va succéder, à la fin des années Malraux, celle de l'établissement du système culturel (le « cinquième pouvoir ») fondé sur des relations nouvelles entre partenaires parmi lesquels le ministère devra bien finir par trouver sa place.

2. ENTRE SYSTÈME ARTISTIQUE ET SYSTÈME CULTUREL (*cf.* annexe 3)

Désormais aussi, nous savons mieux évaluer les politiques culturelles. Ce qui amène à présenter une analyse du passage, sous Malraux, du système artistique au système culturel[9].

Ce qui fait la spécificité du système culturel par rapport au système artistique c'est l'arrivée sur le devant de la scène de pouvoirs qui se distinguent de ceux des artistes, mais qui n'existent que par et pour les artistes : ceux des décideurs et des médiateurs.

Le développement des familles des artistes et des publics est la marque du système artistique. La prospérité des familles des décideurs et des médiateurs est caractéristique du système culturel. Les décideurs sont représentés par les politiques, par les pouvoirs financiers, publics ou privés qui interviennent dans le champ culturel. Les médiateurs sont les acteurs culturels présents dans les médias (journalistes, critiques, etc.), dans l'université et dans les lieux culturels exerçant une fonction critique comme les conservateurs de musée, les bibliothécaires. Ces deux catégories ne tirent leur raison d'être que du bon fonctionnement des deux sphères des artistes et des publics. Elles vivent d'eux, avec eux et pour eux. Mais elles introduisent aussi dans le système d'autres pouvoirs, d'autres modes de jugement et d'action, des préoccupations financières, des opinions échafaudées dans des organes de presse ou à l'université, de la diversité, de l'aléatoire, de l'ambigu, mais de la richesse. Elles peuvent aussi, en sens inverse, y introduire de la stérilité, si elles aboutissent à détourner l'énergie de la création à leur seul profit.

Le système artistique est l'ensemble des pouvoirs, processus et comportements constitués essentiellement autour des fonctions de création et de diffusion : des œuvres artistiques ou littéraires, qui doivent entrer en relation avec des publics et auxquelles le regard, l'oreille, la perception vont donner un sens. Dans l'idéal, la vie culturelle d'un pays se résume dans le fonctionnement du système artistique. Les artistes n'ont que faire d'intermédiaires entre les publics et eux. Comme Planchon, ils réclament tout le pouvoir ! Et pourtant, ils ont besoin de traducteurs ou d'interprètes pour des raisons de langage et d'opportunité. Pour des raisons philosophiques aussi : n'est-ce pas le regard de l'autre qui leur donne le statut d'artiste ? Dans le système artistique, le public et l'artiste ont en effet tout le pouvoir, en toute liberté mais aussi toute dépendance réciproque.

Il en va différemment dans le système culturel qui fait entrer dans la danse d'autres acteurs et où le mode de décision devient plus complexe. Décideurs et médiateurs vont troubler le binôme artiste-publics pour y ajouter leur propre binôme. Ils sont naturellement constitués des pouvoirs publics et privés, ceux qui n'hésitent pas à investir de l'argent dans le financement d'une œuvre ; mais aussi des médiateurs qui fixent les valeurs, les cotes et les normes.

La décennie de Malraux connaît la transformation du système artistique en système culturel. Dans le système culturel, le rôle de chacune des quatre familles — artistes, publics, décideurs, médiateurs — est précis et ambigu, toujours nécessaire, complémentaire par rapport à celui des autres, interactif, évolutif, souvent conflictuel.

L'un des signes de cette transformation est le changement de l'appellation des institutions : le secrétariat d'État aux Beaux-Arts devient ministère des Affaires culturelles, la direction générale des Arts et des Lettres devient direction de l'Action culturelle. Mais preuve du caractère transitoire de ce passage, le service de la Création artistique ne s'appelle pas encore délégation aux Arts plastiques. Au regard de l'art, la culture peut se définir comme « un art socialisé », pour reprendre la définition de Philippe Urfalino[10]. Cette socialisation commencée avec Malraux n'est pas achevée.

Les artistes

La sphère des artistes est l'alpha et l'oméga du système culturel. Elle est traditionnellement, du point de vue de l'organisation du système, répartie en deux catégories, les artistes reconnus et les artistes, sinon maudits, du moins non reconnus par le pouvoir d'État et par les institutions culturelles. Mais, fait nouveau, ils sont de plus en plus choisis par les médias. Entre artistes académiques et artistes modernes, Malraux a choisi les seconds. Mais entre les modernes et les contemporains il a choisi les premiers. Il est certes attentif à ce que les seconds puissent s'exprimer, quitte parfois même à réagir contre des tentations de censure comme seraient parfois tentés de le faire certains de ses collègues au gouvernement. Ce qui est nouveau c'est toutefois la reconnaissance générale de la modernité dans un climat de tolérance intellectuelle qui, il est vrai, s'exprime alors plus rue de Valois que place Beauvau ou rue du faubourg Saint-Honoré…

Mais les artistes contemporains auxquels Malraux s'intéresse sont les « classiques » de l'École de Paris : des artistes de qualité, mais souvent repliés sur la France et se tenant, un peu frileusement, en dehors des grands mouvements qui affectent la création contemporaine mondiale. Curieusement, Georges Pompidou, à peine Malraux parti, lancera le Centre qui porte son nom pour « redonner à Paris la place qu'elle a perdue. » Qu'a donc fait Malraux depuis dix ans ? La critique de Malraux par Pompidou ne se fait pas en paroles, mais en actes. Il faut attendre les années soixante-dix pour que les Français découvrent les forces et les différences de la création artistique des autres pays, et d'abord les États-Unis... De même, Jacques Duhamel relance l'Opéra de Paris grâce à Rolf Liebermann qui l'empêchera de sombrer : pourquoi ? Comment ? À cause de qui ? Nombre des initiatives culturelles prises de 1969 à 1975 sont la critique en creux de la politique culturelle de Malraux. Mais jamais ouvertement, car il est des propos qui fâchent. Et s'il est connu que Pompidou et Malraux ne s'appréciaient guère, ils faisaient partie de la même famille. On ne touche pas à la statue du Commandeur.

L'une des grandes affaires des années Malraux est la bataille contre l'Institut. Les artistes et architectes académiques y défendaient leur pouvoir et des conceptions artistiques proches du XIXe siècle. On y gérait le prix de Rome, la Villa Médicis et l'École des beaux-arts : un État dans l'État culturel du nouveau ministre. Le recrutement est encore fondé sur les principes de cooptation. Les bons élèves, remarqués à l'École par leurs maîtres, sont admis par la suite à la Villa Médicis, puis entrent comme assistants à l'École avant d'être eux-mêmes choisis comme professeurs. À ce titre, ils font partie d'un groupe élu qui tire profit en particulier des commandes de l'État. En bénéficient les plasticiens et les architectes qui fréquentent les mêmes locaux du quai Malaquais. Ce système qui permet une reproduction professionnelle en vase clos est source de conflits dès lors qu'il est remis en cause par de nouveaux acteurs, comme les membres d'un jury, qui contestent par leur seule présence l'essence même de sa logique.

Les escarmouches commencent dès le mois de mai 1959. Les candidats au prix de Rome se mettent en grève pour protester contre un jury académique et incompétent. Malraux ajourne les épreuves préparatoires et annonce une réforme. Les académiciens, du vieux Charles Lemaresquier, nonagénaire, à Laprade[11], ne décolèrent pas. En 1960, Malraux impose au jury du concours de Rome Chastel, Beaudin, Masson, Soulages, Singier et Vieira da Silva. Ces nouveaux jurés font de la présence de candidats extérieurs à l'École une condition de leur participation. M. Unterstellet, directeur de l'École des beaux-arts et membre de l'Institut, doit avouer aux jurés l'absence de tout candidat extérieur. Les jurés démissionnent en bloc. L'Académie marquait un point. Les oppositions se cristallisèrent sur le concours de sculpture contre, notamment, le sculpteur H.G. Adam, que Malraux avait fait nommer professeur à l'École. La guérilla se poursuivit dans le champ de la peinture. Malraux annonça son intention de nommer Balthus à la tête de la Villa Médicis en remplacement de Jacques Ibert. L'Institut protesta et lui opposa Yves Brayer, Cheyssial et Giess (tous trois ayant laissé un souvenir impérissable dans l'histoire de l'art...). Mais Balthus fut nommé. La guerre d'usure avec l'Institut prit fin à la faveur des événements de mai 68 qui accélérèrent le processus d'indépendance vis-à-vis de l'Institut acquise par la Villa Médicis et l'École des beaux-arts (qui avait été l'un des hauts lieux de la révolution).

Sous Malraux la sphère des artistes, ses composantes, ses limites obéissent à des critères encore classiques. Si elle s'éloigne de l'organisation académique séculaire, on y retrouve des artistes indépendants : peintres, sculpteurs, compositeurs, écrivains et poètes, réalisateurs de cinéma, chorégraphes, scénographes, architectes. La liste de ces artistes-créateurs, au cinéma près, n'a guère changé depuis le XIXe siècle. Plus délicate est la position de la famille des artistes-interprètes, musiciens, comédiens, chanteurs, danseurs. Si elle est considérée comme membre à part entière de la sphère des artistes, c'est au prix déjà d'une conception extensive de la mission de l'artiste, entendu comme auteur, inventeur, initiateur. En revanche les arts mineurs, produits par les artisans d'art, graphistes, designers, stylistes sont encore exclus de la famille. La conception Malruxienne de l'artiste est très élitiste. Elle n'a guère changé depuis la Renaissance.

En outre, elle ne s'éloigne guère des chemins battus : oui à Balthus, non au mouvement lettriste. En témoigne, par exemple, une adresse d'Isidore Isou à André Malraux qui donne le ton de l'espoir et de la désespérance : « Ce qui apparaîtrait un jour comme la chose la plus étrange de ce temps, est que vous, qui avez vu et connu tant d'écrivains et d'artistes de ce pays, n'ayez pas tenu à rencontrer au moins une fois le représentant de l'école novatrice de la génération de cet après-guerre. » Et de réclamer avec ses compagnons « la réalisation d'un plan cohérent de diffusion culturelle, effectué par un comité de responsables, créateurs et animateurs. Nous demandons l'élimination des parasites et bureaucrates inutiles et l'emploi de cadres capables d'effectuer une activité réelle de propagation spirituelle[12]. »

Avec Malraux, l'État, qui pendant des lustres a été le refuge des valeurs les plus conformistes, s'ouvre à la modernité, même si son audace reste encore limitée. Dans la conception Malruxienne de la culture, l'artiste est nécessairement affublé de l'adjectif « grand ». Il est beaucoup moins qualifié de « jeune », « d'avant-gardiste » ou d'« expérimental ». L'adjectif créateur lui est volontiers accolé : Malraux invente le service de la « Création » artistique ; mais il n'est pas encore devenu le substantif polyvalent qu'il deviendra vingt ans plus tard.

Les publics

Face à cette sphère des artistes, celle des publics tend à se développer à la fois par amplification et diversification. Le système artistique pourrait se contenter de la relation directe entre artistes et publics. L'installation de la Ve République coïncide avec l'arrivée dans la vie active d'une génération de consommateurs culturels aux comportements nouveaux. La société française vit, sans le savoir, les heures heureuses de ce qui sera appelé plus tard l'âge béni des « Trente Glorieuses », selon l'expression de Jean Fourastier, où tout paraît possible, qu'il s'agisse de l'équipement ménager, audiovisuel ou des loisirs. Le public est prêt à tout consommer et c'est vrai en matière de culture comme dans les autres domaines. Mais la culture qu'il consomme en priorité n'est pas nécessairement celle qui est reconnue rue de Valois. C'est plutôt un ensemble de pratiques culturelles marquées par l'arrivée sur le marché du livre de poche, du tourne-disque, de la diapositive, du magnétophone et de la télévision. Ces nouvelles pratiques de consommation favorisent une diversification encore embryonnaire de la sphère des publics. Mais on continue à parler du public. Les pratiques culturelles commencent à être étudiées par les sciences humaines, comme on a vu. Michel de Certeau, par exemple, va introduire les termes de « production des consommateurs, tactiques des pratiquants, langage ordinaire, arts de faire[13] ».

Le système culturel Malruxien met donc en relation une sphère des artistes ouverte à la modernité mais aux contours traditionnels et une sphère des publics qui tend à s'ouvrir et à s'élargir du fait du développement de la démocratisation, de la scolarisation et du niveau de vie. Quel va être le rôle de l'État, nouveau décideur culturel, dans cet élargissement ?

Les décideurs

L'irruption de la politique culturelle dans un tel système entraîne un certain nombre de mouvements en profondeur. L'intervention de l'État et son renfort de discours et de célébrations, est un phénomène nouveau, quoique l'intendance ne suive guère. La famille des décideurs qui était assez limitée tant sur le terrain du marché privé de la culture que sur le plan des interventions publiques, locales ou nationales, va donc se développer sensiblement. Mais, comme on l'a vu, les élus qui participent en pionniers aux Rencontres d'Avignon ne représentent guère plus d'une dizaine de villes. Il faudra attendre les années soixante-dix, et en particulier les élections municipales de 1977, pour que le nombre et la qualité des « élus culturels » connaissent un changement important. La politique culturelle nationale devra désormais compter avec eux. Et ils contribueront à faire de la culture un enjeu politique.

Sous la IVe République, le rôle de l'État dans la culture était resté marginal, tout autant que la place de l'économie de la culture, limitée à l'édition, la production de cinéma, le marché de l'art. Sous Malraux, pour des raisons qui tiennent à sa politique et à l'évolution de l'économie, le rôle des décideurs dans le système culturel va commencer à changer profondément.

Le troisième partenaire, incarné par la sphère des décideurs, se trouve placé dans une situation paradoxale. L'État, faute de moyens, y exerce une influence relativement restreinte, mais il joue à plein la partition symbolique. Pourtant, il doit partager son pouvoir avec celui, croissant, des collectivités décentralisées, qui sauront s'opposer en de nombreuses occasions aux projets du ministère de la Culture, et avec celui des entreprises privées, à travers le rôle éminent joué par les éditeurs, les producteurs de films et les responsables de chaînes de radio et de télévision. Contrairement aux apparences trompeuses du verbe, le rôle de l'État dans le système à l'époque de Malraux est relativement restreint, faute de moyens, faute de consensus, faute d'équipes. Il a été suffisamment puissant pour semer des éléments de perturbation critique dans le système, comme les maisons de la culture. Mais il n'est pas si affermi qu'il puisse être accusé de tout contrôler. Face à l'autoritarisme qui règne encore dans la société civile à cette époque, les contrepoids, notamment ceux des intellectuels et des artistes, sont nombreux qui vont permettre au système culturel de rester ouvert.

Entre la politique culturelle qui se développe mais reste assez velléitaire et le marché de la culture en expansion, ce dernier aura plus aisément les coudées franches. Ce qui ne veut pas dire que la politique culturelle de dix ans d'âge soit vaine. Mais son domaine est d'un autre ordre. Elle va grandement contribuer à moderniser l'image et les méthodes des pouvoirs publics centraux et locaux. Elle va aussi construire un ensemble de règles de bonne conduite entre acteurs culturels. Elle reste enfin la référence de ce que peut être l'intervention d'un État moderne dans la culture : au service des artistes et des publics.

Mais les décideurs sont encore des amateurs au sens où les places de choix qu'ils se voient attribuer sont le plus souvent des sinécures, ou vécues comme telles, l'épisode de Boisanger en témoigne[14], avec un décalage ressenti de plus en plus compte tenu des besoins de professionnalisme. Il faut attendre Duhamel et Beaubourg pour changer de conception et de pratique, de génération aussi.

Les médiateurs

Si les médias, quatrième composante du système culturel, ne sont pas encore aussi puissants qu'aujourd'hui, ils font une entrée remarquée sur la scène culturelle (au point qu'un intellectuel symbolique comme Régis Debray en fera par la suite une véritable discipline d'étude[15]). L'université et les académies voient leur influence diminuer au profit des critiques et des journalistes (de radio et de télévision). La montée de la figure du journaliste est bien l'une des caractéristiques de la période. Elle va de pair avec la crise de l'université. Cette crise mesure à la fois une difficulté à assimiler un nombre croissant d'étudiants qui vont passer de 200 000 environ en 1960 à 800 000 en 1972[16], à les introduire sur le marché de l'emploi et à rester une référence de valeurs intellectuelles, voire un système de production intellectuelle, c'est-à-dire de publication des évolutions de la pensée. Elle est prise en tenailles entre sa vocation de recherche hautement spéculative et une nouvelle fonction d'insertion professionnelle à finalités beaucoup plus économiques. Cet écartèlement ne fait que commencer. Il ne cessera de grandir au cours des ans, au fur et à mesure que la crise de l'emploi va s'imposer comme réalité durable. Malraux qui n'aime guère l'université et qui au contraire a compris l'importance prise par la télévision et les médias, est l'homme de la première médiatisation de la culture, même s'il n'est pas le ministre de l'information, ni de la communication. Mais s'exprimant avec abondance sur ce thème, il souffrira d'autant plus de ne pouvoir peser sur le rôle des nouveaux médias.

Le jeu du système[17]

Entre ces quatre familles, les relations qui se nouent vont évoluer dans un certain nombre de directions qu'il est important de repérer afin de bien comprendre les mouvements en profondeur qui affectent le système culturel au temps de Malraux et marquent l'orée du « cinquième pouvoir ».

Entre le système artistique fondé sur les relations entre les seuls artistes et les publics et le système culturel qui tient plus au développement des liens entre les décideurs et les médiateurs, l'imbrication va se développer. Certains des acteurs de la politique culturelle de Malraux en resteront, lui parti, à une conception restreinte du système artistique. Mais dans la réalité, la part du système culturel, public et privé, par rapport au système artistique s'accroît. Il en résulte une extension du champ culturel dont Malraux est le premier artisan et témoin. Ce phénomène largement induit par l'intervention de l'État, est d'abord propre à la France, mais va atteindre peu à peu tous les pays de droit romain. Un divorce va se creuser entre les traditions romaine et anglo-saxonne de la régulation du système culturel.

On observe ainsi une corrélation entre le développement de la médiatisation culturelle et celui de la sphère des publics. On ne parle pas encore de « société de la communication », mais on commence à pressentir ce qu'elle peut être et quels types de relations elle peut entretenir avec le système culturel.

La « marchandisation » culturelle, qui s'exprime du fait de l'extension du marché des biens et services culturels (livres, appareils audiovisuels, disques, etc.) commence à voir le jour. Le tourisme est encore limité dans l'espace et le temps, ce n'est pas encore une industrie, le troisième âge joue encore un rôle modeste dans les consommations de loisirs, le rôle économique et social des jeunes est encore marginal. Mai 68 marque toutefois le début de leur apparition à la fois sur le terrain politique et dans la sphère marchande. Le « Club Méd », symbole des loisirs touristiques, va connaître une ascension exceptionnellement rapide. Les charters vont entrer dans les mœurs.

Parler de « consommation culturelle » paraît encore incongru. La télévision tout entière est publique et l'information qu'elle délivre est placée sous le contrôle de l'État. C'est pourquoi le rôle de ce dernier dans le système culturel est plus symbolique que pratique ou économique. Mais ce pouvoir symbolique et politique est puissant du fait de l'organisation assez hiérarchique et autoritaire de la société. Il faut attendre mai 68 pour voir ces principes d'organisation sociale battus en brèche.

Les dix années de politique culturelle malruxienne sont moins un point de départ, comme tendrait à le faire penser une analyse trop politique, laissant accroire que la IVe République était un désert culturel, qu'une période de transition. La phase malruxienne de cette transformation introduit une certaine dose d'intervention publique, tout en posant les jalons d'un système qui va se dilater au fil des ans, se diversifier, s'enrichir, pour constituer vingt ans plus tard l'un des nœuds de la politique nationale et internationale du pays.

Du passé, le système conserve le goût de la hiérarchie, des signes extérieurs convenus (les vernissages...), de l'autorité plus que de la concertation, des valeurs acquises à travers le système d'enseignement et de recherche. De l'avenir, il présente un certain nombre de traits prémonitoires : le développement des pratiques culturelles des citoyens, le rôle équilibré de l'État et du marché, les tendances à la complexité croissante du jeu entre les différentes sphères du système, la marche inéluctable vers la décentralisation culturelle, le poids et l'importance des valeurs symboliques.

3. ASPHYXIANTE CULTURE ?

La politique culturelle, en suscitant la naissance du système culturel, favorise le développement d'une critique systématique. Guy Debord publie en 1967, *La Société du spectacle*[18] qui apporte un essai de fondement marxiste à l'évolution du système culturel. Ce livre sera une référence pour le Mouvement de l'Internationale situationniste qui jouera un rôle précurseur dans le mouvement étudiant de mai 1968. Jean Dubuffet écrit de son côté, de façon plus polémique, pour fêter à sa manière la révolution symbolique de 1968, une critique radicale du système culturel. Il accumule une série de notes qu'il publie aux éditions de Minuit sous le titre *Asphyxiante culture*[19], un pamphlet cruel et drôle contre l'instauration, derrière la politique culturelle, d'un système autoritaire qui aurait pour effet d'asphyxier la création la plus pure. Cette pensée n'est pas marginale. Elle va même inspirer et, du fait de sa force, exprimer celle d'un grand nombre d'acteurs culturels du nouveau système qui se construit.

Jean Dubuffet est un artiste solitaire que Malraux admire assez pour accrocher l'une de ses toiles, *Jazz-band*, à Verrières, entre deux lithographies de Braque et de Miro[20]. Pour Jean Dubuffet, « la culture, comme dieu symbolique, ne demande pas plus aux ministres de son culte que des cérémonies votives, dûment associées aux fêtes patriotiques ; à quoi M. Malraux excelle, à grands braillements d'Euripide et d'Apelle, de Virgile et Descartes, Delacroix, Chateaubriand et tous autres phares de son empyrée. Ses oraisons, en musique de sonneries de cloches, sont dans le même ton que les prêches de Pâques, et il fait, pour les déclamer, les mines de grand-prêtre requises. La relance de l'activité cérébrale personnelle n'a pas plus de part à tout ce chienlit dans son propre esprit que dans celui de ses auditeurs, qui n'en sont pas dupes, pensant seulement qu'assister à cette messe une fois de temps en temps et remplir ainsi leurs devoirs par ministère d'officiants intercesseurs les tient quittes d'opérer eux-mêmes. »

Se réclamant, comme nombre d'artistes, d'un individualisme fort affirmé, Dubuffet analyse le ministère de la Culture comme une entreprise d'unification dangereuse pour la pensée et la création : « La position actuelle prise par la culture et ses corps constitués de spécialistes et de fonctionnaires s'inscrit dans un courant général de noyautage (et de confiscation) de toutes les activités au profit d'un corps de spécialistes et elle s'inscrit aussi d'ailleurs dans un courant général d'unification. [...] Dans ce domaine est nocif tout ce qui tend à la hiérarchisation, à la sélection, à la concentration, pour ce que le résultat est de stériliser le vaste, l'innombrable fourmillant terreau des foules. La propagande culturelle agit proprement dans la forme d'un antibiotique. S'il y a un domaine qui, à l'opposé de la hiérarchisation et de la concentration, requiert le foisonnement égalitaire et anarchique, c'est assurément celui-là. »

Les artistes sont eux-mêmes pervertis par le système, sauf s'ils s'opposent totalement à lui (comme Jean Dubuffet... et encore est-ce possible ? N'a-t-il pas accepté la commande de la Régie Renault puis celle de l'État pour la *Tour aux figures* ?).

« La chaîne est la suivante : complètement endoctriné par le corps culturel qui a réalisé à son profit internationalement un parfait monopole de la présentation et de la diffusion, le public renonce à toute velléité de substituer à l'idée de valeur, dont on a fini par totalement le convaincre, celle d'inclination personnelle fondée seulement par le caprice : on a réussi à le persuader qu'il y a dans ces domaines une légitimité hors de laquelle ne règnent qu'erreur, plaisir coupable. Il se défendra donc de ne porter attention à aucune production que dans la mesure où l'église culturelle l'aura recommandée. »

L'invocation de la démocratisation culturelle, qui sert souvent à légitimer la nouvelle intervention de l'État dans la culture est elle-même vicieuse : « Notre appareil de distribution de la culture, formé de l'immense nombre de préposés d'État, de professeurs, chroniqueurs, commentateurs et tous marchands, spéculateurs et agents de commerce, vient à constituer un corps aussi encombrant et parasitaire que l'est pour la distribution des produits agricoles et industriels le réseau des intermédiaires qui en dévore tout le profit. »

Certes, le texte de l'ancien négociant en vin que fut au début de sa vie Dubuffet (qui avait voulu avant d'être artiste, se prouver à lui-même qu'il pouvait vivre comme les simples gens du commun) laisse-t-il passer, à l'occasion, des relents de poujadisme, mais il s'exprime aussi au nom de la liberté de création contre toutes les castes qui vivent par et pour les artistes. Sans doute minimise-t-il la part du « pour » au profit de celle du « par », mais il s'attaque au besoin à des académismes qui ont la vie dure : celui des professeurs par exemple. Déjà volontiers pourfendus par Malraux, ils le sont aussi par Dubuffet car ils abaissent à ses yeux le rôle de l'artiste en accaparant l'appréciation de la valeur du beau et le pouvoir d'en donner qualité à des œuvres d'art : « C'est dès l'énoncé du mot beau que se déclenche l'empoigne de la culture. Le mot en effet implique existence objective ; il ne peut se dissocier de l'implication d'un ordre supérieur — et d'un règne supérieur — qui ne dépend pas de notre choix ni de notre adhésion mais les requiert comminatoirement ; qui est situé au-delà de notre bon vouloir, au-delà du temps et du moment ; qui n'est pas institué par nous et modifiable à notre caprice mais octroyé d'édit divin. Intéressant, passionnant, mouvement d'esprit, c'est de notre ressort, c'est de notre registre de mortels (c'est mortel aussi d'ailleurs, c'est sujet comme nous à la dégradation et à la mort) ; mais beau, non ; beau n'est pas de cette farine ; beau préexiste à tout, à la vie même ; beau demeure, nous disparus ; beau vient en droite ligne du chant des anges, du buisson ardent — dont le professeur Chastel, en robe étoilée, révèle à la Sorbonne, entouré de ses servants, le dogme inaltérable (avec la férule). »

Et Dubuffet de conclure sans couper les cheveux en quatre : « C'est à tort que j'ai parlé ci-devant d'un ministère de la Culture, c'est plus précisément de l'enculturation qu'est chargé ce ministère. »

On aurait aimé entendre la réponse de Malraux.

Il propose dès lors de conduire des actions positives en faveur de l'esprit de subversion, de contestation, de négation qu'il professe : « Il serait temps maintenant de fonder des instituts de déculturation, sortes de gymnases nihilistes où serait délivré, par des moniteurs spécialement lucides, un enseignement de déconditionnement et de démystification étendu sur plusieurs années, de manière à doter la nation d'un corps de négateurs solidement entraînés qui maintienne vivante, au moins en de petits cercles isolés et exceptionnels, au milieu du grand déferlement général d'accord culturel, la protestation... Notre société d'aujourd'hui, qu'on dit si sûre de sa ferme assise sur sa culture et en mesure de récupérer au profit de celle-ci toute espèce de subversion, pourrait donc bien tolérer ces gymnases et ce corps de spécialistes, et même, qui sait ? Subvenir à leur entretien. Peut-être qu'elle récupérerait aussi cette totale contestation. Ce n'est pas sûr. C'est à essayer. On enseignerait dans ces collèges à mettre en question toutes les idées reçues, toutes les valeurs révérées ; on y dénoncerait tous les mécanismes de notre pensée où le conditionnement culturel intervient sans que nous y prenions garde, on nettoierait ainsi la machinerie de l'esprit jusqu'à son décapage intégral. On viderait les têtes de tous le fatras qui les encombre ; on développerait méthodiquement et par des exercices appropriés la vivifiante faculté d'oubli. »

Dubuffet est cohérent avec ses déclarations. Il crée une collection d'art brut qui, refusée par les institutions françaises, rejoindra la ville de Lausanne. Il est révélateur que Malraux qui accepte la donation de dix huit sculptures de Maillol proposée par Dina Vierny pour les Tuileries, ne réussisse pas à capter la collection de Dubuffet. Ou s'il en comprend l'intérêt, il se heurte à Dubuffet qui ne veut pas entendre parler de don à l'État. Il offre une donation de ses œuvres non pas au ministère de la Culture, mais à un musée privé, le musée des Arts décoratifs. Il crée sa propre fondation, ouverte sur rendez-vous à un petit nombre de visiteurs, à Perrigny-sur-Yerres, près de Paris. Il refuse tous les honneurs, tous les « diplômes », toutes les distinctions. S'il accepte de Jack Lang en 1986 la commande de la *Tour aux figures*, c'est sans doute parce que Lang est Lang et qu'il peut laisser ainsi le témoignage en vraie grandeur d'une œuvre qui ne soit pas un « tableau avec un clou dans le mur », comme il l'écrit.

Le regard critique que Dubuffet porte sur le système culturel est décapant pour qui travaille à l'intérieur du système sans pour autant céder à toutes ses contraintes ni à toutes ses compromissions. Il valide son existence comme système, même si son analyse mérite d'être complétée par la sociologie. Il montre le rôle particulier et central qu'y exerce l'artiste. Il éclaire les déviations qu'y apportent l'introduction de l'esprit quantitativiste, le souci excessif porté au public et, partant, au consommateur de culture.

Cette pensée est dérangeante. Elle a inspiré certains acteurs du système culturel, d'un profil particulier, un pied dans le système et un pied dehors, n'ayant pas peur des transgressions, se souciant assez peu de l'ordre établi, inspirés par la volonté de créer et de s'exprimer. J'en donnerai une liste qui ne prétend à nulle exhaustivité, mais qui retrace aussi des rencontres qui m'ont été précieuses, comme elles ont été importantes pour la vie culturelle de cette deuxième moitié du siècle.

François Mathey, conservateur du musée des Arts décoratifs sur la période allant de Malraux à Lang, esprit frondeur, n'ayant pas peur de s'opposer à la casuistique des conservateurs de musées et des universitaires, passant le plus clair de son temps à dénoncer l'esprit d'académie, transgressant les valeurs établies, en particulier sur les relations entre artistes et artisans et qui saura recueillir la donation au musée faite par Dubuffet.

Claudius-Petit, d'abord ébéniste, puis ministre de la construction et président de l'Union centrale des arts décoratifs, sut défendre Le Corbusier quand il était victime des attaques des milieux de l'Académie des beaux-arts, et était capable de trousser un portrait ou de refaire une porte tout aussi bien qu'un éloquent discours au parlement.

Son ami, Robert Bordaz, son directeur de cabinet à la construction et son successeur au musée des arts décoratifs, reste le constructeur du Centre Pompidou, capable de faire appel lui aussi à Jean Prouvé, architecte-ingénieur, écarté par les milieux de l'architecture officielle pour ne pas avoir été inscrit à l'Ordre des architectes.

Jean Prouvé, bien sûr, fait partie de cette lignée, lui qui a commencé par être artisan ferronnier avant de devenir l'un des plus grands architectes français, sans avoir suivi le cursus des écoles, pas plus que Mathey ou Claudius-Petit.

Le Père Couturier, dominicain passionné d'art contemporain qui construit la chapelle du plateau d'Assy et y fait collaborer des dizaines d'artistes parmi les plus prestigieux, apporte une participation déterminante à la réalisation par Matisse de la chapelle du couvent des Dominicaines à Vence.

Dominique de Ménil qui réunit l'une des plus importantes collections d'art du XXe siècle et la présente au public dans son musée de Houston construit par Renzo Piano, recueille les archives du Père Couturier et en fait une publication remarquable[21].

Jeanne Laurent, fonctionnaire de la direction générale des Arts et des lettres qui milite pour la décentralisation théâtrale et veille avec un soin jaloux à la *diminutio capitis* de l'Académie des beaux-arts.

Blaise Gautier, collaborateur de Gaëtan Picon, puis directeur du Cnac, rue Berryer, de 1967 à 1975, esprit ouvert à la littérature autant qu'à la peinture, introducteur de l'art contemporain dans les institutions officielles avant la construction du Centre Pompidou, sera au Centre un admirable animateur de rencontres littéraires, philosophiques, poétiques, philosophiques et artistiques autour de la Revue parlée.

Jean-Marie Drot, réalisateur de films sur l'art notamment pour la télévision, auteur d'entretiens remarqués et uniques avec Malraux, amateur d'art, nommé en 1986 à la tête de la Villa Médicis, nomination symbolique, fort critiquée par André Chastel au nom des vertus universitaires dont l'absence chez cet authentique homme de culture était jugée par lui à l'aune de ses seuls critères historiques.

Jean-Hubert Martin, jeune conservateur remarqué par Mathey à la fin des années soixante, à Strasbourg, fait une carrière à la fois dans les institutions et hors d'elles, comme la Kunsthalle de Bâle ou le château d'Oiron ; concepteur d'expositions en marge des « valeurs officielles » de l'art comme « Les magiciens de la terre », il est renvoyé de la direction du musée d'Art moderne pour y être remplacé par Dominique Bozo jugé par le système plus propre à l'exercice de la fonction ; directeur du musée des Arts d'Afrique et d'Océanie, il part à nouveau pour l'étranger en 1999.

Louis Bec, fonctionnaire de la délégation aux Arts plastiques et en même temps artiste, s'intitulant lui-même « zoosystémicien », comme pour narguer le système, grand animateur des écoles d'art, devenu une sorte de passage obligé pour tout ce qui met en relations la création artistique sous toutes ses formes et les nouvelles technologies de l'image, des formes, des sons et des systèmes.

Daniel Populus, l'animateur de La Villeneuve de Grenoble dans les années soixante-dix, le responsable de l'agence Octet pour les nouvelles technologies dans les années quatre-vingt, devient directeur de la communication de la Fnac avant de se muer en consultant culturel.

Patrick Bouchain, « architecte sans diplôme », construit aussi bien les Colonnes de Buren que le Magasin de Grenoble, le cirque de Zingaro ou l'auditorium d'Évian, tantôt « poil à gratter » de l'administration de la culture, tantôt électron libre, soucieux de sa liberté…

Il faudrait ajouter Georges Bilbille, directeur de la Maison pour Tous de la rue Mouffetard, Roger Pic, photographe et cinéaste, créateur du musée du Montparnasse, Françoise et Jean-Philippe Billarant, collectionneurs d'art contemporain, etc. Et beaucoup d'autres que j'ai oubliés ou que je ne peux pas citer (qu'ils me pardonnent), vrais animateurs de la vie culturelle qui refusent les compromis bâtards et savent faire des choix qui engagent.

J'ai eu la chance de les rencontrer, parfois d'avoir été formé par eux, j'ai aussi pu favoriser les actions d'un certain nombre d'entre eux. Ma crainte est que ce profil d'acteur culturel tende à disparaître car le système tend à éliminer les êtres non conformistes.

On pourrait multiplier les noms et montrer ainsi l'influence profonde (ou la résonance de cette pensée, ce qui revient au même) de Jean Dubuffet sur les relations entre l'art et la culture. Tous ont en commun une double pratique de la création et de l'institution, une même hostilité de tout ce qui ressemble à un dogme, la crainte de l'omniprésence et de la puissance de l'esprit sorbonnard. Ce sont des esprits libres, ce qui leur permet de ne pas profiter du système comme un certain nombre de professionnels, sans pour autant le rejeter absolument, sachant qu'il peut être précieux pour peu que l'on sache le laisser à sa place. On comprend ainsi que les jugements sur le système ne sont pas toujours à l'emporte pièce et qu'ils peuvent s'accommoder de compromis à l'intérieur ou sur ses marges. C'est ainsi que des progrès se font jour, non sans des conflits importants, mais de générations en générations, sous des formes différentes qui ne cesseront de nous surprendre.

L'œuvre de Dubuffet n'a pas donné lieu à commentaire de la part de Malraux, soit qu'il fût jugé trop critique, soit qu'il fût trop d'avant-garde. Les deux hommes partageaient pourtant certains jugements sur le monde de la culture, en particulier sur les professeurs. Mais l'un, devenu très tôt artiste, avait décidé de ne pas le rester, tandis que l'autre issu de la société civile avait décidé de le devenir sur le tard et de consacrer sa vie à son art en dehors de toute coterie et esprit de système.

Rien ne prédisposait Malraux *a priori* à devenir ministre des Affaires culturelles. S'il l'est devenu, cela tient à sa capacité à ramasser toutes les cartes stratégiques du jeu des familles culturelles. Il est en effet membre à part entière de la famille des artistes, il appartient par son œuvre de critique et de philosophe de l'art à la famille des médiateurs, il est par son engagement gaulliste membre de la famille des décideurs. Il est également « public averti » sillonnant les continents à la rencontre de l'art et des civilisations perdues. Présent sur les quatre pôles du système culturel, il devient une sorte de personnage obligé de la politique culturelle. Un raisonnement voisin, on le verra, pourra s'appliquer à Jack Lang. En définitive, plus un individu réussit à être présent dans un grand nombre de familles du système et plus il est assuré d'une carrière d'avenir… grâce à ses vertus universelles. On pourrait appliquer ainsi cette règle à Erik Orsenna, aussi bien qu'à Jacques Rigaud, à Alain Peyrefitte qu'à Pierre-Jean Rémy, à Françoise Giroud qu'à Pierre Emmanuel... et bien d'autres.

Aujourd'hui, pour certains, Malraux est le dernier témoin de la tradition culturelle, entendue dans le sens du respect des formes les plus classiques des rituels culturels. Pour d'autres, il reste une sorte d'aventurier rêveur, coupé de la vie. En réalité, Malraux a assez bien joué, du fait de son intelligence de l'époque, le rôle d'opérateur de la transition entre l'ancien et le nouveau système culturel. Lorsqu'il s'écrie que le XXIe siècle sera spirituel, c'est au fond la conviction de cette transformation qu'il veut nous faire partager. Et cela, il l'a plutôt bien réussi.

Il a su imposer une présence et une parole qui contrastaient par leur vérité et leur liberté avec un pouvoir politique vieillissant, autoritaire, voire mesquin dans ses composantes les plus partisanes. Il a été le bouclier des artistes et des intellectuels jusqu'au jour où il a lui-même été emporté par la vague. Son verbe puissant et prophétique a soutenu les combattants du patrimoine, préservé les audaces des créateurs, réhabilité les initiatives des régions de France.

Le « ministre du ministère » laissera peut être sur la surface de la terre plus que l'empreinte du politique, plus que la marque de l'architecture, la cicatrice du poète. Un poète anxieux et solitaire qui n'a pas compris la révolte des jeunes. À Pierre Lefranc qui le sollicitait en 1972 de s'adresser à la jeunesse, il répond par un haussement d'épaules : « C'est de la blague, la jeunesse, ça n'existe pas ! ». Et comme son interlocuteur lui rétorque que c'est elle qui fait les révolutions, la réponse fuse, fulgurante : « Plus maintenant ; elle fait de la moto[22] ! »

À Madeleine Chapsal lui demandant en juin 1976 pourquoi il n'y avait pas de jeunes gens autour de lui, il répond : « Parce que je suis séparé d'eux par la mort de mes fils[23] [...] Si je vois un garçon qui a l'âge qu'ils avaient, au bout d'un certain temps je suis terriblement mal à l'aise[24] [...] ». Parce que le destin n'avait cessé de le martyriser, il avait tout au long de sa vie cherché un anti-destin dans l'art et dans la politique.

Il acheva sa vie désabusé par la politique et réfugié dans l'art, témoigne son beau-fils Alain : « Tout se passait, à vivre aux côtés d'André, comme si ses rêves qui s'étaient effilochés les uns après les autres finissaient par s'évanouir pour faire place à un brouillard indéchiffrable[25]. »

En 1965, au moment où il s'apprête à quitter Madeleine, il lui déclare cette phrase shakespearienne : « ce que je veux est fou, ce que je peux est nul ».

Et c'est parce qu'il nous a fait tant rêver qu'il nous a tant déçus.

Partie II

Le ministère des ministres (1969-1981)

L'installation des clercs

Au-delà des hommes et des idées politiques, il y a moins permanence que rupture dans la politique culturelle des trente dernières années. Mais cette alternance de changements d'orientation n'est sans doute guère avouable, car la politique culturelle est l'un des rares domaines de la vie politique où s'établisse un consensus sur des valeurs qui assurent la cohésion de la nation. Pour tous les ministres qui se succèdent pendant dix ans, la fonction est marquée par cette opposition entre la continuité de l'action conduite par le ministère autour des grandes idées de Malraux et les innovations que présidents et premiers ministres ne cessent d'engager pour laisser leur marque sur la « grande » politique culturelle. Et Malraux ne s'y trompe pas qui ne se prive pas de critiquer en privé la « nouvelle » politique culturelle. Il incombera aux ministres de mettre en œuvre ce qui n'est que la « petite » politique culturelle, souci de quotidienneté oblige. Et malheur à qui, comme Michel Guy, voudra s'opposer à la volonté du Premier ministre. Il n'aura d'autre choix que de s'incliner. La période n'est plus à un ministre de la Culture imaginatif et génial, elle est à des ministres de la Culture-chefs d'état major à la tête d'un ministère qu'ils vont peu à peu structurer et qui prend sa forme et sa force. Du moment qu'il a survécu au départ de Malraux, sortant ainsi d'une période expérimentale, il importe de conforter cette administration encore fragile. Ces ministres ne cessent, à la tête du ministère, d'exercer un véritable ministère car la fonction reste nimbée de ce je ne sais quoi de sacerdotal qu'y a imprimé Malraux. Et leur bref passage rue de Valois restera de ce fait dans leur carrière toujours un accident. Pour Malraux, il avait été un aboutissement. Pour Lang, ne sera-t-il pas une sorte de commencement ?

6

La succession introuvable

On peut diviser les onze années qui vont de 1969 à 1981 en trois périodes qui correspondent à des orientations différentes :

— celle des « réalisateurs » avec, dans l'ordre, Michelet, Duhamel et Druon, mais en réalité Duhamel encadré par les deux autres ministres, période marquée par la férule de Georges Pompidou et le soutien bienveillant de Jacques Chaban-Delmas ;

— celle des « connaisseurs », « amateurs » au sens noble du terme, avec Michel Guy et Françoise Giroud, qui marquent la première période du septennat de Valéry Giscard d'Estaing ;

— et enfin, celle des « politiques » avec Michel d'Ornano et Jean-Philippe Lecat, qui vont expérimenter des mariages entre culture et environnement ou communication.

Les quatre années de pouvoir exercé par Pompidou donnent lieu à une politique culturelle beaucoup plus ferme et novatrice que celle des années du septennat de Valéry Giscard d'Estaing.

Michelet remplace Malraux rue de Valois : « c'est François Coppée succédant à Pindare », dit-il, conscient et réaliste, à son prédécesseur. La formule est jolie qui oppose le poète des petites gens à l'illustre génie grec. Il est sûr que la politique culturelle quitte le domaine de l'épique pour redescendre vers des pratiques plus bourgeoises de la culture. De quoi regretter Malraux : en dépit de ses défauts, avec lui on ne s'ennuyait pas.

Dix ans, dix ministres, ou presque, huit en tous les cas si l'on ne compte pas les intérims. Les prêtres qui succèdent au Grand-Prêtre sont frappés d'une sorte d'instabilité chronique. Est-ce à dire que les habits de Malraux ne sont pas endossables par des hommes « normaux » ? Les locataires de la rue de Valois se pressent les uns derrière les autres sans qu'aucun n'arrive à vraiment s'installer. Et pourtant tous les tempéraments, toutes les opinions sont mis à l'épreuve : le ministre inspiré, Michelet, le ministre humaniste et réaliste, Duhamel, le ministre réactionnaire, Druon, le ministre « dans le coup », Michel Guy, la ministre à la mode, Françoise Giroud, le ministre attentif, Michel d'Ornano, le ministre prometteur, Jean-Philippe Lecat. Rien n'y fait, ils arrivent, impressionnés par leur mission, et s'en vont, sans avoir eu le temps de faire aboutir leurs ambitions. Les ministres passent, le ministère reste. On quitte le temps du « ministre du ministère » pour celui, moins spectaculaire mais peut-être plus fructueux, du « ministère des ministres », signe que l'institution ministère est au moins assurée.

1. 1969 : CHANGEMENT DE CLIMAT

Dans la décennie 1969-1981, l'année 1974 s'inscrit comme une charnière à plus d'un titre : c'est la mort de Georges Pompidou, suivie d'élections présidentielles qui donnent la victoire à Valéry Giscard d'Estaing grâce au soutien que lui apporte Jacques Chirac, au nom de la frange moderniste du gaullisme. Traître aux yeux des barons, loup plein d'avenir pour les jeunes générations, le voici remercié par un poste de Premier ministre. Il a quarante-deux ans. C'est la fin du gaullisme historique. C'est aussi la crise du pétrole avec accélération de l'inflation et baisse de la croissance : l'économie occidentale vit désormais en état de crise. Ainsi finissent les « trente glorieuses » (décennies : 1944-1974). Enfin, 1974 marque une expérience de libéralisme politique et économique qui met l'accent sur la rénovation de la vie civile et sur l'empreinte croissante de la communication et de la télévision.

La culture, domaine réservé du président

Malraux a tellement occupé la place que c'est dans une large mesure en dehors du ministère que, désormais, va se concevoir et s'exercer la politique culturelle. Non pas que le ministère soit brutalement exclu de la politique culturelle. Mais celle-ci va, pour les grandes orientations, dépendre de centres de décision qui le dépassent. En revanche les services s'organisent peu à peu en une véritable administration capable de mettre en œuvre les grands choix qui intéressent plus les hautes sphères de l'État que sous Malraux et de Gaulle. La culture devient un enjeu politique.

La politique culturelle se conçoit en effet au-dessus de la tête des ministres. Pompidou, Chaban-Delmas, Giscard d'Estaing sont les trois hommes qui vont y imprimer leur marque, en plein ou en creux, Raymond Barre aussi dans une moindre mesure. On pourrait diviser ces dix années en deux périodes marquées par deux présidents de la République, car c'est à leur niveau que sont prises les décisions importantes. La politique culturelle commence à devenir un domaine réservé du président. Là réside une première différence entre l'époque Malraux et celle du « ministère des ministres ».

Le symbole en est la conception et la construction du Centre Pompidou qui commence en décembre 1969 et s'achève en février 1977, sept ans pendant lesquels, autour du chantier, la continuité va l'emporter sur l'instabilité. En 1969, Georges Pompidou annonce lui-même le lancement du Centre Beaubourg et entend en suivre personnellement la réalisation. L'importance des crédits et l'énergie qui sont mises dans ce premier des grands projets contrastent avec la relative stagnation des autres actions du ministère, à telle enseigne que le président qui succède à Georges Pompidou, décédé en 1974, voit d'un assez mauvais œil s'élever avec des moyens importants la machine culturelle du Centre.

Dans le même temps, le Premier ministre, Jacques Chaban-Delmas, appuyé par Jacques Delors[1], redonne vie à la planification et, notamment, à l'occasion de la préparation du VIe Plan, permet que, pour la première fois, la politique culturelle soit largement (et beaucoup plus que sous les IVe et Ve Plans) conçue pour ses objectifs et ses moyens dans une grande commission de réflexion, d'élaboration et de programmation présidée par Pierre Emmanuel. Au romantisme de Malraux qui, tout en étant attaché à la planification, laissait une large part à l'inspiration et l'improvisation, succède le lyrisme d'un autre poète. Et, d'une certaine manière, dans ces années qui suivent immédiatement le retrait de Malraux, Pierre Emmanuel joue un rôle peut-être plus important que le ministre lui-même.

On quitte une « époque » pour entrer dans une « période », où ministres, « contre-ministres », « vice-ministres » coexistent. Après Malraux, comme après de Gaulle, ce n'est pas le vide : c'est le trop plein.

Le ministère des Affaires culturelles de l'époque s'organise fortement en dessous du ministre, là où besognent les fonctionnaires. Il commence à se structurer à la faveur de l'arrivée d'une nouvelle génération d'administrateurs culturels issus de l'Ena. Elle va progressivement, à partir des années 1966-1967, prendre le relais des administrateurs de la France d'Outre-Mer. C'est alors qu'apparaissent les noms de Catherine Tasca, chef du bureau du Théâtre et des Maisons de la culture, de Christian Pattyn, qui crée la Drac de l'Île-de-France et va intervenir dans la mise en valeur du patrimoine ainsi que de Jean-Pierre Bady. Ce sera le cas aussi de Nicole Briot, qui va œuvrer à la tête du bureau du Budget en le structurant avant d'intégrer, première femme à ce poste, l'Inspection générale des finances. Moi-même, je rejoins en 1970 Robert Bordaz à la « délégation pour la construction du Centre Pompidou », après avoir été rapporteur à la commission des Affaires culturelles du VIe Plan[2]. Ce sera ensuite Bernard Faivre d'Arcier, Jérôme Clément, Francis Beck et bien d'autres. Un sang neuf irrigue désormais l'administration culturelle, dans cet après mai 68 qui ne cesse d'animer les réflexions et les débats.

Mais si la politique culturelle se pense et se décide au-dessus et en dessous du ministre, elle se fait également ailleurs que dans le ministère. Cet « ailleurs » est, notamment, constitué par la commission des Affaires culturelles du VIe Plan animée par Pierre Emmanuel où des hommes aussi différents que Paul Teitgen, rapporteur général, Jack Ralite, alors adjoint du maire communiste d'Aubervilliers, vont côtoyer Sylvain Floirat, puissant PDG d'Europe I et Jean-Marie Domenach, directeur de la revue *Esprit* ou Aimé Maeght, directeur de la galerie bien connue[3]. Cette commission des Affaires culturelles du VIe Plan va offrir l'occasion du premier grand forum, qui pendant plus d'un an, se consacrera à la définition de la politique culturelle. Elle s'appuie, au ministère, sur le petit service d'Augustin Girard, et au niveau politique sur le commissariat du Plan avec le soutien de Jacques Delors, qui vient de le quitter pour entrer au cabinet de Jacques Chaban-Delmas, et celui de Michel Roux qui va soutenir ses initiatives[4].

Cet « ailleurs » va s'épanouir en 1972 dans la création du Conseil supérieur du développement culturel que Jacques Duhamel accepte d'instituer à la demande de Pierre Emmanuel, lorsque s'arrêtent les travaux de la commission du Plan. Véritable petit parlement consultatif, ce Conseil fait suite, d'une certaine façon, au départ de Malraux dont la stature a quelque peu occulté les partenaires de la vie culturelle. Il est appelé à prendre trop de place aux yeux de Jacques Duhamel, ministre ayant un autre caractère que Michelet, et peu enclin à tolérer longtemps la présence à ses côtés d'un Conseil omnicompétent et présidé par une sorte de vice-ministre. Les conflits ne tardent pas à surgir et se soldent par la démission de ce « parlement culturel » mort-né. Mais la commission puis le Conseil auront pendant près de trois ans permis à des personnalités qui sont de véritables acteurs du système culturel de se connaître et de définir ensemble un certain nombre de propositions qui vont structurer la politique culturelle des années à venir, sans que jamais il ne soit fait référence à Malraux. Comme si mai 68 avait brutalement tourné la page et instauré un autre système de définition et de mise en œuvre des décisions dans ce domaine. Le « système culturel » a pris son envol.

Mais cet « ailleurs », c'est aussi la lente apparition sur le territoire national de la vie culturelle animée par des maires, en général de grandes villes, qui vont s'engager résolument dans des politiques culturelles décentralisées. C'est le cas de Jacques Chaban-Delmas à la tête de la mairie de Bordeaux, dont l'une des initiatives remarquées est la restauration et l'ouverture des entrepôts Lainé, c'est Hubert Dubedout et la dynamique politique culturelle de la ville de Grenoble, c'est aussi la riche politique musicale initiée par Pierre Mauroy à Lille.

Avec Malraux, une mer de très fort coefficient s'est retirée. Et comme la marée descendante, elle laisse sur la plage un fourmillement de crustacés de toutes natures, qui avait été peut-être masqué par la marée montante. Le regard est alors inévitablement attiré par ce nouveau paysage qui va pouvoir profiter du soleil et s'exprimer dans toute sa diversité…

Pour Malraux la grande question était la culture pour tous. Pour les membres de la « commission Emmanuel » et les nouveaux ministres qui vont animer le « ministère des ministres » c'est plutôt la culture pour chacun. Mais aussi d'autres préoccupations : comment inventer une autre politique culturelle, moins spectaculaire, plus proche de la quotidienneté ? Comment donner la parole à une nouvelle génération alors que le pouvoir n'est plus entre les mains de gaullistes historiques ? Comment tenir compte dans la politique culturelle des aspirations qui se sont exprimées en mai 68 ? Comment rompre avec Malraux sans le dire ?

Entre utopie et empirisme

De 1969 à 1974, mai 68 ne cesse de bouleverser la politique culturelle, dans un contexte économique qui va être perturbé par le choc pétrolier. Les événements apparaissent comme une extraordinaire dramaturgie culturelle, mais aussi comme un rituel social attaquant la société de consommation tout en la confortant (comme les augmentations de salaires consenties par Pompidou et Chirac aux accords de Grenelle qui relancent massivement les achats). Débordements d'enfants des bourgeois des beaux quartiers, diront certains, comme pour se rassurer, il faut bien que jeunesse se passe… Cette interprétation des « événements de mai 68 », comme on disait alors, est pour le moins superficielle. Leur signification, au-delà des analyses sociologiques et philosophiques, tient en deux mots. En somme, mai 68 aurait pu être un commencement et non un simple accident. « La France s'ennuie », écrivait Pierre Viansson-Ponté dans *Le Monde* en avril 1968, paraphrasant la phrase de Lamartine, et Georges Pompidou s'interroge dans *Le Nœud gordien*[5] sur les raisons de cet ennui : « Quand Monsieur Cohn-Bendit déclare qu'il s'est bien amusé, quand des jeunes gens s'acharnent à vouloir tout détruire, il apparaît bien que ce qui manque, c'est à la fois le divertissement qui chasse l'ennui et l'espérance qui donne un but. » Et plus loin, il ajoute : « il semble d'abord que la première préoccupation des dirigeants doive être d'imaginer une civilisation des loisirs et d'en permettre l'épanouissement. »

Georges Pompidou est conscient du rôle que la culture peut jouer en ce domaine : « Si en matière d'équipements sportifs, de développement du camping et d'extension des vacances de neige ou de plage à des masses de plus en plus nombreuses beaucoup a déjà été fait dans notre pays, la politique des maisons de la culture, comme celle des festivals, des théâtres populaires, demande à être revue. Nous hésitons trop souvent entre un conservatisme étroit et le snobisme intellectuel par la mise d'installations excessivement luxueuses à la disposition d'organismes politiques à peine déguisés… »

Les temps ont changé. Malraux refusait de confondre action culturelle et civilisation des loisirs. Pompidou ne veut-il pas, au contraire, placer la culture au centre de l'animation des loisirs ? La décision de construire un grand centre culturel s'explique au regard des préoccupations ainsi exprimées. C'est ce qui en fera l'une de ses ambiguïtés.

En réalité, mai 68 marque aussi l'arrivée à la conscience politique d'une nouvelle génération qui n'a pas connu la guerre et qui a besoin de s'exprimer en s'opposant avec force à la génération précédente non sans un certain romantisme. Cette génération des 20-25 ans en 1968 fait une entrée fracassante sur la scène politique et exercera le pouvoir treize ans plus tard, en 1981.

De son côté, Pierre Emmanuel répond à ces questions en poète qu'il est et entend rester. Il écrit dans *Pour une politique de la culture*[6], quelques mois après l'achèvement des travaux de la commission : « Je voudrais montrer comment le concept d'une politique globale de la culture intégrée au développement d'ensemble du pays lui donnant sa plus haute signification, s'est substitué à la notion d'Affaires culturelles, notion fragmentée, sectorielle, coiffant de manière arbitraire des activités presque uniquement artistiques ou liées à l'art, gérées chacune séparément et tenues toutes pour marginales et comme subrogatoires par rapport aux fonctions utiles à la Nation. Le seul fait qu'il ait pu être imaginé que cette politique globale doit être un "aimant" pour le pays entier est un acte de pensée considérable, un changement irréversible est introduit à condition que cette pensée ne meure pas dans l'œuf de la rhétorique et soit maintenue présente et vivante et que la perspective qu'elle ouvre à long terme soit jalonnée à court terme de réalisations, faute de quoi, de la générosité de l'idée, il ne restera bientôt qu'une de ses expressions alibi dont l'hypocrisie politicienne est prodigue. »

On ne peut pas mieux montrer comment on passe ainsi de la conception du « système artistique » encore puissante chez Malraux, à celle du « système culturel » beaucoup plus globale. Ce goût de l'utopie est partagé aussi bien par le messianisme de Pierre Emmanuel que par le gauchisme des jeunes générations. Il n'y pas continuité mais rupture aussi bien entre Malraux et Pierre Emmanuel, qu'entre Malraux et Georges Pompidou. Et il n'y a guère de communauté de pensée entre Georges Pompidou et Pierre Emmanuel… Si Malraux est resté l'homme de la transition entre système artistique et système culturel, Pierre Emmanuel et Georges Pompidou incarnent en effet deux visions du système culturel : plus messianique, décentralisée, associative, anthropologique chez le premier, plus empirique, étatique, institutionnelle, artistique, chez le second.

La différence apparaît clairement dans la comparaison des textes de Malraux et de Pierre Emmanuel, gaullistes tous les deux à leur manière, hommes de culture tous les deux sur des registres différents, mais dont l'un conçoit l'action culturelle de l'État comme le moyen de faire entrer l'art dans la vie de tous les citoyens et l'autre recherche un consensus des acteurs sociaux en faveur d'une politique culturelle. Qu'est-ce à dire ? L'irruption de la poésie et du partage des valeurs dans un champ social et dans des institutions culturelles trop cloisonnées ; la parole donnée à chacun ; le pouvoir restitué à tous. Malraux et Emmanuel ont en commun cette même passion, cette même conviction, mais ils s'opposent sur la méthode et sur les objectifs.

Au-delà de leurs personnes, deux politiques culturelles vont désormais voir le jour, en parallèle ou presque. D'un côté, une politique culturelle des ministres avec de petits moyens, des interventions peu spectaculaires, mais réparties sur un chantier national d'ensemencement des idées lancées par Malraux et Emmanuel, que les fonctionnaires vont intégrer sans état d'âme et dont ils vont retirer le meilleur. De l'autre, une politique plus ambitieuse d'institutions culturelles (comme le Conseil supérieur du développement culturel ou le Centre Pompidou), d'élus et d'artistes, qui prend le contre-pied de la politique officielle ou qui vient la compléter. De là un décalage entre deux manières d'aborder le « développement culturel » qui trouve son point d'orgue à l'occasion de l'élection présidentielle de François Mitterrand en 1981. C'est dans ses interstices que s'exprimeront les aspirations des hommes et des femmes de culture qui vont porter l'espérance d'une nouvelle politique culturelle incarnée par Jack Lang.

Cette espérance va naître dans une opposition qui se fait jour sur deux fronts : celui de l'extension du contenu de la politique et celui de la localisation des initiatives.

Sur le premier, après Malraux, le concept de développement culturel va s'élargir à l'ensemble du champ social. Augustin Girard en donne une définition ambitieuse : « Le développement culturel n'est donc plus désormais pour les sociétés et pour les individus un luxe dont ils pourraient se passer, l'ornement de l'abondance : il est lié aux conditions mêmes du développement général. Ses finalités ne sont pas décrétées à partir de telle ou telle conception philosophique de l'homme : elles découlent des besoins profonds des sociétés aux prises avec leur transformation.

« Tandis que les peuples riches, qui, pour la première fois, ne sont plus rivés aux tâches de survie, exigent, dans leurs profondeurs, la révélation d'un art de vivre, les peuples qui sont les plus dépourvus placent leur identité, ce qui les fait eux-mêmes, au-dessus de tout autre bien.

« Qualité de la vie, identité de la personne face au monde moderne, voilà donc deux besoins vitaux qui apparaissent partout dans le monde, parfois avec violence, et que ne satisfait aucunement le développement économique[7]. »

En d'autres termes, l'ambition est donc très large puisque le développement culturel est comme l'antidote et l'accompagnement nécessaire du développement économique des « trente glorieuses ». Elle était tout aussi forte chez Malraux mais sans doute plus concentrée sur les relations de l'homme à l'art. Elle devient plus extensive dans les années soixante-dix et acquiert une coloration plus idéologique.

L'autre front, celui de la localisation des initiatives, va exacerber l'opposition entre Paris et les régions, Paris où sont concentrés les moyens du Centre Beaubourg, les régions où les militants de gauche prennent progressivement le pouvoir, dans les mairies ou les associations, souvent sur des thèmes culturels, renforçant ainsi l'assise sociale de la politique qui verra le jour en 1981.

Le rapport sur le VIe Plan remis par Pierre Emmanuel, et largement rédigé par Paul Teitgen, n'est pas tendre pour la période qui vient de s'écouler. La France vient de vivre « vingt ans de régression culturelle ». Les interventions de l'État dans le champ culturel n'ont été que d'« inopérantes concessions » dotées de « bien faibles moyens ». Cela résonne de façon étrangement critique sous la plume d'un gaulliste de gauche qui a démissionné de son poste de secrétaire général de la préfecture d'Alger pour protester contre la torture et dont le frère, Pierre-Henri, a été garde des sceaux sous la IVe République. Le gaullisme n'est-ce pas aussi cette liberté de parole ?

2. LE CONTEXTE POLITIQUE

Après que de Gaulle eut remis sa démission en 1969, à la suite de l'échec du référendum sur la régionalisation et le Sénat, Georges Pompidou est élu président de la République. Il fait alliance avec Giscard d'Estaing, dont la campagne pour le « oui, mais » a contribué à faire chuter le Général. Giscard sera donc son ministre des Finances. Dans le gouvernement que constitue Pompidou figurent des gaullistes historiques comme Chaban-Delmas qui est Premier ministre, des représentants de la droite libérale dont la figure de proue est Giscard et des centristes démocrates-chrétiens représentés par Jacques Duhamel. Les démocrates-chrétiens font leur retour au gouvernement après s'en être écartés quelques années par suite de leur désaccord avec de Gaulle sur l'union européenne. Michelet appartient à la fois au gaullisme et à la famille chrétienne.

Le gaullisme historique

Grand résistant, figure républicaine, grand catholique aussi, Edmond Michelet vient au ministère de la Culture à défaut de pouvoir rester garde des sceaux. Il est malade et c'est donc un malade qui va succéder à un Malraux vieilli et lui-même malade. Être ministre de la Culture tout en étant malade devient d'ailleurs une sorte d'habitude puisque Duhamel finira ses jours, lui aussi diminué, rue de Valois. Comme si ce ministère n'arrivait pas à se faire encore prendre au sérieux et restait tout juste bon pour des ministres malades ! « Je ne veux pas donner l'impression que le ministère est un lazaret », disait Jacques Duhamel se sentant trop faible pour poursuivre sa mission. Mais sa stature politique était forte, le ralliement des centristes à Georges Pompidou qu'il avait incarné en 1969, le plaçait dans une position charnière au sein de la nouvelle majorité. Georges Pompidou lui reconnaissait ce mérite en soutenant que c'était grâce à lui qu'il se trouvait à l'Élysée.

Si Edmond Michelet reste un peu plus d'un an seulement à la tête du ministère des Affaires culturelles, il lui apporte l'*aura* de sa personnalité permettant de maintenir intacte la qualification de ministère d'État, revêtant donc une certaine noblesse et recevant des prérogatives au sein du gouvernement. Avec sa nomination, on se situe dans la continuité gaullienne la plus authentique. Michelet entend bien son rôle de ministre comme l'exercice au sens strict d'un ministère.

Le gaullisme de la seconde génération

Dans ces années 1969-1970, se côtoient au gouvernement les gaullistes chevronnés, fidèles du Général, et les « jeunes loups » de la génération montante. Edmond Michelet appartient à la vieille garde et n'a rien à voir avec un Jacques Chirac ou un Édouard Balladur, « purs sangs » de l'écurie pompidolienne. Il est certain que Pompidou, devenu président de la République, trouve dans Michelet une souche de gaullisme historique trempée dans un zèle chrétien susceptible de maintenir dans la direction du ministère ce que Malraux y avait apporté de religieux. Et ce n'est pas par hasard qu'Edmond Michelet appelle Pierre Emmanuel pour présider la commission des Affaires culturelles du VIe Plan, plaçant un poète à la tête des travaux de la très rationnelle action de planification culturelle ! Mais un poète catholique qui va accomplir sa mission comme un moine templier parti en croisade.

Georges Pompidou sait ce qu'il fait en ayant recours à des hommes de cette trempe, bien que la priorité de sa politique soit en réalité plus économique que culturelle (ce qui changera du tout au tout avec Mitterrand), ou peut-être à cause de cette priorité : le président de la République incarne en effet le développement économique et la rationalisation de l'appareil industriel. La France vit encore au rythme d'un taux de croissance annuel du produit intérieur brut de l'ordre de 5 % et l'inflation profite à tout le monde, aussi bien aux investisseurs qu'aux spéculateurs, la construction est en plein boom, il faut faire face à la fin de l'exode rural et à l'afflux de l'immigration étrangère, il faut également offrir une place aux jeunes issus du « baby boom ».

Mais l'inquiétude subsiste, souvent inexprimée, de la fragilité du pouvoir politique. Un pouvoir aussi charismatique et affirmé que celui du général de Gaulle a pu être ébranlé par de simples étudiants, qui ont provoqué un véritable séisme dans le pays ! La classe politique ne s'en est pas encore remise, à droite et même à gauche d'ailleurs. D'où une tentation réactionnaire persistante autour du thème selon lequel l'esprit de tolérance, notamment celui de Malraux dans le domaine culturel, fait le lit de l'opposition. C'est ce que l'on reprochera aussi à Jacques Chaban-Delmas. Adoptant les analyses du sociologue Michel Crozier sur la « société bloquée », il est sans doute le premier homme politique à faire une place à la sociologie dans la définition de sa politique : elle prend le nom de *Nouvelle société* avec des allures américaines de New Deal. Il est aussi, depuis Mendès-France, le premier a accorder une telle importance au Plan. Il affirme enfin haut et fort ses convictions culturelles. Il ne reste pas plus de deux ans à l'Hôtel Matignon parce que la majorité bleu horizon, issue des « élections de la peur » en juin 1968, ne veut pas cautionner une politique qui lui paraît trop orientée à gauche.

Entre gauchisme et ordre moral

Certains analystes, comme Pierre Gaudibert[8], vont jusqu'à qualifier cette période de retour de l'Ordre moral à l'instar des années 1870 de Mac Mahon et des années 1940 de l'État français de Pétain. Sans doute est-ce quelque peu excessif. Mais il est vrai que le pouvoir politique n'est alors pas avare de déclarations de tonalité conservatrice dont Maurice Druon écrira le florilège. La fonction idéologique de la politique culturelle se fait jour plus nettement que sous Malraux. Politique de la carotte et du bâton, qui fait alterner des tentatives de libéralisation, notamment en matière de censure du cinéma, et les actions ou réactions d'interdictions et d'invocation des valeurs bourgeoises les plus éculées.

L'extrême droite se félicite de ce retour à l'ordre. Le très royaliste journal Aspects de la France n'hésite pas à féliciter les ministres qui font preuve de fermeté : « MM. Fontanet, Druon et Galley ont tenu un langage auquel nous n'étions plus habitués depuis longtemps [...]. Voilà qui semble promettre cette « réaction » plus que jamais nécessaire après tant d'années marquées par le laisser-aller du pouvoir, sinon sa complicité avec la subversion[9]. »

À ces tentations de retour à l'ordre moral qui expriment la peur qu'ont éprouvée les classes dominantes en mai 68, répondent les aspirations à la Révolution culturelle que Pierre Gaudibert rappelle : « Le terme ambigu de Révolution culturelle recouvre pêle-mêle une série de poussées, d'exigences, d'aspirations, de protestations, de révoltes et de pratiques disparates, hétérogènes, agissant en ordre dispersé et composant un paysage chaotique. Le refus du Système, le rejet du capitalisme, de la bourgeoisie, se mêlent à la critique des socialismes autoritaires. Le désir de modernité, de libéralisation des mœurs et de la morale, sous le coup de l'intensification du développement industriel, coïncide avec la nostalgie d'un équilibre précapitaliste, préindustriel ; avec la quête d'un Sacré aussi et de sagesses puisées hors de l'aire culturelle occidentale, gréco-romaine et chrétienne. La révolte contre toutes les contraintes accompagne un immense besoin de tendresse[10]. »

On ne cesse de tirer les conséquences de mai 68. Il en donne son interprétation : « La religion de la culture selon Malraux s'est effondrée, comme il fallait s'y attendre, sous les coups de mai 68. Et elle fut remplacée dans l'appareil par une nouvelle idéologie, plus moderne et plus réaliste, directement articulée cette fois à la croissance économique : l'idéologie dite du "développement culturel". De quoi s'agit-il au juste ? D'une idéologie élaborée autour de 1965 au Plan et dans des colloques divers, adoptée en partie, après le départ de Malraux, par Michelet et Duhamel. Variante sectorielle de l'idéologie dominante bourgeoise récemment analysée par Althusser : le couple économisme/humanisme[11]. »

Tout au long des « années Pompidou », le décalage entre les aspirations libertaires et sociales, d'un côté, et les réalités de la politique de Georges Pompidou, de l'autre, va croissant. Si Pierre Emmanuel et Jacques Chaban-Delmas tentent, avec la caution de Jacques Delors, de nouer des relations avec les milieux de gauche, cet effort va échouer entre 1971 et 1974. La nomination de Jacques Duhamel, dont les idées libérales reconnues calment le jeu, fait illusion un certain temps. Mais surtout, et dans un sens inverse, la nomination de Maurice Druon durcit les positions. La culture n'est plus un terrain de compromis entre la gauche et la droite. Elle devient un terrain d'affrontements, ce qui clarifie d'une certaine manière les relations. Les analyses faites dans les milieux politiques conservateurs sur les mouvements gauchistes sont assez primaires et montrent une totale incompréhension entre la classe politique au pouvoir et la classe intellectuelle. *Le Nœud gordien*[12] écrit par Georges Pompidou à cette époque, pourtant homme d'une clairvoyance étonnante, en témoigne : « À travers les étudiants, c'est le problème même de la jeunesse qui est posé, de sa place dans la société, de ses obligations et de ses droits, de son équilibre moral même. Traditionnellement, la jeunesse était vouée à la discipline et à l'effort, au nom d'un idéal, d'une conception morale en tout cas. La discipline a en grande partie disparu. L'intrusion de la radio et de la télévision ont mis les jeunes dès l'enfance au contact de la vie extérieure. L'évolution des mœurs a transformé les relations entre parents et enfants comme entre maîtres et élèves. Les progrès de la technique et du niveau de vie ont pour beaucoup supprimé le sens de l'effort. Quoi d'étonnant enfin si le besoin de l'homme de croire à quelque chose, d'avoir solidement ancrés en soi quelques principes fondamentaux, se trouve contrarié par la remise en cause constante de tout ce sur quoi l'humanité s'est appuyée pendant des siècles : la famille est souvent dissoute, ou relâchée, la patrie discutée ou niée, Dieu est mort pour beaucoup et l'Église elle-même s'interroge sur les voies à suivre et bouleverse ses traditions. »

La solution ? Engager le pays dans un puissant développement économique. Il faut produire plus, il faut que la société de consommation, hier rejetée par les jeunes, finisse par les séduire et, à force d'ingurgitation, par les intégrer dans le système, voire les « récupérer » ou les endormir. Dans un tel contexte, l'action culturelle de l'État devient autre chose que l'outil de la grandeur nationale comme sous de Gaulle. Elle est plutôt un accompagnement obligé des mutations économiques et sociales afin de maintenir le liant social, les valeurs communes de la nation soumise à des mutations accélérées.

Et puisque les finances publiques le permettent, on peut lancer de grands travaux. Homme de culture (s'il n'est pas poète, il a publié un recueil de poèmes), passionné d'art moderne, Georges Pompidou lance l'idée du Centre qui portera son nom. Observateur malicieux depuis l'Hôtel Matignon, des inspirations avortées de Malraux, il y pense depuis longtemps. Michelet est alors ministre et va devoir porter ce projet. Il le fera avec discipline et efficacité et sera suivi en cela par Jacques Duhamel, puis Maurice Druon.

Comme l'interprète à sa façon Pierre Gaudibert : « La bourgeoisie n'est pas si bête et elle ne joue pas toutes ses cartes sur l'héritage classique et la répression culturelle. Au moment même où Druon parlait du Musée du XIXe siècle, un siècle artistique rendu aujourd'hui rassurant, qui serait édifié dans la gare d'Orsay, il rappelait le grand dessein de Pompidou dans l'ordre culturel, le joyau du septennat, qui "témoignera du siècle pour le XXIe siècle" : le centre culturel Beaubourg [...] Tel est l'étrange visage du Janus de la politique culturelle pompidolienne et bourgeoise en 1973 : Druon et Beaubourg. »

Les choses changent à partir de 1974. L'élection de Valéry Giscard d'Estaing, la reconnaissance de valeurs portées par la société civile (droit de vote des jeunes, IVG), le choc pétrolier obligent les pouvoirs publics à des décisions différentes. À l'ère de l'opulence succède celle de l'austérité et le Centre Pompidou fait exception dans un océan de nécessaires économies, imposées par Raymond Barre, Premier ministre aussi rigide qu'un notaire, « carré à l'intérieur et rond à l'extérieur », pour reprendre un portrait qui lui va bien, ressentant la nécessité de soumettre impérativement l'économie française à une cure drastique. L'inflation atteint plus de 10 % par an, un seuil si élevé qu'il mobilise toute l'énergie du gouvernement. Tout au long de cette période, la culture n'est pas une priorité, même si les dirigeants politiques entonnent volontiers son cantique.

3. LE CONTEXTE CULTUREL

Les acteurs de la politique culturelle ont le sentiment que leur intervention joue un rôle déterminant dans la nature, les composantes et les orientations de la vie culturelle, entendue comme activité de création et de production. La réalité n'est pas aussi simple. Les clercs sont serviteurs, mais ils peuvent devenir des maîtres, comme le montre l'histoire des relations entre la noblesse d'épée et la noblesse de robe. La vie culturelle est pourtant moins une question de budget qu'une question d'ambiance et d'environnement. Surtout, la création échappe à tout phénomène mécanique. Mais il est certain que les artistes sont plus à l'aise dans un climat économique favorable à la création que dans une ambiance de réserve, de mépris ou de crise.

La deuxième décennie de la politique culturelle correspond à une vie artistique et intellectuelle sans doute plus active que celle de la décennie précédente. Cela tient aux effets de mai 68, dont les prolongements et le retentissement se poursuivent longtemps, mais aussi à un certain nombre de mutations fondamentales qui affectent la vie intellectuelle.

Les retombées politiques de mai 68 : le gauchisme

L'une des principales retombées de mai 68 est le développement du gauchisme. Althusser et ses élèves repensent le marxisme sur des bases nouvelles et apportent notamment une analyse des « appareils idéologiques d'État » tels que la Famille, l'Église ou l'École. Les *Cahiers du cinéma*, la revue *Tel Quel*, la revue *Art Press* analysent le monde du cinéma, de la littérature et de l'art avec des outils intellectuels créés dans les années soixante et radicalisés après 1968. Le parti communiste est en perte de vitesse et les intellectuels se retrouvent dans les mouvements maoïstes ou trotskistes, tels que le PCMLF[13] ou *La Cause du Peuple*. Désormais, le discours militant, radical est une des formes d'expression de la pensée intellectuelle. La révolution est présente dans tous les propos et l'expression révolutionnaire contraste avec les réalités d'une société bourgeoise. Au PSU, le congrès de Dijon en 1969 adopte des thèses révolutionnaires. Le social démocrate Michel Rocard est contraint de s'y soumettre, sauf à perdre le contrôle de l'appareil. Les « situationnistes » dont le mouvement est pensé par Guy Debord[14] depuis 1957, vont aller aux limites de l'intervention violente à l'instar des mouvements extrémistes italiens ou allemands.

Nombre des intellectuels de cette période partagent le jugement d'Alain Jouffroy[15] : « Nous venons de découvrir, en mai 1968, qu'un vide méconnu sépare le système qui nous gouverne de la vie et du pouvoir de chacun de nous. Planant au-dessus de tout, avec son argent, ses blindés, sa police, sa bureaucratie, l'État qui a failli couler à pic en mai ne s'est pas éteint, mais ébranlé par l'irruption massive des forces de contestation qui ont démontré la possibilité d'un renversement des structures archaïques de notre société, il a commencé à dépérir ».

Voire.

À l'idéalisme des intellectuels répond le pragmatisme des politiques. Mais face à cette situation qui tente particulièrement les jeunes, le pouvoir politique se sent démuni. Il va intervenir avec le pragmatisme dont Georges Pompidou fait un art de gouverner.

En d'autres termes : oui à la modernisation, mais dans l'ordre et le respect des traditions. Au même moment, alors qu'artistes et critiques d'art proclament la mort de l'art, Pompidou s'apprête à leur construire un palais : jamais peut-être un tel décalage n'aura été aussi visible entre les politiques et les artistes.

Les prolongements culturels de mai 68

Le mouvement de mai 68 ne s'arrête pas en juin. En réalité, pendant des années, il va imprégner toute une conception des arts plastiques, du cinéma, du théâtre et de la littérature.

Dans le domaine des arts plastiques, la remise en cause de l'œuvre d'art est avancée publiquement. L'art est mort, vive une nouvelle manière de concevoir l'art ! À la manière de Marcel Duchamp. L'art entre dans le champ de la contestation globale de la société, comme l'écrit Alain Jouffroy : « [...] en écrivant, l'an dernier, le texte que j'ai intitulé "L'abolition de l'art", je ne m'attendais pas à assister, sept mois plus tard, dans les rues, les universités et aux abords des usines de Paris, à une si précise, à une si massive confirmation de ma thèse sur la « guérilla culturelle[16]. »

Le thème de la désappropriation de l'art par les artistes au profit du peuple est largement partagé : « la mort de l'art signifie que le pouvoir de création est rendu à tous », commente André Fermigier. De nouvelles questions sont posées par les artistes : quels rapports s'établissent entre l'artiste et le public, entre le lieu privé de la création et les espaces publics de présentation, entre la toile et le châssis ? C'est ainsi que sont formalisées les recherches du groupe *Supports-Surfaces* qui pendant trois ans (de 1969 à 1972), réunit des artistes tels que Daniel Dezeuze, Patrick Saytour, Jean-Pierre Pincemin, Claude Viallat, Louis Cane qui présentent des œuvres dépourvues de tout châssis, suspendues dans des carrières, sur des plages, dans des villages, en dehors des circuits traditionnels d'exposition[17]. Des artistes comme Gina Pane, Bruce Nauman, Michel Journiac[18] s'attachent à traiter des relations entre l'art et le corps qui devient lui-même œuvre, objet et sujet de l'art. D'autres interviennent sur l'environnement, en réalisant des œuvres de « land art » ou conduisent des « performances », sortes d'actions de type théâtral. Ces mouvements inaugurent une ouverture des arts plastiques au monde extérieur, urbain, social, technique, qui va être reconnue dans les années quatre-vingt. En même temps, apparaissent des formes d'expression artistique très engagées sur le plan politique, à travers, par exemple, la *coopérative des Malassis* et des artistes comme Cueco, Fromanger, qui critiquent la société sur un mode figuratif et narratif, la «*figuration narrative*», promue et exposée par Gérald Gassiot-Talabot. L'incompréhension est quasi totale entre ces avant-gardes artistiques et les milieux politiques.

On n'est pas loin de la même situation dans le domaine du cinéma. L'un des principaux témoins de cette rupture est Jean-Luc Godard, qui modifie radicalement ses pratiques antérieures. *La Chinoise*, sortie au début de l'année 1968, anticipe bien les événements de mai 68 (tout comme *L'Abolition de l'art* d'Alain Jouffroy anticipe les formes artistiques de la révolution de mai 68) et, désormais, Jean-Luc Godard va complètement conceptualiser son expression plastique. Dans le même temps, la période est au retour à l'histoire décryptée de manière implacable par des observateurs qui jettent un regard décapant sur un passé récent. C'est *Le Chagrin et la Pitié* de Max Ophuls ou encore, *Avoir vingt ans dans les Aurès* de René Vautier (1971), qui évoque une guerre d'Algérie jusqu'alors masquée. Les affrontements idéologiques battent leur plein. Jean-Luc Godard signe *Tout va bien*, Marin Karmitz *Camarade*. En 1971, *La Maman et la Putain* exprime, devant la caméra de Jean Eustache, une nouvelle forme d'écriture et de mise en scène. Le cinéma militant n'est pas en reste et il invente un contre système à base de collectifs, tel que le groupe de production Dziga Vertov avec Jean-Luc Godard et Jean-Pierre Gorin ou encore l'Unité de production cinéma Bretagne de René Vautier ou le collectif Iskra avec Chris Marker qui décrit affectueusement ces années militantes dans *Le fond de l'air est rouge* en 1977, film bilan qui retrace les espoirs et les désillusions d'une époque riche d'inventions.

Le cinéma devient plus féminin avec Agnès Varda, qui confirme son rôle central, mais aussi Yannick Bellon, spécialement à l'écoute des femmes. La dimension politique des films s'ouvre même au domaine commercial, avec Costa-Gavras et des films comme *Z*. Marguerite Duras n'est pas en reste qui réalise *Détruire, dit-elle* en 1969 ni Alain Robbe-Grillet avec le film *L'Éden et après* en 1971.

Au théâtre, les événements de mai 68 ont été également marquants. Le nombre des compagnies se multiplie. Les jeunes troupes sans statut ni lieu de travail n'étaient que 45 à 50 avant 1968, elles sont près de 300 en 1977. Rue Mouffetard par exemple, à partir de mai 68, l'activité théâtrale investit la Maison pour Tous. L'expression théâtrale est une manière de parler, d'inventer, de critiquer, sous la plume et les réalisations d'un argentin comme Copi. Mais les grandes nouveautés sont le Grand Magic Circus de Jérôme Savary qui connaît dans les années soixante-dix un succès étonnant. C'est également l'équipe de Romain Bouteille, qui au Café de la gare, forme et développe les talents de nouveaux acteurs, comme Coluche, Miou-Miou et Patrick Dewaere. Les symboles de cette réussite sont certainement le Théâtre du soleil d'Ariane Mnouchkine, installé à la Cartoucherie de Vincennes et le Festival international de Nancy dirigé par Jack Lang. On peut aussi citer le Living Theatre et le Festival d'Avignon au cours de l'été 1968.

Changer la vie !

« Changer la vie » est devenu le maître mot. Les références se trouvent aussi bien dans Herbert Marcuse et son *Homme unidimensionnel* traduit en français en 1968 et diffusé dans les années soixante-dix, que dans le féminisme naissant sous l'influence en France du Women's Lib américain, avec des groupes gauchistes comme « Vive la Révolution », où les femmes sont très actives. Le Mouvement de libération des femmes (MLF) joue un rôle croissant et organise des manifestations d'un nouveau style, notamment avec des panneaux présentés durant les cérémonies du 11 novembre indiquant : « Il y a plus d'inconnues que le soldat inconnu. » De même, la loi de légalisation de l'IVG en 1975, due à la persévérance de Simone Veil, répond aux nouvelles aspirations et fait suite aux actions publiques organisées à la suite du « Manifeste des 343 » publié le 5 février 1971 dans *Le Nouvel Obervateur* : 343 femmes avouent avoir déjà avorté (avec la participation de Catherine Deneuve, Ariane Mnouchkine, Jeanne Moreau, Marie-France Pisier, Delphine Seyrig, Simone de Beauvoir, Marguerite Duras et Françoise Sagan).

En même temps, se développe un mouvement écologiste de caractère gauchiste qui trouve autour du Larzac un lieu de communication particulièrement attractif et symbolique avec une grande manifestation en août 1973. À cette époque, écologie rime avec antimilitarisme et régionalisme. La prise de conscience écologique rencontre encore des difficultés à déboucher sur le terrain politique. Pourtant, Valéry Giscard d'Estaing échoue à développer la régionalisation, voire la décentralisation à laquelle tout le monde aspire, y compris la commission des Affaires culturelles du VIe Plan. Et il faut attendre le début des années quatre-vingt pour qu'enfin elle prenne forme. On peut, de ce point de vue, interpréter la période 1969-1981 comme un entre-deux qui va de l'échec de la régionalisation à la manière de de Gaulle ou de Jean-Marcel Jeanneney à l'avortement de la décentralisation à la manière de Giscard et de Poniatowski.

Sur le plan philosophique, le « changer la vie » de mai 68 est présent dans toutes les œuvres, comme l'*Anti-Œdipe* de Félix Guattari et Gilles Deleuze en 1972, tandis que Michel Foucault joue un rôle important en créant le « Groupe d'information sur les prisons » (GIP) afin d'appeler l'attention sur l'isolement des personnes incarcérées. Une presse marginale, pour ne pas dire « underground », apparaît, qui sert de contrepoids à la presse à sensation et à la télévision officielle. C'est le cas de *Charlie Hebdo* ou encore d'*Actuel*, né en 1970 sous l'impulsion de Jean-François Bizot. Le numéro zéro de *Libération* parait le 5 février 1973 à l'initiative de Serge July et de ses amis et avec la bénédiction de Jean-Paul Sartre, journal gauchiste d'inspiration, même s'il va peu à peu évoluer vers la grande diffusion.

Alors que se constitue après Jacques Duhamel un champ culturel institutionnel parallèle à celui qui est censé être maîtrisé par le ministère de la Culture (le Centre Pompidou, les communes, etc.), se développent sur le plan idéologique des formes d'expression artistique et intellectuelle marginales qui investissent ce champ vacant. Dès lors celui-ci va pouvoir se nourrir de l'autonomie à laquelle il est voué par le pouvoir et de sa capacité d'initiative sur le terrain des idées et des formes d'expression. Le parti socialiste va savoir inscrire sa stratégie dans cette situation à la faveur du rétrécissement du champ de la politique culturelle à compter de 1974, marqué par un fort recul du budget de la Culture.

Culture de masse et créateurs

Le paradoxe de cette situation, c'est que dans le même temps, la France connaît un développement sans précédent de la culture de masse. Les consommations culturelles des Français s'accroissent année après année, les industries culturelles vont bon train, l'ORTF est divisé en sept entités, on envisage la privatisation de certaines stations de télévision et, comme le montre Régis Debray[19], le *Pouvoir intellectuel* en France est acculé à perdre peu à peu l'autorité qui le constituait au profit des forces et des instruments de médiatisation et de communication.

En dépit de ces alertes, le champ culturel parallèle se renforce à la fois par l'action de ses grands prêtres traditionnels, comme Sartre, Barthes, Lacan, Aron, Foucault, Althusser, et en même temps par le jeu de centres d'expression marginale qui jouent le rôle d'initiateur et d'entraîneur. Dans les années 1977-1981, ce pouvoir intellectuel s'engagera du côté de la gauche à l'occasion des élections présidentielles de 1981. Il devient une sorte de « *Parti des créateurs* » dont Jack Lang deviendra le secrétaire national d'abord officieux, puis de plus en plus officiel.

Ainsi l'année 1981 n'est pas simplement la fin d'une forme de pouvoir, celui exercé par la droite depuis 1958. C'est aussi la fin du pouvoir intellectuel né à la Libération et qui va désormais adopter de nouvelles formes d'expression. Un nouveau pouvoir culturel voit le jour à la fois sur le plan des idées et sur le plan politique.

Symbolique de cette évolution, le glissement sémantique se fait de l'intellectuel et de l'artiste au « créateur », mot plus imprécis, mais qui joue un rôle fusionnel et pulsionnel. Il aura aussi ses interprètes à droite comme à gauche.

4. PIERRE EMMANUEL ET EDMOND MICHELET, DEUX HOMMES DE TRANSITION

« Un vice-ministre » : Pierre Emmanuel

Pierre Emmanuel n'était pas connu du grand public. Grand, le geste ample, la voix sonore, il pouvait être un rien affecté dans le discours comme dans le maintien. Poète, il avait été pendant des années responsable d'émissions culturelles à la radio. Gaulliste, il s'était engagé tôt dans la résistance. Intellectuel, il n'hésitait pas à prendre position contre les violations des droits de l'homme à travers le monde. Créateur, dans une acception nouvelle de la culture, il aspire lui aussi à jouer le rôle de Premier secrétaire du *Parti des créateurs*. Il était aussi chrétien, et ne le cachait pas, ce qui lui valut de la part de Michelet, qui partageait ces convictions, sa nomination à la tête de la commission des affaires culturelles du VIe Plan. Ce sera son bâton de maréchal. Cet être indépendant, qui ne connaît rien aux choses de l'État, est fasciné par elles. Entré à l'Académie française, il annonce qu'il en démissionne en novembre 1975 pour protester contre l'élection de Félicien Marceau, collaborateur notoire. Ce geste est bien dans sa manière. On ne démissionne pas de l'Académie française, puisqu'on y est élu à vie. Mais Pierre Emmanuel n'en a cure. La démission est l'une de ses armes favorites. Pressé de réaliser les choses et ne supportant pas qu'elles ne se conforment pas naturellement à ses vœux ou ses désirs, il démissionne, montrant par là un mélange attachant d'énergie et de fragilité. Cela pouvait le rendre aussi capricieux, injuste et maladroit. Jacques Chirac, dont il est un familier, peut-être à cause de son propre goût de la poésie, le nomme en 1975 à la tête de l'Institut national de l'audiovisuel (INA) créé sur initiative parlementaire grâce à la volonté de Pierre Schaeffer, compositeur, ancien chef du service de la recherche de l'ORTF. Il y déploie son goût pour les images, puis, lorsqu'il est remplacé par Giscard d'Estaing, il se consacre, avec le soutien du maire de Paris, à la conception et au lancement de la Vidéothèque de Paris. C'est là qu'il attend, en mai 1981, sa nomination comme ministre de la Culture de François Mitterrand. N'a-t-il pas appelé à voter pour lui au second tour, comme un certain nombre de gaullistes de gauche ? Ce sera encore une déception. « Mais j'ai autre chose à faire, disait-il alors comme par dépit, et en particulier une œuvre littéraire à achever ».

Son entrée en politique culturelle se fait par l'animation de la commission des affaires culturelles du VIe Plan. Il sait y apporter du prestige et de la compétence en y réunissant des hommes et des femmes de qualité qui, pour la première fois, vont partager leurs préoccupations et unir leurs volontés en toute indépendance au service d'une politique culturelle à réinventer qui ne sorte pas toute prête du cerveau d'un ministre génial. La cheville-ouvrière de cette période est Augustin Girard, qui, à la tête du petit service Études et Recherches imaginé par Jacques Delors et créé par Malraux, est l'inventeur de la planification culturelle à la française[20]. En somme, il faut l'intervention d'un président de la République et d'un Premier ministre qui incarnent la deuxième génération du gaullisme pour que puissent se concrétiser deux grands rêves de Malraux : le Centre Pompidou, qui est une « méga-maison de la culture » et la planification à laquelle Malraux n'a cessé de se référer sans jamais pouvoir véritablement y intégrer les Affaires culturelles. C'est désormais chose faite dès 1970, sans le ministre, mais avec le ministère.

Le ministre agit, la commission discute, l'adage n'est pas nouveau. Pierre Emmanuel l'entendrait plutôt dans une sens opposé : la commission qu'il préside ne pourrait-elle pas agir ? Le Fonds d'Intervention Culturelle (FIC) est l'une de ses recommandations tendant à doter le ministère de crédits échappant à la spécialité budgétaire et à la verticalité de l'administration qui vient d'être renforcée par les décrets d'octobre et de décembre 1970, conçus par Malraux, préparés par Michelet mais signés par André Bettencourt[21]. L'idée du FIC remonte à 1969 à un moment où le groupe financement de la commission des Affaires culturelles était présidé par Sylvain Floirat et dont j'étais le rapporteur, assurant ainsi ma première mission de politique culturelle. J'étais inspiré par le précédent du Fonds d'intervention pour l'Aménagement du territoire (FIAT) dont j'assurais alors le contrôle en qualité de jeune administrateur civil à la direction du Budget. Le « FIAT culturel » prendrait donc le nom de FIC. Il s'agissait de créer un fonds doté d'un crédit de base susceptible de fédérer des crédits venant d'autres sources, autres directions du ministère, autres ministères, collectivités territoriales, associations, voire entreprises privées. Il est en effet plus facile de trouver des fonds substantiels lorsque l'on dispose déjà d'un crédit de démarrage. Une mise initiale de 100 devait ainsi permettre de réunir une dotation de 500 financée aux 4/5e par des crédits venant d'autres budgets que celui du ministère de la Culture.

On répondait aussi à la revendication d'actions horizontales, interdisciplinaires, relevant de la nouvelle philosophie du développement culturel promue par les membres de la commission du Plan. Dans le même temps on se donnait les moyens de dégager d'autres crédits que ceux du budget trop étroit du ministère. En effet, en quinze ans de fonctionnement, le FIC a permis, avec la participation de seulement 150 millions de francs du ministère de la Culture, de réunir un financement total de près d'un milliard de francs répartis entre 2 000 projets. Pierre Emmanuel pouvait à juste titre s'estimer fier et heureux d'avoir pu aider le ministère à accoucher de cet outil multiplicateur de crédits.

L'héritage de Pierre Emmanuel

L'idée du FIC fut d'abord traitée au cabinet d'Edmond Michelet par Sébastien Loste et donna lieu à décisions à l'occasion d'un comité interministériel de juin 1970. Mais il appartiendra à Jacques Duhamel de la mettre en œuvre lors du comité interministériel du 11 mars 1971.

Par ailleurs, la proposition de la commission du VIe Plan de créer auprès du ministre un Conseil du développement culturel (un peu comme il existe un Conseil supérieur des ponts et chaussées auprès du ministre de l'Équipement), est approuvée par le gouvernement et mise en œuvre. Pierre Emmanuel en est le président. Il entend veiller à ce que les recommandations du Plan entrent en vigueur.

Enfin est créée la « Fondation pour le développement culturel » recommandée par la commission du Plan : elle doit permettre de réunir des financements en dehors de l'État et apporter dans la politique culturelle des institutions alternatives et indépendantes du pouvoir politique.

Un « ministre de transition », Edmond Michelet (22 juin 1969 - 25 septembre 1970)

Comme les papes du même nom, les ministres de transition arrivent souvent sur la pointe des pieds et se révèlent de redoutables managers.

Tel n'est pas le cas d'Edmond Michelet, nommé le 22 juin 1969, avec comme Malraux le titre de ministre d'État. Sa nomination ouvre une vraie période de transition d'un an, puisqu'il meurt en septembre 1970. Il assume l'héritage de Malraux en créant la direction des Spectacles, de la Musique et des Lettres et en adoptant le Plan de dix ans pour la musique de Marcel Landowski.

Selon le témoignage de Pierre Cabanne, « le successeur d'André Malraux n'est resté dans les mémoires comme ministre des Affaires culturelles qu'à cause d'une phrase et d'une gaffe. La phrase est : "Une toile me plaît quand je peux l'accrocher dans mon salon. Pour le reste je n'y connais rien." La gaffe a été commise à une émission de télévision, "l'invitée du dimanche", consacrée à la comédienne Delphine Seyrig. Edmond Michelet, brave homme sans méchanceté ni malice, y fit l'éloge du "théâtre pauvre" et prétendit que l'absence de moyens était un excellent moteur de la création et stimulait le talent[22]. »

On a vu que Malraux avait commis la même erreur psychologique : en ce domaine de nombreuses appréciations sont possibles, mais, face au milieu artistique, certains jugements ne peuvent pas être publiquement prononcés par un ministre de la Culture, sauf à courir le risque de la provocation. Michelet peut faire état de son innocence — et il est vrai qu'il en faisait preuve — mais un ministre peut-il se le permettre ?

Avec de la naïveté on peut parfois lancer de bonnes réformes. Ainsi, s'appuyant sur un rapport de Michel Denieul, directeur de l'architecture, Michelet jette un pavé dans la mare des architectes des monuments historiques, et leurs prébendes jugées excessives. Ce sera pendant des années un serpent de mer. Pour le reste, il charge Sébastien Loste à son cabinet de s'occuper du lancement du projet du Centre Beaubourg.

Le lancement du Centre Beaubourg

Issu de l'université, féru d'histoire dont il était agrégé, Sébastien Loste avait été à l'Élysée l'un des collaborateurs du général de Gaulle auprès de Bernard Tricot, secrétaire général. Petit neveu de l'écrivain Edmond Abou, cet homme sourcilleux et anticonformiste était d'une culture littéraire encyclopédique. Maniant le verbe comme une férule, il était capable de passer des heures dans des explications aussi patientes que parfois obscures. Circulant à bicyclette, le bas des pantalons pris dans des pinces, arborant une tête à la Hergé, mais le regard masqué de grosses lunettes, il arrivait à composer un personnage détonnant, à la fois Tintin et professeur Muller. On l'imaginait tout à fait capable de vous planter au terme d'une réunion pour s'embarquer dans le premier bateau afin d'entreprendre le tour du monde (ce qu'il fit d'ailleurs en 1976). Plus habile à appliquer son étonnante intelligence aux choses qu'aux personnes, il donnait parfois l'impression de soliloquer, les verres épais de ses lunettes accentuant son caractère solitaire. Sentiment qui devait être profond au point de le conduire plus tard à mettre fin à ses jours. Il se lance avec énergie dans la programmation du centre en s'appuyant sur la direction de l'Architecture.

Pendant que la commission des Affaires culturelles du VIe Plan remue ciel et terre pour définir une nouvelle stratégie dite « du développement culturel », Sébastien Loste convoque les fonctionnaires du ministère, non sans les morigéner un peu et s'efforce de mettre un contenu derrière la définition du Centre donnée par Georges Pompidou. Il tient en horreur l'art moderne ? Peu importe, il aime les missions impossibles. Et le projet du Centre n'est pas loin de représenter à ses yeux un rempart contre les forces barbares qui ont failli renverser la République en 1968. Le texte du concours d'architecture qu'il doit lancer et à la préparation duquel il s'attelle, résume en quelques lignes le projet : « Le président de la République a décidé le 11 décembre 1969 d'édifier au cœur de Paris, non loin des Halles, sur le plateau Beaubourg, un centre consacré à l'art contemporain ainsi qu'une grande bibliothèque publique touchant tous les domaines de la connaissance. Cette décision prend une singulière valeur au moment même où la notion traditionnelle de l'art, et même celle de la culture, semble mise en question. Or, il ne s'agit pas de dresser un bilan, si prestigieux soit-il, ni de faire un pari sur l'avenir, mais d'affirmer à travers ses richesses et même ses contradictions, que la création sous toutes ses formes sensibles est devenue le langage le plus immédiat, le plus total de notre époque. C'est en effet une grande originalité que la conjonction en un même lieu du livre, des arts plastiques, de l'architecture, de la musique, du cinéma, de la création industrielle — celle que la culture n'a pas encore annexée — comme témoignage d'art. Cette conjonction doit permettre de faire saisir au plus grand public qu'en dépit des apparences de liberté qu'apporte la création, l'autonomie, la hiérarchie des expressions de l'Art sont fictives et qu'il existe entre les formes actuelles et les rapports de production dans la société un lien profond.

La réalisation de ce dernier permettra en outre de doter Paris d'un ensemble architectural et urbain qui marquera notre époque et dont l'économie répondra à celle du programme. »

Quelques mots de commentaires : Pompidou s'inspire des réflexions de Loste, mais écrit lui-même ce texte annonciateur de sa politique culturelle. Il prend le contre-pied du *Musée imaginaire* de Malraux puisque « la hiérarchie des expressions de l'art sont fictives », comme si le domaine de l'imaginaire relevait de la fiction. L'idée de correspondance, que Malraux maniait avec virtuosité, faisant se rencontrer les idées et les formes, est reprise sous une acception presque marxiste : il existe un lien profond — une correspondance — entre les formes de l'art et « les rapports de production ». Le mot est écrit. Certes ils ne déterminent pas, sous la plume de Pompidou, l'univers des formes, mais ils ne sont pas loin de le faire. Influence de l'ambiance marxisante de l'époque, clin d'œil au gauchisme, réponse anticipée aux réflexions de la commission de Pierre Emmanuel ou goût du réel chez cet Auvergnat de Monboudif ? On appréciera, Malraux le premier.

Pierre Emmanuel n'apprécie pas du tout. La commission apprend bientôt que l'on s'apprête à intégrer les crédits du Centre Pompidou dans le budget normal du ministère de la Culture. Pierre Emmanuel se dresse rouge de colère et prononce un réquisitoire invitant les membres de la commission à voter une résolution condamnant le financement par le budget du ministère d'un autre projet, et quel projet, que ceux qu'elle recommande. Il aurait obtenu l'unanimité si deux hommes n'avaient alors refusé cette marque de méfiance vis-à-vis du président de la République, Bernard Anthonioz, gaulliste légitimiste, et... Jack Ralite, adjoint au maire d'Aubervilliers chargé de la culture. Le gaulliste et le communiste préfigurent ainsi la base politique sur laquelle la construction du centre pourra s'appuyer et qui, à ses débuts, n'est ni au centre, ni dans la droite orléaniste, ni dans la gauche non communiste.

Pompidou s'en tient à son idée. Il demande un programme. Le responsable, Sébastien Loste, est assisté de plusieurs collaborateurs issus de la direction de l'Architecture, dirigée par Michel Denieul, François Lombard, jeune architecte qui revient des États-Unis où il a appris la programmation architecturale, Jean Jenger et Christian Pattyn, tous deux énarques, qui font leurs débuts au ministère.

Pour diriger un projet d'une telle ambition, et qui ne connaît pas de précédent, il faut un homme qui ait l'envergure nécessaire, la connaissance de l'État, le sens de l'organisation et en même temps le goût de l'art. On le trouve en Robert Bordaz qui s'est fait remarquer en 1967 à l'occasion de la construction du pavillon français à l'Exposition universelle de Montréal, grande réussite du point de vue de la création et de la fréquentation. Il est nommé délégué pour la construction du Centre en 1969. Michelet mort, André Bettencourt est nommé ministre d'État par intérim jusqu'au 6 janvier 1971, date à laquelle est nommé Jacques Duhamel qui perd le titre de ministre d'État pour celui plus classique de ministre des Affaires culturelles. Avec lui prend fin la transition et commence la période des réalisateurs.

7

Les « réalisateurs » (1971-1974)

1. JACQUES DUHAMEL (7 JANVIER 1971 - 4 AVRIL 1973)

Jacques Duhamel prévient son monde dès son arrivée : avec lui, fini le lyrisme. On entre dans la gestion culturelle : « Je ne prétends pas penser au niveau de Malraux, ni vivre au niveau de Michelet, mais j'essaierai de diriger ce ministère avec toute mon expérience et ma conviction afin que la politique culturelle soit vraiment un élément fondamental de l'action gouvernementale. »

Ainsi s'exprime-t-il, lorsqu'il prend ses fonctions en janvier 1971[1]. Si les affaires culturelles n'ont plus le rang de ministère d'État, il faudra compter avec le nouveau ministre.

Un autre signe : les hommes de Jacques Duhamel viennent de l'Agriculture, comme leur ministre qui, malade, cherche un ministère plus « tranquille ». Ils laboureront le terrain de la rue de Valois avec la volonté, la ténacité, l'opiniâtreté qu'on y met rue de Varennes. À la tête du cabinet, Jacques Rigaud, maître des requêtes au Conseil d'État, va se passionner pour ce poste, y jouant un rôle d'autant plus important que son ministre est fatigué au point qu'on a pu le qualifier de « vice-ministre », fonction qu'il occupe avec talent et brio. « Maître queux » du ministère, le directeur de cabinet devient avec lui une sorte de secrétaire général du ministère, fonction qu'il retrouvera chaque fois que le ministre souhaitera s'éloigner de la gestion ou que le directeur de cabinet ressentira le besoin de mieux intégrer les services toujours enclins à une indépendance excessive. L'homme est rompu à l'exercice oratoire aussi bien qu'aux conciliabules de Curie. Membre de la famille démocrate chrétienne, il va si fort épouser la cause de la politique culturelle qu'on le retrouve encore vingt-cinq ans plus tard animant les centres culturels de rencontres, notamment la chartreuse de Villeneuve-lès-Avignon, présidant des établissements publics, coordonnant des groupes de travail et de réflexion. Il acquiert ainsi dans le milieu culturel une légitimité naturelle qui aurait pu le conduire au rang de ministre. Mais sans doute n'a-t-il pas pu ou pas voulu troquer les fonctions enviables de patron d'une chaîne de radio et de télévision (RTL) pour celles plus précaires de patron de la rue de Valois. Cette sorte de légitimité rigaldienne explique que c'est lui qu'appellera un autre centriste, Philippe Douste-Blazy, qui entreprend, en 1996, de vouloir « refonder la politique culturelle », pas moins. Présent partout, Jacques Rigaud anime depuis 1981 l'Admical, association qui milite pour le développement du mécénat d'entreprise. Doté d'une bonne plume, il a aussi publié un certain nombre d'ouvrages sur la politique culturelle, comme *La Culture pour vivre*[2], sorte de testament de la période Duhamel. Le voici depuis peu romancier. Et je ne serais pas loin de penser qu'il rêve d'entrer sous la Coupole. Parfois emporté par l'emphase ou les excès de la fidélité, au point de virer au rouge — mais ses saintes colères ne durent pas — il arriverait à nous convaincre que Jacques Duhamel a été le plus important ministre de la Culture de la Ve République en dépit de sa maladie et de la brièveté de ses fonctions.

Mais on comprend que le ministre était bien secondé et qu'il a « réussi à susciter de la ferveur dans l'action publique. [...] Nous avons eu le sentiment, par une espèce de lévitation, d'être portés au-dessus de nous mêmes. Et c'est pourquoi, depuis cette période unique dans nos vies, nous sommes, dans nos mémoires, profondément enrichis, et, dans nos cœurs, inconsolablement appauvris[3] ».

Avec lui, un grand administrateur et juriste se trouve aux côtés d'un ministre de la Culture d'abord homme politique et non pas écrivain, ni «grand résistant». En même temps, Jacques Duhamel fait venir rue de Valois un inspecteur des Finances, Jean-Marie Roche, qui va utiliser son capital de sympathie et de reconnaissance rue de Rivoli pour défendre avec efficacité les budgets du ministère toujours menacés d'être remis en question. Courtois, voire onctueux, il cache derrière une apparence de courtisan du Grand Turc une énergie d'acier et un sens exigeant de la fidélité. Quant à l'équipe des conseillers, elle révèle une réelle innovation : aux côtés de Léonne Nora, figure Antoine de Clermont-Tonnerre qui fera carrière dans la production cinématographique, Dominique Ponnau, agrégé de l'université, qui sera par la suite et longtemps directeur de l'École du Louvre, Hubert Astier, grand habitué des missions de cabinet au ministère de la Culture, Gérard Montassier, qui va mettre en place le Fonds d'intervention culturelle et assurer sa direction. Il inaugure une action culturelle moderniste dont il a témoigné par écrit (Gérard Montassier, *Le Fait culturel...*, Fayard, 1980). Enfin, *last but not least*, Pierre Méhaignerie apporte son concours à cette équipe avant de s'engager dans la carrière politique qu'on lui connaît. Est-ce à dire, comme on l'entend parfois, que Jacques Duhamel et son équipe ont en quelque sorte initié tout ce qui allait faire la politique culturelle des années soixante-dix et quatre-vingt ?

Le développement culturel sans le Conseil

Sans aller jusque là, il est certain que la nouvelle équipe entend exercer l'intégralité du pouvoir qui lui revient. Elle a pris le goût des grands espaces de l'agriculture où l'on raisonne en centaine de milliers d'hectares, millions de tonnes et milliards de francs. Dans le petit pré carré de la culture dont elle craint avoir vite fait le tour, elle a besoin d'exercer tout le pouvoir. Ce qui pose assez vite la question de la coexistence du ministère et du Conseil du développement culturel présidé par Pierre Emmanuel, qui se verrait bien vice-ministre, voire plus.

Dans l'esprit des inventeurs du Conseil consultatif du développement culturel, un certain nombre d'institutions qui étaient proposées faisaient un tout : le Conseil donnait des avis dans une perspective interministérielle et orientait les interventions du FIC.

En réalité les deux institutions vont être déconnectées : le FIC est rattaché au ministère de la Culture, même si son action est reconnue comme devant être interministérielle. Le Conseil est également institué auprès du ministère des affaires culturelles, ce qui lui ôte toute légitimité à intervenir dans des domaines culturels d'autres ministères : Jeunesse et Sports, Éducation nationale, Affaires étrangères, etc. L'idée de « politique culturelle des ministères » a fait une timide apparition et a aussitôt disparu. On la verra revenir plus tard. Il est institué par le décret du 24 septembre 1971 et est installé par Jacques Duhamel le 3 décembre 1971. Il va siéger un peu moins de trois ans. Les débuts se font sous les meilleurs auspices : « Vous êtes, cher Pierre Emmanuel, un homme exigeant. Mais j'ai compris la très grande richesse de l'échange avec vous. Le propre du poète est de s'étonner. Il y a, par définition, en lui, une ferveur inquiète qui ne laisse ni le cœur, ni l'esprit en repos. C'est par son interrogation qu'il refait le monde et nous le restitue plus réel que la réalité. Ici, vous serez poète et président. Nous attendons tous de vous l'interrogation, mais aussi votre contribution à la réponse[4]. »

On y trouve des personnes aussi variées que Tal Coat, Yannis Xenakis, François Billetdoux, Roger Caillois, Georges Candilis, François-Régis Bastide, Pierre Seghers, Jean-Marie Domenach, Claude Santelli, Alfred Grosser, René Rémond, Claude Alphandéry, Paul Delouvrier, et… Jack Lang. De nombreux membres sont issus de la commission du VIe Plan. Jack Lang fait sa première entrée dans une instance officielle du ministère de la Culture. Pierre Emmanuel à peine installé réclame un secrétariat. N'est-ce pas trop pour un Conseil ? Pendant deux ans, à la tête de la commission du Plan, il avait dû user d'expédients pour pouvoir disposer d'un minimum de moyens. Le VIe Plan a été rendu possible par le mécénat et la générosité de chefs d'entreprise comme Paul Chaslin, alors PDG de GEEP-Industrie, qui acceptait de prendre en charge des travaux de secrétariat et de rendre ainsi possible la mission des fonctionnaires de la République… Il était assez logique que Pierre Emmanuel ne voulût pas continuer à vivre aux crochets des autres. En même temps, sa revendication légitime lui permettait de tester la plus ou moins bonne volonté du cabinet du ministre face à la nouvelle institution qu'il était appelé à présider. D'autres personnalités se seraient sans doute entendu sur un modus vivendi. Il aurait pu être de bonne politique que les principaux projets du ministère fussent soumis à l'avis d'un Conseil composé de professionnels et d'experts de la politique culturelle, dont le ministre aurait sans doute tiré avantage.

Ses auteurs avaient en vue une mission plus ambitieuse : décloisonner les actions administratives, devenir le « polarisateur du besoin culturel[5] », être un médiateur national pour la culture, « sorte d'intermédiaire entre la base et les pouvoirs publics[6]. » Jean-Marie Domenach évoque un « projet global de conscientisation », et « moins de fonctions précises qu'un espace à explorer[7] ».

Sont choisis comme domaines de réflexion la télévision, l'école et la formation, la ville, l'animation, la création, en un mot tous les champs de la politique culturelle, bien au-delà du petit ministère de la rue de Valois.

Après deux années de démarches, le Conseil n'obtient les moyens de son fonctionnement qu'à la veille de sa démission. Entre temps, il est obligé de vivoter. Essentiellement composé d'intellectuels, obligé de recourir aux moyens hasardeux de la Fondation pour le développement culturel animée alors par le toujours présent Pierre Moinot, voire aux subsides de l'EDF que présidait l'un de ses membres, Paul Delouvrier, il va peu à peu se marginaliser. Il n'arrive pas à se concerter avec les services du ministères qui, au demeurant, ne cherchent guère à communiquer avec lui.

Le climat est-il à la concertation ? Jacques Rigaud déclare sans détour : « Je n'avais pas du tout envie d'avoir à faire fonctionner le ministère sous double commande, d'un ministère et d'un conseil ».

D'autres ministères s'accommodent pourtant depuis des lustres de hauts conseils ou de conseils supérieurs. Un bon usage de ces instances permet de prévenir les conflits. Il n'en a pas été ainsi et le « vice-ministre » Pierre Emmanuel a dû s'effacer devant le vrai ministre des Affaires culturelles, Jacques Duhamel. Le remplacement de Jacques Chaban-Delmas par Pierre Messmer à Matignon en juillet 1972 met un terme au projet de la « nouvelle société ». Le départ de Jacques Duhamel de la rue de Valois en mars 1973, pour raisons de santé, laisse le Conseil en suspens. L'attitude peu conciliante de Maurice Druon mit le feu aux poudres et le conseil démissionna collectivement. Maurice Druon ne le renouvellera pas, ce qui sera son arrêt de mort. Cette rupture ne concerne pas seulement Pierre Emmanuel, mais aussi toute une génération d'hommes et de femmes de gauche et de droite, dont la plupart avaient participé à l'élaboration du VIe Plan et qui s'étaient mis à rêver à de nouveaux modes de relations entre les autorités ministérielles et les acteurs culturels. On peut reprocher à Pierre Emmanuel sa pusillanimité, à Jacques Duhamel son jacobinisme, à Maurice Druon son conservatisme, le fait est que cette rupture va briser une espérance qui était née dans l'esprit et l'ambiance des clubs de pensée et de l'expérimentation d'un système culturel voulant faire une place à tous ses partenaires.

Ainsi prend fin la tentative de « compromis » d'un ministère des Affaires culturelles reconnu dans son rôle interministériel et assisté, dans cette tâche coordinatrice, par un conseil extérieur. Cet échec est aussi important que celui du non-rattachement de l'éducation populaire par Malraux en 1960 : désormais, le ministère de la Culture rencontrera sans cesse des difficultés à afficher sa compétence interministérielle. Ou il le fera à travers un homme, comme Jack Lang, et avec combien de difficultés, et pour la seule durée de ses missions.

L'échec du Conseil du développement culturel est aussi celui de Jacques Chaban-Delmas qui appelait de ses vœux une autre organisation de l'État dans le champ culturel : « Un État moderne doit fonder son avenir intellectuel sur deux piliers, aussi essentiels l'un que l'autre : la recherche dans l'ordre des sciences, la création dans celui des arts. [...] Mais il faut aussi décloisonner les services publics intéressés, à un titre ou à un autre, à la culture : l'avenir du théâtre, des lettres, du cinéma, des arts plastiques, de l'architecture déborde singulièrement du domaine d'un seul service public. La création récente du fonds d'intervention culturelle dont les crédits seront répartis sur un plan interministériel, vise à nous faire franchir une nouvelle étape dans la voie ouverte en 1958 par la création du ministère des Affaires culturelles qui devra, à l'avenir, veiller, sous l'autorité du Premier ministre, à la coordination des activités culturelles de l'État[8]. »

Après le départ de Jacques Chaban-Delmas, cette conception interministérielle de la politique culturelle est battue en brèche. De la sorte, une certaine conception du rôle de l'État dans la culture, initiée par le VIe Plan, sera abandonnée sans tambours ni trompettes. Jean-Marie Domenach s'en explique très bien : « [...] la conception de la culture sur laquelle on s'accordait n'était pas du tout celle de la culture cultivée, encore un peu celle de la culture populaire mais plus vraiment. Il s'agissait d'une conception globale, ambitieuse, recouvrant à la fois le sens français qui maintient une hiérarchie dans les valeurs et dans les œuvres, et le sens britannique plus anthropologique[9]. »

La rupture s'introduit aussi entre le ministère et les milieux intellectuels qui ont le sentiment d'avoir été quelque peu joués. Comme le disait Jean-Marie Domenach : « Que fait un conseil consultatif qui n'est pas consulté ? Il fermente. Il est malheureux, il se met en colère, il part un peu dans tous les sens. Mais la faute à qui ? »

Jack Lang reconnaît l'intérêt de cette initiative : « Ce conseil était composé de manière très pluraliste compte tenu de ce qu'était la mentalité dominante de l'époque. C'était très audacieux et très courageux de la part du ministre Jacques Duhamel et du premier ministre Jacques Chaban-Delmas d'avoir créé une institution comme celle-là, composée de façon aussi libre et aussi ouverte. Ce n'était pas commun, c'était même très rare. D'ailleurs, l'ensemble des hauts responsables de l'État ont joué le jeu[10]. »

Oui, jusqu'à un certain point...

Le ministère des Affaires culturelles va dès lors abandonner les visées anthropologiques et se retourner vers les artistes, ce qui sera symbolisé par la politique conduite par Michel Guy. Il va aussi se consacrer au travail des clercs qui l'administrent. Il lui faudra désormais des décisions présidentielles pour intervenir en dehors de ses strictes frontières. Ce sera l'une des ambitions de la construction du Centre Pompidou.

L'innovation du Centre Pompidou

La conception et la construction du Centre Pompidou, qui est la principale innovation de cette époque, vont être largement traitées en dehors du ministère. Le 31 décembre 1971 est en effet adopté un décret créant l'établissement public du Centre Beaubourg. Il est présidé par Robert Bordaz et on y retrouve une nouvelle génération d'hommes et de femmes qui vont par la suite jouer un rôle important dans la direction des institutions culturelles. Venu de la direction du Budget au ministère des Finances, j'en assure la direction administrative puis le secrétariat général tout en maintenant les ponts avec le ministère des Finances. Sébastien Loste y exerce le rôle de conseiller tout en intégrant le Conseil d'État, ce qui le place dans une position plus éloignée. François Lombard quitte la direction de l'Architecture et prend en charge la programmation du projet. On trouve également dans l'état-major du Centre Pompidou toute l'équipe du Cnac avec, autour de Blaise Gautier, Germain Viatte, Jean-Hubert Martin, Daniel Abadie, Alfred Pacquement et Jean-François de Canchy. Du côté du design, on trouve François Mathey, directeur du musée des Arts décoratifs et du CCI assisté de François Barré. Cette équipe est très jeune, trente ans en moyenne, elle est assurée de disposer de budgets, elle n'a pas froid aux yeux et ne doute de rien : de quoi vous assurer le succès, et de solides jalousies et inimitiés. Dans une période un peu grise, la construction du centre fait figure d'épopée[11].

Car la construction du Centre Beaubourg est non seulement la concrétisation d'une utopie mais aussi un lieu de formation pour la future élite des administrateurs et médiateurs culturels des années quatre-vingt-dix. Et cette entreprise se passe principalement en dehors de la rue de Valois. Certes, Robert Bordaz et moi-même informons régulièrement Jacques Duhamel et Jacques Rigaud, ou Jean-Marie Roche, de l'évolution des dossiers. Les contacts avec le cabinet du ministre sont excellents, mais la machine du Centre Beaubourg est branchée directement sur l'Élysée, qui donne les impulsions nécessaires et rend les arbitrages. Le binôme président de la République-ministre des Affaires culturelles va se muer, en l'espèce, en binôme Georges Pompidou-Robert Bordaz. Non seulement parce que le président de la République est passionné par ce projet, mais aussi parce qu'il sait que dans la « société bloquée[12] » de l'époque, il est quasiment impossible de donner naissance à un centre culturel qui dépende administrativement de trois ministères, celui des Affaires culturelles à cause du Musée d'art moderne, celui de l'Éducation nationale à cause de la bibliothèque (qui est à l'époque placée sous l'autorité de la direction générale des bibliothèques relevant de ce ministère), et enfin celui des Finances qui affecte les crédits et que de facto je représentais au sein de l'établissement public constructeur.

« Il fallait aller vite puisque la fin du septennat était prévue pour juin 1976. Il fallait éviter que le projet ne soit exposé à des remises en cause ultérieures toujours possibles. La meilleure manière de conduire à bonne fin un projet architectural complexe est de le mener rondement[13]. »

Robert Bordaz exprimait ainsi fortement son obsession qui devint notre objectif permanent. La maladie, puis le décès du président-maître d'ouvrage, allaient donner un sens presque tragique à ce défi.

La « gestion culturelle »

Une autre affaire symbolique de l'époque Duhamel est la mise en place d'une commission interministérielle des « équipements intégrés ». Il s'agit d'une idée propre à l'époque, répondant à la fois à des attentes de rationalité et d'idéologie. Comme on l'a dit, Paul Chaslin est l'un des promoteurs de ces « équipements intégrés ». Il construit à Yerres en Essonne le Centre éducatif et culturel (CEC) qui réunit dans un même lieu à la fois des équipements sportifs, éducatifs et culturels. Les « équipements intégrés » sont l'occasion de reparler de l'éducation populaire qui a été retirée du champ d'intervention du ministère par Malraux, de tenter de renouer les liens entre les ministères de la Culture, de l'Éducation, de la Jeunesse et Sports. La commission des Affaires culturelles du VIe Plan va mettre l'accent sur ces équipements reconnus comme porteurs de la politique de développement culturel qui suppose la pluridisciplinarité ou l'interdisciplinarité. Là aussi, des cofinancements sont mis en place afin de faciliter la construction d'architectures qui permettent le bon fonctionnement de ces nouveaux types d'équipements culturels, sociaux, éducatifs et sportifs.

Paul Delouvrier est le symbole de cette volonté de renouveau appliquée à l'architecture. À son instigation en 1971, le gouvernement lance le « Plan construction » qui, comme le FIC, (l'époque est au déblocage des verrous fonctionnels de la société par des institutions de ce type) est un fonds interministériel destiné à promouvoir l'innovation en matière architecturale. Cette institution, placée sous l'autorité du ministère de l'Équipement, comprend un représentant des Affaires culturelles et bénéficie de crédits de la direction de l'Architecture.

Conscient de la « société bloquée », Jacques Chaban-Delmas multiplie les initiatives pour s'efforcer de décloisonner les actions des pouvoirs publics dans le domaine de l'architecture et de la culture. Ces initiatives débouchent sur la mise en place de procédures qui échappent en partie au ministère de la Culture. Là encore, la politique culturelle se fait en marge des services de la rue de Valois. Il n'en reste pas moins que la petite équipe de la rue de Valois, en charge de la gestion culturelle, voit ses efforts se concrétiser.

La décentralisation culturelle

La décentralisation est l'une des facettes de la nouvelle société de Jacques Chaban-Delmas[14]. Les établissements publics régionaux, ancêtres des collectivités régionales qui voient le jour en 1982, sont créés par la loi du 5 juillet 1972. La commission des Affaires culturelles du VIe Plan n'est pas tendre pour les excès du pouvoir d'État central : Pierre Emmanuel intitule l'une des annexes de son rapport « L'État, un monstre froid » et l'accompagne d'un commentaire que des gauchistes ne renieraient pas :

« [...] un appareil bureaucratique vivant en parasite du projet social qu'il est chargé de mettre en œuvre et de contrôler, [...] qui produit surtout et administre sa propre inertie, freinant les actions qu'il a pour tâche de mener à terme [...] et qui cause au corps social une fatigue décourageante qui, après avoir aboli tout esprit d'initiative, développe la résignation et la veulerie. »

De son côté, Jacques Rigaud, peu suspect de vouloir partager le pouvoir, développe pourtant une conception voisine dans son fondement de celle que Jack Lang présentera dix ans plus tard : « L'État ne doit intervenir en matière culturelle que dans la mesure et pour le temps où nul autre que lui n'est capable d'assumer la responsabilité correspondante ; cette intervention, exactement proportionnée à son objet, doit viser à sa propre disparition, chaque fois qu'elle peut être relayée par les citoyens, les communautés et les collectivités de toute nature. La culture n'est pas à proprement parler un service public ; l'État doit seulement créer les conditions de son développement autonome[15]. »

C'est en tous les cas ce que l'on dit lorsqu'on arrive rue de Valois. Est-ce bien ce que l'on fait ? La décentralisation est l'un des meilleurs garants de la modestie de l'État.

La prise en compte des réalités régionales passe d'abord par la mise en place des services extérieurs. En 1971, il n'existe encore que trois directeurs régionaux des affaires culturelles. La Drac de la région Île-de-France sera opérationnelle le 1er janvier 1974 sous la responsabilité de Christian Pattyn. Pour le reste, le ministère doit se contenter de correspondants permanents, de délégués pour la musique, de conseillers artistiques bénévoles : une organisation qui reste artisanale jusqu'en 1981.

Mais le ministère de Jacques Duhamel établit des liens étroits avec la Délégation à l'aménagement du territoire et à l'action régionale (DATAR) dont le responsable, Jérôme Monod, a paraît-il la fibre culturelle. Jacques Rigaud et lui vont s'efforcer de « déparisianiser » les actions culturelles sur le territoire. Et d'abord en direction des *villes nouvelles* où tout est, croit-on, encore possible et où en effet beaucoup le sera. Ensuite en direction des villes moyennes. De là l'incitation au développement des Centres d'action culturelle (CAC) qui viennent relayer les trop ambitieuses et coûteuses maisons de la culture : « À côté des cathédrales, il doit y avoir des églises », déclare Jacques Duhamel[16]. Faute de pouvoir adapter les villes moyennes aux coûts et exigences des maisons de la culture, on cherche à mieux calibrer les maisons de la culture en fonction des moyens de ces villes. Le maire de Dôle est évidemment plus sensible que Malraux à l'émergence des villes moyennes. Il rencontre en ce domaine l'une des orientations du VIe Plan. Et il se prépare à contracter des relations suivies avec elles, du moment qu'elles acceptent de participer au financement des projets. Jack Lang compare les CAC à une pépinière : « Tout à coup, le tissu d'irrigation du territoire national qui n'avait été marqué que par des décisions touchant sept ou huit maisons de la culture se trouvait nourri (potentiellement en tous cas) par la reconnaissance de villes plus modestes, mais, finalement, de façon sans doute plus souple, plus originale. La postérité des centres d'action culturelle sera extraordinairement féconde[17]. »

Comme l'expose Pierre Moulinier, parmi les dossiers importants suivis par le ministre, figurent les débuts de la décentralisation musicale, la maison de la culture de Saint-Denis, les secteurs sauvegardés (Sarlat, Chartres, Tours, Montpellier). Le TNP est transféré à Lyon. L'Opéra du Rhin voit le jour à Strasbourg. Cela n'empêche pas des affaires délicates avec les maisons de la culture : Châlon-sur-Saône, Bourges, Le Havre, Reims, Firminy[18]…

Priorité au spectacle vivant

Boulez est à Baden-Baden, ou à travers le monde. Son domestique l'informe un jour de 1970 qu'un certain Monsieur Pompidou l'appelle au téléphone. Boulez, qui pense que c'est une blague, ne le prend pas. Le domestique revient : « Le Monsieur insiste ». C'est bien Georges Pompidou qui lui propose de prendre place dans l'équipe du centre Beaubourg qui démarre. L'exil n'aura pas duré trop longtemps.

Pendant ce temps, à la tête de la direction de la musique, Marcel Landowski se révèle plutôt bon administrateur et son Plan décennal pour la musique, mûri sous Malraux, que personne n'a vu mais dont tout le monde parle, ce qui dénote sans doute une certaine habileté, va réellement entrer en application sous Duhamel. La musique obtient une direction à part entière en janvier 1971, avant même l'arrivée de Jacques Duhamel. Le mérite du Plan Landowski est de régionaliser la politique musicale selon une conception pyramidale : création de 22 régions musicales possédant chacune son conservatoire, son orchestre, son théâtre lyrique et son animation. Très rapidement il apparaît que le niveau départemental répond mieux aux besoins que le niveau régional. Des emplois de délégués départementaux de la musique sont prévus. Des orchestres régionaux voient le jour : Rhône-Alpes,

Pays-de-Loire, Picardie, Orchestre régional du Rhin. C'est le seul domaine dans lequel le ministère se glisse sur le terrain jusqu'à l'échelon départemental.

Une collaboration avec la radio et la télévision prend corps et aboutit le 26 mars 1971 à la signature d'une convention de coopération entre le ministère et l'ORTF.

Une véritable politique de la musique est désormais en bonne voie qui n'avait pas pu prendre son essor sous Malraux.

La politique des festivals est fortement encouragée : Arles, Orange, Aix, Festival d'automne de Paris (dont le première édition a lieu en 1972[19]), Saint-Maximin, Vaison-la-Romaine, Mai de Versailles, Nuits de Sceaux, etc.

En matière de théâtre, Jacques Duhamel engage une politique contractuelle très nouvelle. Le nouveau responsable est Guy Brajot, promu directeur du théâtre, des maisons de la culture et des lettres en 1970. Au cabinet, Antoine de Clermont-Tonnerre et Dominique Ponnau suivent les dossiers du théâtre et de l'art lyrique. De nouvelles compagnies théâtrales apparaissent (Ariane Mnouchkine, Patrice Chéreau, Marcel Maréchal, Jean-Pierre Vincent) qui cherchent à affirmer un nouveau style avec « la diffusion par le Théâtre des nations de pièces étrangères nourries de Brecht ou, comme le Living Theater, d'Artaud, l'effervescence du Festival de Nancy créé en 1963 qui prône la nécessité pour le théâtre d'être plus violent et plus provocateur[20] ».

Mais le théâtre rencontre déjà une crise de fréquentation : en 1965 les théâtres nationaux recevaient 1,2 million de spectateurs, chiffre qui descend à 560 000 en 1971. À cette crise du public s'ajoute une crise de répertoire stigmatisée, notamment, par Bertrand Poirot-Delpech[21]. Michelet avait nommé Pierre Dux à la tête de la Comédie française en 1970 où il va apporter son dynamisme. Duhamel charge également Pierre Dux du théâtre de l'Odéon, Jean-Louis Barrault du Théâtre des nations (qui jouera également à l'Odéon) et Jean-Pierre Miquel du Petit Odéon. Georges Wilson, confronté à la « désertification » du TNP, est remplacé par une opération complexe dans laquelle Planchon et Chéreau du Théâtre de la cité de Villeurbanne reçoivent le titre de TNP, cependant que Jack Lang est nommé directeur de Chaillot, devenu théâtre national. Il fait ainsi son entrée officielle au ministère de la Culture. Et il doit faire face à un défi : concevoir une nouvelle salle de spectacle et relancer l'activité du théâtre. Les successeurs de Jacques Duhamel ne lui en laisseront pas le temps.

Avec les centres dramatiques nationaux, Jacques Duhamel met en place des contrats triannuels renouvelables sur la base d'un cahier des charges qui lie l'État et le théâtre.

En revanche la politique suivie en direction du Jeune Théâtre national sera beaucoup plus frileuse, alors même que les jeunes compagnies promeuvent un théâtre différent avec le Magic Circus de Jérôme Savary, Romain Bouteille au Café de la gare, le Théâtre du soleil d'Ariane Mnouchkine à la cartoucherie de Vincennes. Ces jeunes compagnies prometteuses reçoivent des subventions négligeables au regard de ceux qui jouent dans la cour des grands. Les membres de la commission d'aide aux animateurs indépendants acceptent mal la baisse des crédits. En mai 1973, après le départ de Jacques Duhamel, quatre de ses membres, Bernard Dort, Renée Saurel, Robert Abirached et Jean-Pierre Vincent, remettent leur démission. Le contraste est trop flagrant entre les centaines de milliers de francs reçus par ces jeunes compagnies qui sont les plus créatives et les millions de francs distribués au théâtres nationaux.

Pour reprendre la conclusion de Pascale Goetschel et d'Emmanuelle Loyer, « les décisions se sont multipliées sous le ministère Duhamel. Elles témoignent d'un réel souci de porter des améliorations à un secteur tout à la fois cher à Malraux et bousculé par la tourmente soixante-huitarde, déjà aidé mais en butte à de nombreuses difficultés. À la confluence des préoccupations d'ouverture et de création du ministre, le théâtre est donc symbolique d'une action qui s'inscrit dans la continuité tout en mettant l'accent sur la modernisation plus que sur l'innovation, et sur la rationalisation davantage que sur l'imagination[22]. »

Au total, le domaine du spectacle vivant est donc l'un de ceux qui reçoivent une véritable priorité, confirmant, sur le terrain des orientations fondamentales, les choix faits par Malraux en faveur du théâtre et de la musique. En comparaison, la part faite à l'architecture ou au cinéma est plus restreinte, mais peut-être ne peut-on pas tout faire à la fois, y compris construire le Centre Pompidou.

Changement ou continuité ?

Ayant dû renoncer à être vice-ministre et Premier secrétaire du *Parti des créateurs*, le poète Pierre Emmanuel ronge son frein et prononce des jugements sarcastiques :

« En ce qui concerne le ministère de la Culture, l'échec de la politique socioculturelle préconisée par la VIe Plan fut sinon organisé, du moins rendu prévisible dès le départ de Jacques Chaban-Delmas. La "nouvelle société" rangée au magasin aux accessoires des utopies, le ministère en revenait à ses fonctions traditionnelles dont nul ne conteste d'ailleurs la légitimité[23]. »

En trois années, de 1970 à 1973, on enregistre autant de signes de rupture que de continuité avec la politique culturelle antérieure. Rupture budgétaire, les chiffres l'attestent. Continuité au sein des missions traditionnelles du ministère, les plus anciennes et les mieux établies, direction du Théâtre, des maisons de la culture et des lettres, direction de la Musique, de l'Art lyrique et de la Danse, direction des Musées, direction des Archives, direction de l'Architecture.

Dans ces domaines traditionnels d'intervention, l'accent est mis sur une rationalisation des maisons de la culture, sur l'implantation des CAC (Centres d'action culturelle) dans les villes moyennes qui, à la différence des maisons de la culture, et de taille plus modeste, ont vocation à se rapprocher du terrain et à être supportés financièrement par les communes. On investit aussi sur la notoriété et la relance de l'Opéra de Paris avec la nomination de Rolf Liebermann en qualité de nouveau directeur. C'est également au cabinet de Jacques Duhamel que l'on doit le classement comme monument historique de la gare d'Orsay dont la démolition, destinée à laisser la place à un grand complexe hôtelier, est abandonnée. Mais ce n'est que plus tard que sera lancé le projet de Musée du XIXe siècle.

On a coutume de faire référence à la modestie de Jacques Duhamel. Il est vrai que l'homme était discret, qu'il affichait un verbe bas et qu'il évitait toute ostentation. Tout lui promettait *a priori* une belle carrière politique : le cabinet d'Edgar Faure à la fin de la IVe République où il voisine avec Valéry Giscard d'Estaing, une position stratégique dans l'activité politique des mouvements centristes, à la frontière de la gauche et de la droite, certes plus à droite qu'à gauche, et tournée vers l'Europe. L'homme avait coutume de citer la définition de l'action, donnée par William James : « D'abord continuer, ensuite commencer. » et comme le rappelle Jacques Rigaud : « Il voulait avant de chercher à innover, s'insérer dans une continuité ». C'est ainsi que l'un de ses premiers gestes fut de rendre visite discrètement à André Malraux. Il nous manque hélas le compte rendu de cet entretien...

Peut-être l'idéologie centriste a-t-elle pour effet de privilégier les vertus de discrétion et de continuité, mais ce n'est pas une raison pour penser que Jacques Duhamel n'a fait que continuer. Se prévaloir de cette modestie était de sa part une forme de coquetterie : il a également largement innové. Il explique que la priorité lui paraît devoir être « et peut-être devrais-je m'en excuser — car ce n'est pas du domaine de l'Âme — l'Administration[24]. » Il est vrai qu'après Malraux et Michelet, Duhamel est le premier ministre qui se soit attaché à véritablement constituer l'administration du ministère. Il commence par réunir les directeurs régulièrement, ce qui n'était pas l'usage, rue de Valois. Cela lui paraît d'autant plus nécessaire que leurs administrations verticales ne communiquent absolument pas les unes avec les autres : « Cela n'était peut-être pas l'habitude mais correspond bien à la pensée et déjà à une animation ; à savoir que la culture n'est pas une série de disciplines juxtaposées mais une certaine conception de la vie. Il est donc nécessaire de donner une impulsion qui traverse les canaux directoriaux mais qui ne soit pas cette juxtaposition de directions distinctes[25]. »

Robert Bordaz, lui-même, sera invité à participer à ces réunions de directeurs, acceptant volontiers de jouer à ce niveau la carte de l'intégration du Centre Beaubourg au sein de la politique culturelle du ministère.

Homme d'innovation, Jacques Duhamel va mettre l'accent sur la mobilité « qui me paraît être l'un des points essentiels à organiser pour qu'on ne s'enferme pas dans des murs, et forcément, dans les lieux prédestinés, Paris en particulier et pour qu'au contraire, il y ait, à partir de centres disséminés dans l'ensemble du pays, une mobilité des différentes personnes qui contribuent à cette diffusion culturelle. »

Cette phrase de Jacques Rigaud résume bien l'homme et son action : « Sociale et libérale, l'action culturelle que nous devons mener a ceci de contradictoire qu'elle doit être, à la fois, pudique et efficace[26]. »

Un exemple de ce souci d'efficacité est la publication d'un arrêté destiné à mettre en œuvre la loi votée en décembre 1968 sur la dation des œuvres d'art autorisée en lieu et place du paiement des droits de succession et qui attendait depuis trois ans. Au nom de cette mobilité, le ministère inscrit pour la première fois à son budget en 1972 des crédits dits « de mobilité » (permettant de subventionner des actions comme les muséobus, les troupes théâtrales itinérantes). De même, il crée un Fonds de mobilité des grandes formations artistiques françaises, il lance également la construction des premiers centres culturels polyvalents prévus par le VIe Plan. Bref, dans son acception, la culture doit se disséminer dans le tissu urbain et utiliser les formes les plus souples de l'action. On ne peut pas dire que cela soit simplement la continuation de la politique de Malraux. Certes ce sont des actions plutôt discrètes, mais le changement est-il nécessairement spectaculaire ?

Jacques Duhamel incarne bien en définitive cet esprit du mouvement que souhaitait Georges Pompidou, fait de petites touches et cachant souvent une grande ambition. Par exemple, Jacques Duhamel est le premier des ministres de la Culture à s'attacher concrètement à la question des relations avec la télévision. Il signe en 1972 une déclaration commune concernant l'organisation des rapports entre le cinéma et l'ORTF avec le directeur général de l'ORTF. Comme il le dit devant l'Assemblée nationale le 28 mai 1971 : « La diffusion de la culture est et doit être une des préoccupations majeures de l'ORTF ».

Cette innovation est empirique. Lorsqu'il s'agit par exemple de traiter la question des centres dramatiques, des troupes permanentes de la décentralisation, Jacques Duhamel met au point un projet de contrat de trois ans avec chacun des animateurs, qui apporte une base juridique aux relations entre l'État et les responsables de l'action théâtrale. Dès lors, les crédits de l'État ne sont plus un droit mais la contrepartie d'un engagement (ce que conteste, on l'a vu, Gabriel Monnet). Le souci de la décentralisation est très présent dans la nouvelle équipe : dans la région parisienne avec la création de deux centres d'art dramatique nouveaux, à Nanterre et à Aubervilliers, plus largement sur l'ensemble du territoire national. Ainsi, les compétences des comités régionaux des Affaires culturelles sont élargies[27], des délégués régionaux de la Musique sont nommés.

En matière de cinéma, le ministre a été éclairé par les conclusions du groupe cinéma du VIe Plan animé avec talent par Bertrand Labrusse. Il en tire les grandes lignes de la politique qui sera poursuivie au cours des années soixante-dix, jusqu'aux réductions de TVA mises en œuvre en 1978. La privatisation de l'UGC en 1972 s'est accompagnée, comme avec l'ORTF, de cahiers des charges comportant obligation de projeter des films de qualité. La fin de la censure, en dépit des combats d'arrière garde de Jean Royer, maire de Tours, constitue l'amorce d'un changement de climat qui, hélas, ne survit pas à l'arrivée de Maurice Druon. Georges Pompidou lui-même rappelle à Jacques Rigaud qui espère encore rester auprès de Maurice Druon ce que doit être la nouvelle politique culturelle : « Le libéralisme c'est fini » !

Il s'efforce de redonner corps et âme aux monuments historiques, en y implantant des « centres de rencontre » exprimant une volonté de réconcilier patrimoine et création contemporaine. Il manquera de temps là aussi, mais les semences auront été jetées avec détermination. Il engage la réforme de la profession des architectes et la réorganisation des études d'architecture.

Jacques Duhamel aura cette formule : « La culture, c'est ce qu'il faut ajouter à une journée de travail pour en faire une journée de vie ». Il avait le goût de la qualité du cadre de vie, le souci du patrimoine l'emportant sans doute sur la création architecturale. Mais la vaillante cohorte de ceux qui ont créé le service de la création architecturale redonne de l'espoir aux jeunes architectes en multipliant la pratique des concours[28]. La réforme de l'architecture est une entreprise de longue haleine. Pensée par Jacques Duhamel, débattue au parlement par Maurice Druon, puis par Françoise Giroud en 1976, elle est mise en vigueur par Michel d'Ornano en 1977 : cinq ans pour une réforme avec quatre ministres, c'est le lot des courts mandats ministériels et l'illustration des vertus de la continuité du « ministère des ministres ». La conservation du patrimoine avait souffert de la conception élitiste de Malraux.

Désormais on ne raisonne plus seulement en termes de Louvre et de Notre-Dame de Paris. Jacques Duhamel prend soin de mettre l'accent sur la sauvegarde de tous les monuments : « Il faut donner aux monuments leur ration de survie », ou encore : « mieux vaut sauver dix mille monuments pendant cinquante ans, que cinquante monuments pendant mille ans ». L'allusion est transparente. Et la volonté de rupture assez claire.

Européen, Jacques Duhamel se soucie également d'affirmer la présence de la culture française au-delà des frontières. À Helsinki il participe à la première conférence des ministres européens de la Culture sous l'égide de l'Unesco. Il s'agit là d'un acte important puisque, à la période de Malraux marquée soit par des actions bilatérales, soit par des voyages personnels destinés à rendre hommage à un site ou une manifestation, succède désormais le temps des relations culturelles internationales multilatérales. Le thème qu'il expose à Helsinki est celui du développement culturel, reprenant en cela purement et simplement les concepts forgés par Pierre Emmanuel et la commission des Affaires culturelles du Plan.

La crainte gauchiste. L'affaire de l'expostion 72-72

Pratiquant avec bonheur le sens du dialogue, dans une période où le *Parti des créateurs* est majoritairement opposé au gouvernement et ne se prive pas de le proclamer, Jacques Duhamel tente de nouer et de maintenir les contacts. Il réussit ainsi à retarder la démission du Conseil du développement culturel et s'inspire abondamment des conclusions de la commission du Plan dont il reprend les concepts et propositions.

Mais cet empirisme, cette finesse, cette écoute de l'autre ne suffisent pas toujours pour dépasser les contradictions politiques. Et l'un des problèmes qu'il rencontre est celui de l'exposition 72-72 et des relations délicates avec le monde artistique. Quatre ans après les événements de mai 68, le gauchisme, toujours puissant, touche particulièrement les milieux de la création. Georges Pompidou veut préfigurer en quelque sorte son projet de Centre Beaubourg en organisant une grande exposition faisant le bilan de la création depuis une vingtaine d'années. Après quelques hésitations, et devant les réticences exprimées par Jean Leymarie, alors directeur du Musée d'art moderne, il s'adresse en définitive à François Mathey.

Conservateur en chef du musée des Arts décoratifs, ce dernier avait occupé une place centrale dans l'art contemporain au cours des vingt dernières années, place laissée vacante par le Musée d'art moderne qui ne s'intéressait guère qu'au seul art moderne. Petit, corpulent, l'œil malin, l'esprit agile, François Mathey était un esprit frondeur, adorant les facéties. En lui les choses de l'esprit semblaient sans cesse contredire celles du corps. Le nœud papillon semblait vouloir élever une pensée trahie par des rondeurs plébéiennes. Et la main qu'il avait forte et musclée au point d'écraser la vôtre était capable d'écrire de très beaux textes alertes et élégants. Il était peut-être la plus mauvaise langue du milieu culturel : non seulement on ne s'ennuyait pas en sa compagnie mais on s'instruisait aussi. Il avait le don d'ouvrir des chemins de traverse comme entre les artistes et les artisans, ou encore l'esthétique et le design industriel. Issu du corps des conservateurs des monuments historiques, il aurait pu terminer sa carrière au château de Versailles. Il arrive au Louvre, côté rue, avec la complicité de Claudius-Petit qui préside l'Union centrale des arts décoratifs, lui aussi anticonformiste. Conservateur de musée malgré lui, il n'aura de cesse de moquer ses collègues de l'autre côté de la cour Napoléon. Aux honneurs, il préfère les études et au service de l'État, celui des artistes. Sa passion est de les découvrir et de concevoir pour eux des expositions. C'est à lui que les artistes doivent de ne pas avoir été oubliés du temps où Malraux ne fréquentait que les plus grands. François Mathey, très à l'aise dans la cour des grands, ne cesse de fréquenter aussi la cour des moyens et des petits. Quitte à oublier quelque peu les collections historiques du musée des Arts décoratifs qui ne le passionnent pas, il en transforme les salles en lieu permanent d'exposition. Très libre de propos, caustique et critique, il peut être aussi pertinent que maladroit dans le jugement. Cela lui attire de solides inimitiés. Mais en faux débonnaire, il rend coup pour coup.

Pompidou souhaitait initialement une présentation de la période 1945 à 1970, ce dont il fait part à Mathey : « Lorsque nous sommes arrivés aux années 1960-1970, il (le président) m'a dit, sur les vingt-cinq noms qu'il y avait sur ma liste initiale, c'est étrange, il y en a seulement quatre ou cinq que je connaisse. C'est tout de même troublant, je m'imaginais bien connaître la peinture contemporaine, je vois que mon information est incomplète… Si, en tant qu'amateur, je ne suis pas au courant, à plus forte raison le grand public et a fortiori les étrangers, je me demande si l'effort de l'exposition ne devrait pas porter sur cette période[29] ? »

C'est ainsi que l'on glissa de l'art moderne à l'art contemporain, plus difficile à appréhender dans une exposition de ce type. Et c'est ainsi que les goûts et jugements d'un président orientent, malgré lui, le contenu d'une exposition.

Mathey engage de nombreuses consultations et rencontre des difficultés à trouver des critères pertinents pour retenir les artistes qui ont compté en France et qui sont aussi censés plaire au président de la République. Un peu effrayé par la responsabilité qui lui incombe, mal à l'aise dans une fonction officielle à laquelle il n'est pas habitué, il trouve forte partie en Georges Pompidou qui ne cache pas son sentiment à son beau-frère[30], Henri Domerg, qui est aussi son conseiller culturel à l'Élysée : « Il résulte de tout cela que M. Mathey manque de punch. C'est lui qui fait une exposition pas les peintres. Si, en particulier, on peut comme cela me paraît normal exposer les œuvres appartenant à l'État (ou prêtées par des particuliers) librement, il en résulte a fortiori que l'organisateur est libre de choisir les œuvres qu'il entend exposer quand il s'adresse à un artiste, celui-ci n'ayant d'autre possibilité que de tout refuser de ce qui lui appartient, mais ne devant pas dicter le choix. L'artiste n'est pas juge de son propre talent et ce n'est pas lui qui organise une exposition privée dans une galerie, c'est le ministère qui a chargé M. Mathey d'exposer ce qu'il jugeait devoir exposer. Je souligne l'importance de cet aspect des choses car je ne veux pas qu'il y ait « censure » après coup ni d'autre part scandale[31]. »

Jugement prémonitoire du président : on criera à la censure et il y aura scandale.

Mathey réunit une équipe composée de François Barré (son adjoint à la tête du CCI et participant à la conception du Centre Pompidou), Jean Clair (alors rédacteur de la revue d'Aimé Maeght, *Chroniques de l'art vivant*), Daniel Cordier (galeriste, ancien secrétaire de Jean Moulin pendant la guerre), Maurice Eschapasse (inspecteur des Beaux-Arts), Serge Lemoine (universitaire) et Alfred Pacquement (jeune chargé de mission au Cnac). L'équipe commence par sélectionner 250 artistes. Mathey choisit finalement, dans le style un peu provocateur qui était le sien, d'en retenir arbitrairement 72, puisque l'exposition se tient en 1972, et qu'elle va de 1960 à 1972 ! Elle s'appellera donc 72-72. Il s'agit d'un jeu de dates qui permet à l'éternel Roman Cieslewitcz de faire une belle couverture de catalogue. Mais, bien sûr, il est contraint d'écarter un certain nombre d'artistes comme la loi du genre l'y oblige. Yvaral, fils de Vasarely, malgré les objections élyséennes, se retrouve parmi les artistes des travaux collectifs qui refusent d'être accrochés, alors que Vasarely, son père, qui est fortement conseillé, n'est pas sélectionné, pas plus que Hartung.

S'il enfreint les conseils de Pompidou, Mathey ne prend sans doute pas toutes les précautions pour assurer une bonne concertation avec les artistes qui ont été choisis ou refusés. Or le milieu de l'art contemporain, depuis une dizaine d'années, est un milieu de combat. Le Salon de la jeune peinture, qui joue un rôle important à cette époque est proclamé, en 1964, « salon de combat » par Tisserand. Les artistes prennent une part importante aux journées de mai 68. Le Salon de la jeune peinture de 1969 est organisé sur le thème « Police et culture » et se termine en octobre par le saccage des locaux du musée Galliera où se tient la VIe Biennale de Paris. En octobre 1970, il se tient dans les Halles de Baltard qui, dans l'attente d'une démolition, accueillent nombre de manifestations culturelles : le thème est « Patron, Police, Culture, Exploitation ». Le 30 septembre 1971, le préfet de police ordonne de décrocher deux toiles de Mathelin dans une exposition à l'ARC, qui, dans la série des « Monumensonges » s'en prennent de façon imagée à l'État. Cela fait grand bruit. Pierre Gaudibert, directeur de l'ARC, semble être la cible réelle de cette action de censure. La création du Front des artistes plasticiens (FAP) en 1971 renforce la mobilisation des artistes qui réclament au ministère des lieux d'exposition.

Or la manifestation voulue par le président de la République, et qui doit être inaugurée par lui, prend un caractère officiel, voire politique. Apparemment de plus en plus inquiet, Georges Pompidou s'adresse directement à François Mathey le 1er février avant l'ouverture de l'exposition : « Cette exposition n'est en rien gouvernementale et il faut être aigri ou complexé pour le soutenir. À partir du moment où vous avez accepté de l'organiser, vous savez mieux que personne que vous avez une liberté de conception et de choix totale. Vous dites dans votre lettre (à laquelle répond Georges Pompidou), que des hommes comme Le Parc ou Martial Raysse refusent d'exposer sous prétexte que " l'État ne fait rien pour eux, ils n'ont pas de service à lui rendre". Ceci pose trois questions :

« 1. Tout d'abord en quoi cette exposition rend-elle service à l'État ? Elle rend service à l'art vivant, aux artistes qu'elle fait connaître, au grand public. [...] L'État, en ma personne, sera plutôt critiqué par tous ceux — et ils sont la majorité — qui restent prisonniers de conceptions traditionnelles.

« 2. Un artiste a-t-il le droit de refuser que ses œuvres soient exposées à partir du moment où elles ont été vendues par lui ? Si l'État ou des particuliers possèdent des œuvres, peut-on les empêcher de les montrer ? J'aimerais une réponse sur ce point.

« 3. Le Parc et M. Raysse sont de bien mauvais exemples. J'ai aidé M. Raysse dans la mesure où je lui ai acheté deux tableaux, je l'ai reçu à Matignon où il a accepté de venir me voir [...].

« Quant à Julio Le Parc, c'est moi qui ai donné instruction de l'autoriser à rentrer en France dont le ministère de l'Intérieur l'avait expulsé à la suite des événements de mai 68, alors qu'il se rendait à Flins pour manifester, ce qui n'est pas le rôle d'un étranger, et que ses supporters, pour dénoncer l'arbitraire de l'expulsion, allégaient que le gouvernement montrait son ignorance de l'art et du fait que celui de Le Parc a besoin de la création en usine. Argument particulièrement ridicule puisque l'usine était en grève.

« Quant au choix, vous êtes libre. Quant au vedettariat, c'est un reproche qu'on ne pourrait accepter que si l'exposition était réservée à des vedettes ou si elles y avaient une place excessive. Mais il est facile d'éviter ce dernier inconvénient. Je trouve pour ma part fâcheux d'éliminer Hartung (qui d'ailleurs s'est renouvelé dans ses dernières œuvres), Vasarely qui est en pleine activité et Matta. [...] Mais il faut avouer qu'il est bizarre d'éliminer Vasarely et de prendre Yvaral[32] qui de toute évidence n'a pas échappé à la tutelle artistique de son père.

« Au total il faut se moquer des critiques et faire ce qu'on a à faire, qui est bon et *utile à l'art et à la France dont on peut se préoccuper quand on est français et qu'on aime l'art sans faire pour autant preuve d'un nationalisme excessif*[33]. »

Difficile pour l'homme-politique-amateur-d'art de garder ses distances avec une exposition d'artistes dont il connaît bien certains, mais qui sont eux-mêmes intégrés dans des groupes plus ou moins politisés. Délicat pour le conservateur chargé du commissariat artistique de rester sourd aux critiques du milieu artistique et de faire des choix en toute indépendance comme l'y invite le président de la République. N'ayant pas cédé aux conseils du président de la République, Mathey est inquiet. Est-ce pour se faire pardonner qu'il reprend dans sa préface du catalogue les termes mêmes du président en réponse à sa lettre, sans en citer les sources, comme noyés dans sa prose, tentant symboliquement de faire preuve d'allégeance, secrètement, puisque seul le président saura reconnaître des mots qui, au demeurant, sonnent faux sous la plume de Mathey[34] : « Rarement exposition, écrit-il, s'est présentée dans une telle confusion organisée, entretenue [par qui ? La faute à qui ?]. C'est peut-être finalement un mérite. On a beaucoup parlé à tort et à travers, mettant en cause la sincérité des intentions ; l'incompréhension trop évidente pour n'être pas voulue a gangrené le milieu des artistes. C'est bien dommage. Mais il ne nous appartient pas de juger la politisation qui a été faite de cette exposition. Pour nous, insoucieux des critiques, nous avons mené un travail qui paraissait *utile aux artistes et même à la France dont on peut se préoccuper quand on est français et qu'on aime l'art sans pour autant faire preuve d'un nationalisme excessif*[35]. »

On reconnaît dans ces dernières lignes, celles de la lettre de Pompidou que Mathey s'est appropriées. Jamais les mots France et français ne sont revenus aussi fortement sous la plume de Mathey, dont ce n'était pas la préoccupation principale. Quant aux prudences relatives au « nationalisme », signifient-elles que, sous réserve de se garder des excès, il était loisible de s'adonner à quelques plaisirs cocardiers ? Le clin d'œil de l'élève, qui avait été tancé par le maître, est discret, voire insistant, semblant vouloir dire « je vous ai compris ! ». Trop tard, hélas, pour qu'il puisse rentrer dans ses bonnes grâces. Rendu responsable de l'inauguration-contestation, Mathey ne sera pas nommé à Beaubourg conservateur du Musée d'art moderne. Il a raté son examen de passage. Il rééditera ce genre de jeu dangereux avec le pouvoir à l'époque de Valéry Giscard d'Estaing dont il fera l'exposition sur les métiers d'art devenue, par provocation et impertinence, « Les métiers de l'art ». Mais il n'avait alors plus rien à attendre du pouvoir.

Dans ce contexte il n'est pas étonnant que l'ouverture de l'exposition soit précédée par des déclarations, des protestations et mouvements divers qui font craindre une manifestation publique hostile au gouvernement. Le Front des artistes plasticiens convoque le jour même de l'inauguration, le 16 mai 1972, des « états généraux des arts plastiques » et appelle à une manifestation des artistes au Grand Palais. Qu'une manifestation politique puisse être organisée par des artistes à l'occasion de l'inauguration d'une exposition voulue pour eux par le président de la République, ne s'est jamais vu. N'est-ce pas le signe de l'ingratitude des artistes envers le pouvoir politique ? Pourtant, sous de Gaulle, on a bien dû renoncer, crime de lèse-majesté, à quelque première à l'Opéra à cause d'une grève de machinistes. Mai 68 n'est pas encore oublié et l'on a affaire à des artistes dont certains sont très engagés sur le terrain politique. Dès lors, on s'inquiète de l'inauguration qui devient affaire d'État. Le souvenir de l'affaire Langlois est resté vif. La veille de l'inauguration, Jacques Duhamel monte au créneau et y va d'un article dans *Le Monde* pour promettre de « réserver le Grand Palais aux manifestations artistiques [...], de commencer l'aménagement de la grande nef, sans attendre « l'aire d'exposition de 4 000 m^2 prévue au plateau Beaubourg[36] ». Le ministre de l'Intérieur multiplie les mises en garde. Jacques Duhamel inaugure l'exposition le matin sans encombre. Face aux protestations des « refusés » que l'on se garde de recevoir, le ministre de l'Intérieur intervient avec la délicatesse qu'on peut lui supposer dans ce genre d'affaire. Raison officielle : la reine d'Angleterre se déplaçait dans les parages. La police charge à deux reprises les artistes opposants qui manifestent à l'entrée. En mesure de protestation, un certain nombre d'entre eux décrochent ostensiblement leurs toiles sous le nez des pandores médusés. Ainsi de la coopérative des Malassis, Henri Cueco en tête. Réfugiés dans les salles, en présence de Jean Châtelain, directeur des Musées de France, peu accoutumé à ce genre d'exercice, les artistes négocient leur évacuation qui se fait finalement en bon ordre, derrière le directeur intervenant comme couverture face aux forces de l'ordre. Commentaires des artistes narquois : « Nous voulons bien sortir mais avec vous, parce que s'il y a des incidents, vous serez le premier à recevoir les coups de matraque[37] ! ».

Conclusion du directeur, philosophe : « Cela témoigne qu'il n'y avait ni virulence politique des manifestants, ceux-ci voulant rappeler qu'un artiste est opposé au pouvoir quel qu'il soit, ni férocité particulière de la police. Personne n'a cru qu'un coup d'État allait se produire. Mais, la Révolution de 1848 ayant commencé dans les mêmes conditions, on voit qu'en 1972 cela aurait pu tourner bien autrement. »

L'inauguration est ratée. L'exposition est très critiquée. La presse est remontée. Le scénario de mobilisation du *Parti des créateurs* est tout trouvé. Les intellectuels donnent une nouvelle fois de la voix : Jean-Paul Sartre, Michel Foucault, Maurice

Clavel, Jean-Luc Godard, Marguerite Duras soutiennent les artistes plasticiens. La construction du centre Pompidou doit désormais compter avec cette tache originelle. Les débats entre art moderne et art contemporain sont affectés par cette crise. À Beaubourg, Sébastien Loste agite sa férule, symbolique, avec plus de nervosité qu'à l'ordinaire. On aura tendance à réserver dans les collections une part importante à l'art moderne, sans doute plus qu'il n'était initialement prévu : n'est-il pas plus dangereux d'exposer des artistes vivants que des artistes morts ?

Voici, une nouvelle fois, la culture rattrapée par la politique. Michel Poniatowski, qui sera deux ans plus tard ministre de l'Intérieur, multiplie questions écrites et orales au gouvernement avec une subtilité de futur « premier flic de France » : « Douze ans de canulars contemporains[38] », s'exclame-t-il, comme pour rappeler au président qu'il est élu par une majorité conservatrice bleu horizon, issue de la France profonde, et qu'il ne faut pas plaisanter avec ces choses-là : la majorité n'a-t-elle pas failli être victime d'un monôme d'étudiants ? En « centriste » libéral et indépendant, Jacques Duhamel lui répond, sous la plume de Jacques Rigaud, avec hauteur de ton : « Retirer à l'opinion son droit de juger et priver le créateur d'une possibilité de faire connaître son œuvre sont des pratiques que l'honorable parlementaire a généralement coutume de condamner. »

Mais pendant quelques heures, quelques jours, le syndrome de mai 68 est revenu. Plus que jamais, il sera l'une des obsessions des gouvernants tout au long de la construction du Centre Pompidou dont ils redoutent qu'il ne devienne un haut lieu du gauchisme et de la contestation. Il est certes difficile d'être un ministre libéral de la Culture tout en appartenant à un gouvernement de droite. Après Malraux, Duhamel en fait la dure expérience. Les constructeurs du Centre Pompidou aussi. Peu après l'inauguration de l'exposition 72-72, les artistes du Front des artistes plasticiens occupent les bureaux de l'établissement constructeur boulevard de Sébastopol et nous prennent en otages une journée durant, jusqu'à ce que les forces de police libèrent les locaux. Comme il faut toujours un bouc émissaire à un ratage, c'est François Mathey qui est désigné comme responsable. C'est pourquoi, sur proposition de Robert Bordaz, Georges Pompidou fait appel en 1973 au conservateur suédois du musée de Stockholm, Pontus Hulten, qui va prendre en main les destinées du nouveau Musée d'art moderne. On n'a jamais trouvé mieux que de faire appel à des étrangers, voyez Lulli, voyez Liebermann, pour régler des incertitudes nationales. C'est ce que l'on appelle le génie universel de la France. Nul n'est en effet prophète en son pays. C'est peut-être la raison pour laquelle Boulez garde un pied à Baden-Baden.

Quant à Georges Pompidou, il s'abstiendra de visiter « son » exposition. Il faudra attendre 1999, et le vingt-cinquième anniversaire de sa mort, pour que les artistes de son choix puissent être réunis au Jeu de Paume par Daniel Abadie, en présence de Jacques Chirac et de Claude Pompidou, dans une ambiance dépourvue de toute contestation. Autres temps, autres mœurs : l'exposition *Georges Pompidou et la modernité* porte bien son nom, les œuvres qu'elle réunit sont celles d'un art contemporain devenu moderne à l'épreuve du temps.

Cette époque est donc celle de la crainte de la moindre explosion, de l'exploitation de la culture à des fins politiques. Le pouvoir veut s'ouvrir à la culture parce que l'on sait qu'elle est l'un des seuls moyens de répondre aux questions que se posent les jeunes et plus largement la société, mais en même temps sa peur ou son libéralisme tempéré sont contraints d'adopter une « main de fer dans un gant de velours. ». Georges Pompidou commence son mandat en libéral. Il le poursuit de manière plus conservatrice.

La crainte du gauchisme s'exprime en de multiples occasions. Le ministère des Affaires culturelles est directement concerné, par exemple, par l'affaire des Halles de Baltard, symbole de la livraison du centre de Paris aux mains de spéculateurs sans scrupules et d'architectes médiocres. Mais il ne fait rien pour s'opposer à leur démolition. De même il se hâte de dissoudre en novembre 1971 l'Institut de l'Environnement créé en 1969 dans une ambiance post-soixante-huitarde par un quarteron de fonctionnaires[39] qui avait bien senti la nécessité de traiter de la formation supérieure des architectes et urbanistes dans un cadre pédagogique nouveau, faisant largement appel à la pluridisciplinarité. Comme souvent, on accuse son chien de la rage : « L'Institut n'a pas été à la hauteur des espérances mises en lui[40] ». Tout comme Langlois n'avait pas rangé ses bobines dans le magasin dont on lui avait donné les clés quinze jours plus tôt… Mais le ministère prouve aussi qu'il n'est pas à la hauteur des ambitions d'une grande politique de formation dans le domaine du cadre de vie. Cela ne sera pas sans effet sur la décision prise en 1977 de rattacher la direction de l'architecture au ministère rival chargé de l'équipement[41].

La crispation conservatrice se concentre surtout sur la télévision. Un nouveau ministère de l'information est créé. Il est confié à Philippe Malaud qui n'y va pas par quatre chemins. Ses intentions ? « Rendre à la majorité silencieuse ce qui ne lui était que trop souvent ravi, [arracher la télévision à] l'influence des intellectuels maboules et des soviets de dingues, [et] bouter hors de l'Office la cohorte des Cassandre gauchistes[42]. »

Il faut dire que Georges Pompidou lui-même n'hésite pas à rappeler l'ORTF à l'ordre dans une conférence de presse du 21 septembre 1972 : « Qu'on le veuille ou non, et je sais qu'il y en a qui ne me croient pas, le journaliste de télévision n'est pas tout à fait un journaliste comme les autres. Qu'on le veuille ou non, la télévision est considérée comme la Voix de la France » ; ce qui permet, n'est-ce pas, de justifier les mises au pas jugées nécessaires.

On comprend que la création d'un ministère de la Culture et de la communication ne soit pas à l'ordre du jour.

L'enracinement : le premier « bon » budget

En définitive, l'œuvre qu'a accomplie Jacques Duhamel a sans doute été d'autant plus importante qu'il est le premier ministre des Affaires culturelles réunissant des qualités d'intelligence, de bon sens, de clairvoyance, de modération sans prétendre être ni poète, ni artiste. En outre, en homme politique, il se soucie d'équilibre, il veille notamment, plus encore que Malraux, à la diffusion de la culture.

Avec lui, le ministre de la Culture occupe une place nouvelle dans le système culturel. Malraux, clairement issu de la sphère des créateurs, avait finalement choisi de se mettre à leur service. Duhamel met l'accent sur la sphère des publics tout en négociant avec les artistes. Il rompt quelque peu avec la politique de l'offre de biens et services culturels incarnée par Malraux pour lui préférer une politique qui met également en branle la logique de la demande. Il fait donc beaucoup pour réconcilier l'action culturelle de l'État avec celle des collectivités locales, les établissements culturels, les compagnies d'artistes et il crée un certain consensus autour de lui. Sans doute ce consensus n'a-t-il pas réussi à s'exprimer dans le cadre du Conseil du développement culturel. Dès lors, un certain malaise s'installe entre les artistes et un pouvoir qui se dit libéral et pratique une conception un peu sourcilleuse de l'autorité de l'État. À la manière pompidolienne.

De son côté, Robert Bordaz poursuit le dialogue avec les artistes, (en particulier lors d'une rencontre mémorable à Créteil) tout en maintenant avec fermeté le cap vers la construction du Centre Pompidou. Il n'en reste pas moins que la grande affaire de cette période de deux années est cette construction qui se poursuit dans une atmosphère de fervente créativité à la fois pour repenser le centre urbain de Paris et réinventer des formes de relation des arts entre eux et des arts avec les publics. Pendant que le ministre essaie de mettre du « liant » dans les rouages des institutions administratives dont il a hérité, le grand terrain d'innovation se trouve à côté, sur le plateau Beaubourg, dans un contexte exceptionnellement favorable à l'investissement culturel, du fait de la volonté de quelques hommes au sommet de l'État, circonstance qui ne réapparaîtra qu'avec l'arrivée de François Mitterrand à la présidence de la République.

Mais le ministère ne reste pas inerte. Il se renforce et se fortifie de l'intérieur.

Jacques Duhamel est le seul ministre des Affaires culturelles de la décennie dont le budget augmente de manière sensible comme le montrent tous les indicateurs budgétaires[43] :

- *Part du budget de la Culture (Centre Pompidou inclus) dans le budget de l'État (loi de finances initiale) :*

1971	0,402 %
1974 (budget préparé par Duhamel)	0,606 %

Soit une augmentation de 50 % environ de cette proportion, le budget passant en loi de finances initiale de 669 millions de francs (MF) en 1971 à 1 332 millions en 1974. C'est en 1973 que pour la première fois ce budget franchit la barre du milliard de francs. Et c'est la première fois que depuis la création du ministère le budget de la Culture augmente aussi sensiblement.

- *Dépenses culturelles par habitant en francs constants 1995 :*

1971	65,39 F
1974	98,28 F

L'augmentation en 3 ans est de 50 % environ. Elle avait été de 59 % en 10 ans pendant la période Malraux.

Répartition des dépenses par nature : on a vu plus haut[44] combien la coupe opérée en 1973 montrait une tendance à la diversification des types de dépenses relevant du ministère, ce qui corrobore l'orientation nouvelle de la politique de développement culturel inaugurée par Jacques Duhamel.

Sur le terrain des priorités budgétaires, l'analyse conduite par Jean-François Chougnet permet de mieux évaluer les orientations de la politique culturelle de Jacques Duhamel[45]. Le passage d'un « budget d'espoir » (1972) à un « budget de volonté » (1973), selon les propres termes de Jacques Duhamel, met l'accent sur les grands chantiers de l'époque. La réforme de l'opéra de Paris, qui fut sur le point de fermer et qui sera sauvé, notamment par la venue annoncée de Rolf Liebermann, mais aussi par la renégociation des conventions collectives, exige des crédits importants. Mais, signe des limites de compétences du ministre des affaires culturelles, les crédits du Centre Beaubourg et du FIC sont peu débattus par le ministre qui montre ainsi leur dépendance respectivement du président de la République et du Premier ministre. Le budget de 1972 permet à Jacques Duhamel de déclarer : « C'est la première fois depuis 1958 que le budget des Affaires culturelles connaît cet accroissement relatif[46] ».

Le budget du ministère obéit à quatre priorités : la formation des hommes, la protection des choses, la diffusion des actions, la diversification des équipements. On est bien dans la manière de Jacques Duhamel, modeste et sérieuse, celle qu'attendent alors les acteurs culturels. Le plan Landowski pour la musique commence à faire connaître ses effets : les crédits de diffusion musicale sont multipliés par 12 depuis 1966, passant de 4 MF à 50 MF environ. Comme l'explique Jean-François Chougnet : « Le Centre Beaubourg, probablement à cause de son onction présidentielle, semble d'ores et déjà bénéficier d'un statut d'extra-territorialité ». En effet, un tiers de son budget d'investissement est inscrit au budget du ministère de l'éducation nationale (à cause de la présence de la bibliothèque qui relève alors de ce ministère) et la plupart des décisions sont prises directement avec l'Élysée, Matignon ou les Finances.

La prise en compte de l'impératif de la gestion budgétaire se traduit désormais par l'apparition d'un véritable concept de budget culturel, avec des arbitrages sérieusement préparés et rendus entre services, par la montée en puissance des interventions pluridisciplinaires issues des recommandations de la commission du VIe Plan (FIC), l'installation du système de la subvention comme mode de gestion déléguée, avec le développement des règles contractuelles dans les relations entre l'État et les institutions du spectacle vivant. Sans doute est-ce là l'une des marques de cette politique dont le chef du bureau du budget de l'époque[47] retient les difficultés de l'opéra et celles de la réforme du théâtre de Chaillot dirigé par Jack Lang. La présence de ce dernier va donner du ministre une bonne image à gauche, le *Nouvel Observateur* faisant régulièrement l'éloge du « fou de Chaillot[48] ». Telle ne sera pas nécessairement l'opinion du successeur de Jacques Duhamel, ou du moins de son conseiller, Jean Musy, qui n'avait de cesse de critiquer l'homme de Chaillot. Car le Prince doit être très éclairé qui soit capable d'écouter un « fou ».

Jacques Duhamel l'est, qui a choisi Jack Lang. Il n'est pas seulement un homme de stature. C'est aussi une équipe que l'humanisme, voire l'humanité, rend accessible. Les représentants du pouvoir culturel prennent goût aux artistes et aux choses de l'art plus encore qu'au pouvoir. Le style Duhamel, c'est un don de confiance, une capacité de chaleur, un souci d'écoute qui le font se rendre à la Cartoucherie de Vincennes, chez Ariane Mnouchkine, incarnant alors une forme d'opposition irréductible et où il ne craint pas d'affronter les quolibets. Avec lui et son équipe, le « cinquième pouvoir » montre un visage humain.

2. MAURICE DRUON (5 AVRIL 1973 - 1er MARS 1974)

Sous de nombreux aspects, Maurice Druon est l'antithèse de Jacques Duhamel. Autant Jacques Duhamel incarne la modestie, autant Maurice Druon avance gonflé de lui-même et de son importance. Jacques Duhamel a le verbe sobre, Druon l'a fleuri et emphatique. Le premier s'excuse presque d'être ministre de la Culture, le second arrive rue de Valois en jouant au ministre. Le premier l'est, le second veut le paraître. Le résultat sera exactement l'opposé du but poursuivi : Jacques Duhamel laisse une image de grand ministre de la Culture, Maurice Druon laisse celle d'un ministre insignifiant. Certes, resté neuf mois seulement rue de Valois, il n'a guère le temps d'assurer son pouvoir. Pour l'essentiel, et grâce à un cabinet composé de bons administrateurs, il continue dans la voie de la réalisation qu'avait ouverte Jacques Duhamel. Entouré de Dominique Le Vert, nourri dans la tradition du Conseil d'État, qui exerce les fonctions de directeur de cabinet, d'Alain Lamassoure, jeune auditeur à la Cour des comptes plein d'avenir qui s'occupe des finances, il va pour l'essentiel se consacrer à l'image qu'il laissera de lui-même.

Jacques Rigaud raconte qu'à l'arrivée du ministre, lui-même occupe encore le bureau de directeur de cabinet de Jacques Duhamel, et Maurice Druon qui veut le garder auprès de lui, (par souci de la continuité sans doute) demande un instant de réflexion avant de jeter sur une feuille de papier ce qui ressemble à des consignes. Il la lit sentencieusement : « Tout ce qu'on fait au service de la France est naturellement dramatique », et ajoute sous l'œil médusé de Rigaud : « Cette maxime est du général de Gaulle, dans une lettre qu'il m'avait envoyée en avril 1958 à propos d'un de mes ouvrages. Désormais, nous vivrons chaque jour à la lumière d'une telle maxime ». Un certain nombre de ces maximes a été publié en 1974 dont on peut dresser le rapide florilège[49] : « Tout homme est à soi-même son plus important souci. Nous nous sentons uniques parce que nous nous savons mortels. Du moment que le pouvoir peut être contesté, il est forcément consenti. Les rapports entre les cités et les princes sont souvent affaire de passion plus que de raison. Les règles du pouvoir doivent être conçues pour la généralité et non pour l'exception. Il n'y a ni grandeur ni sûreté à régner sur des esclaves. La mémoire collective est tenace. Marc Aurèle écrit : “Ce qui n'est pas utile à l'essaim n'est pas non plus utile à l'abeille”. Celui, qui dans une société, accède au pouvoir suprême cesse d'exister pour lui-même et par lui-même ; il prend un caractère de symbole. Une foule debout pendant cinq heures pour voir passer une calèche royale est plus heureuse que le prince assis qui la salue. Le peuple s'attendrit volontiers sur les bons fils et prise les vertus familiales de ses élus. Une tradition, ce n'est jamais qu'un progrès qui a réussi. Tout a une fin, même les décadences… »

Coexister au XXe siècle avec un homme qui se prend pour Rivarol, Vauvenargues ou le cardinal de Retz, n'est guère facile, on le conçoit. Malgré les maximes quotidiennes, Druon et Rigaud cohabitèrent quelques semaines et Jacques Rigaud, qui pensait pouvoir poursuivre sous d'autres auspices la politique qu'il avait commencée avec Duhamel, dut rapidement admettre qu'il ne pouvait pas être le vice-ministre d'un homme qui ne faisait guère qu'en jouer les fonctions. Après son mandat rue de Valois, Maurice Druon publie ses mémoires, premier des ministres de la Culture à laisser autant de traces d'un bilan aussi modeste. On y apprend que, sollicité par le président de la République, il lui fit part de ses réserves : « [...] ou je gouverne, ou j'inaugure. Je ne peux pas faire les deux choses à la fois. [Ce qui est d'une forte pensée]. [...] Je me propose bien sûr de demeurer fidèle aux séances du jeudi [de l'Académie]. De Colbert à Mistler, il y a eu beaucoup de ministres devenus académiciens. Mais d'académiciens devenus ministres, il y en a moins. À ma connaissance on peut citer : Chateaubriand, Lamartine, Pétain, et, hélas ! Abel Bonnard. [...] Je ne suis pas élu du peuple, mais je suis élu de l'Académie. La circonscription du quai de Conti n'est pas très vaste, mais c'est une circonscription difficile. Et puis, au fond, mes lecteurs ne sont-ils pas mes électeurs ? »

Quelle mouche a piqué Georges Pompidou de désigner Maurice Druon ? Sans doute trouvait-il en l'homme la stature d'écrivain qui avait tant réussi à son illustre prédécesseur, André Malraux. Peut-être était-il aussi impressionné par l'inspirateur de récentes émissions de la télévision, *Les Rois maudits*, qui avaient connu un grand succès populaire. Peut-être aussi voulait-il recevoir la caution du neveu de Kessel, qui était en même temps un héros de la France libre et le coauteur du chant des partisans. Peut-être enfin, trouvait-il habile de placer rue de Valois un homme fidèle et assez conservateur pour rassurer l'aile droite de sa majorité. Sans doute tout cela à la fois un peu confusément. Pour la politique culturelle ce ne fut pas une bonne idée. Mais, en 1973, l'essentiel pour lui n'était évidemment pas là, mais bien dans son dernier combat : retarder l'échéance de la maladie qui le minait et achever à marches forcées la construction du centre Beaubourg. L'approche de la mort a sans doute pour effet de conduire les hommes politiques à la simplicité, la sincérité, voire la vérité : Duhamel s'affirmera dans le libéralisme, Pompidou dans le projet qui lui tenait à cœur et qui résumait sa politique culturelle. Le reste dut leur paraître insignifiant.

Maurice Druon est un honnête homme, doué de nombreux talents, sauf sans doute celui de ministre. Il vit en effet chaque minute passée dans les fonctions de ministre en se regardant dans un miroir et en pensant au livre qu'il pourrait écrire. On imagine très bien ce qu'aurait été un Pierre Emmanuel, ministre de la Culture. Ce même goût du miroir avec, au lieu du sens permanent de la vanité, un sentiment de l'échec ou de l'impuissance, mais avec une quête de l'inventivité et un sens de la vie sociale qui étaient étrangers à l'univers de Druon.

Il vint nous rendre visite un jour pour prendre connaissance de la maquette du Centre Pompidou. Il arrive revêtu de sa cape noire, agitant une canne de sa main comme le faisait mon grand-père. Robert Bordaz lui commente la maquette du bâtiment. À l'époque, le projet n'était pas encore arrêté définitivement et comportait non pas un escalier mécanique en diagonale inscrit sur la façade, comme cela a été réalisé, mais un projet d'escalier mécanique en forme de Y avec une base verticale et deux bras qui obliquaient de part et d'autre de la façade. Druon écoute les commentaires de l'architecte Renzo Piano et ne peut s'empêcher de terminer sa visite en faisant une proposition : il fallait remplacer le Y par un V en supprimant l'ascenseur vertical et en le remplaçant par les deux obliques du V, « le V de la Victoire bien sûr », dit-il, joignant au verbe et aux deux doigts tendus un ample mouvement de cape et de canne et s'engouffrant dans l'ascenseur. Il avait réussi sa sortie. Du moins celle-ci, car celle de la rue de Valois allait être au contraire un fiasco.

La sébile et le cocktail Molotov

Son goût excessif des formules sentencieuses va être la cause de sa mauvaise réputation. C'est ainsi qu'il ne peut pas s'empêcher de déclarer à un journaliste[50] : « Que l'on ne compte pas non plus trop sur moi pour subventionner, par préférence, avec des fonds de l'État [on se demande avec quels autres fonds le ministre de la Culture pourrait verser des subventions!], c'est-à-dire avec l'argent des contribuables, les expressions dites artistiques [ce "dites artistiques" en dit long sur sa définition de l'art] qui n'ont d'autre but que de détruire les assises et les institutions de notre société. Même si mes goûts m'y portaient, je ne trouverais pas cela loyal à l'égard de mes concitoyens. Les gens qui viennent à la porte de ce ministère avec une sébile dans une main et un cocktail Molotov dans l'autre devront choisir. »

Ce qui voulait dire en clair que s'ils se présentaient pour recevoir des subventions, ils devaient s'interdire toute critique ou, s'ils tenaient à garder leur liberté d'expression, renoncer aux aides de l'État. Jamais formule ministérielle ne fut plus malheureuse. Sans doute Druon, qui cultivait un certain goût de la provocation, l'a-t-il voulu ainsi. Mais, en même temps, il a pris le risque d'être affublé de cette image caricaturale du ministre réactionnaire qu'il n'était peut-être pas ou pas totalement.

Quelques jours après, des centaines d'artistes, intellectuels, gens de théâtre organisent de la Bastille à la Nation, Ariane Mnouchkine et Jack Lang en tête, l'enterrement de la liberté d'expression, un corbillard chargé de fleurs et de couronnes traîné par deux chevaux gris et conduit par des cochers en frac... Vanité de l'homme politique confronté au rire du comédien!

Comme d'autres, Druon ne peut s'empêcher d'insister sur la continuité qui l'unit à ses illustres prédécesseurs.

« Malraux, dit-il : un génie fulgurant, sulfureux, saturnien, un homme qui excelle à illuminer les orages, c'est à lui que ce ministère doit d'être, c'est Malraux qui a fait qu'il y a un ministre des Affaires culturelles, comme il y a les Affaires étrangères et comme si ces Affaires là étaient aussi importantes pour le destin de la France et des Français. Après il y a eu Edmond Michelet; il avait une autre sorte de génie : celui du cœur et du sacrifice... Et puis, il y a eu Jacques Duhamel. Le service de l'État et le sens du bien public sont portés chez lui au plus haut niveau, il n'a pas tenu ce ministère sans un certain stoïcisme alors que le destin concentrait ses coups sur lui; il laisse une situation de gestion aussi claire et pure que possible.

« À travers cette diversité, il existe une continuité. Malraux c'est la brigade Alsace-Lorraine, Michelet c'est la déportation, Duhamel fut, je crois, le plus jeune chevalier de la Légion d'Honneur au titre de la Résistance, ce ministère passe aujourd'hui à l'un des auteurs du chant des partisans. »

Druon a une conception historiciste de la fonction : « [...] il souffre, dit-il, de ne plus voir l'effigie des grands hommes dressée dans la cité. Comment peut-on donner aux nouveaux hommes, aux enfants, l'envie de vivre de grands destins si on ne leur propose pas en exemple ceux qui ont eu de grands destins, si les visages exemplaires ne demeurent pas familièrement installés parmi nous? »

Une telle phrase ne pouvait susciter que des ricanements de la part des jeunes, et nous ne nous en privions pas.

Maurice Druon a le libéralisme tempéré et ne cesse de penser que derrière les « clients » du ministère de la Culture se cachent toujours de dangereux révolutionnaires capables de miner le régime. Il n'a rien compris à mai 1968. Sa déclaration fait tellement de bruit qu'elle provoque un débat à l'Assemblée nationale. Les échanges entre députés à l'occasion de ce débat mettent en exergue l'importance qu'attache à la moralisation de l'expression culturelle le nouveau ministre. Avec lui revient l'accent mis sur l'ordre public, pour ne pas dire moral. Mais en matière d'objectifs de politique culturelle, il se contente de poncifs : « J'ai l'intention de lancer une série d'initiatives à court, moyen ou long terme et destinée à faire briller Paris... », s'exclame-t-il[51]. Décidément, ce ministre ne pouvait guère être pris au sérieux. En témoignent des escarmouches avec des députés. Et le sentencieux ministre de jouer devant le parlement les académiciens, son meilleur rôle[52] : « M. Michel Durafour ayant évoqué l'étymologie du mot "sébile", "petit panier", qu'il me permette de rappeler celle du mot "budget". Au Moyen Âge, le "budget" était une petite bourse, la "bougette", que l'on portait à la ceinture ; après être allé faire un tour en Angleterre où il est devenu le sac de cuir, dans lequel le chancelier de l'Échiquier, gardien du Trésor, portait la masse d'or sur la selle de son cheval, il est revenu en France avec le sens que nous lui connaissons maintenant ; mais on peut le constater, pour certains ministères, il reste toujours une petite bourse. » [Sourires] Ce qui ne manquait pas d'esprit mais était hors sujet.

Plusieurs députés sur les bancs des socialistes et des radicaux de gauche : « Pour le vôtre, c'est la ceinture ».

Les thèmes qu'il propose en guise de politique sont « la défense de la langue française », « la défense de la création pure et morale », « la défense de l'illustration des valeurs de l'histoire ». Il s'attache à quelques réformes comme le changement de titre de la Caisse nationale des lettres, qui devient à partir du décret du 14 juin 1973, Centre national des lettres. Ces préoccupations deviennent des leitmotiv. Ainsi, le 18 novembre 1973, dans un discours prononcé devant les assises nationales de l'UDR, il s'exclame : « Je voudrais vous parler seulement de ce qui transcende et commande la politique, c'est-à-dire la morale et l'Histoire. »

Sans illusion sur l'Histoire, il insiste sur la continuité : « Un ministre est quelqu'un qui hérite de la responsabilité des initiatives de ses prédécesseurs et dont les propres initiatives seront endossées par ses successeurs. Ainsi s'installe — la chose à cet égard n'est pas mauvaise — une continuité[53]. »

Il poursuit le budget de Jacques Duhamel, en y mettant, devant le parlement quelques fleurs de rhétorique : « Un budget, c'est beaucoup plus qu'un bilan ; c'est la quête d'un nombre d'or entre la science des chiffres et les rêves des hommes. »

La rupture avec les gens de théâtre

Continuité pour l'État et la politique de ses dignes représentants, mais pas pour les hommes de culture. Avec Druon, ces derniers n'ont qu'à bien se tenir. Jack Lang, alors directeur du Théâtre national de Chaillot, l'apprend à ses dépends. Invité à lui présenter son programme, il le trouve : « [...] vaniteux, boursouflé, sermonneur. Il me rappelle M. Prudhomme, confie t-il à Jean-Denis Bredin[54], le personnage inventé par Henri Monier et que j'avais autrefois interprété dans *La Famille improvisée*.

Regardant Druon, je me souviens d'un couplet intitulé "L'ordre des choses" que je devais chanter avec solennité : Dans les bras du bourreau lui-même/je dirai ma confiance entière/en ces autorités suspectes/qui sont pour nous comme des mères ! » Il ne manque rien, ce jour-là, à Maurice Druon. Monocle, cigare, une voix de théâtre de boulevard d'avant-guerre. Je lui expose mes projets. Il me répond par un sermon : « il n'est pas acceptable que le directeur d'un théâtre national s'exprime par la plume ou sur le pavé contre la politique du ministre des Affaires culturelles. Vous ne devez pas l'oublier : par ma voix s'exprime l'opinion de la majorité des Français en matière culturelle[55]. C'est un avertissement, la prochaine fois, je prendrai des sanctions. » Il met ensuite en cause mon entourage : « L'organisation d'un théâtre national doit être à l'image des différents courants qui s'expriment dans le pays. Vous devez donc en tenir compte dans le choix de vos collaborateurs. Certes, il ne s'agit pas de demander un bulletin de vote à l'entrée. Dans le cas du théâtre de Chaillot, le caractère partisan de vos choix de personnes est cependant flagrant. Vitez est communiste, Napo, directeur technique est communiste, Christian Dupavillon est gauchiste. » Le plus étonnant survint lorsqu'il aborda notre programme artistique. Il lui donnera l'approbation ministérielle sauf sur un point : le projet de spectacle appelé *Les Miracles* qu'Antoine Vitez devait réaliser à partir du texte même de L'Évangile de Saint Jean [...]. Il s'oppose à sa réalisation. Je m'attendais à tout mais pas à l'interdiction des Évangiles ! Il dit : « c'est en soi scandaleux de jouer sur une scène nationale un texte révélé ». Je crois perdre la raison ! J'invoque en vain les mystères du Moyen Âge, les diverses représentations de la Passion à différents moments de l'histoire, Claudel. Druon rétorque imperturbable : « dans les exemples que vous citez, il y a eu médiation d'un poète, c'est le texte du poète qui est à interpréter et non le texte de l'Évangile ou de la Bible ». Et Druon de mettre en avant la laïcité de l'État à laquelle une scène nationale ne saurait déroger... De guerre lasse, poursuit Lang, je conclus mon plaidoyer : « Je ne parviens pas, Monsieur le ministre, à me persuader du caractère à la fois scandaleux et anticonstitutionnel de notre projet ». Impérieux, Druon me rétorque : « C'est que vous n'êtes pas digne de diriger un théâtre national ». La rupture semble consommée.

Elle le sera quelques mois plus tard, par la voix de Michel Guy. Entre temps, Jack Lang remue l'Église de France, rencontre le cardinal Marty, pour recevoir la bénédiction des autorités catholiques. Et Maurice Druon finit par accepter le programme du directeur de Chaillot. Tel était Druon. Continuité, mais aussi rupture avec le libéralisme de Jacques Duhamel.

Certes Druon est plus un homme décalé par rapport à son époque qu'il n'est à proprement parler un homme réactionnaire. Sans doute n'était-il pas assez « politique » pour être ministre. L'atteste une missive qu'il envoie à Jack Lang en 1989, sous le timbre de secrétaire perpétuel de l'Académie française[56] : « La presse d'hier m'apprend que vous avez pris la décision de fondre dans un même corps tous les conservateurs relevant des différentes directions et de faire en sorte qu'ils reçoivent désormais une formation commune. [...] Je ne saurais trop vous dire combien je m'en réjouis. C'est à la même idée que je m'étais arrêté, voici quelque quinze années, et que j'eusse mise en application si j'étais resté quelques mois de plus dans la charge où vous êtes. Je m'étais avisé, comme vous-même, des effets désastreux du cloisonnement et de l'excès de spécialisation, défauts qui tenaient aux structures initiales du ministère [...]. Cela manquait à la France. J'ai pris assez souvent la liberté d'exprimer, avec la courtoisie qu'on doit à ses successeurs, des réserves sur certains aspects de votre action, pour ne pas prendre l'occasion de vous apporter, pour autant que cela importe, un plein encouragement [...] »

Lang, qui n'en croit pas ses yeux, envoie la lettre et sa réponse à François Mitterrand : « De temps en temps nos adversaires veulent bien rendre hommage à notre action ». Et de lui répondre, imparfait du subjonctif à l'appui, comme son immortel correspondant le manie : « Je ne sais, Monsieur le Ministre, si je mérite vos louanges. Je les accepte dans la seule mesure où je me retrouve dans l'héritage de pensée et d'action de certains de mes prédécesseurs de la rue de Valois, au premier rang desquels vous fûtes. [...] Vous me touchez infiniment lorsque vous me dites, Monsieur le Ministre, que cette action vous paraît aller en profondeur et qu'elle ne laisse pas indifférent l'homme d'expérience et, puis-je ajouter, de haute vision que vous êtes. »

Comme on voit, en effet quinze années ont passé.

Depuis le remplacement de Chaban-Delmas par Pierre Messmer, la pensée réactionnaire reprend du poil de la bête. Après Philippe Malaud qui qualifie les clients du ministère des Affaires culturelles de « mabouls intellectuels », le gouvernement est accusé par Pierre Juillet d'avoir « livré la télévision à nos pires adversaires[57] ».

La continuité est encore invoquée lorsque, à l'occasion d'un ultime remaniement ministériel, Georges Pompidou désigne un nouveau ministre des Affaires culturelles, en la personne d'Alain Peyrefitte. Au moment de la passation des pouvoirs, Druon lui déclare : « Les quelque sept ans qui nous séparent font que j'appartiens à la première génération du gaullisme et vous à la seconde. C'est là, me semble-t-il, un gage de continuité. Nous sommes unis par une même idée de la France, une même image de sa civilisation... ». Ils se retrouveront tous les deux sous la Coupole.

Alain Peyrefitte ne reste que trois mois en place (1er mars 1974 -7 juin 1974) sous le titre de ministre des Affaires culturelles et de l'Environnement. C'est la première fois que les Affaires culturelles sont conjuguées avec un autre substantif pour designer la mission du ministère. Première tentative de constitution d'un « ministère des ministères ». Il est remplacé le 7 juin 1974 par Michel Guy, nommé par Valéry Giscard d'Estaing secrétaire d'État à la Culture.

Les ministres de la Culture sont jusqu'alors tantôt des hommes politiques, tantôt des hommes des arts ou des lettres. Malraux ne s'est jamais soumis à une élection, il est remplacé par Michelet qui, comme Duhamel, a été un élu. Maurice Druon, homme de lettres, n'avait jamais brigué les suffrages des électeurs. Il n'en avait cure, disait-il, ayant déjà été élu par ses immortels pairs ! Cela lui suffisait. Il en va différemment d'Alain Peyrefitte, bien qu'il fît le chemin inverse de Druon : d'abord l'élection de circonscription, ensuite celle de la Coupole. À son tour, Michel Guy, qui se désignait lui-même comme un amateur d'art, ne s'est jamais présenté à une élection. L'exercice de la fonction de ministre des Affaires culturelles alterne ainsi entre des hommes politiques et des créateurs ou des « professionnels » de la culture, ces derniers pouvant être considérés comme des « connaisseurs », de grands amateurs au sens noble du mot.

8

Les « connaisseurs » (1974-1977)

Pierre Emmanuel juge sévèrement le septennat de Valéry Giscard d'Estaing : « La mort du président Pompidou entraîna la fin sinon d'une certaine idée de la culture dans la vie sociale française, du moins d'une action continue de la puissance publique inspirée par cette idée. Rien n'a marqué plus brutalement ce changement que la déchéance du ministère au rang de secrétariat d'État. C'était, symboliquement, en revenir à l'administration des Beaux-Arts. Le premier titulaire de ce demi-ministère, Michel Guy, lui donna pourtant, non seulement dans les domaines qu'il affectionne, mais dans tout le champ de l'innovation, y compris l'audiovisuel, un lustre si remarquable qu'il fit presque oublier que son ministère n'était plus à part entière[1]. »

Deux ministres vont devoir jouer les illusionnistes : faire croire que le petit secrétariat d'État a conservé le statut de ministère d'État ! Michel Guy et Françoise Giroud qui occupent successivement la rue de Valois, sans jamais s'être soumis au suffrage de leurs concitoyens. Seuls deux amateurs d'art peuvent accepter la gageure de faire du grand avec du petit. Le premier, amateur d'art et de culture, de théâtre et de lettres, inspirateur du Festival d'automne, est l'ami des artistes. Il était aussi l'ami des Pompidou. En matière de goût, Françoise Giroud n'a rien à lui envier. Grande journaliste, elle se fait connaître d'abord dans le cinéma, puis à *L'Express* en compagnie de JJSS (Jean-Jacques Servan-Schreiber), à la tête du magazine *Elle* et dans de multiples fonctions. Elle a participé de près à la réalisation de films et a gagné l'estime de ses pairs et de ses lecteurs pour son talent de journaliste. De sensibilité de gauche, elle connaît parfaitement le tout Paris de la politique. Elle est attirée par le libéralisme dont fait preuve le nouveau président de la République. Avant de venir rue de Valois, elle aura fait ses armes en politique à la tête du nouveau secrétariat d'État à la condition féminine.

Chacun, avec son style et dans son domaine, incarne une nouvelle manière de considérer et de servir la culture, telle que Valéry Giscard d'Estaing l'envisage alors, plus proche des médias, moins artistique et littéraire, plus « people » si l'on peut dire. Comme l'architecture, la culture doit désormais être modeste. Avec la disparition brutale de Georges Pompidou, c'est une époque qui s'achève, c'est la fin des « Trente Glorieuses » et le terme d'une politique culturelle qui pendant quatre ans a su se doter de moyens dont elle avait été privée pendant dix ans. Malheureusement, ce coup de soleil, succédant à dix années de grisaille budgétaire, ne sera qu'une embellie, restée sans suite, à l'exception de la construction du Centre Pompidou. La politique culturelle ne cesse de faire alterner les périodes de modestie et les époques d'ambitions.

La culture n'est pas une priorité aux yeux du libéral Giscard d'Estaing, ni de même nature que celle à laquelle s'attachait son prédécesseur. Pourquoi ? Sans doute parce qu'elle relève pour lui du comportement individuel comme chez tout bourgeois qui se respecte. Utile pour le décorum, elle n'est pas nécessaire en politique pour cet énarque-polytechnicien-inspecteur des finances. Il en verra l'intérêt en termes de communication et d'image comme le montreront les choix de ses différents ministres. Mais de là à lui consacrer un budget en croissance, il y a un pas qu'il ne franchit pas. Il a pourtant été rapporteur d'un budget de la Culture au parlement à la fin des années soixante. Il a même évoqué les retards de la France. Sans doute la fonction le voulait-elle ainsi. Mais Giscard, c'est un système et un entourage où la culture a peu de place. Les priorités sont ailleurs : moderniser l'économie, rajeunir les élites, ouvrir la société civile, faire face à la crise économique mondiale.

Le livre qu'il propose aux Français en 1976, *Démocratie française*[2], ne comporte, sur un total de 175 pages qu'une seule fois le mot culture, et encore non pas comme substantif, mais comme qualificatif : « culturel » ! La citation est révélatrice de la place dans laquelle il la voit : « Toute la vie culturelle du monde témoigne qu'il aspire à la diversité. Il n'a le sentiment de se développer vraiment dans sa dignité, et d'approuver les joies dont il est capable, que lorsqu'il exerce, dans tous les aspects de sa vie personnelle et professionnelle, la plénitude de sa responsabilité. C'est pourquoi il n'y a pas de place pour le collectivisme dans notre société démocratique » [page 78].

On a compris, la culture n'est que ce sentiment général qui aide les hommes à refuser le collectivisme, elle est donc de l'ordre du seul individu. La politique culturelle — le mot ne figure pas dans le texte — ne relève pas des « grandes institutions sociales » pour lesquelles un effort doit être réalisé : « éducation, santé, aménagement des villes » [page 132]. C'est tout. En revanche le « président-écrivain » réserve deux pages au travail manuel, car « la condition des travailleurs manuels, celle en tout cas d'un grand nombre d'entre eux, souffre aussi, d'une discrimination évidente ». À cause de quoi ? « Des réactions violentes et injustes qui ont frappé la classe ouvrière après la révolution de 1848 et la Commune de 1871. » Or cette discrimination est scandaleuse, puisqu'elle n'est pas productive : « elle détourne une part de la population active d'emplois créés par notre développement industriel et représente un facteur structurel de sous-emploi. » [pages 64 et 65]. On comprend pourquoi la politique des métiers d'art recevra une priorité de la part du chef de l'État et constituera sa principale orientation en matière de politique culturelle.

Là encore, au-delà des services qui continuent de forger l'outil dans l'ombre, le changement est à l'ordre du jour.

1. MICHEL GUY (8 JUIN 1974 - 26 AOÛT 1976)

Michel Guy, opposé en cela à Françoise Giroud, faisait partie des « héritiers ». Grand, d'allure sportive, genre gentleman anglais, à l'aise dans ses vestes croisées, il était toujours bronzé, ce qui achevait de lui donner un air décontracté. Propriétaire de grandes plantations de plantes vertes sous les tropiques, il n'avait pas besoin de travailler. Comme certains aristocrates, il avait opté pour les chefs d'œuvre, les arts et la culture. Il était collectionneur (de Bram Van Velde en particulier), se piquait de création musicale contemporaine et, ayant du temps, se plaisait dans la compagnie des artistes. Il commence à faire parler de lui, lorsqu'il entreprend de lancer le Festival d'automne en 1972, avec le soutien de Jacques Duhamel. Présent à tous les vernissages et toutes les premières, il est assez mauvaise langue pour dire ce qu'il pense de la modestie à la Duhamel et de l'outrecuidance à la Druon. La culture est d'abord le fait des artistes, son ministre doit être l'ami des artistes. Elle est aussi le fait des amateurs, leur ministre doit les étonner.

Le changement

Valéry Giscard d'Estaing, à peine élu, le rencontre et lui fait part de son idée de nommer comme ministre de la Culture un grand créateur; Michel Guy lui répond: « Les créateurs sont plus intéressés par leur œuvre que par celles des autres. — Alors, adressez-moi la liste de ceux qui pourraient, selon vous, remplir cette fonction. — Cela m'est impossible car je suis moi-même candidat! — Donnez-moi votre CV. — Ce n'est pas nécessaire, il n'y a rien dedans[3]. »

C'est ainsi qu'il fut nommé secrétaire d'État à la Culture.

Que l'histoire, racontée par Jacques Vistel, soit vraie ou non, elle montre l'ambiguïté des relations entre le politique éloigné de la culture et l'amateur d'art qui entre en politique.

Je rencontre Michel Guy à l'occasion d'un vernissage au palais de Tokyo, quelques jours après son arrivée rue de Valois. Il est visiblement obnubilé par le Centre Pompidou. Il me charge d'un message à destination de l'équipe directrice du Centre et de Bordaz : « Il faut changer de méthodes. Il faut vous mettre dans la tête que "l'État-UDR" c'est fini. J'ai l'intention de revoir tout cela. Dites-vous bien que le changement est à l'ordre du jour. »

Ce n'est plus l'antienne en effet de la continuité chère à Druon, à Duhamel ou à Rigaud...

En réalité le changement est double, même s'il n'est pas aussi révolutionnaire que le nouveau secrétaire d'État le prétend. D'un côté, Michel Guy, de culture contemporaine, veut intervenir de près dans les choix artistiques. De l'autre, Giscard, de culture nettement plus traditionnelle, entend réorienter les interventions de l'État dans un sens plus patrimonial. Les deux hommes, pendant deux ans, vont tenter de faire cohabiter ces deux axes qui peuvent être contradictoires et de se partager le terrain. Le couple président-ministre de la Culture va jouer ici en des sens contraires, comme en annulant ses efforts. Aussi ne dure-t-il pas longtemps.

Dans les formes, la régression de la position de la culture au sein de l'État est manifeste. En l'espace de trois ans on est passé d'un ministère d'État (Malraux, Michelet), à un ministère (Duhamel, Druon), puis un secrétariat d'État (Michel Guy, Françoise Giroud). À quand le sous-secrétariat d'État? Cela ressemble fort pour certains à une descente programmée aux enfers.

Le monde de la culture bruisse d'inquiétudes et de colportages. Le ministère sans ministre a-t-il encore un avenir? Le ministère des Finances, tout acquis au nouveau président de la République, ne va-t-il pas prendre la revanche espérée contre les artistes[4]?

L'une des premières manifestation publiques à laquelle se rend Valéry Giscard d'Estaing est l'inauguration, quelques mois après son arrivée à l'Élysée, de l'exposition organisée par Pierre Dehaye, directeur des Monnaies et Médailles, *Louis XV : un moment de perfection* (décembre 1974, avril 1975). Il avait prêté un buste de Louis XV lui appartenant. Dès ce jour, le style est donné. D'autant plus que la presse satirique ne cesse d'ironiser sur les liens de descendance prétendus ou supposés entre les Giscard d'Estaing et Louis XV... En guise de culture, le patrimoine l'emporte nettement sur la création. Il commande à Pierre Dehaye, qu'il a connu lorsqu'il était au ministère des Finances, un rapport sur la promotion des métiers d'art et sur le travail manuel[5]. On se croirait revenu aux temps de la France rurale. Le rapport propose cent mesures pour revaloriser les métiers d'art : notamment, développer le travail manuel dans toutes les séries du baccalauréat, doter les élèves d'un outillage personnel en fin d'enseignement professionnel, organiser des stages pratiques en entreprises pendant les vacances scolaires, instituer une aide pour les candidats au titre de « meilleur ouvrier de France », favoriser les actions d'animation de la société des meilleurs ouvriers de France, et toute une série d'orientations au profit du musée des Arts décoratifs qui semble avoir fait main basse sur la nouvelle politique : lui donner les moyens de s'agrandir[6], regrouper avec le musée des arts décoratifs le département des objets d'art du musée du Louvre[7], créer un centre de documentation et d'information sur les métiers d'art (qui sera effectivement créé), organiser, au Centre Pompidou, un centre de création artisanale à côté du centre de création industrielle[8], organiser une Biennale des métiers d'art[9], prévoir une grande exposition de prestige sur les métiers d'art au musée des Arts décoratifs en 1977 (qui attendra 1980), créer un atelier-conservatoire national du point d'Alençon (ce qui sera fait), ouvrir un atelier-conservatoire national de la dentelle du Puy (ce qui sera fait). Pompidou voulait un centre de création industrielle, Giscard préfère un centre de création artisanale ; le premier lance l'exposition 72-72, le second une exposition sur les métiers d'art : seul point commun entre les deux, le commissaire général : François Mathey, promu « intendant des menus plaisirs » des rois.

On se demande ce qui pousse Giscard à s'intéresser tant à la dentelle. Mais les mesures proposées par Dehaye ne sont pas toutes inintéressantes. L'un des personnages désormais bien en cour auprès du nouveau pouvoir est le préfet Gandoin, nommé directeur de la Société d'encouragement aux métiers d'art (SEMA). Une autre personnalité influente de l'entourage du nouveau président est Maurice Aicardi, qui prend la présidence de la commission des dations. Tous deux sont des personnages à la Flaubert, l'un fait une pause après chaque phrase, l'autre avale les mots, le premier avance en cherchant l'horizon, le second glisse le long des couloirs, le préfet est aussi laborieux que le président virevolte. Coexistent ainsi deux cabinets culturels, le cabinet officieux du président, avec Dehaye, Gandoin, Aicardi, et le cabinet officiel du secrétaire d'État. Ce ne sont pas les mêmes recrutements, ni les mêmes goûts. Pas besoin d'être prophète pour prédire les antagonismes.

À la différence de ce qui se passe à l'époque pompidolienne, le « secrétaire d'État » n'a pas les mêmes goûts que le président de la République et *a fortiori* que ceux de son Premier ministre. Valéry Giscard d'Estaing aime le Grand Siècle, n'éprouve aucune tendresse particulière pour l'art et la culture, si ce n'est qu'il déclare périodiquement qu'il aurait aimé écrire comme Maupassant. Il s'y essayera plus tard : n'est pas Maupassant qui veut. En revanche, Michel Guy est pleinement un homme de son temps, il est même, pourrait-on dire, un homme de l'avant-garde.

À chacun son style, à chacun son siècle. Giscard lance le Musée du XIXe siècle à Orsay. Pompidou avait choisi le XXe siècle. Compte tenu de la personnalité du secrétaire d'État à la Culture et du Premier ministre, Jacques Chirac, la politique culturelle va donc se jouer non pas à deux comme sous de Gaulle, mais à trois, comme au temps des premières années du septennat de Georges Pompidou.

Le changement, c'est la fin de l'État-UDR, mais aussi le licenciement de Jack Lang du théâtre de Chaillot en juillet 1974. Cela ne traîne pas. Michel Guy lui annonce, pour atténuer la nouvelle, qu'il conserve la direction du Festival de Nancy. C'est devenu un effet de style, rue de Valois, depuis l'affaire Langlois, de dire ces choses là en maniant la carotte et le bâton. Le problème c'est que Michel Guy use d'une carotte qui ne lui appartient pas !

« Tu lui rappelles alors, dit à Lang Jean-Denis Bredin dans un entretien publié, que ni le ministre, ni personne ne disposant de la direction du Festival, ne détient le moindre pouvoir sur lui. Et pour le signifier au Prince du moment, tu fais savoir que tu renonces à la direction du Festival de Nancy. Le gouvernement doit alors constater son impuissance à régenter soudain, pour les besoins de sa propagande, un Festival auquel lui, comme tous ses prédécesseurs (sauf un), a témoigné constante et souveraine indifférence[10]. »

Ce faisant, Michel Guy va mettre le pied à l'étrier du directeur du Festival de Nancy : puisqu'il n'est pas possible de collaborer avec ce gouvernement, Lang entre dans l'opposition. Il commence par faire de son départ une sorte de pré-inauguration du nouveau théâtre de Chaillot inachevé. Le *Parti des créateurs* y est réuni au grand complet, avec quelques figures politiques : François Mitterrand (déjà), Paul Laurent (pour le PCF), Roland Barthes, Patrice Chéreau, Claude Estier, Jacques Delors, Jean Daniel, Jacques Rigaud, Pierre Viansson-Ponté, Jean-Denis Bredin, Maurice Duverger, Jeanne Laurent qui va jusqu'à proposer que la nouvelle salle soit baptisée « théâtre Jack Lang[11] » !

Le Festival de 1975 accueille François Mitterrand, premier secrétaire du parti socialiste. Lang organise un colloque retentissant sur le thème « L'inacceptable sous-développement culturel français », avec la participation de Jean-Jacques Servan Schreiber, Bernard Stasi, Jack Ralite, Dominique Taddéi, Bernard Pingaud, Charles Josselin, Jeanne Laurent, Jacques Rigaud, Jean Prouvé, Pierre Schaeffer… Nancy fait figure de capitale de la contre-culture et Jack Lang de Premier secrétaire du *Parti des créateurs*. C'est tant pis pour Chaillot où est nommé André Louis Perinetti, qui devra avec des budgets réduits rentabiliser la salle et gérer le « gâchis de Chaillot » qui devra être assumé, en 1979, par Antoine Vitez, un proche de Jack Lang, nommé sur sa suggestion par Jean-Philippe Lecat.

Dans un entretien avec Louis Dandrel publié dans *Le Monde*, Michel Guy annonce les grands axes de sa politique. Il est le premier locataire de la rue de Valois à parler aussi personnellement, comme le ferait un mécène privé. « J'entends consacrer plus d'argent à l'action des hommes qu'à de nouveaux équipements lourds. Je ne crois pas aux mammouths, aux énormes machines culturelles […] Mieux vaut aménager dix centres légers dans des bâtiments préexistants que de construire une seule maison de la culture ». L'humeur rue de Valois comme à l'Élysée se veut décidément modeste. « Il vaut mieux présenter partout, pendant un an, une mise en scène exemplaire, disons du « Soulier de satin », que de laisser en proliférer des dizaines de médiocres[12]. »

Il n'est pas étonnant que dans ce contexte la poursuite de la construction du Centre Pompidou pose problème. Faut-il se débarrasser de ce mammouth-là ? L'idée fait plus qu'effleurer les pensées des nouveaux dirigeants.

L'affaire du Centre Pompidou

Si pour Giscard d'Estaing la grande affaire est l'artisanat d'art, pour Michel Guy elle est la création contemporaine et donc le Centre Pompidou. Fort de son amitié ancienne avec le président défunt, le secrétaire d'État entend poursuivre la construction du Centre, mais en le façonnant à sa manière. Il doit se frayer un chemin difficile entre un président de la République, qui comme ministre des Finances de Georges Pompidou a dû en assurer le financement et qui désormais ne fait pas mystère de ses réticences, et un Premier ministre, fidèle des fidèles de Georges Pompidou, qui soutient mordicus la réalisation du Centre, sans accepter qu'on y touche un cheveu. Résolument, se croyant assez soutenu par Giscard d'Estaing, Michel Guy opte pour la « refondation » du Centre.

Nous sommes, à cette époque, en pleine construction et, après la mort du président, nous nous sentons orphelins. Au cours des trois derniers mois nous avions passé le plus grand nombre possible de marchés de travaux de manière à rendre l'édification irréversible. Les espaces des sous sols étaient achevés, en particulier le parc de stationnement. La charpente métallique commandée à Krupp, au terme d'un appel d'offres international mouvementé, était en cours de montage. Mais extérieurement, on pouvait penser que le bâtiment n'était pas encore construit. Directement branché pendant quatre ans sur l'Élysée, l'établissement constructeur se trouve brutalement privé de tout soutien politique.

Après l'admonestation qu'il m'adresse, Michel Guy et les membres de son cabinet convoquent successivement les principaux responsables du Centre, Pierre Boulez, François Mathey, Blaise Gautier, Pontus Hulten, mais ni Bordaz, ni moi. Il sont invités à déverser les critiques qu'ils peuvent éprouver à l'encontre d'un projet qui ne peut satisfaire tout le monde. Comme toujours dans ce genre de circonstances, certains se laissent aller, d'autres restent fidèles. Les critiques s'expriment naturellement puisque le pouvoir a évidemment changé de mains et elles ont une cible, Robert Bordaz, soucieux de rester fidèle aux engagements pris par Pompidou ou ratifiés par lui, décidé à s'en tenir aux enveloppes budgétaires approuvées par Valéry Giscard d'Estaing lorsqu'il était ministre des Finances. Les responsables artistiques et culturels des départements du Centre répandent dans les dîners en ville et dans les antichambres l'idée d'une vraie remise en cause du programme et d'une restructuration de l'architecture. Les architectes eux-mêmes sont convoqués : Bordaz ni moi-même ne sommes informés. Et lorsqu'une réunion est prévue au cabinet, Robert Bordaz doit faire antichambre près de deux heures. Manière évidente de lui faire comprendre que les temps ont changé. Évidemment, de bonnes âmes ne manquent pas de nous prévenir du complot qui se trame. Robert Bordaz fait part de ses soucis financiers, de ses appréhensions, de son mécontentement. Michel Guy fait savoir qu'il va falloir désormais que le président du Centre Pompidou obéisse au secrétaire d'État. On parle dès lors de changer l'emplacement de la bibliothèque, d'agrandir les surfaces du Musée national d'art moderne, de supprimer les espaces d'accueil. Alors que le chantier bat son plein, tout paraît pouvoir être remis en cause. L'ordre nous est même donné d'interrompre les travaux.

Ne pouvant se faire entendre ni du cabinet de Michel Guy, ni de l'Élysée, Robert Bordaz joue son va-tout en s'adressant à Jacques Chirac, à qui il écrit une lettre de démission, laissant au Premier ministre le soin de prendre la décision de l'avenir du Centre. Voulant que sa démission soit prise au sérieux, il écrit préalablement au vice-président du Conseil d'État pour demander sa réintégration. Sa lettre va donc être prise au sérieux. Claude Pompidou, confidente et messagère dans cette affaire, apporte à l'équipe du Centre tout son soutien. Une réunion est prévue dans le bureau du Premier ministre en présence de Robert Bordaz et de Michel Guy. La version des deux protagonistes est entendue et le couperet tombe : Jacques Chirac demande au secrétaire d'État à la Culture de ne plus s'occuper du Centre, il décide qu'il en assurera désormais la tutelle personnellement. Pour ce faire, il nomme à son cabinet Michel Bruguière, en qualité de conseiller technique chargé de suivre l'achèvement du Centre Pompidou. Ainsi prend fin l'Acte I. Michel Guy n'est plus *persona grata* dans le « clan » Pompidou. Et Jacques Chirac prend le relais de Georges Pompidou.

Mais s'ouvre alors l'Acte II. Aiguillonné par le ministre des Finances et par le président de la République, le Premier ministre doit préparer un conseil restreint des ministres à l'Élysée sur l'ensemble des projets relatifs aux Halles. Nous sommes en juillet 1974, le projet des Halles n'est pas sorti du « trou » alors qu'au Centre Pompidou, l'ensemble des infrastructures est achevé.

Proche de Valéry Giscard d'Estaing, le directeur du Budget de l'époque, Paul Déroche, me demande de présenter plusieurs hypothèses au conseil restreint : suppression d'un étage, de deux étages, de trois, voire même de tous les étages, et de calculer les économies qui en résulteraient dans chacune de ces hypothèses. Je lui fais comprendre que cette manière de calculer ne correspond pas à la réalité puisque la construction du Centre se fait verticalement et non pas horizontalement, par implantation progressive de grands piliers métalliques sur lesquels s'appuient les poutrelles supportant les planchers : il n'est pas possible de modifier cette structure qui a été calculée de manière extrêmement précise, compte tenu de l'originalité du bâtiment. En outre, les commandes ont été passées et Krupp s'apprête à livrer le marché ainsi exécuté. Bref, on peut raccourcir la longueur du bâtiment, mais on ne peut pas toucher à sa hauteur. J'écris ma note à Déroche qui, pour sa part, comprend bien la sottise que représenterait un arrêt du projet. Je démontre, quant à moi, que cette décision aboutirait à un immense scandale : l'État aurait payé environ 500 millions de francs, compte tenu des marchés signés, pour construire un parking de 500 places, à ciel ouvert, soit 1 million de francs par place de parking, le parking le plus cher du monde ! La réunion se tient à l'Élysée en juillet 1974, le président de la République exprime le désir de remettre en cause le projet du Centre, Jacques Chirac s'y oppose fermement. C'est le premier différend qui l'oppose à

Valéry Giscard d'Estaing. Là encore, la culture anticipe la politique ! Le président de la République s'incline et avec lui son secrétaire d'État à la Culture dont le conflit avec Jacques Chirac sera désormais ouvert. Et à la presse qui attend à la sortie l'annonce de l'arrêt du projet, le porte-parole de l'Élysée doit se contenter d'indiquer que le président de la République a décidé de supprimer le projet de… centre de commerce international prévu aux Halles. Ironie de l'histoire, il s'agissait d'un bâtiment dont il avait posé la première pierre un an au préalable en qualité de ministre des Finances… Le Centre Pompidou était sauvé.

Ainsi va la politique, ainsi vont les grands projets. La fièvre maladive de leur remise en cause qui frappe tant les hommes politiques connaîtra plus tard de nouvelles poussées. En 1981, c'est le cas du musée d'Orsay et de la Cité des sciences de la Villette, pour mieux les confirmer. En 1986, l'Opéra de la Bastille et l'Arche de La Défense, pour mieux les écorner.

Grâce à Jacques Chirac, la construction du Centre est poursuivie, elle respectera intégralement les budgets initialement arrêtés et restera conforme aux arbitrages rendus par Georges Pompidou. On ne se souvient pas que nous avons même rendu au Trésor public, au terme de l'opération, un crédit de 5 millions de francs sur une enveloppe de plus d'un milliard de francs. Non pas que nous n'ayions pas eu l'usage de cette somme, mais nous voulions montrer, de manière sonnante et trébuchante, que la construction du Centre avait en définitive coûté moins cher que prévu.

Il existe toujours dans la conduite des grands projets de forts esprits qui, arrivant au pouvoir, veulent montrer que leurs prédécesseurs se fourvoyaient. Ainsi, de projets en projets, d'esquisses en changements de programme, de changements de programme en révisions de coûts, la République finit-elle par payer beaucoup plus cher des travaux conçus pour la gloire de quelques-uns ou pour le service de tous et dont les surcoûts sont en définitive payés par les citoyens. En ce qui concerne le Centre Pompidou, la fermeté de Robert Bordaz dont Claude Pompidou dit dans son livre qu'« il fut parfait[13] » a permis de maintenir le cap.

Les cheveux en houppe blanche sur une tête d'empereur romain, Robert Bordaz cachait derrière sa bonhomie une trempe d'acier. Économiste de formation, il était aussi l'ami des poètes et écrivains. Résistant dans l'âme, il avait traversé la France et l'Espagne pour se retrouver à Alger pendant la guerre, où il partageait l'appartement de Saint-Exupéry. De même taille que lui, ce dernier lui avait fait don, en cas de malheur, de sa garde-robe, qu'il avait abondante. Ce qui valut à Robert Bordaz de passer les années algéroises et la Libération sans problèmes vestimentaires. L'homme avait du caractère et aussi un grand cœur. On le voit à Paris aux côtés de René Mayer ou d'Eugène Claudius-Petit, devenir le familier de Le Corbusier et capable de s'enflammer pour les grandes causes : création architecturale, développement de Paris à l'Est, francophonie, action culturelle. Délaissant le Conseil d'État, il achève sa vie, après le Centre Pompidou, comme avocat. Mais il reste fidèle à la culture. Par soif encyclopédique, il apporte une exigence de décloisonnement entre les arts. Aux chapelles il préférait les écoles. Il présidera aux destinées de trois d'entre elles : l'École spéciale d'architecture, l'Institut supérieur des arts plastiques et l'ISMC. Sachant unir la « folle du logis » et l'esprit de géométrie, il a peut-être été le premier « ingénieur culturel ». De la génération Beaubourg, il a été l'entraîneur et la maître à penser.

La construction du Centre va durer encore deux ans et demi. Pour faire droit aux ultimes remarques de Valéry Giscard d'Estaing portées à la connaissance de Robert Bordaz par Françoise Giroud, quelques semaines avant l'inauguration, on décida de repeindre à grands frais en blanc les cheminées d'extraction d'air qui étaient bleues et l'on rabaissa la cage d'ascenseur de quelques mètres. Caprice d'un prince qui, survolant Paris du haut d'un hélicoptère, se déclara outré par les couleurs approuvées par son prédécesseur et demanda qu'on le fît savoir. Ce qui est ici fait.

L'entreprise d'innovation culturelle entamée par Georges Pompidou va donc se poursuivre, sur ces bases plus ou moins précaires, en fonction de l'équilibre des forces politiques, et toujours en marge du ministère. Ce mode de pilotage lui a en définitive assez bien profité. À telle enseigne que chaque fois qu'un ministre a voulu s'immiscer dans la gestion du Centre, il a objectivement obtenu des résultats contraires à ceux qu'il visait. Ainsi en a-t-il été de l'organisation du statut juridique et financier de cette nouvelle institution qui devait être totalement innovateur.

Alain Peyrefitte, qui à la mort de Pompidou est ministre des Affaires culturelles et de l'Environnement depuis quelques jours, avait pris l'initiative de lancer un projet de loi pour donner au Centre Beaubourg un statut d'établissement public et le nom du président décédé, le « Centre national d'art et de culture Georges Pompidou ». Robert Bordaz et moi-même avions exprimé des doutes sur la nécessité de recourir à une loi. Nous souhaitions la création d'un établissement public sans doute de caractère culturel mais par simple décret. Le recours à la loi se serait imposé si le ministère de la Culture avait véritablement obtenu du ministère des Finances que cet établissement public constitue une nouvelle catégorie et qu'il soit doté d'un système comptable particulier. C'est ce que nous souhaitions de tout cœur, instruits par l'expérience de la lourdeur qui régnait dans la plupart des établissements publics à caractère administratif. J'avais lancé l'idée de créer un établissement public à caractère culturel calqué sur les établissements publics à caractère industriel et commercial, ce qui rendait inutile le recours à la loi et nous prémunissait contre le risque d'ouvrir la boîte de Pandore : autant les auteurs d'un décret peuvent, entre fonctionnaires, maîtriser les tenants et les aboutissants d'un texte de cette nature, autant, s'agissant d'une loi, et Georges Pompidou à peine disparu, on pouvait s'attendre à toutes sortes d'initiatives de la part des parlementaires. Peyrefitte ayant opté pour la loi, manière de rendre hommage à Georges Pompidou, prétendait-il, cette mésaventure advint sur l'initiative du sénateur Édouard Bonnefous qui demanda que le Centre Pompidou soit soumis aux règles de la comptabilité publique applicables aux établissements publics administratifs. Ainsi, le recours à une loi s'avérait en définitive néfaste puisque dans les faits, et bien que s'intitulant établissement public à caractère culturel, le Centre Pompidou était ramené en réalité à l'état contraignant de simple établissement public à caractère administratif. La loi, défendue par Michel Guy au Parlement, ce qui ne manquait pas de piquant, fut publiée le 3 janvier 1975. Le décret d'application fut signé le 27 janvier 1976. L'hommage posthume rendu à Georges Pompidou était gros d'un mauvais statut qui empoisonne encore aujourd'hui la gestion du Centre, en dépit de réformes intervenues ultérieurement.

La culture en mouvement

Homme de goût, Michel Guy disait : « le difficile n'est pas de voir ce qui est bien, c'est de reconnaître ce qui est mal[14] ». Il est, pour le goût, une sorte de Malraux, une génération plus jeune. Ses élus sont, entre autres, Pierre Boulez, Giorgio Strehler, Peter Brook, Daniel Barenboïm, Patrice Chéreau, Antoine Vitez, Robert Bresson, Pierre Alechinsky, Jean Messagier, Samuel Beckett, Igor Eisner. Les mêmes « élus », presque, que ceux de Jack Lang.

L'affaire du Centre Pompidou et le renvoi de Jack Lang sont parmi les seuls faux pas qu'il commit. En dépit de ce genre d'imprudences, il se révèle plus fin politique qu'il n'y paraît. Bien qu'il soit déclassé dans l'ordre hiérarchique, le secrétariat d'État à la Culture se renforce sur le plan de ses compétences. Lui sont en effet transférées, par décret du 29 octobre 1975, l'ensemble des attributions relatives à la politique du livre, qui étaient jusqu'alors réparties entre le ministère des Affaires étrangères pour l'exportation des livres français, le ministère de l'Industrie et de la Recherche pour l'édition et le secrétariat d'État aux Universités pour la lecture publique. La direction du Livre est créée par décret le 23 décembre 1975. Toutefois, la Bibliothèque nationale reste rattachée pour quelques années encore au ministère des Universités.

Féru d'arts plastiques, proche d'Andrée Putmann qui lui avait présenté Bram Van Velde, Michel Guy décide de créer en 1975 une délégation générale aux enseignements artistiques et à la formation. Il s'agit de regrouper l'ensemble des enseignements : architecture, écoles d'art (qui étaient déjà regroupées dans un service depuis 1969), conservatoire supérieur d'art dramatique, à l'exception des enseignements musicaux et de la danse. Cela devait permettre, pensait-il, la conception et l'organisation d'une réforme répondant aux exigences de professionnalisme des métiers de plasticien. L'expérience montrera que cette création politique était une construction artificielle. Elle exprimait ainsi les hésitations du ministère face à la question des enseignements artistiques.

Il est tenté par une idée chère à Jacques Rigaud, de créer une grande direction des arts plastiques qui regrouperait la création artistique et les musées[15]. Après réflexion, la direction est créée au Centre Pompidou où Pontus Hulten est non seulement conservateur du Musée d'art moderne mais aussi « directeur des arts plastiques », ce qui permet de trouver un cadre à la fusion du Cnac et du Musée national d'art moderne. Il remplace Jean Châtelain à la tête des arts plastiques par Emmanuel Jacquin de Margerie. Bernard Anthonioz reste en place, imposant au fil des ans une stature de père Joseph des arts plastiques, maugréant parfois contre la construction du Centre Pompidou qui lui ôte la direction du Cnac, s'accrochant à son bureau de la rue Berryer et à son appartement de fonction des Gobelins, signes de sa légitimité, assez présent pour ne pas être oublié, assez gaulliste pour être respecté, assez obéissant et habile pour ne pas gêner les ministres qui se succèdent, assez bonhomme pour plaire aux socialistes, assez prévoyant pour choisir en Michel Troche un poulain de gauche : une sorte d'archétype des clercs de la rue de Valois, l'énarchie en moins.

Le secrétaire d'État ouvre la culture aux « arts mineurs » : ainsi de la photo qu'il s'efforce d'introduire à juste titre au Musée d'art moderne qui renâcle encore contre cet art que le musée d'Art moderne de New York a déjà largement accueilli. Il charge le regretté Pierre de Fenoyl de créer la Fondation nationale de la photographie.

La création c'est aussi l'architecture. Et puisque le chantier Beaubourg est appelé à se poursuivre, il faut penser à celui voisin des Halles. Il fait appel à la nouvelle star, Ricardo Bofill, qui doit dessiner un parc à la française de six hectares. Mais on enjoint au Catalan de collaborer avec l'inévitable Émile Aillaud, nommé architecte en chef et Bernard de la Tour d'Auvergne. Évidemment, les trois hommes, condamnés par le pouvoir à travailler ensemble, ne s'entendent pas. Valéry Giscard d'Estaing finira par se décharger de ce dossier empoisonné sur Chirac, lorsqu'il deviendra le nouveau maire de Paris. Cadeau empoisonné ? Il sait gérer. Il s'autoproclame en juin 1978 « architecte en chef des Halles » ! On verra le résultat. Après avoir fait état de son admiration pour le projet Bofill, il le raye d'un trait de plume. Le projet des Halles sera ce qu'il est devenu, tout sauf une architecture dont on peut se glorifier. Entre temps, Michel Guy était retourné à des choses plus sérieuses, le Festival d'automne.

Actions tous azimuts

La nouvelle équipe de la rue de Valois, bardée de certitudes, voulant apporter un sang neuf à la politique culturelle gaulliste telle qu'elle avait été conçue depuis 1959, c'est-à-dire quinze ans auparavant, délivre ses leçons, donnant parfois l'impression de vouloir évangéliser les campagnes, prêchant la nouvelle vérité et multipliant les déclarations. Et de fait, de nombreuses initiatives sont prises. L'une d'entre elles parmi les plus spectaculaires, est la création de l'Office national de diffusion artistique (ONDA) qui institue une sorte de bourse pour la circulation des pièces de théâtre en France. Michel Guy rejoint ainsi le souci de mobilité qui animait Jacques Duhamel. Dans le même temps, on s'intéresse au Plan et le groupe Culture institué par le Premier ministre au titre du commissariat au Plan, reçoit pour mission de conduire une réflexion d'ensemble sur la politique culturelle du VIIe Plan. Michel Guy prend l'initiative, dont il garde le mérite, de nouer le contact avec Jacqueline Picasso, veuve de Pablo depuis un an, et élabore avec elle le projet d'un grand musée Picasso dont la collection viendrait d'une dation. Il charge Dominique Bozo, dont c'est la première mission officielle, de mettre au point le projet. Une liste d'œuvres est arrêtée. Jacqueline Picasso prétendait l'avoir dictée elle-même à Dominique Bozo. Quoiqu'il en soit, on décide d'ouvrir le Musée dans l'Hôtel Salé, en plein cœur du Marais et de faire appel à l'architecte Roland Simounet, contrecarrant l'orientation de Maurice Druon d'en faire, pas moins, la résidence du ministre des Affaires culturelles ! Faute d'impulsion et de moyens, il y faudra dix ans… Et attendre la fin du premier mandat de Jack Lang pour que ce musée s'ouvre au public.

Difficile de définir les grands axes de la politique de Michel Guy. Elle intervient un peu dans toutes les directions. À la différence de Jacques Duhamel, il parle d'abord de goût et d'imagination. C'est la politique des « cent villes » qui vise à inscrire au titre des monuments historiques les centres anciens de cent villes parmi les 350 villes de plus de 20 000 habitants que compte alors la France. C'est l'élargissement de la conception du patrimoine. Sur 30 000 monuments classés ou inscrits en 1974, 200 seulement étaient postérieurs au XVIIIe siècle. Ce chiffre double en quelques mois, avec le classement ou l'inscription de gares, de palais de justice, de musées du XIXe siècle, de douze préfectures, des halles de Tours et de Bourges, des usines de Roubaix, des hôtels de Biarritz.

Il lance les études préliminaires du musée d'Orsay et du musée Picasso. Il initie le musée de Villeneuve-d'Ascq autour de la collection Masurel, et déclenche la donation de la collection Lévy au musée de Troyes.

Encore un « ministre » qui fait de l'action théâtrale une priorité : les subventions à la décentralisation s'accroissent de 50 % en deux ans. Il fait venir Peter Brook aux Bouffes du nord (où il se trouve toujours vingt-cinq ans plus tard), il confie pour la première fois au ministère un poste d'inspecteur général à un spécialiste de la danse, Igor Eisner. Il accueille la Modern Dance américaine en France. Il invite Giorgio Strehler en qualité de metteur en scène au théâtre de l'Odéon.

Sur le terrain de la politique culturelle, sa grande initiative se trouve dans la signature des chartes culturelles avec les villes et les régions. Il explique à Louis Dandrel : « La décentralisation est au centre de la politique que je défends. [...] Je propose un aménagement du territoire en matière culturelle. Nous allons dresser une carte du développement culturel [le concept est passé dans le langage commun], région par région, arrêter des choix d'action et un calendrier d'exécution. [...] Entre l'État et chaque ville, c'est une charte globale qui est passée[16]. »

Il apporte sa pierre à la décentralisation, disant que Beaubourg devait être « la centrale de la décentralisation », ce qui, au-delà d'un jeu de mots, justifiera le développement de nombreuses expositions itinérantes mais aussi la centralisation. L'intérêt de ces chartes était notamment de conduire les directions verticales du ministère à travailler de concert à la politique culturelle d'une ville. On ne craint pas les élus de gauche. La première charte est signée avec Grenoble le 30 mai 1975. Puis viennent Bordeaux avec les Entrepôts Lainé, Marseille avec la rénovation de la Vieille-Charité, La Rochelle, Strasbourg, Dijon, Reims, Angoulême...

Il insiste sur la dimension régionale de l'action du ministère et, sur ce terrain, il prend des initiatives importantes, en concluant également des chartes régionales, dont la première est signée avec la région Alsace. Jacques Duhamel avait initié des contrats de villes, Michel Guy est l'homme des chartes régionales. Toutefois, il ne dispose pas des moyens lui permettant d'installer dans chaque région une direction régionale des Affaires culturelles et le ministère reste encore handicapé dans son implantation locale.

Apôtre de la légèreté institutionnelle, il déclare, un peu dans le style de Duhamel : « Mieux vaut aménager dix centres légers dans des bâtiments préexistants, par exemple dans des monuments historiques trouvant ainsi une affectation garantissant leur sauvegarde, que de construire une seule maison de la culture[17] » ; propos qu'on retrouvera dans la bouche de Lang quelques années plus tard et qui, dans celle de Michel Guy, laissent craindre un rejet de Beaubourg, où il milite, toutefois, pour l'introduction d'une salle de cinéma, ce que Bordaz négocie avec Henri Langlois. En quelques années, le ministère de la Culture s'est ainsi réconcilié avec Boulez et Langlois. Ce qui montre qu'on aurait pu éviter de se brouiller avec eux ! Pompidou et Michel Guy sont passés par là.

Il s'intéresse à la diffusion de la culture par la télévision. Il est ainsi à l'origine de la première interprétation d'une œuvre d'art lyrique en direct sur une chaîne : le 24 septembre 1975, 5 millions de téléspectateurs voient, sur Antenne 2, le *Don Juan* de Mozart avec Ruggiero Raimondi : plus de spectateurs en un soir que l'œuvre en a eus depuis sa création à Prague ! On renouvellera l'opération : « Trois millions de spectateurs pour une seule retransmission du Trouvère à la télévision : c'est plus que l'opéra de Verdi n'en a eus depuis le jour de sa création, cela équivaut à 1 500 représentations, soit six années de fonctionnement de l'Opéra[18]. »

Contrastes saisissants, mais aussi fallacieux. Ne commence-t-on pas à céder au vertige des chiffres ? L'important n'est-il pas la qualité plus que le nombre de contacts entre les œuvres et les publics ?

Mais la vie de Michel Guy est également compliquée par les difficultés entre son directeur de Cabinet et l'entourage de Jacques Chirac. En effet, Gérard Montassier s'était attiré la haine farouche de Pierre Juillet et Marie-France Garaud qui avaient surpris, dans un restaurant, des propos fort critiques de l'intéressé à l'encontre de Georges Pompidou. La bataille fut rude car, entre temps Gérard Montassier avait convolé avec Valériane Giscard d'Estaing. Jacques Chirac mit toute son opiniâtreté pour obliger Michel Guy à se séparer de lui et à le remplacer par un recteur plus austère en la personne de Jean-Claude Grohens, qui devait ultérieurement prendre la tête de la direction du Livre avant de devenir président du Centre Pompidou.

La victoire de la musique

Michel Guy ne jurait que par Boulez. Évidemment, Marcel Landowski se sent menacé. Pour le ministre, « l'application du plan de dix ans se poursuit. Cela dit, je pense qu'il est inutile de créer des orchestres régionaux dans tous les sens s'ils doivent être d'une qualité douteuse[19] ». C'est une pierre dans le jardin de Landowski. Sentant venir le vent du boulet, ce dernier se rend un jour chez Jean Maheu, directeur de la Jeunesse, prétextant des diverses collaborations entre les deux administrations portant sur les jeunes. Puis il lui fait part de la raison profonde de sa visite et lui demande, à brûle pourpoint, s'il serait intéressé par la direction de la musique dont, dit-il, il veut partir. Jean Maheu, intéressé par un poste au ministère de la Culture, mais pas par la musique, lui fait part de son embarras. Et l'affaire n'a pas de suite… immédiate. Quelques mois plus tard, Gérard Montassier appelle Jean Maheu, en vacances à Saint Tropez, lui laissant une heure pour accepter ou non la direction de la musique. Il se rend à ses arguments, tout en protestant de sa méconnaissance du secteur. Un administrateur à la tête de la direction de la musique, c'est, huit ans après la bataille, le point de vue de Boulez qui triomphe. Le cabinet demande d'abord au nouveau directeur la vérité sur le budget de la Musique. Le magistrat de la Cour des comptes qu'il est découvre que Marcel Landowski a lancé au moins trois orchestres de région sans financement correspondant : l'impasse s'élève à environ 60 millions de francs. Landowski ne tarit pas d'éloges sur Maheu. En réalité l'ancien directeur attendait du nouveau qu'il gère son héritage. Il allait pouvoir, quant à lui, disposer de temps pour s'occuper de la création et de l'innovation : de là son projet de Caisse nationale de la musique qui aurait été financée par une taxe assise sur les magnétophones. Le projet avait été annoncé à l'époque de Maurice Druon[20]. Michel Guy est séduit et déclare : « Je tiens à faire aboutir le projet de Caisse nationale de la musique qui sera à la fois un instrument de création, de diffusion et un moyen d'améliorer la protection sociale des compositeurs et des musiciens[21]. »

Mais la politique musicale aurait été ainsi coupée en deux : la gestion à la direction de l'Administration centrale, et la grande politique de création et d'innovation à la Caisse. Sans compter que l'Ircam de Boulez navigue dans les eaux du Centre Pompidou. Décidément Landowski se révèle un redoutable interprète de l'administration musicale mise en morceaux. Jean Maheu se rend compte du danger qu'il encourt si le directeur de la Musique n'est pas de droit président de la Caisse. Entre temps, Michel Guy a été remplacé par Françoise Giroud. Jean Maheu lui demandera si elle accepterait que le ministère fût dirigé par une sorte de « vice-ministre », fût-il limité au domaine musical. Elle comprendra la menace et mettra fin à l'entreprise, d'autant plus que Jean-Loup Tournier, directeur de la SACEM, est informé de ce qui se tramait à l'assemblée nationale où Landowski avait suscité un « cavalier budgétaire[22] » prévoyant l'inscription d'une nouvelle taxe pour financer la Caisse. Le « cavalier » sera opportunément retiré.

Boulez triomphe. L'ensemble intercontemporain va voir le jour et, avec l'Ircam, commencer à constituer une panoplie au service de la création musicale. Landowski a perdu une bataille. Il n'a pas renoncé à gagner la guerre. En attendant, il ira rejoindre Jacques Chirac à l'Hôtel de Ville, qui est l'ami des deux enfants terribles de la musique.

Qui a dit qu'il n'aimait pas la musique, si ce n'est la fanfare militaire ?

La communication culturelle

Jacques Chirac, environ deux ans après son arrivée à Matignon (où il reste de mai 1974 à août 1976), décide de donner sa démission parce qu'il ne dispose pas des moyens lui permettant d'assurer les responsabilités qui lui sont dévolues par la Constitution. Il entre en résistance. Quelques mois plus tard, le 5 décembre 1976, il crée le RPR, qualifié de « vaste mouvement populaire pour défendre les valeurs essentielles du gaullisme ». Valéry Giscard d'Estaing constitue un nouveau gouvernement autour de Raymond Barre, ce qui vaut à Michel Guy de quitter la rue de Valois. Il y laisse un souvenir d'homme actif, entreprenant, bon connaisseur des dossiers, fin esthète mais aussi peu au fait des procédures administratives, volontiers brouillon[23], et dont le cabinet va amplifier les tendances vibrionnantes. Assisté de Françoise Bellaigue, il est le premier ministre à introduire rue de Valois, dans son équipe rapprochée, une attachée de presse. Effectivement, il fait montre d'une grande maestria dans ce domaine. Rarement presse n'a été aussi louangeuse pour l'action d'un locataire de la rue de Valois. Michel Guy a compris, mieux encore que Malraux qui jouait plus de son charisme personnel que d'un sens des relations publiques, la fonction médiatique du ministère de la Culture. Il multiplie les contacts et les contrats (il préfère le mot charte) avec les chaînes de télévision.

Après la rue de Valois, l'ancien patron du Festival d'automne va pouvoir retourner à ses artistes, avec le concours d'Alain Crombecque. Sans doute est-ce encore l'un de ses meilleurs rôles que Guy Scarpetta décrit avec justesse : « Le festival n'aura pas seulement fait connaître et souvent imposé la création contemporaine, il aura aussi, en profondeur, durablement, influé sur son cours[24]. »

Le mal endémique de l'intendance

S'il n'est pas reconduit rue de Valois, Michel Guy le doit certainement à son caractère imprévisible, à ses foucades, ses brouilles et son entourage. Son attitude dans la remise en cause du Centre lui vaut la haine prolongée de Claude Pompidou. Peu au fait des procédures, incapable de nouer des liens de complicité avec les fonctionnaires du ministère des Finances, il doit accepter une réduction sensible de la part du budget de la Culture dans le budget de l'État :

- *Part du budget de la Culture dans le budget de l'État*[25] :

1974 (budget préparé par Duhamel)	0,606 %
1975	0,560 %
1976	0,547 %
1977	0,557 %

Cette diminution de 8 % environ entre 1974 et 1977 est masquée en partie par les crédits ouverts au titre de la mise en ordre de marche du Centre Pompidou. Toutefois, en francs constants (valeur 1995), son budget passe de 5,142 milliards de francs en 1974 à 5,362 milliards de francs en 1977.

- *Dépenses culturelles par habitant (en F constants et loi de finances initiale) :*

1974	98,28 F
1976	95,43 F

Le recul est ici encore plus net.

- *Part du budget de la Culture dans le PIB (budget réalisé) :*

1974	0,072 %
1976	0,088 %

L'augmentation traduit la tendance de l'époque à réduire le poids des dépenses publiques, ce qui signifie que la réduction du budget de la Culture est moindre que celle de l'ensemble des finances de l'État.

En dépit de ce budget réduit, Michel Guy laisse le souvenir d'une action proche des artistes et des créateurs, d'un libéral en fait très interventionniste dans les choix artistiques. Avec la politique incarnée par Jacques Duhamel qui met l'accent sur la demande, la rupture est assez forte : Michel Guy incarne, au contraire, une politique de l'offre.

Ce libéral peut être aussi très politique. N'est-il pas l'homme qui n'hésitait pas à demander à Robert Bordaz de se séparer de moi car, les élections du personnel du Centre ayant donné une majorité à la CFDT, j'apparaissais à ses yeux comme un dangereux gauchiste ? La crainte du gauchisme reste une dominante de cette période. Mais Bordaz n'était pas homme à se laisser dépouiller de ses collaborateurs, qu'il s'agisse de Michel Guy ou, bien avant, du ministre de l'Information, Alain Peyrefitte, lui demandant la tête de ses proches à la direction de l'ORTF.

Entre les deux profils de ministre, le politique et le connaisseur, l'expérience montre que le politique est souvent le moins interventionniste dans les choix artistiques et qu'il laisse aux professionnels le soin d'opérer librement. Le connaisseur est au contraire souvent moins tolérant, il combat l'éclectisme supposé des autres et il entend contrôler de près les choix de ses pairs.

Ministres politiques et connaisseurs : c'est l'alternance façon rue de Valois.

Premier amateur d'art exerçant deux ans rue de Valois, il n'a en réalité jamais convoité de faire une carrière politique (alors que même Malraux, s'il ne brigue pas de mandat électoral, exerce un pouvoir clairement politique au sein du RPF, puis du gouvernement). Michel Guy ne réussit toutefois pas à gagner auprès de l'opinion publique une notoriété qui dépasse le champ des spécialistes et des grands connaisseurs.

Écartelé entre ses goûts et les orientations culturelles de Giscard d'Estaing, aux antipodes des siennes, entre les poids politiques respectifs du président de la République et du Premier ministre, il va peu à peu être marginalisé. Il refuse l'interdiction du film *Solo* de Pasolini que lui demande Giscard, se heurte à Chirac et aux amis de Pompidou pour laisser un mandat inachevé, victime de son propre isolement politique.

2. FRANÇOISE GIROUD (27 AOÛT 1976 - 29 MARS 1977)

Que venait faire Françoise Giroud en politique ? Elle raconte que peu de temps après l'élection de Giscard, Jean-Jacques Servan-Schreiber lui dit que le président pense à elle pour un secrétariat d'État. Elle rétorque : « Ce n'est pas sérieux ! ». Il s'agit d'abord du secrétariat d'État à la condition féminine où elle laissera une trace profonde. Viendra ensuite la culture : « Giscard avait eu cette idée bizarre de venir me chercher[26] », a-t-elle l'honnêteté d'écrire.

Que peut faire à la tête du ministère de la Culture, en neuf mois, une femme de la trempe de Françoise Giroud ? Peu dans les faits, beaucoup dans les symboles.

Peut-on avoir une ambition pour la culture sans moyens ? Elle annonce lors de sa première conférence de presse : « Il faut changer d'échelle, et changer d'échelle ce ne sera pas seulement obtenir une simple augmentation de dix pour cent du budget[27]. » Mais ce n'est pas elle qui aura la chance de réaliser ce vœu.

Ayant compris tout l'intérêt qu'il pouvait retirer d'une secrétaire d'État à la Culture en prise directe sur les médias, Valéry Giscard d'Estaing a l'idée de faire appel à Françoise Giroud. C'est une bonne idée. Venant de la presse, elle connaît les médias comme sa poche. Femme de gauche, son entrée dans le gouvernement de Raymond Barre apporte une caution à laquelle les intellectuels et les artistes sont sensibles. Pense-t-on qu'elle pourrait être le Malraux de Giscard ? Mais Françoise Giroud ne reste que neuf mois rue de Valois, le temps d'installer un Conseil de la recherche, de procéder à l'inauguration du Centre Pompidou, le 30 janvier 1977, et de créer les directions régionales des Affaires culturelles, les Drac.

Cette dernière décision est la conclusion d'une longue marche de l'administration de la culture depuis Malraux. Elle représente symboliquement une fonction importante de « ministre du ministère ». L'institution officielle des Drac par décret du 3 février 1977 est le résultat d'un travail sur le terrain qui revient presque par hasard à Françoise Giroud et qui aurait pu tout aussi bien échoir à un autre ministre. Ceci non pas pour diminuer le mérite de la secrétaire d'État, mais pour montrer la logique d'une politique partagée entre l'action propre des ministres et celle à plus long terme des services. Avec les Drac le ministère existe enfin au plan régional. C'est le moment d'ailleurs où les politiques culturelles locales prennent leur essor : les élections municipales vont bientôt donner à la gauche, en 1977, un nombre important de mairies qui s'engagent dans des actions culturelles novatrices. Toutefois, elles n'existent guère encore que sur le papier et il faudra attendre Jack Lang et la politique engagée par Gaston Defferre, pour qu'elles disposent réellement des moyens de leur politique.

On peut trouver dans la venue de Françoise Giroud au ministère de la Culture le symbole d'une transition entre le système culturel traditionnel et le système culturel ouvert aux médias : qu'une journaliste occupe la rue de Valois doit être en effet décrypté. On en trouve des éléments d'explication sous la plume de Régis Debray[28] qui analyse les raisons de la crise du théâtre en France au moment où la séduction des intellectuels par la télévision montre que « l'acoustique de la pensée » change de médium. Le théâtre, médium par excellence des intellectuels, perd ce statut dans les années soixante-dix. De Malraux à Michel Guy en passant par Duhamel, les ministres de la Culture ont sans doute accordé la priorité au théâtre parce qu'ils étaient plus ou moins conscients du discrédit qui était sur le point de l'affecter et comme pour retarder l'échéance de son déclin. Car, du point de vue symbolique, le théâtre reste l'outil principal de l'action et du développement culturel : n'est-ce pas à lui que Guy et Lang mériteront d'accéder rue de Valois ?

Comme l'écrit Régis Debray, « l'ascendant qu'exerce un genre donné sur les créateurs intellectuels d'une époque doit être mis en correspondance avec l'indice de résonance qui est le sien à cette époque, compte tenu des dimensions du public potentiel et des possibilités pratiques d'entrer en relation avec lui permise par le niveau technique des réseaux de communication de l'époque [...]. La création théâtrale a perdu son prestige d'antan parce que la grande politique intellectuelle n'a plus à passer par la scène. [...] [Si, jusque dans les années 1955], les auteurs littéraires les plus étrangers à la dramaturgie se sentaient dans l'obligation morale de donner une pièce ou deux (Mauriac, Gide, Romains, Martin du Gard, Camus, Thierry Maulnier...), c'est que l'acoustique en valait encore la peine. Si les directeurs de conscience se dirigent désormais ailleurs, c'est que le quadrilatère du plateau et la demi-ellipse des salles ne donnent plus à leur parole la meilleure répercussion possible. La scène a cessé d'être un investissement hégémonique rentable. Il n'y a plus que les professionnels du théâtre pour s'intéresser au théâtre. [Et aussi les ministres de la Culture.] [Mais] la scène n'est plus un enjeu politique — ce foyer de cabales et d'intrigues qu'elle fut à son apogée et resta jusqu'à son entrée sous poumon artificiel et subventionné. Le cinéma l'a d'abord remplacée dans ce rôle d'art-qui-tue, puis la télévision. Et pour cause : une bonne pièce fait 20 000 entrées (sur plusieurs mois), un film 200 000 (sur quelques semaines), une dramatique 10 000 000 (le même soir). »

Sans doute Françoise Giroud n'est-elle pas principalement journaliste de la télévision, bien qu'elle fasse métier de la regarder et de la critiquer. Mais son entrée rue de Valois est un passage de relais. Déjà Duhamel et Guy avaient inauguré, pour la bonne cause, des conventions entre le ministère et la télévision. Après Françoise Giroud, Jean-Philippe Lecat unira officiellement dans son ministère la culture et la communication. C'est bien la fin d'une certaine forme de la culture et le début d'une nouvelle ère. Le « cinquième pouvoir » va désormais côtoyer de plus en plus près le « quatrième pouvoir » des médias qui a besoin de la culture pour n'être pas qu'une caisse de résonnance, et pour tirer de sa créativité, un contenu, une manière de se distinguer. À son arrivée rue de Valois, la nouvelle secrétaire d'État reçoit une compétence dans le domaine de la communication, ce qui est une première : elle est associée par le Premier ministre à l'exercice de ses attributions sur la valeur culturelle des émissions de radiodiffusion et de télévision. Elle préside, par délégation du Premier ministre, le Haut Conseil de l'audiovisuel. Elle dispose de l'Institut national de l'audiovisuel, qui vient d'être créé[29].

Il est assez logique que la journaliste, devenue secrétaire d'État à la Culture, inaugure officiellement l'ouverture du ministère de la Culture au champ de l'audiovisuel. Désormais, les ministres de la Culture n'auront de cesse d'intervenir officiellement dans la communication.

Jean Castarède désigne le rapprochement de la culture et de la communication, du nom de « communiculture[30] ». « Le grand événement de l'époque récente, écrit-il, c'est que la culture est transmise par de nouveaux vecteurs. Elle est la télé-culture, la vidéo-culture. Ces supports ne sont pas neutres. Elle n'est plus transmise par la Sorbonne. Elle le fut longtemps par les chaires des églises, puis, au XVIIe siècle, par le théâtre, puis au XVIIIe siècle par les encyclopédistes, au XIXe siècle par les romantiques, sous la troisième république par les universitaires ou les avocats, puis par les revues littéraires. Aujourd'hui la culture est transmise par l'audiovisuel : toute la culture va être modifiée par ce filtre. »

Face à ce grand chambardement annoncé des valeurs et des rites, la mode est au scepticisme. Il revient à Françoise Giroud d'accueillir le président de la République au Centre Pompidou inauguré en grande pompe le 30 janvier 1977, comme pour célébrer les noces de l'art et de la communication. Mc Luhan est d'actualité et l'art est promis à un écartèlement entre la culture des masses (Beaubourg) et le déferlement de l'image (télévision). Quelques mois plus tard, Jean Baudrillard dans un petit essai au titre percutant annonce l'implosion prochaine du centre[31]. Les politiques ont-ils fait effort pour concevoir une machine culturelle adaptée aux besoins contemporains ? Il ont en réalité conçu un instrument « qui ne sert qu'à fausser la fiction humaniste de la culture, c'est un véritable travail de mort de la culture qui s'y fait, déclare-t-il, et c'est à un véritable travail de deuil culturel que les masses sont joyeusement conviées ».

Une fois de plus, un intellectuel de qualité fait retentir les sirènes de la protestation devant la tentative du politique de prétendre ouvrir la culture aux masses. « Au défi d'acculturation massive à une culture stérilisée [pourquoi ?], la masse répond par une irruption destructrice (masse critique, masse implosive. Au-delà de 30 000, elle risque de faire « plier » la structure de Beaubourg), qui se prolonge dans une manipulation brutale [...]. Beaubourg aurait dû disparaître le lendemain de l'inauguration, démonté et kidnappé par la foule, dont ç'aurait été la seule réponse possible au défi absurde de transparence et de démocratie de la culture — chacun emportant un boulon fétiche de cette culture elle-même fétichisée. »

On n'en croit pas ses yeux : la culture doit rester obscure, c'est-à-dire sans doute réservée aux seuls intellectuels et elle ne doit pas prétendre à la démocratisation et encore moins à la transparence ! Propos hélas devenus fréquents chez ceux qui pendant un siècle de république avaient forgé la « République des professeurs » avant de devenir les mandarins d'un système qui leur échappe, comme Debray l'atteste. Reste la dénégation, ses frissons et sa solitude. Vingt-cinq ans plus tard, Beaubourg n'a pas implosé, même s'il n'a pas non plus inauguré l'âge d'or de la démocratie culturelle, et s'il a dû subir un lifting. Qu'on le veuille ou non, les nouvelles générations, après Beaubourg, sont plus ouvertes à la création contemporaine que les anciennes. On ne peut pas tordre le cou de la réalité. La poésie, mieux que les concepts purs, aide à comprendre parfois le sens des événements qui nous dépassent. Robert Bordaz l'exprime avec simplicité : « Plus je réfléchis, depuis son ouverture et ses premières manifestations, à la nature du Centre Pompidou, et mieux je comprends le sens de la célèbre formule de Claudel : À la fin éclate le commencement. Oui, je saisis mieux l'originalité profonde de cette institution nouvelle qui, en fin de compte, a sans doute comme principal mérite de tirer les conséquences ultimes de prémices qui au départ apparaissaient difficilement conciliables[32]. »

Les deux événements majeurs que croise Françoise Giroud pendant son court séjour rue de Valois sont lourds de signification : l'ouverture de Beaubourg au public inaugure la politique culturelle de masse et la culture accède officiellement au champ de la communication : comme si le petit secrétariat d'État se ramassait alors sur sa base initiale, proprement culturelle, base symboliquement rétrécie du « petit » ministère de la Culture, pour se préparer à mieux bondir et rebondir dans le champ de la communication, avec d'Ornano et Lecat. Question technique, certes, qui s'impose de l'extérieur aux acteurs et au système culturel. Mais question qui appelle des solutions politiques, on le conçoit encore obscurément. Encore cinq ans à peine et le petit secrétariat d'État accèdera au statut de « ministère des ministères » !

Le « cinquième pouvoir » va entretenir des relations ambiguës avec la communication : obligé de jouer avec elle, il doit s'en distinguer tout en lui donnant un sens, car il reste le pouvoir détenteur de la création et, à ce titre, celui par lequel le « quatrième pouvoir » devra désormais de plus en plus passer.

9

Les « politiques » (1977-1981)

À la différence des deux secrétaires d'État précédents, Michel d'Ornano et Jean-Philippe Lecat sont des intimes de Giscard d'Estaing. Avec eux, le ministère retrouve sa place dans la hiérarchie ministérielle. Mais il le doit moins à la culture elle-même qu'à son mariage avec d'autres champs d'intervention de l'État : l'environnement et la communication avec Michel d'Ornano et la communication seule avec Jean-Philippe Lecat. En outre, la *diminutio capitis* que le président, grand arbitre des questions de communication, pouvait se permettre avec des représentants de la société civile comme Michel Guy et Françoise Giroud, ne peut plus avoir cours dès lors que l'on fait appel à des ministres politiques qui inscrivent leur parcours dans ce que l'on appelle une carrière. L'exception culturelle ne peut justifier un « déclassement politique ».

Les relations entre les composantes de la majorité ont changé. La réforme de Paris voulue par Giscard, transformant la capitale en commune de droit commun, est adoptée le 31 décembre 1975. Aux élections municipales de mars 1977, Giscard verrait bien l'installation d'un de ses fidèles à la tête de la mairie de Paris. Mission confiée à Michel d'Ornano qui se heurte à Chirac, qui sort son RPR et l'emporte sabre au clair. Faute d'être maire de Paris, Michel d'Ornano est nommé ministre de la Culture et de l'Environnement.

Giscard voit sa cote de popularité décliner irrésistiblement. En décembre 1976, il obtient 47 % de mécontents contre 39 % de satisfaits. Il s'efforce de rebondir au moyen de multiples initiatives qui apparaissent pourtant plus comme des « coups » que comme des réponses de fond aux questions du moment. Ainsi de la nomination d'un ministre de la Culture et de l'environnement.

1. MICHEL D'ORNANO (30 MARS 1977 - 31 MARS 1978)

Les élections municipales de mars 1977 ont été perdues par la majorité. Un remaniement ministériel est décidé. Françoise Giroud est remplacée par Michel d'Ornano qui, après sa défaite parisienne, reste maire de Deauville. Le temps n'est plus aux expériences de société civile. Les « politiques » sont appelés à la rescousse. Giscard d'Estaing doit se résoudre à affronter un adversaire politique, son ancien allié Jacques Chirac, à la tête de la plus importante mairie de France, jusqu'ici dirigée par un préfet. La politique est ingrate : il n'est pas récompensé de son libéralisme. Installé place de l'Hôtel de Ville après les élections municipales, Jacques Chirac n'aura de cesse de vouloir conquérir le palais de l'Élysée. Ainsi s'ouvre une stratégie-marathon qui se conclut en 1986 par sa victoire aux élections législatives, et son retour à Matignon, puis en 1995 par sa victoire aux élections présidentielles.

L'architecture modeste

Passionné d'architecture et d'urbanisme, Michel d'Ornano tente le mariage délicat de la culture et de l'environnement, auxquels s'ajoute le tourisme. S'il n'est pas spécialiste de la culture, il est assez honnête homme pour s'y intéresser, plus en politique qu'en amateur. Mais après un an, le mariage avorte et aboutit au contraire de ce qui était cherché. Lorsqu'il quitte le ministère de la Culture pour le ministère de l'Équipement et du cadre de vie, il emporte en quelque sorte avec lui la direction de l'Architecture dont il opère le rattachement au ministère de l'Équipement où elle va rester vingt ans. Le grand homme de l'architecture est Joseph Belmont, sorte de Père Joseph de l'architecture française, qui devient pendant plus de dix ans le conseiller aussi bien de Giscard, de Chirac que de Mitterrand.

Elle sera rapatriée en 1997, au ministère de la Culture, à l'instigation de Jacques Chirac : revanche lointaine sur Giscard. Pour Chirac, formé à l'école de Pompidou, l'architecture est monumentale et culturelle. Pour Giscard, elle est modeste et technique. Affaire d'architectes pour le premier, d'ingénieurs des ponts pour l'autre qui aime les grandes écoles.

Privé de la direction de l'Architecture, le ministère de la Culture va se plonger dans la gestion du patrimoine, ce que Giscard trouve plus légitime que les autres élucubrations de la rue de Valois, dont il ne saisit pas bien les tenants et aboutissants. La nouvelle direction du Patrimoine voit le jour sous la responsabilité de Christian Pattyn.

Rue de Valois, Michel d'Ornano va devoir mettre en œuvre la loi sur l'architecture votée à l'instigation de son prédécesseur le 31 janvier 1977.

En matière d'architecture, le temps est au retour à la taille humaine, au recours systématique aux concours destinés à faire émerger les jeunes talents. Robert Lion, d'abord à la direction de la construction puis à la Fédération des HLM, pèse de tout son poids dans cette réorientation. Les uns et les autres, en tant que décideurs, favorisent l'émergence d'une nouvelle génération d'architectes aux tendances post-modernistes[1]. On crie haro sur le style international. Les ravages provoqués par la technique du « chemin de grue[2] » dans la décennie précédente sont à la barre des accusés. La rue de Valois sort du champ clos de l'art pour s'ouvrir à une politique de la ville, qui n'a pas alors le sens qu'elle a pris aujourd'hui.

Michel d'Ornano obtient aussi des compétences en matière de communication, plus affirmées encore que sous Françoise Giroud, mais transmises à un secrétaire d'État au tourisme placé auprès de lui, Jacques Médecin : non seulement, comme Françoise Giroud, le ministre est associé par le Premier ministre à l'exercice de ses attributions relatives à la valeur culturelle des émissions de radiodiffusion et de télévision, mais en outre « il étudie les problèmes de la communication et fait au Premier ministre toutes propositions utiles en ce domaine[3] ».

La stagnation budgétaire

Le budget de la Culture ne tire aucun bénéfice de la nomination rue de Valois de proches du président. Ce qui prouve que sa stagnation, voire sa régression, est le résultat d'une volonté politique au plus haut niveau. Pour Valéry Giscard d'Estaing, le ministère de la Culture est un héritage encombrant dont il semble douter de la légitimité.

- *Part du budget de la Culture dans le budget de l'État :*

1977	0,557 %
1978	0,559 %

À 2 millièmes près, la stagnation se maintient en effet.

- *Dépenses culturelles par habitant :*

1977	101,14 F
1978	110,20 F

- *Part du budget de la Culture dans le PIB :*

1977	0,090 %
1978	0,083 %

Il s'agit là d'une sensible stagnation.

Mais en un an, Michel d'Ornano n'a guère le temps de mettre en place une politique culturelle originale. Il se moule donc à son tour dans la politique culturelle du ministère.

L'action territoriale

L'une des orientations du moment est l'aspiration à la décentralisation. C'est l'époque où les maires socialistes commencent à se donner rendez-vous l'été à Avignon. C'est le temps où les festivals de Nancy, de Bordeaux, d'Avignon et d'ailleurs attirent de plus en plus les Parisiens, où Jacques Chaban-Delmas, dégagé des responsabilités nationales, s'adonne aux délices de la culture en compagnie de sa femme Micheline. Bernard Faivre d'Arcier et Catherine Tasca créent *L'Atelier*, une revue qui réunit des réflexions sur la politique culturelle de demain… J'anime moi-même un séminaire à l'Ena sur le développement culturel avec la participation de Jérôme Clément, Bernard Faivre d'Arcier, Hubert Védrine, Dominique Ponnau, Antoine de Tarlé et bien d'autres et des conférences sur l'architecture avec le concours de Robert Lion et de Jack Lang.

Giscard n'arrive pourtant pas à obtenir du parlement le vote d'une loi de décentralisation. Il sait qu'elle est nécessaire mais se heurte aux réserves des députés et sénateurs qui sont prisonniers, pour la plupart, d'un réseau étroit d'intérêts et responsabilités croisés dans des mandats électoraux multiples. C'est le moment où Gaston Defferre me confie : « si nous arrivons au pouvoir, je me consacrerai à la décentralisation et je la mènerai tambour battant. Il faudra la faire avec brutalité pour réussir tant le pays est prisonnier dans sa gangue de centralisation ».

Et il tiendra parole. On sent, on pressent alors, la demande de décentralisation et on ne sait pas y répondre. La réforme est nécessaire, mais comme suspendue à une décision qui ne peut être prise.

Les fonctionnaires du ministère de la Culture préparent l'avenir. Les Drac commencent à s'organiser souvent avec les moyens du bord. Elles sont comme des pierres d'attente pour l'implantation du ministère dans les régions, dans l'espoir que les objectifs et les moyens de la décentralisation culturelle pourront être réunis un jour autour d'une volonté.

Priorité au patrimoine

Préoccupation centrale du président de la République, la mise en valeur du patrimoine, étudiée par Pierre Dehaye, débouche sur des décisions comme la création de l'Institut français de restauration des œuvres d'art (IFROA) le 29 octobre 1977. Jean Coural, en charge des Manufactures nationales et du Mobilier national depuis les années Malraux, devient le premier directeur de l'IFROA. C'est une excellente initiative qui a pour objet, sur le modèle du *Restauro* italien à Rome, de former des restaurateurs sur une longue durée en développant des connaissances théoriques de base en histoire de l'art et une pratique artistique et technique.

Michel d'Ornano reste plus dans les mémoires le ministre de l'Équipement qu'il va devenir que l'éphémère ministre de la Culture qu'il a été. Il terminera sa vie tragiquement le 9 mars 1991 victime d'un accident.

2. JEAN-PHILIPPE LECAT (5 AVRIL 1978 - 4 MARS 1981)

Les élections législatives de 1978 ont failli être perdues par la majorité qui ne tient le parlement qu'à quelques voix. Le remaniement ministériel se fait autour de Raymond Barre qui reste Premier ministre. Mais Michel d'Ornano est nommé au ministère de l'équipement, et Jean-Philippe Lecat fait son entrée au gouvernement.

Après Françoise Giroud, Michel d'Ornano avait reçu un début de compétences en matière de communication. Tous deux préparaient ainsi la voie à Jean-Philippe Lecat qui devient ministre de la Culture et de la Communication. Cette association reviendra souvent par la suite sous Jack Lang, François Léotard ou Catherine Trautmann.

Deuxième énarque à arriver rue de Valois (tout comme Jacques Duhamel, il est vrai, mais sans la légitimité que donne un passé de résistant), membre du Conseil d'État, implanté politiquement en Bourgogne, issu de l'écurie de Georges Pompidou, Jean-Philippe Lecat renoue avec l'esprit gaulliste tout en étant proche du nouveau président de la République. Lisse d'aspect et de caractère, son intelligence aiguë le voue plus au scepticisme qu'à l'action. Pourquoi se démener lorsque tout vous réussit ? Malheureusement, il arrive rue de Valois au moment où le giscardisme commence à décliner. Il accompagnera donc brillamment ce déclin.

Budget : toujours moins !

Les ministres de Giscard changent, leurs budgets demeurent squelettiques. Jean-Philippe Lecat ne fait pas exception.

- *Part du budget de la Culture dans le budget de l'État*[4] :

1978	0,559 %
1979	0,516 %
1980	0,506 %
1981	0,482 %

La décroissance est même presque linéaire. Avec 0,48 % l'année 1981 (loi de finances votée en 1980) se retrouve en dessous du niveau de l'année 1973, qui avait été marquée par l'effort obtenu par Jacques Duhamel.

- *Dépenses culturelles par habitant :*

1978	110,20 F
1979	105,36 F
1980	103,49 F
1981	101,75 F

La décroissance est régulière et sans appel. Elle atteint 8 % en trois ans.

- *Part du budget de la Culture dans le PIB :*

1978	0,083 %
1979	0,081 %
1980	0,073 %
1981	0,073 %

Là aussi la décroissance est régulière. L'année 1981 se situe au niveau atteint en 1974.

Ces indicateurs montrent assez bien l'état de crise dans lequel se trouve le budget de la Culture à la veille de l'arrivée de Jack Lang rue de Valois. Le rattrapage ne sera pas un vain mot.

La France du patrimoine et des métiers d'art

La direction du Patrimoine, créée par le décret du 13 octobre 1978, réorganise le domaine des monuments historiques. Un comité interministériel du Patrimoine est créé par décret du 19 mars 1979 afin de définir la politique de conservation et d'utilisation du patrimoine culturel des administrations de l'État et de ses établissements publics.

L'établissement public du musée d'Orsay voit le jour sous la présidence de Jean-Philippe Lachenaud qui organise le concours d'architecture et réunit les financements nécessaires à ce grand projet. Giscard en lance aussi un deuxième : le projet de Musée des sciences et de l'industrie de la Villette. L'idée des grands projets présidentiels commence à s'affermir : un sous Pompidou, deux sous Giscard, combien sous Mitterrand ? Il n'en est pas encore question. Mais peut-être le futur président y songe-t-il déjà…

Paul Delouvrier assure la direction de l'établissement public constructeur du musée des Sciences et de l'Industrie, créé par le décret du 13 juillet 1979. Il sera le Bordaz de La Villette. L'architecte est Alain Fainsilber. Un certain nombre des collaborateurs de la construction du Centre Pompidou se retrouvent au sein de ces nouveaux établissements publics constructeurs. L'expérience acquise dans la construction du Centre Pompidou va se diffuser ainsi dans les nouveaux projets présidentiels.

C'est toujours au nom de la mise en valeur du patrimoine que Raymond Barre lance la loi-programme sur les musées (loi du 11 juillet 1978).

Pierre Dehaye avait recommandé que la politique en faveur des métiers d'art fît l'objet d'une sensibilisation de l'opinion publique par le biais d'une grande exposition. Valéry Giscard d'Estaing en avait arrêté le principe. Elle devait avoir un rôle de manifeste, comparable à ce que devait être pour Pompidou l'exposition 72-72… Avec les dangers qu'une telle initiative présidentielle peut comporter. Françoise Giroud avait passé cette commande au préfet Jean Gandoin, directeur de la SEMA. L'homme qui n'avait jamais organisé d'exposition de sa vie avait été écarté de la carrière préfectorale à la suite d'un incident tragico-comique : devant les caméras de télévision, il avait admonesté de manière quelque peu grossière l'auteur d'un hold up cerné par les forces de police[5]. Il est pourtant l'auteur d'un traité de bonnes manières faisant autorité et fort prisé, dit-on, par les femmes de préfets et d'ambassadeurs. Il est révoqué, mais il faut croire que les « bonnes manières » conduisent alors à la culture. Il quitte la préfectorale avec un bâton de maréchal culturel. Il ne sera que colonel. Il va se reconvertir dans la promotion des métiers d'art. Avenant et courtois, il conçoit un peu son nouveau métier comme celui d'un préfet d'autrefois décernant récompenses et médailles dans une France d'artisans méritants, sinon de comices agricoles. Après quelques mois de préparation, le préfet chargé des fonctions de commissaire d'exposition, commence à indisposer et inquiéter l'entourage de Jean-Philippe Lecat. On craint que son manque d'expérience ne débouche sur une exposition présidentielle aux choix discutables…

Le ministre décide en définitive de confier cette mission à un homme dont c'est précisément le métier, François Mathey, devenu, depuis l'expérience cuisante de l'exposition 72-72, spécialiste des questions de l'artisanat d'art et… des grandes expositions présidentielles. Les revers de l'exposition 72-72 ne l'avaient, on le voit, guère échaudé. Et le musée des Arts décoratifs était devenu un partenaire apprécié de l'équipe Lecat. L'exposition, telle qu'elle avait été conçue par Gandoin, fleurait bon la belle ouvrage et les meilleurs ouvriers de France. Un mauvais esprit aurait pu même y relever quelques relents de l'époque de Vichy. Impertinent et talentueux, François Mathey baptisa l'exposition « Les métiers de l'art » (novembre 1980-mars 1981), ce qui lui permettait de traiter le sujet sans en être prisonnier. N'ayant pas peur des paradoxes, il fait ainsi se juxtaposer les métiers de tradition (broderie, dorerie…) et les métiers de création. Le résultat fut brillant. Lors de l'inauguration, Valéry Giscard d'Estaing n'apprécia sans doute pas toujours l'humour provocateur de Mathey, alors qu'au contraire le ministre de la Culture y fut fort sensible.

Cette politique en faveur du patrimoine trouve son couronnement en 1980 avec « l'Année du patrimoine », qui vise à réunir un ensemble de mesures et d'expositions, dans le style qui plaît aux Français, amoureux des célébrations nationales. Le président de la République, en inaugurant l'exposition « La France du patrimoine » à la Conciergerie, clôture la politique culturelle du septennat. Se doute-t-il qu'il achève aussi une « période » de la politique culturelle, alors que les forces vives du système culturel se préparent à entrer dans une nouvelle et belle « époque » ? Le ministère se plaît alors à faire le bilan de cette opération sans précédent[6]. En un an, cent manifestations parisiennes et plus de 650 manifestations régionales ont été ainsi organisées. Sans doute pour la première fois, à ce niveau, le ministère de la Culture a traité cette action de sensibilisation comme une véritable campagne de presse.

« Un matériel publicitaire complet a été édité : logo, dépliants, programmes, affiches, diaporama, génériques, etc. Un dépliant de sensibilisation au patrimoine (4 millions d'exemplaires) et trois affiches illustrées par Savignac, André François, et Louis Briat (180 000 exemplaires) ont été répartis sur l'ensemble du territoire national grâce au concours de tous les services dépendant du ministère de la Culture et de la communication, de plusieurs ministères (PTT, Affaires étrangères), des collectivités locales et préfectures, mais aussi d'organismes aussi divers que les syndicats d'initiative, la RATP, la SNCF, Air Inter, etc. L'Année du patrimoine a par ailleurs édité un calendrier mensuel des manifestations présentées. Tous les mois sortait un bulletin de liaison "spécial relations publiques". Enfin 60 millions de boîtes d'allumettes "Année du patrimoine" du SEITA ont été diffusées dans le commerce. Les PTT ont émis en juin 1980 un timbre en 12 millions d'exemplaires. L'IGN a présenté une collection de 16 cartes régionales comportant le logo de l'Année du patrimoine et accompagnées d'un index retraçant les heures d'ouverture des principaux monuments. [...] Les trois chaînes de télévision ont au total présenté 600 émissions traitant du patrimoine culturel au cours de cette année. Un générique télévision réalisé à partir de l'affiche d'André François a signalé la majeure partie de ces émissions. Il a donné naissance à un spot publicitaire que la société Médiavision a gracieusement projeté durant tout l'été dans 400 salles de cinéma. »

Ce bilan inaugure une série impressionnante d'autres bilans d'autres actions de sensibilisation qui vont scander les opérations lancées par le ministère à partir de Jack Lang. La politique culturelle est bien entrée dans l'ère de la communication et des médias.

Jean-Philippe Lecat a l'intelligence de ne pas rester prisonnier de la politique culturelle de l'entourage présidentiel qui se serait volontiers contenté d'actions de caractère patrimonial. Au contraire, avec le concours de Bertrand Eveno, son directeur de cabinet, il initie un certain nombre de projets et de mesures qui vont dans le sens du développement culturel.

Ainsi en est-il de la politique en faveur de la photographie avec la donation de Jacques Lartigue et la Fondation de la photo de Lyon. Jean-Philippe Lecat est aidé en cela par Michel Delaborde, photographe lui-même, qui à son cabinet plaide avec succès la nouvelle politique en faveur de la photographie.

L'une des conséquences imprévues de la création de la direction du patrimoine est la réforme du statut des architectes des monuments historiques que les ministres successifs se repassent les uns aux autres comme un « mistigri » ou un « pouilleux ». Michel Miroudot, sénateur intéressé par les affaires culturelles, prend à partie Jean-Philippe Lecat et lui déclare « que le Sénat déposerait un amendement de réduction des crédits destinés à l'entretien des monuments historiques si la fameuse réforme des architectes en chef n'était pas prise en considération… » Chantage réussi ! Un groupe de travail interministériel est constitué. Depuis le fameux rapport Segogne, dix-huit ans plus tôt, les abus s'étaient multipliés dans des conditions si scandaleuses qu'il convenait de régler le problème.

« MM. Les architectes en chef, sentant cette fois tout près le vent du boulet, tentèrent une ultime contre-attaque. Aussitôt stoppée, les Finances ayant menacé de révéler certains cas jugés un peu trop délictueux. De commissions en rapports, enquêtes et contre-enquêtes, un projet de réforme fut remis à M. Lecat le 13 avril 1979 par Jean-Benoît Frèches, conseiller à son cabinet ; il aboutit, après consultation du Conseil d'État, au décret du 20 novembre 1980 qui fixait définitivement le statut des architectes en chef. Il abrogeait celui du 10 avril 1907, en vigueur donc depuis soixante treize ans ! Une bastille tombait, et de quelle taille ! Plus de monopole d'État, suppression de la limitation à 40 (fixée en 1907) du nombre des architectes en chef et des privilèges financiers attachés à ce quota abusif. Impossibilité d'engager directement les deniers publics […] Il était donc impossible désormais aux architectes en chef de commander à des entreprises de leur choix des travaux qu'ils exécutaient sans contrôle tout en étant rémunérés au pourcentage[7]. »

Batailles pour la musique : intermezzo

Landowski qui n'a pas digéré que son projet de Caisse nationale ait été évincé, n'a de cesse de tenter d'écarter Jean Maheu qui pourtant a réussi à achever sur le terrain budgétaire les orientations du « Plan de dix ans ». Il sait utiliser, fort à propos, l'influence de la sœur du président de la République, Madame du Saillant, qui est en charge de la musique au cabinet de Jean-Philippe Lecat, soucieuse d'imprimer sa marque sur le cours des choses. A-t-il armé le bras du propre adjoint de Jean Maheu, Jacques Charpentier, pour encourager une sorte de complot ? Tout se déroule comme s'il en était ainsi : un projet de réforme des enseignements musicaux était à l'étude. Maheu avait eu le tort, selon le cabinet du ministre, d'appeler de ses conseils Maurice Fleuret qui ne cachait pas ses convictions de gauche, mais qui était compétent (L'ennuyeux en matière de culture, c'est que les compétences se trouvent souvent à gauche…). Quelque confidence d'oreiller permet de communiquer la version préliminaire de ce rapport aux professeurs du Conservatoire national et de mettre fort à propos le feu aux poudres. Enfin, Maheu commet l'imprudence de répondre favorablement à la demande de Pierre Boulez de s'attacher la collaboration de Catherine Tasca en qualité d'administrateur de l'Ensemble intercontemporain. Une réforme prenant à rebrousse-poil les enseignants du Conservatoire, des flirts avec Maurice Fleuret et Catherine Tasca : c'était beaucoup pour un directeur de la musique en cette période de libéralisme tempéré. Jean Maheu est remplacé par Jacques Charpentier en 1979 qui ne laisse pas un souvenir impérissable et termine sa carrière en qualité de directeur de la musique de la ville de Nice. Quant à Maheu, venu à la musique sous Michel Guy, il en sort avant terme, ce qui lui permettra de se relever sous Lang avec la bénédiction de Boulez et d'assurer la présidence du Centre Pompidou. Landowski demeurera à la mairie de Paris et… à l'Institut. Grâce à Malraux ! Les voies de la culture sont parfois déconcertantes sinon imprévisibles, voire impénétrables, sauf pour les impétrants.

Les prémices d'une administration du développement culturel

Trois années rue de Valois permettent à Jean-Philippe Lecat d'engager des réformes plus profondes que ses prédécesseurs immédiats. Depuis Malraux, c'est la première fois qu'un ministre de la Culture reste en place aussi longtemps. Il crée le service des affaires internationales[8] qui donne au ministère de la Culture une compétence de droit, et pas seulement de fait, pour intervenir à l'étranger en coopération avec le ministère des Affaires étrangères qui désormais n'est plus le passage obligé de toute action culturelle internationale.

Il institue la délégation à la création, aux métiers artistiques et aux manufactures[9] qui regroupe, pour la première fois au sein du ministère, l'ancien service de la création artistique de Bernard Anthonioz, les aides récentes apportées aux métiers d'art, les manufactures et le mobilier national qui jusqu'ici étaient directement rattachés au cabinet du ministre. Les prémices de la future délégation aux arts plastiques sont réunies. Il nomme à la tête de la délégation Michel Tourlière qui est en même temps directeur de l'École nationale supérieure des arts décoratifs (ENSAD). Bernard Anthonioz est marginalisé par celui qui prend les rênes de la nouvelle délégation.

À la même date, Jean-Philippe Lecat institue la Mission du développement culturel dont il confie la direction à René Gachet. Elle intervient dans le domaine de la décentralisation, des relations entre la culture et l'action sociale, de l'expérimentation culturelle, notamment sous l'impulsion du FIC. On peut la considérer comme une pierre blanche posée sur la route qui conduira à la direction du Développement culturel qui sera animée par Dominique Wallon à partir de 1981.

De même est créé en 1980 le Conservatoire national supérieur de musique de Lyon[10] qui deviendra l'un des grands projets en région de François Mitterrand.

Jean-Philippe Lecat obtient aussi du ministère des Finances l'extension du 1 % des constructions publiques consacré à la commande d'œuvres d'art du seul domaine de l'éducation à l'ensemble des ministères constructeurs à l'exception de la Santé.

Le décret du 26 janvier 1981 réorganise l'enseignement des arts plastiques en officialisant la création dans chaque école d'art des trois départements, art, environnement et communication visuelle. Ainsi est adoptée une conception de l'art beaucoup plus large que celle des seuls « beaux-arts » au sens traditionnel du mot. Là encore la voie du développement culturel gagne du terrain.

La prise de conscience de la question des enseignements artistiques

La fin des années soixante-dix voit la mise en place, au sein du ministère de l'Éducation nationale, d'une Mission d'action culturelle, créée et dirigée par Jean-Claude Luc. Dotée de moyens financiers et chargée d'initier de nouvelles formes d'action, elle constitue avec des enseignants volontaires, le laboratoire d'idées et de projets, qui, en collaboration avec les institutions culturelles, met au point des formes d'actions communes à l'Éducation nationale et à la Culture. La « Mission Luc » sera aux enseignements artistiques ce qu'a été le FIC pour la DDC : une structure d'expérimentation et de préfiguration.

Cette initiative a permis la reconnaissance et le développement de nombreuses actions de terrain en déconcentrant la Mission au niveau de chaque rectorat (l'équivalent d'une Région au sein de l'Éducation nationale).

Dans chaque Rectorat a donc été mis en place un chargé de mission, puis une petite structure qui, sous des appellations diverses, est devenue un véritable service d'action culturelle, doté de moyens financiers et travaillant sur projets. Ces actions reposent uniquement, c'est la faille du système, sur le volontariat des enseignants qui forment un réseau de militants convaincus et passionnés et qui vont expérimenter de nombreuses formules, faisant le plus souvent référence aux propos tenus lors du célèbre colloque d'Amiens, qui, en mars 1968, avait tenté de promouvoir une « école nouvelle ».

Ces projets d'enseignements devenus Projets d'action éducative (PAE) vont être le laboratoire de la collaboration avec le ministère de la Culture et favoriser l'intervention, au sein du monde scolaire, des professionnels de la culture, que l'on appellera aussi les « artistes intervenants ». Cela n'ira pas sans difficultés. L'invention des formules connues sous le nom d'Ateliers ou de Classes culturelles (à l'origine classes Arc-en-ciel) fait l'objet de discussions très âpres. Mais une fondation est assurée qui va servir de base à la longue marche du développement des enseignements artistiques qui va véritablement commencer en 1981.

La durée des services rendus par Jean-Philippe Lecat lui a donné les moyens d'engager de vraies réformes. Il a su s'entourer d'une bonne équipe autour de Bertrand Eveno, premier inspecteur des finances tenté par la direction de cabinet d'un ministre de la Culture. Comme Dominique Wallon, autre inspecteur des finances séduit par la culture, il ne se remettra pas de cette incartade. Il fera carrière dans l'édition, conciliant son goût des lettres et de la photographie et sa vocation de PDG. Il lui a manqué, ce qui est essentiel, un budget à la hauteur de ses ambitions.

Là réside l'une des principales contradictions de la politique culturelle de Valéry Giscard d'Estaing qui doute de sa légitimité tout en comprenant les enjeux de communication qu'elle représente. Mais Giscard est-il un homme de projets ? Il aura mis dix ans, comme président de la région Auvergne, à lancer Vulcania, sorte de Futuroscope des volcans d'Auvergne. Or, pour qu'un président de la République serve la cause de la culture il doit lancer des projets et s'y attacher de près. C'est ce qu'ont su réaliser son prédécesseur et son successeur. Giscard est-il homme de projets culturels ? Difficilement, puisque la culture pour lui ne dépasse guère le cadre du projet personnel.

La politique culturelle peut s'analyser comme la bonne combinaison des projets susceptibles de répondre aux objectifs de soutien de la création et de développement de la démocratisation culturelle. C'est pourquoi le ministère de la Culture est moins une administration de gestion qu'une administration de projets. Le bon ministre est celui qui réussit à concevoir, lancer et mener à bien le plus grand nombre de projets pertinents. Cette définition peut paraître évidente aujourd'hui. Elle ne l'était pas à la fin des années soixante-dix.

10

De Pompidou à Giscard. Crise et maturation de la politique culturelle

La deuxième décennie de la politique culturelle à la française est plus difficilement lisible que la première, du fait de la multiplicité de ses acteurs et des transformations de la vie sociale, économique et intellectuelle. Deux grandes périodes se distinguent : celle de Pompidou, qui s'efforce de faire passer dans la réalité certaines des ambitions de Malraux tout en allant plus loin que lui dans la logique de la démocratisation culturelle, et celle de la fin du septennat de Valéry Giscard d'Estaing où la culture n'est plus un pôle essentiel de l'action politique nationale mais plutôt un supplément d'âme appelé à colorer, voire pimenter, la vie sociale. Entre les deux, la présence rue de Valois de Michel Guy puis de Françoise Giroud constitue une sorte de transition.

Pendant cette période, on assiste également à la montée d'un champ culturel en quelque sorte parallèle à celui qui relève de la seule responsabilité du ministère de la Culture : dans des institutions nouvelles comme le Centre Pompidou, dans des municipalités par des actions culturelles décentralisées très dynamiques, dans des associations culturelles de toute nature. De manière plus générale, le *Parti des créateurs*, passée la période de transition du giscardisme, se détache de la politique culturelle pour rejoindre le camp de la gauche en mouvement.

La continuité ne s'est exprimée que sur un seul projet mené à bien : le Centre Pompidou. Mais le Centre est une rupture par rapport à la politique culturelle des années Malraux. Sa permanence tient autant à des volontés politiques successives qu'à la cohérence et à la force du projet en soi : une fois lancé, il était difficile de l'arrêter, car il touchait des intérêts trop nombreux et soutenait des enjeux culturels et politiques trop importants. Au-delà de cette réalisation, qui a transcendé les mandats de six ministres successifs, chacun a tenté au mieux de s'insérer dans une chaîne de décisions dont il ne maîtrisait pas nécessairement tous les anneaux.

1. LES AMBITIONS POMPIDOLIENNES

Hors le projet du Centre, l'éclatement et l'éparpillement des équipes et des projets laissent une impression de chaos et d'essoufflement. Mais derrière les projecteurs et jeux de scène des ministres, les clercs du ministère n'avancent-ils pas dans l'ombre, dans l'ordre, irrésistiblement ?

En choisissant Pierre Emmanuel, président imaginatif de la commission des Affaires culturelles du VIe Plan, Edmond Michelet engage, de 1969 à 1971, dans la fièvre qui succède à mai 68, une grande opération de refondation de la politique culturelle conduite avec les partenaires sociaux. Malraux n'est pas leur référence, le système des beaux-arts a vécu, ils ouvrent la voie au nouveau concept de développement culturel qui vise à embrasser toutes les classes de la société et tous les secteurs de la vie sociale.

Les tentatives d'innovation sociale et culturelle

Pour la première fois dans l'histoire du ministère la préparation du Plan suscite un grand mouvement de « remue-méninges » et mobilise tous les domaines du ministère de la Culture et nombre d'intellectuels, d'artistes, d'élus locaux et de technocrates, qui pendant plus d'un an travaillent de concert à la refondation. Celle-ci ne dit pas son nom, mais n'en n'est pas moins réelle. À une politique culturelle conçue comme une mise en relation directe entre le ministre qui parle et le peuple qui adhère, on veut substituer une politique culturelle fondée beaucoup plus sur les corps intermédiaires, les professionnels de la culture, décideurs, médiateurs et représentants élus des publics, voire même artistes. Il ne s'agit pas d'amplifier la politique malruxienne, mais de définir une politique nouvelle. Le ton est à la rupture. Ses auteurs sont pourtant tous plus ou moins des fils spirituels de Malraux. Mais s'ils n'osent pas tuer le Père, ils cachent leur filiation.

La rupture est telle que dans les commissions et les groupes de travail de ce début des années soixante-dix il n'est jamais question d'André Malraux. Les événements de mai 68 ont en quelque sorte gommé son existence. Le ministère d'État qu'il a créé constitue un cadre dans lequel les refondateurs se livrent à des exercices de re-création.

La politique de la culture[1], comme l'expose Pierre Emmanuel, « doit être globale et liée à une conception d'ensemble de la société dont elle définit la finalité véritable : l'accession de tous à la plénitude de la dignité humaine, qui ne cesse de se conquérir et dont la perspective s'ouvre sans fin. Cette politique doit être proférée, réitérée, demeurer constamment présente à l'esprit de ceux qui gouvernent de manière à ce qu'elle devienne, en raison même de l'importance que les gouvernants y attachent, le désir de plus en plus conscient du plus grand nombre et la forme nouvelle d'un civisme dont le manque actuel épuise la vitalité du pays ».

Deux définitions de la culture s'opposent, celle de Malraux qui était essentiellement artistique et celle de la commission qui est essentiellement anthropologique, et qui fait appel aux forces vitales plus qu'à la connaissance. Jacques Chaban-Delmas fixe le budget du ministère de la Culture à deux milliards de francs malgré l'opposition du ministre des Finances de l'époque qui voulait le limiter à un milliard 300 millions. Il évite ainsi la démission de Pierre Emmanuel et avec lui celle de tous les membres de la commission qui était restée secrète pour ne pas créer un traumatisme dans la préparation du Plan.

Se sentant soutenu par Chaban-Delmas, Pierre Emmanuel reprend sa démission et œuvre pour la conception d'une véritable nouvelle politique culturelle, cohérente avec le projet de « nouvelle société » annoncé par Jacques Chaban-Delmas. Cette nouvelle politique culturelle est très fortement marquée par les idées de gauche. Car le gouvernement est alors plus ou moins contraint de collaborer avec des forces culturelles de gauche. La note que Pierre Emmanuel rédige en 1970, parallèlement au rapport de la commission des Affaires culturelles, annonce la couleur en insistant sur les « limites de la société de profit ».

Sans doute, Pierre Emmanuel et la commission voyaient-ils trop loin. Le FIC devait recevoir un rôle de coordination et d'expérimentation. Il ne conservera que le second. Mais il jouera un rôle capital dans l'apprentissage culturel des années soixante-dix.

Dans le Conseil du développement culturel se retrouvent un certain nombre des membres de la commission des Affaires culturelles du Plan. Le rêve de Pierre Emmanuel va-t-il prendre corps qui vise à l'établissement d'une sorte de démocratie culturelle idéale ? Son utopie rencontre vite le réalisme de Jacques Duhamel et de Jacques Rigaud, qui ne peuvent pas accepter l'existence d'un « deuxième ministre de la Culture » et d'une structure de débat indépendante des bureaux. Le rêve de démocratie culturelle annoncée dans les organes du Plan va donc vite se muer en objectif de démocratisation.

Il est facile d'ironiser sur la « démissionnite aiguë » qui affectait Pierre Emmanuel. Cet homme, dont il faut réhabiliter le rôle dans la politique culturelle française, n'avait guère d'autre moyen pour faire pression sur les politiques qui ne prenaient pas au sérieux ce poète grandi dans le culte de la République et de la démocratie culturelle.

La décentralisation différée

De Duhamel à Lecat, tous les responsables du ministère de la Culture au cours de cette décennie ne perdent pas de vue la localisation, la déconcentration, la décentralisation parfois même de la politique culturelle. Cette dernière est mal vue rue de Valois, car si elle sait donner libre cours à l'initiative, elle peut aussi être captée par des élus réactionnaires. Les responsables culturels locaux craignent, à la faveur de la décentralisation, de ne plus pouvoir faire appel aux représentants de l'État, souvent plus ouverts que leurs élus. On se rend compte alors que des élus de droite peuvent être culturellement plus ouverts que des élus de gauche et réciproquement. Face à un élu qui a peur de l'art, l'animateur local trouve auprès du fonctionnaire d'État un soutien dans l'ouverture, car il représente le ministre, et accessoirement peut apporter des subventions. C'est souvent une raison pour freiner les tendances à la décentralisation. Ce sera l'un des principaux arguments avancé par Lang en 1982 contre les projets des lois Defferre.

Mais l'évolution est irréversible. Elle est affaire de mœurs, d'efficacité, d'attente de l'opinion publique. Les années soixante-dix expérimentent sur nombre de chantiers la future décentralisation des années quatre-vingt. Le FIC sera un opérateur précieux de cette vague décentralisatrice.

Ainsi, comme souvent, la politique culturelle est-elle annonciatrice de la politique tout court. Les lois Defferre des années 1982-1983 vont être dans une certaine mesure annoncées par des initiatives de politiques culturelles locales.

L'effet Beaubourg : le premier des « grands projets », la rencontre de la culture et du budget

Si Georges Pompidou n'a pas voulu restreindre les ambitions culturelles affichées, il les a concentrées dans une seule réalisation, un espace-temps particulier, celui du Centre culturel du plateau Beaubourg. Le Centre Pompidou va cristalliser toutes les espérances et toutes les ambitions de cette époque et, en même temps, les canaliser : n'a-t-il pas été conçu, a-t-on pu lire, afin d'être contrôlé et d'éviter des « dérapages » politico-culturels ? Pas question de s'adonner à nouveau aux ambiguïtés des maisons de la culture façon Malraux ! Les ambitions pompidoliennes vont donc de pair avec un réalisme et un empirisme qui ont le mérite de l'efficacité.

L'effet Beaubourg donne toujours lieu à polémique. On a vu la thèse de Jean Baudrillard. À l'occasion du dixième anniversaire de l'ouverture, la revue Esprit lui a consacré un numéro entier[2]. Le commentaire y évolue entre la simple description sans jugement et le jugement sans rapport avec la réalité. Après dix ans de fonctionnement, Beaubourg suscite toujours la même polémique que pendant sa construction. Il est commun de regretter « une ambition déçue », « un échec de l'interdisciplinarité », « une centrale de la décentralisation dont on peut douter que la mission ait été accomplie » car le centre « évolue toujours dans ce qu'il est convenu d'appeler un véritable désert culturel ». On reconnaît toutefois que « Beaubourg a trouvé sa place comme machine à montrer le moderne, mais il a aussi modifié les politiques culturelles, car cette machine originale n'a guère à voir avec un musée classique et ne saurait être réduite à la caricature d'un prisunic de la culture ». Dans un tel contexte le sociologue tend à conclure de manière pessimiste que « la démocratisation a été une illusion, alors que la pluridisciplinarité a été une utopie[3] ».

Décourageant !

Ce jugement ne vaut-il pas pour toute politique culturelle, voire toute politique de l'éducation, ou même toute politique tout court ? Faut-il se résigner à ce que toute intervention de l'État dans le champ social et culturel soit vaine ? On sait que les transformations sociales ne se font pas rapidement, et qu'une hirondelle de statistique ne fait pas le printemps de la démocratie culturelle. Mais est-ce une raison pour prétendre que les pratiques culturelles des Français n'auraient pas évolué dans des sens plus démocratiques et plus contemporains, après vingt ans de politique culturelle ?

La contribution de Michel de Certeau est positive, pour qui le centre « est une expérience "méta-urbaine" qui, sous la forme urbaine, exorbite et manifeste tous les effets de masse de la ville. C'est un laboratoire de l'urbanité publique contemporaine [...]. C'est la visibilité de ce qu'une philosophie, une littérature, des sciences sociales apprennent aujourd'hui à lire et à penser ». Sans doute le centre souffre-t-il des difficulté à faire vivre une fédération d'unités rattachées à lui : « Beaubourg serait comparable à des États-Unis (d'Amérique ou du Brésil ?) ». Pourquoi pas ? Ne sont-ce pas des modèles de management politique moderne ? « Mais les États-Unis se balkanisent », ce qui est plus grave. « L'image semble y combattre le son : chaque sens a ses forteresses et ses clientèles. »

Michel de Certeau propose « une problématique de diversification et de spécialisation qui peut se substituer à l'utopie globalisante des commencements », ce qui est assez logique. Le centre mériterait de s'inscrire plus délibérément « dans la perspective plurielle d'un service pionnier mais spécialisé, à l'intérieur d'un réseau d'activités auxquelles il contribue sans en avoir le contrôle ni même la connaissance ». Il faudrait ainsi « pallier l'usure que provoquent l'accélération du temps, le panoptisme de l'espace paysager et la confrontation permanente avec la foule ». De telles mesures « s'inscrivent dans un mouvement d'intériorisation dont le besoin s'exprime partout et que le succès du centre rend à la fois possible et nécessaire ».

En réalité, le bilan de Beaubourg ne peut pas être séparé du bilan de la politique culturelle dans son ensemble. Il est le point de départ d'un formidable *aggiornamento* culturel qu'on peut évaluer en suivant les itinéraires de certains de ses fondateurs : on s'aperçoit alors combien l'élargissement s'épanouit à partir du « centre-matrice ».

Beaubourg c'est aussi la prise en compte, pour la première fois dans la politique culturelle, d'un budget d'opération d'un milliard de francs. Ce ne sera pas le dernier. Manier des millions de francs pour la culture ne va pas sans conséquences pour la conception et la mise en œuvre des projets : les techniques du management et de l'ingénierie vont être transférées au champ culturel. Avantage ou inconvénient, on n'en a pas encore fini avec cette évaluation.

La génération Beaubourg et le « Centre matrice »

Les hommes et les femmes issus de la « génération Beaubourg » font partie des clercs qui vont renforcer les institutions et les méthodologies de la période des « ministres du ministère ».

Dans l'équipe du Centre se retrouvent les mousquetaires du Cnac créé par Malraux et Bernard Anthonioz sous la houlette de Blaise Gautier. Ils vont non seulement animer la rue Berryer jusqu'à l'ouverture du Centre, mais aussi faire rayonner son esprit dans ses structures et très au-delà. Germain Viatte, par exemple, joue un rôle particulier pour l'implantation d'œuvres d'art dans les espaces publics de La Défense : la sculpture de Calder (*L'araignée rouge*), celle de Miro entre autres sont à mettre au crédit de la « génération Beaubourg ».

Germain Viatte a été directeur du Musée d'art moderne et dirige actuellement le projet de musée des Arts premiers voulu par Jacques Chirac.

Daniel Abadie, a quitté le Centre, avant de s'occuper de la diffusion des artistes français à l'étranger dans le cadre de l'AFAA. Il est devenu organisateur d'expositions. Nous avons ensemble organisé l'exposition en plein air « les monuments de Calder » à la Défense puis à Bonn (1992). Il dirige aujourd'hui la Galerie nationale du jeu de Paume.

Alfred Pacquement a été délégué aux Arts plastiques (1993-1996) et a réouvert le Jeu de Paume. Il dirige aujourd'hui l'École des beaux-arts de Paris.

Jean-Hubert Martin a dirigé le musée d'Art africain et océanien après avoir dirigé le Musée national d'art moderne. Il vient de repartir à l'étranger.

Robert Bordaz, président du centre pendant toute sa construction, est chargé quatre ans après son ouverture par Mitterrand et Lang du commissariat de l'Exposition universelle qui doit voir le jour à Paris en 1989 et qui sera bloquée pour des raisons politiques. Pendant qu'il assure la présidence du musée des Arts décoratifs, il participe activement à la fondation du musée des Arts de la mode. Il continue à agir dans le champ culturel jusqu'à sa mort à 87 ans à la fois dans un sens artistique d'avant-garde comme président de l'Institut des hautes études d'arts plastiques qu'anime Pontus Hulten avec Daniel Buren ; et aussi dans un sens plus social en présidant Confluence, l'association du père Diard, disciple d'Henri Langlois, qui accueille de jeunes artistes en résidence. L'esprit du centre ne cesse d'essaimer avec lui.

Pontus Hulten, venu de Suède pour diriger et concevoir le Musée d'art moderne, cesse ses fonctions en 1981. Il commence alors des missions à travers le monde le conduisant à concevoir sept musées dont celui de Los Angeles. Puis il crée l'Institut supérieur des arts plastiques qui pendant des années reçoit des artistes du monde entier et qui disparaît lorsque malheureusement le directeur des Affaires culturelles (ou le maire de Paris) décident de retirer leur subvention en 1995 : les temps ont changé. Une subvention de trois millions de francs par an permettait pourtant à cette équipe Bordaz-Hulten-Buren et d'autres de faire plus pour la culture et le rayonnement de la France que des dizaines de millions de francs versés parfois à des institutions soi-disant plus prestigieuses : encore une occasion de manquée.

Pierre Boulez a quitté l'Ircam dont la direction est désormais assurée par Laurent Bayle. Il a été très présent dans la conception de l'Opéra de la Bastille ainsi que dans la défense de ce projet menacé par le gouvernement Balladur lors de la première cohabitation. Puis dans la conception et la mise en place de la Cité de la musique dirigée par Brigitte Marger qu'il fit venir de Londres pour être l'administrateur de l'Ircam dans les années 1975. Il continue à être l'un des meilleurs ambassadeurs de la culture française à travers le monde.

Oserais-je évoquer mon propre itinéraire ? Du côté de la tradition Duhamel, se trouve la création du Centre national des arts plastiques (CNAP) en 1982 avec les fonds dans la tradition du FIC : le FIACRE, les FRAC, les FRAM etc ; J'inscris aussi dans cette lignée, l'ingénierie culturelle que je développe depuis près de quinze ans. Dans la tradition du Centre Pompidou, je mets la passion de l'art et le goût de la gestion qui n'ont cessé de m'animer depuis. Enfin, dans la tradition de Jack Lang, et d'une conception de gauche de l'action culturelle, j'inscris la décentralisation artistique avec les centres d'art créés dans les régions, la création des Frac et l'ouverture des musées à l'art contemporain, mais aussi la notion de projet culturel à laquelle je me suis attaché, et enfin l'Institut supérieur de management culturel (ISMC) qui, avec des financements publics rarissimes, a réussi depuis douze ans à former quatre cents administrateurs, programmateurs culturels dans toutes les disciplines artistiques.

Les fondateurs et premiers artisans du centre n'ont pas tous, loin de là, fait carrière dans les grandes machines culturelles : on les retrouve aussi bien dans de petites structures plus humaines et aux prises avec les mêmes passions et les mêmes convictions que celles qu'ils partageaient dans les années soixante-dix.

On pourrait continuer avec François Barré qui a créé la Grande Halle et le parc de la Villette dans les années quatre-vingt. Nous avons ouvert de concert la Grande Halle avec la Biennale de Paris en 1985. Délégué aux arts plastiques à la fin des années quatre-vingt, il est devenu président du Centre Pompidou, avant de diriger la nouvelle direction de l'architecture et du patrimoine réunie au ministère de la Culture par Philippe Douste-Blazy : le plus gauchiste des concepteurs de Beaubourg est devenu le plus consensuel des directeurs du ministère de la Culture.

François Lombard, programmateur du centre, a effectué la programmation du Carrefour de la communication à La Défense et est devenu architecte constructeur.

Anne-Marie Thibault, qui avait au Centre la charge de l'accueil des publics, a créé elle aussi une agence de communication et d'ingénierie culturelle.

Jacques Lichnerovitz dirige une agence de programmation architecturale et organise le Salon de l'architecture.

On pourrait sans doute développer cet exercice, ce qui serait très instructif sur les retombées du Centre Pompidou.

Le réseau Beaubourg existe, tout comme a existé le réseau de l'Exposition internationale de 1937 avec les Delaunay, Manessier et Bazaine. Tout comme aurait pu exister le réseau de l'expo universelle de 1989, si elle avait vu le jour. Les hommes politiques n'ont pas toujours assez bien compris que la logique des grands projets dépasse singulièrement le projet lui-même. C'est pourquoi il est important que cette logique se poursuive dans l'intérêt de la politique culturelle française.

Mais Beaubourg achevé c'est aussi un peu la fin d'un poème épique. Après le départ de Bordaz, vient le temps de la normalisation. Les élections législatives de 1978 approchent. On nomme à la tête du centre un homme à poigne, Jean Millier. Après quelques mois de tentatives de collaboration, il me demande de quitter mes fonctions. Jack Lang que j'ai appris à connaître, et qui a réconcilié le Centre et le parti socialiste, réagit avec vigueur : « Centre de joie et de vie, Beaubourg est devenu depuis un mois la maison de la peur et de la terreur. Saisi par le vertige du pouvoir absolu, le président du Centre multiplie licenciements et démissions forcées. Dernier départ en date : celui du secrétaire général, Claude Mollard, qui fut l'un des concepteurs les plus imaginatifs du Centre. D'autres collaborateurs découragés par la censure, démissionnent. Le président du centre croit pouvoir gouverner les créateurs comme il gouvernait les Africains de Côte-d'Ivoire au temps de la colonisation[4]. Pourquoi cette politique du vide à quelques jours des élections[5] ? »

Jean Millier répond en qualifiant d'extravagants les propos du déjà secrétaire national du *Parti des créateurs*. Et *Le Monde*, tout en estimant que « l'accusation portée par Jack Lang contre Jean Millier est sans doute exagérée », se demande si ce départ « ne pourrait pas marquer la victoire des « technocrates » sur les « culturels ». En tous les cas voilà un ton nouveau qui tranche avec celui trop souvent ampoulé auquel on avait été habitué. De plus en plus, le secrétaire national à la culture du parti socialiste se fait l'observateur caustique de la politique culturelle des gouvernements. Mon départ prend un relief particulier car il intervient en pleine période électorale. Il marque aussi le commencement de l'essaimage de la génération Beaubourg. Il ne va pas s'arrêter.

2. GISCARD D'ESTAING ET LA CULTURE RÉDUITE AUX « ACQUÊTS »

La construction du Centre Pompidou apparaît alors, dans le « désert culturel » français, comme une sorte de Californie excitant l'envie, les réserves, voire les attaques des autres acteurs publics : « Nous nous sentons dans la peau de paysans du Bangladesh invités à contempler un Musée de Californie », s'exclame avec humeur et humour Bernard Ceysson, conservateur du musée d'Art moderne de Saint-Étienne, à l'occasion d'une rencontre organisée par le Centre Pompidou. Tout au long de la durée du septennat de Valéry Giscard d'Estaing, la part du budget du ministère de la Culture dans le budget général de l'État diminue. Certes le budget n'est qu'un indicateur. Mais les retards ont été tellement accumulés pendant la décennie Malraux que cet indicateur prend un relief particulier.

La liberté dont peut jouer un ministre dépend des seuls crédits nouveaux qu'il peut acquérir lors de son passage rue de Valois : puisqu'elle n'a pas de réserves, la culture est réduite aux acquêts car elle ne peut disposer que de ces mesures nouvelles.

La culture réduite aux acquêts, cela signifie aussi que le statut du ministère ramené à l'état de secrétariat d'État symbolise sa marginalisation, son passage d'un état proche de l'absolu (ministère d'État) à un état beaucoup plus précaire. Il est désormais allié à d'autres départements ministériels qui sont considérés comme autant sinon plus stratégiques que lui : la ville, l'environnement, la communication, sont autant de domaines avec lesquels la culture doit se conjuguer en des actions interministérielles où la valeur ajoutée apportée par le secrétariat d'État à la Culture est un acquêt dans une action gouvernementale qui se fonde sur bien d'autres critères et bien d'autres acquis.

L'une des volontés fortes de ce septennat est la libéralisation de la société civile (et pas seulement le libéralisme économique), ce qui peut séduire une femme telle que Françoise Giroud à travers des transformations symboliques : la légalisation de l'avortement, l'affranchissement de la condition féminine, la protection de l'environnement, le coup d'arrêt porté à la bétonisation des villes. Mais le prix à payer est un relatif effacement de la politique culturelle. Ainsi, la nouvelle politique urbaine se fait en dépeçant le ministère de la Culture d'une partie de ses attributions en matière d'architecture. Mais la politique de l'environnement se pense un moment rue de Valois, lorsque le ministère de la Culture devient ministère de la Culture et de l'Environnement.

La communication est la grande affaire de cette époque. Valéry Giscard d'Estaing a fait voter la loi de 1974 transformant l'ORTF en sept sociétés ou établissements publics distincts et le ministre de la Culture devient également ministre de la Communication.

Tous ces changements de fonctions, d'organisation et d'appellation cachent mal une grande instabilité conceptuelle. À la différence de Pompidou qui laboure profond et s'en tient à un seul sillon, Giscard virevolte. Il n'est pas étonnant que son image en sorte brouillée.

Le domaine culturel désormais se partage. Non seulement à l'intérieur de l'État, mais également avec le marché et les industries culturelles, l'édition ou l'audiovisuel, qui se développent. Il se partage avec les cultures scientifiques et techniques, (ce n'est pas un hasard si Valéry Giscard d'Estaing lance le projet de musée des sciences et d'industrie de La Villette), et avec le passé plus qu'avec le présent, (ce n'est pas un hasard s'il lance le musée d'Orsay), il se partage enfin avec la mémoire culturelle plus qu'avec la création contemporaine, d'où l'Année du patrimoine.

En dix ans, pendant les mandats de sept ministres, on est passé d'une conception globale de la culture à celle éclatée d'une culture partagée, dispersée voire marginalisée, mais aussi présente sur de nombreux théâtres d'action et sous des formes imprévues et nouvelles.

3. LES GLISSEMENTS DE TERRAIN CULTUREL

La culture redevient donc, comme avant Malraux, une sorte de passe-temps, de plaisir, de distinction. Valéry Giscard d'Estaing y apporte une attention pourtant soutenue. Sa fille, Valériane, est chargée de mission au cabinet de Michel Guy et à celui de Françoise Giroud. Sa sœur, Mme du Saillant, s'occupe de la musique au cabinet de Jean-Philippe Lecat. La politique culturelle se conjugue avec d'autres politiques, ce qui évite d'approfondir ses contenus et ses finalités, et de comprendre les mouvements qui affectent le système culturel en profondeur. Une comparaison avec l'état dans lequel il se trouvait à la fin des années Malraux est éclairante.

La première enquête conduite par le ministère de la Culture sur les pratiques culturelles des Français jette une lumière nouvelle sur les transformations du système marqué par des glissements de terrains perceptibles[6].

De 1973 à 1981, on enregistre une diminution de la pratique de la lecture (lire au moins 25 livres par an : 21 % en 1973 contre 19 % en 1981), un accroissement de l'écoute de musique (14 % en 1973 écoutent des disques ou des cassettes au moins une fois tous les deux jours contre 30 % en 1981). Les pratiques patrimoniales sont en hausse légère ou en stagnation (visiter un musée : 27 % en 1973, contre 30 % en 1981 ; et 32 %, visiter un monument historique, en 1973, contre 32 % en 1981). Dans le même temps, la pratique de la télévision se développe évidemment (65 % en 1973 regardent la TV tous les jours, contre 69 % en 1981). L'équipement des ménages en équipements audiovisuels augmente (notamment la TV en couleurs et les chaînes Hi Fi), mais la possession des livres s'accroît aussi.

On voit poindre des pratiques culturelles plus marquées par l'audiovisuel que par le passé. Mais ce n'est pas encore la vague déferlante des années quatre-vingt-dix.

Des mouvements importants se font jour dans l'économie et la sociologie de la culture. Dans le système culturel, la famille des publics s'accroît considérablement et tend à devenir une famille de consommateurs à domicile pour la télévision et la radio, de consommateurs de biens et services audiovisuels, touristiques, etc. Du côté de la famille des artistes, la fonction de producteur tend à se renforcer, qui associe l'artiste à un financier ou un décideur. La famille des médiateurs poursuit sa transformation avec l'apparition d'un champ d'analyse de l'art, de critique et de valorisation de plus en plus extérieur à l'université, bien analysé par Régis Debray[7].

Dans le système culturel des années Giscard, le pôle de l'État est le seul à ne pas se développer.

Giscard d'Estaing le maintient à l'écart essentiellement pour deux raisons : l'une, économique, est l'espoir que le marché va prendre son relais, l'autre, politique, est la conviction que la culture relève moins de l'intérêt collectif de la nation que de la croyance individuelle. La politique culturelle de Giscard d'Estaing est, de ce point de vue, plus libérale que celle de François Léotard de 1986 à 1988. Il est le seul président de la République, et sans doute le seul homme politique depuis les années soixante, à avoir douté de la légitimité de la politique culturelle.

Dépourvu d'une reconnaissance suffisante de la plus haute autorité de l'État, le ministère va lui-même rompre avec un certain nombre d'acteurs culturels et laisser se dessiner les contours d'un champ culturel parallèle.

Jack Lang va largement s'investir dans ce nouvel espace. Il est entré en politique. Il est élu conseiller de Paris et succède à Dominique Taddéi, comme délégué national à la Culture au sein du parti socialiste. La politique culturelle des années Mitterrand commence à se forger dans l'opposition. Jack Lang et François Mitterrand n'ont plus qu'à cueillir au sein du champ culturel parallèle qui s'est constitué, les forces et les soutiens leur permettant de faire de la victoire de mai 1981 une victoire non seulement politique mais également culturelle. L'élection présidentielle, la leçon en est donnée, se gagne aussi à la marge culturelle. En réduisant l'influence de la politique culturelle, Giscard d'Estaing s'est privé de cette arme. Ce champ culturel parallèle, à la fin des années soixante-dix, réunit l'essentiel des responsables des institutions culturelles, notamment au Centre Pompidou, modernistes, actifs, imaginatifs, un grand nombre de collectivités locales, grandes ou petites, les consommateurs de culture dans la population des cadres, les artistes et intellectuels dans leur grande majorité, surtout après Jacques Duhamel, hauts fonctionnaires déçus par l'absence de moyens mis à leur disposition pour agir. C'est à eux tous que François Mitterrand s'adresse au début de l'année 1981 aux États généraux de la Culture qui se tiennent à l'Unesco. Ce sont eux qui vont lui apporter leur soutien.

4. L'INSTALLATION DES CLERCS

Les clercs se sont emparés des leviers de la politique culturelle quotidienne. La décennie pompidolienne et giscardienne se termine logiquement, du fait du retrait des politiques du champ culturel institutionnel, par le renforcement du pouvoir des experts, des énarques notamment, des fonctionnaires plus généralement qui ont peu à peu pris position au sein du ministère de la Culture. Nombre de hauts fonctionnaires, très engagés politiquement dans le mouvement de mai 1968, vont sublimer leurs aspirations politiques dans l'action culturelle. Ainsi, entre 1969 et 1981, la part des énarques présents dans des postes de responsabilités, bureaux, sous-directions et directions du ministère, s'accroît notablement.

Tout au long de ces années, l'administration du ministère s'est renforcée patiemment, sans bruit, comme l'administration française en a l'habitude depuis des siècles. C'est bien le « ministère des clercs » qui s'est constitué au cours des années soixante-dix. Un ministère qui a dû faire des lois, des règlements, s'efforçant de donner un sens à des orientations contradictoires qui lui sont données par des ministres qui passent trop rapidement. Le résultat de ce travail de clercs intègre au moins trois composantes de la politique culturelle :

— la composante malruxienne avec son prolongement apporté par Duhamel ;

— la composante Emmanuelienne, avec l'idéologie du développement culturel ;

— la composante giscardienne, marquée par la libéralisation de la vie civile et le retrait de l'État.

Va lui succéder, avec Jack Lang, une nouvelle composante qui puise dans le passé mais aussi s'enrichit de nouvelles données. Le nouveau ministre, « le ministre des ministères », va s'appuyer sur le ministère pour développer une politique personnalisée, audacieuse, créative, et repartir à la conquête des « marches culturelles » qui ont été explorées, expérimentées, mais jamais durablement investies ni orchestrées par le « grand ministère » qu'il va tenter d'imposer.

PARTIE III

Jack Lang, le « ministre des ministères » (1981-1988)

Le bâtisseur et la politique sans frontières

11

Le changement

François et Jack

Derrière le bureau du maire de Blois, entre une photo de Monique et Jack[1] et une lettre de Franquin en forme de dessin évoquant le drame de Sarajevo, est présentée une photo de François Mitterrand et Jack Lang de dos. Le cliché est en noir et blanc. Les deux hommes en tenue décontractée descendent de la Roche de Solutré. À gauche, François Mitterrand, casquette et pull clair, s'appuie amicalement de son bras droit sur l'épaule gauche de Jack, sur laquelle il a jeté un pull-over, comme pour éviter par pudeur le contact trop intime de la main et de l'épaule. Le bras gauche de Jack passe sous le bras droit de François, esquissant un mouvement vers sa ceinture, arrêté à mi-course, bras tendu, presque raide, prêt à retenir le père d'un faux pas, mais contenu, par respect, le poing fermé, montrant sous la lumière du soleil le trait blanc de l'alliance qui brille.

Ils marchent dans la même direction, en toute complicité, couple portant la politique culturelle du pays et une certaine manière de concevoir et de conduire la marche de la France vers le socialisme. François a trouvé en Jack celui qui rendra possible son dessein culturel. Jack a besoin de François pour affirmer le sien : ce ne sont pas nécessairement les mêmes. Deux générations les habitent. Mais ils convergent vers la même ambition de libre expression, de justice, de création et de modernisation. Ils incarnent la nouvelle politique de la gauche, celle que François a énoncée à l'Unesco avec l'aide de Jack.

La politique culturelle, on l'a vu, a toujours supposé la complicité du président et de son ministre. Jamais elle n'aura été aussi grande. C'est l'une des sources de sa puissance.

La photo de François et Jack — le père et le fils — renvoie à celle du général de Gaulle et de Malraux par Gisèle Freund — les deux frères. Différences de styles et de générations. François et Jack, deux prénoms à l'énoncé évident. En revanche difficile de prononcer : Charles et André !

1981-1999. Dix huit ans depuis l'arrivée de Jack Lang rue de Valois. Le temps du recul nécessaire, mais aussi le risque de l'oubli. En dix huit ans la rue de Valois a connu cinq ministres[2], mais n'en a guère reconnu qu'un seul. Jack Lang occupe toujours le devant de la scène : ne vient-il pas, en avril 1999, d'inaugurer avec Catherine Trautmann, le *Printemps des poètes* dont il a lancé l'idée ? Il incarne une sorte de magistrature pérenne dans la légitimité ministérielle, tant il a transformé en profondeur la politique culturelle[3]. Magistrature nationale, mais aussi européenne : on lui demande son avis sur la sauvegarde de bâtiments industriels dans la Ruhr, on l'appelle pour soutenir le prix unique du livre menacé en Espagne, on lui confie l'intérim de la direction du Piccolo teatro de Milan. En 1999, il décline la proposition de Romano Prodi de devenir commissaire européen à la Culture, à l'Éducation et à la Recherche.

L'image du ministère, amplifiée ou déformée par les médias, à nouveau affaiblie depuis 1993 par la succession de trois ministres en six ans, est incertaine et le milieu culturel ressent le besoin de se raccrocher à une figure emblématique. Et Jack Lang, grand pédagogue et initiateur des grandes orchestrations, contribue lui-même à développer le retentissement de la culture dans les médias. Cela éclipse les mutations qui, au cours de cette période, affectent le champ culturel et qu'il importe de décrypter. À son grand regret, lui que l'on qualifie volontiers de « médiatique », jette un regard critique sur le rôle des médias. Il préfère pratiquer la maïeutique à la communication.

La politique culturelle conduite de 1981 à 1993 a transformé en profondeur les pratiques culturelles des Français (ou, plus modestement, a révélé et favorisé ces pratiques). Elle a sans doute été l'un des principaux vecteurs du changement incarné par le gouvernement de gauche. On l'attendait dans des bouleversements économiques — au point que certains n'hésitèrent pas à transférer leurs avoirs à l'étranger — ou dans les nationalisations, la réduction des inégalités sociales, la remise en cause des budgets militaires. On le découvrit peut-être plus dans l'action culturelle et dans des décisions symboliques, comme l'abolition de la peine de mort. La politique culturelle de la gauche est la version « soft » de transformations économiques et politiques annoncées comme « hard », mais qui seront confrontées, comme les nationalisations, aux réalités du marché imposées par la mondialisation. Par une sorte d'inversion des priorités, l'action symbolique relaie l'action pratique, le politique l'emporte sur l'économique… La culture est certes une priorité annoncée. Mais ne sert-elle pas non plus de rideau de fumée face aux difficultés économiques du temps ? À moins qu'elle ne permette de toucher au cœur la volonté de changement qui pousse la nouvelle génération ?

Contrairement aux allégations d'Alain Finkielkraut[4] ou de Marc Fumaroli[5], la politique culturelle conduite par Jack Lang n'est pas superficielle, ni soumise aux caprices de la mode ou à des préoccupations purement événementielles. Elle commence par le livre (la loi sur le prix unique) et s'achève par la lecture publique (la bibliothèque nationale de France), deux grands projets consacrés à une discipline qui constitue en quelque sorte la quintessence de la culture. Jack Lang déclare au Sénat : « Au fond, nous devons à chaque moment de ce débat, nous poser la question suivante : quelles chances notre pays, quelles chances notre législation, quelles chances notre organisation sociale donnent-ils à un nouveau Balzac, à un nouveau Rimbaud, à un nouveau Proust, à de nouveaux auteurs ? C'est la question principale[6]. »

La loi sur le prix unique du livre inaugure cette politique par un vote du Parlement obtenu le 16 août 1981 à l'unanimité.

La construction de la « grande bibliothèque », lancée en 1988 et qui ouvre au public en 1997 achève, seize ans plus tard, le cycle de cette politique fondée sur le livre et la lecture. À ceux qui reprochent à Jack Lang sa politique-spectacle, on peut opposer ces deux actes fondateurs et marquants qui encadrent en quelque sorte ce qui sera accompli au cours de ces quatorze années : un acte législatif inaugurant une extension sans précédent du droit à la culture, et le plus important des grands projets culturels du président, même s'il n'est pas aussi spectaculaire que la Pyramide du Louvre.

Les raisons de ce changement dans les valeurs de la gauche (et que la gauche elle-même a mis du temps à admettre), sont-elles à chercher ailleurs que dans la complicité du président et de son ministre de la Culture ? Dans la nouvelle donne économique qui empêche la gauche (ou la droite d'ailleurs) de régler le problème du chômage ? Dans la mondialisation de l'économie qui enlève aux hommes politiques une grande partie de leur capacité d'initiative ? Dans le développement de la société de communication où excelle l'action culturelle ? Dans le souci de légitimité idéologique et politique dont a besoin un gouvernement de gauche pour la première fois drapé dans les habits de la Ve République et contesté par la droite, une bonne partie des forces économiques et les grands médias ? Dans une volonté de faire passer plus d'humanisme dans la vie politique ?

Dans tous les cas, la culture devient une véritable priorité. Même sous l'autorité de Georges Pompidou, qui sut lui affecter des budgets conséquents, la politique culturelle ne connut jamais pareille mobilisation d'idées, de talents et de moyens. Les gaullistes avaient découvert l'importance de la télévision et des « grandes messes culturelles » célébrées par Malraux, les Pompidoliens l'art contemporain ouvert au grand public, la gauche invente les nouvelles pratiques culturelles citoyennes à l'heure de la médiatisation, de la décentralisation, de la création et du rassemblement de la nation. La priorité culturelle des années quatre-vingt exprime une volonté de changement de politique dans le champ des idées autant sinon plus que dans celui des réalités économiques et sociales. Elle est même présentée par Lang comme l'un des moteurs de l'innovation économique.

1. LES SOURCES DE LA NOUVELLE POLITIQUE CULTURELLE

Le discours de l'Unesco

L'une des sources importantes sur laquelle on peut fonder une analyse des prémices de la politique culturelle de Mitterrand et Lang est le discours prononcé par le candidat à l'élection présidentielle en mars 1981 à l'Unesco préparé dans une large mesure par le délégué national à la culture du parti socialiste. Plus que des commissions du parti, c'est du lien privilégié entre les deux hommes que dépend l'orientation de la nouvelle politique. On le leur reprochera. Dans ce texte fondateur du 19 mars 1981, François Mitterrand réfléchit à haute voix à ce que pourrait être la politique culturelle de la gauche. Il évoque les multiples relations que peuvent nouer la culture et la politique : « Au fond, dit-il, la palette est sans frontières : de Molière protégé du pouvoir royal à Beaumarchais ébranlant le pouvoir royal, en passant par les relations Voltaire-Frédéric de Prusse, Diderot-Catherine de Russie, Chénier-Robespierre, Malraux-de Gaulle... »

Il faudrait ajouter aujourd'hui à cette liste, le couple Mitterrand-Lang. Car pour François Mitterrand, la durée dans la conduite de la politique culturelle est une condition de son succès et il fustige « les velléités qui succèdent aux caprices... Cinq ministres de la Culture en sept ans. » Il insiste sur la nécessaire humilité qui doit inspirer l'action de l'homme politique : « Au fond, l'exercice des responsabilités publiques n'est qu'une section des affaires culturelles[7]. » La boutade est plus profonde qu'il y paraît : « Si la culture est l'ensemble de nos modes de vie et de pensée, l'homme politique est un homme parmi d'autres. Avec d'autres, il essaie de comprendre le monde, avec d'autres il essaie de changer le monde. »

Cette conception extensive de la culture, partagée par Mitterrand et Lang, est le propre d'une pensée de gauche. Et, dans l'esprit du futur président de la République, la priorité donnée à la culture n'est pas seulement une nécessité et une opportunité politique, elle s'inscrit au cœur de sa conception du socialisme par l'espoir qu'elle redonne après une décennie de crise. « Le socialisme, dit-il, c'est d'abord un projet culturel, c'est moins un choix de société qu'un choix de civilisation : en vérité, un choix de vie ou plutôt un choix de survie. Aujourd'hui, notre système à bout de souffle, à court d'idées, désespère l'homme et l'enferme dans la solitude. »

La politique culturelle sera aussi une anti-solitude, un exercice de rassemblement de la nation. Et il annonce, de la tribune de l'Unesco, les grandes lignes de ce que serait son action, sollicitant le concours des artistes et des intellectuels à l'exercice du pouvoir : « vous serez au cœur du mouvement, et non à sa lisière » ; annonçant le rôle créateur d'emplois de la culture, mais aussi déjà des projets : priorité donnée aux enseignements artistiques, décentralisation des radios et des télévisions, implantation à travers le territoire d'une multitude de foyers de création et d'instituts de recherche, ouverture d'une école européenne du cinéma, célébration du bicentenaire de la Révolution française, etc. On reconnaît la marque de Jack Lang derrière chaque mot. Le propos révèle la conviction commune aux deux hommes. Et, pendant quatorze ans, elle sera sans faille et gagnera peu à peu les plus réticents des socialistes. L'engagement culturel de François Mitterrand, ce 19 mars 1981, est tel qu'il n'hésite pas à lancer un appel aux représentants de l'Internationale socialiste présents : « [...] la paix, l'économie, la politique furent l'objet principal de nos rencontres. Je souhaite qu'à l'avenir la culture y occupe une place importante. [...] Je suggère à mes amis la création d'un Conseil culturel de l'Internationale socialiste. Je propose aussi que ses membres ne se recrutent pas seulement parmi les dirigeants politiques, mais aussi parmi les intellectuels, les savants et les créateurs de chacun de nos pays. »

Un Conseil culturel ? Cela ne rappelle-t-il pas l'époque de Pierre Emmanuel et Jacques Duhamel ?

Sinon, ce texte renouvelle les positions culturelles du parti socialiste. Après vingt trois ans d'absence (1958-1981), la gauche entend bien incarner le changement dans la culture et par la culture. À la fois des réformes en profondeur et des événements emblématiques, voire « dionysiaques », pour reprendre un mot de Jack Lang.

Quelques semaines plus tard, le 10 mai 1981, François Mitterrand est élu avec 51,76 % des suffrages exprimés. Il désigne un gouvernement autour du nouveau

Premier ministre, Pierre Mauroy. Il dissout l'assemblée nationale et organise des élections législatives. Elles donnent, le 21 juin 1981, avec 285 élus socialistes, une majorité absolue à la « gauche unie ».

Un « Mendésisme culturel »

Aux heures sombres de la IVe République, Pierre Mendès-France avait créé un choc psychologique en mettant en œuvre une nouvelle manière de gouverner : des engagements clairs que l'on tient, des moyens que l'on se donne, une indépendance vis-à-vis des partis politiques, le parler vrai qui sera repris plus tard par Michel Rocard. Ce qu'on a appelé alors le « mendésisme », s'appliquait essentiellement à la politique et à l'économie. Le « mendésisme culturel » exprime cette volonté de vérité et de clarté dans la politique culturelle qui en a tant manqué jusqu'en 1981. Il propose aussi une approche économique de la politique culturelle. Il évoque l'esprit qui guidera les pas de Jack Lang.

Pourtant, dès son arrivée rue de Valois, à la fin mai 1981, Jack Lang donne le ton dans un lyrisme plus mitterrandien que mendésiste. Le duo Mitterrand-Lang va faire des merveilles, des « éclats », dirait Lang, qui aime les superlatifs. Le changement sera aussi culturel, voire d'abord culturel. Cette volonté de changement à l'œuvre dans tous les ministères après le 10 mai 1981, se limite à certains secteurs lorsque Pierre Mauroy annonce en 1982 le tournant de la rigueur. Désormais, le changement se concentre sur la décentralisation, les lois sociales, la construction européenne et la culture. Passer de la nuit à la lumière ne signifie pas pour Lang passer de l'obscurantisme à l'intelligence.

« Je voulais simplement dire fortement que désormais les interdits étaient brisés, que rien ne pourrait plus se passer comme avant, que nous entrions dans une époque de grandes mutations[8]. »

Par son contenu et par sa forme, la nouvelle politique rompt avec celles des ministres précédents. Sans nier la permanence du ministère et de sa politique, il est plus intéressant, comme on l'a écrit, d'observer ce qui change vraiment. Et, en 1981, le changement à l'ordre du jour avance à visage découvert.

Le nouveau ministre arrive rue de Valois avec une quadruple expérience culturelle. Celle de directeur du Festival de Nancy qui, avec des bouts de ficelle, a construit un rendez-vous culturel international et bataillé avec le pouvoir politique local et central : Lang l'agitateur. Celle du président de l'université de Nancy : Lang l'universitaire. Celle aussi de directeur du théâtre national de Chaillot, de Duhamel à Michel Guy : Lang le constructeur. Celle enfin de secrétaire national à la culture au parti socialiste : Lang le politique.

Instruit par l'expérience de Mitterrand, mais aussi de Pierre Mendès-France qu'il a approché dans les années soixante-dix, il sait bien que la nature et le degré de tout changement politique se décident dans les six premiers mois. Avant la fin de l'année 1981, l'essentiel de sa politique des deux septennats aura été pensé et engagé. Les années qui suivent sont consacrées à la mise en œuvre, à l'enracinement, à la capitalisation de ce qui aura été entrepris.

Il y a du Bonaparte dans cette rapidité. Jack Lang use de la surprise, joue de la séduction, conforte ses appuis. C'est un gage de succès, ce sont aussi parfois des réactions hostiles : cela va-t-il trop vite ? Du Bonaparte et du Mendès-France : car la passion est contenue, tendue vers le résultat soucieuse de vérité.

Préparée, enrichie par la complicité du président et de son ministre, la nouvelle politique tire parti d'une accélération de l'histoire. De mai à décembre 1981, les premiers mois d'activité rue de Valois paraissent plus intenses et plus longs que des mois habituels. Ce qui était devenu inconcevable, comme disposer de vrais budgets, devient subitement possible. La rue de Valois, jusqu'ici réservée aux bureaux et aux professionnels, s'ouvre rapidement et largement aux artistes, intellectuels, élus, chefs d'entreprise de toutes origines. Le milieu culturel se l'approprie. Les six premiers mois jouent le rôle d'un espace-temps fondateur de la nouvelle politique culturelle. Nul besoin de l'alibi d'une « refondation », pas d'états d'âme sur le sens de la politique à suivre. On assume le passé et on se projette résolument vers le futur, en menant de concert réflexion et action. Et pas seulement, comme l'expriment parfois quelques sceptiques, à cause des promesses de manne céleste venant nourrir par miracle les terres arides de la culture. La rénovation est d'abord mentale. Un tel bouleversement dans l'esprit et les méthodes dérange. Notamment tous les conservateurs qui n'ont pu ou voulu être de cette fête de la pensée, de l'imagination et de la rencontre des acteurs d'un véritable « New Deal de la culture ».

Agir n'est pas gesticuler, c'est transformer en profondeur. Jack Lang avait été séduit par la pensée de Pierre Mendès-France. Pendant longtemps il posa, sur la cheminée de son bureau de la rue de Valois, sa photo : un Pierre Mendès-France, ému aux larmes, embrassant François Mitterrand prenant ses fonctions à l'Élysée. Moi-même, lorsque j'étais à l'Ena, j'avais travaillé à ses côtés sur la suggestion de Michel Rocard, préparant des textes pour ses discours ou ses articles. Il nous avait appris la rigueur financière et l'engagement sur des délais. Nous étions décidés à bien tirer parti de ses leçons.

De Mendès-France il a acquis le goût de l'initiative publique, de la relance de l'économie par la dépense publique. La commande publique, qui sera l'un des fers de lance de la nouvelle politique culturelle, est d'inspiration keynésienne. Ce n'est pas une intervention de « l'État culturel » pour le goût de l'enflure d'État et du superlatif ministériel, c'est au contraire la volonté de changement appuyée sur un levier pratique et efficace. Et c'est la cohérence des réformes.

Comme Mendès-France, il est un passionné du discours pédagogique. Le ministre de la Culture est le ministre du verbe, pas de l'incantation comme Malraux, mais de l'explication, de la persuasion, jusqu'à la répétition. PMF s'adressait chaque semaine aux Français par voie de radio. Bientôt Jack Lang s'adressera chaque semaine rue de Valois et partout où il le pourra à ceux pour qui la politique culturelle est construite.

Les temps sont à la tolérance. En guise de « chasse aux sorcières », les responsables nommés en dehors du cercle restreint des collaborateurs proches du ministre, sont souvent des personnes d'expérience qui ont collaboré avec les gouvernements précédents : Jacques Rigaud, nommé président du musée d'Orsay, Paul Delouvrier confirmé à la tête de la Cité de La Villette, François Bloch-Lainé investi à l'opéra de la Bastille, Robert Bordaz préposé à l'organisation de l'Exposition universelle, et bientôt Émile Biasini affecté au Grand Louvre... Tout cela en quelques mois. Ce qui n'empêche pas la droite d'accuser la gauche de pratiquer la guillotine.

En raison de notre amnésie naturelle, il importe de réhabiliter cette politique culturelle, d'en faire ressortir les axes majeurs, parfois masqués par la profusion des initiatives, de déjouer les critiques purement polémiques, en particulier celles qui sont énoncées par les partisans de la « grande culture », devenue le dernier rempart du conservatisme. Si Jack Lang a parfois agacé ces conservateurs élégants, c'est pour avoir voulu passionnément ouvrir le champ culturel à tous les hommes de son temps. À la fois pour des raisons idéologiques propres à la gauche et pour des raisons plus personnelles. Son goût pour les arts appliqués, abusivement appelés « mineurs », lui est chevillé au corps. N'est-il pas né à Mirecourt, capitale de la lutherie, dans cette Lorraine accrochée aux beaux métiers d'art ? N'a-t-il pas vécu à Nancy, la ville marquée par « l'école de Nancy » où, au début du siècle, sont réunis des talents aussi variés que ceux de Gallé, de Majorelle ou, plus près de nous, du grand-ingénieur-architecte, Jean Prouvé ? Ce goût des arts appliqués n'est pas un artifice. Il diffère profondément de celui qui animait Valéry Giscard d'Estaing, tourné vers le passé. Les métiers d'art peuvent être aussi de création. En donnant droit de cité aux formes d'expression « mineures » ou occultées, dans les arts plastiques comme dans la musique, Jack Lang a été à la fois fidèle aux valeurs culturelles de gauche et à son héritage personnel. Son origine nancéienne est sans doute l'une des explications de cette conception extensive de la culture qui rassemble les « arts majeurs » et les « arts mineurs » et prône le rapprochement entre l'art et l'économie.

Dans sa profusion, la politique culturelle apparaît comme une somme de projets dont les lignes d'horizon sont plus lisibles dans l'esprit du ministre et de ses collaborateurs qu'elles ne sont visibles de l'extérieur. Le public n'est pas accoutumé à une telle richesse. Pourtant Jack Lang sait où il va et ce qu'il veut. Loin d'improviser, il met en pratique ce qu'il a déjà expérimenté à Nancy ou ce qui a été réfléchi au sein du parti socialiste. Ainsi, le projet de loi sur le prix unique du livre n'est pas une lubie subite. Il y a pensé depuis des mois déjà, pesant le pour et le contre avant même d'en faire un argument électoral.

Jack Lang s'intéresse plus à l'instant du surgissement de la création qu'à sa poursuite. Il est fasciné par le temps des éclosions plus que par les tâches de gestion. Sorte d'apôtre de la puissance en action, il paraît vouloir parfois administrer à ses concitoyens des doses d'énergie dont il a à revendre. Pourtant, natif du signe de la Vierge, il est aussi porté aux bilans rétrospectifs, scrupuleusement dressés chaque année, comme témoignages de ce qui a été entrepris, contrastant avec le faible nombre de textes fondateurs ou programmatiques. Comme chez Malraux, ce sont encore les discours prononcés devant le parlement qui exposent le mieux la cohérence de ce qui a été et sera entrepris. Celui prononcé le 17 novembre 1981 à l'assemblée nationale répond à celui de François Mitterrand à l'Unesco. Il est aussi à mettre en relation avec le premier discours d'André Malraux à l'assemblée nationale le même jour — un 17 novembre — de 1959. Un espace de vingt-deux ans, c'est à la fois beaucoup et peu.

Cette volonté de changement prend forme juridique dans la nouvelle rédaction du décret portant sur l'organisation du ministère de la Culture à laquelle Jacques Sallois[9] va se consacrer et que la droite se dépêchera de supprimer sitôt revenue rue de Valois, car les tables de la loi instaurées par Malraux avaient été comme brisées.

Décret n° 82-394 du 10 mai 1982 : « Le ministère de la Culture a pour mission : de permettre à tous les Français de cultiver leur capacité d'inventer et de créer, d'exprimer librement leurs talents et de recevoir la formation artistique de leur choix ; de préserver le patrimoine culturel national, régional, ou des divers groupes sociaux pour le profit commun de la collectivité tout entière ; de favoriser la création des œuvres d'Art et de l'esprit et de leur donner la plus vaste audience ; de contribuer au rayonnement de la culture et de l'art français dans le libre dialogue des cultures du monde. »

Décret du 24 juillet 1959 : « Le ministère des Affaires culturelles a pour mission de rendre accessibles les œuvres capitales de l'humanité, et d'abord de la France, au plus grand nombre possible de Français ; d'assurer la plus vaste audience à notre patrimoine culturel, et de favoriser la création des œuvres de l'art et de l'esprit qui l'enrichissent. »

Mot par mot, le texte de 1982 contraste avec celui de 1959. Le décret Malraux[10] s'ouvre sur l'accession de tous au patrimoine, alors que celui de Lang débute par la reconnaissance faite à tous les Français de « cultiver leur capacité d'inventer et de créer » ; Malraux est plus abstrait (« la France », « l'humanité »), Lang plus concret (« les Français », « les régions » et « les divers groupes sociaux »). Malraux est plus national (« et d'abord la France »), Lang plus international (« le libre dialogue des cultures du monde »). L'exégèse complète de ces deux textes donnera certainement lieu à des thèses intéressantes.

Mais s'il explique beaucoup, un texte ne suffit pas, quand seuls les actes engagent. Il faut aller vite car la gauche est immédiatement considérée comme illégitime par une droite qui a tellement occupé le pouvoir qu'elle finit par penser qu'il lui est consubstantiel. Comme le rappelait Jean-Paul Aron avec son franc parler et son sens de l'humour : « [...] la droite, indécrotablement, se pense légitime, telle la noblesse d'avant 1789. Depuis cent cinquante ans, il est vrai, elle tient les rênes que ni les barricades de 1848, ni la Commune de Paris, ni le Front populaire ne lui arrachent pour de bon. On dirait qu'un titre de propriété lui est reconnu sur les affaires[11]. »

2. ANCIENNES ET NOUVELLES GÉNÉRATIONS

Le changement n'est pas seulement politique et institutionnel. Il est aussi dans les esprits et dans la création.

Faute du recul nécessaire, on peut difficilement prétendre ici dresser le panorama de toutes les formes de création et de tous les artistes qui sont apparus depuis 1980. En revanche, des tendances, des lignes de forces, des mouvements peuvent être esquissés qui permettent de mieux comprendre le contexte artistique et culturel des années Lang.

Fin d'une génération

La décennie qui s'ouvre est marquée par l'idée de mutation : des langages et des formes, des générations aussi. La « génération Mitterrand » c'est aussi une manière d'affirmer une identité dans cette mutation reconnue et favorisée par le couple Mitterrand-Lang.

L'apparition d'une nouvelle génération est rendue prévisible par un certain nombre de disparitions, évoquées par Pascal Ory. Au moment où Mitterrand et Lang font leur entrée sur la scène politique, de grands noms quittent en effet la scène littéraire et artistique : dans le champ artistique et intellectuel, les « glissements de terrains » qui marquaient la présidence de Giscard deviennent alors de véritables dérives de continents : « [...] aux approches du 10 mai, chênes et bouleaux se mirent à tomber à grand fracas : funérailles de Sartre, funérailles d'une génération, dirent les médias, qui ne se trompent jamais, suicide de Poulantzas, folie d'Althusser, qui tentait de mettre le feu à l'École par excellence, où il avait formé tant de petits incendiaires théoriques transformés sur le tard en directeurs de collections. Roland Barthes se disposait à sortir de scène, sur la pointe des pieds, et Jacques Lacan, contemplant son empire éclaté, diagnostiquait : "je n'ai plus d'école, j'ai un tas" [...]. En dix années la culture française est passée de l'ère du Tout à celle du Presque rien (l'art fragmenté du Barthes finissant n'en serait-il pas la meilleure image ?), voire du Je-ne-sais-quoi[12]. »

En tous les cas elle perd ses grandes références et elle doit en chercher de nouvelles. C'est l'effondrement de la pensée marxiste, si présente dans la période précédente. Elle ne résistera pas à la démolition du mur de Berlin. Les sciences humaines tentent de serrer les rangs autour de la psychanalyse et de la sociologie qui affrontent une action politique peinant à dépasser les déterminismes sociaux. La solution révolutionnaire ne paraît plus présente au rendez-vous. De là un reflux vers une pensée individualiste, vers l'analyse des variations de l'âme, une pensée intimiste comme la dépeignent un certains nombre d'écrivains et de metteurs en scène, au cinéma comme au théâtre.

Mutations

La mutation atteint aussi les formes d'expression proprement artistiques. Le champ des arts plastiques s'engage dans une véritable dématérialisation de l'œuvre d'art. La peinture, le dessin sont de moins en moins enseignés dans les écoles d'art. Cela remonte à 1968. On a commencé à s'en soucier sérieusement au début des années quatre-vingt. De là un retour aux métiers d'art, affirmé avec force sous Giscard et encore très présent dans la politique de la délégation aux Arts plastiques. François Mathey fait figure de père moderne de cette tendance. Elle est balayée avec lui, lorsqu'il quitte le musée des Arts décoratifs au milieu des années quatre-vingt. L'art conceptuel l'emportera. Et avec lui les héritiers de Marcel Duchamp. Les cours de dessin sont remplacés par la combinatoire aléatoire des « installations » et des « collages ». La peinture n'est pas seulement concurrencée par l'objet, elle est aussi en butte à l'irruption des images : vidéo, photo, BD, images numériques. La technique semble rendre inutiles les longs apprentissages. L'École des beaux-arts qui veut être à la mode, ouvre un troisième cycle consacré aux techniques multimédias. La question du sens prend l'avantage sur celle des formes. Dans la légèreté ou vacuité qui se fait jour, la pratique de l'art donne naissance à un nouveau dandysme (tout ce que je signe est une œuvre), elle prend des formes éclectiques et multiples. Les salles d'exposition ressemblent de plus en plus à des greniers ou des ateliers de bricoleurs mécaniciens, voire d'installateurs électroniciens. Avec dérision ou grand sérieux.

Ceux qui n'approuvent pas ces élucubrations se réfugient dans l'art pour l'art, la couleur pour la couleur, la forme pour la forme. Les technologies de l'image bouleversent le sens de la peinture. L'artiste peut de plus en plus peindre sur les écrans sans se salir les mains. Il communique avec ses pairs sur Internet.

La même évolution affecte le domaine de la musique. Dès les années soixante, la musique concrète se contentait de mettre à profit nos capacités à enregistrer et restituer des sonorités arrachées à la vie. La numérisation du son bouleverse cette forme d'expression. La technologie impose la création assistée par ordinateur. La diffusion des équipements favorise l'apparition de nouveaux rythmes et la multiplication des initiatives de création. Les musiques « techno » prennent le devant de la scène. Les musiques populaires rejoignent les musiques savantes. Mais la création musicale cherche à l'abri de la science. L'Ircam est devenu l'un des hauts lieux de la création mondiale par ordinateur. Grâce aux technologies, les créations sortent de leurs domaines propres et se croisent ou se fécondent les unes les autres. La France s'est hissée dans ce domaine aux premiers rangs.

L'écrit n'échappe pas à la vague de la dématérialisation des formes ou des créations. Les bibliothèques se muent en médiathèques, nouvelle appellation qui fait suite à la réalisation de la BPI de Beaubourg dans les années soixante-dix, signe de transformation profonde des supports et des contenus de la connaissance. La poésie se diffuse sur Internet.

Le théâtre qui était la forme de création et de pratique culturelle la plus symbolique, se rapprochant d'un art total (écrit, parole, musique, scénographie, décor, etc.) est remis en cause par les nouveaux médias. Le public s'est complètement segmenté : si certains s'éloignent du théâtre, d'autres préfèrent la musique ou la danse qui sollicitent plus les sens que le raisonnement. L'approche de l'art se veut plus sensorielle et immédiate. Les années quatre-vingt connaissent une explosion de l'art chorégraphique, exaltant le plaisir de l'œil plus que celui de l'oreille, transformant un nombre croissant de pratiques artistiques en sortes de « regard du sourd ». Jamais la danse n'aura été aussi présente dans la programmation des salles et des festivals. La France y joue un rôle de choix.

Le cinéma lui-même est confronté à la même transformation, à la confrontation entre création et technologies. Le recours à l'image de synthèse et aux effets spéciaux favorise une forme d'expression qui met l'accent sur la création de mondes irréels, fantastiques ou utopiques. Le cinéma devient aussi très individualiste en mettant l'accent sur l'introspection ou la psychologie.

L'architecture a rompu avec le style international. Elle renoue avec des formes passées, pratique largement la citation qu'elle confronte aux possibilités nouvelles ouvertes par les techniques de la construction, notamment dans le textile, le verre et les aciers. La vogue du « post-modernisme » s'efforce de dépasser les canons formels et idéologiques des années symbolisées en France par le « catéchisme » de Le Corbusier.

Jamais autant l'art et la création n'ont paru à ce point déconnectés de la réalité politique : conséquence sans doute de l'effacement du marxisme dont on mesure la place qu'il occupait depuis la dernière guerre. Alors qu'avant et après mai 68, les artistes étaient souvent d'abord des militants, ils cultivent désormais d'autres valeurs, la jouissance des sens, la fuite dans des mondes artificiels, l'éloge du corps. La création prend ses distances avec la société de consommation, l'une des sources d'inspiration des années soixante. On n'accumule plus, ni on ne compresse : on sélectionne et on distingue plutôt. La création ne tourne plus l'objet en dérision, elle détourne du culte de l'objet. Elle devient elle-même objet théorique, objet-concept, objet idéal, voire idéel.

Résistances

Comme pour résister à ces mutations trop rapides, apparaissent des formes d'expression qui mettent l'accent sur la quête des racines, des origines, des arts ethniques. La création contemporaine se confronte aux « arts premiers » (on ne dit plus « primitifs ») autant qu'aux principes écologiques. La question des origines donne naissance à un art primitiviste. Le retour vers l'individu prend la forme d'une mise en scène du corps, avec un « art corporel » qui s'affirme au plan international.

De même, les « musiques du monde » ou encore les « musiques ethniques » sont sollicitées comme pour rassurer ceux qui craignent d'être emportés vers des continents inconnus. Elles sont à la fois une émulation de la création contemporaine et un inventaire urgent des créations du monde. Comme on fait le tour de son jardin. L'ubiquité de la création est aussi une marque de la période. Les « cultures du monde » deviennent accessibles, sortes de références obligées, dans le spectacle, l'enregistrement ou les images. Jamais sans doute à ce point le « *Musée imaginaire* » n'a été aussi présent dans nos pratiques, un « *Musée imaginaire* » fait de tous les CD-Rom du monde, qui s'amplifie de musiques, de coutumes et de rites. Les pratiques culturelle deviennent kaléidoscopiques.

L'élargissement des champs de la création n'est pas une lubie de Lang : il est d'abord une préoccupation des artistes eux-mêmes. On écrit sur les jardins, sur la gastronomie, sur la médecine, sur les anges, sur les objets-cultes, sur l'ésotérisme, sur les religions. De même on théorise aussi bien l'architecture que le design, la mode que le signe. Certains reçoivent avec générosité ces brassées de créations, comme Jean-Pierre Changeux : « Les années quatre-vingt ont connu une effervescence exceptionnelle dans la création artistique, par le brassage des moyens d'expression, la diversité des thèmes, la multiplication des modes de communication. Un style a-t-il dominé ? Ou, au contraire, un “hyperpluralisme” masquerait-il ces années d'exubérance créatrice où tout est possible ? S'agit-il d'un moment de diversification généreuse comme on en rencontre quelquefois au cours de l'Évolution des espèces et qui, ici, conduit à l'occupation d'une profusion de niches culturelles[13] ? »

Face à l'envahissement de l'univers culturel et artistique par ces nouvelles formes d'expression, certains intellectuels entrent en résistance : ils les assimilent à des invasions barbares. Ils s'opposent aussi à la politique culturelle. Elle est accusée de soutenir des « déviations » et de se salir les mains au service de tant de formes d'expression et de création inédites, débridées, débordantes et non encore avérées par les autorités académiques.

D'autres au contraire se coulent dans les nouvelles grilles de la communication : ce qui est normal pour un ministre pédagogue l'est moins pour un philosophe. Et pourtant les philosophes deviennent des personnages « people », avec la bénédiction de la télévision. Sous le titre générique de « nouveau », on ne cesse de rejeter les gestes et les attitudes des avant-gardes précédentes, avec un goût toujours prononcé pour l'exotisme tiers-mondiste. On quitte la psychanalyse pour s'adonner au roman populaire. Exigences éditoriales obligent.

Les intellectuels souffrent de ne plus avoir de pape. Et plus de pensée centrale à quoi se raccrocher. Les formes de la création littéraire explosent donc dans tous les sens, au point qu'il devient presque impossible d'en déchiffrer les tendances. Cet éclatement de la pensée est la marque de la période. L'effondrement du marxisme a permis l'intégration du PCF dans la vie politique classique et sa participation à des gouvernements de gauche non révolutionnaires. Elle va de pair avec le triomphe des valeurs capitalistes et individualistes, écologiques et scientifiques. L'idéologie ne fait plus recette, ou du moins, les idéologies totalisantes d'autrefois. Là aussi, les temps sont à l'éclatement des représentations mentales. On pense citoyenneté, écologie, solidarité, libertés d'expression, de mœurs.

Dans ce contexte, la politique culturelle joue un rôle singulier et nodal : accompagner la mutation de la politique et des idées, aider à conforter les valeurs nouvelles, aménager un compromis (historique ?) entre les valeurs anciennes bien établies et les valeurs nouvelles encore précaires. Certains intellectuels vont donc s'engager dans une résistance idéologique et prendre la politique culturelle comme cible[14].

Situation très différente de celle qu'a connue Malraux : le ministre du général de Gaulle accompagnait la fin d'une génération d'artistes et d'écrivains qui était venue au jour avec le siècle. Lang doit aider l'accouchement de nouvelles générations. De là, sans doute, la place prise par le mot « génération » sous sa plume.

Il est pertinent de diviser les années Lang en deux périodes, la première (Lang I) qui va de 1981 à 1986, date à laquelle une nouvelle majorité parlementaire conduit François Léotard rue de Valois, la seconde (Lang II) de 1988 à 1993 qui correspond au retour de Lang.

« D'abord continuer, ensuite commencer », disait, comme nous l'avons vu, Jacques Duhamel, avec une pointe de paradoxe. Lang renverse le propos : d'abord commencer (Lang I), ensuite continuer (Lang II), telle est la nouvelle loi. Les deux périodes correspondent, en effet, à deux phases différentes de la même politique. C'est pourquoi les décisions importantes apparaissent dès le début. Le « socle » de la nouvelle politique est fait naturellement de l'expérience militante des nouvelles équipes au pouvoir (combats anti-coloniaux, anti-impérialistes, anti-autoritaires). Les représentants du champ culturel autonome qui s'était constitué en marge du ministère de 1969 à 1981, sont désormais aux commandes. Le pays culturel réel recouvre le pays culturel légal. Arrivant rue de Valois, Lang affiche vingt ans d'états de services culturels. Ses collaborateurs aussi.

Entre Lang I et Lang II, l'intermède Léotard ouvre une période de cohabitation au cours de laquelle Lang continue, dans le domaine symbolique, à occuper la place de ministre. Après lui, on ne peut plus réduire le ministre de la Culture au rôle de simple gestionnaire de ministère. Il occupe dans la vie politique et sociale une place particulière à laquelle les jeunes, les artistes, les intellectuels et beaucoup de groupes sociaux ont besoin de s'identifier. Il est devenu l'une des sources du lien social rendu possible par une certaine manière de concevoir et de vivre la culture. C'est pourquoi, Lang, après avoir quitté la rue de Valois, pose aux hommes politiques, ceux notamment de sa famille de pensée, un persistant problème d'emploi.

3. LE STYLE LANG

La seule vertu d'un vote ne fait pas le changement. C'est aussi une affaire de génération. En même temps que Lang apporte un sang neuf à la politique culturelle, le gouvernement, par la voix de Robert Badinter, fait voter l'abolition de la peine de mort (loi du 9 octobre 1981), permettant au pays de sortir d'une situation arriérée dans le concert des nations dites civilisées. Il autorise les radio privées locales (loi du 9 novembre 1981), il réforme le droit du travail (lois Auroux de 1982), il modifie les relations propriétaires-locataires (loi Quillot de 22 juin 1982), il libéralise la gestion de l'audiovisuel et crée la Haute Autorité de l'audiovisuel (loi du 29 juillet 1982), il supprime le secteur privé dans les hôpitaux (loi Ralite du 28 octobre 1982).

Lang n'est pas en reste : la loi sur le prix unique du livre votée dès le mois d'août 1981, est l'une des premières de la législature.

Présentant sa politique à l'assemblée nationale, Jack Lang déclare : « Ce gouvernement ne compte pas un ministre de la Culture, mais, si je puis dire, quarante quatre ministres de la Culture, car chacun à sa manière peut apporter sa contribution à ce projet d'ensemble. Culturelle, l'abolition de la peine de mort [...] Culturelle, la réduction de la durée du travail ! Culturel, le respect des pays du tiers monde ! Culturelle la reconnaissance du droit des travailleurs ! Culturelle, l'affirmation des droits de la femme ! [...] Pas une seule administration qui puisse échapper à ce combat pour un nouvel art de vivre[15]. »

Il veut dire que la politique culturelle répond à un objet tellement général qu'elle s'impose à l'ensemble du gouvernement, et en même temps, faire comprendre que le ministère ne devrait pas avoir d'existence en soi à partir du moment où la politique culturelle serait relayée par chacun des ministères. C'est une déclaration politique qui assimile le socialisme à la politique culturelle, selon les termes du discours de l'Unesco. C'est aussi un calcul tactique : le ministère de la Culture est habilité à s'associer à tous les autres et à exiger d'eux des participations financières aux projets communs ainsi bâtis.

Tout Lang est dans ce propos : le goût de la formule, l'ambition du projet et le réalisme de l'organisation.

Le symbole d'une nouvelle génération

Jack Lang a construit sa personnalité et son style à Nancy où, pour lui, tout a commencé, notamment sous l'éclairage de mai 1968. Il est le premier ministre de la Culture qui soit un vrai professionnel de la politique culturelle. Michel Guy restait un grand amateur, un connaisseur, mais surtout un mécène et n'avait pas eu à rencontrer et affronter des autorités locales et nationales.

Fin mai 1981, Jack Lang arrive rue de Valois dans des bureaux déserts. En quelques jours, il les transforme en ruche bourdonnante. Ce n'est pas un homme seul qui arrive rue de Valois, mais une équipe et, au-delà, des milliers d'hommes et de femmes de culture portés par l'espérance qu'ouvre la victoire de la gauche. Il impose rapidement un nouveau style. Pas seulement les chemises roses et la veste à col Mao de Thierry Mugler qui font leur apparition un peu plus tard. À quarante ans, il incarne une nouvelle génération pour qui la culture ne se résume plus aux « beaux-arts » ni aux « belles lettres ». Le « changer la vie » de mai 68, repris par le candidat Mitterrand, va guider de nombreuses initiatives situées en dehors du champ classique de la culture.

De sa génération, il est l'homme qui a convaincu François Mitterrand qu'il pouvait être le meilleur à cette place, parmi d'autres prétendants ou impétrants susceptibles de l'être ou de l'avoir été. Jean-Edern Hallier est l'un d'entre eux qui, peut-être par dépit, ne cessera de vouer à Mitterrand et Lang une haine farouche. Il tentera de les salir par tous les moyens. Lang ne le lâche pas. Il écrit par exemple à André Rousselet : « J'ai appris que Jean-Edern Hallier, appuyé par toi, se verrait confier une émission de télévision à TF1. [...] Sa présence à la télévision serait une négation et un désaveu de nos efforts culturels. Il incarne le contraire de ce que nous voulons faire : l'esbroufe, l'imposture, le simulacre, le parisianisme mondain, la crapulerie politique. Le placer à la télévision c'est offenser les intellectuels, les écrivains, les créateurs de notre pays et tous ceux qui pas à pas, jour après jour, silencieusement souvent, inventent, construisent, transforment[16]. »

Il y a aussi Régis Debray, auréolé de ses aventures à la Malraux en compagnie du Che. Il est à l'Élysée auprès du président, tantôt « conseiller culturel », tantôt en charge de la présence de la France à l'Exposition universelle de Séville. Il finira par écrire un livre comparant Mitterrand et de Gaulle, au détriment du premier[17]. Mais, à la différence de Jean-Edern Hallier, il est un authentique intellectuel, il a su pondérer son jugement et il sait reconnaître les vertus du ministre de la Culture : au-delà des divergences, ne le considère-t-il pas comme « le meilleur ministre de la Culture que la France ait jamais eu[18] ».

Meilleur depuis Malraux, cela va sans dire !

Jacques Attali avait choisi une carrière de conseiller discret mais influent lui permettant d'écrire, puisque c'est chez lui une seconde nature. Il aurait pu prétendre au poste de ministre. Il préféra celui moins visible de banquier. Plus porté à la spéculation qu'à l'entraînement des équipes, il était trop intéressé par tout pour accepter de limiter son horizon à quelque chose, fût-ce le domaine de la culture.

Jack Ralite, le spécialiste de la culture au parti communiste, était aussi un candidat possible. Mais si le socialisme de Mitterrand s'identifie à la politique culturelle, on voit mal comment le ministre aurait pu venir du PCF. De retour avec Jack Ralite d'Avignon où il s'est rendu à l'invitation de Lang en juillet 1981, Mitterrand lui demande tout à trac : « Vous auriez aimé être ministre de la Culture. » Réponse de Ralite qui est depuis peu ministre de la Santé : « À dix mille mètres d'altitude tout est possible[19] ».

Au sein du PS, deux lignes s'opposent sur la culture, dans les années 1975. L'une, représentée par Dominique Taddéi, mettait l'accent sur le terrain, les pratiques sociales, les municipalités et les quartiers ; l'autre, incarnée par Lang, l'emportera finalement. « Je me sentais très proche en réalité de la position du parti communiste, déclare-t-il aujourd'hui. Comme lui, je donnais la priorité à une grande politique nationale en faveur de la création[20]. »

Mitterrand fascine tellement les intellectuels qu'ils veulent le servir, puis en font un personnage de roman, Érik Orsenna compris. Lorsqu'il quitte l'Élysée, après y avoir joué le rôle de conseiller du président, il écrit à Lang : « Au moment de quitter l'Élysée, je voudrais te remercier pour ces trois années de complicité. Tu m'auras appris beaucoup : l'acharnement, l'attention à toutes les formes de création et surtout l'ambition de faire, perpétuelle et sans repos. Grâce à toi la France a bougé. Enfin, je suis fier, c'est un sentiment agréable, d'avoir pu, à ma place, participer à ce réveil. [...] Maintenant, je vais tenter de faire un roman à partir des 1 100 pages accumulées depuis mai 1981 (sans rapport avec ce que j'ai vécu) [21][...] »

Ces 1 100 pages écrites très tôt le matin, à la manière de Paul Valéry, serviront de matière à son livre *L'Exposition coloniale* qui lui vaudra le prix Goncourt. Ce n'est que sept ans plus tard qu'il écrit sur la vie de « nègre », assimilant ses fonctions à l'Élysée à celle de rédacteur des discours du président de la République, mais aussi beaucoup plus[22]. Pompidou avait écrit une anthologie de la poésie, mais vivait à l'opposé d'un poète ; Giscard a souvent exprimé l'ambition d'écrire, y compris un roman, et le regret de ne pas être Maupassant ; Mitterrand qui a beaucoup plus écrit que les deux précédents, a toujours réussi à vivre comme un personnage de roman. On voit que l'exercice de la fonction présidentielle n'est pas indifférent à l'écriture.

Il choisit Lang parce qu'il est peut-être séduit par le héros qu'il a rêvé être, sur les planches, dans les habits du *Caligula* de Camus[23]. Plus sûrement parce qu'il n'est pas un intellectuel parisien. Ce que Mitterrand aime en Lang c'est sa connaissance du milieu culturel sans être un intellectuel pur, sa capacité à réaliser qui ne cesse de le séduire, sa loyauté jamais démentie, sa curiosité sans cesse en éveil, et d'une certaine manière son « provincialisme » : le Charentais apprécie le Lorrain.

Arrivé au ministère, Lang en bouleverse l'ordonnancement. Les salons dorés de la rue de Valois étaient volontiers fréquentés par de vieux messieurs à rosette. Le paysage change. Les responsables culturels ou les artistes chevelus qui se sentaient étrangers dans le siège du « cinquième pouvoir », se vivent désormais chez eux. Pendant longtemps je serai moi-même quelque peu déraciné dans ce décorum vieillot (que nous n'aurons de cesse de vouloir transformer). Jack Lang multiplie les initiatives. Priorité aux jeunes, aux musiques populaires, au rock, aux arts appliqués, ce qui ne l'empêche pas de côtoyer André Chastel et de se faire apprécier des vieux messieurs du sénat. Chaque partenaire de la vie culturelle doit se sentir chez lui rue de Valois. La presse y est conviée chaque semaine, parfois plus souvent.

Elle est associée de près à tout ce qui se prépare. Mais on n'invite pas la presse pour le seul plaisir de la rencontrer. Pendant les six premiers mois, Jack Lang met d'abord les équipes au travail. C'est seulement plus tard, lorsque les programmes seront prêts, que commencera le travail maïeutique. Jack Lang ne cesse de consulter tout le monde sur tout. À Geneviève Breerette, il demande ce qu'elle pense de Gérald Gassiot-Talabot comme délégué adjoint aux arts plastiques, à Catherine Clément qui écrit alors dans le Matin de Paris, il demande ce qu'elle pense de la création du musée de la Mode et lui suggère d'écrire un livre sur les premiers mois de la nouvelle politique culturelle[24].

Elle le fera et commencera par ces mots, aussi simples que vrais : « Le septennat commença culturellement. C'est une affaire désormais classée monument historique. Plus tard, on visitera dans les livres d'histoire. Tout fut fait — avec quel bonheur — pour que cette histoire justement s'actualise avec les acteurs mêmes de l'instant qui passait et s'inscrivait sous nos yeux. Nous écrivions avec nos pas, nos bousculades et nos larmes à l'œil, une page des livres du futur ; rien n'était laissé au hasard, nous ne pouvions pas l'ignorer. »

Comme ne peut pas l'ignorer celui qui, plus de quinze ans après, essaye de restituer ce qui s'est passé.

La génération Lang c'est aussi le refus de la censure, la libéralisation du cinéma et de la presse. Finies les interdictions de film ou de pièces de théâtre à la de Gaulle ou même à la Pompidou. C'est en particulier, la protestation sans cesse contre les abus du préfet de police de Paris toujours tenté d'interdire les manifestations culturelles. On le voit dans l'utilisation de la Concorde, dans l'affaire du pont neuf empaqueté par Christo, ou les manifestations de la fête de la musique. L'affaire se reproduit presque chaque année. Et chaque année Jack Lang proteste. Cela continue même en 1992, comme en témoigne une note au président de la République. Alors que Lang qui a le titre de ministre d'État, est plus puissant que jamais, il n'arrivera pas toujours à imposer son autorité au ministère de l'Intérieur : « Le préfet de police est donc devenu le vrai maître des activités artistiques à Paris. Les lieux autorisés pour la Fête de la musique disparaissent les uns après les autres, année après année. Après la place de la Concorde qui nous est définitivement refusée, voici que la place du Trocadéro est interdite. Il est anormal que sous notre gouvernement la liberté artistique puisse ainsi reculer en raison des censures du ministère de l'Intérieur[25]. »

Lang tient aussi au respect de la parole donnée. Il ne cesse de réagir contre la liberté que l'État prend avec ses engagements. C'est vrai en particulier du ministère des finances qui, à ses yeux, ne cesse de présenter des situations budgétaires en trompe-l'œil. « Remettre en cause la parole donnée fera vaciller notre autorité morale et érodera la confiance que beaucoup nous portent », écrit-il à François Mitterrand[26]. Même discours, neuf ans plus tard, lorsqu'il arrive rue de Grenelle en qualité de nouveau ministre de l'Éducation nationale : « Une des conditions de la perpétuation d'un bon climat réside dans le respect par l'État de sa parole[27]. »

En 1981, le temps est à la concertation. Des groupes de travail actifs sont mis en place pour les arts plastiques, la lecture publique, le cinéma, la culture ouvrière, les cultures régionales, les établissements culturels, le patrimoine[28], etc. Ils passent au peigne fin les revendications des uns, les aspirations des autres, les solutions des experts, les analyses des journalistes. Tout le monde peut y trouver sa place, élus locaux, représentants des médias, artistes, responsables d'équipements culturels. La rue de Valois, de Belle au bois dormant qu'elle était, devient très rapidement un palais bruissant.

Présent partout, le nouveau ministre donne le sentiment d'être toujours disponible, écoutant avec soin, demandant qu'il soit répondu à toutes les lettres, se rendant à toutes les invitations, au point de donner l'illusion de ne jamais travailler. Mais l'autre face, cachée, de Jack Lang est celle du bûcheur acharné, réécrivant dix fois ses discours, organisant avec soin ses conférences budgétaires, critiquant les uns, félicitant les autres, étonnamment exigeant pour lui-même et son entourage, soucieux de perfection au point de ne jamais être satisfait, demandant la même note à trois personnes différentes en espérant en obtenir une qui soit passable, téléphonant sans cesse, écrivant à tous, toujours sur la brèche… et laissant parfois éclater un énorme rire à cascades comme pour montrer — et se montrer à lui-même — qu'au milieu de cette dépenses d'énergie, il conserve un profond sens de l'humour.

Toujours impatient face à la lenteur des choses et des hommes, il ne supporte pas qu'une décision prise ne soit pas aussitôt mise en œuvre, ce qui provoque son irritation contre des services qu'il juge toujours trop prudents, trop lents, trop bureaucratiques. Aussi leur préfère-t-il souvent les petites équipes légères.

Mais le style Lang c'est toujours l'étonnement, l'énergie, la ferveur : trois mots qui pourraient être inscrits au front de son action. Agir c'est aussi réagir, comme en témoignent certains accents dans une lettre au Premier ministre : « Cher Laurent, en faisant fredonner par les spectateurs le refrain « l'emmerdant c'est la rose », Thierry Le Luron et Antenne 2 ont donc organisé un véritable assassinat du Chef de l'État. […] Ce fait se conjugue avec une multitude d'autres comportements de la télévision et des radios. Allons-nous encore longtemps rester passifs face à nos adversaires ? Le moment n'est-il pas venu de constituer un petit comité d'urgence ou un « cabinet de guerre[29] ? »

Sans doute faut-il replacer cette phrase dans le climat politique de l'époque pour en comprendre la virulence. En 1984, l'opposition, boustée par de premiers résultats électoraux, s'acharne contre le gouvernement dans la perspective des élections législatives de 1986. Au parlement les quadras RPR et libéraux ne lui laissent aucun répit. Dans la rue, ce sont les grandes manifestations de l'école libre contre le projet Savary de grand service public de l'éducation nationale, les agents de police organisent des manifestations de rébellion sous les fenêtres du ministère de la Justice. Même la presse favorable à la majorité n'est guère tendre pour le gouvernement. Dans *Le Matin* par exemple, BHL (Bernard Henri Lévy) lui donne des coups de griffe. La gauche avait joué le libéralisme dans les médias, au point de nommer des hommes très modérés comme Pierre Desgraupes à Antenne 2. Elle ne se sent guère payée de retour ! Dans un tel contexte, on comprend mieux l'impatience du ministre de la Culture.

L'homme ne cesse ainsi d'envoyer des notes à tous ceux qui participent à un titre ou à un autre à la prise des décisions. Envoyées par milliers, elles constituent au fil des jours la mesure de sa pensée et de son action. Elles sont utilisées comme autant d'arguments, de preuves si nécessaire, d'illustrations, d'aiguillons[30].

•

Le style Lang c'est aussi la protestation et l'invocation des droits des artistes dont il se sent comptable. L'homme cumule en effet les fonctions de ministre et de Premier secrétaire du *Parti des créateurs*, sorte de syndicat virtuel des hommes et femmes de culture qui peuvent parfois donner de la plume ou de la voix. On l'a vu dans le passé. On le verra dans le futur.

Les équipes

Comme François Mitterrand, Jack Lang s'entoure de plusieurs cercles de collaborateurs. Le premier est celui du cabinet officiel. Un autre est composé des amis anciens et fidèles dont il est le seul, avec Monique, à connaître le complexe écheveau. Un troisième cercle réunit les amis nouveaux, recommandés ou spontanément apparus, qui apportent des prestations de diverse nature, depuis un rapport, une note jusqu'à un projet de discours ou une bonne adresse.

Aux côtés du ministre, Jacques Sallois, son directeur de cabinet, assure la stabilité et les liaisons. Liaisons avec l'extérieur, Matignon, les autres ministères ; liaisons permanentes avec l'intérieur, les directeurs qu'il faut coordonner, les services qu'il faut mobiliser, les organisations syndicales qui n'ont pas trouvé de véritable interlocuteur pendant des années. Un ministre de gauche de la Culture doit faire une place non négligeable à la communication interne, celle qui est conçue principalement en direction des salariés.

Jack Lang a connu Jacques Sallois à l'occasion d'une leçon d'agrégation. Magistrat de la Cour des comptes, ce dernier est chargé depuis plusieurs années de contrôler le ministère de la Culture qu'il connaît donc comme sa poche. Sur la proposition de Jacques Sallois, il me charge d'une mission spéciale relative à la réorganisation du ministère ainsi qu'à l'établissement du budget. Parallèlement, il me demande de suivre les domaines ayant trait au patrimoine (pendant quelques semaines), aux musées et aux arts plastiques. André Larquié s'occupe de l'international, de la musique et de l'art lyrique, des relations avec le Parlement.

Ces trois énarques les plus anciens du cabinet ont en commun d'avoir milité ensemble au PSU[31]. Ils se connaissent depuis longtemps, dans des expériences variées, politiques et culturelles. Jacques Sallois a été membre du Conseil National du PSU. Il est très au fait des rouages de l'État, et sait comment l'administration doit et peut servir une politique. André Larquié a été l'adjoint de Jean Maheu à la direction de la Musique. Il a été également affecté à la Mission du développement culturel. Passionné de musique et de danse, il a rejoint le ministère de la Culture depuis plusieurs années et le connaît bien. Depuis l'UNEF[32], sa passion est l'international où il accompagne les premiers pas du ministre. Vieux routier de gauche, il s'investit d'autant mieux dans l'action qu'il sait y trouver des sources de divertissements qui lui permettent de garder toujours une distance. Fin observateur des choses et des hommes, compagnon agréable et curieux, il est d'un jugement précieux et apprécié.

Quant à moi, ayant débuté ma carrière à la direction du Budget, puis ayant œuvré dans la construction du Centre Pompidou, j'ai quitté le Centre en 1977 après sept années au rythme fou et riches d'enseignements pour rejoindre la Cour des comptes, d'une part, et le musée des Arts décoratifs, de l'autre, où j'ai lancé plusieurs projets (musée de la Publicité, musée des Arts de la mode, rénovation du musée des Arts décoratifs). Je baigne dans la politique culturelle depuis une dizaine d'années, mais sans jamais être intervenu au centre — le ministère — ayant jusqu'ici limité mon action à ses périphéries : Beaubourg, l'INA, le musée des Arts décoratifs. J'ai aussi milité dans le Ve arrondissement de Paris et à la Maison pour Tous de la rue Mouffetard, comme on a pu s'en rendre compte.

Le cabinet, c'est aussi le regretté Gilbert Estève, magistrat, à qui reviennent les fonctions de chef de cabinet. Alsacien de souche et de cœur, à la fois ténébreux et sensible, et qui deviendra maire de Sélestat. Robert Abirached, un ancien de l'équipe de Chaillot, professeur de lettres, est chargé de suivre les questions du théâtre. Il a beaucoup écrit (et écrira beaucoup[33]) sur le théâtre. L'équipe a travaillé depuis longtemps sur les questions de développement culturel et est globalement de sensibilité rocardienne (Par quel mystère, Jack Lang mitterrandien, s'il en est, sera-t-il toujours entouré de rocardiens ? Est-ce un effet de son mendésisme culturel ?).

Francis Beck[34] va s'occuper du livre, puis du cinéma, Jacques Renard du théâtre[34 bis]. Un noyau de base est constitué par Monique Lang, l'indispensable, et Christian Dupavillon, le flamboyant et l'incontrôlable, l'architecte-conseilleur, qui est de toutes les missions depuis l'époque du théâtre de Chaillot. Frédérique Bredin, à peine sorti de l'ENA, vient faire des heures supplémentaires au cabinet, déjà rapide et décidée. Un magistrat, un architecte, un universitaire, une épouse-collaboratrice, plusieurs énarques sont les éléments de base de ce cabinet. Il ne faut pas oublier l'attachée de presse, Véronique Saint-Geours, qui apportera son savoir-faire et son savoir-écrire.

Les bureaux sont vides, les dossiers absents. Je commence à réfléchir à la préparation du collectif budgétaire et du budget de 1982 avec comme seuls instruments des données éparses du bureau du Budget, des notes du service Études et Recherches d'Augustin Girard, que je connais depuis de nombreuses années, et les douze rapports établis par des groupes de travail à l'École nationale d'administration où j'ai dirigé un séminaire sur le développement culturel en 1980. Parmi les tuteurs de ces rapports figurent un certain nombre de ceux qui jouent un rôle important dans le nouveau gouvernement : Jérôme Clément, par exemple, est le conseiller culturel de Pierre Mauroy à Matignon, Hubert Védrine est chargé de la diplomatie à l'Élysée, Bernard Faivre d'Arcier, qui est directeur du Festival d'Avignon, deviendra le conseiller de Laurent Fabius à Matignon avant d'être nommé lui-même directeur du Théâtre au ministère, etc. À partir de ces rapports, j'élabore un certain nombre de fiches de propositions et d'orientations pour le ministre. Chacun de ses conseillers énonce ainsi ses propres propositions.

La multiplication des initiatives s'accompagne évidemment de départs et d'arrivées. C'est ainsi que Pontus Hulten dont le mandat à la tête du Musée national d'art moderne était limité à cinq ans, est remplacé, sur ma proposition, par Dominique Bozo. En décembre 1981, Maurice Fleuret est nommé directeur de la Musique à la place de Jacques Charpentier. Cette nomination inaugure une grande politique musicale. Maurice Fleuret a reçu le soutien de Pierre Mauroy qui a eu l'occasion d'apprécier ses compétences à Lille en tant que responsable de festival. Disparu en mars 1990, il laisse un vide immense dans la politique musicale. Vif de corps et d'esprit, volontiers caustique, au besoin sarcastique, il conduit la direction de la musique comme on dirige un orchestre, voire même comme une classe d'école[35]. Présent comme Lang sur tous les terrains à la fois, il réussit aussi bien dans les musiques savantes que dans les musiques populaires. Ayant peu de goût pour les éclats de voix, il s'organise en concentrant son énergie avec silence, soucieux avant tout du résultat. Journaliste reconnu, il est un bon observateur du domaine musical. Militant de gauche déclaré, il devient l'un des pivots de la nouvelle politique.

En même temps qu'il fait venir des hommes nouveaux comme Robert Abirached à la direction du théâtre, Dominique Wallon à la Direction du développement culturel (DDC), Jean Gattegno à la direction du Livre et de la Lecture, moi-même à la délégation aux arts plastiques, Jack Lang maintient un certain nombre de directeurs en place : Pierre Viot restera longtemps à la tête du Centre national de la cinématographie (CNC), Jean Favier traverse tous les changements de politiques en restant vingt ans à la tête de la direction générale des Archives, Hubert Landais demeure de nombreuses années à la tête de la direction des Musées. L'esprit n'est pas à couper les têtes, bien que l'opposition mène campagne sur ce thème. Il vise simplement à mettre en place, dans les secteurs qui en manquent, des hommes de compétence et de fidélité. En six ans, Lang a procédé à moins de changements de directeurs que Léotard en deux ans.

L'administration du ministère de la Culture souffre d'une instabilité chronique de directeurs, qu'amplifie l'instabilité des ministres (si l'on met à part Malraux et Lang). Trop souvent, seule la fidélité politique supposée ou attendue est un critère de nomination.

D'abord agir

À la différence de Jacques Duhamel qui disait « D'abord continuer, ensuite commencer », Jack Lang veut inverser l'ordre des facteurs. Il s'enthousiasme pour des projets. D'abord agir, tel est son tempérament. « D'abord agir, ensuite expliquer » : Jack Lang se reconnaîtra-t-il dans cette formule que je propose ? Il est tellement habité par l'action culturelle, que les décisions, loin de l'embarrasser, l'enivrent presque. Il sent intuitivement celles qui s'imposent par leur qualité, leur légitimité ou leur nécessité. Il sait que le champ culturel est traversé de forces multiples entre lesquelles le ministre doit se frayer une voie. Il imagine dix projets pour en réaliser un. Il ne cesse d'encourager les hommes et femmes de culture à lui adresser des idées et des propositions qui arrivent en masse, porteuses d'espoirs et d'expériences multiples. Il faut ensuite hiérarchiser et choisir, tenir compte des réalités et des personnes.

D'abord agir, c'est agir en permanente concertation avec François Mitterrand. Le tandem est soucieux de poser des actes politiques qui aient un sens. Il faut sans cesse décrypter leurs faits et gestes. Ainsi de cette première visite de François Mitterrand au Centre Pompidou et des contacts entretenus avec Claude Pompidou : « Un de mes collaborateurs, lui écrit Jack Lang, a rencontré récemment Madame Pompidou. Elle se réjouit du changement de politique intervenu. Elle a été touchée par votre visite à Beaubourg et par le petit mot que vous lui avez adressé. Elle est heureuse d'apprendre que le Centre Pompidou bénéficiera d'améliorations dans le cadre du budget 1982. Peut-être serait-il bon que vous puissiez un jour prochain la convier à un déjeuner ou un dîner[36]. »

Ce qui sera fait. Mitterrand est plus proche de Pompidou que de Giscard.

Jack Lang recherche en priorité des projets de forte portée symbolique. Dans le même temps, il met l'accent sur les moyens, car il connaît ses objectifs. À la différence de Pierre Emmanuel qui réfléchissait sur le long terme tout en hésitant devant l'action, il agit et intervient d'abord sur le court et le moyen termes, ce qui lui est d'autant plus aisé qu'il sait où il veut aller. Il est soucieux de mettre en valeur le cheminement des projets, de montrer comment chaque décision en déclenche une autre en vue d'un résultat que l'on peut raisonnablement atteindre. Rien de moins démagogique que l'action culturelle selon Lang. La politique est pour lui l'espace où se rejoignent le symbole et le budget. Je vais passer l'essentiel des mois de juin, juillet et août 1981 à préparer un budget pour l'année 1982 dont le montant sera le double de celui de 1981 : 6 milliards au lieu de 3 milliards de francs. Notre objectif est d'atteindre le fameux 1 % qui n'a rien de rationnel mais est devenu, depuis Jean Vilar, de congrès en colloques, une ligne de mire dans les milieux culturels. Pas de changement sans augmentation notable de la part de la culture dans le budget général de l'État. Depuis que Valéry Giscard d'Estaing était arrivé aux affaires, ce pourcentage avait chuté de 0,60 % à 0,48 %. Il va remonter en un an à 0,75 %. C'est beaucoup, mais ce n'est que la moitié du chemin qui conduit au 1 %.

Pendant des années, le ministère des Finances n'avait guère pris au sérieux les représentants du ministère de la Culture. Certes avec l'arrivée de Jacques Duhamel, le climat avait connu une embellie. Mais il restait convenu, rue de Rivoli, que les « saltimbanques » de la rue de Valois ne méritaient pas les budgets qu'ils demandaient, car cet argent serait gaspillé. Désormais, ils trouvent auprès du ministre deux de leurs collègues, Jacques Sallois et moi-même, la Cour des comptes et le ministère des Finances faisant une sorte de grande famille. Jacques Sallois apporte une expérience de quinze années à la Cour des comptes. Je venais de quitter l'équipe chargée de la construction du Centre Pompidou en ayant respecté scrupuleusement les enveloppes budgétaires qui avaient été allouées. Nous disposions donc d'une autorité reconnue par les fonctionnaires de la rue de Rivoli. Les services de la rue de Valois attendaient de nous d'être mieux défendus que les années précédentes.

Doubler le budget de la Culture ne se fait pas simplement par quelques additions. Derrière les chiffres, il faut des orientations, des projets, des actions. Cela ne s'improvise pas. Nous dûmes investir notre créativité jusque dans les institutions.

Ensuite expliquer

Jack Lang sait aussi qu'un projet, une politique ne réussissent que si les médias s'en font les témoins, les porteurs ou les défenseurs. Qu'est-ce qu'un bon projet ? D'abord une qualité artistique intrinsèque, ensuite des moyens : mais la communication n'est jamais assurée. Il met tout son talent à convaincre la presse de changer d'attitude vis-à-vis de la culture. Sa capacité à réunir ces trois ingrédients est l'une des clés de son succès. S'il multiplie les initiatives, c'est par goût spontané pour l'abondance, mais aussi pour apporter sans cesse des informations nouvelles à des médias toujours avides. *Le Monde*, par exemple, tout bien informé qu'il soit en général, ne consacrait chaque jour, en 1981, qu'une demi-page à la culture jusqu'alors principalement réservée à des critiques d'événements artistiques : expositions, théâtre, musique. Elles vont s'ouvrir à d'autres disciplines, celles-là mêmes initialement considérées comme illégitimes : la mode, les variétés, la photographie, le design, la BD. Du fait de la décentralisation, elles s'élargissent à l'ensemble du territoire, alors qu'elles ne s'intéressaient guère jusqu'ici qu'à Paris. Enfin, elles vont quitter le seul domaine artistique et littéraire pour aborder la politique culturelle dans toute sa diversité : économie de la culture, débats sur la création, pratiques culturelles, formations artistiques.

Si, quinze ans plus tard, ce journal lui consacre quotidiennement deux pages, voire plus, cela n'est pas sans rapport avec l'obstination de Jack Lang. Il en va ainsi de la plupart des autres quotidiens nationaux. Ceux qui l'accusent parfois de « médiamania » négligent ce résultat. La radio et la télévision elles-mêmes, qui au début des années quatre-vingt n'avaient cure des informations culturelles, leur consacrent désormais beaucoup plus de place. Ses prédécesseurs se plaignaient de la portion congrue à laquelle était réduite l'information culturelle, Jack Lang donne aux journalistes du grain à moudre. Sans doute est-il le premier ministre de la Culture qui ait traité ainsi avec respect les professionnels de l'information. Que les projets soient issus de son initiative ou qu'ils aient simplement reçu son appui, le ministre devient une sorte de porte-voix dont les professionnels de la culture avaient le plus grand besoin.

C'est le signe que le « cinquième pouvoir » est reconnu par « le quatrième ».

Mitterrand et Lang envoient très vite des messages en direction des médias de manière à montrer que l'attitude du pouvoir vis-à-vis de la culture a changé. Alors que Giscard commence son septennat par l'inauguration d'une exposition sur le siècle de Louis XV, Mitterrand rend visite à la mi-juin au Centre Pompidou. Début juillet, il est le premier président de la République à venir au Festival d'Avignon, signaux vite captés et bien compris du milieu culturel et des médias.

Jack Lang recherche des projets étonnants qui puissent imprimer une marque du passage de la gauche dans la politique culturelle. Comme Malraux, il veut laisser une cicatrice sur la terre, mais il s'en donne les moyens. Il veut créer l'irréversible. Il sait bénéficier historiquement de circonstances exceptionnellement favorables. L'homme est pressé et, en même temps, convaincu que la gauche est au pouvoir pour longtemps. Il ne cesse de l'affirmer face au doute de ses interlocuteurs. Cette conviction, répétée en public, est aussi une manière de communiquer. Les événements lui donneront raison. En même temps, il jette les bases du budget, ce qui assoit la crédibilité de son discours.

4. L'EFFORT BUDGÉTAIRE : LA MARCHE VERS LE 1 %

Depuis vingt ans les ministres successifs de la Culture s'étaient accoutumés à ce que l'intendance ne suive pas. Avec Jack Lang, l'intendance précède. La décision de doubler le budget de la Culture intervient en effet en juillet 1981, alors que les orientations des politiques suivies dans les différents secteurs du ministère ne sont pas encore définitivement arrêtées.

Jack Lang a clairement tranché : pas de culture sans moyens, mais pas de crédibilité sans modération dans la dépense.

Le doublement du budget de la Culture

Doubler le budget de la Culture n'allait pas de soi. Guy Vidal, alors directeur du Budget, me confie : « Je crois que dans l'histoire de la République jamais ministère n'a bénéficié d'un accroissement aussi important de crédits dans un laps de temps aussi court. »

Ce qui est devenu l'un des grands acquis du socialisme gouvernemental en France a été pourtant âprement discuté au sein du gouvernement. Laurent Fabius[37] accompagne avec bienveillance la recherche de cet objectif. Sans doute, aurait-il préféré, comme ses services, un accroissement plus modeste. La culture était encore considérée comme une affaire de privilégiés et n'avait pas les suffrages de tous les socialistes. Pourtant, dès le Front populaire, elle avait été une priorité gouvernementale et nous nous en prévalions. Nous n'étions rue de Valois que depuis six semaines et il fallait déjà présenter nos propositions au ministère du Budget. Certains auraient préféré que nous ayions la prudence de bien définir nos orientations avant de présenter nos demandes, quitte à attendre un an de plus. D'autres, comme le nouveau ministre et son entourage, pensaient au contraire qu'il convenait d'obtenir immédiatement un changement significatif qui permette d'afficher la nouvelle volonté politique.

À la demande de triplement qui était notre base initiale afin d'approcher le fameux 1 % du budget de l'État, nous nous heurtons à une opposition interne et externe.

Les sceptiques et les puristes se coalisent contre notre volonté. Les premiers ne se sentent pas en mesure d'élaborer en quelques semaines des demandes budgétaires correspondant à de nouvelles orientations politiques d'un tel montant. Recevant les directeurs du ministère, qui me présentent des mesures nouvelles de l'ordre de 15 % d'augmentation, je dois les inviter à les remettre sur le chantier dans le sens d'un doublement ou d'un triplement en prenant en compte les nouvelles orientations du ministre. Ahurissement et incrédulité me répondent. Les fonctionnaires du ministère, peu habitués à ce langage, s'empressent de refaire leur copie. Il en ira ainsi plusieurs fois, jusqu'à ce que nous arrivions à des demandes cohérentes avec nos objectifs politiques.

Mais nous nous heurtons aussi aux puristes qui considèrent que nous n'avons pas le droit de présenter de telles propositions tant que les commissions consultatives sectorielles (livre, arts plastiques, théâtre, cinéma, etc.) n'ont pas remis leurs propositions. C'est, là aussi, prendre le risque d'un retard d'un an. Le ministre décide de conduire simultanément la préparation du budget et les consultations d'experts. Ainsi, il n'attend pas les conclusions du rapport de Bernard Pingaud sur la politique du livre qui arrivent à la fin de l'année 1981 pour lancer, dès juin 1981, le projet de loi sur le prix unique du livre. De même, tout en prenant soin d'informer les membres de la commission Troche[38], je ne peux attendre ses conclusions pour arrêter le projet de budget des arts plastiques. À la tête de sa « commission de réflexion sur les arts plastiques », Michel Troche s'engage en effet dans un travail de plus d'un an, alors que le budget doit être bouclé en trois mois.

À l'extérieur, les résistances ne sont pas moindres. Elles viennent comme toujours, depuis vingt ans, du ministère du Budget qui conteste que la culture soit une fonction normale de l'État. L'arbitrage du président de la République permettra de vaincre ces réticences. Si l'objectif du 1 % n'est pas contesté par le cabinet de Laurent Fabius, il est considéré, me dit-on, comme devant être appliqué pendant le septennat tout entier. Nous prétendons qu'il doit être atteint plus rapidement. Mais il nous faudra bien le septennat…

Au demeurant, ce 1 % mythique peut être entendu dans des sens multiples. Si l'on y intègre les dépenses culturelles d'autres ministères comme les Affaires étrangères, l'Université, l'Éducation nationale ou la Jeunesse et Sports, il a déjà été atteint et même dépassé depuis longtemps. Mais, pour nous, il s'applique au seul ministère de la Culture.

Le budget de la Culture représentait environ 0,50 %[39] du budget de l'État. Jack Lang propose le chiffre de 1 %. François Mitterrand, tel Salomon, adopte une position médiane : 0,75 %, ce qui était un accroissement considérable : la moitié du chemin parcouru en un an pour atteindre le 1 %. Au cours du conseil des ministres consacré à la préparation du budget de 1982, Jack Lang découvre que le ministère du budget a limité son effort à 0,71 %. Pendant la réunion, il fait passer un mot au président de la République pour lui rappeler sa décision de 0,75 %. Il rend son arbitrage à 0,75 %[40]. Cette ultime bataille pour gagner 0,04 % peut paraître dérisoire. Mais en passant de 0,71 % à 0,75 % du budget de l'État, Jack Lang gagnait en trois secondes 320 millions de francs.

Ce qui fait beaucoup par seconde !

Fin août 1981, trois mois après notre arrivée, le budget est bouclé. Jack Lang et son équipe pensaient à cette nouvelle politique depuis des années : nous étions donc prêts.

Le doublement du budget de la Culture peut être apprécié en comparant le budget initial de 1981, conçu par Jean-Philippe Lecat et le budget initial de 1982 élaboré par Jack Lang[41] :

- *Loi de finances initiale (en millions de francs courants) :*

  1981 (budget préparé par Lecat) : 2 977 MF
  1982 (budget préparé par Lang) : 5 994 MF

  Soit un accroissement de 101,3 %. Il y a bien doublement en francs courants.

1983 (en francs courants) : 6 989 MF

Soit un accroissement de 135 % par rapport à 1981 et de 17 % par rapport à 1982.

Le résultat est un peu différent en francs constants, valeur 1985.

• *Loi de finances initiale (en francs constants) :*

1981 (budget préparé par Lecat)	5 497 MF
1982 (budget préparé par Lang)	9 898 MF

Accroissement : + 80,06 %

• *La part du budget du ministère de la Culture dans le budget de l'État, en francs courants donne les résultats suivants :*

1981	0,48 %
1982	0,76 %
1983	0,79 %

• *Le budget exécuté.* On peut aussi évaluer l'effort budgétaire du ministère de la Culture en se référant au budget exécuté, compte tenu des modifications en plus ou en moins qui ont pu intervenir au cours de l'année.

En francs courants

1981	3 216 MF
1982	5 641 MF
1983	6 500 MF

Le budget exécuté en 1981 est supérieur au budget voté de 239 MF qui correspondent au solde du « collectif budgétaire » adopté par le nouveau gouvernement au cours de l'été 1981 et des économies effectuées par l'ancien gouvernement. Par ailleurs le budget exécuté de 1982 est légèrement inférieur à celui qui a été voté : 5 641 MF contre 5 994 MF, du fait de réductions ou de crédits non consommés pour 353 MF. Un écart semblable se retrouve en 1983 : 6 989 MF votés et 6 500 exécutés, soit une « perte » de 489 MF. Il est évident que l'administration n'a pas pu absorber l'intégralité du montant des crédits nouveaux, mais l'écart reste de l'ordre de 5 à 7 % seulement. C'est un grand succès.

• *Dépense budgétaire par habitant, en francs courants et en loi de finances initiale* :

1981	55,11 F
1982	110,32 F
1983	127,90 F

Ainsi, le niveau constaté en 1981, particulièrement bas, va s'accroître fortement.

Au sein du gouvernement la bataille du budget de la Culture ne cessera pas au fil des ans. Elle donnera lieu à de nombreuses notes du ministre au président de la République ou au Premier ministre qui montrent son acharnement : « J'apprends, dit Lang au président de la République, que 25 % de nos crédits d'équipement vont être définitivement annulés. 1. Pourquoi pénaliser la culture et épargner la Défense ? 2. Notre ministère sera asphyxié. Nos crédits seront désormais inférieurs aux crédits de nos prédécesseurs[42] ? »

Il monte au créneau sans jamais se lasser : « Je suis attristé. J'apprends qu'au dernier conseil des ministres, auquel je n'ai pas été convié[43], des annulations de crédits du ministère de la Culture auraient été décidées à hauteur de 80 MF. Une telle décision prise, non seulement sans concertation, mais sans aucune information, serait désastreuse[44]. »

Cela recommence à chaque printemps : « Pardonnez-moi d'abuser de votre patience et d'insister au sujet de la grave injustice qui frappe le ministère de la Culture. Je ne revendique aucun privilège mais le traitement égal aux autres ministères. Oui, pour participer au sacrifice commun. Non, pour être plus sévèrement pénalisé que les autres[45]. »

Cela continue en direction du Premier ministre : « Le plus jeune et le plus brillant Premier ministre de France ne peut pas ne pas accorder une petite place dans son cœur au ministère des créateurs et des jeunes !!. [...] Nous représentons le prix de la construction de 30 kilomètres d'autoroutes urbaines ! À l'échelle du budget de l'État une réduction ou une stagnation de notre budget représenterait un gain financier faible. En revanche le prix politique serait lourd : atteinte au prestige de la gauche ; protestation des artistes — ils ont la voix forte ! Ne les décevons pas ! [...] Dans ton combat personnel, ils seront avec toi et pour toi, si tu deviens leur protecteur et leur ami. Il ne faut pas seulement que tu sois le Premier ministre de l'industrie et de l'économie. Il faut que tu deviennes aussi le Premier ministre des Arts[46]. »

À la séduction peut succéder la véhémence : « Monsieur le Premier ministre, je me permets de vous joindre, sous ce pli, copie d'une lettre que j'adresse à votre directeur de cabinet. Si l'Hôtel Matignon est le siège du veto permanent, je vois mal comment l'imagination peut avoir droit de cité. Je regrette que l'on fasse si peu confiance aux ministres responsables et que tant et tant d'énergie soit consacrée en vain à des disputes administratives[47] [...] [Suit une lettre à Louis Schweitzer] : Monsieur le directeur, Votre pouvoir d'empêchement est décidément sans limite. Ce chipotage sur une affectation différente de 15 millions de francs est attristant. Cette demande n'était pas, au demeurant, la mienne mais celle des parlementaires, choqués par la diminution de 15 % des crédits destinés à la province. De même, je trouve mesquin votre refus persistant de restituer à la bibliothèque nationale les trente emplois qui lui ont été chipés. Je m'abstiendrai désormais de vous demander, à l'avenir, quoi que ce soit[48]. »

Il faut beaucoup d'obstination pour que cette marche vers le 1 % permette d'arracher, année après année, les crédits nécessaires. Il sera plus difficile de passer de 0,85 % à 0,93 % en 1986 que de passer de 0,48 % à 0,75 % en 1982.

La préparation du budget de 1986, année au cours de laquelle auront lieu des élections législatives, est l'occasion pour le ministre de la Culture de redoubler ses offensives, non seulement en qualité de ministre, mais aussi au titre de ses fonctions de Premier secrétaire du *Parti des créateurs* : « Toute diminution des crédits de fonctionnement — et, en particulier, du titre IV qui constitue le cœur même de notre action — susciterait aussitôt la déception et la révolte des artistes et des créateurs dont nous avons gagné la confiance. Nul doute qu'au lieu de signer des pétitions en notre faveur, les artistes ne se retrouvent, six mois avant les élections, sur le pavé, protestant contre notre gouvernement. Ce serait payer très cher politiquement une économie financière relativement modeste. [...] À l'inverse, un léger effort budgétaire permettrait de franchir le cap du 1 %. Le bénéfice politique en serait considérable pour vous-même et pour l'ensemble de la gauche[49]. [Et pour faire bonne mesure, il développe d'autres arguments auprès de Laurent Fabius.] Puisse-t-on ne pas prendre le risque — par des économies aveugles — de mettre en péril cette victoire historique : pour la première fois, les intellectuels et les créateurs se reconnaissent à travers un gouvernement — et c'est le nôtre. Pour notre avenir à tous, n'entachons pas ces quatre années par une régression qui ne nous serait pas pardonnée. C'est le dernier budget de la législature. C'est l'occasion ou jamais d'atteindre le fameux 1 %. Sois le Premier ministre du 1 % pour la culture. Les priorités gouvernementales sont la recherche, la formation, l'industrie. Or le budget de la Culture est tout entier contenu dans ces trois notions[50]. »

Belle illustration de l'étendue des fonctions du « ministre des ministères ».

Laurent Fabius, peut-être au nom de la modernité et de la jeunesse qu'il incarne, va prendre des décisions ouvertement favorables à la création contemporaine. Par exemple, en juin 1985, à l'occasion de la garden party annuelle, il organise à l'intention de ses invités une exposition d'œuvres d'art des Frac dans le jardin de l'Hôtel Matignon ! Du jamais vu ! Initiative de Madame Fabius qui fait beaucoup pour crédibiliser cette jeune institution, ne craignant pas le contraste entre le XVIIIe siècle de l'Hôtel Matignon et les sculptures contemporaines : « Celles qui parsèment les pelouses et les allées n'en auront pas moins choqué nombre de parlementaires. [...] Ici certains députés s'accroupissent parfois pour juger de « paysage sans fin » de Daniel Pontoreau, triangles de terre cuite alignés entre deux miroirs. Là on a entouré de chaises le remarquable « cercle de pierres » de Richard Long pour le préserver de tous ces pieds iconoclastes[51] [...] »

On comprend que le Premier ministre soit ouvert à ses demandes. Tout comme le président : « Cher président, le budget n'est guère brillant et je sais que, sans votre intervention personnelle, nous aurions été découpés en morceaux. Trois points graves subsistent qui réclament une solution particulière : 1. Le refus de création d'emplois est dramatique pour les Musées. Les 130 emplois de gardiens de musées que j'avais demandés ne sont pas accordés. Sans ces 130 malheureux gardiens supplémentaires, de nombreuses salles du Louvre continueront à être fermées. C'est, je crois, une mauvaise action contre le projet du Grand Louvre. [...] 2. Malgré vos instructions, on refuse le réexamen de la carrière des conservateurs. 3. Au nom d'une conception doctrinaire de la décentralisation, on nous impose le transfert massif de crédits au bénéfice du ministère de l'Intérieur. C'est une absurdité[52] [...] »

En octobre 1985, Jack Lang fait le bilan devant l'assemblée nationale de cinq ans de politique culturelle. Il est arrivé ou presque au 1 %. Et il rappelle à François d'Aubert qui le critique que les grands projets donnent de l'élasticité au budget de la Culture : « Le gouvernement prend soin de séparer la mise au point du budget "normal" de la culture et celle du budget "extraordinaire" de la culture. D'ailleurs, poursuit Lang, c'est ce que l'on faisait du temps où l'on construisait le Centre

Beaubourg. On calculait toujours le budget de la Culture en deux parties : hors grands projets et avec grands projets. »

Et Jack Lang s'appuie sur l'accord qu'il enregistre de la part de tous les partis politiques en faveur du 1 % : « [...] puisqu'il y a, semble-t-il, unanimité autour de ce 1 %, ce dont je me réjouis, jamais on ne passera au-dessous. Cela veut dire que 2 milliards de francs, représentant le montant des investissements pour l'an prochain, devront, en tout état de cause, rester dans ce budget, actualisés d'année en année, naturellement... L'essentiel de ces 2 milliards pourra servir à d'autres actions. Pour les responsables de la culture de ces prochaines années, quel champ laissé à l'imagination, quelle marge de libertés pour certaines actions entièrement nouvelles[53] ! »

Lang sait bien qu'il ne peut guère compter sur la sauvegarde de ce trésor qu'il dégage des grands projets. Mais il donne rendez-vous au prochain gouvernement dont il redoute, hélas, qu'il rogne le 1 % et réduise les crédits des grands projets.

Évolution de la structure du budget de la Culture

L'analyse de la structure du budget de la Culture a été faite pour les années 1965, 1973 et 1983[54] qui sont assez représentatives des trois périodes considérées : Malraux cinq ans après son arrivée, Duhamel à mi-course de son mandat, Lang deux ans après sa nomination. On retiendra ici la comparaison entre 1983 et 1973, le milieu des années Lang I et la période Duhamel qui est significative à bien des égards.

Crédits de fonctionnement et d'intervention (en millions de francs)

Secteurs d'intervention	1973		1983		Variations
Archives	22,9	3,32 %	86,2	1,64 %	+ 63,3
Livre et lecture	1,4	0,20 %	973,6	18,55 %	+ 972,2
Monuments historiques	98,6	14,29 %	325,4	6,21 %	+ 290,1
Musées	50,8	7,36 %	515,9	9,84 %	+ 465,1
Arts plastiques	102,4	14,83 %	249,1	4,75 %	+ 146,7
Théâtre	110,7	16,04 %	806,6	15,37 %	+ 695,9
Musique et danse	142,8	20,67 %	929,7	17,72 %	+ 786,9
Cinéma	4,9	0,71 %	205,4	3,91 %	+ 200,5
Beaubourg	5,7	0,83 %	259,4	4,94 %	+ 253,7
Développement culturel	14,8	2,14 %	545,8	10,40 %	+ 531,0
Architecture	70,2	10,15 %	–	0,00[55]	–
Action de soutien	65,3	9,46 %	349,8	6,67 %	+ 284,5
Total	690,5	100,00 %	5 246,8	100,00 %	+ 4 556,3

Crédits d'investissement (titres V et VI) (en millions de francs d'AP)

Secteurs d'intervention	1973		1983		Variations
Archives	12,6	3,2 %	106,2	2,7	+ 93,6
Livre et lecture			251,6	6,5	+ 251,6
Monuments historiques	157,9	40,3 %	817,9	21,2	+ 660,0
Musées	34,1	8,7 %	1 066,3	27,7	+ 1 032,2
Arts plastiques	27,2	6,9 %	87,9	2,2	+ 60,7
Théâtre	54,4	13,9 %	210,7	5,5	+ 156,3
Musique et danse	26,0	6,6 %	416,1	10,8	+ 390,1
Cinéma	4,0	1,0 %	64,2	1,7	+ 60,2
Beaubourg	–	–	20,7	0,5	+ 20,7
Développement culturel	–	–	112,1	2,9	+ 112,1
Architecture	60,6	15,5 %	386,3	10,0	+ 325,7
Action de soutien	14,9	3,8 %	315,0	8,1	+ 300,1
Total	391,9	100,0 %	3 855,2	100,0 %	+ 3463,3

Ce tableau permet de mesurer les modifications de politique culturelle consécutives à des arbitrages budgétaires séparés par dix années :

• *Le secteur qui augmente le plus, en pourcentage, est celui du livre et de la lecture publique.* Ce constat fait justice des arguments des « anti-Lang » primaires condamnant son action sous prétexte qu'elle ferait une part trop belle au spectaculaire. La lecture publique est en effet le domaine où les interventions du ministère de la Culture sont les moins voyantes, passant systématiquement, sauf la Bibliothèque Nationale, par les communes et les départements qui gèrent les bibliothèques municipales ou les bibliothèques départementales de prêts. Avec 18,55 %, du budget ce secteur est le plus important en masse. À l'époque de Duhamel, sa faiblesse (0,20 %) tient au fait que les bibliothèques relevaient alors de la compétence du ministère de l'Éducation nationale : elles vont être rattachées au ministère de la Culture par Michel Guy.

• *En masse, les deux secteurs qui augmentent le plus sont les musées (+ 1,5 milliard) et les monuments historiques (environ 1 milliard).* La part consacrée au patrimoine (musées, monuments historiques et archives) s'accroît beaucoup : elle reçoit en 1983 1 990 MF de crédits d'investissement au lieu de 204 MF en 1973.

Il est donc mensonger de prétendre que le budget culturel de la gauche a maltraité le patrimoine. Au contraire, jamais il n'a été aussi bien pourvu. La part du patrimoine dans le budget d'investissement est de 51 % en 1983 contre 52 % en 1973, mais avec un montant dix fois supérieur et dans le cadre d'un ministère aux missions très accrues et diversifiées.

• *Les secteurs prioritaires en crédits de fonctionnement et d'intervention sont le théâtre, la musique et la danse :*

Fonctionnement	1973 : 252 MF	1983 : 1 736 MF
Investissement	1973 : 80 MF	1983 : 627 MF

• *Les secteurs qui font le plus de bruit médiatique ne sont pas ceux qui ont les plus gros budgets. Ainsi en va-t-il du cinéma et des arts plastiques.*

• *Le développement culturel apparaît comme un secteur à part entière.* À l'époque de Duhamel, ce domaine, pourtant déclaré prioritaire, était beaucoup moins important. Les actions engagées par la nouvelle Direction du développement culturel (DDC) expliquent l'ancrage à gauche de la politique culturelle.

Il est clair que les arbitrages budgétaires de 1981, s'ils ont bénéficié à tous les secteurs du ministère, ont donné une priorité en pourcentage aux secteurs qui étaient alors les plus pauvres, ceux de la création. Mais ceux du patrimoine ont bénéficié de leur antériorité ce qui, en masse, leur a permis d'obtenir des budgets plus importants et sans commune mesure avec ce qu'ils recevaient depuis des années.

Là encore, la thèse selon laquelle la politique de Jack Lang ne serait que la continuation de celle de ses prédécesseurs est largement démentie par les chiffres : la création a été bien traitée en pourcentage, le patrimoine a largement tiré son épingle du jeu en montants. Les propos sur l'abandon du patrimoine sont donc purement politiciens.

5. LE « MINISTRE DES MINISTÈRES »

Jack Lang se meut avec une parfaite aisance au sein de la machine gouvernementale. Il a ses correspondants dans les postes clés, et ses collaborateurs ont les leurs. Pour être efficace, il vise tout de suite le sommet, le chef d'État lui-même, mais aussi le Premier ministre. En direction du ministère des Finances, il laisse intervenir plus souvent son cabinet. En juillet 1981, aux réunions d'arbitrages budgétaires qui se tiennent rue de Rivoli, Gaston Defferre crée la surprise en accompagnant personnellement les fonctionnaires du ministère de l'Intérieur, ce que l'on avait rarement vu. Jacques Sallois et moi-même, nous nous rendons personnellement dans le bureau du sous-directeur du Budget : il s'agit de montrer que le statut de la culture a changé au sein du nouveau gouvernement et que les bases de la négociation ne sont plus seulement les propositions des services. Elles doivent, dans le contexte de changement profond qui domine, être directement inspirées par les choix politiques du ministre et de son cabinet. Surtout, Jack Lang se rend dans le bureau du directeur du Budget, un peu comme Gaston Defferre dans celui des chefs de bureau de la rue de Rivoli, pour montrer que la politique a changé. Guy Vidal[56] propose d'examiner les fiches techniques qui ont été réservées au niveau des services. Jack Lang l'interrompt aussitôt pour traiter de l'enveloppe globale de son budget : « Il n'y aura de discussion détaillée qu'après arbitrage du budget général de la culture», dit-il. On en restera là avant de reprendre la discussion dans le bureau de Laurent Fabius.

Dramaturgie façon Lang : il envoie des télégrammes (à une époque où le fax n'existait pas) à Pierre Mauroy, Premier ministre, Jacques Delors, ministre des Finances et Laurent Fabius, ministre du Budget, pour leur rappeler les engagements pris sur le 1 %. «Méthode étrange!» lui dit Laurent Fabius. Mais qui tranche précisément par son caractère peu habituel. La discussion du budget de la Culture ne se voulait-elle pas exceptionnelle?

L'action du «ministre des ministères» suppose d'abord une bonne insertion dans l'organisation du travail gouvernemental. À l'Élysée, le correspondant privilégié est le «conseiller culturel» du président. Ce sera d'abord l'écrivain Paul Guimard, puis l'écrivain Régis Debray, puis l'écrivain-économiste-conseiller Érik Arnoult (Orsenna). Ils seront suivis en 1985 par Frédérique Bredin, inspecteur des Finances qui a été membre du cabinet de la culture, puis l'écrivain-réalisateur Laure Adler, puis Sophie Bouchet du Conseil d'État. Le dernier conseiller culturel du président sera Bernard Latarjet, qui vient du cabinet de Jack Lang. La culture, c'est l'écriture!

Au cabinet du Premier ministre, les conseillers culturels sont d'abord Jérôme Clément à qui succède, auprès de Laurent Fabius, Bernard Faivre d'Arcier, tous deux issus du ministère de la Culture. En 1988 on y retrouve auprès de Michel Rocard, André Larquié, ancien conseiller de Jack Lang et Sylvie Hubac, avant qu'elle ne devienne elle-même, plus tard, directeur du cabinet (culture) de Jack Lang (1992-1993), puis enfin Dominique Meyer auprès de Pierre Bérégovoy.

Nombre des conseillers culturels de l'Élysée ou de Matignon sont, on le voit, proches de Jack Lang ou de son entourage, ce qui facilite la prise de décisions. La machine politico-administrative sera toujours bien huilée.

Les multiples notes de Jack Lang à François Mitterrand font l'objet de réponses variées : parfois, rarement, de la main du président lui-même, souvent de celle du conseiller culturel. Ainsi, à titre d'exemple, la note d'Erik Arnoult du 23 décembre 1983[57] : «Cher Jack, voici les réponses à tes dernières notes :

1. En ce qui concerne les statues du Louvre, le président souhaiterait que tu lui proposes une liste de grands hommes depuis 1840.

2. En ce qui concerne ton projet d'inviter des chefs de gouvernement européens à l'Opéra le jeudi 26 janvier pour *L'Enlèvement au sérail*, le président «n'est pas très chaud».

3. Le président souhaiterait que l'on confie à Émile Aillaud une belle construction (je vais voir de mon côté avec le ministère de l'urbanisme et du logement).

4. J'ai écrit à Savary[58] pour lui rappeler sa lenteur à propos du Conseil de direction du palais de Chaillot. Il prétend que la balle est dans ton camp. Il souhaiterait une discussion avec toi sur ce point.

5. Le président accepte d'assister à la projection du film d'Ettore Scola, *Le Bal*.

6. Il est d'accord avec ton choix pour l'inauguration de la salle de musique populaire[59] de La Villette le 12 janvier[60].

7. Il refuse ta «troisième vague de statues». Il t'en parlera directement.

8. Le président ne souhaite pas intervenir directement au sujet des conservateurs de musées.

9. Il a donné son accord pour que j'organise un déjeuner de peintres et de sculpteurs avec lui en janvier. Les participants, choisis avec Claude Mollard, seraient les suivants : Anne et Patrick Poirier, Henri et Marinette Cueco, Hantaï, Arroyo, François Rouan.

À bientôt, Érik Arnoult. »

Ainsi se tisse, au fil des jours et des notes, la politique culturelle du président de la République et de son ministre de la Culture, une politique qui s'investit dans les différents domaines qui relèvent du « ministre des ministères », même s'ils ne sont officiellement pas de sa compétence. On peut en prendre un certain nombre d'exemples[61], en distinguant, d'une part, les ministères qui sont intrinsèquement liés à la culture, ou qui ont une parenté avec la politique culturelle : Éducation nationale, politique de la ville, audiovisuel, « les partenaires parents » et, d'autre part, d'autres ministères, plus techniques, avec lesquels des actions communes sont tissées *ex nihilo* : Défense, Santé, Justice, Transports, Agriculture, « les partenaires amis ».

Les partenaires « parents »

L'un des terrains d'action du « ministre des ministères » est évidemment l'*Éducation nationale* dont la Culture est issue. L'occasion en est le projet de loi sur l'éducation artistique qui tarde. Jack Lang écrit au président : « Un seul ministère résiste à l'indispensable coopération interministérielle en matière d'art et de culture : l'Éducation nationale.

« Le mammouth [sic[62]] est momifié par la glaciation administrative !

« À l'école se sèment ou ne se sèment pas les bonnes idées et s'éduquent le goût et la sensibilité.

« La loi sur l'éducation artistique — que vous aviez évoquée au cours de la campagne présidentielle — est une *nécessité absolue*. Une lettre de vous au ministre de l'Éducation nationale et au ministre de la Culture serait une invitation à agir. Je me permets de vous joindre sous ce pli un projet. »

Malheureusement, malgré les efforts de la DDC, malgré ceux des directions des arts plastiques et de la musique, le projet de loi se muera en une simple convention entre les deux départements ministériels. Ce sera un progrès, mais encore éloigné de l'ambition annoncée.

Comme pour le 1 % budgétaire, la réforme des enseignements artistiques va devoir compter avec le temps.

Septembre 1981, c'est la tentative de création au sein de l'Institut de France, placé sous la tutelle du ministre de l'Éducation nationale, d'une cinquième académie, qui doit être l'académie des pays d'expression française ou des pays d'expression latine mais qui ne verra pas le jour. Depuis Malraux, la Casa Vélasquez, les bibliothèques universitaires et les musées scientifiques restent liés à l'Éducation nationale. Jack Lang n'en demande pas le rattachement, craignant que les besoins de financement de ces institutions ne viennent surcharger le budget encore modeste de la Culture. Cela ne l'empêche pas, le moment venu, de dire ce qu'il en pense. Mais réformer l'Institut, qui a survécu à la révolution française, est hors de portée.

Il ne peut pas se désintéresser des musées scientifiques restés rue de Grenelle : le conservatoire des arts et métiers, le musée de l'Homme, le Museum d'histoire naturelle avec la grande galerie et le zoo. Soucieux de remédier à la grande misère de ces musées, il obtient de Jean-Pierre Chevènement[63] en 1985 de dégager les premiers crédits permettant le lancement des études de réhabilitation.

L'Éducation nationale c'est aussi la place faite à l'histoire de l'art. Jack Lang demande à André Chastel un rapport, remis en 1983, sur la création d'un Institut d'histoire de l'art qui commence par un constat sévère : « Inorganisation, inconfort, absence de résonance dans le pays, estime faible de la part des savants étrangers. S'il s'agit d'une discipline d'avenir, tout est à redresser[64]. »

Ainsi est confirmée la sagesse populaire : dans les familles, c'est avec les plus proches que les relations sont parfois les plus difficiles !

La politique de la Ville n'est pas encore au point sous le premier septennat. Elle porte alors le nom de « politique des quartiers », mais relève surtout du ministère de l'équipement et du logement, responsable de l'urbanisme et de l'architecture.

Très rapidement, avec la commission nationale pour le Développement social des quartiers, Jack Lang assure une concertation à une époque où il n'existe pas encore de ministère de la Ville. Le ministère intervient notamment par la création d'ateliers d'art dramatique, musical ou plastique, le lancement d'actions d'art public, la mise en application d'un programme de lutte contre l'illettrisme. La DDC[65] et d'autres services du ministère conjuguent leurs efforts avec la politique menée en direction des quartiers défavorisés. Cela reste encore marginal, même si le ministère est l'un des premiers à être conscient de cette nécessité.

Les partenaires « amis »

Le ministère de la Défense qui a en charge de nombreux jeunes du contingent constitue un partenaire de choix. Le 24 mai 1983, est signé le protocole ministère de la Défense-ministère de la Culture. Les deux ministres décident de mieux mettre en valeur le patrimoine militaire, aussi riche que multiple : Val-de-Grâce, château de Vincennes, château de Brest, citadelles d'Arras, de Lille, de Port-Louis près de Lorient, de Bonifacio, Invalides, École militaire, etc. Tous ces monuments seront désormais mieux ouverts à tous les Français. En outre, une collaboration est organisée avec le chœur de l'armée et des actions contre l'illettrisme sont engagées. Enfin, La Défense, ce sont les défilés du 14 juillet : Christian Dupavillon y imprime sa marque immédiatement en installant la tribune officielle, place de la Concorde, face à l'arc de Triomphe. En attendant la 14 juillet 1989. L'armée est ainsi conçue comme un lieu d'affirmation de la citoyenneté et de promotion de la culture de la nation.

Le ministère de la Santé avait déjà été approché par la Culture au titre du FIC. Le protocole Santé-Culture vise à reconnaître la dimension culturelle des problèmes de santé. « Notre action dans le domaine de la santé, déclare Jack Lang, n'est pas isolée. Elle s'inscrit dans une action d'ensemble que nous avons appelée le "développement culturel" et qui à nos yeux doit transformer la société. [...] Dès 1981, nous avions décidé de permettre aux aveugles, en particulier aux jeunes aveugles, d'accéder à la connaissance des formes artistiques. [...] D'un côté, il s'agit de voir dans quelle mesure l'activité culturelle, l'activité créatrice, peuvent contribuer à la guérison et on notera en particulier de ce point de vue les conclusions du rapport "Musique et perspectives de soins". D'un autre côté, il s'agit de mieux identifier le concept même de maladie, de voir les limites d'une action médicale et de mieux saisir les relations qu'entretient notre société avec son propre système de santé. La culture, au sens le plus large du terme, la culture même de nos concitoyens apparaît alors comme un moyen de réduire le champ de la maladie[66]. »

Le programme « Handicap et Culture » lancé par le FIC en 1982 a permis de favoriser l'accès à la culture de personnes en difficulté du fait de la maladie, de l'âge ou d'un handicap physique ou mental.

J'organise moi-même, avec le concours efficace de Jeanne Gatard, des expositions itinérantes assorties de catalogues qui circulent dans les hôpitaux. Ces interventions vont de pair avec des travaux d'artistes et de scientifiques qui montrent l'influence des formes et des couleurs sur le comportement des malades.

Le ministère de la Justice, comme celui de la Santé, gère d'une certaine manière une population marginalisée, les détenus, pour qui l'activité culturelle peut être à la fois source de réconfort et moyen de retour à la citoyenneté. Jack Lang est le premier ministre de la Culture à rendre visite à une prison. Il est choqué par le délabrement culturel qu'il y constate. Il y retournera à l'occasion de la Fête de la musique : moyen d'aider les jeunes délinquants à sortir de leur isolement. En 1983, sous l'impulsion de Jean-Pierre Colin, des actions sont engagées : « Peu à peu, les activités artistiques et culturelles trouvent droit de cité partout où elles sont matériellement possibles. C'est loin d'être toujours vrai, les prisons vétustes n'ayant pratiquement aucun espace disponible pour quoi que ce soit et devant se contenter d'une bibliothèque et de postes de télévision ou de magnétoscopes. Aujourd'hui, néanmoins, l'initiation à l'animation culturelle figure dans les programmes de formation du personnel de direction et des stages commencent à être proposés au personnel de surveillance[67]. »

Un protocole est signé entre les deux ministères de la Justice et la culture en janvier 1986. Un autre lui succédera le 15 janvier 1990. Parmi les projets retenus, avec l'aide du FIC : « conception et fabrication d'une revue culturelle à Loos, Melun, Fleury-Mérogis, tournage de films à la maison d'arrêt de Saint-Paul à Lyon, à partir de scénarios écrits par les détenus… ». La direction du Livre conduit un important travail de constitution de bibliothèques pénitentiaires. Une exposition du Fonds national d'art contemporain (FNAC) est organisée dans la maison d'arrêt de Melun. Cet accord vient donner un cadre à toute une série d'actions engagées depuis des années : la direction du livre facilite l'accès des bibliothèques à la population carcérale. La direction de la Musique permet à Nicolas Frize, par exemple, de travailler plusieurs mois à Fleury-Mérogis avec cinquante détenus à une création musicale. Dans la même maison d'arrêt, Armand Gatti organisera, à l'occasion du Bicentenaire de la Révolution, la mise en scène d'un spectacle avec des détenus. De nombreuses actions culturelles débouchant sur des opérations de réinsertion sont ainsi de plus en plus organisées dans le milieu carcéral.

L'association « Culture et Prison » favorise l'équipement en matériel audiovisuel d'une cinquantaine d'établissements pénitentiaires.

Le ministère des Transports et les grandes entreprises publiques que sont la SNCF ou la RATP s'intéressent à une population considérable qui, pendant les temps de trajet, peut bénéficier utilement d'informations culturelles. Une politique d'animation culturelle des lieux de transit est amorcée. Une centaine de manifestations sont lancées en 1983 dans les gares. Les réseaux autoroutiers eux-mêmes sont pris en compte dans cette politique. La commande publique de sculptures va prendre pour objet, à Paris, le traitement esthétique des abords des gares, voire les gares elles-mêmes. On tentera également d'implanter sur les aires d'autoroute des œuvres constitutives du projet de « musée à ciel ouvert » présenté par Gérard Fromanger.

« Clients » du *ministère de l'Agriculture*, les agriculteurs sont en position d'exclusion relative au regard des pratiques culturelles et artistiques. Une action correctrice de cette inégalité est entreprise. Le handicap des communes rurales en matière de communication est combattu grâce à l'aide apportée aux structures itinérantes et aux associations d'animation rurale. Les enseignements agricoles prennent en compte des formations artistiques et culturelles. Une « Agence nationale de création rurale » est créée en 1983 pour tisser des liens entre la création plastique et le monde rural. Cette association, dirigée par Daniel Meiller, a perduré jusqu'à nos jours. Elle organise de très intéressantes expositions avec le concours d'artistes et de scientifiques sur des thèmes aussi différents que « Les bovins » ou « Les fruits et légumes », qui constituent des approches singulières et instructives de l'art et de la culture.

L'action culturelle dans le monde rural donne lieu à une intervention à Aurillac, dans laquelle Jack Lang met l'accent sur le patrimoine des savoir-faire agricoles et artisanaux, les aides aux structures d'animation de la vie rurale, l'introduction de ressources audiovisuelles, le rôle des bibliothèques centrales de prêts et des bibliobus, et la coordination des actions du FIC et de la DATAR[68].

Des expériences de cinéma itinérant ou de réhabilitation de salles sont soutenues par l'Agence pour le développement régional du cinéma, placée auprès du CNC.

Le « ministre des ministères » a repris le principe de l'exercice de compétences en dehors de la Culture proprement dite, comme à la grande époque du FIC ou celle des rapprochement de la culture avec la communication ou l'environnement. L'action conventionnelle est plus conviviale et plus consensuelle. Elle élargit sans cesse le champ des interventions culturelles.

À l'Assemblée nationale en 1985, Jack Lang répond à ses détracteurs avec la force qu'autorise la réalité des choses faites : « Des jeunes du contingent aux enfants des prisons, aux hôpitaux, des centres ruraux aux communes de banlieues, divers ministères ont participé à ces interventions, le ministère de la Justice, les Affaires sociales, la Défense, la Santé, les Relations extérieures ou la Jeunesse. Je pourrais citer dix, quinze, vingt, trente exemples de cette coopération sans précédent entre administrations, où les cloisons, les hiérarchies ont été progressivement, heureusement abattues[69]. »

Au cabinet de Jack Lang, les interventions dans les domaines d'action des autres ministères sont suivies attentivement par Jean-Pierre Colin qui s'intéresse aussi bien aux jeunes Beurs des banlieues qu'aux malades, aux militaires du contingent qu'au clergé de l'Église catholique… Le verbe sonore et abondant, le ton gouailleur mais sans ostentation, la tenue volontiers négligée mais sans provocation, ce professeur de droit amoureux de théâtre, sera l'un des *missi dominici* du ministre sur les terres dont on pourrait dire qu'elles sont à évangéliser s'il n'était un laïcard invétéré. Cela ne l'empêche pas de faire bon ménage avec les églises de toutes confessions.

Daniel Populus suit les questions de nouvelles technologies, moi-même j'assure les relations avec les ministères chargés de l'industrie, l'artisanat et l'architecture.

Le ton est donné : Finances, Éducation nationale, politique de la Ville, Communication, Affaires étrangères, Santé, Justice, Transports, Agriculture, Industrie, Recherche et bien d'autres. Le discours du 17 novembre 1981 l'avait annoncé : « La culture n'est pas la propriété d'une administration [...], fut-elle installée rue de Valois. »

L'esprit de l'action culturelle interministérielle, telle qu'elle avait été conçue dans les années Duhamel, est généralisé. Il souffle désormais dans toutes les actions et dans tous les services du ministère. Le « ministre des ministères » favorise l'éclosion de projets par milliers, avec la complicité et la participation de nombreux partenaires. Cette capacité à mobiliser tous les ministères dans des actions culturelles a été l'un des grands changements apportés par les années Lang.

La politique culturelle, c'est l'aptitude à lancer et mener à bien des projets. On va être servi.

12

La culture en mille projets

Si, comme l'explique Catherine Clément, la culture c'est « rêver chacun l'un pour l'autre[1] », c'est aussi transformer ces rêves en réalisations, ce qui est le propre de la logique des projets. L'un des héros de Malraux s'exclame : « Le but de la vie c'est de transformer en conscience une expérience aussi large que possible. » Manière d'annoncer le *Musée imaginaire*, synthèse de toutes les émotions artistiques d'une vie.

Jack Lang pourrait rétorquer : « Transformer en projets une conscience aussi vive que possible ! »

1. L'EXPLOSION DES INITIATIVES

« Gouverner c'est prévoir » dit-on. Pour Lang c'est peut-être encore plus projeter. Rien de tel, à cet effet, que transformer le ministère de la Culture en « machine » à lancer des initiatives et gérer des projets. Les attentes sont si fortes dans les milieux culturels que le ministère doit donner tout de suite des preuves de changement. Il ne peut pas décevoir. Jack Lang commence par des actions ou des annonces symboliques, avant d'engager les « grands projets » dits du « président ».

Il comprend rapidement que l'administration freine et résiste. Et il n'a de cesse d'imaginer des dispositifs, des équipes, des missions, lui permettant de ne pas céder à l'impuissance.

Les six premiers mois de la présence de Jack Lang rue de Valois connaissent une telle inflation d'initiatives qu'il est impossible d'en faire un résumé, même succinct. Parmi cette masse d'idées et de projets, force est de faire un choix et de retenir ceux qui ont la portée la plus générale ou la plus symbolique.

Le prix unique du livre

Dès juillet 1981, le nouveau ministre doit défendre le projet de loi qu'il a déposé devant le Parlement tendant à fixer un prix unique pour le livre. Au cabinet, Francis Beck monte au front. Passionné de lecture publique, il ne sera pas pour rien plus tard dans le lancement de la bibliothèque nationale de France. D'un passé gauchiste, il conserve encore le jean et le col ouvert qui contrastent avec les dorures du salon Jérôme. Plus tard, il réduira la longueur de ses cheveux au fur et à mesure qu'il prendra du grade, d'abord comme directeur du cabinet de Jack Lang en 1988, puis comme préfet, enfin comme président de l'INA.

Jack Lang défend la loi devant le Sénat, ce qui est sa première intervention parlementaire : « C'est la première fois dans mon existence, déclare-t-il, que je me présente devant une assemblée parlementaire[2] [...] » Le président est son confident : « Baptême du feu pour moi devant le Sénat ! J'ai comparu devant les deux commissions des Affaires culturelles et des Affaires économiques. Après avoir réussi à vaincre l'hostilité générale au projet, j'ai bon espoir pour son adoption par le Sénat lui-même. Plusieurs RPR et UDF sont prêts à se rallier[3]. »

Cela vibre comme un communiqué du général de l'armée d'Italie aux membres du directoire ! Il plaît. Il est adopté par le Sénat. Plus tard, à l'occasion du vote du budget, à la fin de l'année 1981, les sénateurs applaudissent l'artiste, à travers le discours de Michel Miroudot : « Nul doute qu'il n'ait fallu une conjonction extraordinaire de causes qu'on peut identifier. Au premier rang, je vois le goût du Chef de l'État pour les Lettres et les Arts, (il vient encore de nous en administrer la preuve en proposant une retentissante exemption fiscale)[4].

Il a fallu aussi que le ministre du Budget se laisse convaincre. Je n'en dis pas plus.

J'aurais garde enfin d'oublier le ministre de la Culture. Je m'assure que le mérite principal du changement — le mot est de mise — lui en revient ; c'est bien le moins qu'on le proclame.

L'occasion est trop belle et je devrais emprunter aux pompes traditionnelles pour célébrer Monsieur Lang sur tous les tons ; il souffrira cependant que je limite les bouquets.

Je me bornerai à louer un seul de ses hauts faits, où je reconnais l'homme de métier. Monsieur Lang a décidé d'en finir avec quelque chose d'insupportable : "la clochardisation de la culture"[5]. »

En attendant, il lui faut faire voter cette loi[6] qui vise à préserver la création littéraire et à sauver les librairies qui la défendent par l'instauration du prix unique du livre. Depuis 1974, La Fnac, puis les grandes surfaces avaient pris l'habitude d'effectuer des rabais systématiques de 20 % sur l'achat de livres neufs. Jusqu'en 1979, la vente de livres était régie par le système de prix conseillé par l'éditeur au détaillant qui, en général, le respectait. Cependant, en 1979, la double pression des libraires et des éditeurs conduit à instaurer le système du prix net (arrêté Monory). L'éditeur ne peut plus conseiller un quelconque prix et les libraires bénéficient d'une véritable liberté de gestion. Ce système a pour but d'assainir la concurrence, mais les effets pervers l'emportent rapidement en favorisant de nouveaux comportements d'achat, fatals pour les librairies. Les grandes surfaces ne connaissent plus de limites au bradage des livres qui constitue en fait leur produit d'appel, puisque les livres ne représentent qu'un faible pourcentage de leur chiffre d'affaires. Le principe de la loi est de rétablir l'égalité des prix dans tous les points de vente, de manière à ce que les consommateurs reprennent leurs achats de livres dans les librairies.

Au Sénat, Jack Lang expose le point central du débat selon lui : « Le livre n'est pas un produit comme les autres ; c'est une création de l'esprit, une des plus nobles créations de l'esprit et de l'imaginaire et qui, en tant que telle, ne saurait être soumise sans une protection particulière à l'unique loi du marché. Faire du livre une simple et banale marchandise, c'est oublier la folle aventure d'un homme aux prises avec l'écriture, ce qu'un grand écrivain comme Michel Leiris comparait à l'art de la tauromachie. [...] C'est donc l'avenir de la création littéraire en France qui est en cause[7] [...] »

La loi est votée à l'unanimité le 16 août 1981. Jack Lang est rue de Valois depuis deux mois et demi seulement.

Les effets ne se font pas attendre. Dès 1982, une enquête[8] montre que les librairies françaises, hors grandes surfaces, ont récupéré 5,6 % du chiffre d'affaires du marché du livre tandis que leur chiffre d'affaires a augmenté de 20 % en un an. La Fnac et les grandes surfaces ont perdu 2 % du volume de leurs ventes. Mais les petits libraires restent menacés. 200 librairies réalisent 40 % du commerce du livre au détail. La loi a permis notamment aux librairies traditionnelles de faire peau neuve et de redorer leur blason. Les grandes surfaces ont dû mettre l'accent sur la qualité de leurs présentations. Les partenaires du marché du livre ont été contraints à se rencontrer, ce qui change avec le passé.

La loi du prix unique du livre[9, 10] provoque l'hostilité du président de la Fnac, qui cherche à entraver son application. L'argument principal invoqué contre la loi serait son caractère inflationniste, ce que dénient la majorité des commentateurs comme François Rouet[11] et Bernard Pingaud[12]. Le combat dure un certain nombre de mois et même d'années, avec ses échecs et ses bulletins de victoires : « Une bonne nouvelle : défaite de la Fnac et victoire de Gallimard. Ce matin le tribunal de Paris a décidé de mettre en demeure la Fnac de respecter la loi sur le livre. Ce jugement va dans le même sens que la décision prise vendredi par la Cour de Versailles, de condamner un centre Leclerc pour les mêmes motifs. Le front uni Gouvernement-éditeurs-libraires aura porté ses fruits[13]. »

La guerre se poursuit jusqu'en 1985 sur le terrain européen : « C'est jeudi prochain que sera rendu public le jugement de la Cour de Luxembourg. Voici six mois, la cause était désespérée. Le jugement aurait été à ce moment-là négatif. J'ai pris alors mon bâton de pèlerin : dans chaque pays d'Europe, j'ai porté la bonne parole et j'ai plaidé notre cause auprès des journaux, des professionnels et des leaders d'opinion. Je suis allé jusqu'aux limites qu'impose le respect officiel de l'indépendance des juges internationaux. Cette campagne a, je crois, porté ses fruits. Nous avons remonté la pente. J'ignore encore ce que sera le jugement[14]. »

Trois jours plus tard sort, triomphal, le bulletin de victoire finale : « Objet : prix du Livre (Cour de Luxembourg). Nous avons gagné[15] ! ». Sans autre commentaire. Comme après Arcole ou Rivoli !

L'arrêt de la Cour de justice des communautés européennes apporte deux clarifications : la « loi Lang » en France est compatible avec le libre jeu de la concurrence, ce que contestaient les centres Leclerc, plaignants dans cette affaire. Mais le prix de vente en France des livres provenant d'un autre État de la CEE ne peut être fixé comme le prévoyait la loi par le seul importateur principal et s'imposer ainsi à tous les autres importateurs. Tout importateur est libre de fixer le prix qu'il veut pour les ouvrages importés de l'étranger.

France, terre d'accueil des artistes du monde entier

Jack Lang est le premier homme politique à trouver une solution au problème des « sans papiers » : écrivains et artistes étrangers résidant en France trouvent rapidement la nationalité française ou des cartes de séjour. Très soutenu par Gaston Defferre, alors ministre de l'Intérieur il obtient, par exemple, la naturalisation de Julio Cortazar, de Milan Kundera et de Leonid Pliouchtch. Là aussi, la culture anticipe les questions de la société civile. Combien d'années plus tard éclatera la crise, massive, des « sans papiers » ?

Une manière de témoigner la reconnaissance de la France pour des artistes étrangers est l'organisation de réunions en présence de leurs amis. On s'est gaussé parfois de ces remises de médailles. C'est faire bon marché de rencontres auxquelles artistes et écrivains étrangers accordent plus de prix que les critiques français. Ainsi se succèdent rue de Valois tout ce que le monde compte d'artistes et d'écrivains : de King Vidor à Borges.

Décembre 1981, les Polonais de Paris, intellectuels et artistes émigrés, manifestent contre Jaruzelski qu'ils comparent à Pinochet. Leurs leaders sont en prison. C'est l'épreuve de force entre le gouvernement et Solidarnosc. C'est aussi le premier signe de l'ébranlement possible du communisme. Claude Cheysson, ministre des relations extérieures en 1981, avait eu une parole malheureuse sur les résistants polonais, prétendant que la répression était une affaire intérieure polonaise et que personne ne devait les soutenir. Il s'ensuivit une campagne du *Parti des créateurs* animée par Yves Montand, Michel Foucault, Patrice Chéreau… Il fallait prendre une initiative. Avec l'accord de François Mitterrand, Jack Lang organise une grande manifestation en faveur des Polonais. Et puisqu'on est au pouvoir, autant recourir aux institutions de la République : ce sera l'Opéra de Paris. Il endosse alors les habits de Premier secrétaire du *Parti des créateurs*, consacrant un week-end avec le soutien de Monique, d'André Larquié et de quelques autres à rédiger les adresses de cinq mille enveloppes[16]. Il soutient l'appel de Paris pour la Pologne : « La liberté de tous se joue maintenant en Pologne. La solidarité entière avec Solidarité, avec les forces de progrès qui s'y sont regroupées, avec le mouvement ouvrier polonais, avec les écrivains, les étudiants, les intellectuels qui le soutiennent dans la lutte pour une société pluraliste, et dont nous demandons instamment la libération, c'est la position que nous jugeons indispensable et urgente[17]. »

La notoriété des signataires montre que les intellectuels restent mobilisés et mobilisables. Ce qui diffère de la période récente, c'est qu'ils le font aux côtés du ministre de la Culture. Il invite Wajda à tourner son *Danton* en France. Un César viendra le récompenser.

Il ne cessera pas au cours des années de nouer des relations avec les artistes et intellectuels des pays d'Europe de l'Est, pressentant les mouvements encore cachés qui animent leurs élites, ce qui lui ouvrira de nombreuses portes lorsque ces pays s'émanciperont de la tutelle soviétique.

C'est l'époque où François Mitterrand boycotte les pays d'Europe de l'Est, refusant d'y faire des voyages officiels, à l'exception de la Hongrie qui paraît plus ouverte, puis de Moscou en 1985. Avec Andropov, un début de libéralisation pointe le nez. François Mitterrand n'hésite pas à faire référence, dans un discours au Kremlin, à l'internement d'Andrei Sakharov, ce qui fait un certain bruit.

Pendant trois jours en 1985, la France accueille les Assises mondiales des droits de l'homme. À cette occasion, la place du Trocadéro est rebaptisée « Parvis des droits de l'homme et des libertés » en présence de monseigneur Tutu, de monseigneur Camara, évêque de Récife, de madame Salvador Allende, de nombreux artistes.

Incitations à la création contemporaine

Combatif sur tous les fronts, Jack Lang s'oppose amicalement mais fermement, à l'automne 1981, au projet de Laurent Fabius tendant à assujettir les œuvres d'art contemporain à l'impôt sur la fortune. C'est l'occasion pour lui de se rapprocher du milieu de l'art contemporain. Il écrit en septembre 1981 à François Mitterrand dans ce sens : « Je suis très préoccupé, et Louis Clayeux[18] partage ce sentiment, de l'incidence du projet d'impôt sur la fortune sur les collectionneurs d'œuvres d'art moderne qui ont souvent acquis des œuvres par goût plus que par intérêt financier.

Le nouvel impôt va les contraindre à vendre une partie de leur collection : c'est tout à fait normal s'agissant d'œuvres anciennes ou dont la valeur est établie, mais cela risque de tarir le marché des œuvres d'art contemporain et de porter un coup aux créateurs français qui, sans marché, ne peuvent espérer vivre de leur travail.

Le marché de l'art est en effet un marché de risques et de création, il faut craindre que son appauvrissement consécutif à l'impôt sur la fortune provoque une évasion à l'étranger des œuvres contemporaines et, ce qui serait encore plus grave, des artistes français vivants. C'est pourquoi je propose que ne soient soumises à cet impôt que les œuvres d'Art dont les auteurs sont décédés depuis trente ans au moins. »

Jack Lang, cette fois-ci dans ses habits de premier secrétaire du *Parti des créateurs*, appelle encore l'attention de François Mitterrand le 26 octobre 1981 :

« En quelques jours un immense mouvement de protestation s'est levé, animé par les artistes, les conservateurs de musées et les collectionneurs les plus modestes. Notre crédit auprès des artistes risque d'être entamé par une mesure dont la rentabilité financière sera nulle. Pourquoi cet entêtement du ministère du Budget ? [...] Demain, un comité interministériel aura lieu à Matignon à ce sujet. Ce sera une réunion décisive. Il serait heureux que vous interveniez dès aujourd'hui auprès du Premier ministre et du ministre du Budget. Je me permets de vous joindre sous ce pli nos propositions. Vous seul pouvez aujourd'hui mettre un terme à l'inquiétude qui traverse le milieu artistique[19]. »

Jack Lang obtient gain de cause de justesse grâce à l'appui du président. Il est critiqué par certains membres du parti socialiste pour l'adoption de cette position parfois considérée, un peu rapidement, comme un cadeau aux riches et aux capitalistes et qu'il est de bon ton, à gauche, de vouloir périodiquement remettre en cause.

La victoire de Lang, succédant à celle de la loi sur le prix unique du livre, puis à celle du budget, affermit son autorité : désormais le milieu de l'art, qui attendait des actes, sait qu'il pourra s'appuyer à l'avenir sur « son » ministre.

Durant l'été 1981, la préparation du budget de 1982 est l'occasion de créer un certain nombre d'incitations à la création. Ainsi vont naître les FRAC (Fonds régionaux d'art contemporain), le FIACRE (Fonds d'incitation à la création) pour lesquels on reprendra le modèle du FIC[20].

Pendant qu'on lance le projet d'art public « 13 murs peints » dans treize villes de France, on met en place un plan de relance de la tapisserie d'Aubusson (septembre 1981), on lance le projet de Zénith à La Villette, on stimule la facture instrumentale[21], on met en place des milliers d'emplois culturels qui vont permettre au réseau associatif de sortir du marasme dans lequel il se sentait bloqué depuis des années.

L'espace public s'impose alors comme lieu préférentiel de présentation de la création contemporaine. Le ministre apporte son appui à une opération montée par une association, « Art prospect » et la société Avenir Publicité pour lancer la première opération d'affichage d'art sur les panneaux publicitaires. En 1982, ce sont ainsi 130 panneaux qui sont occupés par 130 artistes. En 1983 l'opération est rééditée à Paris et une dizaine de grandes villes de province avec la participation de sept artistes : François Bouillon, Marcus Raetz, Patrick Raynaud, Georges Rousse, Sarkis, Daniel Tremblay, Bill Woodrow, cette fois-ci sur 3 000 panneaux d'affichage !

Jeanne Laurent multiplie les interventions pour tenter d'obtenir du nouveau ministre et du président la suppression de l'Académie des beaux-arts dans laquelle elle voit, non sans raison, une corporation hostile à toute idée de création contemporaine. Elle poursuit sa croisade contre l'esprit académique avec une belle juvénilité. Elle s'attaque aussi au projet de CNAP (Centre national des arts plastiques) craignant que je mette en place un « monstre juridique » qui pourrait servir de refuge à l'esprit académique. Je réussirai à la rassurer sur le projet de CNAP, mais elle sera déçue de voir l'Institut rester hors d'atteinte. La perspective de cette extinction n'aurait pas déplu à plus d'un représentant du milieu artistique. Mais François Mitterrand était plus séduit par la perspective de créer une nouvelle académie[22], et trop attaché à l'histoire pour s'attaquer à une vénérable institution.

La politique des arts plastiques est annoncée par le ministre à Lille, le 20 juin 1982, dans la ville de Pierre Mauroy, Premier ministre, pour bien signifier la place faite à la décentralisation. Nous emmenons avec nous journalistes, critiques et artistes.

Comme l'explique Jack Lang : « l'enfantement a été réalisé grâce à un travail de concertation, je le crois, sans précédent. Même s'il n'est pas parfait, on ne pourra pas nier que depuis un an, jour pour jour, soit collectivement au sein de la commission présidée par Troche, soit sous la forme de rapports individuels multiples [...] nous avons multiplié les rencontres. [...] Le secteur des arts plastiques était sans doute par rapport aux autres le plus sinistré ».

Suit le commentaire des « 72 mesures pour la création artistique[23] ».

Le levier de la commande publique : les arts plastiques

François Mitterrand, très attaché au développement de la commande publique, décide, dès le 30 octobre 1981, qu'une partie des crédits alloués au Mobilier national sera destinée à l'achat de mobilier contemporain, ainsi qu'à l'élaboration de prototypes pour des actions d'édition et de diffusion de meubles contemporains. Il veut de la sorte contribuer au développement du design industriel. Comme Georges Pompidou, il donne l'exemple. Des commandes sont passées à des créateurs pour l'aménagement de ses appartements à l'Élysée. Des artistes comme Garouste et Rivière sont chargés de peindre des plafonds. Philippe Starck, Annie

Tribel, Jean-Michel Wilmotte, Marc Held sont invités à transformer les appartements du premier étage du palais (tout comme Pierre Paulin avait reçu en son temps de Pompidou une commande et en recevra une de Mitterrand qui acquerra son dernier bureau).

Le président de la République souhaite que les grands projets jouent un rôle exemplaire en matière de commande d'œuvres d'art. La commande publique d'architecture qui doit susciter le développement de la création architecturale va en effet de pair avec la commande d'œuvres d'art. Telle est la philosophie du 1 % pour la décoration des édifices publics. Jack Lang sollicite ainsi l'appui du chef de l'État en lui demandant de bien vouloir lui adresser une lettre qui renforce son autorité de « ministre des ministères. » Le chef de l'État lui adresse donc une missive lui permettant d'intervenir auprès de tous les ministres intéressés : « Je vous demande, écrit le chef de l'État au ministre de la Culture, de bien vouloir rappeler à chacun des responsables des grands travaux qu'ils doivent réserver 1 % de leur budget d'investissement à des commandes d'œuvres à des artistes et, en particulier, à des sculpteurs. Je vous saurais gré de bien vouloir me soumettre avant le 14 juillet une liste des artistes proposés pour chacune de ces réalisations[24]. »

Voici Lang officiellement investi d'une mission de « ministre des ministères ». Cela vaudra particulièrement pour les ministères en charge de grands projets. Ainsi, le 1 % appliqué au nouveau siège du ministère des Finances représente la somme importante pour les artistes de 30 millions de francs.

Pendant quelques années, une coordination au sommet est assurée entre la délégation aux Arts plastiques et la direction de l'Architecture qui est placée sous l'autorité du ministre de l'Équipement. Comme Lang, à son niveau, les fonctionnaires responsables vont faire fi des cloisonnements administratifs pour développer des collaborations concrètes. L'équipe de Jean-Pierre Duport (directeur de l'architecture au ministère de l'Équipement) et la mienne se rencontrent ainsi plusieurs fois par an pour s'informer mutuellement, bâtir des collaborations et établir des passerelles entre les deux domaines des arts plastiques et de l'architecture, en particulier en matière d'enseignements.

Les concours auprès des architectes et des artistes suscitent beaucoup d'espoirs mais aussi beaucoup de frustrations car il y a beaucoup de propositions et peu d'élus. Mais l'époque en est comme fécondée, car l'esprit d'émulation qui en résulte favorise l'émergence de nouveaux talents dans les domaines de l'architecture, des arts plastiques et du design, trois champs de la création qui sont, dans les années quatre-vingt, sans doute parmi les plus inventifs.

La relance architecturale

La commande publique va intervenir sur une grande échelle dans l'architecture. Le ministre de la Culture voudrait en généraliser l'emploi. Il suggère ainsi au président de la République, en 1982, d'adresser une lettre aux ministres permettant de dresser une liste d'une centaine de constructions publiques pouvant donner lieu à concours d'architecture[25]. Il réitère sa proposition un an plus tard : « En marge d'une nécessaire politique de l'architecture qui n'a pas encore trouvé son souffle, je vous propose de confier la responsabilité d'une véritable commande d'architecture publique au groupe des quatre assorti d'une équipe permanente très restreinte[26]. »

Les « mousquetaires[27] » des projets présidentiels ont pu ainsi généraliser leurs interventions dans des opérations multiples comme des gares, des hôpitaux, près de soixante-dix projets au total qui firent l'objet d'une exposition au Centre Pompidou.

Ainsi, la commande publique, appliquée à l'architecture sera développée sans que le ministère de la Culture ait la responsabilité politique et budgétaire de l'architecture. À plusieurs reprises, Lang demandera le rattachement non seulement de la direction de l'architecture, mais aussi de celle de l'urbanisme et de la construction. Et il refusera la seule direction de l'architecture, sachant que, manquant de moyens, elle pèsera trop en définitive sur le petit ministère de la Culture[28].

Le patrimoine

Comme la politique d'incitation à la création devient interministérielle, il est logique que la politique du patrimoine s'ouvre à des bâtiments qui relèvent d'autres catégories que les seuls palais et églises : la voici qui s'intéresse à l'industrie, et même aux bâtiments ruraux. Le champ du patrimoine s'ouvre comme celui de la création.

Juin 1981 : en pleine campagne législative, Alain Bombard[29] qui milite de manière originale pour la nouvelle majorité, plante sa tente à Blois. Il alerte Jack Lang de la décision du maire, Pierre Sudreau, de démolir les vieilles halles. La première décision du nouveau ministre sera de classer ces bâtiments et d'en empêcher la destruction, ne sachant pas qu'il vient d'accomplir non seulement son premier acte de ministre mais aussi son premier geste de futur maire ! D'autres actions de sauvegarde sont prises coup sur coup : à Aix-en-Provence le bâtiment des Allumettes est sauvé (qui sera par la suite transformé en médiathèque), à Nice le projet de démolition du palais de la Méditerranée est stoppé[30], un peu partout les anciennes usines de tabacs et allumettes sont réutilisées comme à Issy-les-Moulineaux ou Nancy. Les architectes Reichen et Robert qui se sont spécialisés dans la réhabilitation de bâtiments industriels font école. Leur plus grande réussite sera la Grande Halle de La Villette.

Comme dans les autres domaines de la culture, Lang s'attache à une conception large du patrimoine. Les musées scientifiques et techniques, jusqu'ici considérés souvent comme marginaux, acquièrent droit de cité[31]. Cela demandera du temps, car la direction des musées de France reste encore attachée à une conception très « beaux-arts » des musées. Vont désormais entrer dans le patrimoine des usines, des cités ouvrières, des locomotives, bateaux, et avions, instruments scientifiques ou médicaux. L'étude des lieux de mémoire[32] ouvre de nouveaux champs de protection et de mise en valeur.

Jack Lang accorde une priorité au patrimoine modeste, populaire ou rural. Comme les « oubliés de la création », les « oubliés du patrimoine » ont droit à une reconnaissance et à un traitement préférentiel. Dans le budget de 1982, il accroît les crédits permettant de subventionner les travaux entrepris sur le patrimoine rural non protégé. De 1981 à 1986, il double les crédits de recherche archéologique[32 bis]. Avec l'appui de François Mitterrand, il lance une opération d'envergure, de dimension internationale, la mise en valeur du site de l'antique Bibracte sur le mont Beuvray en Bourgogne. C'est là, dit-on, que le président avait envisagé un moment de se faire enterrer…

Le ministre choisit, symboliquement, la ville de Reims pour évoquer la priorité qu'il attache au patrimoine du monde du travail : « Venir à Reims pour témoigner de notre volonté de développer les activités culturelles au sein même des entreprises les plus modernes et vous recevoir, Mesdames, Messieurs, en ce palais du Tau est plus qu'un symbole. […] Le musée du Tau, commence-t-il par dire, est le plus beau musée de la sculpture médiévale qui existe au monde. » Puis il change de registre : « Nous ne sommes pas les premiers, mais c'est la première fois que cette reconnaissance du monde du travail prend sa place aussi clairement et solennellement dans la politique culturelle de l'État. Désormais, l'entreprise est reconnue comme milieu de pratiques culturelles, mais aussi comme un lieu où se forgent les valeurs culturelles originales, nourries par les traditions de lutte, par les apprentissages successifs, par l'entente et la solidarité du groupe uni dans un travail commun[33]. »

Et de citer les initiatives du ministre : subventions aux fédérations de culture ouvrière, sensibilisation des militants syndicaux à l'action culturelle, aide à la réalisation à Nantes d'une exposition sur l'histoire des chantiers navals, aide aux comités d'entreprise pour leurs activités culturelles, notamment dans le domaine de la lecture. Puis de donner en exemple la signature de trois conventions qui viennent d'être signées avec les comités d'établissement des entreprises BSN, Chausson et Arthur-Martin.

C'est dans une autre ville symbolique, Gaillon et son château, qu'il dresse le bilan de trois années de politique en faveur du patrimoine et s'inscrit en faux contre ceux qui fustigent la soi-disante timidité de son action : « Les historiens et les archéologues qui ont étudié Gaillon depuis des dizaines d'années, […] savent que « l'arc de Gaillon » avait été démonté, remonté à l'École des beaux-arts de Paris, préservé donc de la destruction, mais hors de son contexte, et même, à ce que je me suis laissé dire, remonté à l'envers. J'ai envie de dire, sans esprit de polémique, que c'est un peu dans cet état que j'ai trouvé les monuments historiques à mon arrivée rue de Valois, à l'achèvement de l'Année du patrimoine. Quelques très belles façades préservées, rarement expliquées au public, et de très profondes lézardes derrière. »

Et le ministre d'énumérer le renforcement des moyens, l'ouverture des monuments qui étaient fermés au public, les nouveaux circuits de visite, la carte-orange des monuments historiques, les chiffres des budgets, « pour faire un sort, dit-il, à certains commentateurs mal informés — je ne dis pas mal intentionnés — qui présentent parfois l'effort de l'État comme en régression. » Et de conclure en citant la liste des nouveaux monuments classés : « J'ai choisi, délibérément, d'élargir le champ de la protection non par je ne sais quel goût de la provocation, seules les personnes mal intentionnées peuvent penser cela, mais parce qu'il existe tout un patrimoine auquel notre peuple est très attaché, à juste titre, qui est détruit quotidiennement et dont je refuse qu'on découvre trop tard, quand le mal sera fait, combien il a compté dans l'histoire de notre pays[34]. »

Liberté des radios et de la télévision

La libération des radios locales est l'une des grandes réalisations de la gauche en 1981. Que l'on y songe : quelques mois plus tôt, François Mitterrand était inculpé pour avoir créé la radio locale du Parti socialiste ! Encore faut-il que ces radios aient un rôle si possible culturel. Jack Lang fait part de ses craintes au président de la République : « Deux privilèges ont été accordés aux radios privées : l'autorisation d'émettre, le droit de recevoir des ressources publicitaires. En contrepartie, rien ne leur a été demandé, notamment sur le plan artistique. [...] Tous les artistes protestent. Que dire des jeunes dont les oreilles sont totalement submergées par les sons de la musique industrialisée ? Comment ne perdraient-ils pas le goût de la langue française chantée[35] ? »

Avec la télévision, les relations sont simples et compliquées. Bien que Georges Fillioud soit chargé de la tutelle des stations de radio et de télévision et qu'il orchestre leur réforme, ce domaine est d'emblée investi par le « ministre des ministères ». Il est associé en permanence à la gestation de la réforme de la télévision. Il reçoit les membres de la commission présidée par Pierre Moinot. Lorsque les textes de la loi de 1982 sont prêts, il participe aux deux réunions de travail présidées par François Mitterrand avec André Rousselet et Georges Fillioud pour arrêter les dispositions finales.

Des représentants des chaînes de télévision sont invités à participer aux commissions de réflexion mises en place en 1981, Pascale Breugnot par exemple, à la commission Troche. Des déjeuners sont organisés avec les responsables des chaînes pour les inciter à développer la part faite aux informations culturelles. Des contacts privilégiés sont noués avec les responsables des rédactions, comme Yves Mourousi, Nicole Brisse. Jack Lang suit de très près tout ce qui concerne la télévision.

Il intervient en se fondant aussi sur la sauvegarde du cinéma qui risque d'être mis à mal par une concurrence croissante. Or le cinéma relève de sa compétence pleine et entière.

La nomination de Pierre Moinot, comme président de la commission chargée de réfléchir à la réforme de la télévision, donne au ministre de la Culture un moyen de se faire entendre dans cette commission. Ancien collaborateur de Malraux, comme on l'a vu, il est resté proche de la rue de Valois et de ses préoccupations.

Comme en matière de radio, les temps sont à la libéralisation et au pluralisme. La création de la Haute Autorité de la communication audiovisuelle est sans doute l'une des réformes les plus importantes du premier septennat de François Mitterrand. Sa présidente, Michèle Cotta, est officiellement installée dans ses nouvelles fonctions : « Votre installation marque [...] le début d'un âge nouveau de la communication audiovisuelle en France », déclare le chef de l'État. [...] « Les travaux [de la commission présidée par Pierre Moinot] ont été l'objet d'une longue consultation à laquelle ont été associés tous les services publics, toutes les institutions, toutes les organisations syndicales intéressées et qui a entretenu, par-delà les médias, un très large débat public. »

François Mitterrand rappelle les cent cinquante heures de délibération des deux assemblées et conclut : « Jamais en France une réforme de l'audiovisuel — et il n'en a pas manqué — n'a été précédée par une aussi large consultation, ni mûrie par un débat, hors du parlement et en son sein, aussi démocratique, aussi ouvert à la vie de chacun. [...] La Haute Autorité est la clé de voûte du nouvel édifice de l'audiovisuel, le signe le plus visible de la rupture avec le passé. [...] À cette institution le législateur a transféré des pouvoirs dont aucun gouvernement, en France, n'avait jusqu'ici envisagé de se dessaisir. » Il souligne deux impératifs du secteur public : « Le premier c'est le pluralisme enfin restitué dans toutes ses dimensions, un pluralisme des croyances, des familles de pensées, des courants d'opinions, déjà affirmé par les lois antérieures, mais qu'il faut faire plus encore entrer dans la réalité. Mais aussi pluralisme des goûts et des curiosités, pluralisme des cultures, pluralisme des langages. La diversité, la fertilité de notre peuple ont été trop longtemps victimes, je le crois, de contraintes excessives, d'un monopole au demeurant nécessaire, tout comme d'une concurrence parfois inopportune entre les chaînes qui leur assignait de viser toujours le plus grand nombre au mépris de ces différences dont le dialogue doit continuer d'entretenir le sentiment d'identité nationale[36]. »

Le ministre de l'Information ou de la Communication ne sera plus le censeur des journalistes. C'est évidemment une réforme très symbolique. La disparition progressive du monopole de production et de diffusion ouvre une ère nouvelle à l'information. La voie est tracée pour que le ministre de la Culture puisse devenir un jour ministre de la communication dans un contexte qui n'est plus la censure, mais la sauvegarde des programmes nationaux ou européens, la créativité et la coopération intelligente avec le cinéma. Mais Lang n'est pas satisfait de la réforme. Il aurait voulu que les programmes artistiques y fussent plus présents. À défaut, il sera contraint de leur offrir une chaîne thématique, la Sept, ce qui est d'une certaine manière l'aveu d'un échec : la culture obligée de quitter les chaînes généralistes pour s'enfermer dans une chaîne thématique de faible audience.

2. ADAPTER ORSAY, TRANSFORMER LA VILLETTE

En six mois, l'élan a été donné. Le nouveau ministre, encore inconnu du grand public à son arrivée, a fait ses preuves. Après les symboles et les initiatives vient la réalisation des projets. Il y faut plus de temps et plus d'énergie. Mais on n'en manque pas.

Jack Lang trouve, en arrivant deux chantiers lancés par le président Giscard d'Estaing : le musée d'Orsay et la Cité des sciences de La Villette. Pourtant, certains se posent la question d'arrêter ou non ces projets. Les bâtiments de La Villette ne sont pas encore sortis de terre et de nombreux critiques reprochent à Orsay d'être soumis à des vibrations consécutives à la circulation du métro dans ses fondations ce qui pourrait être dangereux pour les peintures. Loin de vouloir les arrêter, comme l'avait fait Giscard vis-à-vis du Centre Pompidou, la position de Mitterrand est d'assurer la continuité de l'État. Le président de la République demande à Jack Lang de poursuivre ces projets et de les revoir, les amplifier, les amender, les enrichir.

Orsay

Le musée d'Orsay qui avait été lancé par Valéry Giscard d'Estaing[37], fait l'objet d'une réorientation. Le gouvernement décide alors de remplacer son président, Jean-Philippe Lachenaud, conseiller à la Cour des comptes[38]. Ancien directeur de l'Architecture, que l'on dit proche de Valéry Giscard d'Estaing, il s'acquitte très bien de la conduite du projet. Jacques Rigaud qui lui succède n'est pas plus « à gauche » que lui, mais il relève de la catégorie de ces hauts fonctionnaires d'expérience dont le nouveau pouvoir s'entoure. On remplace donc un centriste par un autre centriste (mais ce n'est pas la même famille centriste), avec cette tendance à laquelle cèdent plus ou moins tous les nouveaux gouvernements à considérer que les projets conçus par leurs prédécesseurs sont nécessairement mauvais…

Jacques Sallois va convaincre le ministre de compléter le choix de Jacques Rigaud, nouveau président, par la nomination de Madeleine Rébérioux, président délégué, historienne du XIXe siècle, qui reçoit pour mission d'introduire une dimension sociale et technique dans un projet qui se voulait au départ purement artistique. La continuité de la direction est assurée par le solide Jean Jenger qui conserve des fonctions de directeur général. On confirme très vite, le 16 juillet 1981, la mission de l'architecte d'intérieur, Gae Aulenti, choisie en 1980, aux côtés des architectes du bâtiment, l'équipe Pierre Colboc, Jean-Paul Philippon, Renaud Bardon. La poursuite du projet est annoncée le 3 août 1981. Les nominations de Rigaud et Rébérioux sont effectives le 18 août 1981.

« Un certain nombre d'infléchissements sont cependant décidés. Le projet devra être recentré sur la période 1848-1850 à 1905-1914. Il se confirme ainsi qu'on fera, non point le musée du XIXe siècle, mais le musée d'Orsay. […] Le musée devra assurer la présentation des collections d'art de telle sorte que le public puisse rattacher celles-ci aux grands événements historiques de l'époque et à l'environnement socioculturel des œuvres. Dans le climat qui suit les élections de mai 1981, dans l'esprit de changement qui souffle avec force, et alors qu'aucune réflexion préalable n'a été officiellement ouverte avec les conservateurs chargés, au sein de l'établissement public, du programme muséographique, les infléchissements annoncés provoquent, écrit Jean Jenger, un grand désarroi et de vives tensions. […] On prête au gouvernement les pires intentions. Orsay musée des luttes sociales ; Orsay musée de la classe ouvrière ; Orsay où les outils et les locomotives, revenus, côtoieront les œuvres d'art. En fait, la question véritable est simple : Orsay doit-il être un musée d'art ou veut-on transformer le projet en un musée d'histoire ? […] Ainsi que le clamera Jacques Rigaud, nouveau président de l'établissement public, il s'agit « non seulement d'un nouveau musée mais d'un musée nouveau ». Orsay doit être selon lui, un jalon entre le Louvre et le Centre Georges Pompidou, non seulement historiquement mais aussi culturellement. Le musée doit rendre compte de l'environnement historique des collections[39]. »

Au bout du compte, le budget final de la réalisation d'Orsay sera le triple du budget prévisionnel. Le gouvernement de Giscard d'Estaing avait limité le financement à une enveloppe de 360 millions de francs non révisable.

« Vous m'aviez demandé alors, écrit Jack Lang à François Mitterrand, de confier à Jacques Rigaud la mission d'évaluer le coût réel du projet qui s'élève, en réalité, à 1 milliard 80 millions de francs. Le gouvernement de Pierre Mauroy[40] se garda d'engager une polémique sur le "trou" (720 millions de francs) et entreprit de mobiliser rapidement le financement nécessaire à la réalisation du projet[41]. »

Le prix de revient au mètre carré de ce musée est le double de celui du Centre Pompidou. Est-ce le prix à payer en contrepartie de l'attention successive de tant de fées qui se sont penchées sur le berceau du nouveau né ? Ou celui de l'extrême qualité de ses finitions ? N'est-ce pas tout simplement la conséquence d'une annonce trop précoce du budget à un moment où les études n'étaient pas assez avancées ?

Gae Aulenti va hélas s'adonner à un monumentalisme un peu prétentieux, voire massif. La présentation des collections fait une part excessive aux artistes pompiers et semble mettre au second plan les impressionnistes. Ce projet, né sous d'autres auspices, va devenir un projet mitterrandien. Certes, le président de la République a des raisons personnelles de s'y intéresser qui ne sont pas encore publiques et font de ce projet le plus « réservé » des projets relevant du domaine culturel réservé du président. Il se rendra souvent sur le chantier dont il suivra personnellement le déroulement. Mais Orsay reste un projet issu du corps des conservateurs de musée qui vont, sous la férule intelligente de Michel Laclotte et avec les conseils éclairés de Madeleine Rébérioux, disposer d'un espace bien placé et de moyens importants. Les améliorations sont nombreuses : départements photographique et des arts décoratifs, service culturel. Le musée sera inauguré à la fin de 1986 par François Mitterrand, accompagné, en période de cohabitation, de François Léotard, même si Jack Lang n'est pas loin. Après Orsay, Michel Laclotte œuvrera au Grand Louvre dont il sera le premier président-directeur.

La Cité des sciences et de l'industrie de La Villette

Réorientation plus importante à la Cité des sciences et de l'industrie. L'architecte Adrien Fainsilber avait été choisi sur concours. Son projet est complété, à la demande du « groupe des quatre », chargé par le président de la République de piloter les grands projets. Paul Delouvrier reste à la tête de l'établissement public constructeur.

Ce projet relève de la compétence des ministères des universités, de l'industrie et de la recherche. Le « ministre des ministères » va le suivre de très près sans qu'il émarge sur son budget. Ce projet voulu par Giscard d'Estaing est alors très marqué par la logique des spécialistes de la science, sans arriver à rendre assez compte de l'universalité du propos, ni de l'accompagnement du jeune public. La réorientation du musée est précédée par une mission d'étude aux États-Unis et au Canada de Jack Lang, Paul Guimard et Christian Dupavillon à l'automne 1981. Ils visitent les musées comparables de Toronto, San Francisco, Washington. À New York, ils rencontrent l'architecte Peï à qui on envisage déjà de confier une mission à Paris.

Des modifications sont donc apportées au projet : la place des « murs végétaux » dans les façades est améliorée, on implante des logements à la périphérie du parc et la Géode, initialement prévue à l'intérieur du bâtiment, en est sortie : elle sera plus grande et servira même d'emblème au musée.

Le nouveau gouvernement s'efforcera sans cesse d'améliorer son contenu pédagogique qui va devenir, notamment en direction des enfants, une sorte de modèle.

Pour le ministre de la Culture, le musée n'est qu'un élément du projet plus vaste du Parc de La Villette qui doit être entièrement pensé. « Ce projet global, écrit-il, est le symbole même de notre politique culturelle. Le parc de La Villette sera le parc de l'abolition des frontières : la frontière entre la culture scientifique et technique et la culture artistique, la frontière entre l'art et l'industrie, la frontière entre les arts, la frontière entre les secteurs public et privé, lequel participera activement au financement des "folies" et à la vie même de la Grande Halle et du musée, la frontière entre le savoir et la culture des "professionnels" et les pratiques populaires, la frontière entre art majeur (musique symphonique) et art mineur (musique populaire au Zénith). Trop longtemps cloisonnée et hiérarchisée, la société française aspire à une civilisation de la rencontre. En ce sens le Parc de La Villette sera le Parc de la réconciliation des cultures[42]. »

Pour avoir son mot à dire dans l'orientation du Parc, le ministre fait nommer à sa tête François Barré, qui a fait partie de l'équipe du Centre Pompidou, à la direction du CCI, et qui est proche de l'architecte-conseilleur de Jack Lang, Christian Dupavillon.

Le projet de La Villette, c'est aussi le Zénith qui verra le jour dans le parc, « destiné à accueillir des spectacles de pop music et de chanson populaire dont le financement eût été inconcevable il y a dix ou quinze ans[43] ». Là commencent les grands projets du président.

3. LES « GRANDS PROJETS DU PRÉSIDENT »

Avec les grands projets, la politique culturelle entre un peu dans le domaine de l'épopée. On travaille pour l'histoire, on soulève des montagnes, on se mesure aux grandes époques qui ont façonné la France. On étonne les foules et les pays du monde entier. Et on s'étonne soi-même.

En même temps qu'ils reprennent les projets anciens, quitte à y imprimer leur marque personnelle, François Mitterrand et Jack Lang lancent les grands projets. On s'est parfois gaussé des « grands projets du président ». Il est vrai qu'ils expriment une conception traditionnelle de l'exercice du pouvoir, bien dans le fil de l'histoire de France. On n'a pas manqué de se demander ce qu'il y avait de socialiste dans ces « folies » présidentielles. Et passe encore pour un projet — Pompidou, puis Giscard avaient déjà donné le ton — mais combien de grands projets Mitterrand va-t-il lancer ?

On n'a jamais vraiment répondu à ces détracteurs, si ce n'est en leur donnant rendez-vous le jour de l'ouverture pour leur montrer que les publics étaient présents... Pourtant des réponses existent : d'abord, la France a besoin de grandes réalisations pour symboliser des entreprises de forte volonté. Le monumental fait partie de notre histoire, on ne peut en faire l'économie. Les années quatre-vingt peuvent même être considérées avec le recul comme le temps du retour au monumental[44]. Autant les années Giscard exprimaient une volonté d'architecture modeste, autant les années Mitterrand se veulent ambitieuses : un signe parmi d'autres de ce changement d'esprit est la construction de la cathédrale d'Évry, seule cathédrale construite en France au XXe siècle[45]. Le monumental imprime dans l'économie, par sa visibilité, une volonté d'entraînement : les grands projets débouchent aussi sur des créations d'emplois.

Ensuite, ces projets implantés principalement dans la capitale doivent être des exemples à suivre pour les régions, car dans notre vieux pays, les initiatives, surtout si elles sont culturelles, ont besoin d'une impulsion centrale. On reprochera à François Mitterrand et Jack Lang d'avoir ainsi fait la part belle à Paris, tout en s'en défendant. Il est vrai que le plus grand des projets de région soutenu par le ministère de la Culture est celui du musée d'intérêt national de Grenoble, où la part de l'État n'excède pas 150 MF, soit peu de chose en comparaison avec les grands projets qui vont jusqu'à 7 milliards de francs pour la seule bibliothèque nationale de France. Mais les projets en région vont être multipliés jouant plus du nombre que de la masse. La « Mission des grands projets » va ainsi impulser et suivre des dizaines de projets dans toute la France. Les années qui vont de 1981 à 1993 sont les années les plus riches en construction d'équipements culturels dans toutes les régions qu'ait connues le ministère de la Culture. Des centaines de musées ont été rénovés. De nouvelles institutions sont nées, le Carré d'art à Nîmes, le CAPC des entrepôts Lainé à Bordeaux, le Centre national de la bande dessinée à Angoulême, l'École de la photographie à Arles, le Conservatoire national de musique de Lyon, le Conservatoire national de danse de Marseille. On pourrait multiplier les exemples.

Enfin, les grands espaces culturels permettent de toucher un public important et de favoriser la démocratisation des pratiques.

Les trois arguments s'additionnent pour donner une cohérence au projet d'ensemble. Avec les grands projets, la politique culturelle trouve des symboles et des fondements : elle s'affirme comme un instrument pour la découverte de nouveaux espaces culturels.

Sans forcer le trait, cette perspective est quelque peu gaullienne, voulant affirmer avec force l'identité nationale par des actes visibles et forts, comme s'il avait fallu attendre Mitterrand pour que la politique culturelle rattrape les occasions perdues par de Gaulle et Malraux de laisser après eux des gestes architecturaux.

Le ministère de la Culture doit s'ouvrir à l'art de bâtir. Or, depuis que la direction de l'architecture a émigré au ministère de l'équipement, il ne dispose plus de service compétent dans ce domaine. Christian Dupavillon, maître-queux des projets d'architecture au cabinet et jouant de son réseau, va en faire office. Mais aussi l'équipe d'Yves Dauge avec la « Mission des grands projets ». François Mitterrand met en pratique son discours de l'Unesco de 1981 appelant de ses vœux la multiplication sur le territoire de « foyers de création ». L'aménagement culturel du territoire a été la grande affaire de la décennie culturelle Lang-Mitterrand.

Malraux, fondateur du ministère, a créé une administration, Lang, « ministre des ministères », en a fait une machine à construire et à ensemencer le territoire.

Dès le mois de mai 1981, Jack Lang évoque le sujet avec le président : « Foncez, tel est son conseil, ne remettez pas en cause les projets en cours, et proposez-moi une liste de grands projets[46] ».

L'Institut du Monde arabe

Très vite Jack Lang montre à François Mitterrand la maquette du projet d'Institut du monde arabe prévu par l'ancien gouvernement dans le XVe arrondissement de Paris. On lui reproche son manque d'âme. « Si vous voulez changer d'architecte, il vous faut changer de lieu », suggère François Mitterrand.

L'équipe de l'Apur[47] animée par Pierre-Yves Ligen et Jean-Louis Subileau propose le site de l'université de Jussieu. À la demande de Lang, Christian Dupavillon s'empare du projet. Il mène l'opération comme un commando. Il organise un concours à partir d'une liste de douze jeunes architectes. L'incontournable Joseph Belmont préside le jury. Le choix se porte sur le projet de Jean Nouvel et François Seigneur[48]. Les pays arabes qui financent une part importante du bâtiment s'émeuvent et craignent des retards. Jack Lang prend l'engagement qu'il n'en sera rien. Et il obtient une rallonge du budget des Affaires étrangères.

L'Institut du monde arabe sera inauguré pendant la cohabitation ouverte en 1986.

La Villette, chantier exemplaire : la Grande Halle, le Parc, la Cité de la musique

Les choses ne traînent pas. Le 26 mai 1981, trois jours après la constitution du nouveau gouvernement, Jack Lang écrit au président de la République pour lui proposer de lancer un « Beaubourg de la Musique » : « Votre présidence, mieux encore que celle de vos prédécesseurs, doit être marquée par quelques réalisations exemplaires. Vous vous souvenez sans doute du grand projet que vous aviez exposé à l'Unesco au sujet de l'implantation à La Villette d'un "Beaubourg de la Musique".

« Si l'on veut que ce projet aboutisse, il est indispensable que le ministre de la Culture ait la haute main sur l'ensemble de l'opération de La Villette. Or celle-ci relève à ce jour non pas du ministère de la Culture mais de deux autres administrations, les Universités pour la réalisation du musée des Sciences et Techniques, l'Environnement pour la conception des espaces et des jardins.

« Un problème voisin se pose à propos de l'achèvement de l'opération de la Défense. Les choix retenus sont catastrophiques. J'aimerais pouvoir y organiser un concours national ou international[49]. »

François Barré étudie l'ensemble des projets de La Villette, le projet de complexe musical, mais aussi celui du musée des Sciences et Techniques.

Jack Lang estime que ce projet de musée est « trop marqué par un esprit scientiste. C'est manifestement l'œuvre de professeurs de sciences expérimentales. Il faudrait donner à l'ensemble une tournure plus ample, y introduire l'histoire des mouvements sociaux (relations de l'Homme et de la machine et interrogations sur notre devenir) [...] Il serait bon de consulter le premier programmateur de ce musée, Monsieur Maurice Lévy, qui fut écarté. On devrait aussi entendre des hommes comme François Jacob, François Gros et Michel Serres. »

François Barré qui a pris en main l'aménagement du parc de La Villette fait appel aux architectes Reichen et Robert pour la Grande Halle. Les « folies » de

Bernard Tschumi, quadrillage de boîtes rouges qui structureront le parc, sont retenues après concours. Un parc qui va réunir des jardins, des promenades, des sculptures (la *Bicyclette* d'Oldenburg).

Reste à désigner l'architecte de la Cité de la musique. C'est encore l'objet d'un concours. On hésite entre Porzamparc et Sarfati. « Il me semble que le meilleur projet, écrit Jack Lang à François Mitterrand, est finalement le projet de Christian de Porzamparc. Ses lignes générales sont élégantes. Il crée une véritable entrée au Parc de La Villette. Le projet de Sarfati ne manque pas de qualités. Son ordonnancement plus classique est en même temps plus rassurant. Mais cet équilibre est rompu à l'est par l'attente hypothétique d'une deuxième tranche, à ce jour non programmée. Le projet de Porzamparc paraît se composer harmonieusement de part et d'autre de la place de la Fontaine aux lions[50]. »

Le président hésite. Jack Lang multiplie les arguments. « Mon sentiment rejoint l'intuition de Paul Delouvrier et de François Barré. Peut-être pourriez-vous vous accorder une dizaine de jours de réflexion supplémentaire. Vous pourriez aussi rencontrer chacun des architectes pour leur demander des explications complémentaires[51]. »

Ce sera Christian de Porzamparc.

« Le projet de Cité de la musique est celui pour lequel j'ai dû dépenser le plus d'énergie, déclare Jack Lang. Sans cesse, j'ai dû demander l'aide de Pierre Boulez qui n'hésitait pas à écrire au président de la République. Le projet dut être phasé. C'est pourquoi il ne comporte pas actuellement de salle symphonique. Mais elle avait simplement été différée[52]. »

Les hésitations sur l'opéra de la Bastille

La décision de lancer la construction d'un nouvel opéra est prise très rapidement. On hésite cependant entre plusieurs sites avant de choisir celui de la Bastille : lieu symbolique et placé dans l'Est parisien à un moment où le maire de Paris et ses urbanistes ont choisi le développement de la capitale vers l'Est. Le palais Omnisports de Bercy, lancé par le préfet Doublet[53], devenu directeur de cabinet du maire, est la première fondation de ce Paris à l'Est.

Jean-Pierre Angrémy, qui vient de quitter ses fonctions de directeur du théâtre au ministère, est chargé par Jack Lang d'engager les premières études. Il reçoit le concours de Michael Dittmann, scénographe. Il travaille avec Hélène Dano, qui a fait partie de l'équipe de programmation de Beaubourg avant de rejoindre La Villette[54]. Tout cela se passe pendant l'été et l'automne 1981. Le programme du Centre Pompidou s'appelait « livre rouge », celui de l'opéra de la Bastille prend le même nom[55]. Robert Lion débauche Michèle Audon, directeur de l'office public d'HLM d'Avignon et lui demande de créer la mission chargée d'assurer la maîtrise d'ouvrage du projet. Puis, comme il faut un patron de forte stature pour piloter le projet, on fait appel à François Bloch-Lainé[56], qui vient d'achever le « Bilan du septennat[57] » qui lui avait été commandé par François Mitterrand. Maurice Fleuret, devenu directeur de la musique, anime, à partir du début de 1982, un groupe de travail pendant plusieurs mois afin de préciser la nature exacte de l'équipement et de prévoir les conditions de son insertion dans la vie musicale. Pierre Boulez ne cesse de son côté de réclamer une grande salle lyrique moderne à Paris, mais aurait préféré que l'opéra prenne place dans la cité de la musique de La Villette.

François Mitterrand était-il totalement convaincu par ce projet ? Un an après la décision de lancement, le ministre de la Culture fait assaut d'arguments auprès de lui comme pour relancer son intérêt : « La décision de construire à Paris un nouvel opéra, lui écrit Jack Lang, procède d'un double souci : l'enthousiasme d'un public chaque jour plus vaste et l'insuffisance des équipements actuels pour répondre à cette demande appellent en effet la réalisation d'un ensemble permettant de présenter le répertoire des opéras à grands effectifs dans des conditions techniques optimales. Ce nouvel opéra devrait aussi permettre au plus grand nombre d'accéder à un art qui, pour des raisons historiques, sociologiques et aujourd'hui structurelles, est encore l'apanage d'une minorité d'amateurs[58]. »

L'établissement public constructeur, présidé par François Bloch-Lainé puis par Pierre Viot assure la maîtrise d'ouvrage à compter du 5 octobre 1982. Un concours international est organisé. « Nous avons constitué un jury international de très haut niveau, semble s'excuser Jack Lang, nous voulions en effet une architecture de la meilleure qualité[59]. » En juillet 1983, le jury sélectionne cinq projets lauréats, tous désignés par un numéro, le concours devant assurer le plus total secret de la consultation, auxquels s'ajoute le « projet 1 427 », devenu fameux dans son anonymat, pour avoir franchi tous les obstacles de la commission technique, du jury et faire une sorte d'unanimité du jury sans répondre formellement à toutes les conditions du concours, ni d'ailleurs au programme. Les projets pré-sélectionnés sont présentés à l'Élysée. « François Mitterrand et les gens qui étaient là, notamment le “groupe des quatre”, Jack Lang, Robert Lion, Paul Guimard et Roger Quillot, m'ont paru un peu crispés, explique Gérard Charlet, membre de l'équipe de maîtrise d'ouvrage depuis le début. C'était le jour même où le président de la République, juste après cette réunion, devait annoncer lors d'une conférence de presse[60] que l'Exposition universelle ne se ferait pas et en imputer la responsabilité au refus de la mairie de Paris. »

Les projets restent à l'Élysée un certain temps. Roland Castro, dont la gouaille et l'à-propos séduisent le président, a ses « entrées » au palais : architecte lui-même, il défend le « projet 1 427 », même s'il ne répond pas au programme. Chacun y va de son préféré : Sarfati défend le 1427, Simounet le 222, devant un président perplexe. On ouvre les enveloppes rue de Valois le 31 août 1983 : le 1 011 est le projet d'un architecte de Hong Kong, Rocco S. K. Yim, le « 1 427 » a pour auteur une équipe de trois jeunes français, Dan Munteanu, Odile Perreau-Hamburger et Georgescu, le 222 est conçu par un Canadien d'origine uruguayenne, Carlos Ott. Jack Lang préférait le projet de Christian de Porzamparc. Mais lorsqu'il sera éliminé, il se ralliera au projet de Carlos Ott. Christian Dupavillon et d'autres étaient convaincus que le 222 était l'œuvre de Richard Meier ou d'Isozaki Arata, espoir qui s'effondre. Le président de la République hésite face aux projets présentés.

Hésitation d'autant plus compréhensible que la réussite du projet d'opéra suppose l'accord de la ville de Paris qui détient les clés d'un certain nombre d'autorisations administratives. Et comme ces difficultés semblent émousser la volonté présidentielle, Jack Lang continue sa plaidoirie sans relâche : « Tous les spécialistes (de P. Boulez à M. Bogianckino) sont formels : construire un nouvel opéra est une nécessité. Ce nouvel opéra répond aux exigences d'une bonne gestion des fonds public, de l'attente du public et des modalités de la création contemporaine. Déjà, en 1968, Jean Vilar et Pierre Boulez en exprimaient le vœu. Plus de quinze ans se sont écoulés. C'est un temps identique de maturation et de réflexion qui fut nécessaire au XIXe siècle avant que Napoléon III ne décide d'ouvrir un concours qui, à son tour, donna naissance à de multiples polémiques[61]. »

Jack Lang qui connaît parfaitement le goût du président pour l'histoire, utilise cet ultime argument pour tenter de le convaincre de prendre la décision dans un contexte assez conflictuel.

Jacques Chirac est hostile à son principe même. N'a-t-il pas quelques raisons de se méfier de ce nouveau gouvernement qui, en multipliant sur le terrain de la capitale les projets d'architecture, marche sur ses brisées de maire ? Jack Lang propose au président de la République de mettre les choses au point avec lui. « Je peux le voir et lui dire avec franchise que nous n'acceptons pas de nous engager dans un processus de guérilla permanente. S'il n'est pas décidé à favoriser notre tâche, nous renoncerons alors à ce projet et engagerons les hostilités avec la ville de Paris. Benouville[62] pourrait être lui aussi porteur de ce message auprès de Jacques Chirac. »

« Je comprends votre perplexité, lui écrit le ministre de la Culture, lui-même perplexe. Puis-je suggérer que vous entendiez à nouveau, et une dernière fois, les arguments des uns et des autres ? Un petit comité pourrait se réunir autour de vous et comprendrait des architectes et des spécialistes, les uns favorables au projet Ott (l'architecte du musée de Mexico, Ramirez Vasquez ou Simounet), les autres réservés (Belmont, Sarfati), certains partagés et déchirés (P. Boulez ou J. Prouvé). Vous pourriez ensuite définitivement trancher.

« Puis-je vous redire mon avis personnel ? Sans être enthousiasmé par le projet Ott, je crois qu'il est le plus convenable. Il témoigne de maîtrise et de solidité, ce qui contraste semble-t-il avec le manque de maturité du projet chinois. C'est une esquisse, et comme telle, elle est perfectible. On pourrait même exiger que Ott s'associe à un grand architecte, notamment pour les façades. On pourrait penser à Jean Nouvel ou à Peï[63]. »

L'enthousiasme ne règne pas. Pierre-Yves Ligen, directeur de l'Atelier parisien d'urbanisme (APUR) et donc collaborateur de Chirac, soutient les initiatives du ministre de la Culture. Chirac se prononce en définitive pour le projet de Carlos Ott. Mitterrand et Lang aussi : le lauréat sera donc Ott, sans Nouvel, ni Peï. En réalité, ce projet est très fonctionnel à l'intérieur mais trop massif à l'extérieur. L'absence d'un projet incontestable vient sans doute de la difficulté rencontrée par tous les architectes à implanter un bâtiment dans un lieu trop étroit, place de la Bastille[64].

Le but annoncé est de toucher trois fois plus de spectateurs que l'opéra Garnier (300 000), grâce à l'ouverture alors prévue de deux salles. Le chiffre de 986 000 est avancé[65]. Une ère nouvelle s'ouvre en faveur de l'art lyrique à Paris. Dix ans plus tard, cet objectif sera presque atteint.

Le lancement de l'opéra de la Bastille a exigé de fortes doses de négociations avec le maire de Paris. Il est plus aisé de construire hors des murs de Paris. L'Arche de La Défense, implantée en dehors des limites de la capitale, sera le clou de la célébration du Bicentenaire de 1789.

L'Arche de La Défense

Depuis des années, gouvernements et architectes successifs se cassaient les dents sur l'achèvement de la Tête Défense, laissant l'esplanade inachevée. Georges Pompidou avait déjà tenté de trouver un projet. Mais Giscard était arrivé entre temps, et on avait évidemment organisé un nouveau concours.

Jack Lang présente à François Mitterrand les projets sélectionnés lors des concours successivement orchestrés par Pompidou et Giscard. Émile Aillaud, lauréat du concours sous Pompidou, avait imaginé des immeubles-miroirs en demi-cercle pour fermer la perspective tout en reflétant son environnement. C'était la grande idée de Jean Millier, président de l'EPAD. Peï avait déjà présenté un projet pour Paris à cette occasion, une sorte d'Arche renversée. Jack Lang propose au président de la République de demander un projet à Peï : « Impossible, lui rétorque le président, on ne peut revenir sur un concours qui a été jugé. ». Mais François Mitterrand ajoute : « Il faudra trouver une idée pour Pei[66]... »

Robert Lion, qui a quitté le cabinet du Premier ministre, reprend le dossier en sa qualité d'aménageur que lui offrent ses nouvelles fonctions de directeur de la Caisse des dépôts. On organise, là encore, un nouveau concours international. Le projet-lauréat prend la forme de l'Arche qui apporte une réponse à la question cornélienne de savoir comment fermer la perspective qui va du Louvre à La Défense en passant par les Champs Éysées et l'arc de Triomphe, tout en en permettant la poursuite... L'architecte danois Johan Otto Von Spreckelsen remporte ce concours. Son projet est sans doute, avec la Pyramide du Louvre, l'un des plus réussis du septennat[67]. Mais il connaîtra nombre d'avatars. D'abord, la mort de Spreckelsen en cours de travaux oblige à recourir à un autre maître d'œuvre, Paul Andreu, architecte des aéroports de Paris. Puis, ce sera la question du contenu du projet. L'idée d'y implanter un centre dédié aux technologies de la communication est avancée. Elle est confiée pour étude à une équipe qui comprend entre autre des anciens du Centre Pompidou comme François Lombard, pour la programmation et Pierre Thaillardat pour les technologies de la communication. Serge Antoine, homme à tout faire des projets audacieux, en est le concepteur.

Cette idée ne verra pas le jour pour au moins deux raisons. La première vient de ce que, en 1986, le gouvernement Balladur décide de l'abandonner et de lui substituer... les bureaux du ministère de l'Équipement, ce qui ne présentait certes pas la même utilité du point de vue de l'animation et de l'ambition. La seconde tient au caractère quelque peu paradoxal du projet : placé au service des nouvelles techniques de la communication, il tendait à les centraliser dans un même lieu, précisément au moment où la technologie permettait de s'affranchir des distances comme le prouvera l'essor du réseau Internet quelques années plus tard.

Jack Lang lui-même n'était pas convaincu de l'intérêt de ce projet. Il l'exprime à François Mitterrand : « Bien qu'encore fort imprécis, le programme du Carrefour de la communication s'avère fort coûteux en fonctionnement : 200 millions de francs. C'est excessif». Il est inquiet, non sans raisons et l'avenir le confirmera, de la faible hauteur des plafonds : « Elle est inférieure à 2,80 m, ce sera difficilement vivable. Ne serait-il pas souhaitable d'obliger l'architecte à réviser l'organisation intérieure des locaux[68] ? » Et de conclure : « Pour le reste le projet est très beau ».

En effet.

Le Grand Louvre et la bataille de la Pyramide

Malraux avait déjà pensé récupérer la partie du Louvre occupée par le ministère des Finances. Mais c'était alors un projet trop ambitieux qui se heurtait au tout puissant ministre des Finances. Avec Giscard d'Estaing, il ne fallait pas y songer : le Louvre, domaine du ministre des Finances, était un État dans l'État.

L'idée du Grand Louvre est née en juillet 1981. Une note de Jack Lang à François Mitterrand signe le lancement du projet : « Au titre des "grands projets" dont nous pouvons rêver pour Paris, il y aurait une idée forte à mettre en chantier : recréer le Grand Louvre en affectant le bâtiment tout entier aux musées. En retrouvant son unité première, le Louvre deviendrait le plus grand musée du monde. De l'arc de Triomphe à la place des Vosges, une vaste promenade urbaine pourrait être aménagée : débarrassée enfin des centaines de voitures de fonctionnaires qui enlaidissent les abords du Louvre et les cours des hôtels du Marais ! Le ministère des Finances, en vérité mal logé (à l'exception du ministre), devrait déménager ! [...] Seul un acte de souveraineté peut donner corps au dessein ambitieux du Grand Louvre. »

La réponse du président en marge de la note est une promesse d'entreprendre : « Bonne idée, mais difficile (par définition comme toutes les bonnes idées)[69] ». Elle signifie que la balle est maintenant dans les mains du ministre de la Culture. Il va savoir la renvoyer.

La décision est annoncée par François Mitterrand au mois de septembre. Mais le Grand Louvre n'est pas la place de la Bastille. Le président peut-il prendre le risque d'organiser un concours d'architecture dont on n'est jamais sûr du résultat ? Quel architecte incontestable choisir ? Comment procéder ?

Jack Lang et Robert Lion soufflent au président de la République le nom d'Émile Biasini. François Mitterrand est très hésitant. Jack Lang, à force d'insister, finira par le convaincre. Un nouveau gaulliste prend place dans le dispositif.

Pour longtemps !

On décide de créer un établissement public maître d'ouvrage qui sera donc présidé par Émile Biasini dont François Mitterrand appréciera le côté baroudeur. A-t-il eu lui-même l'idée de faire appel à l'architecte Peï, comme il l'indique dans son livre de souvenirs ? « Je me trouvais donc au pied de ce géant (Le Louvre) au printemps 1982. Sans attendre l'appel de Jack Lang, je me suis enquis des conditions de tenir la gageure de rendre l'entreprise irréversible en 1988, achèvement du septennat de François Mitterrand, décidé à assumer le financement de l'opération selon un calendrier inexorable.

« C'est celui-ci qu'il me fallut établir et, d'abord, choisir un architecte. Tout de suite, j'ai pensé à I. M. Peï, dont j'avais vu plusieurs réalisations aux États-Unis...

« Mais je ne pouvais désigner Peï sans l'accord du président, que je voyais peu à ce moment-là (je n'étais pas encore entré dans la ronde). Je dus recourir à nos amis communs : Louis-Gabriel Clayeux, celui qui lui avait suggéré l'idée du Grand Louvre et aussi Paul Guimard et Robert Lion. Tous trois trouvèrent l'idée excellente, et me rapportèrent très vite l'accord immédiat de François Mitterrand[70]. »

Manière particulière de raconter l'histoire, contredite par une note de Jack Lang du 4 décembre 1981 (soit quatre mois plus tôt) au président de la République : « J'ai demandé à Roger Quillot de bien vouloir inviter à venir à Paris l'architecte américain Peï. Il sera dans la capitale entre le 9 et le 12 décembre, peut-être pourriez-vous le recevoir un instant. Une réunion de travail est prévue avec lui, Quillot, Lion, Guimard et moi-même le 10 décembre dans la matinée[71]. »

Et l'on se souvient que Jack Lang l'avait rencontré quelques semaines plus tôt à New York. Émile Biasini a certainement suggéré Peï, mais à des responsables politiques qui avaient déjà fait ce choix. En réalité, il n'a fait que prendre le relais de contacts antérieurs avec l'architecte américain. Ses relations avec Jack Lang sont assez conflictuelles pour expliquer peut-être sa confusion.

Ce sera donc Peï, par le truchement de l'architecte du palais du Louvre (dont il sera officiellement le sous-traitant), ce qui évite le recours à une mise en concurrence. Sollicité au printemps, Peï propose le projet de Pyramide à l'automne[72]. Il s'associe à l'architecte français Michel Macary.

La bataille de la Pyramide va naître d'une indiscrétion commise — par qui ? — sur le projet Peï qui est publié dans *L'Express*. L'information non préparée, arrivait trop tôt. Elle suscita une levée de boucliers. André Fermigier, dans *Le Monde*, montre qu'il est encore capable de commettre des articles assassins.

Le projet est combattu par Michel Guy, que l'on avait connu jadis plus avant-gardiste, en compagnie de trois mousquetaires, Bruno Foucart, Antoine Schnapper et Sébastien Loste[73], l'ancien programmateur du Centre Pompidou, que l'on retrouve ici faisant preuve de son ostracisme fondamental pour la modernité et dont ce sera le dernier fait d'armes. Jack Lang doit aussi surmonter la cabale qui s'organise. Priorité : s'attacher le soutien des professionnels du Louvre. Les conservateurs du musée réunis en séminaire à Arcachon au début de 1984 approuvent largement le projet et mettent au point les grandes lignes de son programme. Ils ont compris qu'il représente pour eux une chance exceptionnelle.

Impossible de construire dans Paris sans provoquer de polémiques, on l'a vu avec Beaubourg. *A fortiori* lorsqu'il s'agit du Louvre. Il est tellement plus simple et confortable de ne rien faire ! Jack Lang s'emploie à déminer le terrain : « Peut-être avez-vous pris connaissance, écrit-il à François Mitterrand[74], de la création par Michel Guy d'une sorte de comité "anti Grand Louvre". Grâce à mon petit réseau d'information, j'ai pu réussir à en limiter la portée. En particulier, j'avais appris que Marguerite Duras, Nathalie Sarraute et Michel Leiris avaient accepté de donner leur appui. J'ai réussi à les convaincre de retirer leur nom. Mais leur hostilité personnelle demeure à l'égard de la Pyramide. [La guerre des comités est lancée.] « Pour couper l'herbe sous le pied aux initiatives de Michel Guy, je me propose de faire créer un Comité national en faveur du Grand Louvre, qui serait présidé par Pierre Boulez. Qu'en pensez-vous ? », demande-t-il au président.

Il ne cesse de montrer la maquette à ses visiteurs réticents, comme Nathalie Sarraute. Cela me rappelle l'époque de la polémique de Beaubourg où nous faisions défiler sur le chantier tout ce que Paris comportait d'hommes politiques, d'écrivains, de journalistes, de PDG et d'artistes. Le ministre de la Culture qui innove doit être un pédagogue et un fin tacticien.

Après la mine Michel Guy, c'est la mine Chirac, qui décidément ne fait rien pour favoriser les grands projets dans la capitale. Jack Lang obtient de Jean Prouvé, qu'il a connu à Nancy, de se faire l'ambassadeur du projet auprès de lui. L'architecte qui a l'avantage d'avoir présidé le jury du Centre Pompidou, dispose de ce fait d'une autorité auprès du maire de Paris : « J'ai rencontré l'architecte Peï, de réputation mondiale. J'ai vu le projet. Quel bonheur ! C'est exceptionnellement beau et d'un fonctionnement savant. La véritable tradition renaît, qui conduit logiquement à l'insertion d'une architecture contemporaine au sommet dans un ensemble historique. Quel espoir ! La même presse, les mêmes hommes qui s'étaient insurgés contre le Centre Pompidou, se déchaînent à nouveau. Vous connaissez[75] ! »

Jean Prouvé tente habilement de raviver ainsi en Jacques Chirac le souvenir du combat de son maître Pompidou pour l'architecture et l'art modernes. Il contribuera sans doute à l'ébranler.

Et Jack Lang de poursuivre la mobilisation pour la Pyramide : « Je poursuis la campagne de contre-offensive. La barre se redresse progressivement au *Monde* [...] Les conservateurs en chef du Louvre ont publié un texte de soutien sans réserve au projet Peï. Le texte a été repris par de nombreux journaux. *Le Matin* et *Libération* sont prêts à faire campagne pour le projet. Les trois principaux hebdomadaires, *Le Point*, le *Nouvel Observateur* et *L'Express* ont publié ou publieront des articles favorables. Dominique Bozo, directeur du Musée d'art moderne au Centre Pompidou, a convaincu Michel Guy de ne pas partir en guerre contre le projet. Boulez et Madame Pompidou soutiendront le projet auprès de Chirac. Seuls deux journaux organiseront des campagnes hostiles : *Le Figaro* et sans doute *France-Soir*[76]. »

Six jours plus tard, c'est le bulletin de victoire : « Notre action de persuasion auprès de Chirac a finalement porté ses fruits. » Même s'il dit ne pas vouloir se prononcer, il affirme dans un communiqué à l'AFP : « sur le plan de l'urbanisme, ce projet de restructuration touche à la perfection. Il s'agit d'un projet de grande qualité[77] ».

Jacques Chirac venait de voir la maquette en présence de Biasini et de l'architecte Peï. Il faudra une préfiguration de la Pyramide dans l'espace, au moyen de quatre fils tendus du sommet d'une grue, simulant les quatre arêtes de la Pyramide, pour que le maire de Paris donne son accord final[78].

Michel Laclotte fera beaucoup, une fois Orsay sur les rails, pour donner corps à ce projet. Comble de l'ironie de l'histoire, le *Figaro Magazine* qui avait mené bataille contre la Pyramide fête ses dix ans... sous la Pyramide avant son ouverture. « La polémique est loin. Vient le temps du consensus[79]. »

En revanche pas de consensus sur l'Exposition universelle qui suscite au contraire le premier accroc important entre François Mitterrand et Jacques Chirac.

Feue, l'Exposition universelle

La bataille de la Pyramide n'était que l'une des péripéties de la guerre opposant Jacques Chirac à toutes les initiatives parisiennes du président de la République. Comme si les deux hommes s'opposaient pour affirmer leur prééminence sur la capitale. L'opposition politique empruntant les voies de la culture.

Une des grandes affaires de l'époque est le projet d'Exposition universelle prévue en 1989. Je m'étais occupé personnellement depuis 1979 d'obtenir que Paris soit le siège d'une exposition universelle, en compagnie de Robert Bordaz et Frank Bauer. Paris n'avait pas eu d'exposition universelle depuis 1900, celle de 1937 n'étant qu'une « exposition internationale » mais pas universelle, nuance très importante dans le monde des expositions[80]. Nous avions créé à cet effet l'association Exposium et nous pensions que c'était une bonne manière de célébrer le Bicentenaire de la révolution française en 1989. Robert Bordaz, président de notre association, avait saisi Valéry Giscard d'Estaing de ce projet. Il ne fut pas intéressé. En juin 1981, je parle du projet à Jack Lang qui en saisit immédiatement le président de la République : « Les organismes internationaux consultés approuvent le principe de l'organisation par la France de la prochaine Exposition universelle. Année proposée : 1988. Je suggère qu'elle soit dédiée à la liberté et aux droits de l'Homme et qu'elle soit jumelée à la célébration du bicentenaire de la Révolution française. Ce double événement pourrait mobiliser énergies et talents, et susciter un vaste élan créateur en France et à l'étranger. Approuvez-vous cette double idée ? Peut-on l'annoncer à l'extérieur[81] ? »

La demande est réitérée le 5 août 1981 dans une note montrant l'intérêt de cette exposition : « Une exposition universelle est un projet considérable qui peut susciter des dépenses et des recettes portant sur des sommes de plusieurs milliards de francs. Si le gouvernement français présente sa candidature et si elle est retenue, il faudra commencer dès 1982 compte tenu du nombre de tâches à réaliser : création d'un établissement public spécial, négociations pour l'affectation d'un terrain, choix du thème, concertation avec les pays invités, organisation de l'accueil d'environ 50 millions de visiteurs. Un tel projet peut être une chance pour la France. Dans le passé, les expositions universelles ont toujours rythmé la création, elles ont également favorisé la vie économique, on peut en attendre la création de 300 000 emplois. »

Il ajoute par ailleurs que Valéry Giscard d'Estaing, saisi un an auparavant, avait déposé la candidature de la France pour… l'an 2000 ! Était-ce sa manière de voir loin ? Nous préférions quant à nous la date symbolique de 1989. Le président se révèle d'emblée favorable. La candidature de Paris est d'autant plus facile à défendre que le BIE (Bureau international des expositions) organisation internationale de l'ONU, a déjà approuvé le principe du choix de Paris.

François Mitterrand nous donne son feu vert à l'automne. Sur ma suggestion, Robert Bordaz est chargé par le ministre de la mission de commissariat général. Très rapidement, Robert Bordaz engage le projet comme il sait le faire, avec passion, et avec le souci d'obtenir les meilleures compétences au cours de réunions au musée des Arts décoratifs, où se retrouvent Madeleine Rébérioux, Mona Ozouf, Maurice Duverger, Renzo Piano, Ricardo Bofill, Philippe Rébeyrol, Jacques Lesourne, Jean-Marcel

Jeanneney, etc. Robert Bordaz avait un sens inné du temps de la maturation des grands projets : outre le Centre Pompidou, il avait construit le pavillon de la France à Montréal en 1967, et organisé une grande exposition à Moscou dans les années soixante.

« Pour aller vite, il faut commencer par ne pas se presser, il faut d'abord réfléchir, disait-il, en rappelant comment cette manière de faire n'était pas toujours appréciée : au cours d'une des premières réunions consacrées à la programmation du Centre Pompidou, des fonctionnaires chevronnés protestèrent contre le silence obstiné que nous gardions sur le coût du futur bâtiment. Je leur répondis : laissez les architectes rêver, laissez-nous rêver quelques mois encore. Je soulevais leur indignation, mais une discussion sur le coût aurait été alors prématurée. Dix ans après, lorsque nous fûmes en charge de l'Exposition universelle, nous fîmes un rêve immense, seulement un rêve. En un an nous avions refait le plan de Paris, animé sa banlieue, circulé dans toute la France ; nous avions interrogé les cinq continents. Tout s'écroula en quelques mois[82]. »

Pourtant le projet démarre très vite. Une mission est créée début 1982. On nomme à sa tête un ingénieur des ponts et chaussées, Jean-Pierre Weiss, qui deviendra plus tard directeur du patrimoine au ministère de la Culture. Un budget de près de 50 MF est réuni. Le BIE nous donne son accord. Le projet prend corps, mais, là encore, a besoin de l'accord du maire de Paris. L'idée de Bordaz est d'implanter les pavillons français et étrangers tout le long de la Seine, sur ses berges, au besoin en passant au-dessus du périphérique dans le sud ouest en direction de l'héliport et en installant sur la Seine des sortes de pontons conçus par l'architecte Renzo Piano. Il crée en juin 1982 un « Atelier d'urbanisme et de création », composé d'hommes choisis par lui : Renzo Piano, Vittorio Gregotti, Ionel Schein, Antoine Grumbach, Pontus Hulten, Martial Raysse.

Le gouvernement décide de confier la mission de commissaire général à Gilbert Trigano, laissant à Bordaz qui a soixante-treize ans, la fonction de président. Ce sera une catastrophe. En effet les qualités de président du club Méditerrannée ne prédisposent pas nécessairement à celles que requiert l'organisation d'une exposition universelle. Trigano avait-il peur du préfet de Paris ou des généraux du ministère de la Défense concernés par certains emplacements appartenant aux Armées ? Était-il mal à l'aise dans ses fonctions de négociateur ? Le fait est qu'il n'arrivait pas à imposer ses vues à ses interlocuteurs.

De son côté Chirac, en butte à une hostilité persistante d'élus parisiens, mais plus encore de la région parisienne, demande d'installer l'exposition universelle à... Marne-la-Vallée, ne percevant pas l'intérêt que Paris pourrait gagner à cette opération. Il ne veut pas, visiblement, favoriser les intentions de Mitterrand qui se multiplient avec les grands projets parisiens. Il prétexte que les Parisiens seraient hostiles à ce projet.

Chirac commence à laisser entendre qu'il faudrait négocier avec lui sur tous les autre projets parisiens du président. Ce dernier ne veut pas l'entendre de cette oreille. Jusqu'au bout Jack Lang se fait l'avocat de l'Exposition universelle : « Puis-je faire valoir, sans doute très tardivement, quelques arguments en faveur du maintien de l'Exposition universelle, en dépit de l'hostilité de Chirac ? 1. Pourquoi ne pas redéployer l'Exposition sur l'ensemble de la ville, en particulier sur les terrains appartenant à l'État (Tolbiac, La Villette, La Défense, les berges de la Seine, le parvis de Chaillot) ? C'est Paris tout entier, Paris en fête, qui deviendrait le siège de l'Exposition universelle. [...] 2. Une autre idée consisterait à articuler ces sites parisiens avec un site extra-muros autre que Marne-la-Vallée : par exemple, Villepinte ou la plaine du Bourget. 3. Un mouvement d'opinion en faveur de l'Exposition universelle pourrait faire plier Chirac. Un appel national ou international d'hommes de sciences, d'hommes de culture et de diverses personnalités pourrait rassembler de nombreuses signatures prestigieuses. [...]. 4. Je crois savoir que Gilbert Trigano et Robert Lion ont plaidé en faveur de l'abandon ; je regrette de n'avoir pu faire valoir un point de vue plus combatif. L'Exposition universelle est une grande chance économique et culturelle pour la France. Pourquoi s'en priver[83] ? »

Le même jour, le 5 juillet 1983, Michel Vauzelle, porte-parole de la présidence de la République, lit la déclaration suivante : « Le président de la République a reçu, ce jour, le rapport de M. Trigano chargé d'une mission d'études et de réflexion sur l'Exposition universelle qui devait se tenir à Paris en 1989. Ce rapport sera public. Il conclut en proposant de prendre acte de l'avis défavorable des élus responsables de Paris et de la région parisienne et de décider que l'exposition n'aura pas lieu. Le président de la République qui avait annoncé que rien ne serait fait sans l'accord des élus, a demandé au gouvernement de classer le dossier[84]. »

Le président de la République est furieux. Il se sort de l'impasse en se défaussant sur Trigano, le gouvernement, et charge, sans le nommer, le maire de Paris.

Chirac réagit vivement : « Nos interlocuteurs ont tenté une manœuvre insidieuse, s'exclame-t-il devant le conseil de Paris. Elle consistait à rendre le processus irréversible sur le plan institutionnel et politique, puis à laisser à la ville et à la région le soin d'éponger les conséquences financières[85]. »

Cet échec est le premier acte public d'hostilité depuis mai 1981 entre François Mitterrand et Jacques Chirac. Jusqu'alors, les escarmouches restaient confinées au sein des cabinets. Un très beau projet aura été ainsi définitivement compromis. Robert Bordaz tire les leçons de cette occasion manquée : « Lorsque le maire de Paris annonça sa décision de s'opposer à l'Exposition, on eut l'impression qu'il avait accompli l'inévitable. Quant à moi, je regretterai toujours qu'un rassemblement fraternel à nul autre pareil n'ait pu avoir lieu[86]. »

Lui-même proche de Chirac, comme on l'a vu lors de la construction du Centre Pompidou, il n'avait pas réussi à le convaincre. À défaut d'Exposition universelle, Robert Bordaz invite le public au musée des Arts décoratifs à visiter « L'exposition des expositions universelles » qui présente l'histoire des expositions universelles[87].

Nous entrions dans une nouvelle période de la politique du septennat et de la politique culturelle elle-même. Plus que jamais nous savions que notre marge de manœuvre se rétrécissait.

Pierre Drouin note dans *Le Monde* l'importance du tournant ainsi pris : « Un projet à la fois concret et prophétique était proposé aux foules, magnifiant l'avenir et le passé, en tout cas les vertus d'une nation qui n'avait pas enterré ses espoirs. Des travaux d'importance auraient remué non seulement des tonnes de terre et de béton mais une masse de chômeurs. [...] M. Chirac qui flaire toujours au plus près les réactions de ses élus, chercha très vite des poux dans ce projet grandiose qu'il avait soutenu et les trouva. Virage à 90 degrés qui ne pouvait qu'embarrasser M. Mitterrand.

Trancher le nœud gordien lui parut plus efficace que de tergiverser. Sagesse, peut-être, dans ce charivari politique qui est le nôtre aujourd'hui [...] Mais la gauche devrait se méfier de la manière dont elle tue les symboles. Elle n'en a pas tellement à proposer dans ces temps de gestion. Tordre le cou aux espoirs est grave. Mieux vaut ne pas les faire naître[88]. »

S'il n'avait tenu qu'à Mitterrand et Lang, Paris aurait reçu en 1989, peut-être cinquante millions de visiteurs. Mais il est vrai que Chirac craint les embouteillages.

On peut reprocher aux grands projets d'être exclusivement concentrés sur Paris, ce qui n'était peut-être pas la meilleure façon d'engager la décentralisation. Quelques jours avant que François Mitterrand annonce leur lancement en septembre 1981, je suis appelé par Paul Guimard, conseiller culturel à l'Élysée. Il me demande de lui apporter en vingt-quatre heures la liste d'une dizaine de projets en région dont la présentation puisse équilibrer celle qui allait être faite des projets parisiens. Tout le cabinet est mobilisé. Ont été ainsi proposés en peu de temps des projets dont certains avaient des racines locales profondes, comme l'école nationale de la photo à Arles, le Centre national d'art contemporain à Grenoble, le Conservatoire national de musique de Lyon, celui de la danse à Marseille. D'autres, comme le projet de parc de sculptures de Montpellier furent quelque peu parachutés et n'arriveront pas à voir le jour. Mais l'essentiel fut conduit à son terme, y compris dans des lieux très excentrés. Cela est particulièrement vrai pour la période qui va de 1988 à 1993. Des dizaines de grands projets de région voient le jour alors que ceux de Paris sont achevés ou en voie de l'être.

Le coût total des grands projets culturels, selon une note du Groupe des quatre au président de la République, est de 19 milliards[89]. Sans doute est-ce élevé, trois fois le budget annuel de l'époque du ministère de la Culture. Mais ce budget sera réparti sur de nombreuses années. Et ce n'est pas trop cher payer la création d'un enthousiasme et d'un encouragement au secteur de l'économie du bâtiment et des travaux publics. Un pays sans grands projets est un peu un pays sans âme. On le voit aujourd'hui, à la veille de l'an 2 000, dont les manifestations paraissent moins ambitieuses que celles de Berlin, Hanovre (Exposition universelle de l'an 2000), Londres. Ces villes ont pris le relais de Paris et investissent à leur tour massivement dans l'art et la culture. J'entends répondre que Paris, ayant commencé la première en Europe à construire de grands projets exemplaires, n'aurait plus besoin de tels investissements et n'aurait pas d'argent à y investir. Grossière erreur. L'investissement dans la qualité de la vie est par excellence l'investissement de demain. Il stimule par ailleurs les investissements privés qui recherchent des champs nouveaux. L'argent que l'État leur consacre ne représente qu'une part infime des budgets totaux. Et leur impact économique et idéologique est sans commune mesure avec leur coût. Mais il faut croire que ce discours que nous tenions au début des années quatre-vingt doit être sans cesse repris au début des années 2000... mais sans doute a-t-il été entendu au-delà de nos frontières.

4. L'ACTION CULTURELLE INTERNATIONALE

Bien que le ministère de la Culture n'ait pas en 1981 de compétence internationale, Jack Lang est bien décidé à intervenir sur ce terrain, en liaison avec Claude Cheysson, ministre des Affaires étrangères. En vue de professionnaliser les personnels des instituts français à l'étranger, il souhaite en effet que l'on nomme des créateurs à de tels postes[90]. Il va ainsi dans le sens de certaines des propositions du rapport de Jacques Rigaud de 1979[91].

Présence sur le terrain international

Le ministre de la Culture intervient donc, avec le soutien du président de la République, pour faire nommer comme conseillers culturels des personnes qui ne sont pas nécessairement issues de l'Ena, de l'université ou du Quai d'Orsay : Alain Jouffroy à Tokyo, Jean-Marie Drot à Athènes, Jean-Claude Barrault à Alger, et Bernard Pingaud au Caire. C'est une nouveauté.

L'action internationale donne une priorité à la Méditerranée avec la réunion des cultures méditerranéennes à Hydra où, en 1981, Mélina Mercouri accueille les responsables de la culture et artistes d'un certain nombre de pays d'Europe. Le thème de l'internationalisme est plutôt méditerranéen et latin qu'anglo-saxon. Il est également volontiers festif. La Fête de la musique devient rapidement européenne et elle sera mondiale.

Jack Lang participe, à Venise, en 1982, à la réunion des ministres de la Culture des pays latins, prélude à la réunion des ministres de la Culture de l'Unesco à Mexico. Il constate : « Depuis la fondation de la Communauté économique européenne, il n'y a jamais eu, oui, il n'y a jamais eu une seule réunion des ministres de la Culture du continent européen. »

Et c'est pourquoi, il propose de tenir une telle réunion rapidement à Capri. Elle se tiendra en fait à Naples en présence du ministre italien de la culture Scotti. Dans son esprit, la solidarité des pays de langue et culture latines doit permettre de résister à l'invasion des images américaines en Europe : « Dans cette période où un certain nombre de groupes financiers tentent d'imposer une culture uniformisée, un même style de cinéma sur l'ensemble de la planète, une même langue dénationalisée sur l'ensemble des murs du monde, une même musique préfabriquée sur l'ensemble des radios du monde, notre alliance, notre association étroite, notre amitié peuvent constituer un contrepoids, une réponse, une riposte, un moyen de survie et de vie. [...] Une première initiative a été prise qui s'est tenue à Paris, voici un mois et demi : l'écrivain Gabriel Garcia Marquez a réuni autour de lui quelques créateurs de pays d'expression latine, [...] quelques idées ont été émises, quelques propositions concrètes présentées. [...] La proposition a été de créer un conseil des peuples des pays d'expression latine qui réunirait des personnalités de la culture de chacun de ces pays[92]. »

L'internationalisation de l'action culturelle se fait aussi en France avec la création de la Maison des cultures du monde confiée à Chérif Khaznadar et l'Association dialogue entre les cultures (ADEC), bras séculier du services des affaires internationales du ministère de la Culture.

Jack Lang ne considère pas que sa mission s'arrête aux frontières de la France. Il n'hésite pas à intervenir à l'étranger, y compris pour apporter une aide politique à des ministres socialistes de pays européens. L'Internationale politique se double ainsi d'une Internationale culturelle. Ainsi de Mélina Mercouri, ministre grecque de la culture : « Cher Laurent, Andreas Papandreou et Mélina Mercouri me demandent un soutien indirect pour les élections et souhaitent que je vienne samedi à Athènes [...] Il me paraît difficile de leur refuser ce concours. Mélina n'a pas hésité à nous soutenir en pleine campagne électorale des cantonales en défendant avec ardeur notre politique à 7 sur 7[93]. »

Quelques années plus tard, en 1994, lorsque les obsèques de Mélina Mercouri seront célébrées par un million de Grecs, Jack Lang qui n'est plus ministre prononcera en grec le discours, comme s'il était le ministre français de la Culture, en présence du ministre officiel, Jacques Toubon. On ne peut pas remplacer aisément le Premier secrétaire du *Parti des créateurs*, surtout lorsqu'il acquiert un rayonnement international.

Le discours de Mexico. Solidarité contre les impérialismes

Après le signe avant-coureur, le discours fondateur : après Deauville, Mexico.

Septembre 1981. Jack Lang organise un de ses premiers tours de France : il commence par Aubusson où je l'accompagne et où il annonce un plan de relance de la tapisserie. La presse ne cesse de retentir des échos du festival du cinéma américain de Deauville qui nous parviennent assourdis dans la France profonde. Il glisse un mot en direction de ses hôtes pour leur dire combien il se sent bien parmi eux, mieux sans doute qu'au festival de Deauville où on le réclame à grands cris. Le représentant de l'AFP, déformant ses propos, fait de cette phrase anodine une déclaration de guerre au cinéma américain. C'est une traînée de poudre : Jack Lang anti-cinéma, Jack Lang anti-impérialiste, Jack Lang pris en flagrant délit de chauvinisme ! Il n'en continue pas moins son tour de France à Port-de-Bouc pour un projet sur la mémoire des chantiers navals et à Marseille où il rend visite au large à des chantiers de restauration conduits par des jeunes. Déjà point l'une de ses priorités : la province. Avec en contrepoint l'une de ses obsessions : l'indépendance du cinéma français et européen, non par anti-américanisme systématique, mais par volonté de faire échapper la création à la puissance de laminage de l'argent.

Avec Malraux, l'action internationale du ministre du général de Gaulle prend la forme de voyages exploratoires accompagnés de rencontres personnelles avec des artistes ou des chefs d'État[94]. Avec Jack Lang, les rencontres doivent donner naissance à des projets. Le discours de Mexico, le 27 juillet 1982, constitue l'archétype de cette action internationale, à la fois par le ton et par le fond du texte prononcé à cette réunion placée sous l'égide de l'Unesco. II est accompagné par une délégation d'intellectuels prestigieux parmi lesquels Jean-Paul Aron, Jacques Derrida, Félix Guattari et Simone de Beauvoir.

Ce n'est pas seulement le ministre de François Mitterrand qui s'exprime, c'est aussi le Premier secrétaire du *Parti des créateurs*. Le ton est celui d'un appel à la mobilisation des intellectuels, des artistes et des hommes politiques du monde entier pour éviter l'uniformisation de la culture sous l'égide d'une économie du profit toute puissante, de toute évidence les États-Unis, bien que le nom ne soit pas cité. On y a vu un discours de type anti-impérialiste, et il est vrai que le texte est assez caractéristique de cette tradition de la gauche. Jack Lang s'exclame en effet, en évoquant les programmations télévisées de tous les pays du monde : « Pourquoi accepter ce rabotage, pourquoi accepter ce nivellement, est-ce là vraiment le destin de l'humanité, le même film, la même musique, le même habillement ? Allons-nous rester longtemps bras ballants ? Nos pays sont-ils des passoires et doivent-ils accepter sans réagir ce bombardement d'images ? Et sans aucune réciprocité ? Notre destin est-il de devenir les vassaux de l'immense empire du profit ? Nous souhaitons que cette conférence soit l'occasion pour les peuples à travers leurs gouvernements d'appeler à une véritable résistance culturelle. À une véritable croisade contre cette domination, contre, appelons les choses par leur nom, cet impérialisme financier et intellectuel[95]. »

Quant au contenu, il reprend le thème si présent au cours des premiers mois : « Culture et Économie, même combat ». « Pourquoi cette importance de la culture ? Parce que précisément elle peut être l'une des réponses à la crise, car cette crise économique est d'abord en nous, elle est d'abord dans nos têtes et dans nos cœurs, elle est dans un comportement mental. Ou bien l'on croit que cette crise est une malédiction quasi divine face à laquelle rien ne peut être entrepris et alors on baisse les bras, ou bien l'on croit que cette crise est en nous et alors avec notre volonté, nous pouvons la juguler et alors nous donnons aux forces de l'esprit, aux forces de l'invention, aux forces de la création, priorité dans le combat social, priorité pour construire l'avenir. Une société, qui ne crée pas, meurt[96]. »

La nouveauté du ton est dans le rôle militant dévolu à la culture comme facteur de prise de conscience de l'aliénation universelle des hommes, de résistance à la crise et de proposition pour trouver des chemins permettant d'en sortir.

L'accueil fait par la presse française est mitigé. La droite accuse Lang d'anti-impérialisme primaire. Il doit s'en défendre auprès de François Mitterrand : « J'aurais souhaité pouvoir en dire deux mots au conseil des ministres et saisir cette opportunité pour faire quelques mises au point. 1. Notre présence à Mexico a été un immense succès. Nos propositions ont été approuvées avec enthousiasme par plus de 120 représentants de gouvernements. 2. Sous la pression des Américains, le représentant de l'AFP a totalement défiguré mon intervention. D'où les caricatures présentées par certains journaux français. 3. L'autorité internationale de la France est sortie renforcée de la conférence. Le rapport général lui a été confié à l'unanimité. Je vous joins sous ce pli le texte de mon allocution. Vous pourrez mesurer le fossé qui sépare son contenu et son interprétation dans certaines gazettes françaises. Mon discours était principalement un appel à la création et non pas une mise en accusation exclusive des Américains, au demeurant non cités. [...] C'était un discours pondéré et équilibré. Ce sont les Américains qui ont manipulé et déformé l'information et les agences européennes ont répercuté le seul écho américain[97]. »

Jack Lang ne cesse d'intervenir sur ce terrain, ou de faire intervenir les autres. Il suggère à Laurent Fabius d'intervenir contre l'apartheid : « Cher Laurent, deux mots au sujet de ton discours, demain, sur les libertés et les droits de l'homme. Comme tu as pu le découvrir à travers le texte de Winnie Mandela, l'impatience de nos amis sud-africains est grande. Peut-on imaginer une initiative (sanction économique…) qui permettrait d'agir plus vigoureusement contre le racisme et l'apartheid ? De même, il serait, je crois, très important que tu puisses annoncer une mesure en faveur des résistants afghans[98]. »

Il intervient aussi en direction du Sénégal et du Zimbabwe : « Chère Danielle (Mitterrand), Je t'adresse sous ce pli, la copie de la lettre que j'ai adressée au président au sujet du Zimbabwe et de l'Afrique du sud. Au sujet du Sénégal et du président Abdou Diouf […] La situation bouge en Afrique du Sud et en Afrique. Une prise de conscience internationale s'affirme. Il faut que la France de François Mitterrand soit à la tête du combat. Cette manifestation de Salisbury doit avoir un retentissement considérable. Elle sera efficace pour les opposants sud-africains qui la souhaitent[99]. »

L'international, ce peut être aussi l'Arménie : « Aznavour a pris une initiative en faveur de la collecte de fonds pour l'Arménie. Un mot d'encouragement de vous pourrait être une bonne chose[100]. »

Ce peut être aussi la Russie : « Si vous m'autorisiez à me rendre à Moscou, j'entreprendrais ce voyage plus en ma qualité de "co-initiateur" du Comité des intellectuels pour la démocratie en URSS qu'en ma qualité de membre du gouvernement[101]. »

La France parle désormais à l'étranger le discours de l'émancipation des peuples et des cultures. Elle renoue avec une tradition qui s'est parfois interrompue au fil des changements politiques ; mais une tradition ancrée dans les esprits par des générations de contacts entre les élites culturelles et artistiques de notre pays et des nombreux pays qui se réclament des droits de l'homme et de l'idéal de la Révolution française.

Europe et francophonie : développement des relations culturelles multilatérales

La politique culturelle se construit et débouche sur des initiatives multilatérales spécialement avec les pays de l'Union européenne. Là aussi, la rupture est totale avec les initiatives de l'époque Malraux. La DGX[102], à la Commission de la CEE, va commencer à promouvoir des projets communs à trois pays au moins dans le cadre d'un programme intitulé « Kaléidoscope. » Ce n'est qu'un début.

Ce souci de donner à la diplomatie française une dimension culturelle sera une constante de la politique suivie par François Mitterrand. En 1988, il nomme auprès du ministre des Affaires étrangères, Roland Dumas, un secrétaire d'État chargé des relations culturelles internationales et de la francophonie, d'abord Thierry de Beaucé, puis Catherine Tasca.

Cette volonté s'exprime notamment lors des réunions des « sommets francophones » dont le premier a lieu à Versailles en février 1986.

Elle sera par la suite accompagnée d'une volonté de présence mondiale de l'audiovisuel français sous l'impulsion d'Alain Decaux. Le Conseil de l'audiovisuel extérieur de la France sera créé en 1989. Le gouvernement se donnera des instruments d'intervention à travers Canal France international, TV5, le renforcement de RFI, les efforts d'Unifrance film en matière de cinéma et la création de la chaîne franco-allemande Arte.

En définitive, la séparation institutionnelle entre le ministère de la Culture et celui de Affaires étrangères n'était pas un gros handicap pour le « ministre des ministères ». Mais elle pouvait en devenir un au niveau de leurs collaborateurs. La présence à la tête de l'AFAA (Association française d'action artistique), bras séculier de la direction générale des relations culturelles scientifiques et techniques, de Catherine Clément, directeur atypique, bien introduite dans les milieux artistiques et littéraires, va favoriser les relations avec la rue de Valois. Mais la frontière entre ce qui était de la compétence de la Culture et de celle du Quai d'Orsay n'est pas toujours aisée à dessiner : au ministère de la Culture reviendrait l'accueil des artistes étrangers en France et au Quai d'Orsay l'envoi des artistes français à l'étranger, comme si on pouvait distinguer les deux. C'est pourquoi, sous l'empire de la nécessité, le service des affaires internationales du ministère de la Culture prendra de plus en plus de poids.

Jack Lang lorgne vers le Saint-Siège, endossant les habits d'un « ministre des cultes » : « Le pape, écrit-il au président de la République, envisage de me recevoir en audience privée en septembre ou octobre prochain. Il est en effet intéressé à connaître les relations qui ont pu s'établir entre l'État français et l'Église catholique pour tout ce qui concerne la sauvegarde et l'enrichissement du patrimoine cultuel : organisation chaque année d'un colloque "culture et culte", introduction de l'art contemporain dans les nouveaux édifices cultuels, en particulier la future cathédrale d'Évry (déjà !), participation des diocèses aux commissions régionales mises en place par la direction du patrimoine, mobilisation de la commande publique, notamment mais pas exclusivement, dans le domaine du vitrail (cathédrale de Nevers). Cette politique illustre notre conception dynamique de la laïcité et bien entendu de nombreuses relations se sont développées également avec les églises réformées, la communauté juive et la communauté musulmane[103]. »

L'intervention du ministre de la Culture dans le débat international est une nouveauté. Il y avait bien eu, ici et là, depuis les interventions de Malraux à Athènes ou à Brasilia jusqu'aux conférences internationales sous l'égide de l'Unesco, des discours. Lang met en place une force de proposition. Des solidarités militantes se nouent entre les pays. Les propos sont de moins en moins académiques. Là aussi l'idée de projet prend corps, mais dans un contexte international.

Pendant plus d'un an, André Larquié est l'artisan actif de cette nouvelle frontière. Après lui, le ministère de la Culture va pouvoir se forger un outil administratif lui permettant de parler au nom de la France. Cela ne sera pas toujours aisé, car il faut évidemment sans cesse compter avec le Quai d'Orsay. La grande réforme de la politique culturelle impliquerait pourtant de reconnaître au ministre de la Culture la compétence internationale : à défaut d'être décidée en droit, elle sera conquise dans les faits. Mais toujours de manière difficile. J'aurais dû par exemple, comme délégué aux Arts plastiques, accepter de ne plus intervenir dès lors que je sortais des frontières : mais une politique des arts plastiques purement hexagonale avait elle un sens ? Je n'en restais évidement pas là, ce qui provoqua parfois des incidents de frontières… avec le Quai d'Orsay[104].

Jack Lang inaugure le premier Conseil des ministres de la Culture des pays de l'Union Européenne à Luxembourg en juin 1984, sous présidence française du conseil des ministres. C'est à Athènes, lors d'une autre réunion du conseil des ministres, qu'il est décidé, sur proposition de Mélina Mercouri et Jack Lang, de désigner chaque année une ville en qualité de capitale européenne de la culture et que sont engagées les premières réflexions sur ce que pourrait être une politique culturelle européenne. Cette idée a pour objet de concentrer pendant un an toutes les énergies des créateurs d'une ville d'Europe de manière qu'elle soit pendant cette année, par cet effort particulier, la capitale culturelle des douze puis des quinze pays de l'Union européenne. Ce fut d'abord Athènes, puis Glasgow, Rome, Berlin... En l'an 2000, faute de vouloir trancher, l'Union européenne aura neuf villes européennes de la culture !

Mais en la matière, les choses sont difficiles car les situations sont très variables d'un pays à l'autre : en Allemagne, la compétence culturelle ne relève pas du niveau fédéral mais du niveau local, alors qu'en France, elle est organisée sur les bases qui privilégient l'échelon national et central. Dès lors, toute politique culturelle au plan européen se heurte à des obstacles de fond qui touchent aux traditions et au droit constitutionnel des États.

Pour reprendre une expression favorite de Jack Lang, ce n'est pas une raison pour baisser les bras. Les pratiques culturelles sont internationales ou ne sont pas. Elles sont fondées sur l'idée de rencontre, de métissage culturel, de croisements et d'échanges entre les individus, les groupes et les nations.

Car derrière le feu d'artifice des projets, l'action prend un sens qui touche, au-delà même du rassemblement entre les hommes, à notre projet de civilisation. Ce en quoi Lang rejoint Malraux.

Est-ce à dire que la culture en mille projets a entraîné le « dépérissement de l'Action culturelle », entendue au sens de Malraux ? On le pense et on le voit écrit parfois[105], comme si l'idéologie de *L'Action culturelle*, inséparable de celle des maisons de la culture, pouvait perdurer trente ans après Malraux.

L'action culturelle devait être le révélateur, sous ce nom donné par Malraux à une direction du ministère, de la suppression des frontières entre disciplines artistiques, dont le bras séculier devait être les maisons de la culture, sorte de mythe fusionnel de toutes les disciplines artistiques. Je préfère écrire action culturelle sans A majuscule. Elle s'est en effet décentralisée et surtout émancipée. Issue du théâtre, grandie dans son ombre, elle était appelée à disparaître une fois les autres formes d'expression culturelles elles-mêmes devenues adultes. C'est ce qui se passe sous Lang I. Le théâtre a été une matrice pour la politique culturelle. Les maisons de la culture ont été des générateurs de la décentralisation. Mais il faut se garder de confondre l'action culturelle et le théâtre ou les maisons de la culture. Comme les parents voient les enfants leur échapper en grandissant, les responsables des maisons de la culture ont dû accepter que les disciplines nées dans leur giron leur échappent (Ainsi, les expositions d'art contemporain de la maison de la culture de Grenoble se tiennent désormais dans les espaces du « Magasin », Centre national d'art contemporain). Une nouvelle génération a vu le jour et accède aux responsabilités. Il y a moins dépérissement que passage de relais dans les actions culturelles (avec un a minuscule et un pluriel). Le « sens perdu » ou l'action culturelle que regrette Jean Caune, n'est-il pas un sens ancien ? Ne faut-il pas tenter de comprendre le nouveau sens des actions culturelles en mille projets ? N'est-ce pas la meilleure manière de faire tomber les cloisons au service de l'ambition « de nouvelles frontières à conquérir[106] » ?

13

Le sens de l'action

1982 : les initiatives prises sont spectaculaires, le budget a été doublé, les nouvelles équipes se sont mises au travail, non plus seulement auprès du ministre, mais désormais dans les directions du ministère, dans ses services extérieurs, dans les établissements, les associations qui multiplient et amplifient les grandes orientations qui ont été adoptées.

Avec le recul, il est possible et nécessaire de comprendre le sens des actions qui ont été entreprises en aussi peu de temps, à un rythme qui ne connaît guère de précédent.

À la période d'intenses initiatives des premiers mois succède la longue marche rendue possible pour cinq ans par des conditions favorables : un ministre qui a fait la preuve de sa compétence, un président qui l'épaule résolument, un budget à la mesure des ambitions, une volonté enfin portée aussi par un milieu artistique qui, pour la première fois, se sent directement concerné par la nouvelle politique mise en œuvre.

Les axes de cette nouvelle politique vont du plus général (le projet de civilisation) à ses ramifications sur le territoire (décentralisation) ; mais aussi des principales innovations (rassemblement, culture plurielle) aux débats plus constants (démocratisation, création et patrimoine).

On découvre le sens des actions conduites en opérant une déclinaison logique et progressive de ces thèmes qui inspirent la politique et alimentent des débats :

— un projet de civilisation ;

— une volonté de rassemblement de la nation ;

— la double priorité de la création et du patrimoine ;

— l'effort en direction des cultures populaires et de la démocratisation ;

— la volonté de procéder à une irrigation nationale du territoire.

1. UN PROJET DE CIVILISATION

Quand on entend les sarcasmes de tous ceux qui ont attaqué la nouvelle politique de Lang, l'identifiant jusqu'à la caricature à la culture rock, tag et rap, est-il sérieux de prétendre qu'elle répond à un projet de civilisation ? Que ce soit Marc Fumaroli à droite, Alain Finkielkraut plus à gauche ou Jacques Rigaud au centre, la contestation des fondements mêmes de cette politique ne manque pas. On n'y a en général guère répondu sur le fond jusqu'ici, Jack Lang lui-même se contentant de lui opposer ses bilans, il est vrai impressionnants, par le nombre. Mais le nombre ne suffirait pas s'il ne trouvait place dans un projet qui touche au sens même de la vie.

Une culture plurielle

Le nouveau ministre se réclame de la « culture au pluriel[1] » chère à Michel de Certeau[2], beaucoup plus que d'une vision savante de la culture. Il ne rejette certes pas cette dernière, elle est indispensable à l'élaboration de la connaissance ; mais il la distingue de l'autre, seule capable de mobiliser les citoyens. Comme Malraux, il n'adhère pas à une conception purement anthropologique de la culture qui se dissout dans les actes les plus ordinaires de la vie quotidienne, il l'intègre dans la « culture plurielle » pour reconnaître le droit à la dignité de nombreuses formes d'expression qui, pendant des lustres, ont été oubliées ou méprisées. Jack Lang est toujours prêt à défendre les formes et les pratiques les plus variées. La culture est un engagement militant, une fusion immédiate, un dépassement de soi. L'engagement culturel est la condition de l'émancipation des hommes et des peuples. De là ses croisades contre les impérialismes dans le monde. Sensible à la mutation et aux crises de la création artistique, il n'a de cesse de coller au plus près aux aspirations nouvelles. Le ministre de la Culture doit être aux avant-postes du grand chambardement des valeurs qui accompagne le changement de millénaire.

Cette conception de la culture n'est pas celle de François Mitterrand, de tempérament plus traditionnel, aux goûts classiques plus que modernes. Mais Lang lui fait partager cette attention au surgissement des nouvelles pratiques artistiques, réussit à l'entraîner au Festival de la BD ou à lui faire rencontrer de jeunes lycéens. Cette différence de points de vue entre les deux hommes explique parfois un certain « brouillage » dans l'affichage des orientations générales et des choix artistiques. Mais comme on comprend ce qui distingue le père et le fils, l'opinion publique adhère à cette dualité : l'un rassure, l'autre innove, indissociablement. Ce sera leur force.

Le débat entre ce qu'il y a, dans la culture plurielle, de retour aux valeurs traditionnelles, aux valeurs locales, ethniques même, et ce qui dans la culture relève de valeurs universelles est sous-jacent à l'action engagée. Alain Finkielkraut pose la question en 1986[3] dans un petit livre qui s'insurge contre l'invasion des écrits par les images, la victoire du local contre l'universel, le triomphe de la mode et des valeurs du court terme sur la permanence et l'universalité du savoir. Ne va-t-il pas jusqu'à évoquer avec nostalgie et paradoxe la colonisation, en jugeant que : « [...] l'œuvre de la décolonisation s'accompagne ainsi d'une révolution dans l'ordre de la pensée : l'Homme, ce "concept unitaire de portée universelle" (Edmund Leach, *L'Unité de l'homme*) cède la place à la diversité sans hiérarchie des personnalités culturelles » ?

Ne va-t-il pas stigmatiser le rapport des sages du Collège de France de 1985 intitulé « Propositions pour l'enseignement de l'avenir » adressé au président de la République ? Et pour quelles raisons ? Parce qu'ils « restent fidèles à l'esprit de la décolonisation. À l'encontre de Régis Debray, ils ne flattent pas le nationalisme français ou le particularisme européen, ils le stigmatisent. Comme lui, cependant, ils brisent la continuité culturelle de l'humanité [pas moins !] dans l'unique et noble dessein de favoriser le rapprochement entre les hommes. »

Leur faute ? L'enseignement de l'avenir « veut rompre avec la vision ethnocentriste de l'humanité qui fait de l'Europe l'origine de toutes les découvertes et de tous les progrès. […] Le rapport du Collège de France répudie l'esprit des *Temps Modernes* sous l'égide des valeurs de doute et de tolérance qui en sont issues […] »

Ils sont donc responsables du déclin de notre culture : « Dans leur souci de rendre le Vieux Monde enfin accueillant, les apôtres de la cohabitation des cultures en détruisent consciencieusement l'esprit : ce qui ne laisse à l'Europe que le seul attrait de sa prospérité. »

Au nom de la culture des autres, de la culture plurielle, on en viendrait à tout accepter de ce qu'il y a de plus barbare dans les cultures des autres. « L'amour du prochain commande expressément le respect de ces coutumes. Le serf doit pouvoir bénéficier du knout : ce serait mutiler son être, attenter à sa dignité d'homme, bref faire preuve de racisme que de l'en priver. Dans notre monde déserté par la transcendance, l'identité culturelle cautionne les traditions barbares que Dieu n'est plus en mesure de justifier. »

Dès lors arrive la conclusion : Un « nihilisme rageur fait place, dans la pensée post-moderne, à une admiration égale pour l'auteur du *Roi Lear* et pour Charles Jourdan. À condition qu'elle porte la signature d'un grand styliste, une paire de bottes vaut Shakespeare. Et tout à l'avenant : une bande dessinée qui combine une intrigue palpitante avec de belles images vaut un roman de Nabokov ; ce que lisent les lolitas vaut *Lolita* ; un slogan publicitaire efficace vaut un poème d'Apolinaire ou de Francis Ponge ; un rythme de rock vaut une mélodie de Duke Ellington ; un beau match de football vaut un ballet de Pina Bausch, un grand couturier vaut Manet, Picasso, Michel-Ange […]. Le footballeur et le chorégraphe, le peintre et le couturier, l'écrivain et le concepteur, le musicien et le rocker sont, au même titre, des créateurs. Il faut en finir avec le préjugé scolaire qui réserve cette qualité à certains, et qui plonge les autres dans la sous-culture. […] La barbarie a donc fini par s'emparer de la culture. À l'ombre de ce grand mot, l'intolérance croît, en même temps que l'infantilisme. Quand ce n'est pas l'identité culturelle qui enferme l'individu dans son appartenance et qui, sous peine de haute trahison, lui refuse l'accès au doute, à l'ironie, à la raison — à tout ce qui pourrait le détacher de la matrice collective, c'est l'industrie du loisir, cette création de l'âge technique qui réduit les œuvres de l'esprit à l'état de pacotille. […] Et la vie avec la pensée cède doucement la place au face-à-face terrible et dérisoire du fanatique et du zombie. »

On a envie de répondre à Alain Finkielkraut qu'en effet il était plus confortable, au XIXe siècle, d'être blanc, nanti de la richesse économique et de toutes les vérités culturelles, unes et universelles, que d'être coloré et victime de la colonisation… Il faut choisir son camp et épouser son époque. Celle de l'unité culturelle à tout prix ne nous conduit-elle pas à rechercher l'ombre de l'impérialisme européen ? Voire l'unité de l'impérialisme américain ?

Au-delà du constat, il ne propose pas de solution. Le politique peut être conscient, comme le philosophe, des difficultés du moment, mais il doit entreprendre et réaliser. C'est sa raison d'être. Sans doute pas n'importe quoi. Et avec l'exigence de surmonter les contradictions.

Jack Lang qui ne cesse de plaider pour la défense de l'identité culturelle nationale, n'en milite pas moins pour les diversités régionales et le fait savoir : « Trop c'est trop ! Notre ami Jean-Pierre Chevènement dépasse les bornes, écrit-il au Premier ministre. Ses récentes déclarations hostiles aux langues régionales heurteront de front les sensibilités de centaines de milliers de gens qui n'ont pas oublié le très beau discours du président de la République en 1981. Il me paraît essentiel que le gouvernement au plus haut niveau puisse réaffirmer son attachement à la diversité culturelle française[4]. »

« Rassembler n'est pas uniformiser : l'unité ne peut pas se construire sans la reconnaissance des différences », proclame Lang.

Et l'une des principales différences concerne d'abord les jeunes : « Les jeunes constituent à l'évidence une catégorie socialement fort hétérogène mais en même temps porteuse d'expressions culturelles autonomes et vigoureuses[5]. »

Il prend un certain nombre d'initiatives dans cette voie : manifestations sur le thème des jeunes et de la création, rencontres diverses, aides à la constitution d'espaces culturels qui leurs soient propres, dont le Zénith est le symbole.

Il s'en ouvre au président de la République : « Sur ces questions de la reconnaissance des cultures régionales, nous avons tort d'être aussi réservés. Je pense en particulier au non-respect par l'Éducation nationale de nos promesses en faveur de l'enseignement des langues régionales. Même si ces mouvements culturels sont animés par des groupes minoritaires, ils disposent d'un prestige auprès de l'opinion, en particulier des jeunes. J'ai pu l'observer moi-même physiquement dans les rues de Lorient samedi dernier. Une vraie reconnaissance des langues régionales aurait valeur de symbole et toucherait profondément le cœur des Bretons[6]. »

C'est aussi le programme « jeunesse et culture » financé par le FIC pour soutenir deux cents projets dans les domaines de prédilection des 15-25 ans (chanson, rock, BD, photo) mis en œuvre en 1985, année mondiale de la jeunesse. Le rapport commandé à Jean Hurstel a permis de lancer une action d'expérimentation de nouveaux lieux musicaux pour les jeunes. Une trentaine d'ateliers de musique rock sont créés en 1985 au sein des conservatoires et écoles de musique. Il s'intéresse aux actions conduites par les Beurs et leur apporte son soutien, notamment pour leurs projets de tours de France qui se multiplient au début des années quatre-vingt.

Le Centre Pompidou organise en 1984, ce qui est nouveau, une manifestation intitulée « Enfants de l'immigration » qui permet d'apprécier la créativité foisonnante de ces milieux.

Au titre du dialogue avec les cultures régionales, Lang propose un certain nombre de mesures comme l'adaptation de la signalisation routière aux caractéristiques linguistiques régionales, ce qui a été fait par exemple en Bretagne. Dans cette perspective, un centre culturel pluridisciplinaire basque est ouvert, un centre consacré à la culture occitane et à son patrimoine est lancé dans la région Midi-Pyrénées.

Entre le local et l'universel

Placé au cœur de ces questions, de ces incertitudes et de ces évolutions, Jack Lang s'efforce sans cesse de dépasser la contradiction entre le présent et l'histoire, entre le contingent et l'international, entre le local et l'universel. N'est-ce pas l'une des fonctions de la politique culturelle ? À chacun son rôle : le politique doit jouer avec la relativité des choses, l'intellectuel aider à maintenir les valeurs universelles face aux valeurs d'un monde éclaté. On ne comprend pas en quoi la reconnaissance des cultures plurielles se ferait nécessairement au détriment de la culture universelle. Le « silence des intellectuels » stigmatisé un temps par Max Gallo ne renvoie-t-il pas à une démission face à cette contradiction qu'il faut surmonter ? Au moins, face aux défis du temps, Jack Lang ne reste-t-il pas inerte. Pour éviter les défauts et l'enfermement du localisme ou du communautarisme, la culture doit faire référence à des valeurs qui transcendent ce qu'il y a de réactionnaire dans ces retours sur des mondes clos. Le mouvement est l'une des réponses du ministre. Rester passif ou trop prudent conduit à la mort.

Mais alors quelles références ? Les valeurs fondamentales de la République ? Elles ont tendance à se déliter et méritent d'être défendues, promues, approfondies. Y compris cette valeur de base qui est le droit et le devoir de résistance face à l'injustice et à toutes les oppressions. C'est pourquoi Lang est présent aux côtés de tous ceux qui sont victimes des exclusions qu'il s'agisse des jeunes des banlieues, des chômeurs, des malades ou des homosexuels. La culture doit aider la République à renouveler ses champs d'intervention, ses luttes. La politique culturelle doit y contribuer.

L'invocation des forces de la vie ? La référence aux forces vitales, pour paraître parfois un peu romantique, n'en exprime pas moins une aspiration, voire une revendication, qui prend un sens profond en cette fin de siècle : la protestation contre les conformismes sociaux et politiques, la capacité de chaque être humain à participer à la création à la mesure de ses moyens et y trouver une source d'émancipation personnelle ou collective ; le sentiment de la création ou de la participation à une création, ne serait-ce qu'en la goûtant, est inséparable de l'épanouissement personnel ou collectif. Est-ce galvauder l'art que d'invoquer les vertus de la création ou de la créativité ?

Là se trouve l'universalité de la culture, celle qui est le fruit aussi bien des classiques que des encyclopédistes, des traditionalistes que des révolutionnaires, universalité des formes et des combats qui font partie de l'histoire de la France et du monde. Jack Lang refuse la négation ou l'oubli de ces valeurs. Sans doute y a-t-il de la marge entre les aspirations du jeune Beur et celles du professeur de philosophie. Conscient de ces écarts, voire de ces ruptures, il ne cesse de dire et d'annoncer « qu'il faut tenir les deux bouts d'une chaîne » qui est seule et unique à fonder une solidarité ou des solidarités.

Dans ce contexte difficile, l'État doit contribuer à éviter le délitement des valeurs. C'est une des raisons pour lesquelles Jack Lang est décentralisateur avec modération. Sans aller jusqu'à penser, comme Régis Debray, que nous sommes entraînés dans une sorte de nouveau Moyen Âge, favorisé par les excès du local et de l'identitaire, il a peur que la décentralisation ne se mue en localisme inculte. Il sait que l'État central reste une référence pour les élites locales et que sans lui beaucoup renonceraient à l'investissement culturel. La politique culturelle imprime souvent un effort à contre courant des tendances naturelles des petits notables. C'est pourquoi le rôle du ministre est sans cesse d'encourager, de porter, d'inciter. Les successeurs de Lang n'auront pas le même sentiment que lui de cette urgence. C'est en partie ce qui fera la différence entre eux et lui.

Est-il iconoclaste d'invoquer l'utilité de la culture ? Est-ce en faire un simple moyen ? Faut-il passer sous silence ses relations avec l'économie ? Cette « utilité » de la culture, Lang l'a bien montrée en se battant pour un budget. La culture doit être utile socialement, ce en quoi le ministre de la Culture détient et porte le « ministère des ministères ». La culture est l'un des moyens modernes de l'affranchissement social. Elle doit être utile sur le plan économique, car elle ouvre de nouveaux champs à l'innovation et à des emplois d'un nouveau type. Elle doit être utile sur le terrain politique : dans un monde où les clivages sont devenus moins idéologiques (mais il reste le Front national et les grandes questions de liberté, fraternité, droits des exclus, etc.), moins économiques que sociaux, la politique a besoin d'affirmer son ancrage à gauche. La politique culturelle de Lang est vécue comme nécessaire parce qu'utile et ouverte sur la recherche de nouveaux imaginaires collectifs.

Lang n'est ni plus ni moins confronté aux mêmes défis que Malraux. « Le magicien du verbe » faisait revivre sinon la réalité de valeurs universelles, du moins l'illusion de leur fusion dans le « *Musée imaginaire* ». « Le voyageur de l'impossible », selon l'expression de Maurice Duverger, qu'est Lang, plus concret que Malraux, et finalement plus ambitieux que lui, cherche à fonder cet imaginaire dans des réalisations symboliques, dans des lieux de rassemblement, dans l'action.

L'économie fécondée par la culture

La gauche, que l'on dit en 1981 peu rompue aux contraintes économiques, annonce et conduit la première une politique culturelle fondée sur l'alliance entre culture et économie. Casse-tête pour les exégètes de droite ! Cela conduit Jack Lang à se présenter en 1981 devant les Assises du mécénat culturel d'entreprise organisées par l'Admical de Jacques Rigaud comme un partenaire sans complexe puisqu'il vient d'obtenir le doublement de son budget : « Il devait être sans doute difficile à tel ou tel prédécesseur alors qu'on avait chichement mesuré l'intervention de l'État dans le secteur culturel, de parler sans difficultés avec vous mêmes ; inévitablement il était suspecté de chercher finalement à vous demander, à vous chefs d'entreprises, de vous substituer à un État défaillant. »

Il peut au contraire suggérer aux entreprises que leur mécénat commence là où elles travaillent, car « après tout il ne coûte pas plus cher de construire beau, plutôt que de construire laid, cela coûte peut-être moins cher de faire appel à de jeunes ou moins jeunes architectes français, cela ne coûte pas plus cher de favoriser la création d'un mobilier nouveau plutôt que de faire appel à un matériel standard ». Et de conclure : « Il n'y aura entre les entreprises privées et publiques et nous mêmes aucun complexe, aucune hésitation, aucune crainte d'aucune sorte, vous parlerez franc, nous parlerons franc[7]. »

Oui, la politique culturelle initiée est bien à gauche. Il suffirait pour s'en convaincre de remarquer quelle énergie déploient à son encontre, depuis quelques années, les conservateurs les plus avérés.

On découvre dans l'opinion publique du début des années quatre-vingt que la gauche est favorable à l'esprit d'entreprise. On avait tellement raconté, à droite, qu'elle ne rêvait qu'à la retraite à soixante ans ! Les chefs d'entreprises, les banquiers et les agents de change iront jusqu'à dire que la gauche a plus fait que la droite pour réhabiliter l'entreprise.

La culture peut jouer un rôle dans cette prise de conscience : d'abord en assimilant le créateur à un innovateur créant un climat favorable à l'esprit d'initiative et d'entreprise, ensuite en investissant ou faisant investir dans des domaines qui sont à la frontière de l'art et de l'économie. C'est la raison de l'essor des métiers d'art et des industries culturelles. Ce qui conduit Lang à s'exclamer plusieurs fois et dans des lieux différents et dans un style de manif de mai 68 : « Culture et économie même combat », rappelant dans nos mémoires : « étudiants, ouvriers, même combat ! » Culture renvoyant à étudiants, économie à ouvriers ? Ces assimilations spontanées mériteraient d'être sémantiquement approfondies.

Elles sont l'occasion, quelques années plus tard, en 1985, de préciser le sens de la politique culturelle accomplie : « Deux logiques sont ici en conflit : pour les uns, la culture, le savoir, l'éducation, c'est un simple accessoire de la vie, un accessoire élégant, mais un accessoire seulement ; pour les autres, et c'est notre pensée, la culture c'est le ressort même de la vie. Tout à la fois, et sans employer de grands mots, la culture donne sens à notre existence et constitue, c'est le point concret principal, un levier, un ressort du développement économique [...]. C'est la France du talent, c'est la France de l'intelligence, c'est la France de l'invention qui fera gagner la France sur le plan économique[8]. »

L'État est passé entre les mains d'une nouvelle génération qui a le sentiment d'être porteuse d'autres valeurs, y compris économiques, et d'autres comportements. Les « quadras » qui ont pris les rênes de la politique et de l'économie sont les étudiants de Raymond Barre, déniaisés par mai 68 et désireux de faire entendre leur voix. Question de génération et donc question de culture aussi.

SOS culture française

Jack Lang nous donne les clés de son ambition culturelle[9] : « Les chiffres en eux-mêmes ne sont rien. Ce sont les tâches qui justifient les moyens[10]. » Il articule son propos autour de deux thèmes : un ministère au service d'un projet de civilisation et un ministère au service de l'Art et de la Création. Pour lui : « Fini le temps où, campant jalousement sur ses hauteurs, l'administration de la Culture somnolait loin des rumeurs du monde. Place aujourd'hui à une vision ample, ouverte et généreuse. Cette vision s'énonce simplement : la culture n'est la propriété de personne, elle doit être rendue au peuple tout entier. Elle n'est la propriété ni d'un ministère, ni d'une classe, ni d'une ville, ni d'un seul secteur, fut-il le secteur public. » Il poursuit : « Si notre ambition culturelle est une ambition de civilisation, alors aucun ministère n'en a le monopole, aucun ministère n'en est exempté. »

Il annonce la réforme de l'éducation artistique, revendique une cohérence entre la politique du ministère de la Culture et celle des sociétés de télévision : « Comment justifier que le pays puisse financer deux politiques culturelles contradictoires : celle conduite par le gouvernement et celle animée par des chaînes de radio et de télévision ? À quoi bon aider par le budget de l'État la musique qui éveille si, dans le même temps, la musique qui assoupit envahit les antennes ! »

Il énonce également les grandes lignes d'une action internationale : « Implantation effective de la Fondation européenne pour la culture ; création d'un Conseil des peuples méditerranéens ; organisation, sous l'impulsion de l'écrivain Gabriel Garcia Marquez, d'une fédération des peuples latins ; installation à Paris d'une Maison des cultures du monde ; préparation d'une Biennale Nord-Sud qui se tiendra à Paris. » Et il conclut : « ministère par ministère, notre itinéraire pourrait se poursuivre. Pas une seule administration qui puisse échapper à ce combat pour un nouvel art de vivre… ministère d'impulsion et d'imagination, le ministère de la Culture en assurera l'orchestration. »

Le ministre de la Culture est, en quelque sorte, un « Vice-Premier ministre chargé des Affaires culturelles » et il rend compte personnellement de son action au président de la République ou au Premier ministre.

Cela le conduit sans cesse à prendre position au regard de la culture dominante des États-Unis. Comme Malraux et de Gaulle, mais pas par éloge de la nation pour la nation. Pas non plus par anti-américanisme primaire. Mais par souci de la différence, du pluralisme et par respect pour la dignité de la création. Par prise en compte enfin de nouvelles solidarités internationales, notamment avec les peuples les plus démunis. Il est ainsi amené parfois à prendre ses distances avec ses propres amis politiques. Il agace, mais pour la bonne cause, lorsque par exemple il s'insurge contre l'installation de Disneyland dans la région Île-de-France. Il s'en ouvre sans ambages à Laurent Fabius : « L'annonce de la venue de Walt Disney en France me remplit de tristesse. Je ne peux pas croire que nous ne disposons pas des ressources humaines et intellectuelles pour concevoir un Walt Disney à la française, qui mettrait en valeur notre histoire, notre patrimoine, nos images et nos créations. […] Le chantage à la création d'emplois ne devrait pas nous conduire à aliéner nos âmes. Depuis longtemps, les Américains ont compris que le cinéma et l'image étaient le meilleur véhicule des autres biens industriels. Ils font pénétrer dans l'imaginaire le désir d'acheter les jeans, le coca-cola, les fast-food et le disco. Au lieu de leur offrir un nouveau territoire d'expansion en France même, soyons nous-mêmes conquérants et offensifs ! […] Si véritablement on ne peut pas échapper à cette invasion, poursuit-il dans un ton presque gaullien, au moins pourrait-on avec fermeté arracher de sérieuses contreparties en faveur des techniciens, des créateurs, des artistes et des producteurs français. Sur le plan du contenu, il faudrait obtenir aussi qu'une bonne partie soit consacrée à l'histoire de France, aux personnalités populaires de notre littérature et de notre culture. Bref, il faudrait franciser totalement le projet. »

Et le « ministre des ministères » de revendiquer sa part dans la réorientation du projet : « Le projet est piloté exclusivement par le ministère de l'Industrie qui ne paraît guère sensible à cette dimension intellectuelle et spirituelle[11]. » Il devra céder sur ce front.

Cette quête de l'identité est une constante de son action. De là son obsession de protéger la création des programmes français pour la télévision : « J'apprends indirectement, dit-il encore à Laurent Fabius, que l'arbitrage aurait été rendu au sujet du cahier des charges de la chaîne musicale. Il semblerait que le quota des œuvres d'expression française ait été limité à 40 % en régime de croisière et que le nombre d'heures de créations originales ait été limité à 50 par an. Je ne peux le croire. Ce serait vendre notre âme aux anglo-saxons. Nous aurions contre nous l'ensemble des artistes français déjà révulsés par la politique des radios privées qui leur est hostile[12]. »

Et le « ministre des ministères » d'ajouter de sa main, sur la lettre ces simples mots : « SOS culture française ».

La civilisation pour laquelle Jack Lang milite prend corps à la fois dans l'affirmation de l'identité de la culture nationale ou européenne et la solidarité avec les cultures du tiers monde.

Pour lui, la culture n'est pas la propriété d'une classe, ce qui l'amène à développer l'objectif de démocratisation culturelle. Jacques Rigaud objecterait qu'il s'agit là d'une mission constamment affirmée par tous les ministres de la Culture. Mais Jack Lang fait entendre sa différence. Il parle concrètement de la classe ouvrière. À Pierre Belleville, militant de l'éducation populaire, il confie une mission sur la culture dans les entreprises. Elle n'est pas la propriété d'une région, en particulier la région parisienne. Et il demande à Henri Giordan une étude sur les cultures régionales.

Le rapport remis par ce dernier[13] répond à une interrogation précise du ministre de la Culture : « Afin d'assurer à tous les citoyens la liberté fondamentale de vivre leurs différences culturelles, que celles-ci se définissent par rapport à un territoire ou non, il conviendra d'imaginer les procédures adaptées pour déterminer la place des cultures ayant pour fondement les langues ou les dialectes de France dans les structures de l'action culturelle et de la création. Le choix débouchera, à long terme, sur la construction, pour chaque région, d'un espace culturel original en fonction d'une connaissance et d'une protection du patrimoine, base d'une créativité libérée du poids de l'idéologie centralisatrice uniformisante[14]... »

Henri Giordan propose tout un ensemble de mesures qui reposent sur la distinction entre citoyenneté politique, citoyenneté sociale et citoyenneté culturelle : « En une première étape, correspondant à la révolution bourgeoise de 1789, s'est établie la citoyenneté politique : droit de vote et délégation de pouvoir. Cette conquête a été achevée à la Libération avec l'obtention du droit de vote par les femmes.

« En un second temps, la conquête de la responsabilité s'est élargie à la vie sociale tout entière par les luttes syndicales. Nous sommes engagés fortement dans la construction de la citoyenneté sociale, très précisément à l'étape du passage de la dimension économique aux dimensions qualitatives de ce pouvoir citoyen.

« Passer de l'idée élitiste de culture à une conception embrassant tout l'homme social, inventer les moyens d'une gestion collective de l'appareil culturel, y compris l'environnement, c'est poser les premières pierres de la citoyenneté culturelle. »

Et de conclure : « Au cœur de cette politique, la reconnaissance des différences linguistiques et culturelles constitue la base d'une nouvelle citoyenneté. La prise en compte de l'ensemble des langues et cultures des peuples de France, de l'alsacien au corse et à l'occitan, de la culture juive à la culture tzigane ou arménienne, permet de définir une politique novatrice, fondée sur le droit à la différence. L'application d'un principe de réparation historique pour ces langues et cultes ne débouche pas seulement sur la réhabilitation d'un patrimoine mais, de façon plus dynamique, sur l'épanouissement de forces créatrices libérées. »

Le mot sonne bien aux oreilles de Lang. Il fait sursauter de colère Michel Debré à l'Assemblée nationale : « Ce rapport, proclame-t-il, est l'expression d'une volonté de démembrement de la nation. Il se situe à l'opposé de la conception à la fois séculaire et républicaine qui a créé la citoyenneté française. Il se situe à l'opposé de la grande œuvre de l'instruction publique, hier, de l'éducation nationale aujourd'hui[15]. »

Jack Lang réagit en citant François Mitterrand : « C'est blesser un peuple au plus profond de lui-même, dans sa culture et dans sa langue, si l'on nie le droit à la différence[16]. »

Et Jack Lang prend le contre-pied de Michel Debré : deux conceptions politiques et culturelles s'opposent en effet, qui remontent aux Jacobins et aux Girondins. « Le gouvernement souhaite que toutes les cultures locales et régionales puissent aujourd'hui jouir d'un véritable droit à l'expression [...]. J'espère que la prochaine loi sur l'audiovisuel permettra qu'enfin droit de cité soit reconnu dans les régions aux expressions locales et j'espère que droit de cité sera enfin pleinement reconnu, de l'école à l'université, à nombre de langues locales ou particulières. »

Et joignant le geste à la parole, Jack Lang subventionne sur les crédits du ministère de la Culture, pour la première fois, les écoles Diwan en Bretagne, les « Calendretas » (écoles de langue d'Oc) et les « Escatolas » (écoles de langue Basque). Des programmes en langues régionales vont être organisés par la télévision, la CNCL va soutenir des traductions en langues régionales.

Il se heurte évidemment à des résistances dans l'opposition, mais aussi dans sa propre majorité politique. Opposition qui subsiste même en 1999, au moment où le Conseil constitutionnel juge contraire à la loi fondamentale de la République la charte européenne des langues régionales ou minoritaires. Depuis le rapport Giordan, et les premières mesures adoptées par Lang, les idées ont pourtant avancé, de nouveaux rapports (Nicole Péry, Bernard Poignant) ont été publiés. Mais les arguments du Conseil constitutionnel et du Conseil d'État restent marqués par le Jacobinisme, Jack Lang y voyant « une vision intégriste et archaïque » et Georges Sarre qui est pourtant socialiste, « une victoire pour les républicains modernes[17] ».

Comme l'indique à cette occasion Armand Jung[18] : « Au moment où notre continent s'est doté d'une monnaie unique et où se construit l'Europe, les langues et cultures régionales sont aussi notre patrimoine commun [...]. Il est possible de faire le choix du régionalisme républicain plutôt que de voir renaître ou se développer des nationalismes régionaux[19]. »

Jack Lang le déclarait dix-huit ans plus tôt.

Autonomie de la culture, dignité de l'action culturelle, solidarité autour des projets sont les fondements de la civilisation à laquelle Jack Lang veut apporter sa part. Cette manière de répéter que la culture n'est la propriété de personne est une façon de revendiquer qu'elle nous dépasse par sa transcendance.

Mais aussi par la capacité des métissages culturels, de l'ouverture à l'étranger, à l'autre, en rupture avec une idéologie de la peur et de la sécurité qui bat le pavé des idéologies sécuritaires. Car la culture plurielle n'est pas seulement régionale. Elle est aussi internationale. De là l'ouverture de la « maison des cultures du monde », l'accueil des musiques ethniques, du Festival des musiques métisses d'Angoulême, de la musique africaine ou arabe, etc. Cela explique sa présence sur le front des cultures jeunes, des musiques urbaines, des expressions ethniques de toutes sortes aussi bien les provinces françaises comme la Bretagne, le Pays basque ou la Corse que les cultures arabes ou africaines. Il importe donc de distinguer ce qui identifie.

2. UNE VOLONTÉ DE RASSEMBLEMENT

Donc, distinguer pour rassembler : car pour rassembler il faut commencer par reconnaître les identités qui fondent les parties d'une nation qui ne cesse d'inventer et de tisser sa nouvelle identité. N'est-ce pas ce qui a fait la grandeur de la France ? Cette capacité à intégrer les autres cultures pour en tisser une plus générale et tout originale, n'est-t-elle pas la valeur de base de notre civilisation ? Pourquoi vouloir arrêter au XXe siècle un processus d'intégration qui a au moins vingt siècles ?

Dans cette conception un peu nietzschéenne de la culture et de l'action, Jack Lang affectionne particulièrement les grands rassemblements. Il l'avait montré au début de l'année 1981 avec la rencontre des intellectuels à l'Unesco, il va le prouver par la suite avec des initiatives comme la Fête de la musique, qui va mobiliser le plus grand nombre de publics sur l'ensemble du territoire national, puis bientôt au plan international, lorsque cette fête va devenir européenne, puis mondiale, ralliant la participation de villes de nombreux pays. La Fête de la musique est l'archétype des grands rassemblements culturels voulus par le ministre.

La modernité dont Jack Lang se réclame, comme Jean-Paul Aron[20], l'un de ses conseillers, est l'un des instruments de ces réconciliations nécessaires entre des tendances centrifuges. Mais aussi la fraternité. Sans doute plus que pour Malraux lui-même, cette dernière revendication exprime pour Lang une sorte d'aspiration à un état de grâce qui réunit des êtres humains le temps d'une manifestation, d'une œuvre, d'un partage. Dans la quête de la fête il y a comme la recherche d'un paradis perdu, comme la réunification des individus par la fusion des volontés et des aspirations. Être ministre de la Culture, c'est être capable de susciter des occasions de fraternité.

Mais la volonté de rassemblement dépasse cette dimension festive. Il est réducteur et erroné de ramener la politique culturelle de Lang à une succession de fêtes !

La lutte contre les exclusions

À l'aide de l'arme des conventions passées avec les ministères et les partenaires de la vie économique, sociale et culturelle[21], le « ministre des ministères » peut engager une action de lutte contre les exclusions.

La gauche ne peut pas accepter la mise à l'écart des citoyens, du fait de la maladie, du chômage, des origines sociales ou ethniques. La lutte contre ces injustices requiert des mesures économiques ou sociales. Elle passe aussi, ce qui est nouveau, par l'action culturelle.

Au cabinet de Jack Lang, Jean-Pierre Colin va s'occuper de toutes ces catégories considérées jusqu'ici comme marginales. Il va sans cesse œuvrer pour la reconnaissance de cette dimension sociale de la culture[22].

Cette action ne sera guère relayée par les médias. Pourtant, ici comme ailleurs, Jack Lang s'efforce de mobiliser la presse. Mais les rubriques culturelles relèvent plus de critiques d'art que d'analystes des dimensions sociales et économiques de la culture. Comment faire passer l'idée que la lutte contre les exclusions est pourtant essentielle dans une politique culturelle de gauche ? Qu'elle est inhérente à une pratique concrète de la promotion des droits de l'homme ?

Comme l'écrit Jean-Pierre Colin : « Toutes sortes de droits, anciens ou nouveaux, toutes les libertés se retrouvent ainsi au fil du programme socialiste et la liste en est difficilement exhaustive : droit à l'éducation et à la formation permanente, droit à l'information avec la liberté des ondes en perspective et aussi un statut de la presse, droit à la transparence administrative avec l'accès de chacun à ses propres dossiers, etc. En un sens, c'est peut-être là l'essentiel du message de François Mitterrand aux Français. Depuis longtemps déjà, et en tout cas depuis la crise économique mondiale au début des années soixante-dix, il était en fait de moins en moins question de rupture avec le capitalisme… »

De là, la prise en considération de toutes les exclusions. Celles des cultures régionales, des cultures étrangères en France, notamment la culture islamique, des minorités sexuelles, des handicapés moteurs et mentaux, des sourds, des aveugles, des populations carcérales, des hôpitaux, etc. À son poste, Jean-Pierre Colin sera la plaque tournante du « ministère des ministères ».

Le ministère de la Culture n'a-t-il pas pour vocation de favoriser le tissage de liens sociaux inhérents à l'action culturelle ? La conception du développement culturel, ici promue, amplifie celle proposée par Pierre Emmanuel et Jacques Duhamel. Elle intègre la lutte contre ce que l'on pourrait appeler la « fracture culturelle ». Elle n'a pas encore reçu assez de moyens pour que ses résultats puissent être patents.

Le ministre de la Culture en fait l'une de ses priorités. « Depuis 1981, écrit-il sous la plume de Jacques Sallois, son directeur de cabinet, la nouvelle politique culturelle constitue un moyen privilégié de rapprochement et d'échange entre les citoyens[23]. »

Cette politique s'articule autour de trois idées : mobiliser les Français par des initiatives culturelles faisant appel à la participation active d'un grand nombre de citoyens, favoriser le rassemblement par l'encouragement de la libre expression et du dialogue des cultures, et solliciter tous les talents, sans esprit partisan.

Une politique culturelle de gauche

Cette politique culturelle qui fait référence à des valeurs de gauche est-elle réellement de gauche ?

Cela a été contesté par certains dont Jacques Rigaud résume assez bien l'opinion.

Dans *L'Exception culturelle*[24], il pose la question : « On peut se demander si au delà des idées, du style et des symboles, cette politique culturelle conçue et menée pendant dix ans par Lang est vraiment une politique de gauche. Y a-t-il eu un « socialisme culturel » ou une « culture de gauche », comme on disait au printemps 1981 ? Observe-t-on au contraire, comme dans les domaines de l'économie, de la monnaie et de la défense, une conversion plus ou moins avouée à un pragmatisme intégral sous l'effet des réalités du pouvoir et des réalités tout court ? Ou bien, faute d'une pensée et d'un programme, la gauche a-t-elle poursuivi en matière culturelle la politique de la Ve République, avec des moyens accrus, un style plus détendu et inventif et quelques audaces occasionnelles dues à la personnalité d'un ministre imaginatif et, plus encore, soucieux de son image ?

Ma réponse est que Lang est objectivement un continuateur plus qu'un vrai novateur ; à ce titre, il a porté la politique culturelle de la Ve République à son accomplissement, mais en en révélant les limites… Ce qui est intéressant, c'est qu'il a tenté, le plus sincèrement du monde, de franchir ces limites et d'inventer une politique nouvelle ; il s'est ensuivi des intuitions, des tentatives, mais aussi des extravagances et des échecs dont l'inventaire raisonné sera le préalable nécessaire à cette refondation de la politique culturelle dont Lang a pressenti la nécessité sans pouvoir l'accomplir, ni peut-être la vouloir. »

Ainsi la politique culturelle de Lang serait centriste ! Puisque les idées politiques seraient vaines et finiraient toujours par céder la place devant la réalité toujours invoquée quand il s'agit de plaider l'immobilisme, la pesanteur des choses ou, ce qui revient au même, la continuité (De là, le goût de Jacques Rigaud pour la phrase de William James citée par Jacques Duhamel). Ainsi, la politique culturelle, conduite par la gauche et la droite, serait en réalité de même nature, à des nuances près. La politique ne serait qu'illusion et tromperie.

Pour qui veut comprendre les grandes orientations, les priorités, les choix adoptés par Jack Lang au-delà de la masse des initiatives[25], il est utile de se référer à deux textes de base : le discours à l'assemblée qui inaugure la législature le 17 novembre 1981 et celui qui la clôt, le 28 octobre 1985. La volonté de consensus et de rassemblement a pu parfois gommer ce qu'il y avait de progressiste dans cette politique, mais il faut s'attacher à la réalité des actions. Elles sont marquées par la rupture et par des choix de gauche.

Le discours du 17 novembre 1981 à l'Assemblée nationale commence par ces mots : « Doubler le budget de la Culture en temps de crise, est-ce bien raisonnable ? » L'approche budgétaire est-elle provocatrice ? Faut-il y voir la preuve d'un empirisme ou au contraire une volonté de changement ? On a tellement été habitué à voir les ministres de droite initier leur arrivée rue de Valois par des réductions budgétaires que cette volonté marque un profond changement. Il n'y a pas de fumée sans feu : si le ministre annonce un tel accroissement de ses moyens c'est évidemment pour répondre à des objectifs nouveaux qui constituent une véritable rupture par rapport au passé.

Pour Lang, la culture est ce qui différencie le mieux la droite et la gauche, en recevant une mission d'incitation à l'innovation et d'entraînement de l'investissement économique, comme en témoigne cette lettre à Fabius : « Cher Laurent, quelques mots relatifs aux grands projets et à la culture au cas où Chirac voudrait t'en parler :

1. Là gît une différence radicale entre la droite et la gauche. Pour la droite, la culture, le savoir et l'éducation, c'est le luxe. D'où la réduction constante des crédits de la culture, de la recherche et de l'éducation sous le précédent septennat. Pour la gauche, c'est une source vive, c'est la condition de la modernisation. L'investissement dans la culture et le savoir est un investissement dans l'économie. Culture et économie même combat. [...] 2. Le coût des grand travaux. 0,4 % du Produit intérieur brut annuel pendant 5 ans, l'équivalent chaque année de 10 km d'autoroute urbaine, un financement partiellement privé : sur les 2,5 milliards de francs de la Tête Défense, les 3/4 sont financés par des capitaux privés. [...] Au-delà de ces applications concrètes, Paris et la France redeviennent un foyer mondial d'idées, de propositions et de réalisations. [...] Un seul regret : que l'Exposition universelle n'ait pas eu lieu à cause de Chirac. C'eût été un formidable coup de fouet pour l'économie et la technologie françaises. Les crédits publics investis nous auraient été rendus au centuple par des apports financiers des autres pays[26]. [...] La politique à courte vue l'a emporté sur la politique des grands desseins. Où est le gaullisme dans tout cela[27] ? »

Il est clair que pour Lang, l'investissement culturel prend des allures de politique keynésienne, avec des accents parfois plus gaulliens que ceux des gaullistes eux-mêmes.

On peut être de gauche et vouloir rassembler : ce qui suppose évidemment de bannir l'esprit partisan. Jack Lang cherche à travailler avec toutes les forces intellectuelles. Ces collaborations se nouent au sein de comités et commissions multiples qui gravitent autour du ministère. C'est, par exemple, le cas d'un Comité national pour le développement de la lecture publique présidé par Pierre Dumayet et auquel participent Jacques Auxiette et Philippe Séguin. Il en va de même de l'association « Bretagne et culture ». Il encourage les municipalités ou associations locales à élaborer des « chartes communales des libertés culturelles ».

Ce qui compte, dit-il, ce n'est pas la couleur politique d'un maire, mais sa volonté de conduire une vraie politique culturelle. Il se rend, et ses collaborateurs aussi, dans toutes les villes qui le sollicitent. À gauche, au début, on n'apprécie pas toujours que le nouveau ministre fraie ainsi avec des élus de droite. Mais il se vit comme le ministre de la Culture de tous les Français. Rassembler les Français suppose de rompre avec les prudences de la langue de bois.

Il n'hésite pas à vilipender l'esprit partisan qui anime certains élus locaux contre des responsables culturels : « C'est avec surprise, tristesse et aussi indignation, dit-il à Reims, que j'ai appris que les municipalités de Brest et de Nantes avaient décidé de supprimer les subventions à leurs maisons de la culture, de dénoncer les conventions les liant à ces institutions, et de signer leur arrêt de mort, que celle de Saint-Étienne licenciait le directeur de la maison de la culture, que celle de Poissy entreprenait de fermer le centre d'action culturelle. Mais le phénomène semble plus général. Ici on entend que le maire de telle commune se sépare de la troupe de ballet professionnel en alléguant qu'entre la sécurité et la culture, il faut choisir ; là, on constate que des compagnies de théâtre, des offices culturels, des maisons des jeunes et de la culture voient leurs subventions réduites drastiquement et sans préavis. Les raisons d'ordre financier ou fonctionnel avancées timidement et sans conviction par ces municipalités cachent mal la réalité de choix partisans, souvent sectaires et motivés bel et bien par des objectifs politiques. De telles attitudes conduisent à étouffer la création culturelle dans notre pays. Celle-ci a en effet besoin d'une atmosphère de liberté pour se développer et s'épanouir[28]. »

Lang apparaît ainsi comme une sorte de garant et de régulateur de la vie culturelle locale. Aucun ministre avant lui ne s'était permis de clouer au pilori les maires qui font preuve d'intolérance culturelle. Il éprouve aussi, en 1983, une sorte de prémonition de ce que sera, quelques années plus tard, le comportement de certains élus du Front national qui procéderont à de véritables autodafés dans leurs bibliothèques municipales. La solution : ne rien accepter qui aille dans le sens de l'intolérance culturelle, de la censure ou du mépris de la création.

Le combat culturel est donc bien un combat politique et un combat intellectuel. N'est-il pas parfois un combat un peu solitaire : le ministre de la Culture peut-il se passer du *Parti des créateurs* ?

Mais où sont passés les intellectuels ? se plaignent certains esprits chagrins : au moment où la gauche a investi l'appareil d'État, n'est-elle pas en train de déserter le « parti des intellectuels » ?

Où sont passés les intellectuels ?

L'esprit de rassemblement vise aussi, et peut-être d'abord, les intellectuels. Leur relation au pouvoir change de nature dès lors que le gouvernement n'est plus dirigé par des personnes qui sont en butte avec eux comme dans le passé. Certains d'entre eux fréquentent désormais les allées du pouvoir, comme on l'a vu. D'autres sont associés à lui. Il sont également invités à accompagner le ministre dans ses déplacements pour représenter la culture française à l'étranger. Certes, l'époque est moins propice à l'engagement que la décennie antérieure. Le pouvoir politique a changé de mains et le pouvoir intellectuel a passé la main à une nouvelle génération. Ceux qui ont soutenu le nouveau pouvoir sont moins motivés pour le critiquer. Un bon nombre préfèrent travailler silencieusement. Beaucoup plus qu'à la critique, la période est à l'élaboration, à la conception et à la formulation des idées.

Jack Lang s'émeut de la série d'articles de Philippe Boggio[29] et Max Gallo[30], alors porte-parole du gouvernement, parus dans *Le Monde* sur « Le silence des intellectuels de gauche ». Il en parle autour de lui, consulte lui-même des intellectuels et comme eux s'indigne : si les intellectuels sont silencieux c'est qu'ils n'ont plus à combattre un gouvernement réactionnaire et qu'ils peuvent se livrer pleinement à leur travail de recherche et d'étude. C'est aussi parce que les intellectuels ne se prêtent peut-être plus comme avant aux grands débats idéologiques. Vercors réagit comme lui. Il lui suggère d'en faire part au *Monde*, ce qui donne un morceau d'anthologie : « Silencieux en effet, je le suis ; mais ce n'est pas nouveau : il y a vingt-sept ans que cela dure. [...] Il serait donc abusif d'interpréter aujourd'hui ce silence comme une marque de défiance à l'égard d'un gouvernement qui lutte, depuis deux ans, pour le progrès social. N'oubliez pas que l'homme de plume est plus à l'aise pour dénoncer les vices d'un pouvoir que pour louer ses vertus. Que par conséquent le silence des intellectuels de gauche me semble constituer, à l'égard du gouvernement, bien plus une forme d'approbation que de critique. Nous voit-on chanter en chœur les louanges du président de la République, et celles de ses ministres, en agitant des palmes ? Ce serait pour le coup qu'on pourrait nous traiter de lèche-botte et d'opportunistes[31]... »

Henri Lefèbvre réagit à son tour : « Si la pensée reste silencieuse, écrit-il au *Monde*, c'est qu'elle a ses raisons ; peut-être qu'elle attend son heure, le moment favorable pour prendre la parole. » Et de s'en prendre aux intellectuels de droite : « Personne, parmi les intellectuels de droite, n'a la taille, la consistance, l'envergure qui mériteraient une attaque, une critique, une réfutation. Leur nullité théorique, philosophique, idéologique est presque complète même s'ils ont par moment réussi à faire illusion[32]. »

Chacun y va de sa plume : Guy Sorman, Alfred Grosser, Henri Guillemin, Claude Allègre, Catherine Clément, Jean Gattegno, Jean Duvignaud, Léon Schwartzenberg, Madeleine Rébérioux, Julio Cortazar, Hélène Parmelin, Henry Chapier, et même Jean-Edern Hallier.

Jean-Pierre Faye conclut le débat de manière magistrale en affirmant que la question est un artifice, de ceux dont raffolent les intellectuels et les responsables de la « machine à information ». Il montre « comment la machine à information fabrique du silence d'intellectuels ». Il rappelle qu'il a eu l'idée de créer réellement un « collège de philosophie à vocation internationale ». « Je souhaitais qu'existe désormais un vrai lieu où le silence de la pensée inventive débouche sur la communication : séminaire et discussions à l'air libre branchés sur l'arbre du présent. »

Il raconte comment son idée a été accueillie par deux ministres de la recherche et conduite à bon port « solidairement avec leurs collègues de l'éducation et de la culture ». « Un moment décisif, dit-il, aura été la journée du 9 janvier 1982 où près de deux cents philosophes et sociologues, écrivains et scientifiques, musiciens et peintres ont débattu ensemble, à l'ancienne École polytechnique, des points de contacts paradoxaux entre recherche et création. »

Mais, hélas, la société de communication perturbe le calme ordonnancement des échanges intellectuels : « Que va dire de cela la machine à information ? Elle commence à inverser la démarche. Selon elle — dépêches d'agence, échos de presse — ce seraient les ministres eux-mêmes qui auraient décidé, un beau matin, de faire faire de la philosophie. Ils auraient convoqué pour cela quelques philosophes en disponibilité, en leur commandant de fonder un “collège” dans ce but. Voilà ceux-ci, muets qu'ils étaient auparavant, transformés en philosophes d'État. Que les rôles des uns comme des autres soient dénaturés, peu lui en chaut. Dans un second temps, la même machine d'information, ou une autre qui prendra le relais, va s'indigner : voici donc la philosophie d'État, sur fond d'intellectuels taciturnes et accablés. » Et de conclure : « Comptons à l'automne sur les chefs historiques du parti des clabauds de mode pour se déchaîner à nouveau sur ces thèmes-là. On affirmera sûrement que la pluralité des paroles et des tendances n'est pas représentée. Comme si Jacques Derrida et François Châtelet, Dominique Lecourt et Jacques Roubaud, Félix Guattari et Jean-Claude Milner, Jean-François Lyotard et Jean-Paul Aron, Michel Serres et Emmanuel Lévinas, Isabelle Stengers et Élisabeth de Fontenay, Mitsou Ronat et Christine Buci-Glucksmann, mais aussi Michel Butor et Xenakis, Pierre Soulages et Bernard Sobel, Jean-Pierre Vernant et Jean-Pierre Changeux, parties-prenantes du projet avec beaucoup d'autres, représentaient “une” tendance homogène. On dira aussi que rien de neuf ne naît plus en France, et que philosophes, scientifiques, artistes se taisent et boudent sous leur tente en ce moment. »

Fini le faux débat sur le vrai-faux silence des intellectuels.

La fête de la vie

Proche des intellectuels, Jack Lang ne limite pas son action au seul domaine intellectuel. Il y a du Gide dans certaines de ses aspirations culturelles : « Nathanaël, je veux t'apprendre la ferveur[33] ». Et Lang en effet recherche des formes de ferveur populaires qu'il trouve dans ce que l'on appelle la fête. « Faute de mieux », dit-il, car il n'aime pas le mot : « Nous ne sommes pas des fêtards ! ». Il est avide d'une culture proche de la vie, qui fasse appel au corps autant qu'à l'esprit. Les instituteurs, les responsables de mouvements de jeunes jouaient autrefois ce jeu d'éveil. Cette fonction s'est peu à peu diluée. Les fêtes religieuses ont perdu leur sens aux yeux du plus grand nombre. Les fêtes laïques aussi. Il faut donc imaginer un nouveau calendrier, semble penser le ministre de la Culture, de fêtes culturelles qui scanderaient l'année autour des différentes formes d'expression artistiques : la Fête de la musique, les Journées du patrimoine, la Ruée vers l'art, la Fureur de lire, la Fête du cinéma, Ciné-mémoire, etc. Il y en aura bien d'autres.

Malraux, revenant sans cesse à des considérations sur la mort, nous avait habitués à ce que la célébration de la culture obéisse à des rituels tragiques. Lang rompt avec ce style un peu grandiloquent que ses prédécesseurs entretenaient pieusement. Pour lui, la culture est rythmée par la fête, même si elle n'est pas une fin en soi : « Elle s'insère dans un processus plus large de transformation des pratiques culturelles. Elle en est un moment, une sorte de respiration, voire d'explosion », dit-il. Les vertus de la fête sont multiples : « C'est l'occasion de mettre un art à l'honneur. Professionnels du cinéma, des musées, de la musique ou de la photo peuvent ainsi mieux faire connaître leurs savoirs. La fête a valeur d'encouragement. Ainsi Ciné-mémoire a permis de faire connaître le travail obscur des restaurateurs de films. En second lieu, la fête a un effet tonifiant au-delà du cercle des professionnels. Elle est un moyen d'information, un outil pédagogique, une occasion de sensibilisation de l'opinion publique. Enfin, la fête est un facteur de rencontre, une source d'échanges entre des formes d'art différentes, une occasion d'éveil de la curiosité et de croisement des quêtes de nos concitoyens[34]. »

Bref, la fête est d'abord un grand moyen de rassemblement.

La Fête de la musique, qui reste l'exemple même de cette orientation, correspond à une attente profonde de la population. « Si le ministère de la Culture a conquis une popularité auprès des jeunes, c'est non seulement par son action propre, mais c'est surtout parce qu'il a fait appel à leur imagination et à leur participation active. Ainsi, à travers la Fête de la musique dont le mot d'ordre était : faites de la musique, c'est-à-dire devenez vous-mêmes actifs au lieu d'être des consommateurs passifs[35]. »

En 1985, il annonce la Fête du cinéma avec la projection du film *Ran* de Kurosawa devant le Centre Pompidou sur écran géant, devant 4 500 spectateurs, puis la projection du *Napoléon* d'Abel Gance au Zénith (en partenariat avec le ministère de la Défense) avec la participation de Carmine Coppola. Une fête qui donnera lieu à des événements dans toute la France : des projections gratuites dans plus de cent salles, une « leçon de cinéma » par Frédéric Mitterrand à la télévision, le concours organisé par Pierre Tchernia permettant aux téléspectateurs d'identifier seize baisers célèbres (500 000 réponses), et enfin pour le prix d'un seul ticket, on pourra assister à une séance à deux : c'est un moment privilégié pour voir les derniers films à l'affiche et faire de ce dimanche un moment magique : que la moitié des Français qui vont au cinéma invitent l'autre moitié à partager leur passion[36].

Alliant culture et télévision il annonce la naissance des « Victoires de la musique » : « Une véritable complicité s'est établie au fil des jours (entre les professionnels de la musique et nous) en particulier à propos de la loi sur les droits d'auteurs et les droits voisins. [...] C'est ainsi que sont nées les "Victoires de la musique" [qui] ne sont pas seulement la réconciliation des professions de la musique, mais celle de toutes les musiques : des prix seront décernés dans de nombreuses catégories, du classique à la chanson en passant par le jazz, la musique contemporaine. [...] L'hommage ira à Henri Dutilleux et à Henri Salvador. Je vous vois sourire, mais le rapprochement dans une même fête de ces noms n'est-il pas déjà une victoire[37] ? »

Rassemblement dans la musique, rassemblement dans les musées, ou du moins entre les mondes des musées et des arts plastiques : tel est le sens du « Mois des musées et des arts plastiques », annoncé le 26 septembre 1985 : « Nous avons préféré le slogan amusant et dynamique de la "Ruée vers l'art", [pour diriger] un grand coup de projecteur sur cet univers passionnant que représentent les deux cents centre d'art et les deux mille musées de France[38]. »

Pour mobiliser la participation des citoyens, Jack Lang propose d'autres thèmes de rassemblement comme la découverte et la préservation du patrimoine, sous la forme, par exemple, de l'appel lancé à des photographes amateurs en liaison avec la presse régionale. Il met aussi en place la célébration du centenaire de la mort de Victor Hugo en donnant un nouvel éclat aux célébrations nationales qui vont être désormais coordonnées par Madeleine Rébérioux, une intellectuelle qui ne laisse pas sa langue dans sa poche et apporte un concours actif à la politique culturelle.

La créativité permet de marier le développement des technologies et leur usage. La recherche qui se donne à voir à La Villette va de plus en plus à la rencontre des publics. Lang l'intègre dans sa politique, comme en témoigne, par exemple, l'inauguration d'un train-forum sur la micro-informatique française, notamment à partir des outils développés par Thomson et trente entreprises dans le cadre d'une exposition itinérante. « Nous avons décidé avec le ministère de l'Industrie de susciter une industrie de programmes et de logiciels pour le grand public, notamment les jeux vidéo et les jeux éducatifs. Cette nouvelle industrie culturelle ne peut se faire sans vous (les industriels) mais elle ne peut se faire non plus sans les créateurs d'image, de son, de scénario. Notre action est double : susciter les initiatives d'entrepreneurs [...], susciter la création et l'accès des créateurs à cette nouvelle industrie[39]. »

Et de rendre hommage en outre à la collaboration avec la SNCF « permettant des manifestations culturelles dans ces nouveaux lieux rendus de ce fait plus attractifs pour leurs utilisateurs ». Toujours cette idée d'aller à la rencontre des publics là où ils sont.

« Changer la vie » est le leitmotiv qui fait écho à « économie et culture même combat ». « Personne ne peut nier, dit-il aux députés, que la France bouge. De ce bouillonnement, je l'admets, peut naître le pire ou le meilleur. En tout cas, il est signe de santé, de vitalité, d'énergie. Ce mouvement de la vie, chacun le ressent ici même : nos amis étrangers l'affirment, et je crois que nous pouvons être certains que notre pays est redevenu pour beaucoup, Français ou étrangers, un pays de rencontres et de découvertes, un pays d'idées neuves et d'œuvres originales[40]. »

L'impatience du ministre, jointe à celle des artistes, amène souvent à conduire les actions en dehors des cadres traditionnels du ministère. D'un côté, des manifestations, des événements souvent éphémères mais visibles et, de l'autre, des actions en profondeur, plus lentes, plus cachées. Toute la politique de Jack Lang se trouve dans le contraste entre le temps de l'action immédiate, spectaculaire et le temps de l'action en profondeur, le dessous de l'iceberg. Lang joue sans cesse des deux registres, alors que les médias ont tendance à ne retenir que la partition aisément perceptible, comme le dénonce Jean-Pierre Faye. La « fête de la musique » lancée en quelques semaines (ce qui permet de répondre aux impatiences) ne doit pas éclipser la construction du plus important réseau de bibliothèques modernes qu'aucun pays au monde n'a constitué en aussi peu de temps. Les journaux les plus sérieux en rendent assez peu compte car la lecture publique est moins spectaculaire que la « Fête de la musique ». Et l'argent va pourtant beaucoup plus à des projets d'infrastructures qu'à des opérations bruyantes : ainsi, l'intervention du ministère de la Culture dans le Festival de la BD d'Angoulême n'excède pas 500 000 F par an alors que la moindre subvention d'investissement à une bibliothèque atteint 20 ou 30 millions de francs, soit 40 ou 50 fois plus ! Cela n'empêche pas Marc Fumaroli d'attaquer le ministre sur sa politique de la BD ! et de rester presque silencieux sur sa politique de la lecture publique : pourquoi ne loue-t-il pas le formidable essor des bibliothèques avec la même vigueur qu'il dénonce la politique de la BD !

Rien de moins éphémère que la politique de protection des monuments historiques. Mais Jack Lang y introduit aussi le rituel et la fête en lançant, en 1985, les « journées portes ouvertes » : ouverture de cinq mille monuments et sites archéologiques. Il en profite pour présenter dix mesures supplémentaires arrêtées au conseil des ministres du 24 juillet 1985. Et de conclure : « Sur la période 1981-1985, l'ensemble des crédits consacrés aux travaux sur les monuments historiques est supérieur de 35 % en francs constants à ce qu'il était sur les cinq ans précédents[41]. » Les « journées portes ouvertes », comme la Fête de la musique, sont restées une sorte d'institution dans la vie culturelle du pays. La fête pour le plaisir du rassemblement, mais la fête aussi pour mesurer les avancées lentes et progressives d'une action de fond.

Du « peuple de gauche » au « peuple des jeunes »

L'élargissement du champ culturel tend à donner leurs lettres de noblesse aux musées de la culture scientifique et technique, à la bande dessinée ou à la photographie, au rock ou à la pop music. Il vise à faire descendre l'art dans la rue aussi bien par la fête que par l'installation permanente de sculptures dans les espaces urbains. Cet élargissement a pour objet d'engager un processus de démocratisation culturelle. Le temps n'est plus où la consommation culturelle était réservée dans des « temples » conçus à cet effet, ni devant des postes de télévision. La culture ne doit-elle pas changer la vie ? Et vivre c'est sortir, rencontrer, échanger.

Jack Lang préfère les réalisations concrètes aux grandes déclarations. Il engage des actions en direction des plus modestes dans le domaine de la création et de la diffusion. Il sait aussi que c'est en ensemençant dans toutes les couches de la population et dans toutes les formes d'expression que l'on peut favoriser l'éclosion de talents. L'investissement dans les cultures populaires regarde le long terme.

Le « peuple de gauche » se retrouve périodiquement dans la rue, en général pour exprimer des revendications ou des protestations. Le 10 mai 1981, le voilà place de la Bastille : orchestrateur, Jack Lang. Quelques jours plus tard, il accompagne François Mitterrand au Panthéon : maître des cérémonies, Jack Lang. C'est dans le rassemblement du « peuple de gauche » que le secrétaire national à la culture fait son entrée dans la politique culturelle de la gauche. Le nouveau ministre de la Culture propose au « peuple de gauche » de poursuivre ces rencontres par et dans la culture. Mais il n'en reste pas là. La politique culturelle est aussi affaire de générations. Pour durer, ne doit-elle pas s'ouvrir sans cesse aux jeunes ? Toujours le désir de la découverte des talents.

Le style du ministre séduit les jeunes dans toute leur diversité. Il est vite perceptible comme en témoignent un certain nombre d'images : image du parler vrai, de la présence « là où ça se passe », d'un ministre qui deviendra au fil des ans le véritable « ministre des jeunes », reconnu et adopté par eux, qui n'hésite par à s'engager pour favoriser leurs formes d'expression, souvent à contre courant des idées reçues. De là, les polémiques qui se sont succédé sur les appuis apportés par Jack Lang au rock, au rap et au tag, son engagement aux côtés de SOS Racisme. En réalité, il s'agit pour lui de favoriser des expressions créatives. Mais cela ne veut pas dire qu'il résume sa politique à ces reconnaissances, ni qu'il porte de jugement *a priori* sur la qualité de ces productions. Ce qui revient à distinguer la libre expression de la création.

Entend-il les jeunes demander de nouveaux lieux musicaux ? Il annonce toute une série de mesures dans ce sens : conventions pour de petits lieux accueillant le rock ou la chanson, aide aux formations de jeunes rockers, édition du guide « Maxi-Rock/Mini-bruit » pour aider à ne pas gêner le voisinage, création d'une équipe de conseil architectural et acoustique, etc.

« Tout le monde peut constater, conclut le "ministre de la jeunesse", qu'on est bien loin d'un dispositif dirigiste, qui aurait pour effet, selon certains, de créer des ateliers d'artistes, sans personnalité, sans âme, sans imagination [...]. Le talent, certes, ne se prescrit pas. Le succès ne dépend pas des procédures administratives. Mais, à l'inverse, jamais la « galère », l'absence de lieux de répétition, l'hostilité d'un voisinage exaspéré n'ont constitué, sauf dans les souvenirs distingués de quelques privilégiés, les conditions nécessaires à l'épanouissement de la création artistique[42]. »

Jeunesse rime avec vitesse. Jack Lang brûle les étapes et annonce les projets. Innovation, mobilisation, créativité, libération des énergies, sont ses maître-mots. Désormais, la rue de Valois n'est plus une administration comme les autres, feutrée, distanciée où il est difficile d'obtenir des rendez-vous. Elle écoute les aspirations et les propositions des jeunes.

Lorsqu'il lance en 1985 l'opération « Graine de curieux », il obéit à la préoccupation de favoriser les attentes des jeunes en matière de livre et de sciences : « pendant une semaine des expositions, sélections de livres, projections de films, colloques, rencontres et présentation d'une médiathèque sur une péniche[43]. »

Est-il l'inventeur de la « tontonmania » ? Il est, en tous cas, soucieux de la popularité de Mitterrand auprès des jeunes, car pour lui ils sont des forces de progrès et il a confiance dans leur capacité d'initiatives. Jack Lang n'est pas loin de croire que le renouvellement de notre politique culturelle et de la politique tout entière passe par les jeunes. Il écrit à François Mitterrand : « Nous pourrions imaginer quelques idées : 1. Actuellement se constitue, sous le nom Club Zénith, une association de créateurs qui se propose d'organiser une série de fêtes et de rassemblements pour les jeunes. J'aurai l'occasion d'ouvrir la première réunion publique, le 4 février prochain. Ne pourrait-on pas concevoir que, sous ce nom de Club Zénith, un grand rassemblement de jeunes soit organisé autour de vous ? 2. Autre idée : le Zénith de Montpellier voit le jour. L'inauguration officielle est prévue le 6 février, mais la meilleure date pourrait être celle du concert de Jacques Higelin, le 7 février[44]. »

Pendant que Lang parle aux jeunes le langage du respect, Louis Pauwels accuse la jeunesse d'être atteinte d'un « sida mental » ! Pas moins ! L'expression fait scandale à une époque où les étudiants protestent dans la rue contre la loi Devaquet : « Ce sont les enfants du rock débile, écrit le journaliste, les écoliers de la vulgarité pédagogique, les béats de Coluche à Renaud, nourris de soupe infra-idéologique cuite au show-bizz, ahuris par les saturnistes de "Touche pas mon pote" et, somme toute, les produits de la culture Lang. [...] Leur rêve, explique-t-il, est un monde indifférencié où végéter tièdement. [...] Ils ont peur de manquer de mœurs avachies [...]. C'est une jeunesse atteinte d'un SIDA mental[45]. »

Tout ce délire verbal parce que la police a tué un gamin qui manifestait sur un trottoir parisien ?

Le couple Mitterrand-Lang fait merveille auprès des jeunes. Le « fils » joue le rôle de médiateur entre le « père » et les enfants. Ou, si l'on préfère, entre « tonton » et ses neveux. C'est grâce au fils que le « père » retrouve un coup de jeunesse, ce qui lui permet de se présenter après sept ans de pouvoir comme un nouveau prétendant. On se souvient de la soudaine timidité du candidat en 1988, répondant un « oui » presque effarouché au journaliste qui lui demande s'il se représente...

La « tontonmania » atteindra son apogée plus tard, après l'élection présidentielle de 1988. Cet accent mis sur les problèmes des jeunes ne signifie pas que Lang se désintéresse des adultes ou des personnes âgées. Au contraire il organisera, plus tard, pour elles les journées de la Flamboyance. Ce n'est pas parce qu'il aime les jeunes qu'il déteste les anciens ! De la même manière, ce n'est pas parce qu'il se motive en faveur de la création qu'il néglige pour autant le patrimoine. Toujours le même principe : tenir les deux bouts de la chaîne. C'est vrai aussi des deux fondements de la politique culturelle : création et patrimoine.

3. DEUX PRIORITÉS : CRÉATION ET PATRIMOINE

La nouvelle politique fait-elle le choix du progrès contre le passé, de l'expression contre la connaissance, de la création contre le patrimoine ? On l'a prétendu à tort. La politique culturelle de Jack Lang est assise sur les deux piliers que sont la création et le patrimoine. Indissociablement.

L'art et la création

Elle vise à mettre le ministère au service de l'art et de la création. Le ministre l'explique : « Deux maîtres mots résument notre politique : création, décentralisation. » Cela signifie-t-il un abandon de la priorité du patrimoine ? Jack Lang répond : « Nul besoin d'une Année du patrimoine pour le bien traiter. Mieux que jamais, et sans tambours ni trompettes, il sera préservé, entretenu, enrichi. Au reste comment le séparer arbitrairement de la création ? La création s'en nourrit, l'arbre déraciné ne produit plus de bourgeons, à l'inverse le patrimoine doit s'ouvrir au bouillonnement du temps présent sous peine de n'entendre résonner que les seules voix du silence[46]. »

La décentralisation sera accompagnée par la direction du Développement culturel, par la création d'une dotation culturelle régionale et de fonds régionaux pour l'acquisition d'œuvres d'art. Jack Lang conclut en expliquant en quoi, comme sous Malraux, le ministère de la Culture a pour objet d'assurer une liaison étroite avec la classe intellectuelle et culturelle : « J'appartiens à une génération d'hommes de culture pour qui l'État était l'ennemi, non seulement l'ennemi politique mais l'ennemi intellectuel. Je suis fier d'appartenir à un gouvernement pour qui l'Art et la culture sont ses alliés. »

Ainsi Jack Lang plaide-t-il la réconciliation entre l'État et l'Esthétique, qui correspond à une volonté ancienne déjà annoncée par Malraux mais, il faut le reconnaître, avec plus de réalité et un plus fort ancrage dans la création contemporaine : « Jamais dans l'histoire récente de la République, un pouvoir n'avait bénéficié d'un tel assentiment et d'un tel soutien auprès des hommes de culture. Par centaines les témoignages d'écrivains, de cinéastes, de peintres, de compositeurs affluent sur le bureau du président de la République pour lui dire leur gratitude[47]. »

En affirmant la priorité de la création, Jack Lang fonde-t-il sa politique culturelle sur l'offre plutôt que sur la demande ? Je sais qu'il n'aime pas, comme nombre de responsables culturels, cette distinction, comme si l'on pouvait y voir une sorte de dépravation de la culture ramenée à l'état de produit marchand. Pourtant, si l'on fait abstraction de toute idée de marché, n'existe-t-il pas deux formes de politiques culturelles : l'une fondée sur la production artistique et l'autre qui met l'accent au contraire sur tout ce qui peut concourir à la diffusion de la création auprès du public ? Débat académique rétorque Lang. Pour que la démocratie culturelle soit possible dans les villes de France, il faut d'abord que la population dispose d'équipements sur place : il faut donc commencer par lui proposer une « offre » de services et produits culturels. « Car l'appétit de culture est infini du moment qu'on lui permet de s'exprimer, dit-il. Et si je me suis tant intéressé à la création sous toutes ses formes c'est pour répondre au désir de démocratie culturelle : c'est souvent à partir des musiques actuelles que les jeunes vont pouvoir accéder à la musique classique. Ce qui importe n'est ni l'offre, ni la demande, c'est une volonté[48]. »

A priori on pourrait attendre d'une politique culturelle socialiste qu'elle opte pour la deuxième manière, la politique de la demande, ce que tentera de faire, par exemple, Catherine Trautmann[49]. Jack Lang refuse cette opposition tout en se déclarant hostile à une politique de la seule demande, ou encore de la diffusion, et en choisissant la politique de la création : les artistes doivent être bons, les spectateurs actifs. Il rejoint en cela nombre d'hommes de culture, comme Jack Ralite. On ne voit pas, en effet, en quoi il serait intéressant de diffuser une création médiocre. Le but est « d'élargir le cercle des initiés », selon l'expression de Bertolt Brecht.

Pour Jack Lang, la question ne souffre guère d'interrogation, comme il s'en explique devant les députés en 1985 : « Pour rendre à la culture cette dimension populaire, je crois n'avoir cédé à aucun moment la moindre parcelle de terrain à la trivialité. Chaque fois, je me suis efforcé de faire appel à la part de rêve qui est en chacun de nous. J'ai tenté de propager cette idée simple : la culture, ce sont, oui, d'abord les artistes et les créations et l'art au plus haut niveau, d'où l'importance des crédits consentis en faveur de la recherche artistique, de la création, du patrimoine et de l'éducation artistique ; mais la culture, c'est aussi chacun de nos choix de livres ou de films, de peintures ou de sculptures, nos envies d'être, de créer, nos habitudes de vie et de pensée[50]. »

Sans entrer dans un débat de fond, l'exemple du théâtre permet de bien saisir la complexité de ce débat. « Si l'essentiel c'est l'acteur, l'important c'est le spectateur, déclarent Guy Alloucherie et Éric Lacascade. En sa présence, nous démontons les mécaniques de la réalité. Non pas uniquement au cours de représentations, mais aussi pendant les répétitions comme un travail en commun qui nous concerne tous[51]. »

À quoi Alain Ollivier répond : « L'événement de théâtre ne se mesure pas à la quantité de spectateurs payants. Du théâtre fait dans la pauvreté — Le *Cadavre encerclé* de Kateb Yacine, joué pendant la guerre d'Algérie par Jean-Marie Serreau, par exemple —, peut laisser un souvenir mémorable, tandis que des spectacles qui entraînent un public considérable n'auront jamais aucune influence. L'idée "grand public" est ubuesque, c'est elle qui est élitiste parce qu'elle attribue, ou feint de le faire, à un nombre très limité la faculté d'être touché et transformé par la poésie dramatique[52]. »

En réalité, dans l'histoire, les bonnes politiques culturelles sont celles qui développent l'offre et la demande, mais en donnant la priorité à la création. C'est pourquoi Malraux, par exemple, en encourageant la politique de Marcel Landowski, a joué d'abord sur la corde de la demande (ce qui a entraîné le tollé que l'on sait). Pompidou en faisant la part belle à Boulez, a mis l'accent sur la création. Au total, l'action des deux hommes était dans doute nécessaire. Et si Landowski a été à l'origine d'un développement des pratiques musicales, Boulez a permis à la France d'occuper une place de choix dans les années quatre-vingt et quatre-vingt-dix sur la scène de la création internationale.

Mais, en même temps, la bonne création ne se décrète pas. Elle fleurit souvent loin des interventions de l'État. La responsabilité du ministère de la Culture est modeste : elle vise seulement à inciter, à apporter des moyens d'expression, à favoriser l'éclosion d'un climat accueillant, en espérant qu'en résulteront des productions de qualité. Mais cette intervention, sans doute nécessaire, n'est pas suffisante.

Cette politique de l'offre, que je qualifie ainsi par simple souci de clarté, a le mérite de soustraire en principe les conditions de la création aux seules exigences du marché qui peuvent la pervertir. Je dis « en principe », car la commande publique peut générer à son tour des mécanismes pervers de sélection qui peuvent jouer un rôle aussi néfaste que le marché le plus aveugle : ainsi en va-t-il du clientélisme et de l'art officiel.

Dépasser les définitions : création, expression, connaissance

Le ministère de la Culture abuse-t-il des mots création, créateur, créatif? Ne semble-t-il pas vouloir ainsi ordonnancer les liturgies de Dieu le Père, créateur de toutes choses? Le mot création, mis un peu à toutes les sauces, doit être défini au regard de ceux d'expression et de connaissance. Si la création fait en effet référence à la production d'une œuvre originale dans son concept et sa réalisation, ce qui est le propre de l'activité d'un artiste, l'expression artistique est beaucoup plus diffuse, ne débouche pas nécessairement sur une œuvre, se soucie essentiellement de la délectation de celui qui s'y adonne, concerne le public que l'on désigne aussi sous le nom de « pratiquant », histoire de faire une référence supplémentaire à la vie religieuse! Elle est le propre de l'amateur. La politique de Lang vise à favoriser aussi bien la création que l'expression, les professionnels que les amateurs. Elle ne se désintéresse pas pour autant de la connaissance : activité qui désigne le travail historique et l'acquisition des méthodologies dans le domaine de la recherche aussi bien que de la conservation des œuvres.

Une approche superficielle de la politique de Jack Lang tend à lui faire préférer la création ou l'expression à la connaissance. Comme si, implicitement, le développement des connaissances allait de soi, alors que celui de la création ou même de l'expression serait plus complexe car soumis à des incertitudes, des variations dans les mœurs, les technologies, les goûts.

Là encore, en voulant hiérarchiser les actions qu'il engage entre les catégories, on risque d'amplifier un travers dont les médias se font eux-mêmes les porteurs. Les actions en faveur de la connaissance, souvent discrètes, passent inaperçues alors que celles qui concernent la création ou l'expression sont plus bruyantes et plus visibles!

En réalité, Jack Lang a traité aussi bien les unes que les autres. Il faut réhabiliter par exemple son action en faveur de la recherche et du travail universitaire. Les moyens apportés dans ce domaine ont été considérablement accrus. Ceux de la direction des musées de France et de son laboratoire, ceux du Centre national des lettres, de la maison des Écrivains, ceux nouvellement alloués au Collège international de philosophie avec Derrida et Jean-Pierre Faye, la collection de livres philosophiques de Michel Serres directement aidée par le ministère. C'est aussi la création d'une maison de l'Inventaire, aménagée dans le quartier du Marais à Paris, faisant droit au projet d'André Chastel et de centres régionaux de l'Inventaire implantés hors de Paris. C'est l'intervention du Conseil supérieur de l'ethnologie, l'effort engagé sur la recherche archéologique.

Les universitaires ont été associés de près à cette politique. On vient d'en citer certains. On pourrait ajouter Jean-Pierre Changeux, spécialiste de « l'homme neuronal » qui devient président de la commission des dations, André Miquel nommé administrateur de la Bibliothèque nationale, puis président du Conseil supérieur des bibliothèques, Jean-Claude Pecker ou Joël de Rosnay associés à la Cité des sciences et de l'industrie de La Villette. On pourrait ainsi multiplier les exemples de Jean-Pierre Faye à Madeleine Rébérioux.

Ceux qui prétendent tirer des seuls médias leurs informations sur la part faite par Lang au développement de la recherche et de l'histoire, nient le travail historique et se mettent sous la dépendance des lunettes déformantes de notre société de communication.

Cette prise en compte du développement des connaissances n'exclut pas évidemment l'encouragement porté à la création. Une création qui sera visée par les interventions de l'État depuis les actes les plus modestes jusqu'aux plus ambitieux.

Du côté des actes modestes figure, par exemple, une action conduite en concertation par François Mitterrand et Jack Lang, sans la moindre publicité : la politique des cadeaux présidentiels a fait largement appel aux artistes, rompant avec la coutume de son prédécesseur, qui les choisissait parmi des objets d'antiquaires. Il faudrait répertorier les objets d'art offerts par François Mitterrand au cours de ses deux septennats : ce serait fort instructif sur ses goûts. Les achats ou les commandes vont du tableau à la céramique, et sont soigneusement choisis par Marie-Pierre Landry, nièce du président, qui travaillait auprès de moi au sein de la délégation aux Arts plastiques : pendant quatorze ans, le visage de la France pour ses partenaires étrangers sera ainsi celui de ses artistes et artisans contemporains. Certains d'entre eux ont été révélés grâce à cette action, somme toute modeste : Goudgi, bijoutier et ciseleur qui va réaliser plus tard l'autel de la cathédrale de Chartres, Antonio, peintre qui fait tisser une tapisserie aux Gobelins, *Z..* (on prononce Z, point, point) qui dessine aujourd'hui les décors du *Don Juan* de Mozart à l'opéra de la Bastille, mais aussi les frères Girel, céramistes, Jean-Paul Van Lith maître verrier, Edmée Delsol, Mattei Négréanu, etc.

Du côté de l'ambition, l'aide à la création va faire, par exemple, une place importante à la rénovation du Centre Pompidou. On fait appel à Gae Aulenti pour repenser les espaces du musée. Même si cela est contesté par les puristes qui préfèrent le dispositif initial à ce « musée dans le musée », cet investissement coordonné par Dominique Bozo et Jean Maheu marque la volonté de reconnaître l'importance du Centre Georges Pompidou et le souci de faire une place de choix à l'institution symbole de la création artistique.

Entre ces deux exemples extrêmes, le président est attentif à être présent, cornaqué par son ministre, sur les lieux de la création. Il participe ainsi aux « Journées jeunes créateurs[53] » organisées par la revue *Autrement* et le journal *Le Monde* au musée des Arts décoratifs le 2 octobre 1984. Et de voir François Mitterrand passer des danseurs aux graphistes, des mannequins aux musiciens contemporains, de la BD à la photo, de la peinture à la vidéo, et d'écouter les Rita Mitsouko (4 minutes selon le programme), de regarder le spectacle de Catherine Diverress et Bernardo Montet dans le *Rêve* d'Hélène Keller (4 minutes), d'admirer le défilé des créations des jeunes stylistes (Desdemone, Nathalie Vallax), de prêter l'oreille à une pièce instrumentale de Pascal Dusapin descendant l'escalier, de jeter un coup d'œil aux dessins originaux de Marc Caro, Teulé et Enki Bilal (3 à 4 minutes), puis d'échanger des propos informels avec certains des cent soixante jeunes créateurs.

Le président en fait-il trop ? Son attitude est-elle démagogique ? Oui répondent ses censeurs ! Non se plaisent à le répéter les artistes étonnés, séduits, puis réconfortés.

Ce qui reste, c'est que des formes multiples de création, des plus modestes aux plus nobles, sont prises en considération par la politique culturelle. Reconnaissance favorisée par la commande publique qui se généralise, mais aussi par une nouvelle définition des droits des artistes et auteurs que la loi respecte, protège et promeut.

Droits des artistes, droits des auteurs

L'action en faveur de la création vise à reconnaître aux artistes et aux auteurs des droits qui garantissent leur identité. Une loi est votée par le parlement le 3 juillet 1985 sur les droits d'auteur et les droits voisins des droits d'auteur. Une nouvelle fois, Jack Lang obtient l'unanimité des deux chambres comme pour le prix unique du livre. Elle a pour objet d'adapter les droits de tous les partenaires de la création, auteurs, artistes, entreprises de production, à l'évolution des nouvelles techniques de communication. Et elle régule les mécanismes qui permettent aux auteurs et interprètes de percevoir une rémunération qui sera payée par le public sur la base d'un pourcentage du prix de vente. Ainsi une cassette audiovisuelle de deux cents francs va être l'occasion de verser à l'interprète, comédien ou musicien, un pourcentage du produit de sa vente, ce qui représentera une somme d'un franc ou d'un franc cinquante par exemplaire vendu. Ce peut être une ressource importante si le marché se développe. Cette loi adapte celle de 1957 aux réalités de la production et de ses techniques, elle étend le champ du droit d'auteur et permet par conséquent le développement des sociétés d'auteurs, comme la Sacem et bien d'autres.

Jack Lang est fier de constater que « notre appareil juridique mérite d'être pris comme modèle par les douze de la CEE, par le conseil de l'Europe et par nos amis des pays de l'Est ». C'est pourquoi, il déclare le 5 juin 1991 à l'occasion du bicentenaire de la première loi sur les droits d'auteur célébrée à l'assemblée nationale : « [...] empruntant au président Delors (alors président de la commission de la CEE), sa déclaration sur les "œuvres de l'esprit qui ne sont pas des marchandises", je précise que les harmonisations européennes inévitables ne doivent pas être dominées par des considérations purement économiques[54]. »

Derrière la loi, c'est l'un des modes de rémunération et donc de survie et d'indépendance des artistes et créateurs qui est développé et mieux garanti. Le régime français des droits d'auteur est souvent jugé très favorable. Certains disent même trop favorable. Pourtant les taux de rémunération restent faibles. Nombre d'artistes et interprètes sont soumis aux contraintes du travail intermittent et aléatoire. Et si quelques centaines d'entre eux gagnent très bien leur vie, des milliers sont dans une situation peu enviable, voire critique.

On assiste en même temps au développement d'un mode de plus en plus collectif de production artistique. Produire un film, une pièce de théâtre, un livre, une sculpture ou une fresque exige un nombre croissant d'intervenants dont la part dans le coût total de production tend, mécaniquement, à diminuer. J'ai calculé ainsi que la rémunération de Daniel Buren pour la réalisation des colonnes du Palais-Royal n'avait pas excédé 2 % du coût de la réalisation finale. Ce taux est de 10 % en moyenne pour les architectes. Il était de 50 % environ pour Michel-Ange lorsqu'il peignait la chapelle Sixtine.

Autres temps, autres mœurs.

Patrimoine et mémoire

La restauration des fresques de Michel-Ange ne suffit pas à les faire revivre, à travers les merveilles et les drames de l'époque de leur création. La nouvelle manière de prendre en compte le patrimoine ne se limite pas aux seuls objets, elle fait référence à la mémoire que l'on garde d'eux et que l'on peut encore comprendre. Certains objets d'art anciens, préhistoriques par exemple, ont perdu à nos yeux toute signification et nous apparaissent dans leur seule nudité d'objets : ils peuvent être très beaux mais comme mutilés par une perte de leur sens. Une conception plus ancienne du patrimoine mettait l'accent sur les collections, conception matérialiste d'une certaine manière, mais aussi conception scientifique qui a fait ses preuves, notamment dans le cadre de l'Inventaire systématiquement organisé par Malraux.

S'y ajoute désormais une manière plus subjective de découvrir la mémoire, dans une vision plus globale de la vie, de l'histoire, des relations entre les hommes et leur territoire. Il serait abusif de prétendre que Jack Lang a suscité cette manière de procéder. Mais il a aidé à ce qu'elle puisse se révéler. Le patrimoine quitte alors le seul domaine de la science et de la conservation pour entrer aussi dans celui de son interprétation, de sa lecture, de sa relation avec la vie présente, de son intégration dans le développement aussi bien culturel que touristique. Cette perception, qui n'exclut pas la première, favorise la naissance des centres d'interprétation, des musées d'histoire, des centres de culture scientifique et technique[55]. Sa place, aux yeux de certains responsables scientifiques, reste celle d'un « art mineur », ou d'une science mineure, alors que les deux dimensions sont plus complémentaires que concurrentes[56].

Comment marier patrimoine et politique culturelle de gauche ? Ou, dit autrement, comment éviter que la droite ne s'approprie l'exclusivité de la défense et la promotion du patrimoine ?

Jack Lang répond à ces interrogations en refusant les oppositions simplistes : il y a du patrimoine dans toute discipline artistique et culturelle, dit-il. D'autre part, le patrimoine ne doit pas être réservé aux seules élites : il doit être l'affaire de toute la nation, exclus compris. Une action concrète se trouve, par exemple, dans le projet de sauvegarde et promotion des archives du monde du travail. Le ministre en fera une de ses priorités : un bâtiment leur sera dédié à Roubaix.

Le rapport remis par Max Querrien, en juin 1982, à Jack Lang sur une nouvelle politique du patrimoine[57] comporte certaines propositions intéressantes, n'en déplaise à Jacques Rigaud qui considère que Lang a eu le tort de laisser « se développer un certain “discours de gauche” sur le patrimoine, dont un rapport Querrien est l'illustration pittoresque et d'ailleurs anodine[58]. » Est-ce à dire qu'il ne peut pas y avoir de discours de gauche sur le patrimoine ? Max Querrien qui a été conseiller d'État, maire de Paimpol et directeur de l'Architecture lorsque Malraux était ministre de la Culture, connaît assez bien le domaine pour faire valoir l'intérêt, pour une politique du patrimoine, d'assurer une intimité entre le peuple et sa mémoire qui « peut être légitimement rangée au nombre de droits de l'homme, [...] [permettant à tout homme d'être] en droit de se livrer à une recherche de paternité culturelle ». Dans ces conditions, la lecture du patrimoine doit s'accompagner d'une relance de la créativité populaire : « Il s'agit de mobiliser le patrimoine comme un agent provocateur, qui, échappant aux cloisonnements de la division du travail, aux spécialisations de la vie professionnelle, débridera la créativité potentielle des individus et des groupes. »

Il propose la création d'un Institut du patrimoine qui permette d'unifier la formation de corps de fonctionnaires différents qui interviennent dans sa protection et sa mise en valeur. C'est ce qui sera initié par Lang en 1985-1986 avec la préfiguration de l'École nationale du patrimoine, puis la fusion des corps de fonctionnaires en charge du patrimoine.

On doit à Michel Colardelle l'idée de l'École nationale du patrimoine. En 1984, après avoir initié des stages de formation permanente en qualité de président de l'association des conservateurs, il avait ressenti le besoin d'organiser à l'intention des conservateurs de musées une formation complète. Ainsi naquit l'École du patrimoine, simple section au départ de l'École du Louvre, soutenue par Dominique Ponnau. Deux ou trois générations d'étudiants reçurent ainsi une première formation spécifique qui s'adressait à la fois aux conservateurs d'État et à ceux des musées de province, dont la réunion était une sorte de révolution. Cette École nationale du patrimoine, définitivement instituée en 1990[59], a eu le mérite de s'adresser progressivement à tous les fonctionnaires de la conservation, moyen de les amener ultérieurement à travailler ensemble en bonne intelligence, ce qui n'était pas toujours le cas sous l'empire d'un système de formation éclaté.

L'opposition entre patrimoine et mémoire se fait souvent jour dans les actes les plus modestes. S'agit-il, par exemple, en 1986, de réfléchir à la mise en valeur du domaine de Nohant où George Sand passa une partie de sa vie ? D'un côté, les concepteurs imaginent le développement de ce lieu dans une perspective touristique de qualité, prenant la forme d'un « parc romantique George Sand » ; de l'autre, les tenants de la protection pure et simple ne veulent pas que ce site soit ouvert trop largement et préconisent une muséographie traditionnelle. On passe à côté d'une occasion intéressante. Cette opposition exista aussi longtemps au sein du musée des Arts et Traditions populaires qui en sera paralysé pendant des années.

L'un des symboles de la restauration du rôle de la mémoire dans le patrimoine national est la mise en valeur du site de Bibracte sur le mont Beuvray où le discours du président de la République, qui vient sur place en compagnie de jeunes lycéens, est un morceau d'anthologie évoquant le rassemblement de la nation : « Ici même se réunissait une assemblée de toute la Gaule [...]. Cette unité de la Gaule, à Bibracte, correspond moins à la réalité qu'au désir de notre peuple de s'ancrer au plus profond de son histoire [...]. Depuis près de quarante ans, je parcours tous ces chemins. Ici même, mais avec moins de compagnons qu'aujourd'hui, je suis souvent venu à mon tour, imaginer, rêver ce que pourrait être Bibracte et le mont Beuvray, rendus à son histoire [...]. Cette entreprise, la deuxième en importance après celle du Grand Louvre, fut engagée parce que Bibracte fut l'une des plus illustres cités de Gaule, parce que la civilisation gauloise est l'une des plus mal connues de notre histoire [...]. Je souhaite que, bientôt, Bibracte attire les Français de tous les coins de France et que tous se retrouvent en même temps que leurs racines. Et ceux qui n'ont pas de racines dans ce sol sont impliqués tout autant que les autres, du fait de cette imbrication, de ce mélange exceptionnel qui fait que la France, bien au-delà des origines celtiques, représente aujourd'hui un ensemble multiple de cultures, de réalités et d'espoirs. [...] Bibracte fait partie de notre passé. Mais elle n'est pas tout notre passé. Les Gaulois font partie de nos ancêtres. Mais nous en avons bien d'autres. Voyons donc ce qui nous rapproche, connaissons ce qui nous différencie, à l'intérieur, comme à l'extérieur. C'est cette réflexion qui me vient surtout à l'esprit au moment où j'érige avec vous Bibracte, site national, haut lieu de l'histoire de France. C'est aussi une invitation à regarder cet horizon bien au-delà de ses limites. Croyez-moi : il n'y a pas de simplification réductrice de la cohérence profonde d'un pays comme le nôtre. Ce que nous devons rechercher, ce sont les chemins de la cohésion nationale. Tel est le sens profond de la République elle-même. Telle est du moins je le crois de toutes mes forces, la vocation de la France[60]. »

Belle illustration de la mémoire vivante suscitée par un patrimoine et évoquée, faut-il l'écrire, par un animateur exceptionnel !

Il est difficile, pourtant, d'innover dans le domaine du patrimoine où les professionnels préparent des programmes de restauration pour des décennies et attendent plus ou moins patiemment des ouvertures de crédits. On commença, à l'époque de Jacques Duhamel, à raisonner sur la restauration en termes de programmes d'activités, notamment pour le superbe chantier de la Chartreuse de Villeneuve-lès-Avignon : Jacques Rigaud et Bernard Tournois y firent un travail remarquable et exemplaire. Cette conception de sauvegarde et mise en valeur du patrimoine assortie d'un usage contemporain, théâtre, expositions, ateliers d'écriture, etc., va se généraliser avec Lang. D'autant plus que l'on oppose moins qu'autrefois le patrimoine et la mémoire vivante. Le vrai débat devient celui qui distingue ou relie mémoire et création.

Mémoire et création

Le partage entre mémoire et création, placé au cœur de toute politique culturelle, est abordé dès la préparation du budget de 1982. 50 % des dépenses de la culture sont alors affectés à des actions patrimoniales (au sens large, en tenant compte non seulement des monuments historiques mais aussi des archives, des musées, etc.). Le plus gros budget du ministère est celui de la direction du patrimoine. Ne pas arbitrer entre les directions consacrées à la création (musique, théâtre, arts plastiques, livre, etc.) et celles consacrées au patrimoine (archives, musées, monuments historiques), c'est favoriser le patrimoine. Une certaine priorité donnée à la création permettra en 1981 d'infléchir sensiblement la répartition des crédits entre ces deux approches de la politique culturelle.

Cette distinction est peut-être sujette à caution, comme l'exprime lui-même Jack Lang le 17 novembre 1981 à l'assemblée nationale. Mais sous « Lang I », en tous les cas, la priorité budgétaire donnée à la création entraîne une correction de l'ordre de quelques pourcentages des crédits au profit de la création, ce qui ne remet pas en cause fondamentalement le statut du patrimoine dont le budget augmente beaucoup plus en valeurs absolues. Et Jacques Rigaud de remarquer que le reproche fait à Jack Lang d'avoir négligé le patrimoine est « en grande partie injuste et même absurde ».

Il est vrai que tout discours de gauche sur le patrimoine est susceptible de gêner les hommes de droite qui le considèrent souvent comme l'axe central de toute politique culturelle : comme si le patrimoine n'était pas fondé sur la création d'hier. Il est nécessaire de rendre justice de certains jugements tendant à faire croire que la période Lang serait, ici, au total moins innovante que la période Malraux.

Cette critique a été exprimée notamment par Émile Biasini, ancien collaborateur d'André Malraux, puis de Mitterrand, qui considère que : « [...] dans le domaine de la culture la novation fut plus dans la manière et dans les déclarations d'intentions que dans la réalité de l'action et je crois que l'époque Malraux fut certainement plus novatrice, car il fallait alors résolument en finir avec les Beaux Arts, ce qui n'était plus tout à fait le cas en 1981 ». Jugement partial et nostalgique contestant l'extension des compétences du ministère de la Culture : « Je juge peu réaliste l'étendue des compétences du ministère de la Culture. Un tel domaine — qui correspond à toute la vie — devrait être divisé en deux secteurs : celui de la gestion patrimoniale... et celui de l'action culturelle[61]. »

Le « pachyderme », comme le désignait Jack Lang en riant, se présente en héritier d'une conception toute patrimoniale de la culture, comme si l'on pouvait distinguer, par exemple, au sein de la direction du livre, voire au sein de la bibliothèque nationale, ce qui appartient au patrimoine et ce qui relève de la création. Peut-on de même dans le domaine de la musique, du théâtre, des arts plastiques, distinguer toujours le patrimoine et la création ? Faut-il par exemple au sein de la manufacture de Sèvres opposer les techniques anciennes qui y sont pratiquées et les usages contemporains que Georges Jeanclos y a développés ? Faut-il limiter les missions du Mobilier national à la seule restauration et ne pas lui confier la conception de mobiliers contemporains ?

Comment marier patrimoine et modernité ? Désormais, et Michel Colardelle[62] n'y est pas pour rien, les œuvres d'art contemporain prendront place dans les monuments historiques. De nombreux exemples en témoignent, comme les vitraux de la cathédrale de Nevers, jusqu'à la cour d'honneur du Palais-Royal, sans oublier le colloque-exposition sur l'art sacré dans l'abbaye de L'Épau près du Mans[63]. L'opposition entre art contemporain et monuments historiques peut être dépassée, ce qui ne veut pas dire que tout le monde souscrive à cette volonté de réconciliation entre passé et présent. Il n'en va pas ainsi aisément. Je voulais, par exemple, rendre hommage à Alienor d'Aquitaine et Richard Cœur de Lion, enterrés dans l'abbaye de Fontevraud. Leurs tombeaux étaient isolés dans un coin sombre peu digne de tels souverains. J'avais demandé au sculpteur Jean-Pierre Reynaud de faire un projet.

Il avait su dessiner les vitraux de l'abbaye de Noirlac. Il proposa de placer les tombeaux au-dessus de sortes de fosses revêtues de carreaux blancs qui auraient été éclairés donnant l'impression que les Plantagenets étaient exhaussés, tout en restant en place. L'architecte du monument historique était évidemment hostile et fit campagne contre le projet. J'avais obtenu l'accord d'Olivier Guichard, président de la région des Pays-de-Loire. Georges Duby, qui soutenait cette idée au nom du mariage du patrimoine et de la création, y alla même d'un article en première page du *Monde*. Je dus pourtant m'incliner devant le refus de la logique des monuments historiques. Il en alla de même avec un projet de François Morellet dans l'abbaye du Bec-Helloin.

Ce débat est néanmoins intéressant dans la mesure où il met en lumière deux générations, deux formes de l'action, l'une très cloisonnée, prudente, protectrice, l'autre plus ouverte et plus généreuse, ce qui peut être aussi un critère de distinction entre conservatisme et progressisme, ordre et mouvement. Mais on sait que mémoire et création sont les deux faces de la même action.

4. CULTURES POPULAIRES ET DÉMOCRATISATION DE LA CULTURE

Pas de politique culturelle sans démocratisation des pratiques. Et à cette fin, tous les moyens sont bons : la décentralisation, l'aide aux pratiques minoritaires, le développement des enseignements artistiques, la médiatisation des actions culturelles, la création de la direction du développement culturel, etc.

De l'éducation populaire aux exclus de la culture

Le ministère de la Culture a toujours rencontré une difficulté à faire une place claire à l'éducation populaire. On sait que Malraux et ses successeurs ont refusé qu'il s'engage dans ce domaine. Jack Lang en revanche, à son arrivée rue de Valois, ouvre les portes à la réflexion sur la place des cultures populaires dans la politique culturelle du ministère. Toutefois, à aucun moment, il ne revendique que lui soient rattachées les grandes fédérations d'éducation populaire. Il voit dans l'intervention du ministère de la Culture dans l'éducation populaire une source d'ennuis plus que d'avantages et considère que ce domaine relève bien de la seule compétence du ministère de la Jeunesse et des Sports.

En revanche, un certain nombre d'interventions ouvrent le ministère à l'action sociale et à de nouveaux territoires, qui ont trait à des pratiques de cultures populaires.

Dans ce domaine Jack Lang intervient aussi bien par des actions ciblées avec des associations et des groupes sociaux identifiés que d'une manière directe, avec les artistes et les publics. Il laisse le soin au ministère de la Jeunesse et des Sports de débattre avec les relais, les institutions, les associations. Jack Lang est un chef d'orchestre qui veut diriger lui-même l'ensemble de ses musiciens. Il n'aime guère la négociation avec les appareils politiques, syndicaux ou professionnels. De là la question que l'on peut poser : cultures populaires ou culture populiste ?

Il est certain, comme en témoigne Michel Colardelle, l'un des rares « scientifiques » du ministère à avoir travaillé au ministère de la Jeunesse et Sports[64], que les mouvements d'éducation populaire gagneraient à insérer leur action dans une politique culturelle (comme on l'a vu à travers l'expérience de la Maison pour Tous), et inversement. Mais cela supposerait une « révolution culturelle » au sein du ministère de la Culture. Il est plus aisé pour la rue de Valois de concentrer son action en direction des exclus, qu'en direction de la grande majorité des associations de jeunes dont on a tendance à imaginer qu'elles se limitent à tisser du macramé, construire des modèles réduits et gratter de la guitare.

Les enseignements artistiques passent en effet aussi par les maisons des jeunes et de la culture. Pas de risque populiste, c'est-à-dire démagogique, si la priorité des enseignements artistiques est clairement affichée.

Le serpent de mer des enseignements artistiques[65]

C'est à Nancy que Jack Lang a été sensibilisé aux enseignements artistiques. Il s'efforçait d'ouvrir le théâtre au lycée et à l'université. Tantôt ses interlocuteurs étaient accueillants, tantôt ils se recroquevillaient dans leurs citadelles. Il rencontra ainsi le recteur Groshens avant qu'il soit devenu directeur du livre, qui lui déclara que l'université et la culture n'avaient rien à voir ensemble. Il en resta pantois. Et plus encore lorsque, devenu ministre, il le retrouvera à la tête du Centre Pompidou[66] !

En réalité, avant 1981, cette question est restée au stade des expérimentations ponctuelles et volontaires : avec le soutien de la Mission Luc à l'Éducation nationale, l'intervention du FIC, l'atelier des enfants du musée de Marseille, puis celui du Centre Pompidou, conçus par Danièle Giraudy. Il faut attendre 1981 pour poser la question globalement. « Vous devez pénétrer dans l'Éducation nationale » déclare alors François Mitterrand à Jack Lang[67]. Ce sera difficile.

Les pratiques culturelles passent évidemment en priorité par l'école. Les relations entre le ministère de la Culture et son réseau d'écoles d'art et de musique, et les services de l'Éducation nationale sont un problème constant, on l'a vu, et la loi sur les enseignements artistiques que Jack Lang annonce le 17 novembre 1981 ne verra le jour que sous Léotard. La négociation avec le ministère de l'Éducation nationale est franche comme l'on dit et débouche, sur un protocole d'accord signé le 29 avril 1983, dont les effets, même s'ils sont positifs, restent en deçà des objectifs. Néanmoins, cette époque marque une réelle prise en compte de la question des enseignements artistiques, bien que les mesures adoptées ne quittent pas le domaine expérimental.

Dès le départ, le nouveau ministre met en avant le terme d'éducation qui englobe et dépasse les enseignements proprement dits et renforce la collaboration avec les promoteurs de l'action culturelle dans le monde scolaire. Les deux philosophies de « l'enseignement » et de « l'éducation » se conjuguent pour considérer que la responsabilité des ministères est engagée dans tous les domaines d'intervention du ressort de la Culture, et pas uniquement pour les arts plastiques et la musique. Le dossier est donc confié à la nouvelle direction du Développement culturel.

On s'efforce de mettre au point des programmes conjoints de formation des personnels des deux ministères, permettant aux deux mondes trop souvent cloisonnés de se mieux connaître dans des domaines où chacun juge avoir l'exclusivité de la compétence.

On développe les actions éducatives dans les institutions culturelles, en parallèle avec les structures homologues d'action culturelle au sein de l'Éducation nationale. C'est l'époque des cellules éducatives dans les théâtres, les musées, l'époque aussi où les bibliothèques s'ouvrent davantage à l'accueil des classes et des élèves eux mêmes avec des animations spécifiques, comme « l'heure du conte. »

De part et d'autre, dans cet esprit de concordat, on adopte la conception de « l'artiste intervenant ». À cet égard le Diplôme universitaire de musicien intervenant (DUMI) délivré par les Centres de formation de ces musiciens (CFMI), s'il garantit une qualité de prestations, interpelle à la fois l'enseignant spécialisé, souvent musicien lui même, et le musicien professionnel.

Le doublement des crédits du ministère de la Culture permet la mise en œuvre de trois formules : les classes culturelles, les ateliers, les options.

• *Les « classes culturelles » s'appliquent en majorité à l'école primaire*

Elles ont été conçues sur le modèle des classes de découverte. Il s'agit de déplacer la classe dans son ensemble, avec son enseignant, pour une semaine, et de leur permettre de vivre et de travailler avec une institution culturelle. Grâce à ce processus d'immersion et d'apprentissage, les enfants sont appelés à vivre une série d'expériences artistiques et culturelles en compagnie de professionnels des métiers de la création et de la conservation. Les premières classes ont été le plus souvent des classes « patrimoine », accueillies dans des lieux prestigieux, comme la Saline royale d'Arc et Senans où la Chartreuse de Villeneuve-lès-Avignon. Il existe aujourd'hui cent cinquante centres d'accueil pour des activités de ce type.

Toutefois, certaines de ces classes ont été organisées, dans une perspective plus proche de la création proprement dite, comme les classes-bande dessinée, ou les classes-photo.

Il est très difficile d'apprécier quantitativement le développement de cette formule. Une publication officielle du ministère précise que ces classes sont passées de 5 en 1985, à 1 300 en 1992-1993. À ces classes s'ajoutent toutes celles, bien plus nombreuses, financées par les parents, les collectivités locales et les coopératives scolaires. À titre d'exemple la ville de Paris a augmenté ce type de classes d'une dizaine, dans les années quatre-vingt, à près de 350 en 1995-1996.

On assiste à une très grande diversification des sujets d'études : extension des classes patrimoine aux domaines archéologiques, architecturaux, métiers d'art, élargissement également à tous les domaines de création : classes-théâtre, classes-livres, classes-arts plastiques.

• *Les « ateliers » concernent principalement les collèges*

Le principe en est différent : sur une durée d'un an, des élèves volontaires travaillent régulièrement, en général trois heures par semaine, soit dans les locaux scolaires, soit avec une institution, avec la double présence d'un enseignant et d'un artiste.

Lancés en 1983 pour le cinéma et le théâtre, ces ateliers ont progressivement investi tous les domaines et particulièrement les arts plastiques.

On en compte environ 3 000 et ils font l'objet d'un cofinancement obligatoire, certains étant même aidés du mécénat. Leur suivi est assuré par une instance où se retrouvent le rectorat et la Drac.

- *Les « options » sont réservées aux élèves volontaires des lycées*

Ces options qui existaient pour la musique et les arts plastiques depuis les années soixante, ont été étendues au cinéma et au théâtre. Elles s'intègrent au cursus et sont sanctionnées au baccalauréat. Elles diffèrent des ateliers par une orientation à vocation plus professionnelle. L'intervention de personnes extérieures à l'Éducation nationale n'est nullement systématique. C'est l'étape qui précède les classes à horaires aménagés, dont la vocation professionnelle est encore mieux établie.

Le protocole Culture-Éducation nationale de 1983 confirme principalement la prise en compte de l'ensemble des disciplines artistiques à l'école, dépassant pour la première fois la seule reconnaissance de la musique et des arts plastiques. C'est une grande innovation.

Il permet également la reconnaissance officielle de l'ensemble du dispositif des classes culturelles, des ateliers et des options et permet de donner un cadre réglementaire à ce qui était expérimental et, d'une certaine façon, seulement toléré au regard des programmes.

Avec le protocole, on sort du militantisme et on organise le volontariat, même si on est encore loin de l'institutionnalisation. Les différentes initiatives restent soumises à une appréciation d'opportunité de la part des hiérarchies de l'Éducation nationale.

Dans le même temps, le nouveau ministre a pu intervenir fortement dans des domaines qui sont de la compétence propre du ministère, ce qui est évidemment plus simple : sans vouloir être exhaustif, c'est le cas de l'École de la bande dessinée, de l'image et de l'animation ou CNBDI, de l'École nationale supérieure de création industrielle (ENSCI), de l'École nationale de la photographie à Arles, de l'École nationale des arts culinaires à Écully, de la future FEMIS pour les métiers de l'image et du son, du Centre national supérieur des arts du cirque à Châlons-sur-Marne ou de l'Institut international de la marionnette à Charleville-Mézières. Autant d'écoles nouvelles qui sont créées en quelques années marquant la volonté d'investir pour l'avenir dans des domaines à l'opposé de la « politique des paillettes ».

Le cinéma[68]

Le 1er avril 1982, Jack Lang annonce une grande réforme du cinéma qui fait suite à une large consultation des professionnels. « Depuis plus de trente ans, le cinéma n'avait fait l'objet ni d'un examen aussi approfondi, ni d'une rénovation d'une telle ampleur[69] », proclame-t-il. L'un des objectifs poursuivis est de reconquérir le public populaire : « La fréquentation qui se rapproche de 190 millions de spectateurs annuels peut gagner encore 20 à 30 millions de spectateurs supplémentaires », dit-il. De là une aide à la modernisation des salles dans les zones défavorisées et la création d'une Agence pour le développement régional du cinéma. Il doit aussi être incité à renouveler sa création : une grande école est lancée (ce sera finalement la FEMIS), la commission d'avances sur recettes diversifie ses modes d'interventions, de nombreux systèmes d'aides sont mis en place. Afin d'inverser la tendance à la concentration, il est décidé de libérer les écrans par un nouveau statut de la programmation échappant désormais à la domination de Gaumont, Pathé, UGC et Parafrance : 1 300 salles clés réalisent plus de la moitié des recettes annuelles. De là des dispositions législatives, dans le cadre de la loi sur la communication audiovisuelle[70], de manière à soumettre tous les groupements ou ententes de programmation à un agrément préalable du CNC[71]. Les fonctions de programmation sont désormais distinctes des fonctions de distribution : deux ou plusieurs sociétés d'exploitation d'importance nationale ne pourront participer au même groupement de programmation, ce qui implique une dissociation de la programmation entre Pathé et Gaumont. Un code de la concurrence est mis en place sous le contrôle d'un médiateur du cinéma[72]. Le compte de soutien à l'industrie cinématographique est réorienté.

Art populaire par essence, le cinéma reçoit, on le voit, un traitement de choc. Le soutien automatique bénéficie de financements accrus de 175 MF en 1982 qui seront portés à 242 MF en 1989. Tout un ensemble d'aides aux producteurs et distributeurs est mis en place. La production française se maintient avec 140 films environ par an et un chiffre d'affaires qui passe de 1,04 milliard de francs en 1981 à 3,29 milliards de francs en 1990. Néanmoins la part du cinéma français dans la fréquentation des salles diminue : 49,5 % des entrées en 1981 ; 44,3 % en 1985 ; 37,1 % seulement en 1990.

Le ministre de la Culture se bat sans cesse pour essayer de maintenir le cinéma français au rang qui est le sien. Il intervient pour favoriser le développement d'une industrie des programmes audiovisuels à la télévision. À cette fin est créé le compte de soutien à l'industrie des programmes géré par le CNC[73].

La dotation de l'avance sur recettes est considérablement accrue : aides au développement de projets, aides directes, aides à l'écriture de scénarios, aides à la musique de films, aides aux courts-métrages…

Créées en 1985, les SOFICA (portefeuilles d'actions permettant de drainer une épargne en faveur de la production cinématographique assortie de conditions fiscales avantageuses) permettent d'accroître les possibilités de financement de la production. Ils représentent 4,8 % des financements des films en 1986, 10,5 % en 1987. Les SOFICA ont permis de dégager auprès de l'épargne populaire 300 MF supplémentaires pour la production cinématographique.

La Fondation européenne des métiers de l'image et du son (FEMIS) est créée en 1986 et prend la suite de l'IDHEC. Ce projet est conforme aux propositions contenues dans le rapport de Jean-Denis Bredin. Elle constitue un bon outil de formation de haut niveau.

Toutefois, la fréquentation des salles ne cesse de diminuer, ce qui ne manque pas de poser un redoutable problème économique. Cela tient sans doute à la concurrence des chaînes de télévision, ce qui explique les réticences de Lang à l'égard de Canal Plus qui a beaucoup recours au cinéma tout en participant à son financement. De là aussi les réactions au regard du système de production américain. Le nombre des entrées est en réduction sur la longue période : 180 millions par an dans les années soixante-dix, 175 millions en 1985, 121 millions en 1990. Mais, alors que le cinéma français a été confronté à une baisse des fréquentations dans les années quatre-vingt, le voilà qui reprend du poil de la bête dans les années quatre-vingt-dix[74].

L'industrie française du cinéma reste la deuxième des pays industrialisés[75]. Mais les États-Unis ont accentué leur domination un peu partout dans le monde, le marché extérieur leur permettant d'améliorer un marché intérieur déjà considérable.

Le parc de salles de cinéma est passé de 4 532 salles en 1981 à 5 153 salles en 1985. La France possédera en 1989 le parc le plus important d'Europe. Ces salles ont été rénovées, apportant aux Français des possibilités de pratiques culturelles très décentralisées. De là une collaboration entre le CNC et les collectivités locales en vue, notamment, d'éviter des fermetures lorsque la loi du marché y conduit. Il est révélateur que, de plus en plus, les collectivités rurales doivent racheter des salles de cinéma contraintes de fermer pour des raisons économiques. Le cinéma reste en effet une activité de distraction populaire et le maintien de salles fait désormais partie de la panoplie des incitations à la décentralisation culturelle.

Dans ce secteur, l'action de Jack Lang est partout reconnue comme exemplaire, en particulier par les professionnels du cinéma. Les chiffres de fréquentation se sont redressés largement grâce à l'action qu'il a conduite. Le cinéma, c'est sans doute la nuit des césars, mais c'est aussi cette politique énergique, le plus souvent le dos au mur. Aujourd'hui l'avenir du cinéma français dépend de la capacité de résistance du cinéma européen.

Jack Lang achève son premier mandat par l'annonce de la création du palais de l'Image qui doit rassembler dans le palais de Tokyo le cinéma et la photographie et couronner son action dans ce domaine.

Dans son rapport, Jean-Denis Bredin avait en effet proposé la création d'une « vaste maison du cinéma » destinée à remédier aux cloisonnements des activités de la profession et notamment à réunir les fonctions de formation, de création et de conservation.

Jack Lang avait tenté dès 1985 de faire du palais de Tokyo un musée de l'image. Mais il se heurte à François Mitterrand plus proche des gens de musées que des gens de cinéma ou de la photographie : « L'idée d'un musée de l'image est bonne, lui écrit François Mitterrand. Cependant il n'a jamais été question entre nous de l'installer à la place du Tokyo actuel, poumon utile sinon nécessaire aux musées. Les musées ne demandent rien d'autre que de garder ce qu'ils ont et depuis très longtemps. Encore leur prendrait-on une forte superficie pour cinémathèque, photothèque, expositions, ce que j'accepte[76]. »

Jack Lang, qui s'est avancé à découvert, lui répond qu'il se sent désavoué et oppose les scientifiques des musées et les professionnels du cinéma, de la photo, se faisant avec ces derniers l'avocat d'une conception populaire de la culture : « Depuis 1981, les professionnels de la photographie et du cinéma réclament une vraie cinémathèque (toujours le souvenir de Langlois) et une véritable photothèque de dimension internationale. [...] 425 000 objets divers et 2 millions de photographies réunies par Henri Langlois croupissent, non inventoriés, dans des cartons. Que dire des dizaines de milliers de livres de la bibliothèque du cinéma, aujourd'hui inaccessibles ? Comment dès lors comprendre qu'un palais de Tokyo sous utilisé et sinistré leur refuse l'hospitalité ? Comment admettre cette injustice : d'un côté, on accorde tout aux musées qui déjà s'avèrent incapables de faire face à leurs obligations ; de l'autre, on refuse un abri au cinéma et à l'image. Je retourne le problème dans tous les sens. Je vous le dis, Monsieur le président, avec tout le respect et toute l'affection que je vous porte : je ne comprends pas. Je ne comprends pas que me désavouant, l'on renie ce beau projet qui aurait illustré notre politique et qui aurait enchanté des centaines de milliers d'amoureux du cinéma et de l'image[77]. »

La réponse de François Mitterrand ne tarde pas : « Il est difficile de parler d'un désaveu, alors qu'il s'agit de la création d'un nouveau musée dont le projet n'avait pas été discuté entre nous. Toute initiative, aussi intéressante qu'elle soit, mérite discussion et ne peut me lier sous peine de « désaveu ». C'est un dilemme impossible. Vous m'aviez parlé d'un compromis entre les deux exigences. Ce compromis n'apparaît pas dans vos dernières propositions. Je ne sais pas comment sont conduits les travaux du Grand Louvre depuis la dernière visite de Peï. Vous avez autorité. Usez-en. Mais je ne puis souffrir aucun retard. Et l'affaire du Tokyo peut en provoquer[78]. »

Comme chaque fois que l'on touche à une corde sensible, François Mitterrand se donne la peine d'écrire une lettre manuscrite.

Opposition intéressante, comme toutes celles qui touchent à des questions de fond : entre deux générations, deux formes d'art (les œuvres originales et les œuvres enregistrées), deux types de culture (mémoire et création), deux manières de concevoir l'action (la diplomatie et le commando). Le couple Mitterrand-Lang révèle ainsi, dans cette opposition, une fondamentale complémentarité, qui assure aussi la pérennité de sa politique culturelle. De la même manière apparaît le domaine réservé du président — les musées — le cinéma étant ici considéré comme susceptible de retarder le Grand Louvre.

En février 1986, les obstacles entre les deux hommes ayant été finalement surmontés, le « ministre de l'image » inaugure le « palais de l'Image » (on ne dit plus « musée ») : « Le cinéma et la photographie se dotent aujourd'hui avec le palais de l'Image, de l'outil qui leur manquait. Ainsi, la réforme que je conduis depuis 1981 arrive à son terme. Nous aurons mis en œuvre en l'espace d'une législature toutes les dispositions du rapport Bredin de 1981. [...] [Cet ensemble, dit-il, est consacré] à la culture par l'impression de la pellicule ». [...] L'espace offert au palais est de 20 000 m^2, ce qui en fait le plus grand édifice public consacré à la culture par l'image. »

Institutions présentes : le Centre national de la photographie, la cinémathèque française, l'Institut national de formation aux métiers de l'image et du son (INIS) qui deviendra la FEMIS, et la bibliothèque-médiathèque du cinéma.

Et Lang de clôturer son dernier discours de la législature[79] : « Votre ministre vous parle pour la dernière fois... de la législature. [Et de faire son testament] : Je voudrais vous indiquer quelques directions dans lesquelles nous devrons nous engager bientôt. Comment préserver l'essence du cinéma : le spectacle en salle qui fonde le produit vedette de l'audiovisuel? [...] Cela nécessite, je crois, de revoir profondément la politique du prix des places. Il faudra reconsidérer la place du cinéma français à l'exportation. [...] »

Et de développer une fois encore sa politique en faveur du cinéma.

On aura remarqué : « Votre ministre... » Combien d'énergie, d'obstination et de savoir-faire cette phrase vient-elle couronner!

Elle montre aussi combien le cinéma est alors considéré comme le cœur d'une stratégie visant à développer les cultures populaires.

Les musiques actuelles

La politique de la nouvelle direction de la musique part du même postulat que celui que j'adopte dans le domaine des arts plastiques : pour Jack Lang et Maurice Fleuret, l'État ne doit prononcer aucune excommunication à l'égard de toute forme d'expression musicale. De même, pour moi, toutes les tendances artistiques doivent être encouragées de manière à éviter le phénomène de chapelles et d'enfermement de l'État. Cela n'exclut pas les musiques sérieuses ou traditionnelles.

Dans cette perspectives sont réhabilitées les musiques nouvelles et populaires. « Nous ne voulons pas, s'exclame Maurice Fleuret, que soient frappées d'exclusive certaines formes de la musique : la chanson, le jazz, les variétés, les musiques non-écrites doivent se sentir ici chez elles sur un même pied d'égalité et avec droit de cité. »

L'une des priorités retenues vise à faire face à la demande des jeunes qui « ne trouvent pas abri et accueil pour répéter, travailler et jouer ». On engage donc une action pour trouver des salles grandes et petites.

Quand il fait son bilan au moment de quitter la direction de la musique en 1986, Maurice Fleuret explique : « Nous avons pu mener à bien une part importante de nos projets. C'est le décloisonnement entre les disciplines et entre les régions, qui a caractérisé la législature[80]. »

Concrètement, le budget consacré au rock, aux variétés et au jazz est passé de 0,50 MF en 1980 à 17,50 MF en 1990. En 1983 est créé le Centre de formation supérieure, le studio des variétés en partenariat avec la SACEM. En 1986, c'est la naissance de l'Orchestre national de jazz. Des centres régionaux de la chanson voient le jour. L'État apporte son soutien aux festivals les plus novateurs (Printemps de Bourges, Musiques métisses à Angoulême). Un fonds d'action et d'initiative rock (FAIR) est chargé de former les musiciens et les managers. De même le CIR (Centre information rock) est institué en 1985 qui publie *L'Officiel du Rock*. Son inventeur Bruno Lion sera par la suite conseiller du ministre sous le nom de « Monsieur Rock ».

Les pratiques amateurs sont encouragées par la construction de nombreuses petites salles. Les formations sont favorisées notamment par le biais de l'IRMA (Institut de recherche sur les musiques actuelles). Le Centre national du patrimoine de la chanson et des variétés a pour but de valoriser la chanson ancienne ou nouvelle. Des salles Zénith voient le jour ailleurs qu'à Paris, notamment à Montpellier et à Tours. Le Zénith de Paris se révèle être un énorme succès. Géré par une filiale de la Caisse des dépôts et consignations, il reçoit 5 millions de spectateurs en quelques années et assure son équilibre d'exploitation.

Jack Lang est très présent sur ce front. Comme en matière de cinéma, il veille à ce que les variétés et autres musiques actuelles, dont le rock français, ne soient pas des musiques d'importation. Sa présence sur ce terrain est vivement appréciée des jeunes. À la suite du succès d'*Indochine* ou de *Niagara* qui s'affirment dans les années 1984 à 1986, arrivent de nouveaux groupes comme *Noir Désir* ou les *Négresses vertes*. Il soutient aussi la production en France des musiques d'artistes étrangers, comme Johny Clegg, Manu Dibango, Mory Kanté.

Jack Lang tente de faire venir François Mitterrand sur le terrain des musiques actuelles de manière à ce qu'il puisse rencontrer les jeunes générations. Les propositions fusent : se rendre au Zénith, écouter Kassav, recevoir de jeunes musiciens.

Le ministre de la Culture doit être présent partout où cela bouge : pour comprendre ce qui se passe, être informé et agir. Le président aussi.

Dans un département comme la Seine-Saint-Denis, les autorités locales encouragent vivement ces musiques urbaines. Des groupes sont subventionnés qui touchent un grand nombre de jeunes, avec des lieux professionnels, des revues, un travail de formation et de liaison avec les professionnels. La salle de musique tend à y remplacer celle de la MJC. Il est clair qu'elle est devenue plus efficace sur le terrain de l'aide à l'insertion des jeunes. C'est un exemple parmi d'autres. Partout en France, les musique urbaines deviennent un nouveau phénomène culturel. L'aménagement du territoire ne peut plus passer par les seules institutions savantes ni par la seule culture cultivée.

5. L'IRRIGATION DU TERRITOIRE, LA DÉCENTRALISATION

Pas de civilisation sans partage culturel. Jack Lang va veiller à ce que la culture soit accessible dans les banlieues et les bourgs les plus éloignés et défavorisés.

« Ce dont je suis le plus fier, dit-il six ans après avoir quitté la rue de Valois, c'est d'avoir réussi à faire naître ou renaître une vie artistique et intellectuelle dans toutes les provinces et d'avoir ainsi brisé la malédiction de la centralisation parisienne[81]. »

Une décentralisation progressive

À la différence de Malraux, il réhabilite le mot de province, s'exprimant devant les députés en 1985 : « De toutes mes forces, je le pense, des siècles de centralisation et de captation même des talents, par une sorte de drainage intellectuel vers la capitale, ont dépossédé les provinces de leurs richesses. Depuis les premiers jours, mon souci primordial a consisté à chercher, par tous les moyens, en travaillant la main dans la main avec un grand nombre d'élus de toutes tendances politiques — la plupart le reconnaissent de bonne foi — d'ensemencer encore et toujours et de faire circuler un peu partout, à travers le pays, la vie et la sève. Jamais, j'y insiste, jamais une œuvre aussi ample de décentralisation n'avait été accomplie en si peu de temps[82]. »

Jack Lang met en garde contre la confusion qui risque d'accompagner sur le terrain culturel la décentralisation lancée par Gaston Defferre en 1982 : à ses yeux, décentralisation territoriale ne signifie pas nécessairement décentralisation culturelle. Il rappelle que la démocratisation de l'enseignement, par les lois Jules Ferry, a pu se développer sur l'ensemble du territoire, à partir d'une initiative de l'État.

Il fait part de ses réserves sur les projets de lois de Gaston Defferre dans une note au président de la République : « Le projet mis au point par le ministère de l'Intérieur et l'Hôtel Matignon déshabille le ministère de la Culture, 18 % de nos crédits seraient automatiquement transférés vers les collectivités locales. Premièrement, c'est injuste. Pourquoi taxer aussi lourdement le ministère de la Culture et imposer faiblement les autres ministères ?... Deux, c'est absurde. Sans impulsion nationale, pas de changement culturel, tous les artistes le souhaitent et d'abord les plus indépendantistes... Trois, c'est un obstacle à nos grands projets d'équipement : transférer un milliard aux régions ne nous mettra pas à l'abri des demandes des provinces, notre budget national sera alors insuffisant pour satisfaire à la fois les collectivités locales et les besoins financiers nationaux. Quatre, c'est une vision contraire à la loi de décentralisation. Cinq, c'est un projet qui provoquera une levée de boucliers. S'il est maintenu, ce sera une révolte de tous les artistes à travers la France entière. Déjà j'avais endigué les protestations lors du transfert des 500 millions en 1982, je n'y parviendrai pas cette fois-ci, les hommes de culture français veulent d'abord une politique nationale et se méfient des élus locaux. Ils ont confiance en vous[84]. »

Les risques sont évidents à ses yeux. Faute de quoi, « au lieu d'ensemencer le désert culturel français, on aurait favorisé les inégalités entre les régions riches et les régions pauvres ». En d'autres termes : « On ne peut pas commencer par dévêtir celui qui n'a pas été vêtu », proclame-t-il[85].

Certes, Jack Lang n'a pas peur d'agiter le spectre des artistes dans la rue, au titre de ses fonctions de premier secrétaire du *Parti des créateurs*. Il souhaite surtout pouvoir disposer des crédits arrachés au ministère des Finances pour renforcer, d'abord, les structures déconcentrées du ministère avant de s'en remettre purement et simplement au bon vouloir des élus locaux, dont il soupçonne, non sans raisons, qu'une majorité d'entre eux demeurent encore réservés au regard de toute action culturelle. Le maître-mot sera donc celui de conventions avec les collectivités territoriales.

Déconcentration et décentralisation

En 1982-1983, les lois de décentralisation votées par le Parlement à l'initiative de Gaston Defferre modifient considérablement les données territoriales servant de base à l'action du ministère. Peut-être y-a-t-il un contraste entre le discours volontiers décentralisateur de Jack Lang dans les premiers mois de son ministère et la réalité de son action dans les années qui suivent. Mais c'est beaucoup la gestion du temps qui le conduit à une certaine prudence. Il sait que la décentralisation suppose une formation des élus et de leurs équipes. Cela ne l'empêche pas de plaider pour les cultures régionales, la sauvegarde des parlers locaux, les initiatives décentralisées.

Question de priorité, la décentralisation doit donc commencer par… la déconcentration ce qui est totalement différent, c'est-à-dire le renforcement des Directions régionales des affaires culturelles (DRAC). « Elles vivotent depuis des années et ne sont pas dirigées par des directeurs ayant une vision globale de la politique culturelle », remarque-t-il. Il faut donc implanter dans chacune des Drac des conseillers correspondant à chacune des grandes directions du ministère : pour les arts plastiques, pour la musique, pour le théâtre, etc. Ce sera chose longue, car il faut non seulement disposer des emplois nécessaires, mais également procéder aux recrutements, éventuellement former les personnels correspondants. Comme on ne peut nommer en qualité de directeur régional qu'un fonctionnaire qui a passé au moins six mois en administration centrale, Jacques Sallois crée au sein de l'administration centrale une sorte de « couveuse » à directeurs régionaux. Il faudra plusieurs années pour obtenir les emplois budgétaires des différents conseillers. En deux ans, ce qui est long eu égard à l'impatience du ministre, mais court compte tenu des dix ans qui ont été nécessaires pour créer ces directions régionales, la plupart des Drac vont être dirigées par des hommes ou femmes qui ne sont plus nécessairement recrutés dans des corps de fonctionnaires des archives ou des monuments historiques. Ces nominations nouvelles sont symboliques de l'émancipation de l'administration locale du ministère vis-à-vis de l'administration du patrimoine.

Le bras séculier de la décentralisation sera principalement la direction du Développement culturel qui ne va cesser de préparer et faire signer par le ministre des centaines de conventions avec les villes et les régions. Il s'agit de tracer sur le terrain une carte de l'aménagement culturel du territoire qui va progressivement donner force et cohérence au projet culturel national dans toute sa diversité.

Des « projets de région » voient le jour peu à peu. Les déplacements du ministre ou de ses directeurs vont permettre d'orchestrer les attentes des artistes, des animateurs, des responsables culturels, des élus locaux. Comme délégué aux Arts plastiques, par exemple, je ferai en un an près de quatre-vingts voyages dans les régions. Il en va de même du directeur de la Musique. Quant au directeur du Développement culturel, il occupe la moitié de son temps hors de Paris.

Sur le terrain, le dialogue entre les Drac, plus professionnelles, et les collectivités territoriales, plus responsables, va s'enrichir. C'est l'époque où les villes se donnent des adjoints chargés de la culture et nomment des directeurs des Affaires culturelles. Le management culturel entre dans les mœurs[86]. Les Drac sont « en pleine croissance » expose Pierre Moulinier[87] qui ajoute que ce n'est qu'en 1986, par décret du 14 mars, que sont précisées leurs attributions, quelques semaines avant que Jack Lang quitte la rue de Valois. Un acte fondateur qui vient clôturer l'entreprise initiée par Jacques Duhamel et même déjà Malraux. Grâce aux Drac, et sur le socle qu'elles constituent, la déconcentration des crédits du ministère ne va cesser de se développer au cours des dix années qui vont suivre. Les décisions culturelles de l'État vont ainsi se rapprocher des acteurs de terrain. En 1981, 10 % environ des crédits de l'État sont déconcentrés dans les Drac, ce pourcentage atteindra 60 % environ en 1998.

Des actions importantes sont dès lors entreprises dans les régions comme le montre le cas des arts plastiques.

La décentralisation dans les arts plastiques

Dans le domaine des arts plastiques, la décentralisation va être rondement menée. J'avais dès le début indiqué que, pour moi, l'organisation de collections d'œuvres d'art dans les régions était seule susceptible de développer la pratique de l'art contemporain hors de Paris. Les Fonds régionaux d'art contemporain (FRAC) lancés dès 1982 dans les vingt-deux régions vont donner lieu à des engagements étonnamment rapides de la part des élus régionaux. Dans un sens opposé, des réactions sont assez hostiles dans le milieu de l'art, principalement parisien. Cela s'explique aisément. Avant 1981, Les décideurs des achats publics de l'art contemporain ne dépassaient pas le petit nombre d'une quinzaine de personnes réunies dans trois commissions d'achat : celle du Musée d'art moderne du Centre Pompidou, celle de la direction des Musées de France intervenant au profit des achats des principaux musées de province, celle enfin du Fonds national d'art contemporain (FNAC) au titre de l'ex-service de la création artistique. En quelques mois, les acquéreurs publics d'art contemporain sont multipliés par dix et se répartissent entre plus de vingt-cinq institutions, dont les 9/10 sont situées hors de Paris. C'est une révolution ! Seront choisies dans les commissions d'achat des Frac les personnalités les plus variées et les plus compétentes : des conservateurs de musées, des critiques, des collectionneurs, etc. Certaines commissions vont connaître des conflits, comme celle du Frac de la région Île-de-France qui ne veut pas limiter ses achats aux seuls artistes vivants, voulant en réalité faire du Frac une sorte de musée d'art moderne de région. Je refuse de m'associer à cette déviation de l'esprit du projet et à cette intervention dans un domaine de compétences de la direction des musées de France. La rupture se traduit par la démission des membres de la commission d'achat et par l'arrêt des subventions de l'État à la région.

Mais, dans la plupart des cas, les orientations générales sont bien partagées. Cela n'empêche pas les Frac de réunir des collections de nature différente répondant aux critères les plus divers. Cela a été contesté sans fondement sérieux. Certes, la création des Frac a bien suscité une lutte pour la sauvegarde du monopole des achats publics d'œuvres d'art et donc pour l'exercice du magistère du jugement esthétique[88]. Un certain nombre de nouveaux responsables artistiques en régions ont eu peur des oukases des milieux parisiens. Surtout que ces condamnations portaient sur leur soi-disant amateurisme (Paris ayant, comme toujours, le monopole du savoir !). Il en a résulté hélas que certains ont eu tendance à se conformer aux canons esthétiques parisiens. D'autant plus que la plupart des galeries auxquelles s'adresser pour constituer une collection sont parisiennes. La décentralisation artistique en a été quelque peu freinée non pas dans l'importance numérique des collections mais dans l'originalité des collections régionales.

Jack Lang fait l'objet de pressions de la part des représentants parisiens du milieu des musées qui montent à l'assaut des Frac. Un moment hésitant sur la conduite à tenir, il finit par se rendre à mes arguments : l'expérience des Frac sera menée à son terme.

La décentralisation artistique passe aussi par l'implantation d'autres institutions importantes en dehors de Paris. De nombreuses initiatives sont prises dans ce sens comme l'école nationale de la photographie à Arles, le Cnac de Grenoble dit encore « Magasin » dont le principe avait été annoncé par François Mitterrand en 1981 et qui sera inauguré par François Léotard, le Centre national de la bande dessinée et de l'image (CNBDI) à Angoulême, etc. Mais aussi, dans les années 1984-1985, une nouvelle génération d'institutions, les centres d'Art : une vingtaine de lieux où l'art contemporain puisse être enfin visible en dehors de Paris.

Deux orientations différentes de la décentralisation artistique s'affrontent au cours des années 1981 à 1985. L'une d'entre elles, dont le pionnier était Dominique Bozo, présente la collection d'œuvres comme une sorte d'absolu qui doit être décliné à partir du modèle de référence du Musée d'art moderne du Centre Pompidou. Selon Bozo, il n'y a pas la place ni l'argent pour créer en France plus de deux ou trois grandes collections d'art moderne et contemporain. Il convient donc de structurer l'effort de décentralisation autour de deux ou trois musées spécialisés.

La deuxième orientation que je défends tend au contraire à disperser beaucoup plus les œuvres d'art autour non pas de collections (qui ont toujours plus ou moins vocation à devenir exhaustives ou encyclopédiques) mais de fonds d'œuvres moins homogènes et plus répandus dans les régions. L'objet de ces fonds est de déboucher, avec le soutien des élus régionaux, sur des pôles d'art contemporain destinés à sensibiliser et former les publics. Cette deuxième orientation est finalement adoptée et mise en place.

Cette opposition de points de vue ressemble à celle apparue également dans la conception du patrimoine et qui se cristallise sur deux types d'interventions culturelles, comme on l'a vu : l'une qui se dit et se veut plus scientifique (et met l'accent sur la cohérence de la collection) et l'autre qui est plus tournée vers l'éducation, la sensibilisation, l'ouverture au public. Ces deux tendances correspondent aussi à deux conceptions de la politique culturelle, l'une, consacrée à la collection et la recherche, l'autre, en revanche, plus tournée vers l'expression, la création, la pédagogie, les publics, deux conceptions propres à la direction des musées de France, pour la première, et à celle des arts plastiques, pour la deuxième.

Dépassées les l'heure des polémiques, inévitables, cette politique des Frac remporte un grand succès. Les toutes nouvelles régions apprécient de bénéficier de ce nouvel outil de développement culturel et de pouvoir se donner une image de qualité à un prix relativement abordable. Leurs représentants font des Frac des instruments pédagogiques intéressants.

Quelques années plus tard, lorsqu'il fut nommé à son tour délégué aux arts plastiques, en 1986, Dominique Bozo fut tenté de mettre fin à l'expérience des Frac et de revenir à sa stratégie. Il dut y renoncer rapidement. En effet, les élus devenus les meilleurs promoteurs de leurs nouvelles institutions, refusèrent leur dissolution ou leur transformation.

Dominique Bozo était un homme attachant par ses hésitations et par ses doutes qui étaient grands. Historien d'art spécialisé dans le XXe siècle, il était fasciné par le pouvoir et attachait la plus grande importance aux organigrammes. Sa fragilité apparente, dont il jouait habilement, lui valait la sympathie des artistes. Elle masquait une grande volonté de puissance, accompagnée d'un art particulier de l'exercice du secret. À l'époque de la construction du Centre Pompidou, il ne sut ou ne voulut pas prendre la place de directeur du Musée d'art moderne. La pertinence de ses choix le conduisait à vouloir imposer ses goûts. Je veillais au contraire à ce que l'action de l'État dans l'art restât diverse, refusant d'adopter une ligne esthétique officielle, et de me soumettre à une quelconque école. J'adoptais dans les arts plastiques un comportement voisin de celui de Maurice Fleuret dans le domaine de la musique : reconnaissance de toutes les formes de la création.

Il préférait l'art moderne à l'art contemporain. En 1987, il exposa son point de vue dans un rapport[89] où l'art contemporain était présenté comme relevant de l'art moderne, et ce dernier comme appartenant déjà au patrimoine. Une conception en effet très éloignée de la mienne : je tenais à me limiter à une définition stricte de l'art contemporain de manière à éviter toute intervention dans le domaine des artistes décédés qui relève de la compétence de la direction des Musées de France.

Les Frac réussirent donc à survivre. Je savais, au moment de leur création, que l'alliance passée entre l'État et les régions était la garantie de leur longévité. Raymonde Moulin qui en a étudié le fonctionnement[90] expose les trois arguments sur lesquels a été fondée leur création : « La politique des Frac a permis de doubler le budget de l'État avec le concours de chacune des vingt-deux régions, ce qui n'eût pas été le cas dans l'option “grands musées”. Les Frac ont été conçus comme un des éléments d'une stratégie de contournement de la direction des musées, suspectée de réticence à l'égard de l'art contemporain. C'était renouveler, au niveau régional, la démarche effectuée au niveau national par André Malraux avec la création, en 1967, du Centre national d'art contemporain. Lorsqu'une institution quasi monopolistique et routinisée ne laisse que peu de place à l'innovation, il est sociologiquement banal d'installer hors les murs de la citadelle des chevaux-légers institutionnels. Enfin, la mise en place des Frac devait contribuer à démocratiser les procédures de décision : avant la régionalisation, une quinzaine de personnes décidaient des achats publics en matière d'art contemporain ; avec la régionalisation, c'est, en vingt-deux lieux différents, environ deux cent cinquante personnes, bénévoles le plus souvent, qui participent à la décision ».

Ce succès des Frac n'interdit pas d'être vigilant sur certains de leurs travers. Le premier est la tentation, assez peu répandue, de faire des Frac et des centres d'Art des institutions trop coûteuses et mal contrôlées. Certains errements ont été ici ou là remarqués. Bien qu'exceptionnels, ils furent systématiquement exploités dans la presse par les adversaires de l'art contemporain pour, derrière la suppression des Frac et des centres d'Art, demander en réalité l'arrêt des interventions de l'État dans l'art contemporain. L'autre danger est de transformer imperceptiblement les Frac en des sortes de « musées bis », ce qui entraînerait une perturbation dans le fonctionnement des institutions artistiques. Ce sera source de confusion, dans la mesure où deux directions de ministère, la délégation aux Arts plastiques et la direction des Musées de France, pourraient être tentées d'intervenir sur le terrain de l'autre. Malheureusement, quinze ans après leur fondation, cette orientation gagne du terrain. Les Frac ne peuvent qu'y perdre en légitimité et en potentiel pédagogique : conçus pour être et rester légers, il ne faudrait pas qu'ils évoluent vers des institutions plus lourdes. Il est donc urgent qu'ils puissent reverser régulièrement à des musées la partie la plus ancienne de leur collection.

Au total, en cinq ans, l'art contemporain n'aura jamais été aussi présent dans la vie culturelle des régions. Ici, comme ailleurs, tout avait été lancé dans les six premiers mois.

La décentralisation théâtrale

Par rapport à la décentralisation des arts plastiques, la décentralisation théâtrale bénéficie de l'antériorité : Robert Abirached trouve rue de Valois les effets d'un travail qui a plus de trente ans, qui remonte aux efforts de Jeanne Laurent, la « tsarine du théâtre ». En 1982, il doit concéder un partage du champ théâtral avec Dominique Wallon chargé de la responsabilité des maisons de la culture en même temps que de la direction du Développement culturel. C'était une amputation un peu délicate pour le nouveau directeur du théâtre. Elle répondait à une distinction qui existait encore en 1981 entre « l'action culturelle » à vocation générale autour des maisons de la culture, et le théâtre. Ami ancien de Lang, il est sensible « au découronnement du théâtre dans la société[91] ». Il s'attaque à trois tâches qu'il mène à bien : restaurer les moyens en faveur du théâtre, restructurer le secteur public du théâtre et achever la décentralisation. En 1988, lorsqu'il est remplacé, sur sa demande, par Bernard Dort, après avoir réussi à cohabiter avec François Léotard, il considère que la décentralisation est achevée. Là aussi le bilan est impressionnant : « Il y avait 463 compagnies ayant déposé une demande d'aide et 189 recevaient une subvention de l'État (et 346 en 1982). En 1990, 1 200 compagnies sont réparties sur l'ensemble du territoire[92]. »

Pourtant, avec un tel accroissement, la fréquentation des théâtres diminue.

Certains s'en émeuvent. Mais, pour Abirached, le problème n'est ni dans la décentralisation, ni dans l'accroissement des compagnies ou des moyens budgétaires. Il est dans la crise du sens qui affecte le théâtre aux prises avec d'autres modes de communication et d'expression : « En 1981, le théâtre français est l'un des plus brillants du monde par la qualité de ses metteurs en scène et de ses productions, mais la maison s'est lézardée : l'art dramatique a perdu sa suprématie dans une société qui se tourne vers d'autres horizons, en même temps que le roman et la poésie, à l'issue d'une semblable crise des formes, voyaient s'écorner leur prestige de naguère au profit des sciences de l'homme. Certes on n'ose pas reconnaître ce qui peut être considéré comme une crise existentielle du théâtre. On répugne à s'avouer que le théâtre a perdu son rôle central dans l'imaginaire collectif de l'Occident et qu'on peut légitimement s'interroger sur son statut exact aujourd'hui dans la culture contemporaine. Art de tradition où le passé n'en finit pas de survivre ? Instrument de résistance et lieu de convivialité devant la montée irrépressible de l'audiovisuel ? Fauteur de trouble et porteur de divertissement mais pour quelle société, avec quel langage ? Ce qui est mis en doute ce sont les fondements esthétiques du théâtre et, plus généralement, de la représentation [...]. Pour remonter aux sources d'un tel désarroi, il n'y a rien de plus probant que de revenir à la mise en danger, sur la scène occidentale, de ce qui a toujours été un élément fondateur : le texte, comme moteur de sens et comme instrument de lecture du monde[93]. »

Le théâtre risque alors de céder à des tentations d'isolement, au service de la seule création, négligeant son public, qui pourtant le fait vivre et lui donne son sens. La désaffection constatée en est un signe. Il est également confronté au développement des autres secteurs de la création, ce qui contribue à lui conférer dans la politique culturelle une place moins hégémonique et plus problématique, car exposée à la concurrence des arts de l'image, cinéma et télévision.

Vision excessivement pessimiste, juge Lang, pour qui le théâtre est toujours vivant et plein de promesses.

6. MINISTRE ET PREMIER SECRÉTAIRE DU « PARTI DES CRÉATEURS »

1986 : la fin d'une législature et des élections en perspective. Le sens de l'action conduite depuis cinq ans a, semble-t-il, été compris des intellectuels. La France est l'amie des artistes du monde entier. Ces derniers le lui rendent bien. Jack Lang est là pour assurer le lien entre les uns et les autres. C'est le cas notamment lors des rendez-vous politiques. On est à la veille d'une élection législative qui risque d'être perdue par la gauche. Le Premier secrétaire du *Parti des créateurs* se mobilise comme toujours. Un appel international est lancé en faveur de François Mitterrand et de sa majorité : « Cher Laurent, Il me paraîtrait important de mettre en évidence le caractère doublement inhabituel de ce texte : 1. C'est un appel international. Seul François Mitterrand pouvait susciter un tel sursaut des intellectuels et des hommes de culture du monde entier. Imagine-t-on un appel international d'intellectuels en faveur de M. Reagan, de Mme Thatcher ou de M. Kohl ? 2. La liste des signataires n'est pas celle des habituels pétitionnaires. Parmi les étrangers, on peut relever les noms de Samuel Beckett, de Akira Kurosawa ou de Lawrence Durrell. De même, il est rare que des gens originaires des pays de l'Est, comme Tarkovski ou Wajda, apportent leur soutien à un gouvernement socialiste. Parmi les Français, on relève aussi des noms tout à fait rares, de Yves Saint Laurent à Claude Simon. »

Cet appel est ainsi rédigé : « Amis français, depuis cinq ans, sous l'impulsion du président de la République et du ministre de la Culture, la France connaît un formidable élan culturel et a reconquis un grand prestige international. Faites en sorte que ce mouvement se poursuive[94] ! »

Ingérence dans les affaires intérieures françaises du *Parti des créateurs*, devenu « Internationale des créateurs » ? Relativité de son influence ! Ces signatures les plus illustres qu'un homme politique ait jamais reçu à l'appui de son action n'empêcheront pas la gauche de perdre ces élections. Elle montrent aussi que les intellectuels savent ne pas rester silencieux. Ils apprécient ce que la culture a gagné d'une nouvelle politique. C'est essentiellement à titre personnel que le ministre de la Culture se donne de la sorte une mission de communication ou de porte-parole du gouvernement (ce qu'il deviendra plus tard). A-t-il souffert de n'avoir jamais été chargé de la communication alors que son prédécesseur l'était (Lecat) et que son successeur le sera (Léotard) ? La gauche a-t-elle été pénalisée pour avoir trop mis à mal les rêves dont elle était porteuse (comme l'écrivait Pierre Drouin à propos de feue l'Exposition universelle) ?

Relativité mais aussi promesse.

En témoigne l'adieu (ou plutôt l'au-revoir) que Jack Lang adresse aux professionnels du cinéma dans leur nouveau palais de l'Image : « Je vous remercie de m'avoir aidé à défendre au milieu des écueils cette idée simple et pourant si essentielle : le cinéma, c'est d'abord la magie du grand écran, la présence chaleureuse ou critique d'un public assemblé autour d'un film. Je vous ai accompagnés de toutes mes forces, de tout mon pouvoir. Mais le cinéma, en définitive, sera ce que vous tous : créateurs, collaborateurs de création, artistes, professionnels, voudrez bien en faire. C'est entre vos mains que je le remets. Je sais que, quoi qu'il advienne, la maison sera bien gardée[95]. »

Conclusion du ministre qui avait commencé en juin 1981 par le livre et qui termine en février 1986 par l'image, après une épreuve de force sur les musées avec le président, son complice, qu'il a réussi à convaincre. Appel aussi du Premier secrétaire du *Parti des créateurs*, dont il rappelle opportunément qu'il n'est en quelque sorte que le mandataire.

Lang a réussi, tout le monde le lui accorde, à faire de la politique culturelle une évidence, voire une légitimité dans l'action de l'État. Mais à vouloir trop expliquer arrive-t-on encore à se faire entendre ? À vouloir être trop vu, peut-on encore rester visible ? Faudra-t-il qu'il disparaisse, le temps d'un intermède, pour réapparaître plus visible, tel l'acteur sortant du décor ? Après cinq années de marches forcées, « l'évidence culturelle » impose sa loi.

14

L'évidence culturelle

En cinq ans, Jack Lang réussit à transformer la politique culturelle en une réalité si présente, si actuelle, qu'elle en devient comme nécessaire : aussi bien pour les chefs d'entreprises que pour les responsables politiques, pour les fonctionnaires de l'État que pour ceux des collectivités locales, pour les enseignants que pour les parents d'élèves, pour les grandes villes que pour les petits bourgs. La politique culturelle est devenue une évidence. C'est le plus beau résultat que le ministre de la Culture pouvait obtenir.

Un indice de ce changement de statut social, si l'on peut dire, de la politique culturelle : le poste de ministre de la Culture qui était occupé dans ses débuts, en exagérant à peine, par des personnages âgés, fatigués, malades, sera brigué, lorsque Lang quitte la rue de Valois, par des candidats qui se bousculent pour lui succéder : ils sont jeunes, bien portants et pleins d'avenir. Preuve que la politique culturelle devient un véritable enjeu et qu'elle est bien reconnue comme le « cinquième pouvoir ».

Une telle évolution ne se fait pas sans une machine performante et un mécanicien habile à la diriger. Jack Lang ne craint pas de mettre les mains dans le cambouis et s'assure de la performance de ses rouages. Après être née avec le Centre Pompidou, la « gestion culturelle » se développe avec lui. La politique culturelle est une affaire d'idées, mais aussi de « rouages » et de « tuyaux », surtout quand elle doit s'approprier ceux de la communication qui grandissent aussi vite que se transforme le paysage audiovisuel.

Cette « évidence culturelle » s'est imposée par la maîtrise de la gestion culturelle, par la consolidation de l'élargissement du champ culturel et par la reconnaissance de sa légitimité.

1. LA GESTION CULTURELLE

Les prémices de la gestion culturelle étaient apparues sous Jacques Duhamel. Avec Lang, elle devient une nécessité et une véritable discipline, prenant parfois le nom de « management culturel ». La « gestion culturelle » c'est à la fois celle du temps, de l'argent, des projets et de la communication audiovisuelle, au sens le plus large.

La gestion du temps

1982 est l'année de la consolidation des décisions de 1981 et de la prise de conscience des résistances au changement. Le foisonnement des initiatives, la cohérence des choix ne peuvent se conjuguer sans des actions qui produisent des effets rapides.

Ainsi, avant même qu'il ait pu lancer la nouvelle politique des arts plastiques, Jack Lang inaugure, en 1982, l'opération « 13 murs peints en France » sous-traitée à Gilles de Bure. L'affaire est conduite en quelques semaines. Elle est fondée sur le partenariat entre l'État qui apporte environ 50 % du budget et les communes candidates. Cette opération illustre une certaine manière de gérer le temps. En effet, la mise en place des institutions des arts plastiques, compétentes pour soutenir la nouvelle action, supposait un délai administratif et budgétaire de plus d'un an. Les « 13 murs peints » vont révéler le style de la nouvelle politique : le rôle donné à la commande publique, l'insistance mise sur le traitement par des artistes de lieux ouverts au public et insérés dans l'espace urbain, le recours à des artistes français ou étrangers (comme Arroyo, Cueco, Télémaque ou Ségui), l'implantation des œuvres dans des communes moyennes de France, etc. Plus qu'un long discours, Lang préfère frapper les esprits par des réalisations dont la portée pédagogique est beaucoup plus forte.

Il ne manque pas d'y associer le président de la République dont il suit les faits et gestes : « Au cours de votre déplacement à Albi le 28 septembre, votre voiture passera devant le mur peint exécuté dans cette ville par le peintre Chambas. C'est l'un des “murs du 10 mai”. Les élus et l'artiste apprécieraient que vous puissiez vous arrêter quelques instants (comme vous l'aviez fait à Limoges devant le mur de Cueco) devant cette fresque[1]. »

La politique est affaire de détails.

On pourrait donner d'autres exemples. Chaque fois, les services du ministère sont mis à contribution moins pour gérer une administration que pour lancer des projets. Ils se sentent parfois un peu bousculés par cette nouvelle manière de faire. Mais aussi, indiscutablement séduits.

La gestion de l'argent : la commande publique

La relance de la commande publique est, comme on l'a vu, l'un des leitmotiv de François Mitterrand et Jack Lang. J'en serai le bras séculier pour les arts plastiques, domaine dans lequel elle intervient plus qu'ailleurs. Le président de la République en est l'inspirateur, l'acteur et le contrôleur !

La délégation aux Arts plastiques va commencer en 1982 un inventaire des lieux, des artistes et des thèmes de commande. Le président souhaite que des sculpteurs de qualité fassent le portrait d'un certain nombre de personnages de la République comme Léon Blum, ou des écrivains et artistes. De là une note de Jack Lang relative aux « grands hommes » : « La plupart des sculpteurs contemporains les plus inventifs se sont orientés vers les formes abstraites ou symboliques. L'appel aux seuls sculpteurs figuratifs pour la réalisation des statues des « grands hommes » risque de les mettre à l'écart et de susciter des réactions critiques. C'est une des raisons pour lesquelles je suggère que cette opération soit menée sur deux fronts : d'une part, ainsi que Paul Guimard vous l'a proposé, une trentaine d'œuvres confiées à des sculpteurs de type figuratif pourraient être implantées sur le parvis des Invalides ; d'autre part, il serait fait appel à des artistes d'inspiration plus abstraite pour concevoir des sculptures dans d'autres lieux[2]... »

Mitterrand répond : « oui, mais vite ». L'entreprise sera délicate dans la mesure où le thème des grands hommes ne correspond pas nécessairement à l'inspiration des artistes du moment, ni à l'avis des critiques d'art. Un Sartre, un Aragon iront à la Bibliothèque nationale, un Jean Vilar à Chaillot, un Bernanos au sommet du boulevard Saint-Michel, un Georges Pompidou (complètement raté !) dans les jardins des Champs Élysées, un Pierre Mendès-France (pas très réussi !) dans le jardin du Luxembourg. Il faut dire que la réalisation de la sculpture d'un personnage implique souvent que nous nous en remettions à la famille pour le choix de l'artiste. Ce qui me vaudra quelques discussions pittoresques avec Simone de Beauvoir à propos de la statue en pieds d'un Jean-Paul Sartre, allègre et comme poussé par le vent, à la limite du déséquilibre[3].

Sur une note de Jack Lang du 15 juillet 1984, François Mitterrand indique : « J'ai souligné 21 noms ». Parmi les personnalités retenues pour être « portraitisées », Georges Dumézil, Georges Duby, Claude Lévi-Strauss, François Jacob, Marguerite Yourcenar, Julien Gracq, Henri Michaux, Jean Genet, Marguerite Duras, Samuel Beckett, Nathalie Sarraute, Claude Simon, Yves Bonnefoy, Alain Robbe-Grillet, Michel Leiris, Charles Trénet, Léo Ferré, Barbara, Haroun Tazieff, Pierre Boulez. Toutes les œuvres dont on voit qu'elles concernaient nombre de contemporains ne seront pas réalisées. Je retrouverai, quelques années plus tard, un portrait inachevé de Pierre Boulez dans l'atelier d'Erro… On alla même jusqu'à demander au sculpteur Correia de réaliser un groupe réunissant les quatre maréchaux de la dernière guerre : Leclerc, de Lattre, Juin et Koenig. Pourrions-nous y adjoindre le général de Gaulle ? L'amiral Philippe de Gaulle me confirma la doctrine de la famille : n'accepter aucune représentation en pieds du général. Dont acte. Restait à trouver le lieu pour les maréchaux. La place de Fontenoy, face à l'École militaire, paraissait s'imposer. Encore fallait-il lever deux préalables : enlever le monument de la Défense nationale en hommage aux combattants de 1870 et obtenir l'accord de Frédéric-Dupont, maire du VIIe arrondissement de Paris, ce qui s'avéra, en dépit de son étonnante vénération pour Jack Lang, insurmontable. Les maréchaux finiront par être érigés en Alsace, par une sorte de tropisme militaire dont l'histoire conserve le secret.

La posture dans l'histoire passe-t-elle par le portrait ? La photographie officielle du président de la République nouvellement élu est devenue un genre pictural particulier. Jusqu'à Pompidou, on n'échappe pas au grand cordon de la Légion d'Honneur sur fond de bibliothèque. Avec Giscard c'est Henri Lartigue qui est appelé à la rescousse pour un portrait sur fond de drapeau tricolore. Le livre — et la culture — reviennent en force avec François Mitterrand, dont le portrait est tiré par Gisèle Freund, la photographe des écrivains, décidément à l'aise avec les présidents de la République. Mais un livre non plus dominé par le poing ou la main, comme chez de Gaulle ou Pompidou, mais au contraire ouvert, dans une attitude familière. Et il est vrai que Mitterrand avait toujours un livre à la main. Le livre serait-il l'expression du rôle culturel du président de la République ?

Mitterrand ne faillit pas à la coutume du portrait, vieille comme l'antique, dût-elle paraître quelque peu désuète. L'incontournable Hucleux lui fait un portrait à la mine de plomb, largement reproduit. Comme Georges Pompidou, dont il avait apposé le portrait dans le couloir conduisant à son bureau… suggérant une complicité culturelle entre les deux présidents. Un buste de Mitterrand fut commandé par Lang au sculpteur Tchang, chinois ami d'Hergé (et lui ayant servi de modèle pour le Tchang de *Tintin au Tibet*), venu demander l'hospitalité en France sur la fin de sa vie[4]. Je fus moi-même porteur de bustes à l'Élysée pour le compte d'un sculpteur italien, Arturo Carmassi, qui ayant réalisé trois têtes du président à partir de deux photos qu'il avait de lui, me les fourra dans ma voiture, m'obligeant à faire en leur compagnie le voyage de Florence à Paris, avec le risque de ne pas passer inaperçu à la frontière... Il voulait absolument que je les montre au président : non seulement il inspirait les romanciers, mais voici qu'il intéressait les sculpteurs... Exposés dans un des salons de l'Élysée, les bustes échouèrent dans le bureau de Jean-Pierre Soisson qui était alors membre du gouvernement et qui connaissait Carmassi... J'ai retrouvé l'un des ces bustes au musée du Septennat à Jarnac...

Nous nous réunissions environ tous les trois mois dans les bureaux de l'Élysée où les maquettes des projets étaient présentées au président et au ministre de la Culture. Les décisions du président étaient orales ou écrites. Ainsi cette note non datée précisément, mais de 1984, où il écrit « très réussi », en face des projets des artistes suivants : Bernard Pages, Jean-Pierre Raynaud, Hora Damian, Daniel Pomereulle, Guy de Rougemont, Piotr Kowalski. Avec cette remarque : « ne pas oublier le *Paul Valéry* de Kowalski et le *Mauriac* de Haïm ». Ce qui montre qu'il n'était pas allergique à l'art non figuratif et savait faire preuve d'une grande ouverture d'esprit.

Après les meubles, les cadeaux présidentiels, les sculptures, la commande publique se tourne aussi vers les billets de banque. Jack Lang écrit en ce sens au président : « Pour la conception des pièces de monnaie et des billets de banque, on fait trop rarement appel à des artistes. Puis-je suggérer que vous adressiez une lettre à Jacques Delors[5] pour l'inviter à solliciter de nouveaux créateurs ? ».

Dès qu'il entre dans le domaine de compétence du ministère des Finances, le « ministre des ministères » se heurte à l'inertie des traditions. J'organise ainsi, rue de Valois, un déjeuner avec Renaud de la Génière, gouverneur de la Banque de France, et Pierre Dehaye, toujours directeur des Monnaies et Médailles. Étaient également conviés un certain nombre d'artistes et de designers comme Jean Widmer qui fit valoir la modernité des billets suisses pour prouver que la confiance dans la monnaie n'impliquait pas nécessairement un dessin traditionnel. Cela ne convainquit pas le gouverneur. Au cours du repas, Renaud de la Génière[6], qui n'était pas exactement du même bord politique que Jack Lang, lui dit tout à trac :

« Monsieur le ministre, avant de penser à de beaux billets, comme ceux que vous nous montrez pour la Suisse, il faut que votre gouvernement nous fasse une bonne politique économique, afin que la confiance dans la monnaie revienne[7] ! » Tout prétexte était bon pour différer toute innovation. Jack Lang souhaitait que la production de l'État (Monnaies et Médailles, Imprimerie nationale, Journal officiel, Documentation française...) soit placée sous la tutelle artistique du ministère de la Culture.

Nous dûmes renoncer à la grande politique de relance des billets et monnaies. Georges Mathieu et quelques autres proches de l'Institut en avaient le monopole.

À défaut de billets de banque, je dus me rabattre sur les timbres-poste. Une commission fut créée à la direction des Postes, associant la DAP[8] aux choix des thèmes et des artistes. Je réussis à établir des liens étroits avec l'Imprimerie nationale.

Des accords furent passés avec l'Union des groupements d'achats publics (UGAP). J'organisai même un concours de mobiliers de bureau à grands renforts de volontés présidentielles et ministérielles. Il donna lieu à la sélection de divers concepteurs qui reçurent la commande d'une certain nombre de mobiliers au titre de divers ministères, notamment celui des Finances à l'occasion de son déménagement à Bercy[9]. Le « ministre des ministères » put ainsi, grâce au soutien du président de la République, faire entrer dans la réalité un certain nombre de nouvelles commandes publiques.

Connaissant les difficultés que je rencontrerais à transformer le papier à lettres de tous les services du ministère, j'entrepris de faire appel à des designers pour le seul papier à lettre de la DAP et du CNAP. L'agence Grapus fut choisie après consultation. L'introduction de la couleur dans le papier officiel de la République date de cette initiative. Elle me sera parfois reprochée, comme relevant d'un luxe excessif! Elle fit pourtant école. Quinze ans après, le recours à la couleur intervient jusqu'au sein du ministère des Finances...

Tout cela était suivi de près par François Mitterrand, comme en témoignent ses propres notes : « Il semble que le Mobilier National soit extrêmement mou pour fournir les meubles de l'appartement de l'Élysée. Les professionnels s'inquiètent. Agir fermement[10]. » Réponse du ministre par retour du courrier : « Dès le retour du conseil des ministres, je me suis préoccupé de l'état d'avancement des meubles pour l'appartement de l'Élysée. Ils seront terminés le 15 octobre, comme prévu. Un seul problème subsistait : Marc Held souhaitait obtenir une avance financière pour deux compagnons. [...]. J'ai finalement trouvé une solution et débloqué la situation[11]. »

En quelques années, Jack Lang arrive à consacrer jusqu'à cent millions de francs environ par an à des commandes à des artistes plasticiens, et plus encore si l'on tient compte de toutes les autres catégories d'artistes. Il passera des milliers de commandes à des artistes parmi les plus jeunes mais aussi parmi les plus importants comme Dubuffet ou Buren. Il ne s'agit plus tellement de « laisser une cicatrice sur la terre » mais de l'ensemencer. Le marché de l'art bénéficiera de la relance de la commande publique et en sera dynamisé[11 bis].

Malraux a reçu les dix-huit sculptures de Maillol offertes par Dina Vierny. Sous Lang, le ministère a reçu des milliers d'œuvres d'art au titre de la loi sur les dations[12].

Il y a bien rupture et, là encore, le changement l'emporte sur la continuité. Certes, dans le domaine de la musique ou du théâtre, le ministère n'avait jamais cessé de passer des commandes. Mais, à la demande du président de la République lui-même, ces commandes s'amplifient considérablement. Il en entretenait régulièrement le ministre de la Culture. Souvent, à la suite d'une des rencontres habituelles des deux hommes, le dimanche soir (François Mitterrand a toujours prisé les rituels), Jack Lang m'appelait le lundi matin pour me faire part de la dernière idée du président.

Dans cette passion pour la commande publique, transparaît certainement le goût de l'histoire qui animait François Mitterrand : la commande à des artistes était souvent, dans son esprit, le moyen de rendre hommage à des personnages de la République, à des artistes ou des écrivains. Ce désir était renforcé, du côté de Lang, par l'idée que la sculpture implantée dans la rue pouvait favoriser un contact direct entre l'artiste et le public. Moyen de démocratisation culturelle, la commande est aussi une aide à la création. Elle est le propre du mécénat public, clairement assumé par l'État au plus haut niveau.

François Mitterrand voulait réformer l'État. La commande publique pouvait y contribuer, mais elle touchait à son style plus qu'à ses ressorts[13]. Il demande en 1985 à Blandine Barret-Kriegel[14], philosophe spécialisée dans les questions de l'État, un rapport sur sa modernisation. Hauts fonctionnaires, chefs d'entreprises, universitaires sont mis à contribution, sondés, consultés, avec une énergie prometteuse. La remise du rapport est suivie d'un colloque au Centre Pompidou en présence du chef de l'État lui-même et de tout ce que la République compte de grands serviteurs, heureux de se sentir tout d'un coup portés par la vague déferlante de la modernisation. Laquelle retomba dans une gerbe d'écume sans lendemain. La faute aux élections de 1986 qui approchaient ? À la cohabitation qui allait suivre ? À la vague libérale qui allait tout submerger pendant deux ans ? Une gerbe d'initiatives intéressantes sera malheureusement abandonnée dans quelque grenier à blé du château.

La gestion des projets

En revanche, rue de Valois, le socle du changement est constitué par un ensemble de réformes de fond qui contribuent à mettre en place ce l'on peut nommer « la machine à gérer les projets ». Pour résumer, Jack Lang a transformé le ministère en une machine à concevoir, lancer et gérer des projets d'investissement, projets d'événements, projets à long terme, projets à court terme. Le ministère devient une sorte d'agence d'organisation et de gestion de projets. Dans l'esprit du ministre, il doit être d'ailleurs beaucoup plus une agence qu'une administration. De là sa tendance à vouloir travailler avec un entourage de « chefs de projets » plutôt qu'avec des chefs de services. Les actions évaluées en termes de budgets, d'institutions, de lois, de décrets, d'équipes sont en général peu visibles. Pourtant, le ministère qui a créé l'espoir, doit veiller à ne pas décevoir. Pour gérer la durée, le nouveau ministre est donc conduit à lancer des actions spectaculaires en attendant l'aboutissement des réformes qui exigent plus de temps.

Deux outils vont lui permettre d'agir avec plus d'efficacité sur les nouvelles frontières qu'il a définies : la DDC et la DAP, dont on a vu le rôle innovateur.

- *Création de la DDC (direction du développement culturel) et de la DAP (délégation aux arts plastiques)*

Jack Lang n'est pas un grand partisan de réformes institutionnelles et administratives. On peut fusionner ou regrouper des services tout à loisir, cela peut donner le sentiment de l'action, mais c'est à ses yeux illusoire, car il craint que la « réformite » n'engage les fonctionnaires sur des voies de garage au détriment de transformations parfois plus importantes et plus difficiles. « Ce qui compte c'est la qualité des hommes, des équipes et des projets » dit-il.

Mais la nouvelle action culturelle comporte nécessairement une réorganisation des services du ministère. Deux mesures principales sont prises : la création de la direction du Développement culturel en lieu et place de la mission de Développement culturel instituée par Jean-Philippe Lecat et la création de la délégation aux Arts plastiques en lieu et place de la délégation à la création, aux métiers d'art et aux manufactures que ce dernier avait également constituée en 1978. La politique de Jack Lang consiste, dans ces deux cas, à amplifier et radicaliser un mouvement préparé par les clercs du ministère et qui se fait jour timidement depuis quelques années. Dominique Wallon est nommé directeur du Développement culturel à la fin de l'année 1981. Je dirigerai la nouvelle DAP à compter de juin 1982.

Je ne suis pas certain que Jack Lang ait été un grand partisan de la DDC. Jacques Sallois, son directeur de cabinet, y était plus attaché que lui. Et à nombre des membres du cabinet, cette nouvelle administration paraissait nécessaire pour impulser, de manière « horizontale », comme on dit dans le jargon de l'administration, des actions culturelles qui sortent des habitudes marquées par les beaux-arts. On rejoignait, ce faisant, une volonté déjà exprimée par Malraux qui souhaitait lutter contre les excès des cloisonnements de chaque discipline artistique abritée dans son administration comme derrière un rempart. La DDC devait non seulement impulser des actions nouvelles en direction de ce que l'on appelait les nouveaux chantiers : la décentralisation, les milieux défavorisés, les nouvelles technologies, l'audiovisuel, etc., mais aussi intervenir auprès des directions verticales du ministère, ce qui sera plus délicat encore. Certaines d'entre elles, les directions chargées de la création, seront plus ouvertes à cette collaboration que les directions patrimoniales.

C'est également en septembre 1981 que je mets au point le projet de Centre national des arts plastiques (CNAP). Placé sous la tutelle de la nouvelle délégation aux arts plastiques, cet établissement public doit appliquer au domaine des arts plastiques une structure d'intervention qui existe dans d'autres secteurs depuis des lustres. De la sorte, la nouvelle direction va pouvoir disposer d'une organisation dotée d'une souplesse de gestion me permettant d'agir avec efficacité[15].

- *Décentralisation fonctionnelle : les agences.*
  Le cas de la politique des arts plastiques

Ce que j'appelle « décentralisation fonctionnelle » désigne des institutions nationales qui permettent aux directeurs du ministère de disposer d'instruments d'intervention qui ne se confondent pas avec leur mission traditionnelle de conception de lois et de règlements, ce pour quoi sont faits les services de l'administration centrale.

Le nouveau ministre nous demandait beaucoup plus, et pour cause, que de réglementer ! Les mêmes services, les mêmes personnes pouvaient-ils à la fois concevoir des lois et règlements et jouer les animateurs de projets artistiques ? Ce deuxième type de mission incomberait désormais au Cnap, doté de crédits particuliers, et à ses organismes associés. Par exemple, la mission Photo de la Dap traiterait des problèmes de la profession, le Cnap des achats d'œuvres photographiques et le Centre national de la photo, des expositions et des éditions. En outre cette structure permettrait d'assurer un regroupement d'institutions diverses qui agissaient isolément dans la jalousie de leurs frontières. Les crédits de la commande publique seront l'un des moyens d'intervention du Cnap.

La mise en œuvre de la politique des arts plastiques est un autre bon exemple de la gestion du temps et des projets. Celle-ci est déjà présente dans ses grandes lignes dans les décisions du budget de 1982, arrêtées avant le mois de septembre 1981 : renforcement du fonds national d'art contemporain, création de fonds régionaux d'art contemporain, institution du FIACRE (Fonds d'incitation à la création, sur le modèle du FIC), lancement d'artothèques[16], relance de la commande publique, soutien au design, aux métiers d'art, à la photographie, aux nouvelles technologies, etc. Lorsqu'il arrive rue de Valois, Jack Lang trouve un secteur des arts plastiques émietté, morcelé, en quelque sorte « féodalisé » : un service de la Création artistique lui-même à peine intégré dans la délégation que présidait Michel Tourlière, une Fondation pour les arts graphiques et plastiques, véritable démembrement de l'État, qui procédait aux achats d'œuvres d'art en lieu et place de l'administration, un Institut français de restauration des œuvres d'art (IFROA) dont le statut associatif est critiqué par la Cour des comptes, les manufactures nationales et le mobilier national faisant bande à part. Je proposais de fédérer ces morceaux épars afin de créer un outil digne de ce nom. On y vit parfois une volonté de pouvoir ou de centralisation alors que je décentralisais largement la gestion.

La situation des artistes, de leur création, des enseignements, des actions de diffusion était souvent critique au point que l'on n'hésitait pas à qualifier le secteur de « sinistré ».

L'idée de créer une délégation aux Arts plastiques s'imposait, comme s'imposait à moi qu'elle puisse disposer d'un bras séculier sous forme d'un établissement public (le Cnap) qui lui serait rattaché. D'autres directions avaient depuis longtemps de tels prolongements, pour le patrimoine, la Caisse des monuments historiques ou pour les musées, la Réunion des musées nationaux, pour la direction du livre, le Centre national des lettres. On se souvient que Marcel Landowski[17] avait voulu créer en 1975, sans y réussir, un Centre national de la musique et plus tard, Bernard Faivre d'Arcier créera un Centre national du théâtre.

Ainsi j'imaginais la création du Centre national des arts plastiques placé auprès de la délégation aux Arts plastiques. Il faut attendre, compte tenu des délais administratifs, le 10 mai 1982 pour que soit adopté le décret instituant la nouvelle délégation aux Arts plastiques, c'est-à-dire exactement un an. C'est en juin 1982 que Lang annonce à la presse les « 72 mesures pour les arts plastiques ». Et le 15 octobre 1982, un décret institue le Centre national des arts plastiques. En réalité, le nouveau dispositif n'est prêt qu'à compter du 1er janvier 1983. Cela représente un an et demi pendant lequel les artistes, qui sont encore plus pressés que le ministre, attendent et ne voient pas venir les promesses annoncées. De là une politique d'explication, de concertation, de participation.

Une fois les outils en place, il faut encore que les projets conçus et menés à bien portent leurs fruits, ce qui exige une année supplémentaire : il faut donc attendre 1984 pour que la nouvelle politique des arts plastiques devienne visible.

Cette marche forcée ne s'est pas faite sans résistance. Jack Lang avait nommé Michel Troche à la tête de la commission de réflexion sur les arts plastiques. Son passé de militant, les marques de sympathie qu'il recevait de la part des artistes et l'estime que lui vouait le milieu de l'art justifiaient amplement cette désignation.

Mais en opposant ceux qui pensaient à ses côtés et ceux qui agissaient aux miens, elle présentait un risque. Michel Troche prenait son temps. Il en était encore à discuter des tenants et des aboutissants des Frac que j'avais déjà, nécessité fait loi, inscrit les crédits correspondants dans le budget de 1982. Il y voyait une forme de mépris technocratique de ma part alors que j'obéissais à une nécessité politique. Le secteur des arts plastiques restait à construire à l'intérieur du ministère et pouvait être victime d'arbitrages budgétaires retardés pour cause de réflexion préalable. Or, l'Histoire, comme l'on dit, ne repasse pas les plats, surtout lorsque l'on se prépare au doublement d'un budget. Fut-il tenté d'alarmer les membres de la commission contre cette marche en avant jugée trop rapide ? Ils s'émurent de découvrir que le projet de Centre national des arts plastiques était amorcé avant que leurs conclusions aient été rendues publiques. Dans le journal *Le Matin*, Jean-Paul Morel, malignement informé, signa un article intitulé « Un Beaubourg clandé », me soupçonnant de préparer dans l'ombre une machine infernale. La concertation nécessaire obéissait à un rythme différent de celui des décisions. Certains jeunes élus, comme David Caméo, le comprirent et défendirent la stratégie adoptée. Il n'y en avait pas d'autre possible.

« Ministre des arts », Jack Lang ne l'est pas de la communication. Cela ne va pas l'empêcher de s'intéresser à ce domaine, d'autant plus que la sauvegarde du cinéma qui est de sa compétence lui apporte de bonnes raisons d'agir.

La gestion de la communication : l'audiovisuel

À la différence de Malraux qui ne connaissait guère la télévision et en usait rarement, Lang se trouve placé dans un contexte totalement différent. En 1981, la politique culturelle ne peut pas se désintéresser de la télévision et plus largement des médias. Le « ministre des ministères », s'il n'est alors pas juridiquement compétent en matière de communication, domaine qui relève du ministre Georges Fillioud, est directement associé aux projets de réforme comme on l'a vu.

La commission Moinot propose que l'organisation du service public de la télévision repose sur trois principes fondamentaux : la décentralisation, l'autonomie garantie par une Haute Autorité indépendante du pouvoir et l'incitation à la création. La loi du 29 juillet 1982 met fin partiellement au monopole d'État, l'usage des fréquences radioélectriques restant soumis à autorisation. Le monopole de diffusion est maintenu jusqu'en 1984, date du lancement de Canal Plus. Le conseil des ministres du 31 juillet 1985 opte pour la création de deux réseaux hertziens nationaux, l'un à dominante musicale, TV6, l'autre à vocation générale, la Cinq.

L'idée maîtresse de l'intervention de Jack Lang est la défense des industries de programme françaises et européennes sur le marché international et notamment vis-à-vis de celles des États-Unis. « La situation de notre industrie des programmes et des images est inquiétante. Un raz de marée américain submerge les télévisions de l'Europe sans que notre pays ait conçu une politique cohérente et offensive (deux mots majeurs dans le discours de Lang). À l'heure où l'on parle de modernisation, on risque de passer à côté d'une industrie du futur : les industries des programmes[18] », écrit-il au président de la République.

Il se plaint à lui que les moyens du Plan pour le fonds de soutien aux industries de programmes ne soient pas respectés : « Si nous ne sommes pas capables d'honorer les engagements du Plan, cessons de nous payer de mots et annonçons que nous renonçons à la création d'une véritable industrie nationale des programmes ». Et il ajoute, toujours offensif : « Je ne comprends pas que l'exclusivité du marché publicitaire soit abandonnée à Télé-Luxembourg[19]. »

Il est donc présent dans chacune des modifications qui affectent le paysage audiovisuel français.

• *Canal Plus*

La naissance de Canal Plus, initialement la quatrième chaîne, est une initiative d'André Rousselet, directeur de cabinet de François Mitterrand en 1981, avant de devenir PDG de l'agence Havas. Le projet de chaîne cryptée donne lieu à des discussions difficiles avec le ministre de la Culture qui craint une concurrence excessive avec le cinéma. Lang met en garde le président de la République de manière extrêmement ferme : « Je ne suis le porte parole ni d'une corporation, ni d'un ministère. C'est votre septennat que je sers et personne d'autre. Je crois avoir réussi la réforme du cinéma [...]. La réussite de la quatrième chaîne dépend avant tout de la qualité de ses animateurs, de la programmation de ses films et de ses émissions. Elle dépendra aussi des bons rapports qui seront établis entre elle et le cinéma français[20] ». Et il ajoute que : « rien ne serait plus préjudiciable à la 4e chaîne, au cinéma français et à votre politique culturelle qu'une guérilla permanente opposant les uns aux autres. »

La guérilla aura lieu... six mois seulement. En effet, Jack Lang se félicite finalement en 1984 auprès du président de la République : « [...] de l'accord conclu entre les professions du cinéma et Canal Plus. Le ministre de la Culture n'est pas étranger, ajoute-t-il, au climat d'apaisement qui a facilité cette heureuse issue. Et en particulier mes collaborateurs qui ont été, voici plusieurs mois, si injustement décriés par Havas. »

Jack Lang est hanté par la crainte que la télévision devienne le principal financier du cinéma. « Or, pense-t-il, l'esthétique du cinéma est liée à son économie, laquelle n'a rien à voir avec celle de la télévision. Le cinéma, c'est la salle, un public en chair et en os, la magie du grand écran. C'est tout cela que je voulais sauver, de manière radicale. Les publics du cinéma n'ont rien à voir avec ceux, anonymes, de la télévision. Le réalisateur a toujours le public en ligne de mire. Je décidais donc de me battre sur les délais de passage des films à la télévision, exigeant dix-huit mois pour obtenir un an, là où André Rousselet demandait six mois. Je voulais aussi que l'on réduise le nombre de films programmés à la télévision, car l'inflation de leur diffusion entraîne leur banalisation[21]. »

• *L'affaire de la Cinq*

Il va s'opposer aussi avec la même véhémence à la création de la cinquième chaîne que François Mitterrand voudrait confier à Silvio Berlusconi. Ce projet soulève des levées de boucliers de la part des professionnels du cinéma et de la télévision dont Jack Lang se fait le porte-parole auprès du président de la République. Les milieux de la communication sont également mécontents. Jacques Rigaud, par exemple, administrateur délégué de RTL, espérait obtenir ce marché. Il est offusqué que l'on puisse envisager de confier la cinquième chaîne à un homme comme Silvio Berlusconi. Il s'en ouvre avec une ironie mordante à Jack Lang : « Mon cher Jack, c'est donc Berlusconi qui fera la télévision privée en France. Son respect pour le service public, qu'il a montré en Italie, son attachement à la création et à la sauvegarde des intérêts légitimes du cinéma ne sont plus à démontrer. Je pense qu'avec lui tu auras beaucoup moins de mal qu'avec de vils commerçants comme nous (Radio-Télé-Luxembourg) pour faire prévaloir les valeurs culturelles dans une télévision privée. Tu peux également être rassuré car tu connais sans doute ses scrupules à l'égard de la publicité, qui sont symétriques des tiens ; il n'aime pas interrompre les publicités par du programme. Tout est bien qui finit bien, ajoute-t-il, avec quelque amertume de ne pas avoir réussi à obtenir la préférence de la France. [...] Je te souhaite, amicalement, bien du plaisir[22]. »

Jack Lang est lui aussi plein d'amertume.

L'affaire de la Cinq est sans doute le désaccord le plus important qui l'oppose à François Mitterrand. Il en fait part d'abord au premier ministre, Laurent Fabius, avec lequel il est intime, dans une forme inhabituellement solennelle : « Monsieur le Premier ministre, Permettez-moi de revenir une dernière fois sur le contenu du contrat conclu avec le groupe Seydoux-Berlusconi. Plus les jours passent, plus la tristesse grandit en moi : la conclusion de ce contrat, dont j'approuve le principe, a été payée à un prix inutilement élevé. » Et il s'en prend à : « ce contrat léonin qui abandonne tout, sans sa contrepartie, à un groupe privé et qui, plus grave encore, déstabilisera l'ensemble de notre système audiovisuel. [...] Professeur de droit international, je ne peux pas ne pas penser à ces contrats inégaux que naguère les pays sous-développés signaient avec les compagnies pétrolières. Au-delà de l'industrie des programmes audiovisuels, c'est notre âme de Français et de socialiste qui est ici gravement altérée. Ce sont nos convictions de toujours qui se trouvent reniées. Puis-je ajouter que ce contrat est formellement contraire aux engagements personnels que vous aviez pris par votre lettre de février 1985, vis-à-vis des professionnels du cinéma[23] ? »

La tension monte entre les deux hommes, mais ils sont assez proches l'un de l'autre pour poursuivre le dialogue. Laurent Fabius ne vient-il pas d'accepter les propositions de Lang tendant à créer les SOFICA et le compte de soutien aux industries de programmes ? Mais l'amitié n'exclut pas la franchise : « Par ma lettre d'hier, explique Jack Lang, cette fois-ci de sa main et en usant du "tu", je ne voulais pas t'offenser, mais te dire ce que mon cœur ressent très fort. Oui — pour reprendre ton expression — je suis et je demeure "un ministre ami". Et c'est pour cette raison que — maladroitement peut-être — j'ai voulu t'alerter et te supplier de réviser un accord que nous traînerons comme un boulet — s'il n'est pas modifié. Cher Laurent, je ne mène pas ici un combat personnel. [...] Depuis une semaine, je ne suis pas heureux et je garde pour moi ma tristesse. C'est à toi — et non à des gens de l'extérieur — que j'ai réservé ma protestation[24]. »

Même tension avec le président. Ce dernier — une fois n'est pas coutume — y va d'une longue lettre manuscrite : « Cher ami, cessons de vivre sur les nerfs. Je ne veux la mort de personne — et pas du tout celle du cinéma. Plus simplement, il faut que ce dernier compose et qu'au lieu de s'accrocher à un passé qui, lui, ne le ratera pas, il s'adapte aux conditions nouvelles d'expression et de concurrence. C'est ce qu'a fait le cinéma américain dont vous soulignez la vitalité. L'équilibre prévu pour la 5e chaîne est bon, même si l'on désire lui donner plus de stabilité encore. Je n'appelle pas cela "baisser les bras" et "laisser aux américains le monopole absolu". Je vois que nous sommes en profond désaccord. Nous l'étions déjà sur Canal Plus. Vos prévisions ne sont pas les miennes. Ce n'est pas un péché "mortel". Mais quand le choix est fait, mieux vaut avancer sans trop regarder derrière soi. Ne me croyez pas trop présomptueux. Mais je suis sûr qu'on me donnera bientôt raison. À vous F. M.[25] »

Voire…

Ce que Lang avait prévu se réalise. Les professionnels du cinéma montent au créneau. Bertrand Tavernier écrit une lettre ouverte au Premier ministre. Pour la première fois depuis 1981, le *Parti des créateurs* se mobilise sans le ministre de la Culture et contre le Premier ministre. « Ainsi, tout cela était du vent ! Tout cela, c'est à dire le colloque de la Sorbonne, les débats à Cannes sur la création européenne, ces discussions sur le droit d'auteur et l'inviolabilité des œuvres, ces repas où vous receviez des écrivains, des cinéastes, des dramaturges. Je vous entends encore, cher Laurent Fabius, déclarer au cours d'un de ces déjeuners : « Jamais nous ne couperons dans les films, il y va de notre honneur ». Il est vrai que l'honneur est une denrée périssable, surtout en période électorale. Mais on ne pouvait quand même pas imaginer que toutes ces promesses allaient déboucher sur ce « Quand j'entends le mot culture, je sors ma cinquième chaîne ». […] C'est comme si François Mitterrand, après les positions très fortes qu'il a prises, sur l'immigration, choisissait Jean-Marie Le Pen comme ministre des Affaires sociales […] Tout le monde sait qui est M. Berlusconi, tout le monde connaît le niveau accablant de ses chaînes italiennes, la manière dont il a assassiné son cinéma. […] Canal Plus a soulevé le même tollé ? C'est faux. Le différend avec Canal Plus était plus personnel, plus précis. Il reposait sur le non-paiement des droits d'auteur et nous avons gagné. Cela n'avait rien à voir avec le coup de Trafalgar qui a été mis en place contre le cinéma français avec la 5e chaîne. […] Et de conclure : C'est une sacrée casserole que vous vous êtes attachée et vous êtes en train d'occulter tout ce que Jack Lang a fait de positif depuis quatre ans[26] […] »

Jack Lang transmet cet article à Laurent Fabius avec ce commentaire : « De plus en plus l'affaire de la 5e chaîne prend l'allure d'une affaire Langlois (avril 1968) », comme pour lui indiquer, en mettant l'accent sur la date, en bon connaisseur de l'histoire du « cinquième pouvoir », qu'en ce mois de décembre 1985, en se comportant de la sorte, le gouvernement va droit sinon à la révolution, du moins à la défaite électorale.

Bertrand Tavernier ne cesse pas son combat. Il rend à Jack Lang la médaille de chevalier des arts et lettres qu'il lui avait décernée quelques mois plus tôt. Comme le relate un communiqué de l'AFP : « […] le metteur en scène a pris la tête du mouvement des cinéastes contre la Cinq et le saucissonnage des films par la publicité. Vous êtes en train de laisser mettre sur pied une télévision qui va mutiler nos œuvres sous le contrôle de flics. Même des pires marchands de soupe n'ont pas eu besoin de policiers pour couper dans nos films », poursuit-il dans une allusion à l'intervention de la police sur la tour Eiffel mardi soir pour permettre l'installation de l'antenne TDF. « Il paraît que j'avais été fait chevalier des arts et lettres. Je tiens à rendre cette décoration. J'aurais l'impression, comme l'a dit Jules Renard, d'avoir été décoré dans une rafle », conclut l'auteur du *Dimanche à la campagne.*

La petite phrase fait mal. Et Lang, qui n'y peut plus rien, de transmettre ce communiqué de presse au président avec cette remarque laconique et lapidaire : « Les cinéastes ne sont pas heureux ». Jamais note au président n'aura été plus brève.

À défaut de l'emporter sur la Cinq, Jack Lang reçoit un lot de consolation : la Six (TV6), la chaîne musicale qu'il ne cesse de réclamer. De la sorte, « la politique de la musique pouvait s'appuyer sur une filière complète allant des groupes aux salles, des salles aux studios d'enregistrement de disques et des disques à la chaîne musicale[27] ».

François Mitterrand pensait-il, en faisant appel à Seydoux et Berlusconi, se donner une arme audiovisuelle dans le combat que risquait d'être la cohabitation qui se profilait à l'horizon. ? Espérait-il qu'une chaîne privée échapperait à l'emprise d'un gouvernement de droite ? Quelques mois plus tard, le gouvernement de Jacques Chirac décide la privatisation pure et simple de la première des chaînes publiques, projet encore plus radical, dont la droite se réjouira, alors qu'elle critiquait la cession de la Cinq au secteur privé. Elle tranche ainsi le différend de la Cinq et efface l'ombre que cette chaîne avait portée sur l'action de Jack Lang. Mais, dans la débâcle du service public de la télévision, disparaît aussi la chaîne musicale qui n'aura pas vécu quatre mois. Jamais il ne réussira, après 1988, à en obtenir le rétablissement.

• *Arte, la Sept*

Au moins la Sept franchira-t-elle intacte l'épreuve de la cohabitation. L'idée d'une chaîne européenne est lancée dès 1984 par Lang. « Un canal sur les quatre canaux du futur satellite est encore sans affectation, écrit-il au président. Ne pourrait-on imaginer que vous preniez l'initiative de proposer aux autres gouvernements d'Europe de bâtir une chaîne européenne sur l'exemple du théâtre de l'Europe ? La France adresserait cette offre généreuse aux autres pays. Une étude serait alors confiée à un groupe de personnalités qui pourraient être pour l'Allemagne fédérale, Syberberg ou Günter Grass ; pour la Grande-Bretagne, Peter Brook ou Harold Pinter ; pour l'Italie, Francesco Rosi ou Ettore Scola… Cette initiative pourrait être annoncée dans votre discours du 24 mai 1984 devant le Parlement européen. Elle aurait, je crois, un certain retentissement[28]. »

C'est ce que fera François Mitterrand dans ce discours fameux, ce qui montre l'influence du ministre de la Culture sur le président.

Et comme Lang est opiniâtre, il insiste à nouveau un an plus tard. « Serait-il possible, à l'occasion du sommet franco-allemand, de reprendre l'idée d'une chaîne culturelle franco-allemande ? Elle pourrait constituer le premier pas vers la création d'une chaîne culturelle européenne, dont vous avez souhaité la naissance dans votre discours de Strasbourg. »

On voit la méthode Lang en action : lancer une idée, la faire ratifier et annoncer par le président, puis s'appuyer sur cette annonce pour en relancer la réalisation, en qualité de maître d'œuvre.

À la fin de la législature, le gouvernement socialiste prend l'initiative de lancer la chaîne culturelle, la Sept, qui deviendra plus tard, à travers Arte, une chaîne franco-allemande. Ce faisant, il s'engage dans une action culturelle internationale d'envergure. Bernard Faivre d'Arcier qui vient du cabinet de Laurent Fabius est le premier directeur de la Sept dont le président est Georges Duby, personnalité consensuelle. Cette initiative, qui va dans un sens opposé au projet de Silvio Berlusconi, est un peu la revanche de Lang sur la Cinq, et sur le président, ou une compensation que ce dernier finit par consentir au ministre de la Culture.

Mais il va se heurter en matière de télévision à l'indépendance reconnue par le pouvoir aux autorités désormais chargées de l'orientation de ce secteur. Ce qu'il a pu obtenir dans la décentralisation culturelle, en freinant les excès d'une délégation de budgets et de pouvoirs, il doit y renoncer en matière de communication : la télévision ne sera culturelle que par exception, dans des zones protégées, sortes de « parcs culturels télévisuels » à la française.

On le voit, pour Jack Lang, gérer ce n'est pas administrer, c'est entreprendre, c'est mettre en œuvre une politique, c'est élargir le champ culturel pour contribuer à le mieux faire reconnaître.

C'est mieux que rien, mais ce n'est pas la conquête des « continents des rêves » de la télévision à laquelle il aspire. Heureusement, il pourra conquérir d'autres frontières sur d'autres terrains.

2. L'ÉLARGISSEMENT DU CHAMP CULTUREL

La meilleure manière de répondre à ceux qui, comme Marc Fumaroli, montent en épingle certains épisodes de la politique culturelle de Jack Lang à partir de rumeurs souvent non vérifiées, c'est de prendre des cas précis d'actions ou de projets culturels qui illustrent sa politique et d'en évaluer les contours et les effets. On s'aperçoit alors que l'extension du champ culturel ne s'est pas faite par pure obsession de médiatisation, de commercialisation, ou de démagogie.

Bien au contraire.

Il s'en explique clairement : « La culture n'est pas la pratique d'un art, fût-il l'un des beaux arts. D'où ce souci qui a été maintes fois critiqué — mais je suis prêt à m'expliquer — ce souci de la réhabilitation de toutes les formes d'expression, même celles jugées naguère secondes ou mineures, reconnaissance d'une évidence, finalement : qu'une civilisation est, certes, constituée par les arts les plus nobles et les plus raffinés, et nous n'avons pas négligé notre peine pour les soutenir, mais qu'elle est faite aussi de ce qui constitue notre art de vivre, de la musique pop à l'architecture, de l'habillement à l'habitat. Tout ce qui façonne notre mode de vie ne peut laisser étranger un homme de culture, un homme politique responsable[29]. »

Le design industriel : l'ouverture de l'École nationale de création industrielle (ENSCI)

L'idée de créer l'École nationale de création industrielle pour former les designers a été lancée dès le mois de juin 1981, et l'École accueille ses premiers étudiants en novembre 1982, dans le cadre d'une convention passée avec l'Union centrale des arts décoratifs[30]. Le décret instituant l'ENSCI sera pris le 26 octobre 1984. J'avais acquis la certitude de la nécessité de cette nouvelle école alors que je venais de quitter le Centre Pompidou en 1978 où le Centre de création industrielle se débattait dans l'incertitude de ses objectifs. Une première mission est confiée à Jean-Louis Monzat de Saint Julien qui sera vite rejoint par Patrick Bouchain. Le projet des Ateliers de la rue Saint-Sabin est assez exemplaire. L'école doit travailler essentiellement en relation avec les entreprises, ce qui explique que je m'attache à lui trouver un statut d'établissement public à caractère industriel et commercial. Elle est inaugurée sous le double parrainage de Jean Prouvé[31] et Charlotte Perriand[32], présents pour accueillir Jack Lang et Laurent Fabius, alors en charge du ministère de l'industrie. Le « ministre des ministères » aura associé au financement de ce projet la Culture, l'Industrie et bientôt la Recherche. Le design industriel va désormais faire partie intégrante de la politique culturelle avec en outre la création d'une Mission de la création industrielle dans le cadre de la DAP et l'ouverture d'une Agence pour la création industrielle (APCI) qui collaborera avec l'ENSCI avec les concours d'Anne-Marie Boutin et de Margo Rouard.

Le jour de l'inauguration, en 1983, le « ministre des ministères » fait l'éloge de cette réalisation qu'il a voulue et qu'a voulue François Mitterrand : « Cette école a requis la collaboration féconde d'une dizaine de ministères, ainsi que des professionnels du design français. » Pourquoi une telle école ? « La création industrielle, rappelle le ministre, est au cœur de la compétition économique internationale. Et pourtant, aux milliers de designers japonais, allemands, italiens ou américains, la France n'oppose que quelques centaines de professionnels ! Comment notre pays, pionnier dans ce domaine (Charlotte Perriand et Jean Prouvé, ici présents peuvent en témoigner) s'est-il laissé distancer depuis quarante ans ? Un seul exemple suffira : pour un brevet d'invention déposé chez nous, l'Allemagne en enregistre trois, l'Amérique du Nord six, et le Japon quinze. »

Et Jack Lang de dresser le portrait de cette institution sans précédent : « Puisque nous faisons face à la fois à la plus grave dépression mondiale depuis 1929 et à la crise de la création, l'imagination constituait le plus urgent des devoirs. À situation sans exemple, institutions sans précédents ! Jugez-en vous-mêmes : une école installée dans un bâtiment industriel, au sein d'un quartier lui-même industriel, à proximité du faubourg Saint-Antoine, et dans l'Est de Paris ! Une école ouverte sur le monde de la création et l'économie, scellant l'alliance de l'art et de l'industrie. Une école fonctionnant douze mois sur douze. Une école dont les étudiants, la moitié de leur temps, réalisent des projets industriels et participent, par des stages au sein même de l'école, à son propre fonctionnement. Une école sans programme rigide, mais qui offre à chacun la souplesse d'un trajet pédagogique singulier. [...] C'est une école différente que nous inaugurons aujourd'hui[33]. »

Peut-on sincèrement douter de la légitimité et du sérieux de cette action nouvelle ? Est-elle paillettes ? Superficialité ? Excroissance ? Dix ans plus tard, *Le Monde* consacrera deux pages à l'ENSCI montrant en quoi elle a profondément transformé la relation du jeune designer avec la création et l'industrie. Un travail en profondeur, loin des projecteurs.

La photographie

Les projets qui font intervenir des collectivités locales prennent souvent plus de temps que ceux qui ne concernent que l'État. L'École nationale de la photographie d'Arles est inaugurée par François Mitterrand le 18 mars 1986, alors que l'idée en est lancée dès 1981. Elle vient couronner une politique en faveur de la photographie qui est l'une des plus complètes de celles initiées en 1981.

L'intervention du ministère de la Culture dans le champ de la photographie a été l'une des initiatives de Jean-Philippe Lecat conseillé par Michel Delaborde. La Fondation nationale de la photographie implantée à Lyon joue un rôle de pionnier. La donation à l'État consentie par Henri Lartigue est l'occasion d'introduire la photographie dans la délégation chargée de la création où elle relève d'Agnès de Gouvion Saint-Cyr. À Arles, autour de Jean-Michel Rouquette, Lucien Clergue et Maryse Cordesse, une équipe milite depuis les années soixante-dix pour la reconnaissance de la photo comme un art à part entière. À Beaubourg, en dépit des efforts d'Alain Sayag, la photographie n'est pas encore vraiment considérée comme digne d'entrer dans les collections nationales. Nous sommes en retard par rapport au musée d'Art moderne de New York.

Nous allons engager un vaste projet d'encouragement de la création, de développement de la formation, de large diffusion. Le maître d'œuvre en sera Robert Delpire. Ce champ de la photographie est le microcosme de la politique culturelle. Toutes les formes d'intervention y sont présentes. En termes d'objectifs d'abord : la conservation du patrimoine avec les fonds anciens de la direction du patrimoine qui seront implantés au fort Saint-Cyr, l'incitation à la création avec les bourses données par le Centre national de la photographie (CNP) que nous créons et les achats du FNAC, la diffusion avec les expositions du CNP, et le lancement de la collection « Photo poche », la formation avec la création de l'École nationale d'Arles, l'animation avec le développement des Rencontres d'Arles. Mais aussi en termes de personnes : Robert Delpire, nommé directeur du Centre national (qui est pour la photo l'équivalent du CNAP) vient du secteur privé où il dirige une agence de publicité et accepte de venir apporter ses talents et ses connaissances au ministère dont il approuve la politique. En termes de moyens, nous ouvrons un budget conséquent au service de la photo, nous lançons le CNP tout en maintenant au sein de la DAP une Mission de la photographie qui continue à intervenir dans le domaine réglementaire, professionnel et assure les liaisons avec le CNP. C'est un véritable succès. L'art photographique connaît un engouement.

À la ville de Paris, Jean-Luc Monterrosso lance Paris-Photo et anime le mois de la photo avec talent. Entre la Ville et l'État une émulation positive se développe.

À Beaubourg aussi, en fin de compte, les conservateurs ne peuvent se désintéresser de la reconnaissance qui vient d'être faite de cette pratique artistique.

Dix-huit ans plus tard, *Le Monde*[34], décidément à l'écoute des mutations culturelles profondes, constate, dans deux pleines pages, que à Bâle, Venise et Cahors, « la photo est devenue le vecteur dominant de l'art contemporain ». Je ne porte aucun jugement de valeur sur cette évolution. Mais qui en 1981-1982 s'opposait à la reconnaissance de la photographie comme partie prenante des arts plastiques ?

Peut-on honnêtement considérer que cette intervention se fait dans un domaine manquant de légitimité ? Peut-on contester les résultats obtenus ? Peut-on douter qu'un pas important ait été franchi pour dépasser la conception très Beaux-Arts des arts plastiques qui régnait en France ?

La bande dessinée et l'animation

Dès 1981, la BD est reconnue par le ministère comme ayant droit de cité dans la politique culturelle. La place des créateurs français est sans cesse encouragée. Elle est promue au plan international. Angoulême devient le lieu de ralliement du ministère de la Culture à cet art. Jack Lang y fait venir François Mitterrand, ce qui est vécu comme un symbole par le milieu de la BD.

Arrive la perspective d'une implantation de Walt Disney à Marne-la-Vallée. Le ministre de la Culture réagit vigoureusement contre ce qui lui paraît être un lâchage des créateurs français. C'est l'occasion pour lui de préciser sa position au regard des industries culturelles américaines : « La visite du président de la République à Angoulême a suscité un immense espoir chez les créateurs français. Le désespoir s'abattra sur eux lorsqu'ils apprendront que, sans aucune contrepartie pour nos créateurs, nous soumettrons à la loi commune tous ceux qui, dans le monde, ont cédé leur identité pour une poignée de dollars[35]... »

On voit que la question de la BD n'est pas seulement une affaire de popularisation de la culture. C'est aussi un défi technologique et idéologique, une nécessaire défense et promotion d'une création nationale. Avec cette décision gouvernementale, apparaît un désaccord entre le ministre de la Culture et le président de la République, lequel sera quelque peu compensé par la création, à Angoulême, en 1984, au titre des grands projets en régions, du CNBDI[36], à la fois musée et école supérieure, construit par Roland Castro. N'est-ce pas une authentique décentralisation ? N'est-ce pas un art populaire ? Un investissement pour l'avenir dans la compétition de l'économie de l'image ?

La mode

La reconnaissance de la mode comme un art est conduite parallèlement à celle de la photographie, avec beaucoup de similitudes : dans les deux cas, il s'agit d'un art qui plonge ses racines dans l'économie, la photo dans les industries de l'image et la publicité, la mode dans celles du vêtement et de ses accessoires. C'est aussi une des décisions de Lang les plus critiquées par certains intellectuels qui n'en retiennent que les flashs et les strass.

Lors de mon passage à la tête de l'Union centrale des arts décoratifs (UCAD), Yvonne Deslandres et moi avions lancé l'idée d'un musée des arts de la mode. Mais nous ne disposions alors ni des budgets, ni des soutiens politiques pour faire avancer ce projet. Yvonne Deslandres est alors installée de manière précaire avec ses milliers de robes et costumes divers dans les combles du musée Camondo qui relève de l'UCAD. Comme j'entreprends à cette époque une réflexion sur le devenir de l'ensemble du musée de la rue de Rivoli, nous imaginons d'implanter dans le pavillon de Marsan, un nouveau musée qui serait consacré aux collections d'Yvonne Deslandres détenues par l'Union française des arts du costume (UFAC). Nous y travaillons tout au long des années 1979 et 1980. Bordaz, Mathey et les professionnels de la mode sont enthousiastes.

Yvonne Deslandres avait voué sa vie à la mode. Comme souvent, de fortes personnalités arrivent à s'affirmer en marge du monde des musées, je pense en particulier à Georges-Henri Rivière avec qui elle avait quelque parenté. Yvonne Deslandres avait choisi une certaine forme de marginalité, craignant par dessus tout le poids et les règles de l'Institution. Elle était devenue une sorte de « Langlois de la mode ». Volontiers extravagante, dans ses tenues comme dans son vocabulaire, elle appliquait sa vive intelligence à piquer les uns, mordiller les autres, et d'une manière générale tous ceux qui se mettaient en travers de sa route qu'elle traçait avec détermination. Notre rencontre allait précipiter la naissance du musée des Arts de la mode. Pendant huit ans, nous correspondîmes, partageant nos espoirs et nos craintes face à l'entreprise. Jack Lang la rendit possible. L'Ucad accueillit Yvonne Deslandres et les collections de l'Ufac. L'inauguration en 1986 précéda de quelques mois la disparition de son inspiratrice et fondatrice. « Écrivassière » inlassable[37], comme elle aimait à se nommer, Yvonne Deslandres a témoigné de l'esprit qu'elle voulait imprimer au musée des Arts de la mode, celui d'une conception aussi sociale qu'esthétique des collections. Elle m'entraînait dans les présentations de mode, où elle rayonnait parmi les couturiers dont elle était aussi bien la confidente que la mauvaise conscience, médisant de l'un, applaudissant l'autre, brillante, provocatrice, tantôt mondaine, tantôt tâcheronne, soucieuse de pensée scientifique et d'éducation du grand public, infatigable bien que malade, et laissant derrière elle une œuvre.

La perspective de faire entrer la mode au palais du Louvre est alléchante. Mais nous ne disposons pas de moyens et le projet coûte plusieurs dizaines de millions de francs. C'est donc naturellement que j'en fais part à Jack Lang lorsque je rejoins son cabinet en juin 1981. Il est lui-même enthousiaste. Il reviendra à Daniel Janicot, mon successeur à l'Ucad, de mettre en œuvre ce projet qui sera inauguré par François Mitterrand, Jack Lang et toute la profession.

En même temps que je m'attache au lancement du musée, Christian Dupavillon, saisi par Jacques Mouclier, président de plusieurs organismes professionnels, notamment le syndicat de la Haute Couture, autorise les défilés d'abord aux Tuileries, puis dans la Cour carrée du Louvre. C'est une bonne illustration de la méthode Lang. Pendant que la construction du musée s'engage, ce qui exigera quatre ans d'efforts, la préfiguration commence au grand jour : Dupavillon-Mollard, même combat !

On peut se demander si ce musée relevait bien de la compétence du ministère de la Culture. Il aurait pu en effet tout aussi bien être rattaché au ministère de l'Industrie. Mais, dans les années quatre-vingt, la culture est présente dans tous les champs sociaux, et ne peut plus se définir comme la « délectation des beaux-arts[38] ». Elle implique la promotion et la reconnaissance des arts dits appliqués ou mineurs comme la mode. Les critiques de cette évolution ont eu tôt fait d'ironiser sur le goût de Jack Lang pour le monde de la couture, mais les professionnels de la mode n'ont pas oublié l'hommage qui leur était ainsi rendu. Cette orientation était partagée non seulement par le ministre de la Culture, mais aussi par l'équipe que nous formions à l'Union centrale des arts décoratifs, Robert Bordaz, François Mathey, Yvonne Bruhammer, Nadine Gasc, Fabienne de Sèze et moi-même qui restais proche de mon ancienne équipe. L'ensemble de la profession adhérait à cette ouverture de la culture, de Courrèges à Yves Saint Laurent, de Pierre Bergé à Jacques Mouclier. Edmonde Charles Roux ne manqua pas à l'appel et bien d'autres.

François Mitterrand s'intéressait au projet au point de recevoir à l'Élysée les professionnels de la mode : « La création des styles de mode peut être considérée comme l'un des beaux-arts, déclare-t-il à cette occasion. Telle était déjà la pensée de grands créateurs d'autrefois. Mallarmé avait créé un journal de la mode en 1874 et parmi ses collaborateurs il y avait François Coppée. Il y avait L'Isle-Adam, Émile Zola. Plus proche de nous, Henri Michaux, Roland Barthes ont parlé de la mode. »

Jack Lang appelle à la rescousse Yves Navarre qui propose au chef de l'État un mot de bienvenue : « Je salue, en vous, un art majeur, car il n'est pas futile ou simplement décoratif. En créant la mode vous créez des modes de vie. Vous créez le plaisir d'être et celui, mobile, d'aller. C'est vous qui inspirez les foules et donnez aux saisons leurs coloris, leurs maintiens et leurs mouvements. Les pays sans mode et sans créateurs de mode sont gris. Ce sont les pays de l'uniforme. Un vêtement ne couvre pas l'être. Il le découvre. Au sens de la découverte. [...] Je n'aime pas le mot "prêt à porter". Il est trop immédiat. Il impose. Alors que vous proposez et invitez. Ce serait plutôt le "prêt-à-vivre", le "prêt-à-rencontrer", le "prêt-à-aimer" la vie que l'on vit, telle qu'il nous est donné de la vivre[39]. »

Voilà pour ceux qui douteraient que la mode est un art. C'est l'occasion pour le président de rappeler son souci de la commande publique : « Les secteurs industriels qui font confiance aux créateurs sont presque toujours en expansion. Je voudrais que cela fût le cas pour le meuble par exemple. Des initiatives ont été prises à cet égard. Un certain nombre de grands projets vont proposer des modèles d'architecture et de décoration. [...] Vous appartenez à l'un de ces secteurs exemplaires. Et vous apportez beaucoup. Voilà pourquoi des décisions ont été prises en faveur de cette forme de création industrielle comme le design. »

Et comme le président et le ministre marchent du même pas, il conclut comme aurait conclu Jack Lang : « Je crois que les grandes époques, par exemple la deuxième moitié du XIXe siècle, sont celles qui ont vu se sceller l'alliance étroite entre les artistes, les techniciens et les industriels[40]. »

Phrase qui pourrait résumer la politique culturelle de François Mitterrand.

J'ai continué à suivre les questions de la mode dans le cadre de la délégation aux Arts plastiques. Ce rattachement n'était pas circonstanciel puisque, quinze ans plus tard, l'ANDAM animée par Nathalie Dufour continue, au 27 de l'avenue de l'Opéra, à suivre la mode pour le compte du ministère. Quant au musée inauguré en 1986, il ferme ses portes en 1995 pour être réouvert sur deux niveaux en 1997 dans le cadre d'un réaménagement complet du musée des Arts décoratifs, animé avec le talent qu'on lui connaît, par Marie-Claude Beaud.

L'intervention de l'État dans ce domaine était jusqu'alors restée cantonnée à son aspect économique avec la création d'une taxe parafiscale gérée par le DEFI[41], organisme professionnel de ce secteur. Sur le plan culturel, les partisans d'une conception classique et élitiste de la culture n'ont pas manqué de la dénoncer comme inutile. Elle est en réalité fondamentale et rend compte de l'évolution aussi bien du goût que de la science. Est-il normal que nous ayons dû aller voir aux États-Unis la manière dont les conservateurs du Métropolitain Museum conservaient leurs costumes avec dix ans d'avance sur nous ? Évidemment des costumes conçus par des créateurs français !

Certes, à la différence du domaine de la photo, l'intervention du ministère est restée assez limitée (le budget de l'ANDAM[42] est de l'ordre de 1 MF par an). La création reste, évidemment, le domaine de compétence de la profession. Nous avons mis l'accent sur la conservation et la diffusion. La formation n'a pas été non plus oubliée : sous l'impulsion du ministère de la Culture et de celui de l'Industrie, l'Institut français de la mode a pu voir le jour[43].

Le symbole de l'entrée de la mode au palais du Louvre, avec le nouveau musée et l'organisation des défilés dans la Cour carrée mérite interprétation[44] : la reconnaissance de ce nouveau champ artistique participe de l'élargissement du champ de la culture, de sa démocratisation, de l'accent mis sur les arts du corps et donc sur les arts de la vie considérés comme partie intégrante d'une culture qui veut s'affirmer dans le présent au carrefour des arts vivants. La mode n'est plus reléguée dans les seules activités de commerce et de communication. Au-delà de la radiographie d'un art, d'une profession et d'une pratique sociale, c'est l'un des signes de la démocratisation des pratiques culturelles.

La popularisation de la mode atteint un sommet avec la remise des oscars de la mode à l'Opéra de Paris, retransmise à la télévision le 23 octobre 1985, en présence de Danièle Mitterrand : « Je suis heureux, déclare le ministre, d'accueillir ce soir des millions de téléspectateurs à l'opéra. Pourquoi la mode dans l'un des plus beaux temples de la culture française ? Pour deux raisons : la première, consacrer définitivement la mode comme un art à part entière. […] Ce soir, notre vœu est que des millions de gens puissent célébrer et fêter ces magiciens de la beauté. […] Il faut que la mode ne soit plus seulement l'affaire de quelques uns, mais qu'elle soit ressentie comme un patrimoine national appartenant à chaque Français. […] Deuxième raison, la mode est une grande industrie nationale. Ce sont des milliers d'emplois, des milliards de devises. Comme vous le savez, l'un de mes credo, depuis trois ans, est "art et industrie, même combat", "économie et culture, même combat"[45]. »

Cette manifestation, qui se reproduira pendant quelques années, ouvre la voie à l'entrée de la télévision dans la vie de la mode, comme nouveau média venant s'ajouter à celui qui y régnait seul jusqu'alors, la photographie.

Mais ce combat rencontrera des réserves nombreuses de la part des esprits les plus conservateurs, le port du costume devenant, en quelque sorte, (ce qui n'est pas nouveau historiquement) l'illustration de clivages politiques. En témoigne la vivacité de l'incident provoqué par la venue de Jack Lang à l'assemblée nationale en avril 1985 vêtu d'un costume de Thierry Mugler. Le ministre était interrogé sur le musée du Louvre au titre des questions orales du mercredi. Lorsqu'il prend la parole il est salué avec dérision : « La cravate ! Kadahafi ! Il expose : Je lui rendrai visite [à Monsieur Séguin] la semaine prochaine à Épinal, nous irons ensemble voir son musée de l'image. Une voix sur les bancs UDF : En costume marin ! » Puis Jack Lang répond à une question de M. Baumel sur l'invitation de M. Tjibaou par M. Lang « dont la présence aux côtés des représentants du gouvernement français est un soufflet pour nos compatriotes... » Intervient M. Kaspereit : « Quelle tenue ! On dirait Kadhafi ! Réponse de Lang : Monsieur Kaspereit, cessez d'être grossier ! M. Kaspereit : Habillez-vous comme tous les Français ! Lang : Nous avons là un exemple de l'intérêt particulier et tout à fait désintéressé que certains députés portent à la Nouvelle Calédonie ! [Interruptions sur les bancs du Rassemblement pour la République et d'Union pour la démocratie française]. M. Kaspereit : Vous êtes le dernier à pouvoir dire cela ! Jack Lang : Voulez-vous répondre à ma place ? M. Kaspereit : Ce n'est pas mon rôle. Jack Lang : Alors laissez-moi parler[46]. »

L'incident fait fureur dans les gazettes. Jack Lang a-t-il cherché la provocation ? Je ne le pense pas. Que l'on puisse venir à l'assemblée, saint des saints de la République, sans porter de cravate lui paraissait au contraire naturel. En tous les cas, il n'imaginait pas soulever un tel tollé. Au demeurant, le col Mao montant par définition plus haut qu'un col normal, il pouvait rétorquer avec esprit : « Qu'est-ce qui vous prouve que je n'ai pas de cravate ? »

Dès 1982, Patrice de Plunkett s'en était pris à la veste rose de Jack Lang. Décidément la droite n'aime ni les couleurs ni ce qu'elle dénomme des fantaisies vestimentaires... « Pour la première fois, voilà un ministre de la République dont tout acte soulève un commentaire dans le ton de la haute couture, persifle-t-il. Et de poursuivre : Examinez le paragraphe de chaque article. Au hasard. Le 8 mai 1982 : Complet bleu, chemise blanche, cravate rouge, notre fringuant ministre de la Culture a inauguré au musée de l'Histoire de France les nouvelles salles consacrées à la Révolution française (*Le Quotidien de Paris*). Le 5 juillet : La salle écouta le ministre en chemise rose, cravate grenat et veste de velours frappé grège (*Libération*). Le 22 juillet : Conférence de presse impromptue hier après midi rue de Valois. Sortant de l'Élysée, Jack Lang, costume d'alpaga bleu marine et cravate assortie sur chemise à rayures fines... (*Le Figaro*). [...] Le prêt-à-porter rejoint le prêt-à-croire pour le show le plus original : un ministre du Théâtre se donnant lui-même à voir ; un ministre de la Mode, mannequin ; un ministre de l'Art, objet. Chaque fois qu'il se produit en public, Jack inaugure Lang[47]. »

Le rédacteur en chef du *Figaro magazine* ne supporte pas plus la mode que les vieux barbons de la politique. Il est vrai que le fait culturel est un révélateur sans pitié...

Mais il faudra s'y faire, la mode est bien devenue l'un des beaux-arts.

Les métiers d'art

Arrivé rue de Valois, je bénéficiais de l'expérience acquise auprès de François Mathey, l'imaginatif conservateur du musée des Arts décoratifs, qui avait organisé des expositions fameuses sur le thème des relations entre l'artisanat d'art et la création contemporaine. Je décidai d'y consacrer une partie de mon énergie et de mes moyens. L'enjeu était important : en effet, on assistait, avec l'entrée des métiers d'art dans le champ de la création contemporaine, à une mutation importante. Ils correspondaient à un champ culturel qui ne prétendait pas être savant. Pour moi, les voies conduisant à l'art contemporain devaient être aussi multiples que possible. Elles pouvaient gagner à passer non seulement par le concept, mais aussi par la pratique et les usages, les arts de faire : n'y avait-il pas là une démarche ouvrant la possibilité de dépasser le vieux débat entre artistes et artisans ? N'était-ce pas aussi une démarche d'ouverture à des artistes-artisans souvent ignorés, voire exclus de la reconnaissance de la culture ?

Mon action eut pour objet de développer le rôle de l'État en faveur de l'artisanat de création laissant à la SEMA[48] et aux organisations professionnelles le soin de s'occuper des métiers d'art traditionnels. Quant aux moyens, je regroupais une partie des équipes de la SEMA et du ministère de la Culture au sein d'une sous-direction de la délégation aux Arts plastiques. Cette nouvelle administration au sein de la DAP, dirigée par Bruno Suzzarelli, permit de développer les incitations à la création, d'accroître les moyens en faveur de la formation (à travers l'expérience de Fontblanche[49] par exemple), d'assurer des liaisons entre les manufactures nationales de tapisseries et de porcelaine et les artisans d'art, de s'appuyer sur le musée des arts décoratifs pour créer pour la première fois une collection nationale d'objets d'art décoratif (dans le cadre du Fnac), de développer des actions de sensibilisation en direction du public par des expositions à l'École des beaux-arts (*Architextures*, 1985) ou à la Chartreuse de Villeneuve-lès-Avignon avec les concours de Louis Bec et de Bernard Tournois (*Deuxième Biennale internationale des métiers d'art*[50], 1984).

Malheureusement, sans qu'aucune explication n'ait été donnée publiquement, Dominique Bozo mit fin en quelques mois à cette politique, renvoya compétences et personnes au ministère de l'artisanat et ruina presque tout ce qui avait été entrepris. Aujourd'hui les métiers d'art sont devenus une espèce en voie de disparition. On peut se demander ce qu'a gagné la culture, la grande culture, à ce limogeage institutionnel. Il montre, *a contrario*, l'avantage de la politique culturelle étendue à ces nouvelles frontières voulues par Jack Lang.

Surtout, la présence des métiers d'art dans le champ des arts plastiques avait un sens profond : outre la reconnaissance d'un art non savant, j'étais préoccupé par l'essor rapide de formes de création dans les écoles d'art qui laissaient de côté les arts de faire, la technique au profit du seul concept. Ceux qui après 1986 ont écarté le ministère de la Culture du champ des métiers d'art, ont sans doute contribué à ce que le domaine des arts plastiques soit dominé par la seule loi du concept, sans souci de la forme, ni des matériaux, ce qui présente un risque d'appauvrissement pour l'avenir. C'est pourquoi les nouvelles technologies, à défaut de l'artisanat d'art, des métiers d'art ou des arts décoratifs, ont aujourd'hui une place éminente à recevoir dans le domaine des arts plastiques. Mais ce rendez-vous est aujourd'hui difficile à assurer.

Les métiers d'art permettent parfois au « ministre des ministères » d'aller faire une incursion dans un ministère qui n'est pourtant en général guère abordable : le ministère des Finances. Or il est en charge de l'Imprimerie nationale, conservatoire de savoir-faire de haute qualité. Nous élaborons un plan de relance des arts typographiques avec le concours inestimable de Jérôme Peignot. Jack Lang est le premier ministre de la Culture à se rendre dans ce haut lieu.

Il évoque le Garamond, le Granjean, le Didot, le Grasset, autant de noms donnés à des caractères typographiques et plaide pour « que l'on songe dès aujourd'hui au caractère français de l'an 2000 ». Le « ministre des ministères » me demande donc de constituer un « groupe de réflexion interministériel sur les problèmes du graphisme et de la typographie, secteur à part entière des arts plastiques ». Et le ministre d'appeler à la mobilisation sur cette question comme sur beaucoup d'autres, unissant la sauvegarde du patrimoine et la mobilisation des citoyens : « Car la typographie, ce n'est pas une affaire de spécialistes, mais c'est une affaire de tout le monde, du tout un chacun qui doit avoir le pouvoir de dominer l'information écrite sous toutes ses formes. Il faut reprendre le problème à la base car les générations grandissant dans les années de développement de l'informatique et de l'audiovisuel risquent d'être habituées à une forme de typographie dégradée sans avoir la moindre faculté de comparaison et de jugement[51]. »

L'architecture et les grands projets

Comme nous l'avons vu plus haut, les tenants de la « culture pure » n'iront pas jusqu'à contester que l'architecture soit l'un des beaux arts. On se souvient que cette compétence ancienne de l'État avait été retirée du ministère de la Culture en 1977 pour être transférée au ministère de l'Équipement. Vingt ans après, elle est revenue rue de Valois. Je ne suis pas sûr que la profession d'architecte gagne à ce genre de chassés croisés administratifs dont les motivations ne sont pas très avouables[52].

Ne se souciant guère de rattachements administratifs (et donc mettant son énergie plus dans des actions que dans des domaines de gestion de compétences) Jack Lang aura certainement plus fait pour la création architecturale grâce aux grands projets que Philippe Douste-Blazy… Belle leçon d'efficacité politique. Il refusera même que lui soit rattachée la direction de l'architecture sans l'urbanisme et la construction, sachant que cette opération, bonne dans les principes, pèserait lourdement sur le petit budget de la Culture.

L'architecture prend appui sur les grands projets. Tout au long des années 1981-1986, les architectes ont été choisis, les établissements constructeurs ont été créés et les travaux commencent. Le rôle du ministre de la Culture consiste dans une large mesure à s'assurer que les réalisations sont bien conformes aux objectifs initiaux. Il est présent sur les chantiers, veille à leur avancement tout en aiguillonnant les équipes qui les animent, assure leurs financements. Il a affaire aux grands maîtres d'ouvrage, comme Biasini, Delouvrier, Rigaud ou Bloch-Lainé. Vieux routiers de l'administration et de la politique, ils sont de la génération de Mitterrand plus que de la sienne. Ils entendent souvent traiter directement avec l'Élysée, renouant avec la pratique de l'époque de la construction du Centre Pompidou. C'est ainsi qu'avance, tout au long de cette période, le musée des sciences et de l'industrie de La Villette qui avait été lancé par Valéry Giscard d'Estaing. La Géode sera inaugurée par François Mitterrand avant la fin de la législature.

L'année 1986 voit aussi l'ouverture au public de la Grande Halle de La Villette restaurée par les architectes Reichen et Robert. François Barré, responsable de la conduite de ce projet, cherchait une occasion pour son inauguration. De mon côté j'étais en quête d'un local pour accueillir la nouvelle Biennale de Paris dont je voulais assurer la relance. Depuis vingt ans, Georges Boudaille avait organisé cette manifestation avec obstination et honnêteté. Mais elle se heurtait à un mode de fonctionnement qui la rendait peu pertinente dans le nouveau concert international de l'art. Le choix des artistes était effectué par les États participants, ce qui aboutissait à réunir des noms de niveaux trop disparates, parfois même des artistes officiels. La nouvelle formule a pour objet de faire de la Biennale un lieu de rencontre d'artistes du monde entier, sélectionnés par un jury international. L'architecture intérieure est conçue par Jean Nouvel. Cette première exposition d'art contemporain dans un lieu nouveau, éloigné des circuits habituels de l'art à Paris, reçoit plus de 100 000 visiteurs. Malheureusement la ville de Paris se dégage de l'association où l'État et la Ville cohabitent depuis 1960. Cette Biennale de Paris sera la dernière, mes successeurs n'ayant pas ressenti la nécessité de poursuivre cette entreprise pourtant importante pour l'affirmation de la place de Paris dans les relations artistiques internationales. Par bonheur, le relais sera pris, dans une certaine mesure, par la ville de Lyon avec la Biennale d'art contemporain qui verra le jour en 1988, concrétisant ainsi les projets de décentralisation artistique initiés en 1981.

Les grands projets font de Paris et de la France un lieu de référence internationale pour la création architecturale. Dans ce climat favorable à la création, les villes et les promoteurs privés s'adressent à leur tour à des talents : c'est la ville de Nîmes par exemple avec Jean Nouvel, Jean-Michel Wilmotte et Philippe Starck. C'est Alain Dominique Perrin qui confie à Jean Nouvel la construction du bâtiment de la fondation Cartier boulevard Raspail à Paris. C'est le centre culturel américain qui fait appel à Frank Gheri. L'État donne l'exemple et met en branle un mouvement qui le dépasse.

Ce mouvement favorable à la création va gagner les espaces publics grâce à ce que l'on peut appeler l'art urbain.

L'art urbain

La relance de la commande publique répond au même souci de mettre l'art au service du plus grand nombre. Il est alors tentant de vouloir mettre l'accent sur l'implantation d'œuvres d'art dans les espaces publics. Ce sera l'un des soucis majeurs de Jack Lang, encouragé en cela par François Mitterrand.

La présence de l'œuvre d'art dans les espaces publics répond clairement à la volonté de sa démocratisation. Plusieurs centaines d'œuvres sont ainsi installées, de taille modeste ou de taille imposante, comme les *Accumulations d'horloges et de valises* d'Arman gare de l'Est, la *Tour aux figures* de Dubuffet ou la *Colonnade* de Buren. Ces œuvres suscitent parfois des polémiques surtout si elles sont implantées dans des monuments historiques ou des sites anciens. Elles peuvent aussi nourrir un débat intéressant sur le sens de la création artistique.

À relire la presse de l'époque, on est frappé par le nombre de débats, d'interrogations, de prises de positions que suscite cette politique de la commande publique. Cela participe à l'animation de la vie culturelle. Quelques titres l'attestent : « Scandale à l'abbaye de Fontevraud. Les gisants des Plantagenet en état de lévitation » (*Le Figaro*,

5 février 1986), « Toni Grand sculpte le château de Salses » (*L'Indépendant*, 16 février 1986), « Arts plastiques : une renaissance » (*L'Événement du jeudi*, 27 février 1986), « La mise au carreau de Jean-Pierre Reynaud » (*Libération*, 11 avril 1986), « Les défenseurs de l'abbaye du Bec-Helloin refusent de porter la croix de Jack Lang » (*Paris-Normandie*, 24 avril 1986), « La ruée contre l'art » (*Le Matin*, 20 juin 1986), « Buren, c'est du grand art pour s'asseoir dessus » (*Figaro magazine*, 5 juillet 1986), « l'Église catholique renoue avec les artistes » (*Le Monde*, 17 juillet 1986), « La commande publique, riches heures et passes difficiles » (*La Croix*, juillet 1986), « Découvrez ces lieux magiques où l'art est vivant » (*Cent Idées*, août 1986), etc.

Une autre préoccupation est plus sociale et esthétique. La période est favorable à la relance de la commande publique car de nombreux artistes veulent sortir des musées pour se confronter à l'espace architectural et urbain. L'un des premiers mouvements artistiques qui avait revendiqué cette orientation était le groupe Support-Surface. La tendance s'affirme et se généralise.

Comme je le disais lors d'un colloque à Aix-en-Provence sur l'esthétique urbaine[53] on assiste à une rencontre entre deux préoccupations : l'artiste qui recherche son public et qui veut sortir de son ghetto et le politique ou l'homme de pouvoir, le chef d'entreprise, qui a besoin de l'artiste pour favoriser une politique d'image. C'est à la faveur de ces deux préoccupations que l'on voit se développer aujourd'hui ces politiques de commandes « publiques » et « privées » : appelons-les « sociales ».

La construction du Centre Pompidou avait entraîné une longue et vive polémique qui avait été aussi une manière de sensibiliser et d'éduquer le public à la création contemporaine. Avec l'art public, celui qui est présenté hors des musées, le même processus va s'engager. Avant d'être acceptée par l'opinion, comme si un rite d'initiation était nécessaire, cette mise en scène de l'art va susciter des réactions de rejet au nom de sa forme ou de son sens.

La *Tour aux figures* de Dubuffet impressionne surtout par sa forme et sa taille. À la recherche d'un lieu d'accueil, elle finit par atterrir dans un jardin de la commune d'Issy-les-Moulineaux. La *Fontaine* de Michèle Blondel gare de l'Est, faite de plomb, de verre et de cristal bleu de Baccarat fut cassée par des vandales. Des sculptures implantées aux Tuileries, seules celles d'Alain Kirili et de Mason sont restées, sans que l'on sache pourquoi. Pour Kirili, la raison vient de sa forte personnalité. L'art public doit souvent s'imposer par un combat symbolique. Comme le *Balzac* de Rodin qui resta au dépôt plus de quarante ans, jusqu'à son installation en 1939, boulevard Raspail. Jovial de cœur et trapu de corps, aussi brun de poil qu'il peut paraître sanguin de peau, Alain Kirili est une sorte d'archétype de la génération des artistes français qui ont décidé de faire carrière aux États-Unis. Comme les Arman, les Bernar Venet puis les Jacquet, il vit tantôt à Paris, tantôt à New York. Il sait pouvoir en tirer avantage, car en France plus qu'ailleurs, nul n'est prophète en son pays. De la sculpture, il professe une conception à la Rodin faite d'une rencontre et d'un affrontement de l'homme et de la matière. Esprit curieux, il s'intéresse aussi bien au jazz américain qu'aux jeunes artistes français. Mais il a un défaut, celui de réussir, qui lui vaut de solides inimitiés.

Les œuvres ayant un sens politique ou philosophique ont souvent le même sort. Ainsi de l'*Hommage au capitaine Dreyfus* commandé à Tim. Je m'étais ouvert de ce projet à Jack Lang puis au président après avoir lu le livre de Jean-Denis Bredin. Je rendis visite à Charles Hernu, alors ministre de la Défense, à qui je proposai, en guise de réhabilitation du capitaine-symbole, l'installation de l'œuvre dans les locaux de l'école militaire où il avait été dégradé avant d'être envoyé au bagne. Hernu ne voulut rien entendre : « J'aurais tous les généraux contre moi, me dit-il. Vous ne voulez quand même pas que je saute pour Dreyfus ! ». Quelques semaines plus tard, il devait « sauter » en qualité de coupe-circuit dans l'affaire Greenpeace… On installa l'œuvre au jardin des Tuileries où l'État, particulièrement le ministre de la Culture, était maître chez lui, dans ce que j'appelais « le carré des refusés ». Elle fut inaugurée par Jack Lang à son retour en 1988, avant d'être accueillie dans un square du boulevard Raspail où elle ne fait plus couler d'encre.

Même destinée pour l'*Hommage à Léon Blum*. Cet homme politique mythique à bien des égards n'avait aucune sculpture dans Paris. Mais il existe une place Léon Blum en face de la mairie du XIe arrondissement. On pouvait y implanter une œuvre. Ce voisinage parut insupportable à Alain Devaquet, maire de cet arrondissement, montrant ainsi que même la commande publique pouvait être de gauche ou de droite… L'œuvre de Philippe Garel fut reléguée, elle aussi, au « carré des refusés », avant d'être finalement installée place Léon Blum, après de longues palabres.

Dans l'implantation des œuvres d'art il faut jouer avec les conflits. Dans les années quatre-vingt, le territoire de la ville de Paris ressemble à un immense jeu de taquin où les lieux disponibles pour les grands projets et les commandes publiques entrent en concurrence et où s'échafaudent les aménagements les plus complexes. Face aux blocages opposés par la ville de Paris, il me faut trouver des lieux qui appartiennent à l'État, les gares SNCF, le jardin des Tuileries, le Pont neuf…

Ce dernier avait été choisi par Christo qui voulait l'emballer. Après des années de démarches auprès de la ville de Paris, il avait fini par recevoir de Jacques Chirac une lettre dans laquelle ce dernier approuvait son projet et lui conseillait de s'adresser… au ministre de la Culture. En effet, le Pont neuf est le seul des ponts de Paris à être propriété de l'État, ce que l'artiste ne pouvait pas savoir. Je reçois Christo. Il voudrait que l'opération ait lieu au plus tard en septembre 1985. Nous sommes en mai. Je provoque un déjeuner avec Jack Lang qui s'enthousiasme. J'organise un dîner avec Bernard Faivre d'Arcier, conseiller de Laurent Fabius, Premier ministre et Louis Schweitzer, directeur de son cabinet qui nous apportent leur soutien. Mais nous nous heurtons aux réserves de Pierre Joxe, ministre de l'Intérieur qui, alarmé par le préfet de police, craint pour la circulation parisienne. Jack Lang repart en campagne : rien n'y fait. Il avertit François Mitterrand qui est enchanté du projet. Il faut que ce dernier parle au ministre de l'Intérieur pour que soient vaincues les résistances du préfet de police. Ce mois de septembre à Paris sera magnifié par des couchers de soleil somptueux sur la Seine et ce pont qu'on a d'autant mieux vu qu'il était voilé et comme invisible. Il laisse un souvenir ému à bon nombre de Parisiens et de visiteurs étrangers.

L'opposition esthétique ne vient pas toujours d'adversaires politiques. À la demande de Jack Lang qui souhaitait introduire l'art contemporain au Louvre, je fis faire un certain nombre d'esquisses par des artistes dans l'esprit du plafond commandé par Georges Salles, ancien directeur des musées de France, à Georges Braque, avant que Malraux arrive rue de Valois[54]. Parmi eux, Simon Hantaï et Gérard Fromanger. Ce dernier qui travaillait alors à Montauto, dans les environs de Sienne, sur le thème des Étrusques, proposa une maquette pour le plafond de la salle étrusque. Jack Lang et moi la présentons à François Mitterrand qui en approuve le principe. Mais Geneviève Monnier, conservateur des musées en fonction à l'Élysée, veillait dans l'ombre. Je conçois qu'il était plus intéressant de s'occuper de la décoration du Louvre que des « musées du septennat ». Se croyant sans doute investie d'une mission, telle Sainte Geneviève face aux barbares, elle s'opposa avec force au projet Fromanger qu'elle réussit à bloquer.

Comme on le voit, l'art public est très vivant. Il suscite les passions. Il révèle les caractères et dévoile les intentions. Il est aujourd'hui d'autant plus nécessaire qu'il permet de rappeler dans la ville où les architectures sont de plus en plus uniformes et lisses quels sont nos imaginaires, quelle est la part de monstres et de dieux qui hantent nos esprits.

François Mitterrand et Jack Lang étaient passionnés par ces initiatives. Nous discutions des projets, pas toujours d'accord, mais toujours soucieux de trouver les meilleurs talents. Après 1986, on adopta une procédure plus lente de concertation avec les monuments historiques, acceptant de passer sous toutes les fourches caudines. On refusa de s'engager sans longues études préalables. On mit en place des commissions d'étude et de préparation. Il est vrai que je préférais les opérations-commando. Résultat : il ne se passa plus grand chose, et on se contenta d'inaugurer ce que Lang et moi avions lancé : il est vrai que cela fournissait un programme de longue durée... La période dorée de la commande publique avait vécu. Plus tard, la déconcentration des crédits a transformé nos rivières en ruisseaux : il y en a plus, mais sont-ils encore visibles ?

Les industries culturelles

Parce que ces industries relèvent essentiellement de l'initiative privée, l'État ne peut intervenir que marginalement pour favoriser leur développement. Il le fait sous forme de plans sectoriels destinés soit à redresser les situations compromises (facture instrumentale), soit au contraire à dynamiser des situations à venir (nouvelles technologies). Mais ces plans de modernisation vont toucher aussi bien au verre qu'à la tapisserie, aux industries du cinéma, à la recherche-image, aux technologies du son, etc.

Le « ministre des ministères » va ainsi intervenir avec nombre de ses collègues du gouvernement : industrie, recherche, éducation nationale, artisanat, etc.

L'un des moyens de promouvoir ce développement est la création en 1983 de l'IFCIC (Institut de financement du cinéma et des industries culturelles), organisme de garantie de prêts bancaires, doté par l'État d'un fonds de 28 millions de francs, permettant de cautionner des crédits d'un montant de 140 millions de francs en deux ans, soit un coefficient multiplicateur important. De la même manière, a été créé en 1984 un compte de soutien aux industries de programmes semblable à celui existant dans le cinéma, destiné à aider le financement de programmes de télévision créatifs.

Lorsqu'on fait le point des interventions dans ces domaines, la volonté d'innovation apparaît avec évidence. C'est par exemple le « Plan son » lancé en 1984 qui comporte des incitations en direction de partenaires aussi différents que l'usine de disques compacts de MPO, les orgues électroniques de Hohner, la réalisation de logiciels d'initiation à la musique. C'est aussi le « Plan recherche image » lancé avec le concours des ministères de l'Industrie, des PTT et de la Communication qui met l'accent sur le développement de la synthèse des images. Le « Plan dessin animé » qui permet de reconstruire une capacité de production pour réaliser de grandes séries, ce qui n'était plus le cas en France et demeurait de la seule compétence des Japonais et des Américains. La relance du cinéma et des programmes audiovisuels qui permet en 1986 d'injecter 1,3 milliard de francs dans la production cinématographique et audiovisuelle, avec une série de mesures fiscales et financières. Et le ministre de conclure par l'exposé de « l'exception culturelle » : « La création a besoin pour s'exprimer de pluralité, de diversité. Elle a aussi besoin de temps : le temps de la maturation, le temps de la conception, celui de la rencontre avec le public. Pour toutes ces raisons, la concentration excessive des moyens de production et de distribution, la course à la rentabilité immédiate sont des dangers qui menacent la création. Il est donc impossible de laisser jouer le marché les yeux fermés[55]. »

Lorsque Lang prétend que le combat de la culture est inséparable de celui en faveur de l'économie, il vise aussi les emplois potentiels des secteurs d'innovation. Dix ans plus tard, Tony Blair ne fait rien d'autre lorsqu'il annonce la décision du gouvernement travailliste anglais de miser sur les industries culturelles. Et Bill Gates, le patron de Microsoft, acquiert auprès des musées du monde entier les droits de reproduction des œuvres d'art parce qu'il sait qu'elles constitueront l'un des marchés importants du XXIe siècle.

De là la ferveur du ministre à célébrer sans cesse les noces de l'art et de la technologie. C'est vrai de la musique, de l'image interactive, des techniques de conservation, de la création artistique[56]. « La vague des technologies aborde un à un tous les rivages, dit-il. La culture ne pouvait rester à l'écart de ce grand mouvement. En moins de dix ans, nous avons vu apparaître les magnétoscopes, les jeux électroniques, le disque compact, le vidéodisque, les images de synthèse, les instruments de musique électroacoustique[57]... »

Cette action, si elle sait miser sur le multimédia, est de nature à ouvrir une voie entre émetteurs culturels sur les réseaux intranet ou internet, dans l'interdisciplinarité et dans la transparence des informations.

Faut-il attendre que les gouvernements étrangers interviennent largement dans les industries culturelles pour qu'en France on considère enfin cette intervention légitime ? « L'exception culturelle » française qui a, maintenant, acquis droit de cité, sera-t-elle un jour reconnue par l'Europe ?

L'emploi culturel

L'économie de la culture concerne évidemment directement l'emploi culturel.

Si Jack Lang intervient en faveur du livre c'est aussi pour soutenir le secteur de l'édition. S'il vole au secours du cinéma c'est pour maintenir un art et une industrie.

Ce n'est pas tout à fait un hasard si depuis quinze ans le cinéma français est celui qui dans le monde résiste le mieux au cinéma américain. Les nouveaux champs culturels, mode, design industriel, photographie, vidéo, rock, musiques actuelles, bande dessinée, nouvelles images, hautes technologies, sont des réservoirs pour le développement économique et des gisements d'emplois. Dans ces domaines, une intervention de l'État, même faible, peut avoir un effet de dynamisation considérable. Tel est le jeu du coefficient multiplicateur. Les critiques qui reprochent à Lang ses excroissances culturelles ne font pas de différence entre le domaine des musées, qui est essentiellement du ressort du secteur public et celui du design industriel, par exemple, qui relève du secteur privé. Est-ce une raison pour que l'État se désintéresse de ce dernier ? Non, répond Jack Lang car l'État est au service de la culture et de toute culture.

Or, les emplois culturels se comptent pas centaines de milliers. Placer le ministère de la Culture sur ce chantier, c'est aussi contribuer à donner du crédit à son action. Le « cinquième pouvoir » a aussi des racines économiques.

Les nouvelles « frontières » culturelles

La disproportion saute aux yeux pour un esprit honnête entre la vivacité des critiques opposées à l'interventionnisme tous azimuts de Lang et la réalité des « nouvelles frontières culturelles » qui ont marqué heureusement sa politique. Peut-on qualifier de déviation des interventions de l'État en faveur de l'architecture, de la photographie, de l'artisanat d'art, des écomusées, de la mode, du design industriel, de la BD ? Peut-on prendre au sérieux Alain Finkielkraut quand il écrit : « de peur de tomber dans l'élitisme et de manquer ainsi aux principes élémentaires de la démocratie, l'intellectuel contemporain s'incline devant la volonté de puissance du show-business, de la mode ou de la publicité, et la transformation extrêmement rapide des ministres des Affaires culturelles en gestionnaires du délassement ne suscite, de sa part, aucune réaction[58] » ?

Pourquoi une telle acrimonie contre des formes d'expression que l'on ne voit guère pratiquées dans les clubs de loisirs ? En réalité, le ministère de la Culture est intervenu dans des domaines culturels ou artistiques dont il s'était écarté jusqu'alors par manque d'ambition et de moyens.

Et on ne peut pas soutenir que ces interventions nouvelles se soient faites au détriment des interventions plus classiques du ministère. D'autant plus que la plupart d'entre elles se sont limitées à une reconnaissance plus qu'à une aide budgétaire.

Ce débat ne fait-il pas ressortir l'opposition entre les conservateurs et les novateurs ? Les premiers considèrent toujours la culture comme « un supplément d'âme », un divertissement d'esthète, un domaine réservé et donc nécessairement « scientifique », l'adjectif étant le meilleur des alibis pour rester immobile, qui se pratique dans le silence de leur conscience, loin des contraintes ou des nécessités économiques et sociales. Je sais que l'on peut prétendre que le progrès se trouve dans le passé et dans la tradition, mais je me méfie des tentations de vouloir arrêter la marche de l'histoire.

Les autres, dont Jack Lang a été le meilleur porte-parole, voient dans la culture non seulement un ensemble de connaissances mais aussi un levier de développement de la création contemporaine, une manière de vivre les grandes questions du monde, une façon de concevoir et faire de la politique comme un art de la cité, une méthode pour intégrer les mots dans la vie, contribuer à renouveler les formes d'expression artistique, établir des passerelles entre les arts, décloisonner les champs d'expression, bref pour considérer la culture dans sa dimension sociale : au double sens de cet adjectif, celui qui renvoit à la sociologie et celui qui qualifie l'aide aux déshérités.

La conception ouverte, moderne et progressiste de la culture doit prendre en compte les démunis, les exclus de la création et des pratiques culturelles. Il serait intéressant sur ces questions de connaître les propositions de Marc Fumaroli, d'Alain Finkielkraut et des autres. Mais sans doute sont-elles hors sujet !

3. RECONNAISSANCE ET LÉGITIMITÉ

L'un des résultats les moins contestés de l'action de Jack Lang est la reconnaissance du fait culturel : désormais il n'est plus possible pour un homme politique de nier que la culture fasse partie intégrante de la politique. Et si la droite, de 1986 à 1988 et de 1993 à 1995, continue à n'en pas faire une priorité, cela n'est pas compris de l'opinion publique. Car la culture est désormais considérée comme légitime et nécessaire.

La reconnaissance du fait culturel

La reconnaissance du fait culturel va plus loin que la politique. Elle touche aux mœurs, aux pratiques sociales. Elle est le signe d'une mutation de société. Le tableau de ces reconnaissances multiples mérite d'être dressé de manière à être mieux compris. Le « cinquième pouvoir » est en effet reconnu par de nombreux pouvoirs partenaires.

• *Le ministère des Finances*

Pendant toutes les années qui ont précédé la venue de Lang rue de Valois, les ministres de la Culture se sont tous heurtés à l'opposition sourde ou ouverte du ministère chargé du budget sur la base de quelques arguments simplistes qui, après Lang, ont moins cours : la culture serait par nature dispendieuse, l'investissement culturel n'entraînerait aucune retombée pour l'économie nationale.

Sans doute le ministère du Budget reste-t-il toujours à l'affût des économies dans toutes les administrations. Mais le budget de la Culture a obtenu droit de cité. Peut-on dire que le discours sur la politique culturelle et les résultats obtenus ont convaincu jusqu'aux fonctionnaires des Finances ? Parfois oui, parfois non. La forteresse n'est ébranlée qu'autant qu'un président de la République ou un Premier ministre affirment clairement la priorité culturelle.

Ce n'est pas un mince résultat, car pendant plus de vingt ans, le développement du ministère de la Culture, on l'a vu, s'est sans cesse heurté à cet obstacle.

- *Les élus locaux*

Les élus locaux vont jouer le rôle d'amplificateur de la nouvelle politique culturelle. Au-delà des critiques de circonstances, l'action de Jack Lang fait l'unanimité à gauche et à droite. Et la plupart des élus vont, dans leurs collectivités territoriales, développer des partenariats avec l'État.

Ils y sont motivés par l'espoir d'obtenir, dans leur ville, le bénéfice d'une partie des crédits qu'ils ont votés comme parlementaires. Mais, le développement de ces partenariats est plus profond. L'aménagement culturel du territoire devient l'une des grandes affaires de la République, souvent sans éclats spectaculaires, mais avec le concours de tous.

Les élus qui s'étaient engagés dans des actions culturelles novatrices et courageuses avant 1981, ont fait école chez la plupart des maires. Ils seront même souvent aidés par les conseils généraux et les régions. Ceux qui résistent à ce mouvement général font désormais figure d'exception. Du moins dans les grandes villes : il en va bien différemment dans les petites villes et dans les zones rurales où ils ne se sentent souvent guère encore concernés.

Les adversaires, par omission plus que par action, se rencontrent évidemment dans les rangs du Front national et dans certains conseils généraux réactionnaires, essentiellement ruraux. Le Front national s'oppose à la politique culturelle développée par les régions et les communes en partenariat avec l'État pour des raisons bien précises : il a fait du combat culturel un combat politique central. Il a compris, mieux que les représentants de la droite classique, que la politique culturelle nationale est le lieu de l'expression des valeurs de base de la démocratie. Il en fait donc un terrain d'affrontement. On a vu ainsi récemment (1995) les villes de Toulon, d'Orange ou (1998) la région Rhône-Alpes s'en prendre aux subventions destinées à des institutions en vue de faire échec à la politique culturelle nationale devenue lieu de consensus républicain.

À part ces exceptions, qu'il ne faut pas sous-estimer, car le combat pour l'investissement culturel n'est jamais définitivement gagné, la grande majorité des élus locaux ont adhéré à la nouvelle politique culturelle. Ils y ont vu et y voient un avantage de notoriété et d'image pour leurs concitoyens, un argument d'attraction pour les entreprises et leurs salariés et une sources de pratiques nouvelles pour leurs administrés.

Le succès des conventions de développement culturel signées par le ministère de la Culture avec les communes et les régions montre que cette collaboration n'a pas été vaine. Elle a permis la révolution silencieuse de l'aménagement culturel du territoire. En une quinzaine d'années, la carte des équipements culturels a radicalement changé. Désormais dans des départements très excentrés ou enclavés, comme la Corrèze ou la Dordogne, les populations disposent aussi bien de médiathèques, de musées, que de salles de spectacle. Chaque commune de plus de 10 000 habitants a peu ou prou son service culturel. On est passé insensiblement mais réellement de la culture de la salle des fêtes à la culture des équipements culturels. Cette vague de fond n'est pas toujours spectaculaire, prise ville par ville, équipement par équipement, au point que les médias en ont assez peu rendu compte, leur préférant des événements plus visibles mais pas nécessairement aussi importants. Elle est comparable à la déferlante qui, entre les années 1880 et 1914, a recouvert le territoire de musées, bibliothèques et lycées. L'action de Jack Lang, relayée par les collectivités territoriales, aura mis la France à l'heure de la culture contemporaine et sera reconnue comme l'une des grandes conquêtes de la politique de gauche conduite depuis 1981.

• *Les entreprises*

La reconnaissance du pouvoir culturel par les entreprises est à la fois plus difficile et plus significative encore. Certes, cette reconnaissance qui a eu ses heures de gloire dans les années de 1985 à 1990, période de prospérité du mécénat culturel, n'est-elle ni universelle ni définitive car elle est soumise, plus que celle des élus locaux, aux vicissitudes de la conjoncture économique. Mais elle a assez évolué pour que l'on puisse parler également de mutation.

La commission des Affaires culturelles du VIe Plan avait déjà pressenti le rôle que les entreprises pourraient jouer dans le développement culturel en proposant la création d'une fondation d'entreprises pour le développement culturel qui ne vit le jour que de manière éphémère. La fondation servit à aider au développement du service des études du ministère qui ne disposait d'aucun moyen. Au lieu de l'encourager, Jean Charbonnel crut utile, en qualité de magistrat de la Cour des comptes, de critiquer sévèrement cette bonne initiative qui fut ainsi stoppée dans son élan.

Mais c'est avec le mécénat que les entreprises sont entrées dans le développement culturel. Un premier train de mesures est pris à l'initiative de Lang et annoncé à la presse en présence de Pierre Bérégovoy, le gouvernement montrant ainsi sa cohésion. Jacques Rigaud, à la tête de l'Admical, a incité les gouvernants et veillé à la pureté des intentions des nouveaux mécènes à la française. Un climat nouveau a été favorisé.

• *Les médias*

On a vu comment, grâce à la diversification des événements culturels, les médias avaient peu à peu réussi à consacrer une place grandissante à l'actualité culturelle. Cette mutation doit être considérée comme une résultante de toute la politique engagée en 1981. Elle est la preuve qu'elle a porté ses fruits. L'intervention des médias est soumise aux enjeux de pouvoirs. S'ils s'engagent dans l'information culturelle, dans une mesure croissante mais toujours insuffisante, c'est que le rapport des forces dans le système social s'est renversé au profit de la culture. Elle leur apporte un contenu là où ils se contentent souvent d'être des hauts-parleurs.

La légitimité

Sans vouloir s'ériger en Salomon de la politique culturelle, il est nécessaire, arrivé au terme de ce premier mandat du « ministre des ministères », de faire un bilan.

Du côté positif, si l'on commence par là, il est clair que le doublement en un an, le quasi triplement du budget de la Culture en cinq ans sont une réussite sans précédent. Cette nouvelle donne budgétaire a complètement bouleversé l'organisation du ministère et sa capacité d'initiative. Cinq ans après l'arrivée de Lang rue de Valois, il a beaucoup plus changé que vingt ans après l'arrivée de Malraux.

Dans le même temps, la personnalité du ministre, l'engagement de son entourage sont indispensables à la reconnaissance de la culture qui n'est plus le parent pauvre de la République. Au contraire, elle intéresse directement le chef de l'État et son ministre de la Culture est, comme on l'a dit, une sorte de Vice-Premier ministre chargé des questions culturelles et de la communication. Statut proche de celui qu'avait reçu Malraux, mais statut non institutionnel et plus opérationnel.

La décentralisation, sans avoir entraîné des délégations importantes de compétences de l'État aux collectivités territoriales, a pu conduire à la mise en œuvre d'un véritable Plan d'aménagement culturel du territoire. On peut regretter que les priorités soient allées souvent aux régions ou aux villes les plus riches, le ministère se contentant dans ses discussions bilatérales de renforcer les initiatives prises par les plus motivées. Et il va de soi que les communes riches ont tendance à investir plus facilement dans le domaine culturel que les communes pauvres. De là un phénomène de renforcement des initiatives. Mais le ministère a commencé une action moins visible et plus lente de correction des inégalités.

Jack Lang a donné la priorité aux incitations à la création. Il a su largement puiser dans ses dotations budgétaires devenues abondantes, pour irriguer aussi bien les artistes les plus reconnus que les artistes débutants. Il a pu ainsi accompagner la grande mutation intellectuelle et artistique des années quatre-vingt. Il a permis l'instauration en France d'un climat propice à la création (en particulier dépourvu de toute censure, laquelle a comme été chassée des mémoires) qui a contribué à encourager les talents et à attirer en France de nombreux artistes étrangers.

C'est avec bonheur qu'il a pu mettre en œuvre une conception élargie du champ culturel ouvert à l'économie, à l'industrie, aux technologies, à toutes les formes de la création sans souci de hiérarchie *a priori*.

Le climat dans lequel se déroulent la réflexion et l'action culturelle à son départ de la rue de Valois est très différent de celui qu'il avait trouvé à son arrivée. L'économie de la culture a désormais acquis droit de cité. Par exemple, si je peux mettre en œuvre en 1986 le concept d'ingénierie culturelle c'est qu'il se trouve au croisement de préoccupations nouvelles : celles des élus désormais convaincus du bien fondé de la politique culturelle et celles du secteur privé de la culture qui croit plus qu'auparavant aux vertus du mécénat et de l'investissement culturel.

Dans le même temps s'ouvrent, comme on l'a dit, de nombreuses formations supérieures à l'ingénierie et au management culturel, comme à l'université de Dauphine et à l'Institut supérieur de management culturel (ISMC)[59]. Rapidement, des dizaines d'universités vont créer des DESS de gestion culturelle sur tout le territoire. Les jeunes se sont mis à croire dans l'avenir de l'économie de la culture et dans l'emploi culturel. Ce mouvement exprime une mutation profonde qui continue à connaître de nombreux développements.

Les grands projets lancés par le président de la République ont souvent été initiés par son ministre et font partie des acquis positifs de cette période.

La reconnaissance par les jeunes est un succès incontestable, car elle correspond à l'ouverture de la culture, jusqu'ici comprise dans une acception trop volontiers savante et raisonneuse, à des domaines de préoccupations plus proches de la vie.

Enfin, en matière d'action internationale, le ministère a reçu une nouvelle compétence lui permettant de créer un service des affaires internationales, sans pour autant que ses actions soient bien déterminées au regard de celles relevant du ministère des Affaires étrangères. Quoi qu'il en soit, des projets ont pu être lancés dans le domaine des relations Nord-Sud. En 1985, l'année de l'Inde a rassemblé un ensemble de manifestations qui symbolisent assez bien ce que peut être ce souci de l'action internationale tournée vers les pays du Sud. Néanmoins, un certain nombre de projets qui avaient été initialement envisagés n'ont pas vu le jour.

Le revers de la médaille, si revers il y a, est l'interrogation sur le rôle de la « machine culturelle » : n'a-t-elle pas tendance à se considérer comme responsable de la sélection des œuvres, à charge pour le public d'adhérer et de consommer ?

On a beaucoup accusé le ministère des années Lang d'être l'antichambre de l'art officiel. C'est la thèse de Marc Fumaroli. Il n'est pas contestable que le ministère a eu ses artistes favoris, sa clientèle, ses phénomènes de courtisanerie. Rien à voir, toutefois, avec la petite brochette des privilégiés de l'époque Malraux. La profusion même des crédits lui a interdit de se limiter à quelques uns. L'action conduite est critiquée ici pour avoir trop privilégié une clientèle, dénigrée ailleurs pour avoir été trop éclectique dans les choix : la vérité se trouve sans doute entre les deux. De mauvaises habitudes ont pu être prises qui, en période d'abondance ne présentent guère de danger, mais, en période de vaches maigres, peuvent devenir pernicieuses.

Comme on pouvait le craindre, le projet de loi sur l'éducation artistique n'a pas vu le jour et s'est mué en un protocole d'accord entre les ministères de la Culture et de l'Éducation nationale. Une fois de plus, le Goliath de la rue de Grenelle a réussi à déjouer les ambitions du David de la rue de Valois. Mais les expériences lancées constituent une avancée indiscutable.

La dimension sociale de l'action culturelle est aussi en deçà des espérances. Le ministère a plus aisément élargi son domaine d'action dans l'architecture, la ville, la communication. Mais il est vrai que l'on ne peut pas demander à un ministre, sous prétexte qu'il est entreprenant, de traiter de tous les problèmes posés au gouvernement, fût-il lui-même « Vice-Premier ministre »...

Le ministère a moins conduit une décentralisation active de l'action culturelle, jugée prématurée, qu'il n'a engagé une grande politique d'aménagement culturel du territoire. C'est dans ces années quatre-vingt que s'est développé ou rénové le réseau des bibliothèques, des musées, des salles de concert, des monuments historiques, en une toile d'araignée dense et variée, dont le centre reste à Paris. L'essentiel du pouvoir de décision est encore concentré dans les bureaux parisiens dont le dirigisme est excessif. Il faudra attendre encore les vertus de la déconcentration qui aura besoin de dix ans pour s'affirmer.

Enfin, dépourvu de responsabilité directe dans le domaine de la communication, de la radio ou de la télévision, le ministère de la Culture ne va pas pouvoir s'opposer à la marche vers la privatisation de la télévision. Sans doute celle-ci était-elle plus ou moins irréversible. Mais elle aurait pu se faire dans un autre ordre et d'une manière plus conforme aux valeurs de la création.

Le meilleur résultat que l'on puisse tirer de ce bilan est la légitimité qui désormais s'attache à la politique culturelle. Passer de l'évidence à la légitimité n'est-ce pas avancer vers la lumière ? Encore y faut-il une caution intellectuelle et, plus qu'une caution, un soutien.

Le changement attendu s'est produit dans des délais record. Avec parfois peut-être le sentiment d'un feu d'artifice éphémère. Ce n'est qu'une apparence. Il faut s'attacher au sens de ces actions, aux orientations prises et qui structurent profondément la vie artistique et culturelle du pays.

Ce qui ressort du changement attendu des années 1981-1986, c'est une légitimité politique. La gauche est arrivée au pouvoir en 1981 pour la première fois depuis vingt-trois ans. Elle a dû affronter une hostilité des pouvoirs en place, notamment dans les médias, qui ont longtemps contesté sa légitimité. Par la politique culturelle, même si cela fait partie d'un non-dit, la classe intellectuelle et l'ensemble des artistes sont massivement derrière elle. Un mouvement sans précédent à été lancé. D'un point de vue politique, Jack Lang a réussi. Le président de la République ne pourra plus se passer de lui. Il fait partie de l'équation de la gauche au pouvoir.

Sous les gouvernements de droite, les intellectuels signaient des pétitions. Désormais ils participent à des séminaires ou des colloques. Ils ne sont pas silencieux. Et les artistes donnent de la voix et de l'image.

La politique culturelle est un révélateur. En favorisant la libre expression des artistes, des forces de progrès, elle pousse souvent les porte-parole de la pensée réactionnaire à s'exprimer avec une telle vivacité qu'ils se démasquent.

Les rencontres de la Sorbonne, en février 1983, organisées à l'initiative de Jack Lang, marquent une mutation dans les relations entre le pouvoir culturel et les intellectuels. Dans le livre-bilan qui en rend compte, « Le complexe de Léonard[60] », Jean Daniel met l'accent sur la difficulté de nouer ce type de relations entre un pouvoir politique, quel qu'il soit, et les intellectuels. « Les grandes rencontres disons intellectuelles de la Sorbonne de février 1983, écrit-il dans la préface de ce livre, ont été accompagnées d'une triple inquiétude. Celle d'universitaires et de créateurs français qui n'avaient pas été associés au projet et dont plus tard on déplorera « le silence » ; celle d'une partie des médias des États-Unis qui paraît avoir vu dans cette initiative (en dehors du fait qu'elle était le fruit d'un gouvernement socialiste) l'expression d'une présomption bien française ; l'inquiétude enfin de tous ceux qui estiment que les relations entre la Création et le Pouvoir sont toujours suspectes et que, si on peut à la rigueur accepter quelque chose du Prince, c'est éventuellement son mécénat. »

Rencontres uniques pourtant, dont Jean Daniel tente de tirer les conclusions : « Question obsédante : peut-il y avoir un bon usage de la crise ? Car les économistes et les sociologues présents ont tenu pour évident que nous étions entrés, et pour longtemps, dans une période de crise majeure. [...] Le spectre de l'ère post-industrielle fascine ou effraie mais il hante tous ceux qui font métier de réfléchir sur l'avenir. [...] J'ai cru pouvoir tirer une conclusion dont je prendrai ici seul la responsabilité parce qu'elle n'a été nettement formulée par personne et que je prêterai pourtant à la majorité des intervenants : les vrais révolutionnaires, au sens littéral du mot, sont désormais ceux qui chercheront d'abord à apprivoiser puis à maîtriser les changements qui s'opèrent malgré nous dans le monde, plutôt que ceux qui rêvent et qui essaient de changer le monde. »

Le nombre et la qualité des participants, plusieurs centaines, permettent d'affirmer que les intellectuels ont apporté « pour la première fois les signes annonciateurs d'une humilité féconde et d'une disponibilité fervente devant l'énigme abyssale des nouvelles transformations du monde[61] ».

Même s'il n'a pas été nommé, le « cinquième pouvoir » a été perçu.

« Lang I » a eu pour lui la nouveauté, les moyens, le soutien politique au plus haut niveau. Le « ministre des ministères » a réussi à concentrer les énergies les plus éparses sur sa politique culturelle. Cela n'a pas toujours été compris, et d'abord de la part de certains des membres du gouvernement. On pense au ministère de l'Éducation nationale ou à ceux qui trouvent le fougueux ministre un peu trop envahissant. Mais sa politique a été comprise par le milieu culturel et par l'opinion publique. Les élites locales ont rapidement adhéré au mouvement. Le *Parti des créateurs* a plébiscité son ministre, sauf dans les péripéties de la Cinq dont il s'est assez démarqué pour garder sa crédibilité. Le grand public attend l'ouverture des grands projets pour porter un jugement. L'arrivée de François Léotard rue de Valois clôt cinq années de politique culturelle sans précédent qui ne sont pas achevées et restent comme suspendues. La comparaison entre l'intermède de François Léotard et les cinq années Lang va servir de révélateur pour l'un (on ne peut pas s'improviser ministre de la Culture) et de faire valoir pour l'autre (le ministre de la Culture doit incarner une légitimité).

15

L'intermède Léotard (1986-1988)

François Léotard n'avait pas de prédisposition particulière pour être ministre de la Culture. Il s'était préparé à être ministre de la Défense, ce qu'il finira par devenir lors de la deuxième cohabitation. Mais après les élections législatives gagnées par la droite au printemps 1986, François Mitterrand n'est pas disposé à accepter la présence de Léotard à la tête du ministère de la Défense. Il lui préfère un homme au profil de grand commis, André Giraud.

1. LES TROMPETTES DU LIBÉRALISME

François Léotard arrive donc un peu par hasard rue de Valois où ses dons de communication pourront s'exprimer. Le cabinet qu'il avait préparé pour le ministère de la Défense ne correspond pas exactement à ce qu'exige un cabinet de ministre de la Culture. Il y sera ministre de la Culture et de la Communication, ce que Lang n'avait pas réussi à être en droit. Il est flanqué de Philippe de Villiers, secrétaire d'État à la Communication qui s'est fait connaître pour son départ bruyant de la fonction publique lors de l'arrivée de la gauche en 1981 (il abandonne alors les fonctions de sous-préfet pour entrer en politique). Il organise des spectacles grand public au Puy-du-Fou où il célèbre les valeurs de la Vendée et de la résistance des Chouans à la République de l'An I. Autant François Léotard, qui avait participé à la création de la section CFDT de l'Ena, est un homme ouvert et tolérant, autant Philippe de Villiers est réactionnaire et fermé. Je comprends, dès notre premier et seul contact, que nous ne pourrons pas cohabiter.

François Léotard est d'abord un politique. Ce qui est masqué par son côté enfant de chœur prolongé qui a été sans doute diffusé avec quelque excès par la presse satirique. L'homme est sérieux et soucieux de servir la République. Il me demande de quitter mes fonctions, mais en le regrettant, du moins à ce qu'il dit. Son entourage, et spécialement Philippe de Villiers et son directeur de cabinet, Michel Boyon, supportent mal mes engagements et mon esprit indépendant. Il n'hésitera pas, par la suite, comme pour réparer une injustice, à me confier des missions sur le développement culturel de sa ville de Fréjus[1]. De toute évidence la culture n'est pas sa priorité. Mais il s'adonne volontiers à ses plaisirs et se prend même de passion pour elle.

Le retour de la droite rue de Valois est quelque peu fracassant. La hiérarchie des valeurs annoncées est inversée. La culture libérale est avancée. La priorité est désormais le patrimoine, et les moyens de cette politique se trouvent dans le mécénat plus que dans l'argent public, ce qui permet d'excuser les économies budgétaires imposées.

On laisse ainsi entendre que Lang ne les avait favorisés, ni l'un, ni l'autre, ce qui est inexact. Les membres de l'Institut redressent la tête. En pleine affaire Buren (alors que le chantier avait été bloqué pendant les élections législatives et faisait l'objet d'un contentieux), ils interviennent auprès du nouveau ministre pour qu'il arrête le projet. On annonce un collectif budgétaire qui réduit les moyens du ministère de plusieurs centaines de millions de francs. Les directeurs nommés par Lang sont, sauf rares exceptions, remerciés ou conduits à donner leur démission. Il est inutile de tenter de résister. À nouvelle politique, nouveau personnel. Avant la fin de l'année 1986, huit des dix directeurs du ministère sont changés. Exit Dominique Wallon, directeur du Développement Culturel, Claude Mollard Délégué aux Arts plastiques, Maurice Fleuret remplacé par Marc Bleuse à la tête de la direction de la Musique, exit Hubert Landais (qui avait été maintenu en 1981 à son poste par Lang) remplacé par Olivier Chevrillon dont on pense que sa connaissance du secteur privé va permettre de faire venir de l'argent privé vers les musées, exit Jean Gattegno, directeur du Livre et de la Lecture, exit Thierry le Roy directeur du Patrimoine. Ne reste guère que Jean Favier, l'inébranlable directeur des Archives de France et Robert Abirached, sans que l'on sache pourquoi. Il plaît au ministre, dit-il[2]. Le temps n'est pas à la continuité mais bien à la rupture, plus apparente encore qu'en 1981.

Il est aussi à l'intolérance dans les grands projets. Catalogués comme symboles de la politique de Lang, ils sont dans l'ensemble poursuivis, mais font l'objet de révisions. Le nouveau ministre de la Culture et de la Communication doit subir les coupes sombres du secrétaire d'État au Budget, Alain Juppé. On arrête le projet de Carrefour de la communication dans l'Arche de La Défense où l'on décide d'installer les services du ministère de l'Équipement. On interrompt certains éléments du programme de l'opéra de la Bastille, notamment la salle modulable. Le chantier est arrêté sur l'ordre de Juppé, ce qui coûte, me confie Pierre Viot, le président de l'établissement public constructeur, plusieurs millions de francs par jour. Édouard Balladur, qui est nommé au ministère des Finances, refuse de s'installer dans les locaux provisoires que Pierre Bérégovoy avait fait installer boulevard Saint-Germain. Il fait reconstruire les espaces occupés par le cabinet du ministre au Louvre qui avaient été démolis à la hâte dans la perspective de la poursuite des travaux du musée. Le coût de cette réfection s'élève à plusieurs dizaines de millions. À nouveau implanté au Louvre (comme pour exprimer topographiquement l'esprit de restauration que le nouveau pouvoir veut incarner), le nouveau ministre exige que les travaux sous ses fenêtres soient arrêtés le jour afin de ne pas en être gêné. Il faut rattraper le temps ainsi perdu par des heures de nuit coûteuses. Cela ne l'empêche pas d'accuser la gauche de gabegie et lui donner des leçons de rigueur.

Le musée d'Orsay est inauguré sans changement le 6 décembre 1986. Il était pratiquement achevé. François Léotard y organise la fête qui réunit au début de l'année 1987 le personnel du ministère. Le musée reçoit bientôt trois millions de visiteurs ce qui en fait l'un des plus fréquentés de France. La conception que Jacques Sallois et Jack Lang souhaitaient voir modifiée en 1981 le sera en effet par la place faite à la photographie, aux arts décoratifs (avec de nombreux achats), aux ateliers d'animation culturelle. Mais sans doute la dimension industrielle du XIXe siècle reste moins présente qu'il n'était espéré.

Mais c'est peut-être dans le domaine des arts plastiques que le changement de cap est le plus important. Dominique Bozo, nouveau délégué aux Arts plastiques, est chargé par le nouveau ministre (et sans doute sur sa propre suggestion) d'établir un « rapport sur le patrimoine du XXe siècle », comme s'il paraissait urgent de montrer que même le champ de la création la plus récente doit être traité comme s'il relevait du patrimoine. Son rapport[3] est une critique en règle de la politique conduite depuis six ans. Les Frac, le Fiacre, les centres d'Art contemporain sont désormais les cibles du responsable du secteur des arts plastiques. De la politique précédente il ne remettra pas en cause, finalement, les grandes orientations. Est-ce la pesanteur des choses ? Où a-t-il été finalement convaincu par les réalités rencontrées ?

Ce changement illustre une fois encore l'un des virages de la politique culturelle. Raymonde Moulin ne s'y trompe pas[4]. Elle identifie au contraire en Dominique Bozo et moi-même deux conceptions opposées de la politique culturelle conduite par l'État dans le champ artistique. Au retour de Jack Lang, Dominique Bozo est remplacé par François Barré qui va revenir aux axes de la politique des arts plastiques arrêtés en 1981. Mais un ressort a été brisé.

2. JACK LANG, « VICE-MINISTRE DE LA CULTURE »

Avant même que le nouveau gouvernement issu des urnes de mars 1986 soit constitué, Jack Lang se soucie de la désignation de… son successeur dont il entretient le président de la République : «… il serait évidemment souhaitable que l'engagement soit pris de la non remise en cause de l'ensemble de nos réalisations culturelles, à Paris et en province. Le choix de l'homme chargé de la culture sera évidemment décisif. Michel Guy ou un RPR hargneux s'acharnerait sans doute à tout casser. Un Stasi ou un Philippe Séguin serait plus respectueux de notre action. L'appel à une personnalité comme Pierre Boulez serait évidemment la solution la plus favorable[5]. »

Ce ne sera aucune de ces hypothèses.

Dans ce climat politique, et parce que le président de la République est toujours François Mitterrand, Jack Lang s'engage dans une attitude de contre-offensive. Il crée durant l'été 1986 le mouvement « Allons z'idées » qui doit fédérer autour de lui des initiatives culturelles et des réflexions dans tous les domaines. L'association qu'il constitue va faire de « l'agit-prop », à la fois force d'interrogation et groupe d'intervention. Il est aux côtés des étudiants contre les réformes Devaquet, il proteste, masques à l'appui, contre la CNCL (Commission nationale de la communication et des libertés) qu'il rebaptise Commission nationale de contrôle des libertés. Il démasque aussi l'exposition initiée par Charles Pasqua contre la pornographie, tendant à rétablir une sorte d'ordre moral un peu caricatural. Présent partout, plébiscité par le milieu culturel, s'il n'est plus ministre de la Culture, il est bien encore premier secrétaire du *Parti des créateurs*. Une nouvelle fois, après le binôme Michelet-Emmanuel, le champ culturel connaît une dyarchie qui va durer deux ans. Mais cette fois-ci le ministre officiel aura du mal à se faire reconnaître comme ministre à part entière, laissant de fait le terrain à Jack Lang. C'est pourquoi l'essentiel de l'action conduite par François Léotard est consacré au domaine de la communication. À chaque inauguration de ses propres projets, Jack Lang tient à être présent. Et comme il en a lancé beaucoup, les années 1986-1988 vont être pour le vrai et le faux ministre l'occasion de souvent se croiser. Les acteurs culturels vont dès lors prendre l'habitude de les recevoir tous les deux. Certains y mettront même quelque malice, ce qui va pimenter les vernissages de la FIAC. Jack Lang y voit, quant à lui, l'occasion de continuer à être présent et d'affirmer que la gauche n'est écartée que momentanément du pouvoir, ce en quoi il réussit pleinement.

Jamais ministre de la Culture n'a si bien collé à ce que l'opinion publique attend de la fonction. C'est pourquoi elle rêve d'une sorte de cohabitation culturelle : Lang, ministre de la Culture de Jacques Chirac ? Entre eux, ce sera plutôt la guerre.

La période est donc à un affrontement assez brutal, même si dans la pratique, François Léotard ne remet guère en cause les grandes orientations de son prédécesseur. Mais tout projet lancé par les socialistes devient occasion de revanche ou de remise en cause. Le nouveau ministre est en quelque sorte « marqué » par l'ancien, comme en témoigne cette note au président de la République : « Je me permets de vous joindre, sous ce pli, la liste des principaux interprètes et réalisateurs de films de la sélection française du Festival de Cannes. Si vous disposiez d'un peu de temps, ce serait une bonne chose que vous puissiez les recevoir[6]. »

Or Jack Lang a quitté la rue de Valois depuis plus d'un mois, ce qui ne l'empêche pas de s'adresser au président de la République comme s'il était toujours responsable de la politique culturelle. Par exemple : « Objet : Votre présence sur le front culturel et intellectuel. Chirac multiplie les offensives médiatiques en direction des gens de culture et des jeunes : grand show hier en direct à Antenne 2, depuis la Vidéothèque de Paris ; annonce de mesures en faveur de la musique ; participation le 23 février, près de l'Arche de La Défense, à une grande fête des jeunes… J'apprends même que c'est Chirac en personne qui inaugurera la station Cluny et l'œuvre de Bazaine, le 15 février prochain. Toutes ces initiatives visent à donner à Chirac un visage plus humain, plus ouvert et plus avenant. C'est pourquoi je me permets à nouveau d'insister sur l'importance de votre présence personnelle sur le front culturel[7]. »

On est donc bien en guerre… ou du moins en campagne électorale. Et Jacques Chirac a compris l'importance de la politique culturelle, au point de tenter de prendre Jack Lang à contre-pied.

Dans ce contexte, l'affaire des colonnes de Buren va cristalliser la volonté du nouveau pouvoir et en même temps en cerner les limites. Elle montre aussi qu'il s'attaque aux deux champs d'intervention les plus récents et les plus originaux de Jack Lang : les arts plastiques et le développement culturel, les deux secteurs d'intervention du ministère créés en 1981.

3. L'AFFAIRE BUREN

C'est au départ une banale affaire de parc de stationnement. Depuis longtemps en effet la cour d'Honneur du Palais-Royal accueille les véhicules des membres du cabinet du ministre de la Culture, des conseillers d'État, des membres du Conseil constitutionnel et même des pensionnaires de la Comédie française. Beaucoup de monde, et quel monde, pour un petit espace et quel espace ! Le premier ministre de la Culture à avoir posé la question du parking de la cour d'Honneur est Jean-Philippe Lecat qui s'en ouvrit à moi un jour que nous parlions du musée des Arts décoratifs et du stationnement des cars de touristes rue de Rivoli. Très vite Jack Lang me pose la même question. Des artistes sont sollicités mais leurs idées ne sont pas convaincantes. On en revient toujours à l'éternel César et ses compressions (de voitures ?) ou Arman et ses accumulations (de voitures ?)[8].

Jack Lang est révulsé par les alignements de véhicules. Il n'a de cesse de les éliminer, dans la cour Napoléon du Louvre, dans l'hôtel des Archives de France, à Blois plus tard, dans la cour de la mairie, sur la place du château. Au Palais-Royal, l'affaire devient nationale car elle touche aux privilèges acquis par de Grands corps de l'État. La visite de la reine du Danemark va être l'occasion d'organiser, vingt-quatre heures durant, une préfiguration de la libération de la cour du Palais-Royal. Sorte de répétition. Pour accueillir la reine, il obtient des membres du Conseil d'État et du Conseil constitutionnel qu'ils renoncent quelques heures à leur privilège de stationnement. Ils acceptent : « Ils ont toujours été prêts à s'incliner devant la monarchie », persifle-t-il ! Le résultat est merveilleux. Il convainc le ministre d'obtenir une libération définitive.

Au printemps 1985, trois projets sont soumis au président de la République. Ils ont en commun de prendre en compte l'architecture du lieu. J'avais déjà demandé à Pol Bury le traitement des deux fontaines du péristyle où il venait de placer des grappes de sphères. L'abstraction était certainement la meilleure façon d'intégrer des œuvres dans cet espace historique. Je demandai en outre aux artistes de proposer des projets pouvant occuper tout l'espace de manière à empêcher à jamais le stationnement des véhicules. En mai ou juin nous soumettons à François Mitterrand les maquettes de Pierre Paulin (un ensemble de bassins), de Rougemont (un pavage en marbres de couleur au sol, comme il l'a fait devant le musée d'Orsay) et de Daniel Buren (sollicité au dernier moment par Michel Colardelle et moi) : un projet de colonnade. Ce dernier, élaboré en quelques jours, faisait alors sortir les colonnes d'une base qui était entièrement en verre de manière à découvrir les sous sols du Palais-Royal. Les trois artistes sont reçus à l'Élysée en présence du président, de Jack Lang et de moi-même. Ils ont chacun dix minutes pour commenter leur projet. À la fin des entretiens, François Mitterrand se tourne vers nous et nous dit : « Bien entendu il faut prendre le projet le plus intelligent, celui de Buren ». Intuition du président qui ne le connaissait pas ou guère ! Ce dernier est alors inconnu en France bien qu'il soit considéré par les critiques étrangers comme notre artiste le plus représentatif et qu'il soit invité dans le monde entier. Il n'a jamais fait l'objet d'une exposition officielle à Paris, si ce n'est avec le concours de Jean-Hubert Martin et de moi-même au Centre Pompidou en 1977 : en marge des espaces du Centre, une visualisation de drapeaux installés sur les monuments de Paris.

Restait à mettre en œuvre cette décision. Je constitue une équipe qui réunit l'artiste, l'architecte Patrick Bouchain et Louis Blanchet, l'architecte officiel[9] du Palais-Royal. C'est ce dernier qui signera les dossiers même s'ils sont en fait établis par Patrick Bouchain et Daniel Buren. Ainsi la procédure administrative est respectée. Nous n'avons pas beaucoup de temps, car nous savons que le projet doit être réalisé avant les élections législatives du printemps 1986. Pourtant certains services du ministère vont compliquer la tâche en voulant intégrer dans le trou qu'il va falloir creuser nombre de bâtiments non prévus au départ : une salle de répétition pour la Comédie française, un central téléphonique pour l'Administration générale du ministère qui cherche des locaux à cet effet, une salle de restaurant, que sais-je encore. Ces surenchères plus ou moins inévitables ralentissent la marche. Toutefois nous ouvrons le chantier le 15 juillet 1985, édifiant une palissade qui peut d'autant plus facilement être posée que les utilisateurs prestigieux du parking sont en vacances.

À leur retour, début septembre, les plus étonnés sont les conseillers d'État. Leur parc de stationnement est occupé par un chantier. C'est une ruse de guerre ! En réalité, les travaux ne commenceront qu'un peu plus tard, mais nous les simulons de manière à occuper le terrain ! Entraînés par Louis Fougères, conseiller d'État qui avait présidé quelques années le conseil d'administration de la Villa Médicis, ils s'associent à un certain nombre de riverains logés dans les immeubles du Palais-Royal pour introduire devant le tribunal administratif de Paris un recours en annulation contre le projet. Ils se fondent sur le motif que le ministère de la Culture n'a pas déposé de permis de construire, ce qui ne lui paraissait en effet pas nécessaire sur la base de sa propre jurisprudence. Ils font remarquer aussi l'absence d'avis favorable de la commission supérieure des monuments historiques. Entre temps, j'avais réuni les financements[10].

Le projet était symbolique à de nombreux titres. Il était un exemple d'intégration d'une œuvre d'art contemporain dans un monument historique, réitérant la démonstration faite à l'occasion de la construction de la Pyramide du Louvre. Les critiques les plus hostiles refusaient d'admettre que toute l'histoire des monuments est faite de la juxtaposition d'architectures de styles et de siècles différents. Le Palais-Royal lui-même témoigne de cette hétérogénéité. La colonnade de Fontaine[11], par exemple, à l'intérieur de laquelle Buren implantait ses colonnes, est une intrusion du XIXe siècle dans une cour bien antérieure. Les conservateurs fondaient pourtant leur argumentation sur la pureté de l'architecture passée que le projet de Buren-Bouchain viendrait polluer. Le thème de l'impureté est curieusement toujours avancé contre l'art contemporain[12], comme il était utilisé à charge sous le règne de la Sainte Inquisition.

Le projet signifiait aussi publiquement la volonté de la présence de l'art au cœur de la ville, dans son saint des saints en quelque sorte. Il prouvait que le pouvoir politique décidait que des lieux symboliques de l'histoire, du pouvoir et de la culture avaient pour mission non seulement d'être conservés mais aussi de témoigner de la création contemporaine. Non pas que Lang ni Mitterrand aient voulu s'approprier le Palais-Royal. Bien au contraire, ils affirmaient le rôle universel de ce monument et de tout monument, ils l'inscrivaient à nouveau dans l'histoire, n'écoutant pas les voix de ceux qui auraient aimé que l'Histoire s'y figeât. Et ils en ouvraient l'accès aux visiteurs.

Les colonnes de Buren sont aussi un témoignage de la forme et de l'importance que peut prendre l'affrontement qui oppose en France les tenants et les adversaires de l'art contemporain. Elles montrent comment ces derniers sont encore puissants et combien le combat de la modernité n'est jamais gagné, y compris au sein du ministère de la Culture. Mais cet affrontement transcende aussi les frontières politiques. Je me souviens de Robert Badinter, alors président du Conseil constitutionnel et dont les bureaux dominaient le chantier, me faisant part de ses réserves personnelles, bien qu'il fût par ailleurs un partisan déclaré de l'art moderne. Était-ce la crainte de l'impur ?

Les adversaires du projet ne sont pas loin de réussir à en empêcher la réalisation. La polémique inquiète François Mitterrand qui envisage d'interrompre la construction. Jack Lang arrive à le rassurer : « Je me permets de vous faire part des données de la situation : 1. Muni de votre accord, j'ai, en juillet, désigné un petit « commando » chargé de réaliser tambour battant le projet. Buren et les architectes y ont travaillé jour et nuit. La remise en cause du projet nous coûterait cher financièrement et politiquement : a/ des marchés et des contrats d'engagement ont déjà été passés, b/ Buren est un des rares artistes français mondialement réputés. L'annulation de la commande risque de susciter des commentaires hostiles dans la presse française et étrangère. Après l'épisode Dubuffet[13], cette remise en cause apparaîtra comme un recul face aux conservateurs. Notre crédit auprès des artistes risque d'être entamé. 2. Je vois mal comment le projet Buren pourrait susciter une hostilité puisque personne ne l'a encore vu (à l'exception de plusieurs critiques d'art qui sont enthousiastes). Une seule petite difficulté s'est produite : ce fut le jour où la décision fut prise de ne plus accepter que la cour du Palais-Royal serve de parking aux hauts fonctionnaires du ministère de la Culture, au Conseil constitutionnel, au Conseil d'État et à la Comédie française. Après quelques jours, tous ont fini par ratifier cette sage décision (là Jack Lang fait une interprétation très favorable de la situation), de Daniel Mayer aux sociétaires de la Comédie française. Seul peut-être Nicolaï (vice président du Conseil d'État qui est sans doute à l'origine de cette inquiétude du président de la République) regrette que cette cour ne soit plus défigurée par les voitures. 3. Je suis convaincu que le projet Buren sera une magnifique réalisation qui nous vaudra beaucoup de sympathie. Je me permets donc de plaider auprès de vous pour que nous n'interrompions pas l'exécution de cette œuvre[14]. »

Le vent du boulet est passé près. Mais le projet se poursuit. Jack Lang a tenu bon.

Lorsque la première colonne arrive sur le chantier en février ou mars 1986, il fait pourtant part à son tour de ses inquiétudes à Patrick Bouchain[15]. Tout le monde n'est pas favorable au sein même du cabinet du ministre. Heureusement Michel Colardelle défend le chantier bec et ongles. Cette ultime interrogation, au demeurant légitime, n'aura pas de suite.

Au début de 1986, les adversaires du projet obtiennent du tribunal administratif un sursis à exécution[16]. Il ne nous reste que dix jours de travaux pour que le chantier soit terminé. On pourrait passer outre, en invoquant notamment des impératifs techniques et de sécurité. Jack Lang préfère le respect strict des procédures. « Je suis professeur de droit », me dit-il, comme pour s'excuser. Le chantier est suspendu. Nous sommes alors en pleine campagne électorale. La polémique bat son plein. Le *Figaro Magazine* en est le principal organe. Chaque jour les visiteurs s'attardent autour du chantier, le long des palissades où les graffitis rivalisent d'injures, et où Alain Juppé s'est vanté, paraît-il, d'avoir apposé sa signature. Je mobilise des étudiants dans le voisinage de la palissade afin qu'il soit répondu aux questions des badauds. Et elles sont nombreuses. Des amis créent une association de soutien au projet. En quelques semaines on n'a jamais autant parlé d'art contemporain dans la grande presse. Cette polémique n'est pas pour me déplaire. Elle permet enfin de parler de la présence de la création contemporaine dans la ville. On voulait que l'art sorte des musées. On est servi.

Léotard et Villiers arrivent rue de Valois. Au moment de la transmission des pouvoirs, Jack Lang ne demande qu'une seule chose à François Léotard, l'achèvement du chantier. Le *Figaro Magazine* accentue encore ses critiques et fait pression sur le nouveau ministre pour que le projet soit définitivement stoppé. Étant encore en fonction au ministère, je mets à profit les quelques semaines dont je sais pouvoir disposer afin de le rendre irréversible. Nous n'avons pas besoin de déposer de permis de construire, puisque d'une part la partie construite en sous-sol (le central téléphonique) est inférieure à 9 m^2 (surface à partir de laquelle le permis de construire est de rigueur), et que d'autre part, nous sommes sur une propriété appartenant à l'État. Nous avons en revanche fait une déclaration de construire à la préfecture. C'est elle qui est attaquée. Mais le local téléphonique imposé par les services du ministère a porté en réalité la partie construite au-delà de 9 m^2, ce qui fragilise notre position. L'avis de la commission supérieure des monuments historiques a été négatif, mais il est purement consultatif et Jack Lang est passé outre, comme il en a le droit, même si c'est rare. François Léotard veut un avis favorable de la commission. Elle se réunit sur la base du rapport d'Yves Boiret qui constate que le chantier est achevé à 80 %, que l'artiste dispose d'un droit à l'achèvement de son œuvre et que la démolition de ce qui a été réalisé poserait plus de problèmes que son achèvement.

J'obtiens de Daniel Buren une lettre dans laquelle il s'engage à accepter la démolition de son œuvre au bout d'un an, si jamais elle suscitait des réserves manifestes de l'opinion publique. Muni de cet engagement, je peux me présenter devant la commission et obtenir, avec l'appui de Thierry Le Roy, qui est encore au poste de directeur du patrimoine pour quelques semaines, une majorité relative en faveur du projet. Dès lors, le ministre n'a plus de raison de ne pas décider l'achèvement du projet. Certes l'Académie des beaux-arts semble avoir ressuscité, alors emmenée par Georges Mathieu que l'on n'avait pas entendu pendant six ans. Elle ne cesse de réclamer l'abandon du projet et mon départ, ce dont je me fais une sorte de gloire. Philippe de Villiers ne supporte pas de voir ce chantier sous ses yeux. Mais François Léotard reste hésitant.

Nous tenons heureusement une occasion de l'amener à s'engager : l'inauguration en mai 1986 à Grenoble du « Magasin », ce Centre national d'art contemporain que j'ai implanté avec l'accord d'Alain Carignon dans un ancien entrepôt dans un délai et avec un budget record (par la modestie de ses crédits). Il s'agissait là encore de tenir la promesse faite par le président de la République de réaliser dans cette ville l'un des projets culturels décidés au titre de la décentralisation. L'architecte est, là aussi, Patrick Bouchain et l'un des artistes installés pour l'inauguration est…

Daniel Buren qui accroche dans l'espace sous verrière une série de grands cadres laissant passer la lumière. La veille, Buren envisage d'orchestrer une manifestation contre François Léotard. Je l'en dissuade. Il est invité à prendre le café en compagnie du maire et du ministre quelques instants avant le vernissage. Mais il ne reçoit pas d'engagement ferme. J'accueille le maire et le ministre dans une allocution où je fais référence à Malraux. Je joue une partition très consensuelle. Puis le ministre, Alain Carignon et moi tenons une conférence de presse. La presse parisienne est représentée. Michel Nuridsany, qui au *Figaro* est favorable au projet (ce qui montre que la polémique se développait au sein même de la rédaction de ce journal!), ouvre le feu en questionnant le ministre sur le devenir des colonnes de Buren, lequel tente d'en rester au sujet grenoblois du jour. Mais il est relancé par Geneviève Breerette du *Monde*. Pressé par les uns, assailli par les autres, il doit promettre de faire quelque chose dans les jours qui viennent. On attend de lui l'annonce de la reprise du chantier. Elle viendra en effet quelques jours plus tard. Le communiqué de presse du ministre est laconique à souhaits : « François Léotard, ministre de la Culture et de la Communication, a décidé l'achèvement de la commande publique passée à Daniel Buren en juin 1985 pour la cour d'Honneur du Palais-Royal. Les conditions dans lesquelles cette commande a été passée justifient de nombreuses critiques, notamment sur le choix du lieu où elle a été réalisée. Néanmoins, les tribunaux affirment l'obligation d'achèvement d'une œuvre, en raison du droit moral de l'artiste, qui doit demeurer un principe essentiel dans l'application des décisions administratives[17]. »

Merci Jean Dubuffet! La jurisprudence de l'affaire de la Régie Renault est ici visée et nous sauve.

Mais l'ouverture de l'espace au public ne fera jamais l'objet d'une décision explicite du ministre. Nous arrivons à y faire venir Lise et Jacques Toubon. Mais le cabinet Léotard ne veut rien savoir. En définitive Patrick Bouchain me propose d'enlever les barrières de police sans la décision du ministre, ce que j'accepte. La colonnade ne sera jamais officiellement inaugurée. L'ouvrage ne sera même jamais officiellement réceptionné par l'État. Aujourd'hui encore, cette sculpture reste, juridiquement, à l'état d'œuvre purement virtuelle, ce qui doit réjouir Daniel Buren, qui ne réalise en principe que des œuvres éphémères. Mais elle est aussitôt bien accueillie par la population. Jamais projet aussi populaire n'aura été aussi peu soutenu par le ministre de la Culture alors qu'il est financé par le ministère qu'il dirige. Quinze jours plus tard, François Léotard me fait savoir qu'il est au regret d'avoir à se séparer de moi. Il a trouvé un remplaçant de choix en la personne d'un conservateur de musée, Dominique Bozo.

Cette œuvre n'a en définitive pas coûté très cher : 7 MF, c'est-à-dire le prix d'un pavage simple prévu par l'architecte du monument. Ce qui veut dire que l'insertion d'œuvres d'art contemporain dans les monuments historiques, si elle est étudiée assez tôt, peut se contenter d'un budget marginal. La rémunération de Daniel Buren a été de 360 000 F ce qui, après déduction des frais d'avocat qu'il a dû dépenser, ne représente que la moitié, soit 2,5 % du coût total de l'œuvre! On est loin des 8 % ou des 10 % de droits d'auteurs pratiqués dans le domaine de l'édition ou de l'architecture.

Au Palais-Royal, Daniel Buren a fait œuvre de dumping!

La presse est ravie d'avoir une « affaire » à se mettre sous la dent. Le florilège des titres des articles de l'époque témoigne de l'âpreté de la discussion : « Les fous de Lang à l'assaut du Palais-Royal » (*Minute*, 6 décembre 1985), « La nouvelle bataille des anciens et des modernes » (*Paris magazine*, 5 janvier 1986), « Jack Lang fait aux parisiens le coup du mépris » (*Figaro Magazine*, 11 janvier 1986), « La loi au secours du Palais-Royal » (*Le Figaro*, 21 janvier 1986), « La bataille du Palais-Royal » (*Le Matin*, 25 janvier 1985), « Le massacre du Palais-Royal » (*Le Figaro*, 4 février 1986), « Rien à faire contre les colonnes du Palais-Royal », « Françoise de Panafieu dénonce le "terrorisme culturel" de Jack Lang » (*La Croix*, 19 février 1986), « Le Palais-Royal à la hussarde » (*La Croix*, 25 février 1986), « L'injure faite à Buren » (*Le Matin*, 25 février 1986), « Les sucres d'orge du Palais-Royal » (*L'Humanité*, 26 février 1986), « Le conseil d'État juge et partie ? » (*Le Matin*, 28 février 1986), « Les colonnes de Buren toujours gelées » (*Le Matin*), « Le soutien de Pierre Soulages » (*Le Parisien libéré*, 3 mars 1986), « SOS colonnes » (*Le Matin*, 20 mars 1986), « Buren tremble pour ses colonnes » (*Le Quotidien de Paris*, 11 avril 1986), « Même l'Amérique s'intéresse aux colonnes du Palais-Royal » (*France-Soir*, 13 avril 1986), « Pour sauver le Palais-Royal » (15 avril 1986), « Remettre les lieux en l'état » (Henri Sauguet de l'Académie des beaux-arts, *Le Figaro*, 15 avril 1986), « Buren, le sculpteur par qui le scandale arrive » (*France-Soir*, 18 avril 1986), « Attentat contre une œuvre d'art », par Georges Mathieu[18], « Buren, 260 colonnes à la une » (*Le Matin*, 18 avril 1986), « Buren soutient ses colonnes » (*Libération*, 18 avril 1986), « Buren : l'œuvre coûte 7 millions de francs, le même prix qu'un dallage en pierre dure », « Buren n'est pas le déshonneur de Paris » (*La Croix*, 22 avril 1986), « Buren au magasin » (*Libération*, 29 avril 1986), « Buren si, Buren no », « abattre le Palais-Royal et garder Buren ! », « Les colonnes de la liberté à Paris » (*Le Quotidien de Paris*, 30 avril 1986), « Léotard trébuche sur Buren » (*La Croix*, 30 avril 1986), « La mobilisation continue » (*Le Figaro magazine*), « Buren : ceux qui vomissent sur mon nom sont les petits-enfants de ceux qui crachaient sur Renoir » (*Paris-Match*), « Le dernier mot à Buren » (*La Croix*, 5 mai 1986), « Léotard sauve les colonnes » (*Les Échos*, 6 mai 1986), « Buren vainqueur aux points » (*La Croix*, 7 mai 1986), « Comment s'en débarrasser ? » (*Le Figaro*, 11 juin 1986).

L'affaire Buren est classée. La prime au meilleur article revient sans doute à Louis Pauwels du *Figaro magazine* : « Des cylindres noirs et blancs et des sphères métalliques dans des vasques, c'est bien davantage. Quoi ? De l'architecture phallique. M. Lang et M. Mollard avaient des idées. Et même des zizidées. La fixité des phallus cerne de toutes parts ces grosses bulles légères. L'érotisme de ces jeux est ludique et gai. Pourquoi un péristyle historique doit-il être défiguré ? Parce queue[19]. »

La politique culturelle ne relève plus de la force tranquille. Voici revenus les affrontements. Le mouvement Allons z'idées est déjà lancé : par Pauwels !

Après les économie budgétaires et les évictions de directeurs, priorité est donnée au patrimoine.

4. LA « PRIORITÉ » DU PATRIMOINE

Il est alors de bon ton de laisser entendre que la gauche laisserait tomber en ruine les monuments historiques alors que la droite ferait du patrimoine la grande affaire de sa politique culturelle. En effet, lorsque l'on n'a guère d'idée, il est plus facile de protéger ce qui existe plutôt que d'inventer de nouvelles formes d'expression artistiques ou de se mettre au service des artistes vivants. En réalité Jack Lang a fait plus pour le patrimoine au cours des six années passées que les gouvernements précédents. L'époque est à un affrontement radical : d'un côté la droite qui serait au service du patrimoine et de l'histoire et, de l'autre, la gauche qui est cataloguée au service des « artistes dévastateurs » comme Buren.

L'offensive de la droite relève en fait de la guerre idéologique la plus pure qui consiste à faire prendre par l'opinion publique des vessies pour des lanternes.

Ayant dû céder sur l'affaire Buren, le ministre de la Culture change le directeur du patrimoine, Thierry Le Roy, qui a été directeur de cabinet de Jack Lang. Il est remplacé par Jean-Pierre Bady, un ancien de la Caisse des monuments historiques et du cabinet de Raymond Barre.

Voulant exprimer la nouvelle priorité du patrimoine, la droite fait comme l'aurait fait la gauche dans un autre domaine, une loi. La nouvelle loi sur le patrimoine va donc être la grande affaire du moment.

Philippe de Villiers confie à Serge Antoine le soin de présider une commission d'études « Mission patrimoine 2000[20] » qui doit formuler toute une série de propositions afin de mieux associer patrimoine et tourisme, patrimoine et aménagement du territoire. Ce rapport, à l'image de son principal auteur, contient une excellente recherche prospective, ce qui est assez rare en matière de patrimoine. Il est riche également d'une approche économique et de propositions concrètes, il raisonne, ce qui est nouveau, en termes de réseaux plus qu'en termes de monuments. Nombre de ses propositions sont peu à peu entrées dans la réalité.

Et, comme chaque fois qu'elle est présente rue de Valois, depuis Malraux, la droite, après avoir consenti à des économies budgétaires, fait voter par le Parlement la loi de programme pour le patrimoine du 5 janvier 1988. Le décret du 21 avril 1988, pris en application de cette loi, prévoit d'exonérer les héritiers des droits de mutation à titre gratuit sur les monuments historiques, en contrepartie de leur ouverture au public ; disposition existant déjà à la demande de Lang. On fait une loi comme pour camoufler l'effet dévastateur de la réduction des crédits.

En quelques semaines, les deux directeurs responsables de la création artistique et du patrimoine auprès de Jack Lang sont donc symboliquement évincés.

5. L'ABANDON DE LA POLITIQUE DE DÉVELOPPEMENT CULTUREL : LA SUPPRESSION DE LA DDC

Dominique Wallon remet sa démission sans attendre qu'on la lui demande. Le nouveau cabinet lui laisse clairement entendre qu'il sera privé des moyens de sa politique de développement culturel.

« Aujourd'hui, écrit-il à François Léotard, sans qu'à aucun moment il y ait eu la moindre discussion de fond avec vos collaborateurs, 18,3 % des crédits d'intervention de ma direction sont donc annulés. Cette décision [...] va déstabiliser, parfois détruire une série d'institutions, d'équipes, de projets qui contribuent à assumer, élargir géographiquement comme socialement la vie culturelle et artistique du pays. C'est une illusion grave de penser que la culture vit richement, que le doublement du budget du ministère en 1982 a conduit, suivant la formule du ministère du Budget[21], à la constitution de « poches d'économies » et qu'elle peut donc sans risque majeur être touchée prioritairement par le programme gouvernemental d'économies [...] La réalité est toute autre. C'est d'abord la fragilité économique, quasiment structurelle, des entreprises artistiques et culturelles qui ne peuvent subir, sans conséquences très lourdes pour leurs activités mêmes, une remise en cause brutale de leurs ressources. La réalité, c'est la complexité et la diversité du tissu culturel, l'importance stratégique des institutions culturelles et artistiques, mais aussi celle de toute une série de nouveaux acteurs de la vie culturelle que sont les communautés culturelles, les jeunes, les scientifiques, les universitaires, les comités d'entreprises... Afficher comme seules priorité budgétaires le patrimoine, les enseignements artistiques et l'action internationale revient dans le contexte financier actuel à fragiliser encore plus le spectacle vivant, l'action culturelle, la politique d'innovation et risque de faire le jeu d'un ministère des Finances qui n'a jamais caché sa volonté de revenir sur le doublement du budget de la Culture et d'être à nouveau le véritable arbitre de la politique culturelle de l'État. Dans ces conditions, conclut Dominique Wallon, il me semble plus clair et plus sain de ne pas assumer la responsabilité de choix que je ne peux partager ni défendre[22]... »

Cette direction créée comme la DAP en 1981 est souillée aux yeux du nouveau cabinet d'une tache indélébile d'interventionnisme socialiste. Comme si on confondait rôle social de la culture avec intervention politique dans la culture. On remplace la Direction du développement culturel (DDC) par une Délégation aux enseignements et aux formations confiée à Michel Tourlière. On revient à une conception plus stricte du champ culturel et à une vocation plus artistique du ministère de la Culture. Un coup d'arrêt est ainsi porté à la politique de développement social de la culture, notamment en direction des quartiers urbains défavorisés, qui tranche avec près de quinze ans de mise en place d'actions de développement culturel par la droite et la gauche.

On perd donc ce que l'on avait gagné depuis 1981 dans le domaine des relations entre la culture et l'action sociale, entre la culture et la décentralisation.

On rompt aussi avec la politique active de décentralisation qui avait été inaugurée par la voie des multiples conventions de développement entre l'État et les collectivités territoriales.

Comme on n'en est pas à une contradiction près, François Léotard inaugure en 1987 la dernière des maisons de la culture, celle de Chambéry, qui avait été lancée par Lang, qui s'inscrit dans la trace de « l'action culturelle » chère à Malraux, devenue le « développement culturel », au moment où cet objectif est abandonné à sa demande.

6. LA LOI SUR LES ENSEIGNEMENTS ARTISTIQUES

En revanche, en donnant un priorité aux formations, le nouveau ministre veut renouer avec le désir constamment exprimé par le Premier ministre, Jacques Chirac, de faire des enseignements artistiques une priorité. On peut y reconnaître l'ombre de Landowski.

La loi que Mitterrand appelait de ses vœux est finalement votée, ironie de l'histoire, sur l'initiative de François Léotard le 6 janvier 1988. Le véritable impulseur en est Jacques Chirac, Premier ministre, animé par le toujours actif Marcel Landowski qui l'a rejoint comme directeur des affaires culturelles à la mairie de Paris. Comme souvent les lois culturelles, elle est votée à l'unanimité. Elle bénéficie du travail fait dans le cadre du protocole Éducation-Culture. En soi, cette loi innove assez peu, mais elle généralise et officialise ce qui existe.

Elle affirme en effet, dans son article premier, le principe d'égalité d'accès à la culture et se propose, dans le discours prononcé au moment du vote par le ministre de la Culture, de prolonger, pour les disciplines de la sensibilité, l'œuvre de la République réalisée pour les disciplines de l'esprit par les lois de Jules Ferry.

On retrouvera ce thème, cher au Premier ministre de l'époque, dans son discours-programme de candidat à la présidence de la République, prononcé en février 1995, quand il affirmera que « la Culture ne doit pas rester l'apanage de ceux qui l'ont trouvée, à la naissance, dans leur berceau ».

Consacrée aux enseignements artistiques, elle va d'une certaine manière plus loin dans la précision, en dépassant la notion d'éducation artistique. En cela, elle redonne la main d'une certaine manière à l'Éducation nationale et supposerait, pour être appliquée, la mise en place d'un réseau d'enseignements spécialisés « pour tous », par opposition aux tâches de familiarisation ou de sensibilisation, imaginé comme étape préalable pour tous, en collaboration entre les deux ministères, par le protocole de 1983.

Elle définit très largement le champ artistique, bien au delà des disciplines obligatoires et officialise complètement, ce qui est un acquis de la politique culturelle, l'intervention, dans les classes, de professionnels extérieurs à l'Éducation nationale, sous la responsabilité des enseignants.

Elle crée enfin le Haut Conseil des enseignements artistiques et prévoit qu'un bilan annuel du développement de la politique qu'elle préconise devra être fait par les ministères concernés et présenté aux assemblées parlementaires.

Deux regrets accompagnent l'analyse, largement partagée, de ce texte :

— L'absence d'un volet de programmation financière n'a pas permis au ministre de l'époque d'obtenir les moyens de mettre en œuvre concrètement l'intention généreuse du texte. L'éducation artistique est donc restée soumise aux aléas des arbitrages et des négociations avec Bercy, et n'a pas changé d'échelle. Malgré les progrès enregistrés au cours des années Lang, moins d'un pour cent des enfants d'une classe d'âge ont alors accès, au-delà des enseignements obligatoires, à ce qu'il est convenu d'appeler, à juste titre, les « dispositifs d'excellence », représentés notamment par les classes culturelles et les ateliers.

— L'absence de décrets d'application n'a pas permis d'institutionnaliser les rapports entre les ministères concernés, qui restent donc tributaires de l'intérêt attaché personnellement, et de façon synchronisée, ou non, par les ministres et leurs entourages immédiats à l'avancement de ce dossier ! Certains ministères restent donc peu impliqués, alors même qu'ils conduisent des actions semblables : c'est le cas de Jeunesse et Sports qui, pendant les dix ans qui ont suivi ce texte, a engagé une action sur l'aménagement du temps des enfants très importante ou de l'Agriculture, qui possède, pour les établissements dont elle a la tutelle, un programme d'enseignements culturels et même un corps de professeurs pour le mettre en œuvre !

7. MÉCÉNAT CULTUREL ET LIBÉRALISME

Le 3 octobre 1986, Alain Dominique Perrin, PDG de Cartier, remet au ministre son rapport sur le développement du mécénat culturel. Ce texte va inspirer la loi du 23 juillet 1987 qui reprend un certain nombre de dispositions déjà adoptées au moment où Jack Lang était rue de Valois et en ajoute d'autres de manière à constituer le premier ensemble juridique de cette nature en France. La période, au nom des idées libérales qui entendent se frayer une voie dans le gouvernement, est favorable au développement du mécénat. On y voit la panacée et un aboutissement de la cause soutenue avec constance par Jacques Rigaud à la tête de l'Admical. Là aussi cet objectif est clairement idéologique. Il s'agit de montrer que l'action de l'État dans la culture ne dépend pas de l'accroissement des financements publics mais peut être au contraire remplacée par des dispositions légales susceptibles de développer la contribution des fonds privés. Philippe de Villiers ne parle que de « matching grants », faisant référence aux États-Unis présentés comme la clé de la réussite en ce domaine[23].

Mais, curieusement, le nouveau ministre ne va pas réussir à faire abstraction de la dépense publique comme facteur de développement du mécénat privé. Il crée en effet un Conseil supérieur du mécénat présidé par le banquier Michel David-Weil qui doit non seulement faire des propositions mais aussi mettre en place des cofinancements de projets culturels à partir d'une dotation de crédits publics de 40 millions de francs en 1987. La France est sans doute le seul pays au monde qui soit capable, au nom du libéralisme, c'est-à-dire de la non-intervention de l'État, d'engager de nouveaux fonds publics pour encourager le développement des financements privés dans la culture ! Et les politiques, en faisant appel à des titulaires de grosses fortunes, entretiennent l'illusion qu'ils pourront contribuer au financement des services publics. Grave erreur ! Ni Sylvain Floirat à l'époque du VIe Plan, ni Michel David-Weil en 1987, pas plus qu'Antoine Riboud nommé à la tête du musée des Arts décoratifs par Lang en 1990, ne se révéleront des mécènes, à l'Américaine.

Comme quoi la France n'est pas l'Amérique !

Toutefois, les initiatives prises alors dans le domaine du mécénat ne doivent pas faire oublier celles adoptées depuis 1982. En effet, depuis ce moment, les particuliers peuvent déduire, dans la limite de 3 % de leurs revenus, les dons effectués au profit d'organismes culturels. Cette limite a été portée à 5 %, en 1985. De même, c'est en 1982 que les entreprises ont été autorisées à déduire du montant de leur bénéfice imposable, dans la limite de 2 ‰ de leur chiffre d'affaires, les versements effectués à des organismes culturels. Mais surtout, l'instruction fiscale du 1er avril 1985, négociée par Lang avec Bérégovoy, autorise les entreprises à déduire de leur revenu imposable, sans limite, leurs dépenses de parrainage assimilées à des dépenses de publicité. Cela correspond à une exonération de 100 % de ces dépenses.

Au regard de cette première reconnaissance du mécénat culturel, la loi du 23 juillet 1987 présente l'avantage de donner une base légale au mécénat et développe les mesures d'encouragement qui existaient jusqu'ici : augmentation des plafonds de déductibilité fiscale des dons des particuliers et des entreprises, déduction fiscale des œuvres d'art acquises par les entreprises, déduction des dépenses des entreprises en faveur de l'acquisition, la location ou l'entretien des monuments historiques, etc.

Après François Léotard, Jack Lang poursuivra son action en faveur du mécénat en faisant voter la loi du 4 juillet 1990 qui crée les fondations d'entreprise. On voit que si François Léotard a réussi à renforcer la marche en avant du mécénat culturel, il s'inscrit dans un mouvement qui le précède et lui succède. Mais la communication, sans doute excessive faite autour du mécénat culturel, a aussi contribué à entretenir beaucoup d'illusions sur le potentiel que représente ce mode de financement de la culture. L'expérience montre en effet qu'il convient d'être prudent en la matière lorsque l'on observe combien cette source de financement peut se tarir en période de difficultés économiques conjoncturelles.

Dans le même temps, s'ouvre une voie tendant à développer la privatisation de certaines institutions culturelles. Ainsi en est-il de la maison de la culture de Reims, du moins sur le papier, car en réalité celle-ci ne pourra jamais trouver un mode de gestion industrielle et commerciale. On se rendra assez vite compte en effet que les impératifs de la création et de la production ne sont pas toujours compatibles avec ceux de la recherche systématique de bénéfices.

De même Philippe de Villiers lance-t-il la Fondation européenne des métiers de l'image et du son (FEMIS), projet initié par Jack Lang et dont il voudrait qu'elle devienne une véritable fondation de droit privé, ce qui ne s'avérera pas possible. Jack Lang avait voulu créer l'INIS (Institut national de l'image et du son). D'un coup de baguette magique, Philippe de Villiers pense pouvoir privatiser ce projet. Le duo libéral à la tête du ministère n'est guère chanceux dans la conquête des « terres de mission libérales », comme il les appelle. La FEMIS deviendra finalement en 1999 l'École nationale supérieure des métiers de l'image et du son (ENSMIS), avec un bon vieux statut d'établissement public.

En revanche le duo rencontre plus de succès dans la politique de libéralisation concernant le secteur de l'audiovisuel. Il faut dire que les budgets et les intérêts en jeu ne sont pas du même ordre. On entre dans le domaine où coexistent le quatrième et le « cinquième pouvoir ».

8. PRIVATISATION ET DÉMANTÈLEMENT DANS LE DOMAINE DE L'AUDIOVISUEL

La déréglementation de la télévision va occuper une bonne partie du temps du nouveau ministre de la Culture et de la communication. C'est peut-être une des raisons pour lesquelles il est moins présent sur le terrain de la politique culturelle proprement dite. Il est sûrement plus ministre de la Communication que ministre de la Culture.

La loi du 30 septembre 1986, portant réforme de la télévision institue la fin des monopoles détenus par les chaînes publiques. Le principe du monopole du service public de l'audiovisuel est abandonné.

La nouvelle Commission nationale de la communication et des libertés (CNCL) remplace la Haute Autorité. Elle va se substituer aux pouvoirs publics pour réguler le système de la radio et de la télévision. Cette initiative fait suite à celles, nombreuses, adoptées depuis plusieurs années par les gouvernements socialistes successifs qui ont supprimé la tutelle directe du gouvernement sur les chaînes de radio et de télévision.

Mais la grande affaire de cette période est le projet de privatisation de TF1. Il s'agit de créer une véritable concurrence entre les deux secteurs public et privé de la télévision. Cependant, on se propose de privatiser la chaîne qui a la plus grande audience et le plus grand potentiel, ce qui peut faire douter de l'équité de cette nouvelle concurrence. Le 16 avril 1987, l'État vend au groupe Bouygues 50 % de cette chaîne pour la somme de 3 milliards de francs. La privatisation de TF1 est cette fois tellement massive et inéluctable que la mobilisation des professionnels paraît alors bien timide. Sont annulées les concessions faites précédemment à la 5 et à la 6. Exit Silvio Berlusconi que Mitterrand tenait tant à voir présent dans le paysage audiovisuel français... Il revient à la Cinq en compagnie du groupe Hersant. Pas pour longtemps.

9. LE CINQUIÈME POUVOIR, ENJEU POLITIQUE MAJEUR

On voit combien les forces politiques en présence ont bien compris le rôle qui pouvait être joué par le ministère de la Culture non pas dans le domaine économique où il pèse un poids modeste, mais dans celui des idées où il peut contribuer à appuyer des orientations politiques plus fondamentales, en l'espèce le développement du libéralisme. Le texte publié par le ministère de la Culture en 1987 est assez révélateur : « Les ministres libéraux — les neuf ministres du parti républicain — ont délibérément fait un choix « stratégique » : prendre la tête des administrations (Fonction publique, Transports, etc.) où la mise en œuvre d'une politique libérale apparaissait la plus difficile, la plus contestée et la plus nécessaire ! Un défi spécifique : la Culture et la Communication. Pourquoi ? C'est un secteur en difficulté qui constitue pourtant l'une des clés de notre futur. C'est un secteur où l'action de l'État s'est dévoyée en se multipliant et se diversifiant à l'excès[24]. »

Comme on le voit, il est difficile de suivre l'interprétation selon laquelle la droite aurait poursuivi avec une belle continuité la politique de la gauche. Pas plus que de croire que la gauche, passés les six premiers mois, aurait poursuivi une politique de droite. Comme si la politique culturelle était à l'abri de toute influence politique. Mais la droite a compris, après la gauche, que la culture est un « cinquième pouvoir » avec lequel il faut désormais compter.

François Léotard ne se prive pas de rendre à Jack Lang la monnaie de sa pièce : « Il y avait des pétitions d'artistes, français et étrangers, qu'il avait suscitées et qui demandaient qu'il reste à son poste. Mais sa popularité ne m'impressionnait pas. Je n'ai jamais éprouvé beaucoup d'intérêt pour sa personne. Je préfère, à tout prendre, quelqu'un comme Jack Ralite, qui a une vraie culture, une certaine étoffe et plus d'humilité[25]. »

Donc pas de cadeaux !

Jack Lang ne répond pas, il est sur le terrain, il prépare les élections présidentielles de 1988, participe à la rédaction de la « Lettre aux Français ». Avec Renaud, Depardieu et d'autres, il suscite la candidature de celui qui est désormais devenu « tonton » ; ils achètent dans *Libération* à l'automne 1987 des pages de publicité sur le thème : « Tonton laisse pas béton ». La bataille politique est aussi culturelle. Les jeunes réclament la chaîne musicale. C'est le triomphe de la tontomania.

L'élection présidentielle de 1988 modifie complètement les données en reconduisant François Mitterrand à l'Élysée. Jack Lang a joué un rôle important dans cette réélection. Le voici nommé au printemps 1988 ministre de la Culture et de la communication. Il va ajouter à ces fonctions celles de ministre du Bicentenaire, de ministre des grands travaux, de Porte-parole du gouvernement, puis de ministre d'État chargé de l'Education nationale et de la culture. Le « ministre des ministères » qui devait agir de 1981 à 1986 en s'imposant sur les terrains qui n'étaient pas les siens mais lui paraissaient relever de la politique culturelle, va désormais disposer du droit et agir au plein jour en ministre pluriel, pleinement détenteur du « cinquième pouvoir ». Mais aussi, d'une certaine manière, agir plus difficilement car il doit combiner son action avec d'autres : secrétaires d'État ou ministres délégués. Les relations avec le président de la République vont devoir être partagées avec ces autres partenaires officiels du « ministre des ministères ».

PARTIE IV

Jack Lang, l'au-delà des ministères : le voyageur de l'impossible (1988-1993)

L'empreinte du « cinquième pouvoir »

16

Le retour de Lang (1988-1993)

Jack Lang revient transformé rue de Valois. La traversée du désert — brève — l'a comme aguerri. Il est moins ministre de la Culture et plus homme politique. À avoir été renvoyé par Michel Guy, il avait gagné son bâton de maréchal (culturel). Quels galons va-t-il encore recevoir à être devenu député du Loir-et-Cher, organisateur de la campagne présidentielle de François Mitterrand, inspirateur de la « tontonmania » ? Ne serait-il pas tenté par d'autres responsabilités ? On parle des affaires étrangères (n'a-t-il pas un bon carnet d'adresses à l'étranger ?), de la justice (n'est-il pas professeur de droit ?), de l'éducation nationale (ministère d'où est issu le ministère de la Culture). Il devient ministre de la Culture et de la communication.

Il sera en titre le « ministre des ministères ». Après l'avoir été de fait, il le devient de plein droit. Sept ans d'acharnement pour obtenir ce que Léotard a reçu sans coup férir. Mais quel changement en deux ans ! On avait quitté un acteur culturel, on retrouve un homme politique.

Jack à François

La cure d'opposition que viennent de subir les deux hommes les a encore rapprochés. Jack Lang est plus « tonton idolâtre » que jamais, ce qui fait la joie des Guignols de l'info. « Tonton » ne cesse d'apprécier ses initiatives et sa pugnacité, sa fidélité aussi. Jack multiplie les prévenances. Il n'est pas toujours très en phase avec le parti socialiste et tire plus que jamais son pouvoir de sa proximité avec le président.

En témoigne cette note de conseils pour un voyage en Équateur et au Vénézuela : « Un mot sur deux aspects amusants des traditions locales des deux pays que vous visiterez. En Équateur, ne manquez pas de vous faire offrir des "panama". Je vous en avais rapporté un, à mon retour d'Équateur l'été dernier. C'est un chapeau dont la texture est si souple qu'il s'enroule sur lui-même et peut se lover dans un étui étroit. Au Vénézuela, j'espère que la cuisine institutionnelle et officielle ne vous interdira pas de découvrir les délicieuses "arepas", petits pains de farine blanche de maïs à dévorer chaudes et fourrées d'un délicieux fromage blanc local ! Mais peut-être le souvenir des voyages de jeunesse enjolive-t-il la mémoire gustative !

Un mot enfin sur un sujet plus sérieux. Vous inaugurerez la Place de la Révolution française à Quito. Le groupe français Mano Negra y a obtenu un triomphe le soir de la Fête de la musique, le 21 juin dernier. Une œuvre de sculpture sera commandée à un artiste pour cette place. De même serez-vous appelé à offrir au gouvernement vénézuélien une sculpture de Bernard Pages pour la place de France à Caracas[1]. »

En quelques lignes, tout est dit : l'intimité, les confidences sur la mode et la gastronomie, la fête de la musique et l'influence internationale de la France, les musiques actuelles, un projet de commande publique de sculpture, l'hommage rendu à la Révolution française et à la France.

1. LE CHANGEMENT

Si la victoire de François Mitterrand aux élections présidentielles s'accompagne du retour de Jack Lang rue de Valois, il a des bureaux un peu partout dans Paris : rue de l'Université où siège le ministère de la Communication, rue de Talleyrand où est implantée la mission du Bicentenaire, avenue Franklin-Roosevelt où est installé le secrétariat d'État aux grands travaux. (Tiens, le nom a changé : on ne parle plus des grands projets mais des grands travaux ! On est en effet passé dans la phase des chantiers.) Mais il choisit de demeurer rue de Valois où il se sent mieux que partout ailleurs.

On le comprend.

Pendant ces deux années d'éloignement, il s'est comporté comme s'il n'avait pas cessé d'être le ministre de la Culture en titre. Pourtant, il n'est pas certain qu'il soit enthousiaste à l'idée de revenir dans une administration qu'il connaît tant, voire trop. Car coexistent en lui le passionné d'action culturelle et l'homme politique qui sait qu'une carrière se bâtit en se frottant à plusieurs ministères. Aussi n'aurait-il pas répugné à changer. Mais Mitterrand a besoin de lui rue de Valois. Il y retournera donc. Son retour ne peut pas être une restauration. Et il sait qu'un revenant, comme on dit, aura des difficultés à ne pas décevoir.

Dur est le contact avec la réalité. « Ce que je découvre au ministère de la Culture est plus atterrant que je ne l'imaginais, écrit-il à François Mitterrand. Ce pauvre ministère a été en partie décapité. Les trous financiers et les déficits se révèlent chaque jour plus élevés : près de 800 millions de francs au total. Des mesures d'urgence s'imposent donc si nous ne voulons pas décevoir l'immense attente des créateurs et des artistes[2]. »

Et Lang de recommencer, comme en 1981 : par le budget. Cela ne lui avait pas si mal réussi. Il obtient de Bérégovoy l'ouverture immédiate de crédits de rattrapage de plusieurs centaines de millions de francs. (Léotard ou Toubon célèbrent au contraire leur arrivée rue de Valois par des annulations de crédits !)

Comme le deuxième septennat de Mitterrand ne ressemble pas au premier, le mandat de « Lang II » rue de Valois s'annonce assez différent de celui de « Lang I ». Plus politique, il est aussi plus œcuménique dans ses orientations culturelles. Plus éclaté, ce qui est la conséquence de la fonction de « ministre des ministères », il est également plus inégal dans les résultats. Le ministre de 1981 pouvait consacrer six ou sept jours par semaine au seul ministère de la Culture, celui de 1989 quatre à cinq jours à cause de la mairie de Blois, et moins encore celui de 1992 ou 1993, à cause de l'Éducation nationale. Plus que jamais, il est le « ministre des ministères », premier ministre de la Culture à être en même temps, de 1992 à 1993, ministre de l'Éducation, ayant dans les mains les rênes (hélas pendant seulement un an) permettant d'aborder un différend vieux de trente ans entre les deux administrations de la rue de Valois et de la rue de Grenelle. Mais le « ministre des ministères » n'est plus celui de tous les ministères tant son temps est occupé par les quatre qu'il doit diriger : la Culture, les Grands Travaux et la Communication, puis à la fin la Culture et l'Éducation nationale. Il sera en outre porte-parole du gouvernement. Et il aura le titre de ministre d'État. De quoi se situer au-delà des ministères.

Comme Malraux.

Toujours aussi battant, il n'a guère vieilli en sept ans. Son maintien est peut-être plus tranquille, assis sur une angoisse mieux maîtrisée. Les cheveux, toujours frisés, sont plus courts qu'en 1981.

La méthode Lang reste le don de la surprise, la rapidité de la réalisation, le charme des relations, les collaborateurs étroitement associés et motivés, le sens du réel avec la quête du budget et cette pédagogie sans cesse en action. Après la culture, il aura de quoi exercer ses talents à l'Éducation nationale.

Le signe du Palais-Royal : des artistes aux fleurs

En juin 1985, Mitterrand et Lang avaient décidé de lancer l'aménagement de l'ensemble du Palais-Royal. L'exercice s'était alors focalisé sur le projet le plus monumental, les colonnes de Buren. Il comportait pourtant d'autres éléments : les sphères de Pol Bury qui seront achevées avant 1986, les sculptures de Gérard Garouste pour les jardins et la fontaine d'Anne et Patrick Poirier qui sont restées inachevées. Les sculptures en bronze ont été réalisées par les artistes pendant la période de la cohabitation mais sont restées dans les ateliers ou les réserves de l'État. En juillet 1988, le projet repart, une palissade est édifiée autour de la fontaine. Michel Colardelle qui a veillé en 1985 au lancement de l'ensemble du projet se réjouit de la reprise. On demande une nouvelle fois à Patrick Bouchain de conduire les travaux. Puis le ministre décide finalement de les arrêter. Est-ce, comme en 1986, à cause des habitants riverains du Palais-Royal qui menacent de signer une nouvelle pétition ? Est-ce Mitterrand lui-même qui avait déjà eu des états d'âme en 1985 ? Quelle pouvait être la portée de ces quelques cris ? Cette fois-ci les deux sculptures de facture très classique, trop classique même pensent certains, avaient fait l'objet d'un avis favorable de la commission supérieure des Monuments historiques. Un contentieux ne comportait guère de risque de déboucher sur un sursis à exécution, encore moins sur une condamnation du ministère de la Culture. Mais le chantier ne sera jamais repris. Les sculptures en question dorment toujours dans les réserves de l'État… Jack Lang avait quitté la rue de Valois en pleine polémique sur les colonnes de Buren. Il était le ministre de la création. Le temps des colonnes de Buren est terminé. Elles ne sont pas plus inaugurées en 1988 qu'en 1986. Sera-t-il le ministre du patrimoine ?

Interrogé sur cette décision, Jack Lang fait valoir qu'il n'était pas convaincu par la bonne inscription de ces œuvres dans le site[3]. Était-ce lui ? Ou cette position lui a-t-elle été soufflée par son entourage ? Était-ce François Mitterrand dont l'enthousiasme pour la construction de sculptures est retombé ? Lui-même n'était guère convaincu par les colonnes de Buren : « elles sont trop blanches » me dit-il un jour, avec quelque humeur. À quoi je répondais : « elles seront patinées par le temps. »

Ce changement dans les priorités suggère plusieurs interprétations.

On a vu qu'on ne peut pas réduire son action au seul patrimoine. Il prendra des initiatives fortes au titre de la célébration du Bicentenaire de la Révolution : le défilé de Jean-Paul Goude, l'anniversaire de la bataille de Valmy avec des artistes contemporains comportent des risques.

Dans le sens de la priorité donnée au patrimoine, s'inscrit la nomination à des postes de direction de deux de ses proches collaborateurs : Christian Dupavillon à la tête de la direction du Patrimoine succède en 1990 à Jean-Pierre Bady qui prend la direction de l'École nationale du patrimoine, Jacques Sallois, son ancien directeur du cabinet, prend en mains les destinées de la direction des Musées de France à partir de juin 1990. Patrimoine certes, mais précisément des nominations destinées à introduire de l'air frais dans ces administrations.

Mais l'opposition entre patrimoine et création reste toujours aussi artificielle pour Jack Lang. Ces deux faces de la politique culturelle ne se retrouvent-elles pas dans tous les domaines d'activité ?

Il découvre, en visitant le jardin de Versailles en compagnie de Simonet-Lenglart, le délabrement des parterres. Les conservateurs du domaine donnaient jusqu'ici la priorité à la pierre et négligeaient les jardins. Ce qui était une véritable preuve de conservatisme, tant la restauration de la pierre est rassurante. Le jardin, la nature sont imprévisibles comme la vie. Cette prise de conscience va le convaincre que la politique des jardins est progressiste. Elle va lui dicter une décision capitale à ses yeux : en 1989, il désigne désormais deux architectes des monuments historiques pour Versailles, l'un pour le monument, l'autre pour les jardins.

La politique des jardins sera donc à la fois progressiste et consensuelle. Qui peut en effet être troublé par des parterres de fleurs ? La dialectique languienne, on le voit, gagne en raffinement. Impossible de s'opposer à elle. Elle est imparable.

Et dans les jardins du Palais-Royal, au lieu de sculptures, on pourra trouver des fleurs. Le 4 février 1992, Jack Lang annonce la réfection des jardins par Mark Rudkin dont le projet est « un mélange de charme, d'élégance, de réserve en même temps que d'exubérance. » Une action conduite avec le mécénat de LVMH dont le président, Bernard Arnault est présent. « Le jardin porte en lui des valeurs, comme le dialogue avec la nature, la qualité de la vie, la détente, qui, dans notre univers quotidien, sont des valeurs en hausse ! », s'exclame le ministre[4].

De nouvelles valeurs se font jour en effet. Les temps changent, et Jack Lang a un talent particulier pour sentir le premier ces évolutions, et s'adapter à elles.

Pense-t-il que la création s'épuise et que s'il veut durer rue de Valois plus de dix ans il lui faut impérativement s'appuyer sur le socle du patrimoine ? Cette modération est-elle le prix à payer pour gérer sa popularité, ce qui suppose, paraît-il, de la prudence ? Il est certain que des fleurs sont plus consensuelles que des sculptures. La politique culturelle de « Lang II » sera consensuelle.

Autre interprétation encore : pour ne pas décevoir, le ministre doit agir sur de nouveaux terrains d'action, qui, par définition ne seront pas ceux explorés de 1981 à 1986 : il y en a peu, tant il en a défriché. Ou alors, il doit renouveler l'action dans des domaines traditionnels. Ainsi du théâtre. Abirached parti, il va secouer les institutions. 1988, c'est la nomination symbolique et difficile d'Antoine Vitez à la Comédie française (François Mitterrand est très réticent). C'est celle de Bernard Dort à la direction du théâtre (François Mitterrand est très réservé) : deux « révolutionnaires » à la tête d'institutions théâtrales, n'est-ce pas la preuve du punch du ministre revenu ?

Des métiers d'art aux technologies de pointe

Consensuelle, la politique culturelle sera aussi plus que jamais « high tech ».

Dominique Bozo reste quelques temps encore à la DAP[5] avant de prendre la direction du musée d'Art moderne puis la présidence du Centre Pompidou. Dès 1987, il s'est défaussé de la politique des métiers d'art sur le ministère de l'Artisanat. La SEMA[6] est ravie de fuir la tutelle de la culture. Émile Vatelot, le grand luthier, règne désormais sans partage sur l'institution qui n'a plus de velléités dans le domaine de la création. Elle pourra marcher de son pas avec la direction de l'artisanat. Le musée des Arts décoratifs de son côté organisera quelques expositions. Mais la grande politique en faveur des métiers d'art n'est plus de saison. Les expositions sur la tapisserie, la céramique, le verre n'ont plus cours. La Biennale internationale des métiers d'art est abandonnée sans tambours ni trompettes. Certes, le musée des Arts décoratifs est réaménagé. Mais c'est un musée.

Autre page tournée. L'artisanat de création n'est plus à la mode.

C'est le signe, là aussi, que de nouvelles valeurs se font jour. On entre dans une période « high tech » avec musiques techno et éclairages fluo. L'artisanat d'art et la musique folklo, c'est bien fini. La France abandonne un peu vite un domaine où elle excellait autrefois. Nous comptons moins de musées d'arts décoratifs que les Pays-Bas. Signe des temps, Pontus Hulten, qui parcourt le monde à concevoir des musées d'art contemporain, va construire un musée d'Arts décoratifs en Suède. En France, on préfère une certaine dématérialisation de l'art. Est-ce dû à notre tradition littéraire omniprésente ? À l'essor des industries de l'image ? Lang va agir désormais plutôt avec François Barré, l'homme du design industriel, et Daniel Populus, l'homme du multimédia et de l'interactivité.

L'artisanat de création n'est plus culturel, mais « tonton » continue à offrir à ses hôtes de marque des poteries, céramiques et porcelaines. Le ministère a conservé la gestion des manufactures de Sèvres et des Gobelins.

De la politique culturelle à la politique pure

Plus que jamais, le ministre de la Culture et de la Communication tient son pouvoir essentiellement du président de la République. Devenu ministre de l'Éducation nationale et de la Culture, dans le gouvernement de Pierre Bérégovoy, il sort ainsi par le haut du seul domaine culturel. Il accède au champ de la stratégie politique. Il est porte-parole du Gouvernement. Il gère l'image du président. Bref, plus que jamais il est partout. Peut-il aspirer un jour aux plus hautes fonctions ? Se prend-il comme beaucoup à y rêver ? Bien implanté à Blois, d'abord comme député en 1988, puis comme maire en 1989, il est devenu en dix ans un rodé de la politique. Bref, toujours ministre de la Culture, il est en même temps beaucoup plus que cela.

Le « ministre des ministères » se limite moins au seul champ de la politique culturelle. Se sachant écouté par le président de la République, il intervient plus dans la politique pure, voire dans l'économie : « L'horizon politique de notre gouvernement se confondrait-il désormais avec l'idéal de "l'extrême milieu" (expression employée par le journaliste allemand Lothar Baier dans son livre *Entreprise France*) : ressembler aux pays les plus conformistes d'Europe, et, dans ce but, se faire petit, tout petit, sage et incolore ?

Je force le trait ? Vous n'auriez pas pu ne pas éprouver ce même triste sentiment si vous aviez entendu les discours de Michel Rocard et de Pierre Bérégovoy lors de la réunion des ministres de jeudi consacrée au budget. M. Pinay n'a pas de meilleurs élèves.

Je le dis en pesant mes mots. Les docteurs es Finances publiques nous trompent. C'est pure folie que de vouloir à nouveau et à la fois baisser les impôts et imposer brutalement une réduction du déficit à 90 milliards. [...] Malgré les dires des Diaforus de l'économie, ce ne sont pas ces mesures aveugles d'étranglement de la puissance publique qui agiront sur le vrai mal économique français : la faible compétitivité internationale des industries françaises[7]... »

Le ministre de la Culture est aussi, on l'aura compris, le ministre de l'initiative, de l'imagination, de la création y compris dans l'économie : en vrai disciple de Mendès-France. Voudrait-il donner des leçons à son autre disciple qu'est Michel Rocard ? Tout devrait rapprocher les deux hommes à l'exception d'une chose, qui les oppose, fondamentalement : le président lui-même dont l'un conteste les méthodes et l'esprit, quand l'autre le soutient sans faille.

Engagé depuis deux ans dans une entreprise d'ingénierie culturelle, je décline non sans regret sa proposition de prendre la direction de son cabinet. Je resterai proche, mais il sera plus difficile d'accès, au fur et à mesure que la multiplicité des tâches va l'accaparer. Il n'a plus besoin de s'imposer sur le terrain des autres, sa vocation d'intervenant multiple dans le champ de la politique est officiellement reconnue.

Dès lors, la lecture que je propose de la politique culturelle n'est plus celle d'un acteur proche du ministre, mais celle d'un témoin qui va agir sur le terrain culturel dans un cadre très différent, voire opposé à celui qui a précédé : celui d'une entreprise de conseil essentiellement engagée dans la décentralisation culturelle ; et disposant d'un poste d'observation privilégié et peut-être plus critique sur la politique culturelle.

Et Jack Lang, en situant son action au-delà des ministères découvre et ouvre de nouveaux horizons. Il devient plus que jamais ce « voyageur de l'impossible » comme le qualifiait Maurice Duverger à Chaillot en 1974.

2. LE « GOUVERNEMENT CULTUREL »

Entre Mitterrand et Rocard (1988-1991)

La politique est affaire de style. Elle est d'abord affirmation de pouvoirs. Michel Rocard, Premier ministre, n'est pas un ami proche comme l'était Laurent Fabius.

Michel Rocard, en 1988, est obnubilé par l'introduction au gouvernement de personnalités de la société civile. Les temps sont à l'ouverture. Il va à ce titre jusqu'à proposer à Lang d'être… ambassadeur à Rome : un enterrement de première classe ! Encore que Bernis, au XVIIIe siècle, y avait été fort influent ! Mais il sera finalement le ministre de la Culture et de la communication de Rocard. Il faut dire que le Premier ministre n'est pas seul à constituer son gouvernement. François Mitterrand a son mot à dire et il pèse lourd.

Économiste, Michel Rocard n'a jamais fait preuve d'un goût particulier pour la création artistique. Mais il est convaincu, dans son principe, de la nécessité d'une politique culturelle. Nous nous en étions entretenus parfois dans le passé. J'avais rédigé à son intention, au début des années soixante-dix, une note sur ce que pouvait être une politique culturelle de gauche. Il n'était pas très à l'aise dans ces affaires. En 1972, il s'était laissé aller à une critique violente et injuste de l'architecture du Centre Pompidou, reprenant à son compte les arguments des adversaires les plus réactionnaires du bâtiment de Piano et Rogers. En compagnie de Jean-Paul Huchon, je l'avais invité sur le chantier et avais réussi à le convaincre du bien fondé du projet. Au début des années quatre-vingt, je viendrai plusieurs fois à Conflans-Sainte-Honorine dont il est maire pour son musée de la batellerie ou pour l'installation d'une sculpture dans le jardin de la Maison pour Tous. Ouvert à la culture, Michel Rocard n'est pas un grand culturel. Et comme il a toujours entretenu des relations difficiles avec Mitterrand, les relations avec Jack Lang vont être complexes. Le fil direct Lang-Élysée ne peut rien arranger. Ni l'étendue des compétences du « Vice-Premier ministre » chargé de la culture. Paradoxalement, l'étendue de ses nouveaux pouvoirs, entre un président qui traite volontiers en direct avec Catherine Tasca et Émile Biasini et un Premier ministre qui entend exercer la plénitude de ses attributions, ne va pas nécessairement lui favoriser la tâche, même s'il entretient les meilleures relations avec Jean-Paul Huchon, directeur de cabinet de Michel Rocard. Et s'il obtient en définitive du Premier ministre, de bons budgets.

En quoi la politique culturelle conduite à partir de 1988 diffère-t-elle de celle lancée en 1981 ? L'année 1981 est celle des ruptures, des choix, des lancements de projets. L'année 1988 est celle des nouvelles compétences, de la consolidation, de la continuité. 1988 sera moins étonnant que 1981. Le besoin de durée va-t-il émousser l'enthousiasme ? La politique culturelle se surprend à additionner les projets, les crédits, les visiteurs. Comme si elle devait se conformer à un esprit de comptabilité. Aux inventaires des réussites succèdent d'autres inventaires. 1981 signait une politique de l'être : « changer la vie » était le grand objectif. 1988 semble inaugurer une politique du faire : toujours plus, partout, pour tous, pour chacun. La politique culturelle a horreur des vides. Sa grandeur est son aptitude à la marche en avant ; sa faiblesse, son caractère incantatoire.

Le « ministre des ministères », coordonnant désormais plusieurs ministères, intervenant dans les domaines de compétences de beaucoup d'autres, acquiert le statut d'un petit gouvernement : le « gouvernement culturel ». Mais qu'en pense le titulaire du poste de Premier ministre ?

• *Ministre de la Culture, sans la communication ?*

Le débat avec lui commence mal. Le 17 juin 1988, un mois seulement après la constitution du gouvernement Rocard, Jack Lang s'ouvre au président de son émoi face au projet de Michel Rocard de lui retirer la Communication : « Un récent propos sibyllin de Michel Rocard laisse entendre que le Premier ministre n'exclurait pas de scinder à nouveau “culture” et “communication”. Je ne puis imaginer que l'on puisse envisager pareille absurdité et m'infliger pareil désaveu[8]. »

Difficile donc d'être ministre de la Culture et de la communication, alors que Léotard recevait la compétence des deux fonctions sans discussion. Il a donc intérêt à s'entendre avec Catherine Tasca, nouvelle ministre de la Communication déléguée auprès de lui.

• *Ministre de la Communication*

Quelle que soit l'autorité de Catherine Tasca, Jack Lang va devoir s'occuper en direct de nombre des nouvelles orientations prises par le président et le Gouvernement en matière de télévision. Son ambition ? Redonner au service public la place qui lui revient. Une nouvelle fois, la télévision va être soumise à des réformes de structure. La télévision privatisée le restera. La télévision publique relèvera désormais du Conseil supérieur de l'audiovisuel (CSA). La télévision culturelle autour de la Sept et d'Arte va se développer. Bernard Faivre d'Arcier rejoint Laurent Fabius comme conseiller à la présidence de l'assemblée nationale. Son ami Jérôme Clément prend les rênes de la chaîne culturelle.

La loi du 17 janvier 1989 crée le Conseil supérieur de l'Audiovisuel (CSA), décide la coupure unique dans les fictions et les films et les quotas de production et de diffusion. Les « décrets Lang-Tasca » réaffirment les obligations faites aux chaînes de respecter des quotas de diffusion d'œuvres communautaires (60 %) et françaises (40 %)[9]. Le CSA dispose d'une plus grande indépendance, ses membres étant désignés sur la base d'un système proche de celui en vigueur pour le Conseil constitutionnel.

Catherine Tasca est remplacée par Georges Kiejman en mai 1991, puis par Jean-Noël Jeanneney en avril 1992. La chaîne Arte est créée en 1991 et se voit attribuer le réseau de la Cinq. Et les deux chaînes publiques sont regroupées dans France-Télévision. Le processus d'une restructuration du service public de la télévision est en marche, qui aboutira en 1999 à la recréation d'une société commune aux différentes chaînes.

Mais l'intervention du ministre de la Culture dans le domaine de la télévision n'en reste pas moins difficile comme il en fait part au président de la République : « Quand un ministre du gouvernement réclame publiquement un nouvel assouplissement de la réglementation audiovisuelle, il désavoue le ministre de la Culture et donne raison aux revendications des groupes privés. Déjà, trop souvent, j'endosse la responsabilité d'une politique audiovisuelle dont je déplore la timidité et les contradictions depuis trois ans. J'ai souvent tenté, sans grand succès, d'orienter les choses dans une direction ambitieuse. Voici qu'à présent on affaiblit un peu plus l'autorité de l'État face aux grands croquants de la communication. Un autre ministre, Jean-Marie Rausch, s'est exprimé à propos du câble dans le même sens que Georges Kiejman. Je ne me reconnais pas dans ces propos. La sagesse ne consisterait-elle pas à me dessaisir de ce dossier audiovisuel[10] ? »

Jack Lang parle-t-il sérieusement ? À tout le moins, il montre son agacement. Il sait, en réalité, que le ministre de la communication n'échappe pas à la règle selon laquelle tout ministre donne toujours raison à ses « troupes » (administration ou entreprises du secteur). Or les « troupes » du ministère de la communication sont les sociétés de production et les câblo-opérateurs (Lyonnaise des eaux par exemple). Et le ministère de la communication de perdre de vue la dimension culturelle de sa mission.

• *Ministre des Grands Travaux*

Plus que jamais le débat est ouvert sur l'élargissement des compétences du ministère de la Culture. Il se poursuit mal. « Voici qu'à présent on fabrique un décret d'attribution de compétences au bénéfice de Biasini qui me paraît s'apparenter à la tératologie juridique : un secrétariat d'État placé auprès d'un ministre (celui de l'urbanisme) se voit attribuer des compétences qui se traduisent par un démantèlement pur et simple d'un autre ministère (celui de la culture). [...]

Loin d'assurer l'efficacité qui est très justement recherchée, cette méthode introduira l'incohérence et affaiblira la politique culturelle.

Je vous propose la solution suivante : vous avez eu la gentillesse de me faire la confidence que votre intention était de rattacher ce secrétariat d'État au ministre de la Culture dans le futur gouvernement[11], après les élections législatives. Cette formule me permettrait alors de déléguer au secrétaire d'État toute une série de compétences qu'il pourrait exercer pleinement en harmonie avec l'ensemble de votre politique[12]. »

Tératologie, le mot est bien choisi : la science du traitement des malformations congénitales est bien nécessaire au « gouvernement culturel » s'il veut que les greffes d'organes qui se préparent n'aboutissent pas à mettre au monde un être monstrueux... En l'espèce, Lang obtient gain de cause. Biasini relèvera de son autorité. Dans les faits les conflits avec lui ne cesseront pas.

• *Ministre du Bicentenaire*

Jack Lang doit mettre au point ses relations avec la mission du Bicentenaire qui est confiée à Jean-Noël Jeanneney. Il se réserve le choix des grandes orientations, la sélection des événements marquants de l'année 1989, « l'appel à l'imagination et à la créativité populaires[13] ». La Mission aura la responsabilité de la programmation, de l'organisation et de la communication. Difficile de ne pas s'entendre avec Jean-Noël Jeanneney.

• *Ministre de la Jeunesse ?*

On hésite aussi à délimiter les attributions du ministère au regard de la Jeunesse et des Sports : « La renaissance d'une chaîne musicale est une nécessité politique et culturelle. L'existence d'une telle institution serait un levier puissant de mobilisation des jeunes. [...] D'une manière plus générale, il est indispensable de concevoir, au cours des prochaines semaines, des actions d'envergure qui puissent soulever l'enthousiasme des jeunes. Si un éventuel secrétariat d'État à la jeunesse était rattaché au ministère de la Culture, ces actions seraient évidemment largement amplifiées[14]. »

Le « gouvernement culturel » requiert évidemment un droit de regard sur la jeunesse, qui ne lui sera en définitive jamais reconnu. Mais il exercera, *de facto*, un magistère sur la politique de la jeunesse : l'influence sans les ennuis de la gestion, ce qui sera une constante de l'action gouvernementale de Lang (par exemple en matière d'architecture, d'action sociale, de politique de la ville, etc.).

• *Ministre de la Ville et de l'Architecture ?*

En 1989, le départ de Maurice Faure, ministre de l'équipement[15], paraît être pour Lang l'occasion de demander le rattachement de la direction de l'architecture : « Puis-je me permettre, à l'occasion du départ de Maurice Faure et de la nomination d'un nouveau ministre, de faire à nouveau valoir auprès de vous une thèse qui m'est chère depuis longtemps : la nécessité du rattachement au ministère de la Culture de la direction de l'architecture et de l'urbanisme ? Une politique cohérente de préservation du paysage urbain ne pourra être mise en œuvre tant que le ministère de l'Équipement et le ministère de la Culture s'en disputeront la responsabilité. Par ailleurs, il me paraîtrait important de pouvoir reprendre de façon plus ample et plus ambitieuse la politique en faveur de l'architecture que nous avions engagée, à votre demande, voici quelques années[16]. »

Une fois de plus, on lui propose le transfert de l'architecture sans l'urbanisme. Il refuse, car il sait que les moyens de la direction de l'architecture sont trop réduits et que son transfert pèsera en réalité sur les secteurs traditionnels de la culture. D'autres, plus tard, n'auront pas cette délicatesse pour les secteurs clés du ministère ni cette perspicacité sur le sens de cette mesure. En outre, la politique culturelle qu'il imagine ne se limite pas à l'architecture, elle touche à toute la ville, depuis les plans prospectifs les plus ambitieux jusqu'aux interventions les plus modestes.

Michel Delebarre, nommé ministre de l'équipement, conservera la responsabilité de l'architecture.

• *Le « gouvernement culturel »*

Jack Lang aura besoin de toute l'autorité du président de la République pour exercer les fonctions multiples de « ministre de la Culture, de la communication, des grands travaux et du bicentenaire » (deux lignes sur l'entête du papier à lettre du ministère). « J'aurais préféré un intitulé plus court, déclare-t-il, mais Rocard a décidé lui-même cette formulation un peu tarabiscotée[17]. »

Mais le retour de Lang rue de Valois signifie aussi l'affirmation de la reconnaissance du ministère de la Culture comme ministère à part entière et donc attractif. Signe de cette évolution, les élèves de l'Ena viennent plus volontiers rue de Valois que par le passé. Le ministre en informe aussitôt le président : « Une évolution symbolique : pour la première fois, le ministère de la Culture précède la Cour des comptes, le ministère des Finances, les Affaires étrangères et même l'Inspection des finances dans les préférences exprimées par les élèves de l'Ena pour leur affectation à la sortie de l'École. En effet, il figure cette année en deuxième position après le Conseil d'État[18]. »

Le ministre de la Culture a donc la cote y compris chez les jeunes de l'Ena !

Légitime, c'est bien. Mais ce qui est mieux, c'est encore la réalité de l'exercice des pouvoirs, et les premières années de « Lang II » exigent une organisation différente et nouvelle du travail gouvernemental.

Le travail gouvernemental

La rue de Valois va être le cœur de la nébuleuse de Lang II. Au début des années quatre-vingt, Lang I s'était approprié le lieu, il y avait installé la grande fresque bleue d'Alechinsky et refait les bureaux. Lang II récupère pour les membres du cabinet les espaces conquis par François Léotard sur le deuxième étage. Cela lui permet de déplacer les bureaux du premier étage au profit de la restauration du salon de réception des maréchaux. Il procède avec les bureaux comme avec les places de parking : il les éloigne pour réhabiliter l'ordonnancement initial des espaces historiques. Même en 1992, lorsqu'il aura un bureau et un cabinet rue de Grenelle, il ne se sentira bien que rue de Valois.

L'organisation du travail change. Les effectifs des cabinets s'accroissent. Le directeur de cabinet, Francis Beck, est flanqué d'un directeur adjoint, Jacques Renard : même formation, même calibre, même tempérament. Les clercs de la rue de Valois sont aux commandes. Avec eux, l'intendance suit. Parfois même elle précède.

Le ministre peut continuer à élaborer, échafauder, entreprendre. Le temps est au réalisme et au pragmatisme. Côté événements, on lance la Fureur de lire, la Flamboyance, le Festival des jardins de Chaumont. Côté équipements, on poursuit les grands travaux et on finance progressivement le fonctionnement de ceux qui sont terminés.

Avec Lang II, le principe de la gestion budgétaire va changer. On ne fait plus de sauts de 100 % ou 30 %. Mais le budget s'accroît chaque année de 8 % à 10 %. Les enveloppes des grands travaux apportent au ministère une marge de manœuvre importante dont les chiffres ne rendent pas compte : grâce à eux, le ministre finance hors budget normal le catalogue collectif national, les acquisitions d'œuvres d'art du musée d'Orsay, la restauration du Louvre ou celle des Tuileries. Les grands travaux ce sont d'abord des projets, mais aussi des moyens supplémentaires pour le ministère.

La mécanique administrative est huilée. Les équipes sont en place. Plus de grandes surprises dans la vie quotidienne. Jack Lang s'ennuierait-il rue de Valois ? On peut parfois le craindre. En réalité c'est sur les marches de son empire que le « gouvernement culturel » doit consacrer un temps précieux à négocier ou à guerroyer. Et les sujets ne manquent pas.

Il y a la grande affaire de la communication. Mais Catherine Tasca, ministre délégué, maintient ses distances. Car elle tient aussi la distance. Elle-même issue du ministère de la Culture, ancienne directrice de la maison de la Culture de Grenoble, elle a rejoint Boulez dans les années soixante-dix à la tête de l'ensemble intercontemporain, puis Patrice Chéreau à la tête de la maison de la culture de Nanterre. Gardienne intraitable du service public, elle agit en direct avec le président de la République qui la dit « fine lame ». Évocation du temps de la Fronde ? De Richelieu ? De Mazarin ? En elle, la douceur de la voix semble vouloir masquer la pointe du regard. Engagée jusqu'ici au ministère ou dans les établissements qui relèvent de lui, spécialisée dans le spectacle vivant, théâtre et musique, elle est de la graine de Jeanne Laurent. Jack Lang s'entend bien avec elle, comme l'attestent nombre de notes conjointes au président. Mais elle n'a pas voulu s'installer rue de Valois, à la différence de Philippe de Villiers.

Il y a aussi le Bicentenaire. C'est un domaine réservé du président où Jean-Noël Jeanneney dispose de coudées franches. Là aussi le ministre de la Culture inspire, initie, impulse mais ne gère guère.

La marche des chantiers des grands travaux est toujours absorbante, mais avec l'écran que représente Émile Biasini. Jack Lang regrette « le petit commando que nous formions avec Dauge, Dupavillon, Subileau et quelques autres ». Il se plaint des retards du chantier de l'Opéra entre les mains du secrétaire d'État. Et il ne cesse de plaider pour « une politique ambitieuse du cadre de vie et de l'esthétique urbaine[19] ».

François Mitterrand craignait en réalité que Lang n'ait trop à faire pour suivre dans le détail les grands projets auxquels il était très attaché. De sa part, ce n'était pas tant méfiance que précaution. Avec Biasini il savait avoir la main sur un rouleau compresseur sans état d'âme. Il craignait aussi le perfectionnisme de Lang. Ce dernier n'avait-il pas proposé pour la Bibliothèque de France le recours à plusieurs architectes ? Mitterrand sait qu'avec un seul maître d'ouvrage et un seul maître d'œuvre, il pourra conjurer la peur de manquer de temps[20].

L'éternel Christian Dupavillon est plus que jamais présent. Ne va-t-on pas jusqu'à murmurer qu'il est à Lang ce que Lang est à Mitterrand ? Le voilà en tous les cas bientôt directeur du patrimoine. Comme son maître il est partout. Il continue à s'intéresser à l'architecture contemporaine, à préparer en sous main la célébration de 1989.

Il y a enfin Patrick Bouchain, le fidèle de la traversée du désert, architecte du théâtre en bois de la ville d'Évian, bientôt conseiller en urbanisme pour la ville de Blois, organisateur de manifestations, concepteur avec Christian Dupavillon du podium présidentiel pour la campagne de 1988, réalisateur du cirque de Bartabas, négociateur avec les patrons de l'industrie, bref homme à tout faire, et sachant apporter imagination et énergie dans une situation où le ministre se sent entouré de freins et d'obstacles. Homme indépendant, électron libre du ministère, il est celui qui fait avancer les dossiers et apporte les idées ou influence la sélection de celles qui arrivent, toujours nombreuses, sur le bureau du ministre. Il est aussi, paradoxalement, l'homme de la mémoire sur les manières de faire, le « sauveur » face aux situations où l'administration ne sait plus comment gérer les délais et les budgets. L'homme qui sait mériter la confiance que le ministre lui délègue.

La gestion du « gouvernement culturel » c'est donc la régulation des conflits, l'arbitrage des incidents de frontières. La culture est partout à la fois, mais elle n'est aussi qu'un département parmi les autres.

Jack Lang n'est pas un grand amateur d'organigramme. S'il se bat pour des compétences il pense, avec juste raison, que les hommes sont plus importants que les machines administratives. Il fera exception dans le cas du projet de fusion de la direction de la musique et de la danse et de la direction du théâtre en une seule direction des spectacles, réforme qui sera menée à bien cinq ans plus tard par Catherine Trautmann avec le concours de Dominique Wallon : « Par expérience et par tempérament, je ne suis guère favorable aux réformes de structures qui coûtent plus en énergie qu'elles ne rapportent en efficacité. Je me permets pourtant de vous suggérer une modeste [sic] réforme de l'organisation du ministère de la Culture : le regroupement de la direction de la musique et de la danse et de la direction du théâtre en une direction générale des spectacles. [...] 1. Ce serait renouer avec l'organisation antérieure à 1966 qui avait porté ses fruits [re-sic]. 2. Certaines disciplines artistiques, notamment l'opéra et la danse, entremêlent l'art musical et l'art théâtral. [...] Sous l'autorité du directeur général seraient bien évidemment placés un délégué à la musique, un délégué au théâtre et un délégué à la danse[21]. »

Cette réforme répond à la demande du ministère des Finances qui cherche, par tous les moyens, à réduire le nombre des directions des administrations centrales. C'était, paraît-il, ce que l'on appelle la réforme de l'État.

Si d'aventure, il advenait un jour qu'un ministre imprudent veuille fusionner la direction des musées et la délégation aux arts plastiques, il faudrait en faire aussi une interprétation culturelle et artistique : cela signifierait que l'impératif du patrimoine l'aurait emporté sur celui de la création dans le domaine des arts visuels. Cela serait une grave régression.

Penser que la création artistique puisse être animée sous l'empire des règles qui régissent la direction des Musées de France, encore empreinte pour longtemps de traditions napoléoniennes, c'est méconnaître les réalités de la création contemporaine et c'est en outre proposer la mise en place d'une structure administrative monstrueuse. Une sorte de tératologie, pour reprendre l'expression de Lang.

En sens inverse, penser que l'esprit de la création artistique puisse donner, comme il sera écrit par Jacques Rigaud, en 1996, dans le rapport « Pour une refondation de la politique culturelle[22] », « à l'administration des musées, une nouvelle dynamique », c'est surestimer la capacité innovatrice actuelle de la première et sous-estimer le poids des pensées, des personnes et des choses de la seconde. Et c'est prendre le risque de jouer aux apprentis sorciers.

La réunion de la délégation et de la direction serait en réalité, on le sait bien, mettre la délégation sous la tutelle de la direction des Musées. Ou faudra-t-il placer à la tête de cette super direction un individu, du type des Gaëtan Picon ou des Pierre Moinot qui ne soit ni conservateur des musées, ni inspecteur de la création, une sorte de super directeur, afin de conserver aux deux entités leur autonomie, créer ainsi un échelon bureaucratique supplémentaire, et se retrouver quelques années plus tard dans la situation de Pierre Moinot demandant au ministre André Malraux de dissoudre la direction générale des Arts et des Lettres parce qu'elle était impossible à gérer?

Plus fondamentalement, l'esprit de la création est difficilement compatible avec celui de la conservation, surtout dans le domaine des arts plastiques. Certes, on a dû faire valoir que les conservateurs de musées ont fait peau neuve, et même que certains savent s'occuper avec talent d'art contemporain. Mais combien sont-ils réellement, ces « alliés objectifs » de la délégation ? Assurément moins de 5 % d'un corps de conservateurs dont les qualités sont ici hors de cause (et qui ont su montrer excellemment qu'ils figuraient parmi les meilleurs professionnels existant au monde). Mais leur formation, leurs obligations et leur vocation les poussent plus à étudier le passé qu'à épouser le présent, à pratiquer l'esprit de conservation plus que celui d'exploration.

Les trente dernières années de marche en avant vers l'émancipation et l'autonomie de gestion de l'administration des Arts plastiques seraient anéanties par la fusion avec la direction des Musées.

Le monde de la création sera toujours fragile et celui de la conservation de la mémoire de notre culture finira toujours par l'emporter sur lui dans l'espace et le temps. Mémoire et création : toute la vie culturelle ne se résume-t-elle pas dans ces deux mots ? Mais ils sont mal partagés. La balance finit toujours par pencher du côté de la mémoire… Aujourd'hui, plus que jamais, la création-rupture se distingue de la mémoire-continuité. Mais notre mémoire n'a jamais disposé d'autant de moyens techniques de conservation…

Le « gouvernement culturel » s'appuie sur le noyau dur du ministère de la Culture autour duquel gravitent désormais un certain nombre d'électrons qui sont partagés entre des forces centripètes et centrifuges. Cela crée une situation un peu nébuleuse et donc incertaine, et en même temps instable, donc propice au mouvement.

Un grand ministère de la Culture ? (1991-1993)

La nomination d'Édith Cresson au poste de Premier ministre en 1991 est l'occasion de rebattre les cartes gouvernementales. Exercice toujours difficile et aléatoire. Elle est *a priori* plus proche de Lang que ne l'était Michel Rocard. Elle n'a pas l'âme plus « culturelle ». Mais elle sent l'intérêt de la culture. Ministre des Affaires européennes, elle m'avait demandé de faire de son bureau une sorte de show-room du design français. Elle introduit une préoccupation commerciale dans la politique. Il faut avoir vu cette femme entraîner plusieurs centaines de patrons français dans un avion pour New York où je l'accompagnais, pour comprendre que le président de la République ait pu être séduit par sa pugnacité d'entreprendre. Maire de Chatellerault, elle ne cesse également de vouloir innover dans l'aménagement de sa ville. Mais cette enthousiaste agissante va se heurter au mur de l'administration ; Jack Lang a appris à le contourner.

- *Ministre de l'Architecture et de la Ville, le retour ?*

Au président qui lui demande, alors, son sentiment sur le remaniement ministériel, il fait un certain nombre de suggestions :

« 1. L'idée d'un grand ministère de la Culture, élargi à l'esthétique de la vie quotidienne me plairait beaucoup. Suffirait-il pour ce faire, de lui rattacher la seule direction de l'architecture et de l'urbanisme ? Ce serait déjà un progrès. Mais l'efficacité ne commande-t-elle pas d'aller plus loin et de scinder en deux l'actuel ministère de l'équipement : création séparée d'un ministère des transports ; rattachement du reste (et notamment la direction de la construction) à ce qui deviendrait un ministère de la Culture et de la ville (ou de la qualité urbaine). 2. Un autre ministère me passionnerait vraiment : le Quai d'Orsay… »

Revient l'idée de 1988 : « Et pourquoi ne pas imaginer de renouer avec la tradition antérieure à de Gaulle : placer sous une même autorité politique l'Éducation et la Culture ? Dans de nombreux pays, le ministre de l'Éducation est en même temps ministre de la Culture. Et ça fonctionne bien[23]… »

Il envisage même quelques jours plus tard la création d'un ministère de la « Civilisation urbaine[24] ».

Le souci exprimé en 1989 auprès du président de pouvoir être totalement responsable de l'architecture, renaît lors de la constitution du gouvernement d'Édith Cresson au printemps 1991. « Un communiqué de Paul Quilès annonce que l'architecture est rattachée à son ministère. J'ai passé l'âge des querelles de frontières. Indépendamment de ma personne et des indications que vous m'aviez vous-même données, il est anormal que, sous la présidence d'un chef de l'État constructeur et bâtisseur, l'architecture ne relève pas du ministère de la Culture. 1. André Malraux avait la haute main sur l'architecture et l'urbanisme. C'est grâce à ces compétences qu'il a pu faire voter des lois importantes sur les sites sauvegardés et sur la protection des paysages. On comprend mal que le ministre de la Culture de François Mitterrand soit, depuis 1981, dépossédé de ces attributions, alors qu'il faudrait prendre des initiatives hardies et originales. 2. L'exemplarité des grands travaux fait apparaître, par contraste, la pauvreté de notre politique architecturale et urbaine. Malheureusement, aucun des ministres de l'équipement successifs ne s'y est vraiment intéressé[25]. »

Jack Lang poursuit son offensive en direction d'Édith Cresson :

« Je constate que je suis mené en bateau depuis dix jours. La proposition qui m'a été soumise est absurde. Il y a deux solutions : soit on laisse inchangée la situation actuelle, et ainsi il sera clairement établi que, malheureusement, l'architecture n'aura pas été considérée comme une des composantes des beaux-arts et de la culture sous les gouvernements socialistes, soit nous nous donnons quelques jours de consultations supplémentaires pour établir un texte plus satisfaisant. Mais, franchement, chère Édith, je ne me sens pas en mesure de contresigner ce qui est un pur et simple simulacre[26]. »

Mais le président ne décidera pas le découpage du ministère de l'équipement en deux : Paul Quilès, issu de l'École polytechnique, pouvait difficilement l'admettre.

En réalité il faudra attendre Philippe Douste-Blazy pour que l'architecture revienne en effet à la culture, sous un gouvernement non socialiste ! « Oui mais, répond Lang, sans l'urbanisme, sans la construction et donc sans véritables moyens pour agir sur le cadre de vie. Avec en outre la Cité de la Villette alors rattachée aussi à la Culture pour approcher, en apparence le 1 %, mais sans moyens supplémentaires : un simple habillage budgétaire[27]. »

• *La Jeunesse et Sports, voire plus ?*

Jack Lang va jusqu'à imaginer un rattachement au ministère de la Culture des compétences de la Jeunesse et Sports : « On pourrait simplifier et utiliser uniquement le vocable « culture », en indiquant très précisément que sont rattachés au ministère de la Culture : la communication, les grands travaux, et, pourquoi pas, la jeunesse et sports. La formulation la plus simple est sans doute la meilleure[28]. »

Cette question est à l'ordre du jour depuis les débuts de Malraux. Mais en 1990, elle revêt une actualité accrue. Jack Lang s'en ouvre de plus en plus au président de la République : « Vous avez eu la gentillesse de m'interroger à Solutré sur mon attachement au ministère de la Culture. Je vous le redis aujourd'hui. Même si j'ai souhaité l'Éducation nationale, je demeure fidèle au ministère de la Culture. Oui, j'aime ce ministère. [...] Au-delà de ma personne, je persiste à penser qu'un "grand" ministère de la Culture est une nécessité aujourd'hui. Ministères des arts, il devrait être aussi le ministère de l'art de vivre, et, à ce titre, agir sur tout ce qui façonne l'imaginaire quotidien des Français : de l'écran de télévision à l'architecture des logements, du dessin d'un paysage à la configuration urbaine. En ces matières qui touchent à l'esthétique de la vie quotidienne, l'État est souvent impuissant. Les administrations sont fragmentées et cloisonnées. Les citadelles et les fiefs (médias, aménageurs, potentats locaux) imposent leur loi. Pour changer cela, une petite révolution serait nécessaire. Et d'ajouter, car cela devient une obsession pour lui : Pour l'heure, je voudrais sauver le "petit" ministère de la Culture. Je me permets donc de faire appel à vous pour que notre œuvre ne soit bêtement altérée par des décisions budgétaires. Un modeste effort ne représente qu'une goutte d'eau dans le budget de l'État. Un mot de vous à Michel Rocard serait déterminant[29]. »

• *L'Éducation nationale*

1992, après l'échec de la tentative Cresson, François Mitterrand appelle Pierre Bérégovoy à Matignon. Il ne lui reste plus qu'un an pour s'imposer et réussir les élections législatives de 1993, dans une atmosphère marquée par sa maladie, des querelles au sein du parti socialiste et des « affaires » pas toujours glorieuses.

Quel sort attend l'indispensable Jack Lang ? Il s'en entretient avec le président de la République.

Pourquoi pas un « grand » ministère de la Culture ? « Une idée serait séduisante : le regroupement, au sein du même ministère, de la culture, de la communication, de l'environnement et de l'équipement (sauf les transports) [...] enfin pourraient être unifiées les politiques de l'urbanisme, des paysages, de l'architecture, du patrimoine, de la construction[30]. »

Oui mais c'est la moitié du gouvernement !

Ce sera éducation et culture, avec un titre de ministre d'État. Il est bien Vice-Premier ministre, en charge d'une sorte de « gouvernement culturel » plus ou moins directement rattaché à l'Élysée. Un peu tard, pense-t-il.

Dans cette position, il va faire avancer le dossier des enseignements artistiques. (*cf.* chapitre 16, § 3). Il annonce que la réunion de la Culture et de l'Éducation nationale va permettre de trouver une solution à la situation des musées rattachés à l'Éducation qui n'ont pas bénéficié des opérations de réaménagement conduites au profit des musées dépendant de la Culture : « Les musées de l'Éducation nationale bénéficient d'une chance historique, explique-t-il, car des coopérations vont pouvoir être développées entre les deux familles de musées, ainsi qu'entre l'ensemble des musées et le système éducatif et universitaire. Il est clair que les musées de l'Éducation nationale peuvent tirer grand avantage de la mutation en cours dans les musées de la culture[31]. »

Hélas, là aussi, il n'est pas resté assez longtemps. Sept ans plus tard, le projet de musée des Arts premiers n'arrive pas à voir le jour : comment faire se rapprocher le musée des Arts africains et océaniens qui dépend de la Culture et le musée de l'Homme qui dépend de l'Éducation nationale ? Question pendante à laquelle la République n'arrive pas à apporter une réponse. Sans doute faut-il être patient : le concours du musée des Arts premiers vient d'être lancé en 1999, après quatre ans d'études[32]...

Il accroît les crédits des bibliothèques universitaires de 20 %. Il choisit Rem Koolas et Jean Nouvel pour construire une grande bibliothèque des sciences et des lettres à l'université de Jussieu (projet arrêté par son successeur). Il décide de verser une compensation de 70 MF aux éditeurs en compensation des pertes de droits dues au photocopiage (projet arrêté). Il rénove le zoo de Vincennes, lance la rénovation du Collège de France et accélère les travaux du Conservatoire national des arts et métiers.

Ce serait mal connaître Lang de penser que toutes ces tentatives sont dues à je ne sais quelle soif inextinguible de pouvoir. Le pouvoir certes est recherché, mais pour le succès d'une politique culturelle aussi globale que possible, comme il l'écrit au président, : « à l'heure où, plus que jamais, notre combativité et notre enthousiasme doivent balayer nos petits états d'âme particuliers[33]... »

Jack Lang ne reste guère plus d'un an rue de Grenelle. Comme partout où il arrive, il commence par interdire le stationnement des véhicules dans la cour intérieure de l'hôtel du ministère. Cela lui vaut une grève de deux jours des chauffeurs ! Après son départ, François Bayrou qui lui succède aura vite fait de céder à leurs revendications : en ouvrant de nouveau la cour à leur stationnement.

Le ministre d'État fait la paix avec l'enseignement privé, ce qui est unanimement salué comme sage. Alain Duhamel s'en félicite et l'en félicite : « Jack Lang est un grand démineur de problèmes devant l'Éternel. Aux affaires culturelles, il est parvenu à nouer des rapports de confiance avec des artistes et des créateurs, d'ordinaire ombrageux et rétifs. À l'Éducation nationale, il a, dès son arrivée, fait baisser la tension entre le ministère et les étudiants. Voici que maintenant il parvient à un accord solennel avec l'enseignement catholique [...] L'époque du "grand service public, unifié et laïc" quitte ainsi l'univers politique pour entrer dans l'histoire de la Ve République. C'est une défaite pour les tenants des guerres de religion idéologiques, c'est une victoire pour les champions de la modernisation sociale[34]. »

Démineur, Jack Lang. Mais aussi architecte des ministères qui ne cesse, on le voit, de penser et repenser à la meilleure façon d'apprêter le « cinquième pouvoir » : il n'y a pas de précédent auquel se référer.

3. LA REPRISE DU MOUVEMENT

Au début, tout se passe comme si Jack Lang n'avait pas quitté la rue de Valois pendant deux ans. Reprennent les notes au président, les quêtes de bonnes nominations et l'inauguration des projets lancés avant 1986.

La *Tour aux figures* de Jean Dubuffet ou la dernière grande commande publique (novembre 1985-octobre 1988)

Si l'on n'inaugure pas les colonnes de Buren — à cause sans doute de leur odeur de soufre — on célèbre en grande pompe la *Tour aux figures* de Jean Dubuffet — sans doute parce que Dominique Bozo préfère Dubuffet à Buren.

Juste retour des choses, j'avais lancé la construction de la *Tour aux figures* de Jean Dubuffet en 1985 à la demande de Jack Lang : c'est François Mitterrand qui l'inaugure à l'automne 1988, en présence de Jack Lang et de Dominique Bozo, encore délégué aux Arts plastiques. Cette commande publique est sans doute la plus importante qui ait été faite à un artiste au cours de la décennie 1980-1990. Cela valait bien un discours du président de la République : « Cette sculpture était à l'origine dans l'atelier de l'artiste, une modeste borne, une petite sculpture colorée. Mais c'est le propre des grandes œuvres de ne pas se satisfaire d'un destin confidentiel ; c'est le propre de l'art aussi de vouloir être public et accessible au plus grand nombre. […] C'est alors le rôle de l'État d'aider à ce que le rêve des artistes devienne réalité, que la maquette devienne architecture dans l'espace[35]. »

Manière pour le chef de l'État de résumer les raisons de son goût pour la commande publique.

Trois ans plus tôt, en 1985, Jack Lang et moi étions venus rendre visite à l'atelier de Jean Dubuffet. C'était un jour de manifestation des étudiants en médecine contre le gouvernement et, rue de Vaugirard, à proximité de l'atelier, la voiture de Lang est reconnue par des manifestants. Nous restons de ce fait deux heures en compagnie de Dubuffet n'ayant d'autre échappatoire que d'attendre qu'ils se dispersent. Au cours de la conversation Jack Lang, avec son sens de l'opportunité, demande à brûle pourpoint à Dubuffet quelle serait la sculpture qu'il souhaiterait voir construire à Paris. Il nous parle aussitôt de la *Tour aux figures* dont il existe déjà une maquette d'un mètre de haut[36].

Jack Lang me demande de faire l'impossible pour mener à bien ce projet. Sa hauteur, de vingt-quatre mètres, lui promet de ne pas passer inaperçue. Son implantation à Paris est susceptible de soulever des polémiques. C'est pourquoi, je commence par créer un comité de parrainage œcuménique autour de la cause symbolique de Dubuffet, annoncé solennellement, rue de Valois, par le ministre. Il réunissait des personnes aussi différentes et complémentaires que Claude Pompidou, Micheline Chaban-Delmas, Madeleine Rébérioux, Robert Bordaz et François Mathey… Voici pour les précautions.

Se posait ensuite la question du lieu. Je pensais à la place d'Italie dont le jardin central était assez ouvert et vaste pour convenir à la hauteur du monument. (Jack Lang, qui voit toujours grand, souhaitait qu'elle soit portée à 48 mètres…). Une visite sur place avec Jean Musy, directeur des affaires culturelles de la ville de Paris et le maire du XIIIe arrondissement, Jacques Toubon, montra que cette hypothèse était envisageable. Certains représentants de la ville préféraient l'implantation sur l'un des côtés de la place.

Charles Hernu, ministre de la Défense, avait fait ériger, quelques mois plus tôt, sur la partie sud du jardin central une statue du maréchal Juin en souvenir de la campagne d'Italie. Il était à craindre que les anciens combattants acceptent mal l'érection de la tour dans le dos du maréchal de France. Une réunion dans le bureau de Jean Laurain, ministre des anciens combattants, fut tenue à ma demande afin de tenter de trouver un accord. Je proposai de nombreuses concessions : creuser un passage souterrain de manière à permettre aux visiteurs de la statue du commandant de l'armée d'Italie de se rendre aisément dans le petit square central de la place, financer une deuxième réalisation de cette statue de deux mètres de haut seulement afin qu'elle puisse être remplacée par une statue de quatre mètres, voire plus, et qu'elle ne soit pas écrasée visuellement par la tour. Le « quarteron » de généraux et colonels parut, un moment, tenté par le Diable. Je plaidai alors, tentant une pointe décisive, que les couleurs de la tour de Jean Dubuffet étaient celles du drapeau tricolore, ce qui offrait un fond seyant à la statue du maréchal (le hasard faisant bien les choses). Mais ils se ressaisirent et plus rien n'y fit. Ils refusèrent le déplacement de leur statue et le luxe des aménagements que j'étais prêt à leur concéder.

Ils me proposèrent même d'implanter la tour de Dubuffet au centre d'une autre place circulaire de Paris, la place du Maréchal Juin, aussi dénommée place Pereire. Le paradoxe voulait en effet que la statue du maréchal fût implantée place d'Italie et que la place portant son nom ne puisse accueillir la tour de Dubuffet. Cette place est en effet plus petite que la place d'Italie et les simulations que nous fîmes s'avérèrent peu probantes.

De guerre lasse, je décidai de sonner la retraite laissant le champ de bataille aux anciens combattants. J'avisai alors un autre terrain de manœuvres : nous conduisîmes Dubuffet au parc de La Villette. Il rencontra l'architecte Bernard Tschumi. Dubuffet lui proposa d'implanter sa tour au milieu de la fontaine qui se trouve devant l'entrée de la Grande Halle… Au retour de cet entretien, le vieil artiste, il avait plus de quatre-vingts ans, me dit qu'il n'avait pas senti un grand enthousiasme de la part du jeune architecte.

Nous allâmes alors explorer le bois de Saint-Cloud qui présentait l'avantage d'être propriété de l'État, ce qui nous donnait la liberté de mouvements nécessaire vis-à-vis du maire de Saint-Cloud, Jean-Pierre Fourcade. François Mathey dont la corpulence ne permettait guère de courir dans les bois, revint fourbu, mais heureux. Dubuffet, lui-même peu alerte, était enchanté de son escapade. Son choix était fait : la petite clairière située tout en haut du bois et d'où la tour ne serait pas visible : « […] je serais bien dans cette clairière, me confia Dubuffet, (qui s'identifiait à sa sculpture au point qu'elle devenait presque un cénotaphe), dans la nature, loin des hommes. Je ne supporterais pas l'idée d'être injurié chaque matin par les milliers d'automobilistes qui passent place d'Italie. »

J'aurais personnellement préféré que la sculpture fût un peu visible. L'hiver seulement, après la chute des feuilles, me fut-il répondu. Le parc de Saint-Cloud présentait toutefois l'inconvénient d'être surveillé de près par Jean-Pierre Fourcade, qui, à l'occasion de la cérémonie des vœux à l'Élysée en janvier 1986, exprima un peu fermement ses réserves à François Mitterrand. Ce dernier ne voulait pas livrer bataille pour Dubuffet ! Il fit savoir à Lang qu'il valait mieux décrocher et chercher un autre terrain d'exercice. Il me fallait donc trouver un élu favorable, même si on ne lui demandait pas de mettre la main à la poche, puisqu'il était prévu que l'État financerait l'intégralité de la dépense évaluée à quinze millions de francs. Beau cadeau que Fourcade feignait de trouver empoisonné.

Robert Bordaz me parle alors un jour d'André Santini, maire de la commune d'Issy-les-Moulineaux, avec qui il a évoqué le projet et qui propose l'île Saint-Germain, au milieu de la Seine, à la hauteur du boulevard périphérique. Je me rends sur place et trouve le site intéressant. J'en parle à Dubuffet à qui je montre l'emplacement sur un plan. Il réalise qu'il se trouve exactement à la hauteur du siège social de la Régie Renault et il me donne aussitôt son accord dans un sourire malicieux et en esquissant un pied de nez : « de là je pourrai les narguer ». Il parlait des gens de la Régie Renault. Pierre Dreyfus, PDG de la Régie dans les années soixante-dix, capitaine d'industrie et ami des artistes[37], lui avait commandé une sculpture monumentale pour l'entrée : *Le Salon d'été*. Son successeur avait annulé la commande. Mais les travaux avaient déjà commencé, si bien que tout fut démoli sans scrupule. Il s'ensuivit un procès qui allait finir en cassation par la victoire de Dubuffet, en 1983, à qui l'on proposa un dédommagement. Dégoûté par l'attitude de la Régie Renault, il renonça à reprendre la construction de ce monument[38]. Je me souviens de sa satisfaction à l'occasion d'un conseil d'administration de la fondation de Périgny-sur-Yerres. Il refusa également l'indemnité. Il trouvait dans l'implantation de la *Tour aux figures* en face de la Régie une revanche de l'histoire. Compensation autrement plus flatteuse qu'un chèque, même rondelet[39]. Au demeurant, la jurisprudence Dubuffet de la cour de cassation est importante : elle prévoit que quiconque commande une œuvre d'art à un artiste est obligé d'en assurer la réalisation totale, au nom du respect du droit moral de l'artiste dont l'œuvre ne peut pas être appréciée tant qu'elle n'a pas été achevée. C'est au nom de cette jurisprudence, qu'en 1986 nous plaiderons avec succès l'achèvement du chantier des colonnes de Buren.

Dubuffet qui devait mourir quelques mois plus tard ne verra jamais sa tour construite. Elle fut achevée en 1988, grâce au concours que j'ai pu obtenir de Jean Hamon, constructeur, amateur d'art, collectionneur[40] et d'Armande Trentinian, exécuteur testamentaire de l'artiste.

Telle était la vie aventureuse du délégué aux Arts plastiques dans les années quatre-vingt. Toutes les commandes publiques n'étaient pas aussi périlleuses. Mais rien n'est plus complexe qu'implanter une œuvre d'art dans un espace urbain.

L'inauguration de cette grande commande publique marque la fin d'une période et d'une méthode de travail. Désormais, bien que les délégués aux Arts plastiques successifs disposeront en général de budgets de commande publique plus importants que ceux qui m'étaient alloués, ils seront pris par une musique d'ambiance propre à l'époque : « small is beautiful ». Les crédits de la commande publique, sous la pression des mesures de déconcentration, sont systématiquement émiettés. Et sous prétexte d'assimiler ces commandes à des marchés publics de droit commun, elles sont prises dans un étau réglementaire paralysant. La commande publique n'a pourtant de sens que si elle donne librement le jour à des œuvres de taille suffisante pour se confronter à l'espace urbain ou naturel. Elle doit engager la responsabilité de l'État et concentrer les crédits sur de grandes réalisations qui puissent être exemplaires et provoquer des envies de la part de ceux qui les admirent et des réflexes d'entreprendre de la part de ceux qui peuvent les commander. Les œuvres de commande publique sont redevenues des décisions arbitraires anonymes, ce qui est le comble de l'arbitraire et peut devenir le summum du conformisme.

Il faut être juste : avant que l'encéphalogramme de la commande publique atteigne son niveau de platitude extrême, il enregistra encore quelques beaux soubresauts.

« Mon patrimoine »

Est-ce parce que la ville de Reims est celle du sacre royal, lieu où s'établissait un pacte solennel entre les rois et le peuple de France qui fondait la légitimité de la nation ? Jack Lang semble prendre plaisir à y rendre publiques les grandes orientations de sa politique. Il y avait annoncé en juin 1983 les mesures en faveur du patrimoine du monde du travail[41]. Il y avait prononcé une charge contre l'intolérance culturelle de certains élus locaux. Cette fois-ci il ne se contente pas du palais de Tau, c'est dans la cathédrale même qu'il annonce une série de manifestations intitulées « Mon patrimoine[42] ». Il s'agit « d'expliquer aux Français l'effort consenti par l'État pour la sauvegarde de leur patrimoine[43] ». La cathédrale de Reims se prête bien à cette manifestation car sa statuaire monumentale fait l'objet d'importants travaux de restauration. Et le ministre de lancer un appel aux entreprises, notamment celles de champagne qui sont prêtes à soutenir ce projet. C'est bien l'occasion, sous le nom de « Mon patrimoine », de lancer une campagne appelant les Français à s'approprier leur patrimoine. Le message des « Journées portes ouvertes » était sans doute plus aisé à comprendre.

Cette manifestation faisait suite à d'autres rassemblements en faveur du patrimoine, devenu la grande affaire avec le concours de Christian Dupavillon, d'abord au cabinet du ministre où il a réapparu, puis de 1991 à 1993 comme directeur du patrimoine.

Le 17 septembre 1988, c'est la reprise des « Journées portes ouvertes dans les monuments historiques » lancées avec succès en 1985. Un nombre impressionnant de monuments — 7 000 au lieu de 5 000 en 1985 — sont ouverts au public. Cette action de sensibilisation est aussi le moyen de communiquer sur la politique suivie dans ce secteur d'intervention du ministère. C'est la technique du coup de projecteur qui va être généralisée.

« L'ouverture du patrimoine aux citoyens est un acte beaucoup plus politique qu'on ne le pense, explique Lang. À Naples, par exemple, il a suffi que Madame Barroco prenne une initiative du même type pour provoquer une onde de choc dans la société napolitaine, une prise de conscience civique qui a abouti, à terme, à contribuer au renouvellement des élus locaux par des élites plus civiques et plus culturelles[44]. »

Le 26 septembre 1989[45], c'est le début de « l'Année de l'archéologie ». L'inauguration de l'exposition « Archéologie de la France » au Grand Palais, première exposition de ce type, préparée depuis de nombreuses années, permet à Jack Lang d'annoncer la politique novatrice conduite en ce domaine, notamment sous l'impulsion de Michel Colardelle[46], puis de Jean-Pierre Mohen[47]. Plus de cent projets reçoivent le label de l'année de l'archéologie, un comité interministériel est constitué. Cette manifestation symbolise non seulement le décloisonnement de l'archéologie, mais aussi une tentative d'explication de ses ressorts et de ses résultats en direction de l'opinion publique.

En juillet-août 1990, c'est « l'été du patrimoine », une série de manifestations regroupées sur ce thème qui associe « les nuits du patrimoine en Aquitaine », le cinquantenaire de la découverte de la grotte de Lascaux, le spectacle sons et lumières de Chambord, le chantier de jeunes bénévoles dans le village de Mennetou-sur-Cher, une exposition d'art contemporain à l'abbaye de Beaulieu-en-Rouergue en Midi-Pyrénées, voire même une exposition d'art contemporain dans le château d'Oiron qui, pendant quelques années, va connaître une renaissance grâce aux talents de Jean-Hubert Martin[48].

Il est assez réjouissant de noter le caractère particulièrement ouvert de cette prise en compte du patrimoine dans la politique du ministère : tous les arts, et pas seulement la musique, sont appelés à participer à cette mise en scène des monuments historiques.

Les enseignements artistiques

1988, C'est aussi la reprise du chantier des enseignements artistiques. Depuis 1981, cette question est un serpent de mer. Le projet de loi que François Léotard a eu le mérite de faire voter n'a pas été appliqué, faute de moyens budgétaires.

Jack Lang décide de faire avancer ce dossier. Il va le faire la main dans la main avec Lionel Jospin[49].

Une mission est confiée dès le mois de juillet 1988 par Lionel Jospin à Pierre Baqué, professeur des universités, avec qui une excellente collaboration avait été nouée dès 1981. Il intitule son rapport, remis en janvier 1989, « Pour l'accès de tous à la culture artistique[50] ».

On continue par une journée commune de travail, organisée le 5 décembre 1988 au musée d'Orsay, consacrée au partenariat entre les ministères de l'Éducation nationale, de la Jeunesse et des Sports, de la Culture, de la Communication. Les recteurs et les directeurs régionaux des affaires culturelles travaillent ensemble pour la première fois. Il s'ensuit une déclaration commune, ce qui montre une volonté de changement.

Lionel Jospin et Jack Lang organisent de concert, en avril 1990, un déjeuner de presse pour annoncer les mesures adoptées : signe de collaboration, volonté d'ouverture, ce qui nous change de l'esprit rencontré dans le début des années quatre-vingt et permet d'imaginer un dépassement des incompréhensions accumulées depuis 1959.

Et comme on n'est pas mesquin, on collabore avec Marcel Landowski, et son projet « Passerelle des arts » de l'Académie des beaux-arts : le 29 mai 1990, L'Académie reçoit entre 11 heures et 13 heures des ateliers de pratiques artistiques en partenariat avec l'Éducation nationale, pour environ quatre cents jeunes. On n'en est plus à envisager la suppression de l'Académie comme au temps des suppliques de Jeanne Laurent. Hélène Mathieu[51] l'écrit au ministre de la Culture : « Marcel Landowski est enthousiaste et ne tarit pas d'éloges sur le ministère de la Culture ». Comme il est doux de s'entendre ! Ces ateliers ouverts pendant deux petites heures à quelques enfants privilégiés ne vont certes pas bouleverser les comportements des millions de chères têtes blondes, mais, après les vieux messieurs du Sénat en 1981, les têtes blanches de l'Académie en 1990 font un signe amical au « ministre des ministères » : signe de remerciement pour la renonciation à dissoudre l'Académie ? Sait-on ?

Au total, sous « Lang II », un progrès notable a été enregistré dans les enseignements artistiques qui mérite d'être résumé.

- *L'impulsion de la délégation au Développement et aux Formations est décisive*

Administration transversale créée en 1990, après la disparition de la DDC[52] en 1986, la nouvelle délégation (on dit désormais DDF[53]) est en charge du développement culturel et, au premier chef, de l'éducation artistique.

C'est une nouvelle étape, marquée par une collaboration accrue entre les deux ministères ; la DDF, désormais interlocuteur unique de l'Éducation nationale, coordonne l'action des différentes directions du ministère et s'implique fortement auprès des directions régionales. Elle obtient même de mettre à la disposition de chaque Drac[54] un enseignant, chargé de la coordination locale avec le rectorat.

On insiste pour que la formation proposée soit disponible dès le plus jeune âge. La DDF dispose de crédits significatifs qui vont lui permettre d'entamer une étape d'élargissement et de consolidation de l'ensemble des « dispositifs d'excellence », et de passer en fait du stade expérimental à une phase de réalisation, même si les effectifs concernés n'intéressent jamais plus qu'un petit pourcentage de la classe d'âge considérée.

- *Un florilège d'opérations nationales et locales*

Les actions conduites sont riches et diverses. L'époque est marquée, plus fortement que jamais, par un mouvement de déconcentration au bénéfice des Drac et une implication sans précédent des collectivités locales. Ceci rend malaisé l'exercice d'inventaire.

Les opérations nationales vont de la simple expérimentation sur quelques classes à des actions de masse importantes. C'est le cas du cinéma, qui, avec l'opération « collège au cinéma » concerne des milliers d'enfants par département. À l'inverse, l'opération connue sous le nom « animateurs-lecture » ne touche que quelques dizaines d'enfants, mais a été sans doute plus remarquée que l'impulsion donnée aux bibliothèques-centres de documentation, installées dans les écoles primaires : celle-ci a pourtant déclenché un intérêt de la part des communes qui rivalisent d'initiatives de type « plans-lecture », « ville-lecture », concernant des dizaines de milliers d'élèves.

L'effet d'entraînement induit par ces initiatives joue de différents ressorts. Le rôle des chartes de ville, puis des pays labellisés « art et histoire » a souvent permis l'embauche d'un animateur du patrimoine, dont la fonction, outre son rôle touristique proprement dit, est d'intervenir dans le temps scolaire ou périscolaire auprès des enseignants et de leurs élèves. On pourrait évoquer aussi le rôle des innombrables festivals, dont beaucoup ont des retombées éducatives locales.

Toutes ces initiatives sont caractéristiques d'une dynamique de terrain, sympathique mais fragile, car très peu relayée de façon institutionnelle. Nombre d'opérations sont abandonnées, car dépendant trop de l'accord conjoncturel de personnalités elles mêmes soumises à des renouvellements de mandats électifs ou autres. Un tel système épuise les énergies puisque le travail est ainsi toujours à reprendre. Il est de surcroît inégalitaire : il peut en effet cumuler les énergies autour des pôles forts, entraîner le développement des mieux pourvus en abandonnant les « déserts culturels ».

• *Jumelages et Plans locaux d'éducation artistique*

Consciente des difficultés inhérentes au processus de décentralisation, la DDF a joué de ces deux instruments dans les derniers mois de 1992.

Tous deux répondent à des concepts délibérément territoriaux, représentatifs de l'aboutissement d'une réflexion sur le développement culturel.

Le jumelage prend la forme d'une convention entre une institution culturelle de terrain (musée, théâtre) et un établissement scolaire, et prévoit :

— des procédures d'information réciproques, échange de sièges dans les différentes instances de décision, visites des personnels, journées communes d'information et parfois de formation ;

— un répertoire d'actions basées sur la prévision réciproque : les activités de classes ou d'ateliers peuvent ainsi s'inspirer, voire contribuer à façonner la programmation théâtrale ou les expositions de musée ;

— des moyens financiers, dégagés par les instances de la Drac ou du rectorat, sur un programme d'actions communes.

On vise à dynamiser le volontariat des enseignants par le volontariat des structures ; on cherche également un accord au plus près du terrain, en misant sur l'implantation des familles pour rendre impossible un retour en arrière.

Le Plan local d'éducation artistique (PLEA) a plus d'ambition : il réunit quatre signataires : Culture, Éducation nationale, Jeunesse et Sports et commune, parfois aussi le département, pour organiser des activités précises en temps scolaire et périscolaire autour de projets communs et cofinancés.

Le PLEA est le concept le plus abouti dans l'effort d'organisation et de mise en cohérence, il s'efforce de n'oublier personne en prévoyant la succession des séquences éducatives de manière rationnelle.

Le volontariat des collectivités locales vise à dynamiser les structures culturelles, qui dépendent en grande partie des financements locaux, ce qui entraîne des difficultés de la part des personnels de l'Éducation nationale qui ne veulent pas dépendre du niveau local.

Malheureusement, les PLEA n'ont jamais été très nombreux car ils posent de multiples problèmes, notamment de fonctionnement financier, du fait des contraintes légales ne permettant pratiquement plus aux communes, ni aux associations subventionnées par elles, de rémunérer des emplois intermittents.

Pour les cas, généralement emblématiques, où ils fonctionnent, ils donnent d'excellents résultats, le vrai problème étant celui de la généralisation d'une mécanique aussi subtile.

- *Une perspective d'avenir*

Seuls les enseignements obligatoires garantissent actuellement une formation artistique structurée à l'ensemble des jeunes scolarisés.

De très nombreuses expériences (à l'école, au collège et au lycée) ont donné progressivement une nouvelle image des arts à l'école. D'abord par un élargissement des domaines artistiques proposés (cinéma, théâtre), ensuite par la prise en compte optionnelle de certaines matières pour le baccalauréat (par exemple, l'histoire de l'art).

L'essentiel de ces expériences passe par deux dispositifs de partenariat conduits et financés, sur le terrain, par les Drac et les rectorats, qui sont les classes culturelles et les ateliers.

Au fil des années, une philosophie très riche de l'éducation artistique y a été définie. En effet, l'artiste qui intervient dans la classe doit y introduire la présence vivante de la création contemporaine. Les enfants réalisent que le processus de création implique un long travail de recherche, d'expérimentation, de réflexion mais aussi que les arts sont accessibles et qu'on peut les pratiquer avec plaisir.

Ce travail d'innovation a considérablement enrichi la démarche pédagogique propre aux arts et à la culture et fondé un modèle « d'excellence » souvent jugé indépassable et en quelque sorte clos sur lui-même. C'est la doctrine dite « d'effet de levier » qui suppose que classes et ateliers ont un effet d'entraînement sur l'ensemble de l'établissement scolaire et permettront, à terme, de concerner le plus grand nombre.

Malheureusement, ces dispositifs de qualité ne touchent encore qu'un petit pourcentage de la population scolaire et leur effet d'entraînement se limite aux seuls volontaires. Il convient donc de dépasser le stade du volontariat, pour que les disciplines de la sensibilité ne soient pas réservées à ceux qui les trouvent dans leur berceau.

C'est la question quantitative qui est donc désormais posée.

À partir de 1992, le ministre de la Culture sera aussi ministre de l'Éducation nationale et pourra faire de l'éducation artistique un grand dessein.

D'où le Plan de cinq ans. Mais il ne lui restera qu'un an.

Des cultures populaires à la popularité

« Lang II » va continuer à promouvoir les cultures populaires. Dans la photographie, le design[55], la BD ou la mode, il lui suffit de poursuivre le mouvement qui a été lancé. En revanche deux domaines connaissent une amplification dans la continuité : la musique et l'image (photo, cinéma) qui touchent les publics les plus vastes et les plus divers (indépendamment des mesures prises à leur endroit, par ailleurs).

• *La musique au cœur*

La « Fête de la musique » est devenue le rituel populaire de la politique culturelle. La musique est emblématique des pratiques culturelles. « La musique au cœur de la culture d'aujourd'hui », titre le très sérieux bulletin du ministère *Développement culturel*[56].

Comment faire la politique musicale de Maurice Fleuret sans Maurice Fleuret ? On remplace Marc Bleuse qui a été nommé par Léotard par Michel Schneider, qui vient de la Cour des comptes[57]. On va d'abord se réjouir de sa présence, puis le nouveau directeur va se heurter à Boulez et à Lang, au point d'être remplacé, après deux ans, par Thierry Le Roy qui, lui, vient du Conseil d'État. L'ancien directeur de la musique y trouvera matière à publier un livre-pamphlet, encore un, contre la politique culturelle et contre le ministre[58]. Sa conclusion à le mérite, si c'en est un, de la simplicité et de la radicalité : « Il faut supprimer le ministère de la Culture, qui, en tant que tel, n'a pas sa place dans une démocratie, et ne garder que les fonctions compatibles avec elle, en les rattachant à celui de l'Éducation. »

On comprend qu'il ne soit pas resté très longtemps en poste rue de l'Université[59].

Le véritable directeur de la musique c'est donc encore Lang. Il va poursuivre les réformes de fond qui ont été engagées : dans la formation, la commande publique, la diffusion, la décentralisation. Il mobilise non seulement les musiques actuelles mais aussi la musique baroque en plein essor et les musiques contemporaines. En 1989, il redit sa foi dans la Fête de la musique : « La dimension sociale de la pratique musicale a été très clairement perçue. Les médias, les partenaires privés, les administrations ont progressivement joué le jeu de l'embrasement musical du pays. [...] L'Unesco vient de décider d'en faire désormais la date de la journée internationale de la musique, ce qui laisse présager pour l'an prochain un développement allant au-delà des cinquante pays qui nous ont rejoints cette année. Toujours des milliers de manifestations dans tout le pays, outre-mer comme dans la métropole. [...] À chaque fois, ce sont les droits de l'homme qui sont célébrés, ici par des musiciens argentins, là par des groupes de rock, ailleurs dans le cadre d'un opéra d'enfants, [...] avec le parrainage amical de Yannick Noah. [...] Le 21 juin, les murs tombent, les musiques se donnent l'aubade les unes aux autres. [...] Et bien entendu les centaines d'initiatives associatives ou individuelles qui nous plongeront dans un véritable bain musical joyeusement iconoclaste[60]. »

Le cru Lang 1989 n'a pris aucune ride : ferveur, rassemblement, initiatives, embrasement, les ingrédients des cultures populaires sont particulièrement bien représentés dans le domaine musical.

• *La Maison de l'image, suite*

Après la musique, l'image. Le palais de Tokyo n'est guère avenant, mais il conserve de beaux restes. Résultat : on joue des coudes pour obtenir ses faveurs. En 1988, Jack Lang ne retrouve pas le palais de l'Image qu'il avait légué aux professionnels du cinéma et de la photographie. Il reprend le projet et en fait l'annonce en octobre 1992 aux mêmes professionnels : six ans se sont écoulés. Lang finit par annoncer la Maison du cinéma et de la photographie (le mot image a disparu). Le grand projet du ministre réunit, avec une belle constance, la FEMIS (aujourd'hui déménagée), la Cinémathèque française, la bibliothèque/filmothèque, des espaces consacrés à la création et au patrimoine photographique[61].

Dans le même temps, il lance une Fête de la photographie : « Photofolie ». Maître d'œuvre, le toujours fringant, toujours présent, toujours compétent Robert Delpire. Barbiche clairsemée, il a tellement baigné dans tout ce que le pays compte de photographes et d'illustrateurs qu'il fait partie du paysage, en compagnie d'un certain nombre de créateurs comme André François[62] : « Il y a dix huit millions d'appareils de photographie en France [...]. Photofolie se déroulera sur le thème de photographiez-vous les uns les autres et fera une large place à la photographie de groupe et à la photographie anonyme. La fête de déroulera dans la rue, dans le métro, au cinéma, à l'école, chez les photographes, dans les grands magasins, dans les médias[63]... ». Un temps fort pour révéler une action aux accents multiples.

Musiques actuelles, dans la rue avec la Fête de la musique, cinéma, photographie : des arts populaires par essence. Beaucoup plus évidemment que les métiers d'art.

• *Passeports pour la culture*

La culture sera populaire si les jeunes disposent des moyens de la rencontrer ; tel est l'objet du chèque-vacances, lancé à la suite d'un protocole d'accord entre le ministère de la Culture et celui de l'Éducation nationale. L'idée est que l'Agence nationale pour les chèques vacances puisse élargir l'utilisation de ce mode de paiement à toutes les activités artistiques. Ce système touche alors 4 millions de personnes. Le potentiel de ce chèque est de 10 millions de personnes[64].

C'est le souci de l'égalité entre les citoyens qui est aussi à l'origine de l'opération « Quartiers-lumières » qui se tient dans les banlieues dites défavorisées. C'est l'occasion pour le ministre de solliciter la présence du président sur le terrain : dans le cadre de ces manifestations, six cents jeunes des quartiers populaires de la plaine et du Franc-Moisin interprètent et chantent une œuvre musicale originale à la basilique Saint-Denis. Un spectacle qui a pour thème le métissage des cultures. Nicolas Frize, compositeur drôle, inventif et original, emprunte des sons, des voix et des rythmes aux musiques des pays d'immigration (Algérie, Palestine, Vietnam)[65].

Au cabinet de Jack Lang, Jean-Michel Lucas est le maître d'œuvre de la manifestation : quatre cents projets réalisés par des jeunes en relation avec des professionnels, sous le double parrainage de Michel Delebarre, ministre chargé de l'équipement, et de Jack Lang. Comme il l'explique, ces manifestations ont pour objet, par la culture, de changer les relations entre les jeunes et la ville : « Les manifestations les plus spectaculaires sont le « Grand rendez-vous ». Pendant trois jours, des quartiers étaient en fête. Dans certains d'entre eux, dits « chauds », comme les Francs-moisins à Saint-Denis ou les quartiers nord de Marseille, on a vu 4 000, 5 000 personnes à des concerts et pas un seul incident, rien ! Pendant trois mois, on avait préparé l'opération avec les associations de quartiers et nos partenaires de la ville. Partout, est née une demande forte de jeunes pour avoir des lieux de répétition, des animations, continuer à travailler[66]. »

Présent par souci de démocratisation de la culture sur ces terrains peu occupés jusqu'ici, Jack Lang y entretient sa popularité. À force de beaucoup reconnaître des arts qui ne l'étaient pas ou peu, il finit en retour par être reconnu par eux et leurs pratiquants. Les cultures populaires conduisent donc logiquement à la question de l'emploi de la popularité.

- *Le capital de popularité*

Avant les échéances de 1986, Jack Lang regrette que le parti socialiste ai aussi peu recours à lui. Il est convaincu que s'il pouvait s'exprimer à la télévision, il pourrait convaincre des milliers de jeunes. Il ne comprend pas pourquoi on n'utilise pas mieux sa popularité[67].

Pendant la période de cohabitation, il renforce son capital de popularité en partie par contraste entre sa manière d'exercer les fonctions de ministre de la Culture et celle de son successeur. Il apparaît comme le professionnel compétent et le politique attentif aux autres. Il se bat sur tous les fronts. François Mitterrand lui laisse à cet effet une totale liberté de parole. Il apprend aussi que sans le pouvoir, la conduite des projets devient difficile, voire impossible. Aussi n'aura-t-il de cesse de vouloir reprendre le chemin qui y conduit. Bien sûr pour ce qu'il représente de satisfactions, mais aussi parce qu'il a le sentiment d'une œuvre inachevée. « Allons z'idées » ne durera pas. Il est difficile d'agir sans moyens.

Alors il est présent sur le terrain. Le revoici homme d'opposition. Il prépare la reconquête avec François Mitterrand qui se sent seul à l'Élysée et a besoin de solidarité. Celle de Lang lui est acquise. Peu à peu, les élus du parti socialiste font plus appel à Jack pour animer des débats. Il a acquis de l'autorité auprès d'eux. Il sait aussi qu'il lui faut s'enraciner. À défaut de ministère de la Culture, il n'est que conseiller de Paris, dans une formation politique ultra minoritaire, ce qui n'est plus à sa mesure. Il lorgne du côté d'Avignon où le maire M. Duffaut, devrait cesser ses fonctions en 1989. Mais les « camarades » du Vaucluse ne sont guère empressés. Est-il tenté par Nanterre, les camarades de Paris trouvent cela un peu proche. Heureusement veille le maire de Romorantin : Jeany Lorjoux l'accueille chaleureusement et Jack Lang sera convaincu de se présenter à Blois dans le Loir-et-Cher, pays terrien de la France rurale. En attendant les échéances municipales, son meilleur terrain politique est encore celui du milieu culturel où François Léotard est assez absent pour lui laisser une marge de manœuvre suffisante.

Les élections présidentielles de 1988 vont lui offrir une tribune de choix pour la reconquête. Il veille, avec le concours de Christian Dupavillon et de Patrick Bouchain, à l'image et au style de la nouvelle campagne. Il est de la garde rapprochée du président. Une nouvelle fois, il va rameuter en faveur de François Mitterrand les signatures des femmes et hommes de culture, des artistes notamment.

Je suis présent à ses côtés, place des Vosges, le jour où François Mitterrand annonce la composition du nouveau gouvernement autour de Michel Rocard. Comme tout candidat à un poste gouvernemental il est anxieux et s'attend aussi bien à la Justice qu'aux Affaires Étrangères ou l'Éducation nationale. N'a-t-il pas plaidé pour un grand ministère de l'Intelligence qui intégrerait la Culture et l'Éducation ? Comme on l'a vu, ce sera culture et communication.

Le capital de popularité de Lang reste le « peuple des jeunes ». Sa popularité dérange, en particulier à droite. Jean d'Ormesson ne lui fait pas de cadeau : « Le deuxième septennat a reposé jusqu'à présent sur deux grandes idées-forces : la célébration du bicentenaire de la Révolution et la construction d'une Europe unie. La célébration, poursuit-il, a été le triomphe de la publicité. Confié à un publicitaire qui est devenu le symbole de l'État socialiste et à qui le gouvernement a exprimé sa gratitude avec la même solennité que jadis à un maréchal victorieux de l'ennemi, le clou de la célébration a été le coup de pub le plus réussi du siècle. Un des ministres les plus influents du gouvernement est ministre de la Culture peut-être, mais aussi et surtout de la communication et du bicentenaire : c'est-à-dire qu'il est, à beaucoup de titres, ministre de la Publicité[68]. »

La jalousie est mauvaise conseillère.

Article transmis par Jack Lang à François Mitterrand, avec ce seul commentaire : « Jean d'Ormesson s'est surpassé[69] ! »

Il s'efforce de faire bénéficier François Mitterrand de cette popularité. Question d'équilibre entre les deux générations qu'ils représentent à eux deux : « Objet Sting : samedi soir, il chante au Zénith. Il serait honoré et heureux de pouvoir vous saluer. Est-il possible que vous le receviez un instant à l'Élysée, vendredi ou samedi ? C'est un homme chaleureux qui ne cesse de dire des choses gentilles sur vous. Sa venue à l'Élysée toucherait beaucoup de jeunes. On pourrait imaginer aussi que vous acceptiez de venir un instant à son concert au Zénith, samedi prochain[70]. »

Je ne sais pas si le président a pu répondre à cette invitation. Pour lui, la priorité culturelle c'est, en ce début de septennat et de législature, l'aboutissement des grands projets.

L'aboutissement des grands projets

1989 est aussi pour le président, l'année où il peut commencer à inaugurer un certain nombre des grands projets.

La Pyramide du Louvre qui correspond à une première tranche de travaux du Grand Louvre est ouverte au public. Comme pour les colonnes de Buren l'achèvement sonne la fin des polémiques. Reste la question pendante du statut des conservateurs qui ressort évidemment à cette occasion. « Les trois professions les plus dévalorisées sont les magistrats, les officiers des haras et les conservateurs de musées[71] », se plaignent les syndicats. Jack Lang multiplie les notes pour tenter d'obtenir la revalorisation du statut des conservateurs et finit par réussir. L'inauguration est un grand succès. La queue des visiteurs qui se pressent sous la Pyramide est désormais le signe visible de la réussite de la politique des grands travaux. Six mois plus tard, le bilan fait par le ministre est impressionnant : « Les visiteurs sont venus plus nombreux : augmentation de 46 % sur les quatre premiers mois d'ouverture, 22 350 visiteurs en moyenne en juillet, nous pensons atteindre 4,5 millions de visiteurs dès cette année (1989), ce qui était notre projet pour 1990[72]. »

L'opéra de La Bastille a moins de chance. Il ouvre pour quelques jours aux alentours du 14 juillet 1989 pour aussitôt refermer ses portes car les travaux ne sont pas achevés. « La faute à Biasini », s'exclame Lang. Autant la Pyramide du Louvre suscite l'adhésion de tous, autant le nouvel opéra souffre de son ambiguïté congénitale[73]. L'Opéra a souffert d'une naissance longue et hésitante. Le nombre de dirigeants qui se sont présentés puis qui ont été écartés, pour différentes raisons, est impressionnant. Comme l'exprime Jack Lang avec humour dans une note au président : « Dominique Meyer est la dernière victime de l'hécatombe qui a frappé cette maison depuis un an et demi : Soubie, Barenboïm, Chéreau, Boulez, René Gonzales — qui a tout de même été « l'inventeur » du chef Myung-Whun Chung, sans compter l'extraordinaire directeur technique Oeschlin[74]... »

Fallait-il construire un nouvel opéra « populaire » ? Jack Lang voulait d'abord élargir la fréquentation de l'art lyrique à une époque où il était de bon ton d'en annoncer le dépérissement et où la salle Garnier ne pouvait recevoir plus de cent cinquante représentations par an, ballets compris. Certains, comme Maryvonne de Saint Pulgent et Hugues Gall, sont partis en guerre contre un projet dont ils pensaient qu'il était « une mauvaise réponse à un problème qui ne se posait pas[74 bis] » !

Quinze ans plus tard, l'opéra de Paris propose trois cent quatre-vingt-dix représentations avec les deux salles et accueille un public multiplié par trois, composé notamment de jeunes. C'est l'un des opéras les moins chers d'Europe.

C'est un opéra qui fait une place sans pareille à la formation : l'École nationale de la danse à Nanterre est une école modèle qui rompt avec le sort misérable qui était réservé aux petits rats condamnés à travailler sous des soupentes poussiéreuses. De vraies salles de répétition ont été offertes aux danseurs.

L'exigence de qualité artistique a conduit à créer une direction artistique et la qualité de l'orchestre s'est améliorée jusqu'à être reconnue au plan international.

Cette vision d'ensemble de ce que devait être non seulement une nouvelle salle mais une « maison d'opéra » a été mise en échec ici et là. Du fait de la cohabitation, la salle modulable est restée inachevée. Mais le pari de l'ouverture a été gagné.

L'Arche de La Défense inaugurée en 1989 est une des plus grandes réussites architecturales de François Mitterrand. Certes la Pyramide du Louvre est superbe, mais elle ne fait que compléter un site qui existe par lui-même. L'Arche est une autre affaire. Des présidents successifs, des premiers ministres, des ministres, des aménageurs, des architectes s'y étaient essayés et s'y étaient cassé les dents.

Quant au contenu du monument, il va souffrir de la cohabitation : dans les parois nord et sud, les services du ministère de l'Équipement ne sont pas très bien installés. Au sommet, une fondation des droits de l'homme ne va jamais réussir à intéresser le public ni à assurer son équilibre financier. Depuis déjà dix ans, le socle de l'Arche (c'est-à-dire la partie sous les escaliers) n'a pas vraiment trouvé sa vocation. Le projet Sources d'Europe implanté par Élisabeth Guigou est une bonne idée, mais il manque d'une dimension populaire qui en fasse un lieu plus médiatique sur la construction européenne.

La Cité des sciences et des techniques de La Villette est inaugurée comme le musée d'Orsay avant 1989.

La Cité de la musique construite par Christian de Porzamparc n'est pas achevée en 1989, et la première tranche des travaux consacrés au nouveau Conservatoire supérieur de musique de Paris est inaugurée le 7 décembre 1990. Ce dernier des grands projets fera ainsi l'objet d'ouvertures partielles et successives jusqu'en 1997 pour l'ouverture du musée des instruments de musique. Jack Lang y voit le symbole de « la réconciliation de deux cultures souvent artificiellement séparées dans notre pays : la culture scientifique et technique et la culture artistique[75] ».

En ce mois de juillet 1989, François Mitterrand est au faîte de sa destinée. L'équilibre toujours fragile qu'est l'exercice du pouvoir retrouve alors comme un état de grâce. Il est assuré d'être encore six ans à l'Élysée. Michel Rocard s'épuise à gouverner avec une simple majorité relative, mais il gouverne. Jack Lang n'a plus à forcer le destin. Tenant les rênes du « cinquième pouvoir », il incarne le magistère culturel. Le bonheur du président suffit à son bonheur. Après six ans de pouvoir, il va pouvoir percevoir les dividendes de son long et dur investissement personnel.

4. LA CULTURE EST UN LONG FLEUVE TRANQUILLE

À feuilleter les bilans copieux réalisés par le ministère de la Culture tout au long de ces années, on est frappé par le contraste entre l'abondance des opérations réalisées par Jack Lang et le petit nombre de celles qui ont été conduites par Malraux. Si ces exercices ont pour objet de nous convaincre que Lang a plus fait pour le développement culturel que Malraux, le résultat est acquis à tout coup.

Dans la forme, il y a quelque caricature, enflure et boursouflure dans les bilans que le service communication du ministère publie régulièrement comme une chronique du succès assuré. Le règne du superlatif est dangereux et peut conduire à l'isolement de l'administration de la culture et aux « fonctionnaires culturels se félicitant de leur propre démarche[76] », comme l'écrit avec humour André François. La ferveur spontanée de Lang qui se veut mobilisatrice peut devenir caricaturale lorsqu'elle est traduite et interprétée par la « machine culturelle ».

Mais il reste aussi parfois de l'examen de ces bilans, une hésitation devant l'abondance de ce qui est réalisé et la crainte d'une accumulation de mesures disparates dont on perd de vue la cohérence. Les services de communication peuvent faire penser, par leur zèle même, que l'on pourrait ramener une politique culturelle à un catalogue de mesures et de réalisations, une liste de budgets et de pourcentages. Il peut en résulter un sentiment d'autosatisfaction un peu naïve, une croyance d'être au service de tous, constitutive du service public culturel, voire le risque de croire aveuglement que la vie culturelle est tout entière comprise dans la politique culturelle.

Ce n'est pas un risque qui guette le ministre car il est trop habité par l'insatisfaction et le désir de toujours mieux faire.

La question à laquelle on souhaiterait plutôt pouvoir répondre est moins : « est-ce que nous avons fait beaucoup ? », car il a été fait beaucoup, mais plutôt « qu'est-ce qui a changé dans la vie des gens ? Qu'est-ce qui a été transformé dans le paysage culturel national ? Peut-on tenter de le saisir à travers ces données chiffrées ? »

Les analyses sociologiques sont une manière de répondre à cette question[77]. Mais on peut commencer par tenter de jeter des coups de projecteurs dans un certain nombre de directions : musées, création artistique, lecture publique, spectacle vivant.

Coup de neuf dans les musées

Le nouveau directeur des musées de France, Jacques Sallois, qui prend ses fonctions en juin 1990, met le doigt sur l'importance de la mutation qui s'est produite : « À travers débats et polémiques suscités par ces opérations spectaculaires, c'est l'image même du musée qui se trouve transformée dans l'esprit du grand public. [...] Devant un tel succès, beaucoup s'interrogent. S'agit-il d'un mouvement de fond durable ou d'une mode passagère et de surcroît cantonnée à notre seul pays ? [...] Le mouvement est général dans l'ensemble du monde développé[78]. »

Le bilan dressé par le direction des musées de France est impressionnant :

« Nouveaux musées nationaux, nouvelle image... musée Picasso : la richesse et la cohérence d'un ensemble... musée d'Orsay : trois millions de visiteurs par an. L'expérience inédite d'un musée dans une ancienne gare... Au-delà de la Pyramide, une réorganisation complète pour le Grand Louvre... Accroissement et diversification des collections : le Musée d'art moderne du Centre Pompidou s'adapte... Une trentaine d'opérations importantes : Orangerie des Tuileries, Versailles, Fontainebleau, Compiègne, hôtel de Cluny, musée Fernand Léger, musée Delacroix, musée des Eyzies, musée Guimet...

L'essor des musées dans les régions... En dix ans, l'État a apporté son concours à plus de 258 chantiers, contribuant pour près de 1,4 milliard de francs à des travaux d'aménagement, de rénovation ou de construction... de toutes les catégories de musées : archéologie, histoire, beaux-arts, art moderne et contemporain, ethnographie, sciences et techniques etc. La politique ambitieuse de modernisation et de développement des musées nationaux s'est traduite par des investissements exceptionnels de la direction des Musées de France dont le budget (hors dépenses de personnel) a été multiplié par 4 depuis 1981. Il est passé de 388 millions de francs en 1981 à 1,465 milliard de francs en 1990[79]... »

Exemple, le musée d'Art moderne de Saint-Étienne, devenu le « must » de l'art contemporain en France, conçu par l'architecte Didier Guichard, les créateurs du groupe Totem et Jean-Michel Wilmotte pour la boutique : une architecture simple et précise — panneaux noirs à l'extérieur, volumes sobres et lumineux à l'intérieur — reflète l'orientation esthétique du musée où l'on préfère nettement le minimalisme au post-modernisme ou au néo-baroque. De même, la ville d'Arles se dote d'un Musée archéologique rouge comme les terres cuites antiques, bleu comme le ciel de Provence... Conçu par l'architecte Henri Ciriani, il pointe vers le Rhône comme une proue de navire. Avec son centre européen de guides-conférenciers, une école de fouilles, des cours de restauration d'objets archéologiques, l'Institut de recherche sur la Provence antique sera un espace de formation pour tout ce qui touche de près ou de loin à l'Antiquité. À Grenoble, le musée des Beaux-Arts conçu par les architectes Olivier et Antoine Félix-Faure offre toutes les ressources d'une institution moderne, de l'atelier de restauration aux surfaces d'accueil et d'animation, en passant par les bibliothèques d'art et l'antenne de l'école du Louvre. On pourrait citer ainsi le musée des Beaux-Arts de Lyon, celui d'Art contemporain de cette même ville, celui de Lille, les huit Musées de Strasbourg, le musée Fesch d'Ajaccio, le musée Cantini de Marseille... Toutes les régions de France bénéficient de l'essor des musées.

Des institutions qui ne se contentent plus de présenter des collections, mais qui offrent aussi de nombreuses activités périphériques. C'est pourquoi toute évaluation sur les enseignements artistiques doit prendre en compte cette nouvelle donnée. Désormais c'est par centaine de milliers que les élèves de l'Éducation nationale fréquentent les musées qui sont devenus l'un des moyens normaux de leur formation.

Les musées, ce sont toutefois d'abord des œuvres : « Des milliers d'œuvres et d'objets d'art viennent chaque année enrichir les collections des musées. [...] Une grande politique d'enrichissement des collections nationales a permis de relancer la dynamique des acquisitions depuis 1981 et cela malgré la dérive du marché de l'art... En dix ans 2 milliards de francs consacrés à l'achat d'œuvres... La création des Fonds régionaux d'acquisitions des musées (FRAM) en 1982 a permis de mener une politique d'acquisition dynamique et de très grande qualité... Grâce aux FRAM, l'effort de l'État, 250 MF depuis 1982, entraîne de plus en plus un effort similaire des régions. [...] Aux subventions de l'État [...] s'ajoutent désormais les dations créées en 1968, mais qui ont pris toute leur ampleur depuis 1985 (30 dations entre 1985 et 1990 représentent près de 650 MF sur cette période...) »

Grâce au FRAM[80], le musée d'Art moderne de Saint-Étienne a acquis en 1991 une œuvre d'Ellsworth Kelly, grand artiste minimaliste américain, le musée du Petit Palais d'Avignon, un Saint Jean de Bartolo di Fredi, le musée d'Art contemporain de Nice, des œuvres de Roy Lichenstein, Tom Wesselman, Yves Klein et Jean Tinguely.

Enfin, les musées ce sont des visiteurs : « 70 millions en 1990 : le public répond massivement... L'affluence du public est le signe d'une véritable « révolution culturelle »... Dans toute la France, une fréquentation en développement rapide. [...] En 1981, Les 34 musées nationaux accueillaient 9,5 millions de visiteurs, et en 1990, 15 millions, soit une progression de 59 % en dix ans. [...] Ces musées auront accueilli 116 millions de visiteurs entre 1981 et 1990. [...] Le musée du Louvre a vu son public s'accroître de 38 % avec l'ouverture du Hall Napoléon. [...] Les expositions se sont multipliées et connaissent un succès croissant à Paris comme dans les régions[81]. »

La description des nouvelles prouesses des musées se déroule ainsi infailliblement... Mais il est vrai que le monde des musées était tellement vieillot avant 1981 que le coup de neuf qu'il a connu fait l'effet d'une tornade blanche !

La question posée est de savoir si effectivement la croissance de toutes les activités artistiques et culturelles bénéficie à tous les Français. Quelles sont les résistances sociales et économiques ? À ne pas se poser la question on risque d'imaginer le monde réel sous les traits d'un monde idéal, en fait irréel. Monde qui n'est pas celui de Jack Lang lui-même, sans cesse soucieux d'être proche des pratiques culturelles les plus populaires.

Un Plan de modernisation des musées est présenté à la presse en septembre 1992[82]. Depuis dix ans, Jacques Sallois s'impatiente de voir le monde des musées avancer trop souvent à reculons. Il met l'accent sur une ouverture plus large à tous les publics et mieux maîtrisée, sur la modernisation des professions et l'ouverture à l'international. Il annonce enfin la prise en compte récente du rapprochement entre les ministères de la Culture et de l'Éducation : « Elle va permettre une mise en commun de certains moyens et de bénéficier de la grande expérience de la direction des musées de France.

Ainsi, les coopérations vont se développer dans le domaine de la formation des personnels de conservation. La mise en commun des expériences dans les différents domaines de la muséographie ne peut qu'accélérer la modernisation des musées. Enfin, des opérations associant musées et centres de recherche sont en cours d'élaboration, comme par exemple, la création d'un institut interuniversitaire d'études africaines, conjointe à la relance du musée national des Arts d'Afrique et d'Océanie[83]. »

Pourquoi le monde des musées est-il pris par une telle fièvre de rénovation ?

« Plus encore que le théâtre, peu fréquenté, que l'opéra, trop sélectif, que la bibliothèque, banalisée, que la maison de la culture, en crise, le musée est aujourd'hui le saint des saints de la religion culturelle », ce qui devrait nous permettre de comprendre le mobile de notre civilisation, explique Pascal Ory : « sa recherche d'une compensation aux deux grands mouvements moteurs de la société contemporaine, l'accélération de la communication (en vitesse et en quantité), plus connue sous le nom d'« accélération de l'Histoire », et celle de la reproduction, sous ses multiples formes, cette fameuse entrée dans « l'ère de la reproductibilité mécanique » pointée en son temps par Walter Benjamin, inspirateur d'André Malraux[84]. »

Je suis, dans ce début des années quatre-vingt-dix, plus sensible aux risques de décalage entre la politique proclamée et la politique réelle. J'interviens en effet alors sur le terrain, proche des maires et des acteurs culturels[85]. L'une des mutations les plus évidentes affecte la décentralisation des arts plastiques.

Transformation du paysage régional : le cas des arts plastiques

C'est dans les arts plastiques que le paysage artistique évolue le plus. Le théâtre avait déjà connu sa « décentralisation » à l'époque de Jeanne Laurent, puis à celle de Malraux avec ses maisons de la culture. La musique avait connu son plan Landowski tout au long des années Malraux et Duhamel. Musées, bibliothèques et archives existaient peu ou prou dans toutes les villes de France. Dans ces différents domaines, la politique de décentralisation va consister à faire fructifier un acquis, tout insuffisant fût-il. En revanche la France des régions était un désert en matière d'art contemporain. Il faut donc partir de presque rien.

Après la période de contestation des nouvelles institutions mises en place en 1982, le nouveau paysage de l'art contemporain acquiert droit de cité. Les Frac et les centres d'art sont apparus : le nombre de lieux permanents consacrés à l'art contemporain passe de cinq à environ cinquante sur le territoire. Cette évolution se fait librement, en concertation avec les collectivité locales, avec ou sans le concours des musées, selon les désirs des uns et des autres.

Le paradoxe veut qu'une initiative de l'État soit à l'origine de cette décentralisation artistique. Dans le budget de 1982, j'inscrivis une vingtaine de millions de francs et je fis la proposition aux présidents des régions de participer à parité avec l'État à la constitution des Frac. Je comptais sur une majorité de réponses positives. Je fus étonné de recevoir un accord unanime. L'idée prit donc corps très rapidement. Elle était secondée par des conseillers artistiques nouvellement recrutés auprès de chaque Drac. Et nous partîmes, mes collaborateurs et moi, prêcher la bonne parole dans toutes les régions. Bernard Anthonioz, plus heureux sous la gauche que sous la droite libérale, Jean Digne arrivé du relais culturel d'Aix-en-Provence, et Geneviève Gallot pur produit du FIC, furent d'actifs *missi dominici.*

Le choix de la collection comme facteur de décentralisation était fondé sur ses effets induits. La collection d'œuvres d'art est destinée à être montrée au public.Celle d'un Frac s'accompagnait d'un programme d'exposition des œuvres dans la région et en dehors, y compris à l'étranger. Et cela d'autant plus que, n'ayant pas le statut de musée, le Frac ne disposait pas de lieu propre pour exposer. Il devait donc, comme le coucou, s'installer chez les autres. Cela donna lieu à de multiples initiatives : expositions dans des salles des fêtes, dans des halls de banques, dans des écoles, mais aussi bien sûr dans des musées, voire même, dans le cas du Limousin, dans un Muséotrain... Au départ, ce nomadisme des Frac fut l'objet de vives réserves de la part de conservateurs classiques. Mais il permit aussi la multiplication des rencontres entre les œuvres et le public. Ainsi le Frac d'Alsace en vint une année à organiser jusqu'à une centaine d'expositions. Tout d'un coup, les publics des villes moyennes et petites découvrent l'art contemporain. Sans vouloir surestimer les effets de cette politique, elle rendait possible un important travail de sensibilisation et de transformation des mentalités.

Par ailleurs la dynamique même de la collection conduit à publier des catalogues, inviter les artistes, organiser des conférences, produire des films, donner des interviews. Autant d'activités qui apportent un éclairage sur un art difficile d'accès et développent la communication autour de lui. C'est pourquoi les Frac donnèrent naissance aux centres d'art, une vingtaine en tout, souvent issus d'initiatives locales, souvent subventionnés par le ministère et les collectivités locales. Les centres d'art appartiennent ainsi à la deuxième génération de la décentralisation artistique. Des exemples ? Le nouveau musée de Villeurbanne, le Magasin de Grenoble, le centre d'art de Vassivière dans le Limousin, celui de Kerguehennec en Bretagne. Ils sont enfants des Frac et de la volonté politique affirmée en 1981. Avec eux l'action culturelle se construit autour d'une stratégie régionale et nationale. Les équipes des Frac prirent rapidement l'habitude de se rencontrer et de confronter leurs points de vue et expériences. Au départ, ces rencontres étaient suscitées par la DAP. Puis elles se déroulèrent naturellement.

Des débats virent le jour qui correspondaient à une avancée de la réflexion et de la prise de conscience de l'importance de l'art contemporain dans la politique culturelle régionale et locale. Et, globalement, les élus de droite et de gauche soutenaient l'opération. Ils y voyaient une manière d'être à l'unisson de la création de pointe, ne voulant pas laisser ce privilège aux seuls Parisiens. Ils y capitalisaient aussi un renforcement de l'identité de leur toute neuve région.

Les critiques du milieu artistique traditionnel furent au départ violentes, les accusations sans nuance. Même la presse la plus ouverte aux initiatives, comme la revue *Art Press*, resta longtemps attentiste. On jugeait sans jamais s'être donné la peine de venir voir sur place. Pesanteur de la centralisation parisienne ! On restait dans le domaine des « on-dit ». Il fallut une exposition de la collection du Frac Rhône-Alpes, rue Berryer à Paris en 1984, pour enfin faire taire les critiques face à l'évidence d'œuvres de qualité.

Le résultat est intéressant à évaluer du point de vue de l'aménagement du territoire. La manière technocratique de la décentralisation artistique, celle qui prévoyait la création de deux ou trois musées du XXe siècle, n'aurait sans doute pas résisté à un changement de gouvernement, deux ou trois décisions bien ciblées pouvant rayer d'un trait de plume l'effort engagé. La manière démocratique résista.

Avec François Barré qui arrive à la tête de la DAP en 1990, la poursuite de la politique engagée en 1981 reprend. Et le ministre fait le point de l'action dans ce secteur en janvier 1993[86] : une dynamique renforcée pour les enseignements artistiques, des liens affirmés entre Frac et centres d'art (comme en Midi-Pyrénées ou en Bourgogne), le lancement d'actions chères à François Barré comme le « graphisme d'utilité publique » et la vidéo. On crée l'école d'art du Frénoy à Tourcoing, on rénove celle des arts décoratifs de Paris (Starck, Arsène-Henry, Cribier), on reconstruit celle de Limoges (Finn Geipel, Nicolas Michelin).

Le long fleuve tranquille, c'est la durée et la patience. Il aura fallu ainsi près de dix ans pour que la commande que je passe à Pierre Soulages en 1986 pour les vitraux de l'abbaye Sainte-Foy à Conques, voie le jour : ils seront d'ailleurs inaugurés par Jacques Toubon en 1994. Ils constituent sans doute l'insertion la plus importante d'une œuvre d'art contemporain des années quatre-vingt-dix dans un monument historique. Une réalisation qui est, à mes yeux, le contrepoint de la tour aux figures de Dubuffet et des colonnes de Buren au Palais-Royal.

La réalisation de l'*Axe majeur* de Dani Karavan relève aussi de la saga de l'art public des années quatre-vingt-dix. Cette sculpture de trois kilomètres de long qui structure la ville de Cergy-Pontoise, a été lancée en 1978. Elle n'est pas achevée en 1999. J'avais « accroché » le projet à la tour du belvédère, haute de trente mètres environ, au cours des années 1983-1984. Derrière elle, l'artiste avait pu commencer à dérouler sa perspective monumentale. En 1990, au titre d'ABCD, je réussissais à financer la construction des douze colonnes grâce à une opération de mécénat privé réunissant vingt-quatre entreprises. Mais les douze colonnes débouchaient sur un verger sans doute agréable pour les amoureux mais dépourvu de toute sculpture. Il fallut attendre François Barré pour que le projet reprenne sa marche en avant et que soient réalisées dans un étang, l'île et la Pyramide. Il reste encore à assurer la liaison par une passerelle entre le verger et l'île.

Ces quatre réalisations monumentales sont symboliques. *Conques*, c'est le mariage de l'art et d'un monument historique, complètement intériorisé, les vitraux de Soulages, d'un blanc laiteux translucide, aux ombres bleues, jaunes ou roses, selon les heures, jouant le rôle d'écrans à la fois ouverts et fermés ; *Les Colonnes* de Buren au Palais-Royal, c'est l'alliance de la création et du monumental, mais dans un espace extérieur et avec une plus grande ampleur du fait même de la centralité du lieu ; la *Tour aux figures*, c'est la réunion du monumental et de la nature, dans une commune suburbaine ; l'*Axe majeur*, c'est l'art exerçant une fonction urbaine. Autant d'œuvres différentes et de relations originales avec l'environnement.

Aujourd'hui la politique des arts plastiques doit affronter une opposition souvent sournoise. Elle vient des réactionnaires de tout poil qui usent de leur notoriété pour contester les bases mêmes de l'art contemporain — tout comme ils s'en prennent aux fondements mêmes de la politique culturelle[87], ceci n'étant pas sans rapport avec cela. De ce fait, ils installent un doute dans la pensée des élus dont les convictions sont parfois fragiles. Il en résulte une perte de vitesse et de crédibilité dans ce pan de la politique culturelle. Dans les médias, en dehors des sphères institutionnelles, ils ne rencontrent hélas guère d'opposition. Mais, ailleurs, ils se heurtent à la force des choses et à la logique de l'engagement des personnes.

La réaction en chaîne suscitée par ces Frac est intéressante car elle touche à la vie intellectuelle dans la région, aux relations avec l'université et les écoles d'art, aux échanges entre la région et Paris, aux contacts internationaux entre la région et les artistes d'autres pays. Les étudiants des écoles d'art ne peuvent que gagner de la proximité de collections à consulter et d'expositions à voir. La presse s'intéresse à l'art dès que les expositions sont bien faites et un peu pédagogiques. Le développement du tourisme culturel est lui-même concerné. Les musées de Grenoble, Lyon, Saint-Étienne en savent quelque chose.

Bibliothèques et médiathèques : la multiplication des lieux de connaissance

J'ai souvent eu l'occasion de dire aux maires que le meilleur investissement culturel qu'ils pouvaient faire à moindre risque était celui d'une bibliothèque. C'est en effet l'équipement culturel le moins contesté et qui attire le plus grand nombre d'habitants. Cela se mesure à son « taux de pénétration » dans la population d'une ville. Il peut être de l'ordre de 35 % alors qu'il n'atteint que de 1 % à 5 % de la population en matière d'opéra et 15 % ou 20 % seulement en matière de théâtre. Si les années quatre-vingt ont vu les régions se couvrir de Frac, de centres d'art et de musées, elles ont connu dans les communes la construction et la rénovation de plusieurs centaines de bibliothèques ou médiathèques.

La bibliothèque reste en effet la structure de base de la diffusion du savoir. C'est un instrument précieux de la démocratie. Le livre joue un rôle structurant dans le développement d'une politique culturelle, notamment en matière de sensibilisation, de formation et d'interface entre culture et éducation. Il introduit à toutes les disciplines culturelles, la musique, les arts plastiques, le théâtre, la littérature, la poésie, le cinéma, etc.

Jack Lang l'a compris en favorisant la construction d'un réseau dont la France était dépourvue. Le retard par rapport aux pays anglo saxons avait déjà été mesuré lorsque nous avions étudié la programmation du Centre Pompidou et celle de la Bibliothèque publique d'information (BPI). À la fin de la décennie Lang, la France a rattrapé son handicap et même pris de l'avance sur les pays européens. Peut-être est-ce une spécialité nationale : situés aux derniers rangs de l'Europe en matière d'équipement téléphonique à la fin des années soixante, nous sommes bien arrivés aux premiers rangs dix ans plus tard ! Les Français ont besoin parfois de prendre conscience de l'importance de leur retard pour remonter plus vite la pente. Cela mesure l'écart entre notre potentiel technique et notre volonté politique.

Le succès de la BPI est dû au libre accès et au recours au multimédia. Ce sont les deux orientations autour desquelles la politique de la lecture publique va se développer sur le territoire. La part du financement de l'État atteint jusqu'à 50 %

de l'investissement, ce qui va permettre des réalisations exceptionnelles comme à Villeurbanne (projet de Mario Botta), à Saint-Rémy-de-Provence (l'ancien hospice Van Gogh), à Aix-en-Provence (les allumettes), à Chambéry, à Limoges, à Bordeaux, à Blois, à Poitiers et dans la plupart des villes de France. Les bibliothèques municipales constituent aujourd'hui un réseau d'équipements d'une très haute qualité.

Par ailleurs le renforcement de ce réseau s'est accompagné de politiques régionales de la lecture. Certaines régions encouragent en effet le maillage entre les bibliothèques municipales et suscitent la création de centres régionaux de la lecture publique ou des écrivains.

Cette action, rarement mise au crédit de Jack Lang, correspond à une facette de sa politique, sans doute moins visible que d'autres et pourtant porteuse de transformations plus profondes. Après les impulsions du départ, cette politique du livre se développe presque naturellement, entraînée par les hautes eaux de la lecture publique. Elle est aiguillonnée par la direction du livre et de la lecture à la tête de laquelle Évelyne Pisier accède en 1989 et assure la poursuite de ce qui a été engagé. Elle s'appuie sur le réseau actif et compétent des bibliothécaires municipaux.

Or, on ne le sait pas, l'effort de l'État en faveur des bibliothèques municipales est considérable : en quinze ans, de 1982 à 1997, il représente environ 15 milliards de francs (le montant du budget annuel du ministère de la Culture !). Avec la participation des collectivités territoriales, c'est un budget total de l'ordre de 40 milliards de francs qui a été dépensé au cours de cette période. C'est six fois plus que le seul investissement considérable de la Bibliothèque nationale de France[88]. Parfois, d'ailleurs, la Mission des grands travaux aide au financement de projets régionaux. Il en va ainsi par exemple de la bibliothèque de Chambéry.

Là aussi, l'approche de l'année 1993 est l'occasion pour le ministre de faire le point de son action. Le « nouvel élan, » pour le réseau des bibliothèques qu'il annonce, « concerne le milieu rural, le renforcement de pôles régionaux, le développement des équipements de proximité, l'installation à côté de Villeurbanne d'un centre de formation pour la lecture publique. [...] Le livre est considéré comme un « passeport pour l'insertion », avec un programme d'actions de solidarité, sous le titre *Livre ensemble* [...] »

Il organise une action conjointe avec l'Éducation nationale :

« Les Semaines du livre et de la lecture à l'université. En direction des lycées c'est l'opération *Une œuvre, un visage*. Pour les élèves des écoles et collèges est organisé le premier *Championnat scolaire de la langue française*. »

Et Jack Lang fait état de sa dernière préoccupation, la poésie :

« La poésie n'a plus la présence sociale et le rayonnement public qu'elle avait encore dans notre pays au lendemain de la guerre. [...] Pourtant la poésie contemporaine paraît effacée dans la culture la plus vivante d'aujourd'hui ». De là l'organisation en juin d'une manifestation intitulée *La France c'est tout un poème*[89]. »

Et un florilège de mesures pour encourager cet art plus partagé qu'il ne paraît.

Le renforcement et la diversification du « service public du théâtre »

Dans les années soixante/soixante-dix, le théâtre était semblable à un torrent au cours irrégulier entrecoupé de chutes et de barrages, et capable de débordements. Il est rentré dans le lit d'un fleuve plus tranquille lui aussi. Pourtant, la direction du théâtre connaît des changements fréquents de directeur : après Robert Abirached, qui part en 1988, c'est le tour de Bernard Dort (1988-1989), puis celui de Bernard Faivre d'Arcier (1989-1992), et enfin celui d'Alain Van Der Malière (1992-1993). Changements trop rapides pour la continuité d'une politique. Le fleuve du théâtre a-t-il été tellement régulé que la péniche de la rue Saint-Dominique puisse se permettre de si fréquents changements de pilotes ? Le théâtre n'est plus, en tous les cas, le lieu des affrontements et des choix stratégiques de la politique culturelle. Est-ce en raison de l'arrêt de la politique dite de l'Action culturelle lancée par Malraux ? Est-ce grâce à la présence de l'ancien directeur du Festival de Nancy à la tête du ministère ? Il est certain que jamais les gens de théâtre n'ont joui de l'écoute aussi attentive et compétente d'un des leurs au poste suprême de la politique culturelle. Ceci explique peut-être cela.

La tranquillité n'est pas le calme plat. Les années quatre-vingt connaissent dans ce secteur, comme dans les autres, un développement important. La période subit certes une certaine désaffection du public. Pourtant, les « années Vitez », ainsi appelées pour reconnaître la place centrale que cet homme va exercer sur le théâtre pendant cette période, lui-même très proche de Lang (avec qui il a écrit *Éclat* en 1980), sont fructueuses à de nombreux égards.

Le développement et la rénovation du réseau des théâtres sur le territoire sont le signe d'une politique culturelle active et démocratique. Il suffit de donner une liste des inaugurations ou ouvertures effectuées de 1981 à 1991 :

1981 Création de l'Institut international de la marionnette à Charleville-Mézières.

1982 Maison de la culture de la Rochelle, CAC de Saint-Brieuc, CAC de Saint-Avold, centre dramatique national de Montpellier.

1983 Création du théâtre de l'Europe à l'Odéon, des centres dramatiques nationaux de Genevilliers, Saint-Denis et Châtenay-Malabry.

1985 Création de centres dramatiques nationaux à Angers, Poitiers, Rouen, Lorient, Fort-de-France, Bourges, création du Centre national des arts du cirque à Châlons-sur-Marne.

1986 Création du centre dramatique national de Bordeaux, CAC de Sartrouville, CAC de Douai, « Manufacture » de Nancy.

1987 Théâtre d'Hérouville-Saint-Clair, comédie de Caen, maison de la culture de Chambéry, CAC de Melun-Sénart, parvis de Tarbes, CAC de Niort.

1988 Théâtre national de la colline à Paris, théâtre du port de la lune à Bordeaux, théâtre des jeunes spectateurs à Montreuil.

1989 Théâtre de la Salamandre à Lille, théâtre de la Limousine à Limoges, centre dramatique régional à Thionville, théâtre Maxime Gorki à Petit-Quevilly, théâtre national de Bretagne à Rennes.

1990 Restauration du théâtre du Vieux Colombier à Paris, Ferme du Buisson à Marne la Vallée.

1991 « Hexagone » à Meylan, centre dramatique national pour l'enfance et la jeunesse à Strasbourg, centre dramatique régional à Colmar…

Autant les bibliothèques correspondent à une politique culturelle municipale tournée essentiellement vers sa propre population, autant la politique théâtrale des villes est beaucoup plus tournée vers l'extérieur. La bibliothèque conduit à une attitude d'intériorisation des connaissances, le théâtre à une communication, une extériorisation.

Jack Lang sait qu'on l'attend sur le théâtre. Raison pour ne pas se presser, pense-t-il. C'est ce qu'il dit lors de sa conférence de presse du 6 juin 1989 : « On a pu s'étonner que, depuis un an, je n'aie guère fait de déclaration sur la politique du théâtre. Certains en ont même déduit, un peu à la légère, que je ne m'intéressais plus au théâtre, que je brûlais ce que j'avais aimé. C'était mal me connaître[90] […] »

Ses propositions mettent l'accent sur les moyens, car le secteur, structuré depuis longtemps, a moins besoin de réformes en profondeur que de budgets. Les crédits attribués aux compagnies passent de 38 MF en 1981 à 123 MF en 1986. Ils redescendent à 119 MF en 1987 (Léotard) et atteignent 171 MF en 1991. Et le ministre de répartir ces aides sur la base de six objectifs. « Un effort particulier en faveur des compagnies, tel est l'objectif prioritaire. » Mais aussi aider les structures nationales et les grands projets, assurer une plus large circulation des réalisations, sauvegarder la vitalité du théâtre privé, promouvoir l'accession au théâtre.

Et comme si on ne l'avait pas assez entendu, il donne une autre conférence de presse le 12 novembre 1990. Il y annonce un certain nombre de nominations : « Au Théâtre national de Strasbourg, Jean-Marie Villégier succède à Jacques Lassale, nommé à la Comédie française ; au théâtre d'Aubervilliers, Alfredo Arias est remplacé par Brigitte Jaques ; au théâtre de Lille-Tourcoing, Gildas Bourdet et remplacé par Daniel Mesguish ; à Reims Chritian Schiaretti succède à Denis Guenoun ; à Angers Jean Guichard est remplacé par Patrick Pelloquet. »

Pour Jack Lang, la politique en faveur du théâtre s'analyse en deux idées simples : « la réhabilitation du service public du théâtre, l'encouragement aux pépinières, viviers et gisements de talents[91]. »

Le bilan établi en 1993 est dense là aussi[92]. Dans la presse le ministre précise sa vision du théâtre : « Ce qui compte c'est l'entêtement, la continuité. […] C'est une éthique de vie et de comportement. La maïeutique du changement ne vient pas seulement de la parole d'un ministre, mais de la rencontre de cette parole avec les patrons de troupe, les comédiens, toute la communauté des amoureux du théâtre[93]. »

Ainsi vivent leur vie, musées, arts plastiques, bibliothèques, théâtres dans la France des années quatre-vingt/quatre-vingt-dix. Une vie heureuse ? Sans doute. Une bonne politique culturelle c'est aussi la régularité au fil de l'eau, la continuité dans l'effort. Le « ministre des ministères » pourrait se contenter ainsi de gérer tranquillement le développement des secteurs classiques de la politique culturelle. N'a-t-il pas assez à faire avec l'audiovisuel, l'achèvement des grands travaux, la préparation du Bicentenaire de la Révolution ou la communication du gouvernement ?

Il a moins besoin d'être présent sur le terrain des secteurs classiques de la politique culturelle. Il en a défini les axes voici bientôt dix ans. Cela vaut aussi pour la politique musicale qui, comme celle des arts plastiques, va comporter des réformes de fond, structurées de façon cohérente autour des axes de la création, la formation, la diffusion, la conservation et l'animation. Il convient de procéder à des réajustements, des mises au point, de donner des coups d'éclairage. Mais pour lui, désormais, les choses importantes se passent ailleurs. Et d'abord, dans la célébration du Bicentenaire de la Révolution dont il est le ministre. La Révolution est un acquis de la gauche, à elle de le célébrer dignement. Ce devrait être comme une apothéose pour la politique culturelle initiée en 1981.

17

1989, L'apothéose

1989 restera sur le plan politique le sommet des deux septennats de François Mitterrand. On pressent les bouleversements en Europe de l'Est, mais ils ne sont pas encore intervenus. Il faudra attendre la fin de l'année 1989. L'organisation de l'Union européenne avec le binôme France-Allemagne paraît solidement fondée. À l'intérieur, Rocard est Premier ministre ce qui, apparemment, a suspendu les luttes internes du parti socialiste. Pour la première fois depuis des années, le chômage régresse. La célébration du Bicentenaire de la Révolution intervient dans un paysage politique paisible. Elle sera donc culturelle.

1989 : c'est aussi, l'aboutissement de la plupart des grands travaux. Le moment de la capitalisation de l'effort accompli est enfin arrivé.

1989 : Jack Lang le proclame sans ambages : « Notre plus belle année, avec le Bicentenaire, la naissance d'Arte, le soutien aux dissidents d'Europe de l'Est[1]. »

1. LE BICENTENAIRE DE LA RÉVOLUTION

La politique culturelle de François Mitterrand, plus encore que celle de Jack Lang, se façonne au rythme de la mémoire évoquée de grands événements, grands hommes, grandes idées. Mitterrand fait l'histoire en la célébrant. La politique culturelle est aussi (car elle n'est évidemment pas que cela) l'instrument de cette célébration. La politique tout court s'en mêle, tant ces rituels sont bien français, au point de devenir, selon les époques, *casus belli* ou concordat entre la droite et la gauche. On se souvient que l'une des premières décisions de Mitterrand en 1981 avait été d'organiser à Paris pour 1989 une exposition universelle, cent ans après celle de 1889. Du fait du refus de Jacques Chirac, il avait dû y renoncer. Quelques années plus tard, Jacques Chirac, devenu Premier ministre[2], avait demandé à son ami Michel Baroin, patron de la Fnac, d'organiser la célébration du Bicentenaire. Ce dernier, victime d'un mystérieux accident d'avion en Afrique, est remplacé par un homme œcuménique, Edgar Faure, dont le profil convenait aussi bien au président qu'à son Premier ministre. Ce sera sa dernière mission. Inachevée. Il meurt à son tour.

C'est finalement à Jean-Noël Jeanneney qu'échoit cette tâche sous l'autorité tutélaire de Jack Lang. Issu d'une famille d'hommes politiques des IIIe, IVe et Ve Républiques, il est aussi un historien dont les qualités séduisent Mitterrand qui se pique d'histoire, au point d'avoir, par exemple, commencé d'écrire un récit de la révolution de 1848 sur laquelle il était incollable. Un visage poupin le dispute à l'angélique, n'était l'air malicieux qui passe dans le regard de cet éternel jeune homme : ministre, on le croirait encore étudiant. Il n'a pas besoin de rides ou de cheveux blancs pour asseoir son autorité. Il sait s'appuyer sur un héritage familial qui fonde sa tranquille assurance. Sur des certitudes aussi, républicaines et ancrées à gauche, comme celles de son père, ministre du général de Gaulle, étaient fondées à droite, mais d'un gaullisme de granit, insensible aux fluctuations de l'histoire.

Tout un programme de rencontres, d'expositions, de manifestations est alors composé aussi bien à Paris que dans toute la France. Didier Hamon, privé de dessert par la dissolution du Centre national des arts culinaires, rejoint la Mission Baroin, puis Edgar Faure, puis Jeanneney, avant de retrouver en 1990 Lang, rue de Valois. J'interviens moi-même sur certains des projets du Bicentenaire : les *Tours de la liberté* des architectes Hennin et Normier dans le jardin des Tuileries qui reçoivent 600 000 visiteurs, *L'Éléphant de La Bastille* construit dans le département du Nord par l'architecte Patrice Neyrinck qui circule d'une ville à l'autre pour raconter l'histoire de Gavroche et accueille un million de visiteurs, l'exposition *Utopies 89* qui réunit soixante villes d'Europe au Grand Palais, la première édition de *La Fureur de lire* qui prend place grâce à Laurent Fabius dans les locaux mêmes de l'Assemblée nationale. Signe de l'importance prise par la culture dans le champ politique et social, le nouveau président de l'Assemblée nationale nomme à ses côtés une « mission culturelle » dont la direction est confiée à Bernard Faivre d'Arcier, avec le concours de Monique Veaute.

Le 14 juillet 1989, à défaut d'une exposition universelle, Jack Lang organise au moins de grandes festivités. Le point culminant de ces manifestations est certainement la parade de Jean-Paul Goude de l'Étoile à la Concorde, devant les six chefs d'État venus à Paris siéger au titre du G7, à l'Arche de la Défense, inaugurée pour la circonstance, faisant l'admiration des millions de Français massés devant leurs postes de télévision. Jack Lang rassemble dans la rue, le temps d'une soirée, le théâtre, la danse, la musique (avec *La Marseillaise* de la merveilleuse Jessy Norman), la mode et les idéaux de la Révolution.

Le XIXe siècle avait pris l'habitude de célébrer par de grandes fêtes l'idéal républicain, le XXe siècle avait donné à ces célébrations un aspect plus revendicatif et commémoratif. La parade de Goude n'est ni l'un, ni l'autre. Précédée de deux mille étudiants chinois qui viennent de témoigner dans le sang, place Tienanlmen, le prix qu'ils sont prêts à payer pour la liberté, elle s'inscrit dans l'universalité du message de la Révolution, en le reliant à l'actualité la plus brûlante, revendiquant le métissage des races et des cultures comme idéal républicain. On comprend que d'Ormesson n'ait guère apprécié. « On aurait pu se contenter d'une fresque réaliste à la manière des parades américaines, s'exclame Lang, on a osé la fête du grand métissage des races et des cultures ». La parade de La Marseillaise anticipe le 14 juillet 1998 marqué par la victoire du Mondial et la conquête des Champs Élysées par la France métissée des banlieues, signe que l'intégration culturelle ne fonctionne pas si mal et preuve flagrante de la défaite des idées du Front national.

Plus profondément, « les années quatre-vingt auront eu pour utopie esthétique sous-jacente ce que l'on pourrait appeler le "spectacle total" qui, partant d'un mélange des genres, transcende celui-ci en une unité supérieure, d'un autre ordre. Nul hasard que cette décennie ait ainsi vu naître spontanément des spectacles fondés sur le renversement des catégories esthétiques usuelles, séparant "hautes" et "basses" formes. [...] La fête fut, dans ces conditions, bien plus qu'une célébration spectaculaire, mais peut-être le renouveau de cette attitude de « catharsis » qui était, aux dires des Grecs, la véritable vocation du théâtre[3]. »

Bernard Lavilliers, ce 14 juillet 1989, fait chanter « Noir et Blanc » par mille sept cent quatre-vingt-neuf enfants, en héraut du métissage des cultures. Où cela ? Dans la cour du palais de l'Élysée !

Jean-Paul Goude a réussi la mise en scène du moment majeur de la commémoration. L'idée est de Christian Dupavillon qui triomphe lui aussi.

On fête la *Victoire de Valmy* en septembre avec une mise en scène signée Bouchain et Buren, mais également d'autres artistes.

Jack Lang est universellement présent au cours de cette année d'aboutissements. Lui qui s'est haussé au rang de « Vice-Premier ministre » a pu offrir au président un triomphe. À la manière romaine. Le triomphe romain se faisait sous un arc. Celui de Mitterrand sera célébré au sommet de la plus grande arche du monde ! L'arc de triomphe de l'Étoile sera le point de départ du défilé jusqu'à la Concorde.

L'apothéose donc, avec un François Mitterrand plus impérial que jamais. Avec Lang rue de Valois, et Jean-Noël Jeanneney à la tête de la Mission pour la célébration du Bicentenaire, toutes les conditions sont réunies pour que 1989 soit une bonne année. Même si des nuages paraissent s'amonceler à l'est. Entend-on les grondements annonciateurs de la grande débâcle soviétique ? La tentation est d'éterniser ce temps suspendu, comme pacifié à l'extérieur et à l'intérieur. Demain, il faudra reprendre la marche et à nouveau combattre. Plus tard. Il faut savoir goûter le temps, donner du temps au temps, comme aime à dire le président. Il aime de plus en plus prendre de la hauteur, de la distance.

Les célébrations se suivent et ne se ressemblent pas. Que sera la célébration du passage à l'an 2000 ? La différence dans la manière dont les deux événements auront été traités donnera matière à réflexion.

2. LE TRIOMPHE DU PRÉSIDENT

Cette image d'un président qui se place de plus en plus au-dessus de la mêlée, Jack Lang contribue à la promouvoir dès avant les élections de 1988. Il s'en explique.

Le « style Mitterrand »

À l'occasion d'une polémique apparue en 1987 avec Lionel Jospin, à propos du « président arbitre », Jack Lang fait part de sa conception de la fonction et du rôle du président de la République. Les relations entre les deux hommes ne se cantonnent plus en effet au seul domaine culturel : « Pour éclairer mon propos, explique-t-il au président de la République, j'ai prononcé les mots suivants : "François Mitterrand n'est pas le chef d'un camp contre un autre. Il est le président de la nation. Il est le garant des grands équilibres nationaux et notamment le garant de la paix sociale et de la paix civile. Il est au-dessus de la mêlée". [...] Vous incarnez aujourd'hui la

République et sa mémoire [...] C'est la première fois qu'un homme de gauche est identifié durablement à la nation. Dans notre histoire, la gauche au pouvoir fut toujours une parenthèse, un intermède brillant, un éclat de lumière éphémère. Vous avez donné à la gauche la durée et la légitimité. [...] Au parti socialiste de jouer une autre partition. Au lieu de s'époumoner en controverses internes, nos amis feraient mieux de mobiliser leurs talents et leur énergie contre le gouvernement[4]. »

On se trouvait alors en période de cohabitation.

Le gaullien président-arbitre doit aussi laisser une trace dans l'histoire du goût et du style. Arbitre, il prend de la hauteur, grâce à la culture. Le style du président s'est peu à peu dessiné au cours du premier septennat. Il se confirme plus nettement au cours du second.

1989, c'est l'année où l'on peut commencer à juger le contenu proprement artistique de l'œuvre conduite par Mitterrand et Lang. À partir de toutes ces commandes publiques d'architecture et de sculpture est-il possible de définir un style Mitterrand ? Comme on a défini un style Napoléon, Directoire, Louis XVI, Louis XV ? Sans doute le président est-il plus inspiré par l'architecture que par la peinture. Mais il aime la peinture et flâne volontiers dans les galeries de la rive gauche qu'il affectionne particulièrement. L'une de ses sœurs, Marie-Josèphe, n'était-elle pas peintre elle-même ? Il cultive un goût classique, aimant les artistes de la galerie Albert Loeb, par exemple, d'un style plutôt conventionnel, soucieux de la belle ouvrage plus que d'art conceptuel ou d'avant-garde.

Le style du président est-il représenté aussi par les personnalités que lui et Lang fréquentent ? Ce serait alors un style plutôt œcuménique. À la différence de Pompidou, qui avait des préférences très affirmées et se piquait de collectionner, Mitterrand veut être le président de tous les artistes — comme il veut être celui de tous les Français. Manière de dire que cet éclectisme est aussi le signe de la reconnaissance du droit de chacun à créer.

Un bon échantillon en est donné par un dîner rue de Valois le 24 avril 1989[5]. Se côtoient en réalité des abstraits et des figuratifs, des « cobra » et des « supports-surfaces », des « réalistes » et des « conceptuels », des peintres et des photographes. Cet éclectisme de bon aloi est-il le signe d'une modestie esthétique ? Le président ne doit-il pas exercer son devoir de réserve ? C'est dans le privé seulement qu'il se permet de faire état de ses préférences. Le ministre, lui, on le sait, est ouvert à toutes les formes (avec une prédilection pour Alechinsky).

Dans les années du deuxième septennat les occasions de rencontre avec les artistes et écrivains se multiplient, notamment le 17 septembre 1991, sous le titre de « Version française », avec de grands écrivains étrangers dont l'œuvre est largement diffusée en France comme Jorge Amado, William Boyd, André Brink, Lars Gustafsson, Paul Nizon, Wole Soyinka, William Styron, Alexandre Ziniviev, Umberto Eco.

« L'opération "Version Française" aura lieu à la veille de la troisième "Fureur de lire" les 17 et 18 octobre prochain. Votre participation à cette manifestation lui apporterait beaucoup d'éclat. Les prestigieux écrivains réunis à Paris pourraient, si vous le souhaitiez, être reçus à l'Élysée[6]. » Lang toujours empressé.

En architecture, le style Mitterrand s'affirme plus volontiers : il est difficile qu'il reste privé ! Il recherche des formes pures, de préférence géométriques, une sorte de cubisme raffiné et fondé sur des références historiques. Ainsi la Pyramide du Louvre, l'Arche de La Défense, la Géode de La Villette, les quatre Tours de la Bibliothèque nationale de France sont des figures géométriques simples — pyramide, cube, sphère, parallélépipède — qui plongent leurs racines dans l'histoire : l'Égypte, Rome, le XVIIIe siècle et Boullée… Ajoutons une pincée de Cité de la musique pour le cône tronqué et les pans coupés, saupoudrons d'un semis de colonnes de Buren, pour les cylindres, et nous aurons le plat préféré des formes appréciées.

Il n'aime guère les boursouflures post-modernes, trop compliquées à son goût. La belle architecture doit être monumentale, simple, évidente. Elle doit aussi tendre à une certaine transparence, soit pour laisser passer le regard comme à travers les parois de la Pyramide, soit pour refléter un environnement comme le miroir déformant de la Géode, soit pour guider la perspective vers des lointains, comme à travers le vide de l'Arche…

Il entendait suivre de très près chaque affaire. J'en fis un jour l'expérience. Jack Lang m'avait suggéré de réfléchir au réaménagement des Tuileries. Un premier projet demandé à Jean Nouvel par Christian Dupavillon n'est pas retenu. Je m'en ouvre à Érik Orsenna, alors en fonction à l'Élysée et grand amateur de jardins. Nous imaginons de demander un projet au philosophe Michel Serres, car un jardin est toujours plus ou moins la projection sur le sol d'idées philosophiques, et à Michel Corajoud paysagiste, tous les deux candidats malchanceux au concours du parc de La Villette. Leur projet pour les Tuileries était très séduisant. Fondé sur les quatre horizons et les quatre éléments, il plongeait dans la mémoire philosophique et pouvait plaire au président.

À l'est, le palais du Louvre dont les fondations venaient d'être découvertes à l'occasion de la construction de la Pyramide : la terre. À l'ouest, le long de la Concorde, on exhumait les anciens fossés-glacis qui furent comblés au XIXe siècle, et on offrait la perspective de La Défense et de son Arche : l'air. Au nord, la perspective partant de la colonne Vendôme, faite du bronze des canons ennemis fondus par Napoléon, définissait un nouvel axe transversal coupant le jardin : le feu de la guerre. À l'ouest, cet axe transversal permettait au piéton de passer sous la terrasse du bord de l'eau et de gagner les quais et le bord de la Seine ; le fleuve pouvait remonter, en cas de crue, dans un bassin du jardin : l'eau. La perspective se prolongeait sur l'autre rive de la Seine pour atteindre — hasard de l'urbanisme parisien — la porte d'entrée du CNRS ! L'axe du feu de la guerre aboutissait sur un site de la science et de la paix, un site de la connaissance qui aurait été matérialisé sur la rive par l'installation suggérée de la colonne sans fin de Brancusi. La colonne de la Sagesse aurait ainsi fait le pendant de la colonne du feu de la folie guerrière des hommes…

Nous rêvions.

Une réunion est prévue avec François Mitterrand. La veille du jour fixé, Jack Lang et Érik Orsenna nous font part de leur indisponibilité mais nous convient à nous rendre seuls dans le bureau du président. Traversant la cour de l'Élysée en portant les tréteaux destinés à supporter la maquette, Michel Serres me dit plein d'humour : « Savez-vous que les temps changent ? Autrefois, le roi se rendait chez son jardinier, aujourd'hui c'est le jardinier qui se rend chez le roi[7]… ».

Nous passons par le bureau obligé de Jacques Attali qui ne connaît rien du projet et installons notre matériel dans le bureau présidentiel vide. Seuls dans ce bureau, que l'on suppose rempli de secrets d'État, nous avons juste le temps de dresser la table de cérémonie présentant la maquette et de nous imaginer, le silence amplifiant l'absence présidentielle, dans la peau de quelque espion... Le président nous surprend dans ses meubles, quelques minutes plus tard, paraît surpris de notre présence, comme s'il ne nous attendait pas, ce qui est assez fâcheux. Je lui explique l'objet de notre visite. Visiblement, il n'est guère informé du projet. Michel Serres s'efforce de détendre l'atmosphère en usant de sa meilleure langue d'oc. Le président sourcille lorsqu'il entend parler de couper une dizaine d'arbres, malades, assure Michel Corajoud. L'affaire n'est visiblement pas à l'ordre du jour, elle est expédiée en quelques minutes.

Nous nous retrouvons sur le palier, encombrés de notre matériel, tréteaux et maquette, comprenant que nous n'avons guère été entendus et ne comprenant pas que nous n'ayions pas été écoutés. Est-ce que la querelle qui faisait rage sur la Pyramide incitait alors le président à ne pas vouloir ouvrir un second front ? Est-ce que l'absence de Jack Lang et d'Érik Orsenna le contrariait ? Nous ne le saurons jamais. Mais un beau projet avait été conçu. Le « style Mitterrand » c'est aussi le cimetière des projets non réalisés qu'il faudra un jour présenter au public. « Je n'arrivais pas à le sensibiliser à l'art des jardin, explique Lang. Il me faudra revenir à la charge de nombreuses fois et il sera enfin séduit par le rapport de Simonet-Lenglart[8]. »

À la frontière du style et du pouvoir, s'étend le « domaine réservé ». On pénètre là dans le précieux, le non-dit, voire l'interdit. C'est-à-dire un peu le sacré.

Le domaine culturel réservé du président

Le domaine réservé du président se définit peu à peu, empiriquement, au cours des deux septennats. À voir le nombre des décisions culturelles dans lesquelles le président est impliqué, on pourrait penser qu'il intervient partout. En réalité, Jack Lang le sollicite beaucoup, tient à le tenir informé, même s'il approuve la quasi-totalité de ses propositions (mais il exprimera des réserves pour les nominations de Maurice Fleuret comme directeur de la musique, de Bernard Dort comme directeur du théâtre ou d'Antoine Vitez comme administrateur de la Comédie française).

Il intervient souvent dans les détails, un peu comme Georges Pompidou. Il donne son accord à la nomination d'un nouveau professeur de l'École des beaux-arts[9], du conservateur du musée Picasso[10], poussant le luxe jusqu'à appeler l'attention du ministre sur la situation qui règne dans ses services, de Jean-Pierre Changeux en qualité de président de la commission des dations[11], de Pierre Rosenberg à l'inspection des musées[12], de Jean-Marie Drot, comme directeur de la Villa Médicis[13], d'Antoine Vitez, comme directeur du théâtre de Chaillot[14], du remplacement de la directrice du théâtre des Champs Élysées, ce qui est d'autant plus étonnant que ce théâtre n'appartient pas à l'État mais à la Caisse des dépôts et consignations[15] ; de la fixation de la subvention à Jean-Louis Barrault pour un montant de 7 MF[16] ; de l'envoi d'une délégation d'artistes français en Pologne, proposition à laquelle le président répond : « Oui, avec sagesse[17] » ; de l'acceptation de l'érection d'une statue en hommage au capitaine Dreyfus[18] ; de la participation à l'anniversaire du Zénith[19].

Cette liste à la Prévert résulte en réalité d'un jeu croisé entre ce que souhaite le président et ce que son ministre pense utile qu'il décide. Il faut interpréter les domaines et les frontières. Ils relèvent d'une stratégie du mouvement.

Jack Lang a coutume de dire que le président lui laissait une grande marge de manœuvre, ce qui est indiscutable. Il sollicitait aussi beaucoup le président soit sur des questions qui peuvent paraître parfois secondaires, mais qu'il considérait comme susceptibles de l'intéresser ou de concourir à son image, soit sur des sujets où la décision présidentielle pouvait aider le ministre à franchir un obstacle. Avec rapidité.

Les interventions du président sont donc de deux ordres : celles qui répondent à sa demande propre, et celles qui relèvent de la sollicitation de son ministre. Il faut qu'elles se rencontrent, ce qui sera généralement le cas.

François Mitterrand, on s'en rend compte, se réserve d'intervenir plus dans certains domaines culturels que dans d'autres, laissant dans ces derniers pleine liberté à son ministre. En revanche, il entend être pleinement décideur dans les domaines suivants dont on peut tenter une liste non limitative (car le président a le droit d'évoquer toute affaire à tout moment, sorte de version moderne du pouvoir d'exception au sein du « cinquième pouvoir ») :

— le budget de la Culture ;
— les grands projets ;
— les musées ;
— les commandes publiques aux artistes ;
— les institutions prestigieuses comme les manufactures nationales de Sèvres et des Gobelins, la Villa Médicis, l'Opéra, la Comédie française, à la fois pour leur fonctionnement et la nomination de leurs directeurs ;
— la radio et la télévision.

Précisément, la réforme de l'Académie française, un moment envisagée en 1982, concerne évidemment directement le président : « Le président approuve l'idée de la création d'une académie destinée à succéder à l'Académie française. Les propositions de lieux retiennent son accord, mais non l'appellation d'Académie des peuples. Il faudrait songer à un autre titre[20]. »

Comme ces choses complexes sont dites simplement. Elles ne le seront pas longtemps.

Mais la priorité va évidemment d'abord aux grands projets. François Mitterrand est un bâtisseur. Il sait que seule son autorité lui permet de réaliser. Aussi traite-t-il souvent en direct avec Biasini, Robert Lion ou Delouvrier. Il confie *mezza voce* en 1995 à Bernard Latarjet[21], avec qui il se rend sur le chantier de la Bibliothèque de France, que tous ces grands projets encore réalisables dans les années quatre-vingt ne le seraient plus dans les années quatre-vingt-dix : trop de complexité s'est introduite dans l'organisation de l'État, et le président lui-même n'en peut mais[22]. Et plus on approche des échéances et plus il se soucie d'abord de l'achèvement des travaux. Jack Lang est moins associé à ce stade qu'à celui de la naissance des projets.

Le Louvre relève évidemment du domaine réservé : « Inauguration de la Cour carrée et de la crypte Philippe Auguste : Pour donner à l'événement un grand retentissement, je propose que l'intervention soit couplée avec une grande émission populaire de la télévision. Marie-France Brière suggère que TF1 consacre à l'événement toutes ses émissions d'un dimanche après-midi. [...] Ce serait merveilleux, par exemple, si on pouvait établir un dialogue sur l'histoire de France entre vous-même et les enfants. Vous pourriez vous-même expliquer aux enfants ce qu'est l'aventure du Grand Louvre[23] », écrit le ministre au président.

À croire que Jack Lang raffole de voir le président en instituteur, comme déjà au mont Beuvray.

Parfois, Jack Lang élève des objections, notamment sur le projet de la Bibliothèque nationale de France : « [...] Les salles de lecture, la cour, le jardin : le projet manque encore de chaleur. Vous devriez en parler à Dominique Perrault. C'est un peu froid. Peut-être pourriez-vous lui suggérer pour le jardin de faire appel à Simonet-Lenglart[25] ? »

Réponse de Bernard Latarjet : « Le président voulait avant tout l'efficacité, car il était obsédé par le temps. Il avait peur que les idées de Lang ne compliquent les choses. »

Résultat : dix ans plus tard, les salles sont en effet glaciales. Lang avait raison, mais les « réalisateurs » ne prenaient pas toujours la peine de l'écouter.

Les sollicitations du président par le ministre ne visent-elles pas, dans l'esprit du ministre, à le faire plus « président culturel » qu'il n'est ? À multiplier aussi les occasions de rencontres entre les deux hommes ? À instituer, au sommet de l'État une sorte de dyarchie culturelle ? Le président est passionné de culture et se laisse aisément convaincre. Le ministre admire le président, de manière fusionnelle, et cherche à le lui témoigner. Le triomphe du président fonde la victoire du ministre.

3. LA VICTOIRE DU MINISTRE

Elle apparaît d'abord dans les bons budgets qu'il obtient (même s'ils ne sont jamais satisfaisants à ses yeux), ce qui explique l'obstination avec laquelle il intervient auprès de celui qui est son seul défenseur vis-à-vis du ministre du Budget (alors qu'en général il appartient au Premier ministre de prendre les décisions budgétaires). Puis elle s'épanouit dans le système culturel qui s'est transformé profondément sous son influence en une dizaine d'années.

Le budget culturel

Sur le terrain de l'intendance, la politique de Jack Lang se poursuit après 1988 avec la même détermination qu'avant, même si les pourcentages sont parfois à un seul chiffre au lieu de deux comme au début des années quatre-vingt. Les ministres des Finances et les Premiers ministres paraissent plus réservés, vis-à-vis de la culture, sous le deuxième septennat que sous le premier. Pierre Mauroy et Laurent Fabius sont des Premiers ministres plus « culturels » que Michel Rocard, Édith Cresson ou

Pierre Bérégovoy. Même Jacques Delors, ministre des Finances en 1981 (dont on se souvient qu'il soutenait le ministère de la Culture à l'époque de Jacques Chaban-Delmas) révèle une fibre culturelle.

- *Le budget du ministère de la Culture*

Dès 1988, la longue marche budgétaire de Jack Lang reprend. Et ses litanies auprès du président : « Je sors à l'instant du bureau de Michel Charasse[26]. Ses propositions sont extravagantes et totalement étrangères à l'esprit de vos propositions d'hier soir. Sous l'apparence d'une légère augmentation du budget ordinaire, elles se traduiront, dans la pratique, par une réduction des crédits du cinéma, de la musique, du théâtre et des arts plastiques. C'est politiquement intenable ! C'est pire que sous Léotard-Chirac ! J'imagine que nous ne sortirons de cette impasse que si vous exprimez vous-même, par écrit, votre volonté au Premier ministre. Reprenant vos propositions d'hier soir, je suggère que la progressivité de nos crédits se déploie en trois ans :

a. En 1989 : fidèle à vos observations, je propose que, pour les crédits culture *stricto sensu* — y compris les grands projets culture —, l'on retienne une enveloppe de 0,96 %, celle-là même qui fut la nôtre avant mars 1986. Cette enveloppe inclurait à la fois le budget normal (qui représenterait 0,85 %) et les grands projets culture. Et si l'on ajoute à ces crédits culture les grands travaux non culture (éducation, affaires étrangères, Tête Défense) on friserait sans doute le 1 %.

b. 1990 : Conformément à votre souhait d'hier soir, nous atteindrions le 1 %, qui comprendrait alors les crédits normaux de la culture et les seuls grands projets culture.

c. 1991 : Le budget normal de la culture, hors grands projets, atteindrait 1 %.

Les amis du Budget et de Matignon sont d'habiles habilleurs de chiffres. Pour être à l'abri de leurs divers travestissements, il me paraît indispensable qu'une lettre de vous au Premier ministre puisse clairement exprimer votre volonté. Je vous joins, sous ce pli, un projet[27]. »

La bataille pour le budget va se poursuivre de plus belle. Jack Lang bombarde de notes le président : « Est-ce vraiment vrai ? J'apprends que, quinze jours après l'adoption du budget, le gouvernement s'apprêterait à le déchirer comme un chiffon de papier en annulant les crédits de plusieurs ministères. Comment peut-on commettre une telle faute politique ? Ce serait une marque de mépris à l'égard du Parlement, à l'égard des ministres qui ont engagé la parole de l'État et à l'égard de l'opinion publique qui a accordé crédit aux annonces budgétaires des ministres. Qu'on ne vienne plus nous parler alors du plan ou même de priorités gouvernementales[28]... »

Un an plus tard, il joue la carte de premier secrétaire du *Parti des créateurs* : « J'apprends à l'instant que 45 MF doivent être retirés au ministère de la Culture pour financer les dépenses de l'Éducation nationale. C'est franchement décourageant ! C'est un peu ridicule puisqu'une partie de ces crédits destinés à Lionel Jospin[29] sera prélevée sur les crédits de l'éducation artistique du ministère de la Culture ! [...] Cette décision accentuera un peu plus le déséquilibre entre Paris et la province et augmentera la grogne des gens de culture qui se rebellent de plus en plus souvent contre la disproportion entre l'ampleur des grands travaux et la modestie du budget

« normal » du ministère de la Culture. La pilule est d'autant plus amère que l'on nous prend 45 autres millions de francs pour financer le déficit de la stupide opération des Tuileries (Jeanneney) à laquelle je m'étais opposé et que l'on m'avait obligé à soutenir[30]. »

Au besoin, il joue une petite musique affective : «... Vous m'aviez promis en 1988 que le budget de la Culture (hors grands travaux) atteindrait en 1991 le fameux 1 % tant attendu. Nous en sommes loin ! Le ministère de la Culture n'a même pas retrouvé son pouvoir d'achat de 1986[31]. »

Le résultat n'est pourtant guère encourageant, va-t-il falloir démissionner ? : « Monsieur le président, l'invraisemblable est donc arrivé. Regardons les choses en face : au-delà des apparences et des fictions, le budget de la Culture arrêté par Michel Rocard est en quasi-stagnation. J'ai le sentiment d'avoir accompli mon devoir en vous alertant à plusieurs reprises. Mon devoir est aussi de vous dire qu'à la rentrée les orages risquent d'éclater de toute part dans le ciel aujourd'hui serein de la culture. [...] »

Parole de premier secrétaire du *Parti des créateurs* !

18 juillet 1991 : les arbitrages Rocard, dénoncés en leur temps pour leur excessive dureté, deviennent un étiage de référence pour convaincre Édith Cresson qui s'apprête à être plus dure encore ! « Vous devez sans doute être lassé par mes suppliques annuelles sur le budget de la Culture. Et je vous demande de m'excuser par avance de récidiver cette année avec plus de force encore. [...] Sous Michel Rocard, le budget normal de la Culture a progressé de 7 %. On comprendrait mal qu'il ne puisse pas connaître, sous Édith Cresson, un coefficient de croissance comparable[32]. »

Jusqu'au bout sa combativité ne fait pas défaut. Février 1993 : « Je découvre à l'instant avec stupéfaction que les deux ministères prioritaires de l'Éducation et de la Culture sont frappés de plein fouet par des amputations budgétaires destinées à financer les retraites. 1. Prendre 200 MF au ministère de la Culture est une aberration. Le 1 % n'aura pas vécu trois semaines ! Nos adversaires s'en frotteront les mains avec délice. 2. Ce sont par ailleurs 565 MF que l'on veut arracher au ministère de l'Éducation nationale. On veut supprimer les crédits de la chaîne éducative (265 MF) et l'on nous empêche alors de lancer un plan national d'équipement en matériel audiovisuel dans les collèges de France. C'est un projet aussi fort et aussi important politiquement que le plan informatique pour tous des années 1985. Comment peut-on jeter par la fenêtre un tel projet et permettre à nos successeurs (sic) d'en être les réalisateurs ? Ces annulations de crédits sont une grave erreur politique. [...] Autre souhait : que le projet de loi sur le patrimoine soit enfin soumis au conseil des ministres. Je le rappelle : ce projet ne nous coûte rien en 1993. Si nous ne l'adoptons pas, c'est l'opposition qui le reprendra à son compte et en tirera tout le bénéfice[33]. »

Il y a dans ces missives sans doute une certaine dramatisation tactique : « j'apprends à l'instant », « je découvre avec stupéfaction », « je suis atterré », « les rumeurs qui me parviennent », « l'invraisemblable est arrivé », « ultime supplique », « frappés de plein fouet », « grave erreur politique », autant de petites phrases qui créent une dramaturgie dans laquelle le ministre-acteur excelle et laissent penser que, sans cesse, le ministère de la Culture est victime d'un complot de la part des Finances, voire des Premiers ministres successifs... Seul le président est en mesure de rattraper des situations aussi critiques ! Mais elles montrent combien la culture n'est toujours pas reconnue comme une fonction normale de l'État aux yeux des fonctionnaires du ministère des Finances, voire à ceux des gouvernements socialistes. Sans François Mitterrand et Jack Lang, on peut se demander si la gauche aurait fait de la culture sa priorité. Ce qui renforce la thèse de la dyarchie culturelle de 1981 à 1993.

« L'exception culturelle », c'est en effet aussi la volonté conjuguée de François Mitterrand et Jack Lang pendant plus de dix ans pour affirmer la priorité culturelle, même contre le parti dominant qui, arrivé au pouvoir, n'aurait peut-être pas, sans ces deux volontés, respecté cet engagement.

Résultat de tant de batailles : après des débuts prometteurs, des progrès réguliers, devrait réussir ! Il réussira !

• *Part du budget de la Culture dans le budget de l'État (loi de finances initiale) :*

1981 (Budget Lecat)	0,48 %	1988	0,81 %
1982	0,75 %	1989	0,86 %
1986	0,93 %	1993	1,00 %
1987	0,85 %	1995	0,91 %

Ce tableau montre qu'en 1986, Jack Lang obtient un budget qui approche le 1 %, à 0,07 % près. L'intermède Léotard coûte au budget de la Culture qui redescend à 0,81 % perdant 12 points…

En 1993, le budget atteint en loi de Finances initiale le 1 %. L'arrivée de la droite produit les mêmes effets qu'en 1986, une perte de 10 points soit, en pourcentage, plus de 9 % de perte de substance.

Pourquoi la droite s'ingénie-t-elle à réduire la budget de la Culture tout en proclamant qu'il est pour elle une priorité ? A-t-elle vraiment compris ce qu'était le « cinquième pouvoir » ?

• *Dépenses culturelles par habitant (francs constants) :*

1981	101,75 F	1988	192,17 F
1982	182,17 F	1989	208,21 F
1986	224,27 F	1993	253,40 F
1987	202,10 F	1995	238,24 F

Au cours de son premier mandat, Lang obtient en Francs par habitant plus qu'un doublement de l'effort de l'État qui passe de 101 F en 1981 à 224 F en 1986. Là aussi l'arrivée de la droite se traduit par une baisse de cet effort de 224 F à 192 F soit, en pourcentage, une perte de substance de 14 %.

Le deuxième mandat de Lang fait passer l'effort de l'État de 192 F à 253,40 F en 1993, soit une hausse de près de 32 %. Le retour de la droite en 1993 fait diminuer cet effort de 253 F à 238 F soit une baisse de 15 points correspondant à un pourcentage de – 6 %. La droite de 1993 est moins ultra-libérale que celle de 1986 et arrive à limiter les dégâts même s'ils sont réels.

• *Part du budget de la Culture dans le PIB (en dépenses réalisées) :*

1981	0,073 %	1988	0,127 %
1982	0,072 %	1989	0,130 %
1986	0,141 %	1993	0,153 %
1987	0,131 %	1995	0,145 %

La part de 1981 est curieusement plus élevée que celle de 1982 car, en termes de budget exécuté, on prend en compte le collectif que la gauche a fait voter dès 1981 et qui a accru sensiblement le budget de la Culture. En outre en 1982, le doublement n'a pas permis une bonne consommation immédiate de tous les crédits ouverts et d'autres dépenses publiques relevant d'autres ministères ont été assez importantes pour relativiser l'effort fait par l'État au profit de la Culture.

De 1981 à 1986, il est intéressant de noter que la part de la Culture dans le PIB a doublé, passant en dépenses réelles de 0,073 % à 0,141 %. L'arrivée de la droite, là encore, fait chuter ce pourcentage de 0,141 % à 0,127 % soit une perte de 14 points (après la virgule) et une chute en pourcentage de 10 %.

Le retour de Lang permet de remonter à 0,153 % soit un gain de 23 points et un accroissement en pourcentage de 18 %.

La deuxième cohabitation fait à nouveau chuter ce chiffre qui passe de 0,153 % à 0,145 %, soit une perte de 8 points et une diminution de pourcentage de 5,2 %. Là encore la deuxième cohabitation pénalise moins la Culture que la première. Est-ce à dire que le consensus politique autour de la politique culturelle s'est accru ? N'est-ce pas plutôt que la droite s'est rendu compte des dégâts de sa politique de libéralisme dur de 1986-1987 et qu'elle a su en tirer les leçons ? Surtout, Jacques Toubon, ministre RPR de la Culture, a une autre conception de la politique culturelle que la droite libérale. Et cela se lit dans les statistiques budgétaires.

En définitive, le fameux 1 % mythique a été approché en 1986 et atteint en 1993, ce qui est un réel succès. Sans doute la marche a-t-elle été plus longue que celle espérée en 1981 : mais il a fallu tenir compte du ministère du Budget et d'une cohabitation qui a été budgétairement ravageuse. Ramenée à cette période de douze ans, la part de la Culture dans le budget de l'État passe de 0,48 % à 1,0 %, soit en pourcentage un accroissement de 108 % sur la période et une hausse en moyenne par an de 6,38 %.

Le résultat est acquis par suite d'une volonté constante et d'un rattrapage à la suite de la cohabitation : comme quoi la politique culturelle ne relève guère du principe de continuité. Ce résultat est aussi nettement supérieur à celui obtenu par la droite depuis trente ans.

Ce chiffre permet, en même temps, de répondre aux pourfendeurs de la « politique d'étatisation à outrance » qu'aurait été la politique culturelle socialiste. L'effort a été continu, nettement plus élevé que la hausse de l'inflation qui, sur la période, oscille entre 2 et 3 %. Mais il n'a pas représenté en définitive, en dehors de la période de 1981-1982, une charge exceptionnelle pour l'État.

C'est à Jack Lang que l'on doit cet accroissement soutenu, celui même qu'il réclamait à Nancy en 1975. Il n'a eu de cesse d'intervenir pour que le budget du ministère ne soit pas rogné année après année. François Mitterrand le reconnaissait à sa manière — sarcastique — le lendemain du résultat des élections législatives de 1993. Jack Lang avait rendez-vous ce matin là avec le président. Avec une mine qu'impose ce genre de circonstance. Il l'attend dans le bureau d'Anne Lauverjeon en présence de Bernard Latarjet. François Mitterrand vient au devant de son ministre pour quelques jours encore. Il évoque les tristes résultats, puis s'adressant à Jack Lang : « Il y a quand même au moins un résultat positif à ce vote : vous ne viendrez plus m'embêter avec votre budget[34] ! » Fallait-il sourire ? Mitterrand qui voulait témoigner ainsi à son ministre préféré l'admiration qu'il avait pour sa ténacité, dira quelque temps plus tard à l'adresse de Jacques Toubon, qu'il lui sera difficile de succéder à Jack Lang, ne serait-ce qu'à cause de son opiniâtreté dans la discussion budgétaire.

• *Le budget culturel de la nation*

Le budget culturel de la nation mesure l'effort culturel qui intègre les dépenses publiques (État et collectivités locales), les dépenses des particuliers et celles des entreprises comme mécènes ou comme investisseurs.

— *En 1990*, les dépenses culturelles publiques sont de 48 milliards de francs qui se répartissent comme suit :

État	**18,3**
dont : ministère de la Culture	10,5
autres ministères	7,8
Collectivités territoriales	**29,7**
dont : régions	1,2
départements	4,1
communes	24,4

— *En 1996*, les mêmes dépenses sont de 69,5 milliards de francs :

État	**39,0**
dont : ministère de la Culture	17,3
autres ministères*	21,7

(*) Conception plus large de la notion des dépenses culturelles des ministères autres que la culture[35].

Collectivités territoriales	**30,5**
dont : régions	1,7
départements	5,2
communes	23,6

Il ressort de ce tableau que les communes financent un budget qui égale en 1990 2,5 fois celui du ministère de la Culture et qu'elles sont le plus gros bailleur de fonds culturels. En 1996, les communes conservent cette position mais leur part a diminué en valeur relative au regard du ministère. Le retournement date de 1993, année du départ de Jack Lang, ce qui n'est pas indifférent à remarquer. Dès lors que le ministère ne les incite plus à investir, elles tendent à ralentir leur effort. L'accroissement des budgets culturels des communes est directement lié à celui de l'État. Quant aux régions, en 1981, elles ne dépensaient pas un sou pour la culture, ou alors au prix d'acrobaties budgétaires.

Les dépenses des ménages s'élèvent à environ 200 milliards de francs (le chiffre de 1996 serait de 186,50 MF). Ce chiffre est difficile à déterminer car il peut comprendre des postes de consommation extrêmement différents selon la définition retenue de la dépense culturelle.

Enfin les dépenses des entreprises s'élèvent à environ 12 milliards de francs en 1990, 16,5 milliards de francs en 1996. Là aussi figurent dans ces dépenses des opérations très différentes : les actions de mécénat et de sponsoring (mais qui ne sont souvent pas déclarées pour des raisons fiscales) ; les investissements des entreprises dans le domaine culturel (décoration des sièges sociaux par exemple) et les dépenses culturelles des comités d'entreprise.

Au total le budget culturel de la nation en 1990 s'élève à environ 218 milliards de francs, 272,5 milliards de francs en 1996.

L'un des ratios importants à retenir est le taux de financement public de la culture, soit environ 20 %, la part de l'État étant de 8,4 % en 1990, 14,3 % en 1996 (mais encore une fois, ce chiffre a été modifié du fait de la prise en compte plus large du budget culturel des autres ministères).

Ces chiffres appellent plusieurs observations :

— Contrairement à ce qu'affirment les pourfendeurs de la politique culturelle, le financement de l'État dans la culture est très minoritaire. Sans doute est-il stratégique et porte-t-il sur des secteurs fondamentaux comme le patrimoine ou la formation. Mais il est loin de représenter le poids dont ils l'accusent.

— Les collectivités territoriales, avec 12 % en moyenne de la dépense totale (13,6 % en 1990, 11,2 % en 1996), pèsent plus lourdement que l'État dans le budget de la nation. La part prédominante des collectivités locales s'amenuise entre 1990 et 1993 pour deux raisons : les bases de calcul ont changé, comme on l'a vu, et à partir de 1993, elles investissent beaucoup moins dans la culture. Ce désinvestissement a plusieurs causes : le départ de Lang et aussi la fin d'un cycle dans les investissements culturels que les communes, qui rencontrent des difficultés budgétaires, tendent à stabiliser. Tous ces arguments se renforcent les uns les autres.

— Le rôle du marché de la culture est fondamental, ce qui peut satisfaire les libéraux et inquiéter ceux qui craignent la toute puissance de la consommation.

— Enfin, les entreprises pèsent d'un poids encore faible, ce qui devrait justifier la poursuite de l'effort engagé dans cette direction.

Après dix ans de politique culturelle et d'accroissement régulier de l'effort, le budget de la Culture a atteint un niveau satisfaisant. Il faut y ajouter près d'un milliard de francs pour les bibliothèques municipales qui sont inscrits sur le budget du ministère de l'Intérieur. Certes, l'action conjuguée de quelques ministres successifs a-t-elle amputé ce budget de plus de 2 milliards par rapport à celui que Lang laisse en 1993[36]. Au total, l'argent public a circulé plus abondamment dans la décennie quatre-vingt qu'au cours de la décennie précédente, ce qui n'est pas sans effet sur le fonctionnement et l'évolution du système culturel. Là aussi Jack Lang peut se féliciter de son action, car elle atteint la durée.

Le système culturel sous Lang (*cf.* annexe 3, p. 520)

On peut ne retenir de la décennie Lang, comme l'ont fait certains journalistes[37], que la chemise rose ou le col Mao. En réalité Jack Lang, qui sait tromper son monde, affecte de ne pas donner l'impression de travailler. Mais on a appris à le connaître et l'on sait que c'est un gros bûcheur. Irrité par les petites batailles tacticiennes, particulièrement budgétaires, il cherche à embrasser les grandes causes, sans se départir de son réalisme. Ce qui peut paraître improvisé est en fait mûrement réfléchi. L'image qu'il s'est donnée n'est pas toujours celle qu'il recherchait. Mais il a gagné sa popularité et mesuré qu'elle peut être aussi une arme politique. La politique culturelle qu'il défend a eu aussi pour objet de prouver que la gauche pouvait exercer le pouvoir tout en étant populaire. Elle a tellement mis en pratique le précepte inverse selon lequel « gouverner c'est mécontenter », ne craignant pas les mesures impopulaires (ce qui est courageux), qu'elle a aussi légitimé à travers Jack Lang, mais aussi d'autres, comme Jacques Delors, le principe du bon usage de la popularité (ce qui est prudent). Cela a pu l'aider à durer plus que la droite.

Au-delà de la tactique, il y a le système culturel et sa pérennité, la profondeur des ses transformations, le sens de ce qui a bougé dans la société française, le renforcement du « cinquième pouvoir ». Le système culturel est toujours organisé sur la base de ses quatre pôles, mais la taille, la structure, la forme de chacun se sont transformés. Les relations que les pôles entretiennent les uns avec les autres ont grandement évolué.

- *Le pôle des créateurs*

Le pôle des créateurs s'est accru en nombre et en diversité. La reconnaissance des arts dits mineurs a fait entrer dans la famille des créateurs les artisans, les stylistes de mode, les designers, les photographes, les dessinateurs, les créateurs multimédia, les vidéastes, les musiciens de jazz, de rock, les chanteurs, les graphistes, etc. Mais les artisans d'art sont remplacés de plus en plus par les utilisateurs des nouvelles technologies. Le « système des Beaux-Arts », cher à Jean Clair[38], n'a plus guère droit de cité. Lui a été substitué, du fait de la politique culturelle mais aussi de l'évolution sociale, un système de création sans doute plus étendu dans ses limites et son objet, qui permet de favoriser de nombreux brassages entre les différentes formes d'art. C'est le système d'une période de mutation.

De ce fait, il est paradoxalement plus hiérarchisé qu'il ne l'était à l'époque de Malraux. La promotion des « arts mineurs » au même rang que les « arts majeurs » ne veut pas dire qu'ils ont la même importance du point de vue de la création et de l'histoire. On sait que les stylistes ou les designers ont toujours tendance à s'inspirer de formes conçues d'abord par des peintres. Cette hiérarchisation des formes est amplifiée par l'ouverture même du champ de la création comme l'a très bien montré Pierre Bourdieu[39]. Plus le champ de la création s'élargit à de nouvelles pratiques, plus les formes qu'il a reconnues en premier, assimilées à la recherche fondamentale, s'éloignent des arts appliqués pour rechercher des zones de plus en plus proches des concepts et de l'art pur. Les opposants à l'ouverture du champ de la création artistique devraient se féliciter, au contraire, de l'orientation favorisée par Jack Lang. Elle peut être, en effet, à l'origine du ressourcement, du renouvellement et de la distinction des zones les plus élitistes de la création. Mais peuvent-ils l'entendre ?

Olivier Donnat[40] distingue, en fonction de leur notoriété, une hiérarchie de cinq catégories d'artistes : les patrimoniaux (personnalités les plus connues de la majorité des Français et qui ne sont pratiquement pas contestées : Robert Hossein, Georges Brassens, Édith Piaf, Jules Verne, Mozart, Molière, Van Gogh, ces derniers étant les « stars » du classique), les populaires (taux de notoriété élevé s'accompagnant d'un rejet des publics les plus compétents : Nana Mouskouri, Annie Cordy, Michel Sardou), les célèbres (taux de notoriété inférieur aux deux groupes précédents avec fort degré de « neutralité » : Claude Debussy, Auguste Rodin, Gustave Flaubert, Salvador Dali, Jean-Luc Godard, Marguerite Duras), le premier cercle de la culture cultivée (artistes dont le taux de notoriété se situe entre 15 % et 35 % et qui sont donc inconnus des deux tiers des Français : du Bellay, Alain Fournier, Malher), et le second cercle de la culture cultivée (artistes dont le taux de notoriété est inférieur à 15 %, ce qui est l'apanage des publics les plus compétents : Philippe Djian, Raymond Chandler, Antoine Vitez).

Il n'est donc pas étonnant que le nombre des créateurs se compte désormais en dizaines de milliers. 20 000 artistes plasticiens[41], par exemple, sont inscrits à la sécurité sociale, mais quelques centaines seulement arrivent à vivre de leur art. Et plus de 50 000 personnes déclarent s'adonner à une activité artistique complète y compris des expositions. La même tendance se retrouve dans les autres disciplines artistiques. La condition de l'artiste a connu une profonde mutation analysée par Raymonde Moulin[42].

De ce fait, le ministère de la Culture ne peut pas prétendre répondre à la demande croissante qui émane de tous ces créateurs. Ainsi, plus le ministère de la Culture élargit le champ de la création, plus il suscite d'insatisfaction et s'expose à être soumis à ses critiques sauf si le marché peut prendre le relais. Ce n'est pas chose acquise, même si la demande de consommation culturelle et artistique tend à s'accroître. L'intervention publique peut donc, par ce biais, favoriser le développement du rôle du marché. Et c'est d'ailleurs une fonction complémentaire de celle de régulation générale attachée à l'intervention de l'État.

L'élargissement du pôle des créateurs a aussi des conséquences sur les enseignements artistiques spécialisés. Il exige évidemment un réseau offrant plus de places, ce qui est le cas dans le domaine des enseignements musicaux ; mais aussi un système d'enseignement qui soit lui-même plus hiérarchisé de manière à bien répondre aux différents types de demandes. On a vu, en effet, au cours des trente dernières années, un accroissement du nombre d'écoles supérieures spécialisées type ENSCI, École des arts du cirque, CNBDI, etc.

Ce pôle contribue donc, par sa propre complexité grandissante, à rendre l'organisation du système culturel elle-même plus complexe : plus d'émetteurs d'actes créatifs, plus de stimulation entre catégories de créateurs, plus de relations tissées avec les milieux de la politique, de l'économie et des médias… Ce qui explique le développement du management culturel.

- *Le pôle des publics*

Logiquement, ce pôle a gagné lui aussi en complexité. Il est mieux connu grâce aux études sociologiques conduites depuis des années. Olivier Donnat[43], en développant systématiquement ses enquêtes sur les pratiques culturelles des Français, a apporté des éléments statistiques permettant de mieux nourrir l'analyse.

Là aussi, depuis trente ans, le nombre des catégories de publics de la culture s'est accru. Dans ce domaine les mouvements s'apprécient sur la longue durée alors que, souvent, commentateurs et hommes politiques voudraient ou affectent de vouloir que les modifications soient plus ou moins immédiates. Sur le long terme, la tendance est indéniablement à la démocratisation des pratiques culturelles, même si ce phénomène est freiné par des déterminismes sociaux. Au consensus des partis politiques sur cet objectif de démocratisation, répondent leurs divergences sur les moyens d'y parvenir. On tend en particulier à assimiler le nombre des entrées dans les lieux culturels au nombre des individus qui les fréquentent, alors qu'un même individu peut revenir plusieurs fois chaque année dans le même lieu. Les accroissements de fréquentation sont présentés comme des communiqués de victoire alors qu'ils correspondent souvent, pour une large part, à l'intensification de mêmes pratiques culturelles des mêmes usagers issus des mêmes catégories sociales.

Jack Lang n'aime guère les mots marketing, identification, médiatisation, cibles, communication. Il préfère évoquer la « capillarisation », les « puits de vie », la « mobilisation ». Mais cela ne revient-il pas au même ? Ne fait-il pas du marketing comme Monsieur Jourdain, la poésie en plus ? Il lui paraît normal, en bon pédagogue, et en professionnel du théâtre, de tenir un discours différent pour chaque catégorie de public.

La stratégie des publics inaugurée par Lang entre de plain pied dans l'ère de la communication. Elle devient un art porté au plus haut point. Et elle réussit. Jack Lang réunit avec doigté, en une véritable alchimie, toutes les techniques précédemment utilisées auxquelles il ajoute une forte dose de conviction, une touche de vedettariat et quelques soupçons de lui-même. S'il ne gère pas les fichiers, d'autres les gèrent pour lui : un fichier pour chaque cible et plusieurs médias pour chaque fichier ; il lance un bulletin d'information différent pour chaque direction du ministère. Ce que Catherine Trautmann a regroupé dans un seul bulletin qui est vite devenu illisible. Pour communiquer, il faut distinguer et non pas tenir à chacun le discours de tous. Les attachés de presse peuvent désormais s'appuyer sur des services de communication. Autant de formes d'expression, autant de catégories de publics, autant de stratégies particulières. Lang, à travers cette multiplicité d'approches, généralise l'effet Beaubourg.

Plus profondément, il ajoute au concept de création celui d'expression artistique. Il s'inscrit ainsi dans la perspective d'une véritable démocratisation des pratiques culturelles… Les fêtes sont le creuset intégrateur d'une médiatisation personnalisée. Elles se déclinent allégrement. On peut ironiser sur ce qu'elles portent en elles de superficiel. Mais elles réussissent à mobiliser de nouvelles couches de la population.

Pas étonnant, dès lors, que cette arrivée se fasse par addition de nouveaux publics plus que par conversion des publics traditionnels de la culture. La conquête de nouveaux publics se fait dans l'instant et déborde le champ des seules institutions culturelles[44].

« Si j'ai en général réussi à faire passer mes messages, confie-t-il, c'est que je me suis mis à l'écoute des artistes et plus généralement de tous les acteurs culturels : je les ai reconnus et ils me l'ont rendu. La démocratie culturelle consiste pour un ministre de gauche à placer les gens en position de devenir les co-auteurs du changement qu'il leur propose[45]. »

On peut distinguer au moins quatre niveaux de « pratiquants culturels ». Il faut évidemment faire abstraction de ce que l'on appelle le « non-public », celui qui ne participe à aucune activité culturelle telle qu'on peut en faire la typologie à partir des secteurs couverts par l'intervention du ministère de la Culture. Ce « non-public » est par définition mal connu puisqu'il échappe aux statistiques. On n'est pas même certain qu'il soit le plus nombreux. Et Michel de Certeau considère qu'il dispose de ses propres pratiques culturelles, dans un ordre différent de celui auquel les « appartenants » à la culture cultivée font référence[46]. Les quatre catégories proposées par Olivier Donnat[47] en repérant un nombre de personnalités culturelles connues, sont les « démunis » (qui connaissent entre et 20 et 32 noms[48]), le « carrefour de la moyenne » (ils connaissent de 33 à 40 noms), les « avertis » (qui connaissent de 41 à 51 noms de la liste) et les « branchés » (qui connaissent plus de 51 noms).

Je retiens, pour ma part, quatre niveaux différents de pratiques culturelles des publics.

Le premier niveau de participation est celui du « grand public » : une sortie de temps en temps, des lectures par ci, par là, mais pas de fidélisation, la pratique culturelle liée aux loisirs, en particulier pendant le temps des vacances. Un public qui se compte en millions d'unités.

Le deuxième niveau est celui des « amateurs » : un public qui se mesure en centaines de milliers d'unités, qui commence à être relativement spécialisé, ce qui signifie qu'il passe assez peu d'une discipline à l'autre. Mais surtout un public constant. C'est le public qui va chaque année au même festival (110 000 entrées chaque année au Festival d'Avignon), qui ne manque pas les vernissages de la FIAC (environ 120 000 à 150 000 entrées), qui renouvelle sa carte de laissez-passer Beaubourg (60 000 titulaires), etc. L'amateur peut aussi se définir comme un consommateur assidu de livres, de disques, de cassettes vidéo. Il est abonné à des revues (littéraires ou artistiques : 50 000 ventes pour *Beaux-Arts magazine*).

Vient ensuite le troisième niveau des « professionnels » : un public qui vit d'une pratique artistique ou culturelle, ce que ne font pas les amateurs. Ses pratiques sont en général très spécialisées. Professionnel dans sa branche, il s'interdit de se mêler de sujets qu'il ne connaît pas parfaitement. Il est aussi le public amateur de ses pairs des branches voisines. Ainsi, un artiste plasticien, qui est professionnel dans le pôle des créateurs, se comporte en public-amateur dans des concerts. Le professionnel se mesure en milliers ou dizaines de milliers d'unités : 20 000 artistes plasticiens, 20 000 comédiens et danseurs, 11 000 musiciens et chanteurs, 10 000 artisans d'art[49]. Placé sous le regard direct de ses « collègues », le professionnel a un comportement de public influent.

La sphère des « connaisseurs » réunit les personnes les plus compétentes et les plus averties dans les pratiques culturelles des amateurs et des professionnels. Le « connaisseur » est celui qui sait et qui apprécie. Mais on définit surtout les « connaisseurs » par les interférences qu'ils entretiennent avec les autres pôles culturels au plus haut niveau, par le pouvoir qu'ils exercent sur le fonctionnement du système. S'y retrouvent aussi bien des chefs d'entreprise que des hauts fonctionnaires, des artistes que des critiques ou des journalistes, des collectionneurs que des écrivains, des personnes discrètes que des personnalités médiatiques. Ils se comptent par quelques milliers d'unités.

Cette description rapide donne une idée de la diversité du pôle des publics. Il s'est accru en trente ans des classes moyennes, sous la pression conjuguée du développement de la scolarisation et de l'influence des médias. Son niveau de pratique culturelle s'est élevé. Il est devenu un enjeu financier important car c'est aussi un public-consommateur de prestations de services qui intéressent les industries culturelles.

À l'intérieur de la sphère des publics, la mobilité sociale d'un groupe à l'autre reste assez faible. Comme le rappelle Olivier Donnat, il faut se méfier de « toute interprétation mécanique de la relation entre niveau de diplôme et niveau de compétence sur la liste des personnalités. Il convient de ne pas négliger les autres variables, l'âge, l'habitat, l'origine sociale ou les positions idéologiques qui peuvent accentuer la rigidité de cette relation ou au contraire l'atténuer. L'effet de rappel, notamment, que joue l'origine sociale incite à raisonner plutôt en termes de capital culturel et permet de comprendre que le niveau culturel ne croît pas aussi vite ou aussi « mécaniquement » que le niveau scolaire. »

Cette dilatation du pôle des publics va de pair avec celle des créateurs : l'un et l'autre enregistrent une hiérarchisation croissante des valeurs et des reconnaissances. « L'excroissance » culturelle n'est pas une mode ou une prétention, c'est une réalité sociologique.

Élargissement et hiérarchisation, telles sont les deux principales évolutions affectant ces deux pôles qui relèvent plus de préoccupations artistiques que réellement culturelles (les finalités culturelles apparaissent en effet plus dans les deux autres pôles, décideurs et médiateurs, qui se structurent autour de la création artistique sans pouvoir nullement se substituer à elle). Si l'action de Jack Lang a contribué puissamment à la transformation de la sphère des créateurs, celle des publics, en revanche, a sans doute été plus conditionnée par les industries culturelles. Mais les deux autres pôles du système culturel, celui des décideurs et celui des médiateurs, ont connu des bouleversements plus importants encore au cours des quinze dernières années.

- *Le pôle des décideurs, ou le complexe économico-politico-culturel*

Ce pôle des décideurs est plus directement que les autres influencé par la politique culturelle (ce qui ne veut pas dire que ce soit celui qui ait connu les plus importantes transformations, le pôle des médiateurs ayant sans doute plus fortement évolué). Il regroupe l'État, les collectivités décentralisées et les décideurs privés.

Par rapport à l'époque de Malraux et même à celle qui précède 1981, ce pôle a connu au cours des années Lang les innovations suivantes :

— une action plus puissante, plus imaginative et plus incitative de l'État, mais aussi plus visible et conçue comme telle ;

— un pouvoir accru des collectivités décentralisées, même si elles restent globalement dans le sillage de l'État ;

— un développement puissant des industries culturelles appuyées sur un marché des loisirs et de l'éducation en pleine expansion ;

— une reconnaissance significative du mécénat d'entreprise, même si sa réalité est moins forte que son apparence ;

— et, du fait du développement de ces différents pôles, l'apparition de domaines plus autonomes d'initiatives culturelles révélés notamment par l'ingénierie culturelle, le mécénat, le mouvement associatif.

Les intérêts croisés des différentes composantes de ce pôle peuvent aller de faiblement à fortement divergents. L'État joue un rôle à la fois d'impulsion (loi sur le mécénat culturel par exemple, relance de la commande publique...) et de régulation (loi sur le prix unique du livre afin d'éviter les effets pervers du marché sur l'édition). Les entreprises et les collectivités territoriales peuvent parfois s'opposer à lui. C'est la raison pour laquelle il est nécessaire de parler de « complexe » plutôt que de pôle.

Ce « complexe » favorise le développement du pôle des publics qui est aussi celui des consommateurs culturels. Le marché s'appuie sur un public croissant qu'il suscite et exploite à la fois. Un « *Musée imaginaire multimédia* » se développe rapidement, sans doute dans un sens différent de celui auquel pensait Malraux : il correspond à la mondialisation de l'art qui était sa préoccupation majeure. Elle est plus que jamais d'actualité.

La topographie des décideurs culturels a été décrite à l'occasion d'une étude de l'ISMC[50]. Elle a défini le nombre de personnes qui embrassent plusieurs fonctions dans le système culturel : décideur et créateur, décideur et médiateur, décideur, créateur et médiateur... Cela permet d'évaluer leur mobilité et leur spécialisation dans certaines fonctions exclusives d'autres (ce qui est un indice de la complexité du système).

L'exercice a consisté à identifier deux populations correspondant à deux échantillons. Le premier (génération n° 1) regroupe les acteurs de la politique culturelle nés avant 1940 (le plus jeune a donc 57 ans au moment de l'étude). La deuxième (génération n° 2) les acteurs culturels nés entre 1940 et 1960 (le plus jeune a donc 37 ans).

Les conclusions montrent une nette tendance à la professionnalisation et une moindre diversité dans les origines sociales :

— Les décideurs culturels sont essentiellement de sexe masculin. Dans les deux générations les hommes sont largement majoritaires avec 93 % de la génération n° 1 et 88 % de la génération n° 2.

— Ils sont essentiellement originaires de province et non, comme on le croit trop souvent, du microcosme parisien. La part de ceux qui sont nés en province est de 69 % dans la génération 1 et 67 % dans la génération 2. Cette donnée illustre *la fonction intégratrice de la culture entre les régions et la capitale* où l'activité culturelle est le signe d'une réussite sociale.

— Leurs parents tendent de plus en plus a *faire état d'origines socio-professionnelles aisées.* 14 % sont des fils de cadres supérieurs dans la génération 1 au lieu de 30 % dans la génération 2 ; en revanche 30 % sont des fils ou filles d'employés dans la génération 1 contre 23 % dans la génération 2. En troisième lieu viennent les enfants de fonctionnaires avec 16 % dans la génération 1 contre 21 % dans la génération 2. Enfin, connaissent une diminution ou une stagnation les agriculteurs (11,6 % dans les deux générations), les professions libérales (19 % dans la génération 1 contre 7 % dans la génération 2), et les artistes (9 % dans la génération 1 contre 7 % dans la génération 2).
Les classes aisées fournissent de plus en plus les fonctions de décideurs culturels (ce qui confirme, s'il en était besoin, le rôle stratégique de la politique culturelle sur l'échelle des représentations sociales).

— La part des *disciplines artistiques* dans les métiers occupés varie sensiblement d'une génération à l'autre. Les disciplines en cours de régression par le nombre d'emplois qui y sont occupés sont par ordre décroissant les lettres, la musique et l'architecture. Les disciplines stables sont la danse et l'édition. Les disciplines en développement sont les arts plastiques, le théâtre, le cinéma et l'audiovisuel, mais aussi la muséologie et l'archivage.

— *Les professionnels sont de moins en moins autodidactes.* Les professionnels de la culture proviennent de plus en plus de l'université et des grandes écoles. La première génération est issue pour 40 % des grandes écoles (et cette proportion n'a pas changé pour la génération 2), pour 44 % de l'université (alors que cette proportion est passée à 60 % pour la génération 2).
En d'autres termes, on ne peut plus guère accéder à des postes de décideurs culturels aujourd'hui si l'on n'a pas fait d'études supérieures. Cette évolution qui confirme la tendance à la fermeture croissante des élites de décideurs de la culture, va aussi dans le sens d'un développement de leur professionnalisation.

— L'étude du panachage des fonctions chez une même personne montre un *développement de l'autonomie des fonctions de décideur.* Les acteurs culturels sont en effet souvent des personnalités à multiples facettes. Le nombre des personnes à la fois décideurs et créateurs reste stable (30 % dans la génération 1, 33 % dans la génération 2). Il en va de même du nombre de celles qui cumulent les fonctions de décideurs et de médiateurs (21 % dans les deux générations). On assiste, en revanche, à un développement de fonctions unidimensionnelles qui va de pair avec une tendance à la spécialisation des fonctions. Le nombre des personnalités à facettes diminue (les décideurs-créateurs-médiateurs passent de 21 % dans la génération 1 à 9 % dans la génération 2), tandis que le nombre des « décideurs-décideurs » (personnes qui n'exercent pas d'autre métier que celui de décideur) passe de 28 % dans la génération 1 à 37 % dans la génération 2. Cette évolution est signe là aussi de spécialisation.

Il y a vingt ans, le décideur culturel pouvait être tout à la fois un artiste et/ou un critique. Il en va moins ainsi puisque plus d'un tiers (37 %) des décideurs se consacrent à ce seul métier, ce qui signifie aussi qu'ils connaissent moins bien les problèmes propres aux familles des créateurs et des médiateurs. On trouve dans ces chiffres l'illustration statistique du développement de la spécialisation, de la complexification et de l'autonomie du système culturel.

— *Le nombre d'années consacré à l'exercice des professions culturelles tend à s'accroître nettement*, ce qui montre la tendance à la professionnalisation. Ainsi la proportion de personnes qui consacrent toute leur vie aux métiers de la culture est de 21 % dans la génération 1 et 51 % dans la génération 2. Celles qui y consacrent la majorité de leurs années actives étaient 21 % dans la génération 1 et 26 % dans la génération 2, ce qui confirme l'évolution précédente. En revanche, les personnes qui ne consacrent qu'un nombre minime d'années aux métiers de la culture durant leur carrière professionnelle passent de 58 % (génération 1) à 23 % dans la génération 2.
Ainsi, de même que les personnes qui cumulent plusieurs fonctions dans la vie culturelle diminuent, celles qui ne font que de brèves incursions dans la culture deviennent une minorité. La culture est devenue en l'espace d'une génération une affaire trop professionnelle pour être désormais confiée à des… amateurs.

• *Le pôle des médiateurs*

Ce pôle est aussi fortement affecté par l'évolution du système culturel. À tel point qu'il change presque de sens. Jusque sous Malraux, les médiateurs avaient essentiellement pour fonction de critiquer et de transmettre les valeurs et les connaissances artistiques. De ce fait, le rôle joué par l'université y était prédominant. « La fin du XIXe siècle avait fait de l'école la principale instance de production des savoirs et des représentations du monde, et avait vu l'émergence d'un champ artistique largement autonome, plus dégagé des finalités religieuses ou sociales dans lesquelles il s'était inscrit jusqu'alors. La fin du XXe siècle a vu à bien des égards un éclatement de ce double dispositif, au point qu'on peut aujourd'hui se demander si la parenthèse qui avait été alors ouverte n'est pas déjà refermée, » écrit Olivier Donnat[51].

Sous Malraux, ce pôle était bicéphale : universités et académies d'un côté, critiques et journalistes de l'autre. Les deux s'ignoraient le plus souvent, mais la coexistence entre eux était pacifique.

Vingt ans plus tard, la situation est complètement bouleversée. Le complexe audiovisuel s'est introduit dans la place, isolant les critiques, marginalisant les universités, cependant que les écoles connaissent un regain de faveur (École nationale du patrimoine par exemple, mais d'une manière générale toutes les écoles de caractère professionnel qui ont vu le jour dans le champ culturel depuis quinze ans : FEMIS, ENSCI, ICART, ISMC, etc.). Le complexe audiovisuel se taille évidemment la part du lion. Or il rencontre des difficultés à rendre compte correctement de l'activité culturelle. C'est l'une des raisons du combat de Jack Lang en faveur des industries de programme. Pour les grands médias, la culture ne correspond pas aux attentes basiques de leur clientèle, ce qui justifierait la place restreinte que lui réservent les programmes. Le système a donc été conduit à favoriser l'apparition de médias spécialisés dont l'archétype est Arte-La Sept qui n'échappe au rouleau compresseur des médias-grand public qu'au prix d'une politique élitiste et d'un abandon de la course au téléspectateur que permet une activité largement subventionnée. Pour simplifier, Bernard Pivot contribue plus à la fixation des normes et des valeurs artistiques et culturelles que Jérôme Clément[52]. Et les acteurs culturels qui veulent exister doivent fréquenter le petit écran. Cela peut être vrai aussi des décideurs parmi lesquels Jacques Rigaud est sans doute l'un des premiers à avoir compris l'importance de la télévision, au point que son itinéraire professionnel l'a conduit du ministère de la Culture à la radio-télévision Luxembourgeoise.

Médiatisation obligée et professionnalisation des formations, telles sont les deux caractéristiques de l'évolution constatée dans ce pôle. Universitaires et critiques en sortent un peu marginalisés, ce qui peut expliquer les réactions violentes contre les apparatchiks de la culture de la part d'hommes comme Marc Fumaroli (figure de l'université et de l'académie) et Jean Clair (figure du conservateur de musée et du critique).

Système complexe en forte transformation, le système culturel est désormais plus solidement assis qu'au temps de Malraux. La victoire de Jack Lang est moins dans l'instant que dans la durée. Le soi-disant « ministre des paillettes » s'avère, au fil du temps, le ministre de l'empreinte durable.

On a souvent fait le procès de l'ancien ministre sur le thème de son excessive médiatisation. Il est évident que Jack Lang prend goût à la communication. « Mais l'essentiel n'est pas là, proteste-t-il. La question est de savoir si cela peut aider à mettre en mouvement un pays, à transformer les gens en acteurs, à reconnaître leur dignité, depuis le plus modeste jusqu'au plus illustre[53]. »

Recette de bon comédien ? Plus vous transformez les spectateurs en acteurs et plus vous en faites des partisans enthousiastes ! Il dévoile aussi un art consommé de l'apparition dans des lieux inattendus et symboliques et un sens inné de la relation avec les journalistes. C'est qu'il considère son rôle de ministre de la Culture comme étant aussi celui de responsable de la communication du gouvernement. Ce n'est d'ailleurs pas un hasard s'il a finalement été porte-parole du gouvernement et ministre en charge de la Communication. Une chose est l'art de la communication, et Michel Guy déjà y excellait, une autre est la popularité. Michel Guy n'a jamais été populaire. Et si Lang l'est devenu, c'est parce qu'il a su être là où le peuple l'attendait : les jeunes, les professionnels de telle ou telle catégorie, les habitants de telle ou telle région… Cette distinction entre ce qu'est un art (communiquer) et ce qu'est un don (être populaire) devrait permettre de faire cesser beaucoup de faux procès.

Le Panthéon

Comment clôturer les nombreuses célébrations du Bicentenaire ? Comment écrire le point d'orgue de l'apothéose ? Si 1989 est l'année de l'apothéose, pourquoi ne pas jeter un regard en arrière ? 1981 avait commencé au Panthéon, 1989 s'achève au Panthéon.

Décembre 1989. Jack Lang roule quelque part en Alsace en compagnie de Bockel, maire de Mulhouse. Le téléphone sonne dans la voiture, c'est le président :

« Peut-être pourriez-vous prononcer le discours au Panthéon à l'occasion du transfert des cendres de Condorcet, Monge et l'abbé Grégoire ? Je n'en ai guère le temps moi-même », semble s'excuser François Mitterrand.

Réponse de Jack Lang : « Je suis honoré et touché par votre proposition. Je persiste à penser que c'est votre discours que beaucoup de Français attendent. Si votre décision est définitive, j'essaierai de remplir convenablement la mission que vous vouez bien me confier[54]. »

Convenablement !

Est-ce que le successeur de Malraux, mis au pied du mur, serait soudain paralysé par la perspective de la statue du Commandeur. Mieux que quiconque, il sait que le dîner de Don Juan avec le Commandeur se termine dans les flammes !

La cérémonie est prévue le 12 décembre à 19 heures. Il lui reste sept jours pour se préparer à l'épreuve. Il annule ses rendez-vous et se met au travail. Les images l'assaillent : Malraux, de Gaulle, Jean Moulin, Mitterrand et les roses du 10 mai. Les portes de l'Histoire. Malraux sur qui il écrira en 1996 un livre en forme de lettre comme pour prolonger le face-à-face.

Il fait glacial, la rue Soufflot est noire, de nuit et de monde. Alors commence comme un chant grec à s'élever la parole à la fois un peu sourde et timbrée :

« Monge ? Condorcet ? Grégoire ?
Pourquoi vos trois noms
ce soir
dessinés en lettres d'or ?
Quand Victor Hugo entrait au panthéon
C'était une évidence pour la foule des parisiens.
Lorsque Jean Moulin est venu le rejoindre
Quel Français ne l'a pas accompagné ?
Mais vous, Grégoire, Monge, Condorcet ?
Longtemps, trop longtemps
Délaissés par l'histoire,
Qui vous connaît vraiment ? [...] »

On découvre derrière les mots quelques obsessions du ministre-militant :

« Vous aviez si peu de temps !
Et vous avez tant fait !
Et l'histoire après vous
Semble si lente. »

Ou encore l'appel des libertés proclamées à l'Est de l'Europe :

« 1789 renaît
à Prague en 1989, à Berlin en 1989, à Moscou en 1989
à Budapest, à Sofia, à Santiago du Chili, à Pékin, en 1989.
Qui eut pu imaginer lorsque s'ouvraient en janvier
Les fêtes du bicentenaire que 1989 verrait
La révolution en marche sur les routes du globe ? »

La France, vieux pays, n'arrête pas de jouer sa politique à l'ombre de l'histoire :

> « Ce soir n'est pas le final du bicentenaire.
> Ce soir est un prélude : une manière d'ouverture
> À ce troisième millénaire de nos libertés en devenir. »

Place alors au premier secrétaire de l'Internationale des créateurs :

> « Alors, avec Vaclav Havel,
> Andrei Sakharov,
> Revient le temps des intellectuels en avant de l'action,
> Revient le temps des hommes des Lumières. »

Et de terminer en citant l'abbé Grégoire :

> « Un siècle nouveau va s'ouvrir : les palmes de la fraternité et de la paix en orneront le frontispice. Alors la liberté,
> planant sur toute l'Europe, visitera ses domaines : et cette partie du globe ne contiendra plus de forteresses, ni frontières, ni peuples étrangers[55]. »

On cherchait les finalités de la politique culturelle de Jack Lang ? Elles nous sont données par l'abbé Grégoire.

Le destin est cette force inconnue qui vous pousse à vous trouver en 1989 devant le Panthéon non seulement pour commémorer un bicentenaire mais aussi pour saluer la libération de peuples opprimés, acquise soudain comme par miracle. Le mur de Berlin s'est écroulé depuis un mois à peine..

La popularité est la reconnaissance que vous apportent ceux à qui vous avez rendu service. Pas un petit avantage matériel. Lang a rendu à un grand nombre de citoyens le service de reconnaître leur travail d'expression. Il les a de ce fait distingués « dans leurs aptitudes, leurs goûts, leur vérité, leur dignité[56] ». Plus il distingue les publics et plus les publics le distinguent à leur tour. Plus il distingue les artistes, plus ils se sentent honorés et plus ils le considèrent comme leur représentant. Car ils lui reconnaissent une supériorité : celle d'avoir vu qui ils étaient. La pertinence et la sympathie de ce regard, reconnu par les publics et les artistes s'appelle une vision.

18

La vision

Contrairement à ce que pensent ses détracteurs, Jack Lang n'est pas simplement un homme qui sent mieux que d'autres l'évolution des tendances artistiques et intellectuelles du moment. Homme de sens, il est aussi homme de conscience, c'est-à-dire homme de cœur. Comme en témoigne son acharnement à défendre le cinéma et à promouvoir une télévision de qualité. Comme le montre sa rapidité dans les initiatives prises dès 1989 pour tenter de donner un contenu à la grande Europe culturelle. La vision qui est la sienne est souvent décalée par rapport à celle du président : ce dernier est plus un homme de l'écrit, Lang plus un homme de l'image, l'un plus un homme de l'art, l'autre plus un homme du spectacle, tous deux se retrouvent dans le même goût de l'architecture et de l'aménagement urbain. Mais surtout, Lang est plus un homme de l'international alors que Mitterrand, même s'il parcourt le monde, préfère arpenter les chemins creux de la France profonde. Cette vision de Lang dont l'ampleur s'élargit au fil des ans, apparaît mieux sous « Lang II » que sous « Lang I ». Comme si elle était le résultat d'une maturité.

1. LE TEMPS QUI DURE, LE TEMPS QUI PASSE

La grande affaire du printemps 1988, outre les déficits budgétaires de François Léotard à éponger, c'est le projet de grande bibliothèque. De quoi faire sortir le « gouvernement culturel » du lit de son fleuve tranquille. Le retour se fait sous l'empire d'une culture de nouvelles valeurs qui révèlent une philosophie plus hédoniste et un sens plus relatif du temps. Jack Lang est moins pressé. Construire c'est la part du temps qui dure. Mais il y a aussi la part du temps qui passe et que l'on goûte ainsi. Lang I porte plus son action sur des objets qui lui sont extérieurs (les sculptures de la commande publique). Lang II s'attache plus à des pratiques intériorisées (la promenade jardinière, les arts de la table). La politique culturelle de Lang II serait donc moins visible que celle de Lang I, ce qui expliquerait la thèse parfois développée selon laquelle il serait moins actif. S'il s'en défend, c'est que son action a pris d'autres formes.

Le lancement de la Bibliothèque nationale de France

Jack Lang était obsédé par la situation catastrophique de la Bibliothèque Nationale, comme en témoigne cette supplique à Laurent Fabius dès 1985 : « Une tache noire souillera notre œuvre en faveur de la science si tu n'y portes pas personnellement remède. La situation faite à la Bibliothèque nationale n'est digne ni d'un grand pays, ni de la politique scientifique que tu conduis. Nous traînons comme un boulet le reproche justifié de laisser à l'abandon cette grande institution scientifique française. Nos amis étrangers ne comprennent pas notre indifférence. Les intellectuels français sont attristés. Tu accomplirais un geste populaire dont la communauté scientifique française et internationale te serait éternellement reconnaissante, si tu décidais un vrai changement de cap en faveur de la Bibliothèque nationale[1]. »

Laurent Fabius se rendit sur place pour soutenir les projets statutaires et financiers du ministre.

L'idée de construire à Paris une grande bibliothèque revient-elle à Jacques Attali, à Jack Lang, à François Léotard[2] ? Dans l'esprit du « conseiller spécial » du président[3], cette bibliothèque devait être essentiellement multimédia et ne pas couvrir nécessairement l'ensemble des collections de la Bibliothèque nationale. Elle a fait aussi l'objet d'un rapport de Francis Beck, le nouveau directeur de cabinet de Jack Lang en 1988[4]. Le ministre lui-même pousse beaucoup en faveur de ce projet, dont il entretient François Mitterrand dès le mois de mai 1988 : « Je vous soumettrai une série d'idées nouvelles, la semaine prochaine. D'ores et déjà deux types de réalisations mériteraient d'être mises en chantier :

« a. La construction d'une nouvelle bibliothèque nationale. L'actuelle BN craque. Tous les observateurs, en particulier Emmanuel Le Roy Ladurie, considèrent que seul un édifice nouveau permettrait de répondre aux besoins de la recherche contemporaine. Cette nouvelle bibliothèque nationale pourrait avoir une dimension européenne. [...] Par les moyens les plus modernes de l'informatique, ses prodigieuses collections pourraient, en même temps, être mises à la disposition des chercheurs du monde entier. Cette rénovation de la BN devrait s'articuler avec un plan de modernisation des bibliothèques universitaires, aujourd'hui dans un piteux état, et la création d'un véritable institut de l'histoire de l'art.

« b. La rénovation des musées scientifiques relevant du ministère de l'Éducation nationale (musée de l'Homme, Museum d'histoire naturelle, musée des Arts et métiers, musées d'Histoire naturelle d'un certain nombre de villes de province). Déjà vous aviez réussi, en 1985, à faire débloquer les premiers crédits. Une œuvre de grande envergure est à concevoir, qui embellirait votre septennat. »

Tout ce qui va se passer est contenu dans cette note fondatrice : les différences de traitement entre la BN et les bibliothèques universitaires, entre lecteurs-grand public et lecteurs-chercheurs, la question de l'institut de l'histoire de l'art qui se cherche depuis le début des années quatre-vingt et qui ne va déboucher qu'à la fin des années quatre-vingt-dix, l'antagonisme Lang-Biasini, les limites du champ de la culture et le regard déjà porté vers la rue de Grenelle... Autant dire que Lang ne va pas aisément piloter ce dernier des grands projets. Il aurait préféré qu'il fût implanté à Vincennes[5], ou encore quai Branly, voire même sur la montagne Sainte-Geneviève[6] ou l'île Seguin (avec la belle idée d'une « île bibliothèque »). Chirac impose Austerlitz.

Lang I inaugure ses fonctions en lançant l'idée du Grand Louvre, Lang II par l'idée de Bibliothèque nationale : passant ainsi du lieu de présentation des œuvres (peintures, sculptures) au lieu de consultation des ouvrages (livres). Belle illustration d'une évolution de comportement et de goût : moins portés au visible et plus soucieux d'intériorisation.

La méthode utilisée est assez révélatrice du développement d'un projet gigantesque. Il est respectable de voir un gouvernement mettre sept milliards de francs dans la lecture publique et la recherche scientifique. Mais nombre de problèmes n'ont pas été réglés. L'articulation de cette nouvelle institution avec le réseau des bibliothèques et médiathèques de France est mal définie. Son programme est incertain[7]. Son coût de fonctionnement, avec près d'un milliard et demi par an, soit 15 % environ du budget de fonctionnement du ministère de la Culture, risque d'obérer durablement les moyens de la rue de Valois. Et enfin sa gestion se heurte à des problèmes de conception, d'organisation et d'architecture.

Certes on demande des rapports à des personnes compétentes, Patrice Cahart et Michel Melot. Mais on avance sans doute trop vite et l'on poursuit des objectifs contradictoires. Qui se doute alors que François Mitterrand est malade et qu'il peut craindre de ne pas achever son septennat ? N'était-ce pas, après tout, ce qui était arrivé à Georges Pompidou ? C'est pourquoi il veut mettre les bouchées doubles.

Résultat : le programme est bâclé. Les dix architectes consultés doivent plancher sur un projet de bibliothèque prévu pour recevoir un million de livres. Tel est d'ailleurs le sentiment de Jack Lang lui-même : « Oui à une bibliothèque de recherche, mais non à une bibliothèque grand public : cela compliquait le programme en associant deux bibliothèques en une. Cela renchérissait les coûts. En outre, cela dispensait la ville de Paris de financer une bibliothèque municipale : pourquoi Paris serait la seule ville de France qui soit dispensée de la tâche d'avoir à financer une grande bibliothèque de lecture publique[8] ? »

Quelques mois après la sélection de Dominique Perrault, on annonce l'objectif de dix millions de livres et documents. Et j'entendis l'architecte assurer que l'adaptation de son projet à ce programme totalement différent ne posait guère de problème. On est ainsi passé en quelques mois d'un projet de banque de données multimédia qui aurait pu être la plus avancée du monde, à une bibliothèque classique consacrée au XXe siècle (on parla même des années postérieures à 1945), pour finir par une bibliothèque encyclopédique de sept milliards d'investissement. On comprend dès lors que l'on ait pu concevoir des dispositifs architecturaux aberrants comme stocker les livres derrière des vitres qu'il fallut occulter par des cloisons en bois. On plaça les lecteurs dans des sous-sols au fond d'un puits assez sombre. On annonça la création d'un jardin « grand-comme-celui-du-Palais-Royal » dont l'accès reste interdit.

Sans doute la Bibliothèque nationale François Mitterrand est-elle un modèle de décision politique, mais elle est aussi l'anti-modèle de la conception et du management d'un grand équipement culturel. Pour couronner le tout, on décida de faire payer l'entrée, alors que, jusqu'ici, le libre accès de tous aux bibliothèques, grande conquête révolutionnaire, supposait la gratuité.

Monge, Condorcet, Grégoire !

Biasini a eu les coudées franches pour mener à bien un projet devenu monstrueux et qui est un contresens conceptuel. On a prétendu que le concours était pipé. François Mitterrand voulait un architecte français, ce qui était légitime après avoir fait appel à tant d'architectes étrangers. André Rousselet, tenté de recourir à Dominique Perrault pour le bâtiment de Canal Plus, avait choisi en définitive Richard Meier. A-t-il convaincu François Mitterrand de choisir Dominique Perrault comme pour racheter son éviction de l'immeuble de Canal Plus ?

Regrouper dans un même lieu toute l'information documentaire nationale a-t-il un sens au moment où explosent les CD-Rom et se répand Internet[9] ? Nous entrons dans une société où toutes les connaissances du monde sont accessibles chez soi et choisissons ce moment pour entreprendre le plus gros effort de concentration géographique des collections publiques de l'histoire de France[10]. Mais en ces débuts du deuxième septennat de Mitterrand, devenu de plus en plus souverain, qui ose encore contrarier le président ? Jack Lang est sans doute l'un des seuls qui puisse lui tenir tête, mais on lui a soigneusement retiré, dans ce domaine, le pouvoir d'agir sur la forme, l'architecture, lui laissant la responsabilité des contenus. (Mais cette distinction a-t-elle un sens ?). Sept ans plus tard, la France dispose de l'une des plus belles bibliothèques du monde mais dont le fonctionnement n'est guère au point. De plus, elle est très en retard dans l'accès aux technologies multimédias.

Trois ans après son ouverture, le service qu'elle rend au public est d'une qualité si discutable que le nombre d'abonnés-chercheurs n'est que de 4000, deux fois moins que celui de la vieille BN de la rue de Richelieu. Elle est à moitié vide. Est-ce là le grand instrument de la connaissance que l'on a voulu ? Mais patience, cela ira sans doute mieux demain…

Le principe architectural de ce monument est très contestable. Il est en même temps révélateur d'un dessein. Il mérite d'être comparé à celui du Centre Pompidou auquel il s'oppose presque symétriquement. La comparaison des deux équipements qui encadrent la politique culturelle française des trente dernières années est très instructive. Pour accéder à Beaubourg, le visiteur est invité d'abord à descendre la déclivité de la piazza puis à s'élever dans le bâtiment. Principe exactement inverse à la BNF : le visiteur doit commencer par grimper les marches du temple (principe que nous avions voulu bannir à Beaubourg), marches en bois, glissantes par jour de pluie, espace généralement venté, puis il peut descendre dans le ventre de la bibliothèque. À Beaubourg, en montant dans la lumière des escalators, il peut voir défiler derrière les vitres du bâtiment, ses différentes activités : il est placé face à un principe de transparence qui a fait le succès du centre. À la BNF, il est plongé dans un principe d'obscurité (ce qui est gênant pour un temple de la connaissance !). L'architecture minérale, uniforme, symétrique semble faite pour aider le visiteur à perdre le nord au sens propre du terme : en effet, qu'il arrive de l'est ou de l'ouest, rien ne lui permet d'identifier son itinéraire, sauf que dans un cas il doit rejoindre sa salle habituelle en passant par la droite, dans l'autre en passant par la gauche, la seule manière de se repérer restant la position du soleil. Mais il n'est pas toujours visible à Paris et l'on n'est pas forcément muni d'une boussole !

Deuxième raison d'obscurité : les salles de lecture, placées à vingt mètres en dessous de la base des tours, donnent sur un puits-jardin lui-même obscurci par de grands pins. Reste à se laisser éclairer par les écrans des ordinateurs s'ils fonctionnent ou par la lumière des auteurs. Bref, le concept de Babel est merveilleusement traité par cette architecture de labyrinthe. Mais était-il ainsi prévu dans le programme ? Précisément, ce dernier a tellement changé entre le concours et le rendu de l'architecte que le bâtiment paraît bien avoir été fait sans programme. Il faut beaucoup marcher, certes sur de la moquette ou des toiles métalliques tissées, mais derrière des vitres d'où on peut admirer le merveilleux jardin-grand-comme-celui-du-Palais-Royal, que le lecteur doit se contenter de regarder...

Réponse du président de la Bibliothèque de France en 1999, Jean-Pierre Angrémy, (dont on a parlé lors de la naissance de l'opéra de la Bastille), à la remarque que je lui fais de tolérer au moins que les lecteurs puissent se promener sur les pourtours du jardin : « Impossible, cela perturberait l'équilibre de l'air conditionné ! » Comme si l'on ne pouvait pas faire passer les lecteurs par un sas à deux portes. Chaque agence bancaire en est pourtant bien dotée. On se demande pourquoi le jardin de la Bibliothèque de France serait ainsi réservé aux seuls jardiniers ou aux écureuils.

Ne parlons pas de l'esthétique extérieure du bâtiment. Si les tours étaient destinées à s'intégrer dans le paysage urbain du XIIIe arrondissement de Paris, c'est réussi. « On a créé un absurde spectacle urbain de tours sur tours », proteste Lang[11]. Si elles devaient symboliser, comme on l'a dit, le jeu des quatre coins auquel se livrent quatre livres géants posés sur la tranche, c'est raté. Et tant mieux, car l'image est d'une naïveté déconcertante.

Bref, la Bibliothèque multimédia de la France du XXIe siècle se révèle être le dernier spécimen d'une bibliothèque encyclopédique du XIXe siècle qui regroupe tout en un même lieu au point d'en compromettre la gestion. Les bibliothèques de demain seront légères et éclatées. La nôtre est lourde et concentrée. Beaubourg est convivial et attractif. La BNF est austère et rébarbative. À croire que son architecture a été pensée par opposition à celle de la BPI dont les lecteurs de la BN ne voulaient pas, de manière à conserver leur privilège : celui d'un lieu clos, réservé et payant.

On mesure là toutes les limites de la politique du rouleau-compresseur. Certes, l'équipement a été livré à l'heure. Mais pour quels services et quel degré de satisfaction, et, en définitive, pour quel coût ? Et cela au prix d'une inversion des concepts des équipements culturels : avec la BNF, il semble que l'on ait voulu abandonner l'idée de démocratisation culturelle. De là la répartition entre deux étages, comme entre deux classes. On ne peut pas ne pas penser que la BNF a été quelque peu marquée par l'idéologie de la droite qui bat le haut du pavé à la fin des années Lang, celle de l'équipe Fumaroli, Jean Clair et les autres. Comme quoi il n'est pas toujours nécessaire d'occuper le pouvoir pour l'exercer... Surtout si, comme le ressent le ministre-tuteur, on est de plus en plus mis en position de ne guère l'assurer.

Heureusement, à défaut de BNF, dont le ministre ne cesse de dénoncer les insuffisances, il reste le « pré carré » de la rue de Valois où va fleurir la politique des jardins.

L'art des jardins : des Tuileries à Chaumont

On a vu que l'art des jardins était une manière pour Jack Lang d'introduire la vie dans la restauration des vieilles pierres. Il va en faire l'un des grands thèmes de son dernier mandat politique, illustrant une conception assez hédoniste de la politique culturelle.

Jean-Paul Pigeat, après avoir révélé une âme de châtelain dans les années soixante-dix, en essayant de redonner vie à la forteresse de Collioure, est chargé par Jack Lang d'une mission jardinière. Il jettera son dévolu sur le château de Chaumont dont il fera le meilleur usage. L'art des jardins, on l'a vu avec le projet du Palais-Royal, devient l'un des soucis du ministre, surtout semble-t-il depuis qu'il réside à Blois, capitale du Jardin de la France !

On s'attaque aux Tuileries qu'il faudra bien réaménager après les fêtes du Bicentenaire (700 000 entrées aux expositions organisées dans le jardin). Comme on l'a vu, on en parle depuis 1984. Au centre du dispositif, le trio Bouchain, Dupavillon, Simonet-Lenglart. Un concours est organisé qui réunit huit équipes de jardiniers-paysagistes[12]. Le 21 octobre 1990, le président de la République décide de retenir deux équipes : Jacques Wirtz pour l'espace jardin du Carrousel et l'équipe Cribier-Benech pour l'espace du jardin des Tuileries[13]. Peï, associé à ce projet, doit traiter la terrasse située au-dessus du souterrain Lemonnier, charnière entre les deux jardins.

Objectif : les travaux doivent s'achever en 1995[14]. Les Tuileries ne sont pas la Bibliothèque de France ! Qu'il est bon d'être maître d'ouvrage incontesté ! Que le duo est doux lorsque votre seul interlocuteur est le président de la République !

On en profite pour réaménager la salle du Jeu de Paume et y implanter une galerie nationale d'art contemporain. L'architecture en est confiée à Antoine Stinco, lauréat du concours lancé à cette occasion. On passe un accord avec l'UAP qui devient mécène de ce projet et lui apporte régulièrement cinq millions de francs par an, ce qui est assez rare dans le domaine du mécénat. La direction de ce nouvel équipement culturel est confiée à Alfred Pacquement, issu, comme on l'a vu de la « génération Beaubourg[15] ».

La politique des jardins se met en place peu à peu. Une méthodologie d'inventaire est arrêtée en liaison avec le ministère de l'Équipement, des actions de restauration sont engagées (Versailles par exemple), la sensibilisation du public est organisée à travers une campagne intitulée : « Visitez un jardin en France[16] », en juin 1990, un Conservatoire international des jardins et du paysage doit ouvrir à Chaumont-sur-Loire[17].

Le projet de Festival des jardins va y éclore. Par chance, Chaumont est à quelques kilomètres de Blois. Dans ce très beau château, le festival organisé par Jean-Paul Pigeat présente chaque année une trentaine de petits jardins d'artistes et de paysagistes de toutes origines. Un vrai bonheur, un vrai succès. Le premier se tient au début de l'été 1993. Jack Lang vient de quitter la rue de Valois, mais il est plus que jamais maire de Blois.

À défaut de celles du Palais-Royal, il peut admirer les fleurs de Chaumont. Et s'adonner aux plaisirs de la table ?

La gastronomie

En réalité, Jack Lang n'a pas attendu de ne plus être ministre pour être fin gastronome. La politique des arts de la table remonte à 1985. Cette année-là, je suis invité à l'instigation de Jean-Paul Aron par Alain Sendérens dans son restaurant de la rue de Varenne, l'Archestrate. Après un poulet façon Apicius, et une ribambelle de fromages accompagnés d'alcools blancs, la question qu'il me pose n'est rien moins que celle de l'épuisement de l'action des grands chefs français aux prises avec la concurrence internationale. J'en parle à Lang et nous retournons chez Sendérens en compagnie de Jean-Paul Aron et de Monique pour un dîner où nous esquissons une action en faveur des arts culinaires. Spécialiste des « Cnac » (centre national d'art contemporain), j'imagine la création d'un nouveau « Cnac » (Centre national des arts culinaires). Je suggère d'abord qu'une mission soit confiée à Jean Ferniot qui s'adonne à la critique gastronomique et a ses entrées dans le monde des arts culinaires. Le nouveau Cnac voit rapidement le jour avec la complicité d'Henri Nallet, alors ministre de l'Agriculture. Didier Hamon, qui m'avait aidé à lancer l'École nationale de création industrielle (ENSCI), en assure la direction. Malheureusement, lorsque Léotard arrive aux affaires en 1986, l'initiative est stoppée net. Le Cnac qui a reçu le statut d'association doublement financée par la culture et l'agriculture est sacrifié sur l'autel du libéralisme. Après 1988, il faudra reprendre un long travail de Pénélope. Là aussi, l'affaire prend une tournure gouvernementale.

D'autres ministres sont associés. Le président de la République est sollicité : « L'association des maîtres-cuisiniers que vous recevez à 17 heures est une association rivale de la chambre syndicale de la haute cuisine française. L'association des maîtres cuisiniers ne représente plus les grands chefs, à l'exception de Bocuse, qui sont désormais dans la chambre syndicale créée en 1986 dans la ligne de la politique que j'ai menée en faveur des arts culinaires. Je vous rappelle qu'à la suite du rapport Jean Ferniot qui constatait une situation alarmante de la position de la cuisine française dans le monde, j'avais lancé, en coopération avec les grands chefs, l'École nationale des arts culinaires à Écully. En collaboration avec Lionel Jospin, Henri Nallet et Claude Évin, j'ai par ailleurs engagé avec Michel Guérard un projet de centre de formation pour les cuisiniers professionnels destiné à permettre l'amélioration de toutes les formes de restauration collective[18]. »

La gastronomie est-elle l'un des beaux-arts ? En tous les cas, l'affaire est menée rondement. Jack Lang, qui a révélé à la presse ses talents de cuisiniers et son palais de fin gourmet dès 1981 (dans *Playboy*), crée, cette fois-ci un Cnac plus léger, simple Conseil national des arts culinaires avec la participation — pas moins — de cinq ministères : outre la Culture, l'Agriculture où Henri Nallet officie toujours, la Santé et la Protection sociale avec Claude Évin, le ministère du Tourisme avec Olivier Stirn, le secrétariat d'État chargé de l'Enseignement technique, avec Robert Chapuis. Il s'agit de « créer la Haute Autorité des arts culinaires » qui sera présidée par Michel Guérard assisté par Jacques Puisais. Une cellule permanente est instituée qui sera dirigée par Alexandre Lazareff.

Les questions à l'ordre du jour sont plus sérieuses qu'il n'y paraît : « droits d'auteurs sur la création en art culinaire, recensement des principaux sites de notre patrimoine culinaire, mesures de protection pour les savoir-faire et les traditions du terroir qui sont en danger, formation des créateurs, éveil des jeunes enfants aux questions du goût, amélioration sensible de la qualité des prestations dans les lieux de restauration collective, journée nationale de la gourmandise, sur le modèle de la Fête de la musique, Conservatoire national du patrimoine culinaire[19], fonds bibliothécaire Sender, promouvoir et valoriser notre patrimoine culinaire auprès des visiteurs de notre pays[20]. »

Boursouflure ! Ne manqueront pas de dire les scientifiques de la culture triste !

Et la nouvelle équipe se met au travail, scientifiquement. Historiens, ethnologues et technologues mettent au point l'inventaire du patrimoine culinaire.

« Une œuvre comparable à l'inventaire des monuments historiques et des richesses de la France, n'hésite pas à souligner le ministre. L'enjeu est d'importance à l'heure de la banalisation du goût, il était temps d'empêcher la disparition progressive de ces produits du terroir qui sont autant de traces de notre passé. Il s'agissait d'affirmer avec force que le patrimoine culinaire est également un patrimoine culturel. Rarement culture et agriculture auront été aussi proches. D'où l'imbrication essentielle et la collaboration de nos deux ministères sur ce projet[21]. »

Jack Lang annonce l'achèvement de l'inventaire de la région Nord-Pas-de-Calais, choisie en raison de la détermination de ses autorités à lancer cette initiative[22]. Le président de la commission de l'inventaire est Alain Weill, qui était conservateur du musée de l'affiche à l'époque où j'officiais à l'Union des arts décoratifs, mais surtout membre du Club des cents[23]. Comme l'exprime le ministre : « C'est toute une région qui se livre à nous avec ses fromages, ses charcuteries, ses produits de la mer, ses pains, ses pâtisseries et ses bières. Nos amis du Nord y retrouveront leurs racines. Les historiens pourront s'y livrer à des études savantes sur les migrations des produits entre les Flandres françaises et belges et sur la transformation des harengs tout au long de la mer du nord. » Et de confier : « J'ai été personnellement passionné d'apprendre que l'appellation mimolette venait tout simplement du nom de ses inventeurs, MM. Lamy et Molette, que le fromage dauphin a été créé en l'honneur du fils de Louis XIV venu dans les Flandres en visite officielle après le traité de Nimègue et que le cœur d'Arras est né pendant le siège d'Arras. J'ai été très intéressé de découvrir l'existence du Pilchard, variation d'origine britannique sur le thème du hareng, d'apprendre l'existence de terrines peu connues comme le potjevelsch et le Lucullus de Valenciennes, langue fumée entrelardée de foie gras. J'ai été enfin passionné de découvrir l'existence de produits aussi inattendus que la nieulle, la cacoule, la fourdraine ou le terrassier. » Et le ministre de conclure en se léchant les babines : « Cette quête du patrimoine culinaire est indissociable de la redécouverte du goût. Et c'est pourquoi le même conseil national des arts culinaires a également programmé l'éveil du goût dans les écoles élémentaires[24]. »

Engagement tenu : quatre mois plus tard, il intervient pour lancer le programme d'éveil du goût des enfants dans les dites écoles élémentaires : « J'ai le bonheur de fêter aujourd'hui les lauréats du goût ; les cinq classes qui ont su exprimer le mieux tout ce que les cours d'éveil au goût de Jacques Puisais leur avaient apporté. [...] Nous assistons à la naissance d'une grande cause nationale, avec le soutien de l'ensemble des partenaires du monde éducatif, les enfants, les parents et les enseignants[25]. »

Ce programme va de pair avec l'accent mis sur l'éveil de la sensorialité auprès des jeunes dans le cadre du développement des enseignements artistiques et les nombreuses actions de sensibilisation comme « les arts au soleil » (lézards mais pas bazars !).

« Les arts au soleil »

Les enfants, ce sont en effet aussi les pratiques culturelles pendant les vacances. En 1988, « Les arts au soleil » sont une initiative de quelques pionniers du Languedoc-Roussillon qui décident d'offrir aux vacanciers une fête des arts les pieds dans l'eau. L'idée est reprise et généralisée en 1989 avec pour objectif de favoriser l'accès du plus grand nombre à la culture en s'adressant à un public disponible. « Quelle idée plus généreuse que d'inviter à la rencontre des œuvres et des artistes dans ce temps privilégié de découverte et de re-création que sont les vacances ? » demande Jack Lang. « Théâtre de rue, danse contemporaine, mises en scènes archéologiques, cirque, autant d'éclairages insolites qui contribueront à marquer chacun, irrésistiblement, de la dimension du rêve. Que les œuvres et les genres les plus divers se répondent pour faire vibrer, au contact de tous les publics, expressions nouvelles et talents méconnus[26]. »

« Les arts au soleil » ressemblent beaucoup à la Fête de la musique : derrière un jeu de mots malicieux[27], le regroupement de toute la diversité de ce qui se fait, non plus dans une seule discipline comme la musique, mais dans tous les domaines de l'art et de la culture, une généralisation et amplification progressive de l'opération, une volonté de sensibilisation du grand public, un espace-temps particulier (les plages, 11 régions du littoral, 350 villes, 3 000 manifestations) avec une philosophie qui tient en une seule phrase : « les artistes, on ne les montre jamais assez ».

Le directeur du projet est Didier Hamon, le chef de cabinet du ministre. Manière d'ensoleiller une fonction réputée sérieuse et s'exerçant principalement à l'ombre, et d'utiliser toutes les compétences. Jack Lang a le don d'obtenir de chaque collaborateur le meilleur de ce qu'il peut donner, quitte à ce qu'il sorte de son rôle habituel le temps d'une manifestation. Didier Hamon est devenu au fil des ans un grand habitué de la culture au pluriel. Magistrat atypique, moustache à la Charlie Chaplin, il arrive rue de Valois pour me prêter main forte dans l'administration de la nouvelle école de création industrielle. Fin gourmet, il s'adonne avec plaisir à la dégustation culturelle et prend en charge en 1985-1986 la nouvelle politique des arts culinaires. Après l'achèvement des fêtes du Bicentenaire où il a joué les Monsieur Loyal, il devient le chef de cabinet de Lang, bientôt rompu à l'art de dénouer tous les nœuds qui peuvent paralyser la marche du ministre. Dans le même temps, il poursuit avec flegme et plaisir ses incursions dans l'action culturelle.

La « Flamboyance »

Après les jeunes, les vieux. Le ministre des jeunes peut-il devenir aussi le ministre des moins jeunes ? Près de dix ans après son arrivée rue de Valois, il lance le manifeste de la « Flamboyance » afin de prodiguer aux « vieux » (on hésite à prononcer le mot dans la langue jeune de notre jeune politique culturelle) la reconnaissance qu'ils méritent : « Effrayés par cette « marée grise », et crise économique aidant, on repousse les vieux en leur assurant du pain et des jeux. [...] De cette longue enfance, beaucoup ont décidé de ne pas se satisfaire, aussi sont-ils partis pour cette nouvelle conquête de l'Ouest, celle du soleil couchant qui embrase le ciel et le rend flamboyant. »

Ceux qui pensaient, et espéraient secrètement, que le ministre des jeunes était enfin pris en flagrant délit de vouloir se ranger, peuvent être déçus : « la conquête de l'Ouest », rien de moins ! Le ministre rend hommage à d'autres valeurs qu'il considère avec ces nouveaux vieux comme révolutionnaires : « [...] la faiblesse contre la force, c'est-à-dire l'abolition de la loi du plus fort ; la lenteur contre la vitesse : on vit le charme du temps savouré dans les moindres actes ; le plaisir de la rencontre avec les êtres et les choses, contre le pouvoir sur les êtres et les choses ; la disponibilité contre la sur-occupation, le temps libre contre le temps contraint[28]. »

Dans le même temps, le toujours sérieux bulletin du DEP[29] consacre un numéro spécial aux pratiques culturelles des personnes âgées. Le ministère est une machine bien rodée qui arrive à la fois à lancer une nouvelle vague d'actions, en vue de nouveaux publics, tout en se fondant sur des données statistiques et sociologiques. Le troisième âge est reconnu comme acteur culturel de prédilection : « Des personnes toujours plus nombreuses, qui sortent plus souvent le soir et plus nombreuses à lire des livres[30] ».

La « Flamboyance », belle illustration de la politique sectorielle des publics : distinguer pour toucher, découper la population en autant de parties qui méritent une attention, un discours et des mesures spécifiques.

Plus guère de catégories n'échappent à l'intervention de Jack Lang. La novation est nécessairement moins importante à la fin qu'au début des années quatre-vingt. Tant a été fait. Et il faut bien se donner le temps d'absorber les nouvelles frontières conquises. Mais, comme on le voit, ce n'est pas tellement sur le terrain des actions culturelles classiques que le « ministre des ministères » consacre désormais son énergie. Il laisse à d'autres le soin de gérer ces domaines, confiant à Jacques Sallois, François Barré et Bernard Latarjet le soin de donner eux-mêmes des conférences de presse.

Les nouvelles actions sont-elles d'un autre ordre ? Lecture, jardinage, gastronomie, « charme du temps savouré » : Jack Lang a-t-il décidément opté pour la philosophie du temps donné au temps ?

Un temps qui lui permet aussi en réalité d'être animé par d'autres préoccupations et d'autres horizons : la question obsédante de l'audiovisuel, l'ambition européenne pour la culture et, plus proche des citoyens, sa nouvelle fonction de maire de Blois.

Après le temps des actions les plus larges, vient celui des perspectives plus lointaines ou plus proches.

2. LES NOUVEAUX HORIZONS

La culture et l'audiovisuel

Avant les autres, Jack Lang a compris que la politique culturelle ne peut plus se concevoir indépendamment de l'audiovisuel et surtout de la télévision. De là son combat pour le pluralisme et la création dans les médias.

Lorsqu'en 1996 Philippe Douste-Blazy demande à Jacques Rigaud d'animer la commission dite de la refondation de la politique culturelle, il lui précise, pourtant, explicitement d'étudier « l'essentiel de l'action culturelle du ministère de la Culture — les secteurs du cinéma, de la communication, de l'audiovisuel exceptés[31]. »

Cette « exception culturelle » là, « exception audiovisuelle » devrait-on dire, est incompréhensible. Jacques Rigaud qui n'en est pas responsable, nous avait habitués à une certaine « exception culturelle », justifiant la manière française de traiter au moyen de l'État les questions culturelles. On le suivait volontiers sur ce terrain. Mais la lettre de mission qu'il reçoit fait abstraction de toute l'évolution qui a affecté, depuis quinze ans, le ministère de la Culture, devenu de la Culture et de la Communication. Comment se poser la question des fondements de la politique culturelle sans prendre en compte cette lame de fond ? Pourquoi faire penser que la culture n'est pas assez sérieuse pour s'intéresser à l'audiovisuel ? Jack Ralite[32], qui accepte de participer aux travaux de Jacques Rigaud, ressent le besoin de faire entendre sa différence sur ce point en demandant la publication d'une note annexe particulière : « La mise à l'écart de l'audiovisuel a donné *a priori* un statut marginal au travail de la commission, les processus économiques dans le secteur image étant vécus comme une fatalité. » Et de poser les bonnes questions : « Comment traiter des rapports art/culture/publics, en ignorant le fait que la télévision est la première pratique culturelle de la population ? Ignorer le cinéma, la radiotélévision et les nouvelles technologies, c'est se refuser à désigner le réel : le jeu des grandes forces économiques et financières dont l'objectif n'est ni l'art, ni la culture, mais l'argent[33]. »

Voilà qui est nettement parler. Et qui montre que Philippe Douste-Blazy est encore attaché, en 1996, à une conception de la culture vécue comme un « supplément d'âme », et soi-disant indépendante des forces économiques. Voilà qui fait assez clairement apparaître la différence entre deux conceptions de la culture.

Jack Lang ne cesse de tenir le langage d'une vision économique. A-t-il tort d'avoir eu raison avant les autres ? Et de l'avoir exprimé plus fort que d'autres ? Il n'hésite pas à brandir la menace de sa démission de ministre de la communication lorsque les ministres placés sous sa tutelle font preuve de trop de mansuétude pour les critères peu culturels des chaînes privées, que Jacques Rigaud connaît bien.

1989 est l'année d'une grande réussite : la chaîne culturelle européenne voit enfin le jour : « Arte est née au forceps[34] », comme il dit.

De retour de vacances, en 1991, il est plein d'énergie et propose son propre programme audiovisuel au président : « L'immobilisme des instances officielles paralyse tout effort de changement. J'en souffre et j'aimerais que l'on puisse faire bouger les choses. Voici, à titre d'exemples, quelques propositions de réformes :

1. la création (enfin !) d'une chaîne musicale ;

2. l'amélioration de la composition du CSA ;

3. le renforcement des pouvoirs du CSA vis-à-vis des chaînes de télévision pour les obliger à mieux respecter les exigences de pluralisme politique (et en particulier à l'approche d'échéances électorales) ;

4. une présence accrue de la musique francophone dans les radios ;

5. la désignation d'une personnalité forte pour prendre en main sérieusement le dossier de la haute définition qui s'enlise [...] ;

6. le lancement d'une chaîne expérimentale par satellite qui permette de diffuser des œuvres réalisées en haute définition ;

7. la relance d'Eurêka audiovisuel, aujourd'hui égaré dans les brumes de la diplomatie ;

8. la création d'un fonds de prêts à taux bonifié pour la presse quotidienne qui permette d'atténuer la crise grave que traversent actuellement les éditeurs ;

9. le soutien au projet européen de télévision d'information Euro news[35]. »

Voici un bon programme pour le « gouvernement culturel ». Mais est-il encore possible de gouverner, semble se demander le ministre. Et qui est responsable de l'immobilisme des instances officielles ? Le gouvernement ? Le président ? Ce dernier n'est-il pas de plus en plus malade ? On sent que depuis 1990 ces affaires-là peinent à avancer.

Il ne cesse de plaider pour la chaîne musicale : « Il faut au plus vite lancer un appel de candidatures. Qu'on ne dise pas qu'il n'y a pas de bons candidats. Tout a été fait pour les décourager. Je vous garantis, ajoute-t-il à l'adresse du président de la République, que si nous lançons cette chaîne musicale, ce sera une réalisation réussie. Ce sera une œuvre dont les jeunes et les artistes vous seront reconnaissants [...]. Il nous restera ensuite à faire avancer l'idée de « fondation d'utilité politique » pour l'ensemble du secteur. Alors nous aurons peut-être réussi à redresser l'ensemble de la situation[36]. »

Il insiste pour la création de la chaîne culturelle et montre que les Allemands, par exemple, n'ont pas peur comme les Français de faire payer un montant élevé de redevance : « Je me permets d'attirer votre attention sur une décision prise par les autorités allemandes pour financer les besoins des chaînes de télévision publiques. Les Allemands augmenteront leur redevance télévision de 25 % en 1992 et son montant atteindra 995 F alors que nous n'avons augmenté la nôtre que de 2,5 % pour la passer à 580 F. Pourquoi une telle décision, écartée en France, est-elle réalisable chez nos concurrents et amis allemands[37] ? »

Il demande une chaîne éducative : « Chaîne éducative : incroyable mais vrai ! écrit-il à François Mitterrand. Après trois mois de tergiversations et d'auditions, le CSA pourrait ne pas adopter, ce mercredi, le projet de chaîne éducative. [...] Si notre projet échouait, ce serait d'abord un camouflet pour le gouvernement. Ce serait aussi un déshonneur pour le CSA qui, indifférent à la dérive commerciale des chaînes, se révélerait décidément incapable de soutenir un projet pour les jeunes et la culture. Déjà il s'était opposé à la création d'une chaîne musicale. Est-il imaginable que la France soit le seul grand pays industrialisé à être privé d'une chaîne éducative ? Le comble est que ce projet suscite l'adhésion générale. De nombreuses personnalités de l'opposition ont apporté leur appui. Les autres chaînes de télévision voient d'un bon œil l'apparition d'une telle chaîne. [...] La naissance d'une telle chaîne attendue par les parents, par les jeunes, par les éducateur, serait une réussite audiovisuelle à porter à l'actif de votre Présidence[38] [...] »

Son combat est sans cesse celui du service public de la télévision. « Pardonnez-moi de revenir sur ce dossier impossible de la télévision. Regardons les choses en face : je suis le seul à partager mon point de vue ! J'ai toujours pensé que seule la fermeté à l'égard des chaînes commerciales permettrait de rééquilibrer le système et d'obtenir un amélioration des programmes et du pluralisme politique. Malheureusement le Conseil supérieur de l'audiovisuel et le gouvernement ont multiplié les concessions et les compromis. Nous payons aujourd'hui le prix de cette faiblesse. Les chaîne commerciales redressent la tête, déchirent leurs contrats tels des chiffons de papier et narguent les lois et règlements[39]. »

Ce combat n'aura pas été vain. La chaîne musicale a été créée en 1986... Elle ne vivra que quelques mois, le gouvernement Chirac mettant aussitôt fin à l'expérience, Euro news verra le jour, la chaîne éducative également. Mais la culture a dû investir des chaînes spécialisées. Elle a dû se résoudre à abandonner aux chaînes généralistes, les plus rentables, une programmation où la culture est réduite à la portion congrue.

Le combat pour l'Europe de la culture

L'Europe de la culture est aussi, peut-être d'abord, audiovisuelle. Pressentant que le champ culturel est de plus en plus conditionné par l'image, « Lang II » ne va plus cesser de placer son combat au niveau de l'Europe. Beaucoup plus que sous « Lang I ».

Et l'une de ses préoccupations, dès son retour rue de Valois, est l'Europe de l'Est. On se souvient de son soutien aux intellectuels de Pologne au début des années quatre-vingt. Il reste plus que jamais sensible à ce qui se passe de l'autre côté du mur de Berlin : « Ne pourrait-on pas organiser au cours de l'année 1989, au printemps ou à l'automne, écrit-il à François Mitterrand en novembre 1988, un symposium ou un congrès qui réunirait des intellectuels des deux Europe, de l'Est et de l'Ouest. Son objet : faire émerger la conscience culturelle européenne à l'échelle du continent et jeter les bases de ce qui pourrait être une future communauté culturelle européenne du XXIe siècle. Une réunion de grande ampleur à Paris aurait, je crois, une grande répercussion. Elle pourrait faciliter votre action de réconciliation vers les pays d'Europe orientale. Elle accompagnerait le mouvement diplomatique ou économique vers ces pays. Elle pourrait être annonciatrice de nouvelles initiatives[40]. »

Voici Lang devenu sinon prophète, du moins visionnaire. Nous sommes en effet en novembre 1988 et le mur de Berlin s'écroulera en novembre 1989, un an plus tard. Qui se soucie alors des mouvements souterrains de l'Europe de l'Est ? Qui décide de remettre à Vaclav Havel, en prison à Prague, la décoration des Arts et Lettres ? Jack Lang. Là encore, la culture est aux avant-postes. Mieux que les espions ou les diplomates, elle permet de sentir les grandes mutations politiques et sociales. Lang est encore une fois le premier. On peut jouir du temps qui passe, sans pour autant cesser de combattre pour les échanges entre les hommes et pour la paix.

La construction de l'Europe culturelle passe par des échanges, par l'organisation de projets et l'adoption de mesures politiques et économiques. Lang ne cesse de passer des unes aux autres, tantôt organisateur de spectacles, tantôt stratège de la construction de l'Europe de la culture.

Blois, 3 novembre 1989 : le mur de Berlin va tomber le 9 novembre. On ne s'y attend pas. Jack Lang qui est désormais à la tête d'une ville pouvant recevoir des congrès, organise déjà un symposium européen avec pour objectif de jeter les bases de la nouvelle Europe. Gilles Martinet fait la synthèse des travaux. Sous le titre « Europe, continent culture », plus de cent personnalités, ministres de la Culture, écrivains, cinéastes, musiciens, historiens, comédiens, artistes de toutes sortes, issus des pays de l'Europe de l'est et de l'ouest, travaillent pendant deux jours à rechercher des points de convergence, maintenant que le régime soviétique se lézarde (mais Eltsine ne remplacera Gorbatchev qu'en décembre 1991). Jack Lang, en compagnie de Danielle Mitterrand, tire la conclusion : « Derrière ces mots "Grande Europe de la culture" il y a le concept simple : penser aujourd'hui cette Europe, aiguiser cette conscience européenne continentale, construire ce vouloir vivre ensemble européen. [...] Notre grande famille longtemps divisée, déchirée, séparée veut se retrouver dans une "maison commune" [...] Elle veut partager cet art de vivre européen qui est — à tous les sens du terme — le contraire de l'uniforme : elle veut se débarrasser de l'uniforme en Europe. [...] Pour essayer d'aller plus loin, plus vite, je suggère que nous installions un secrétariat permanent, chargé de soutenir une sorte de comité d'initiative pour la construction de la grande Europe de la culture. [...] Car cette rencontre d'aujourd'hui, conclut-il, en préfigure, je le crois, beaucoup d'autres, tant il est vrai que les circonstances se prêtent, enfin, à ce que nous apportions le meilleur de chacun d'entre nous, avec, chacun, nos moyens respectifs, et cela quelles que soient nos sensibilités et nos histoires. Les organisateurs de ce symposium avaient choisi de l'intituler "Europe, continent culture". Je me permettrais d'ajouter, pour ne rien perdre de cette part précieuse de nos espérances et de notre désir de bonheur, que je vois aussi dans cette Europe, le Continent des rêves[41]. »

Dix ans plus tard, ce rêve de paix s'est évanoui dans des guerres en Yougoslavie. Sans doute les espérances qui se sont levées n'ont pas suffi à enrayer des processus d'oppression facilités par des décennies de dictatures. Mais une tentative aura été amorcée qui aura d'autres développements, notamment sur le terrain de l'audiovisuel. Et il est permis de penser que si tous les hommes politiques des pays occidentaux avaient développé la même quête de dialogue avec l'Est, ces guerres auraient pu être évitées. Comme Lang le pressentais, cela exigeait, ici et maintenant, de ne pas laisser de temps au temps.

Blois devient à nouveau, en mars 1990, le siège des rencontres Est-Ouest avec la participation en grand nombre de réalisateurs de cinéma et de télévision venus de toutes ces Europe qui n'en font qu'une.

À Cannes, en mai 1990, à l'occasion du Festival de cinéma, Jack Lang, décidément très en pointe sur le projet d'Europe de la culture, prend la parole lors d'une rencontre intitulée « France, Europe et cinémas de l'Est ». Le vent de la liberté souffle en Europe de l'Est. Pour la première fois, des cinéastes de l'Est sont présents en compagnie de leurs collègues de l'Ouest. Il leur conseille de « ne prendre que le meilleur » du cinéma occidental « et de laisser le reste ». Toujours accompagné par Danielle Mitterrand, en sa qualité de présidente de sa Fondation, et d'Elie Wiesel, il s'exclame : « Si nous voulons maintenant que revive la grande Europe de l'esprit, la culture doit continuer à ouvrir la marche pour libérer le formidable potentiel de talents si longtemps réprimés ou séparés[42]. »

À Venise, en 1990, il reprend inlassablement son plaidoyer pour un cinéma européen plus fort et plus indépendant. Il commence par raconter une sorte de fable à la manière d'Umberto Eco, décrivant des archéologues d'une époque future qui découvriraient le cinéma européen du XXe siècle : « Le cinéma, une invention d'hommes de science, un instant voué à la distraction foraine, puis transformé rapidement en art à part entière avait conquis dès les années trente du siècle des foules entières. Certains parlaient d'art du vingtième siècle. Les cultures nationales s'en emparaient, des écoles fleurissaient, des cinéastes devenaient l'égal des peintres, des écrivains, des musiciens. Puis, vers la fin du siècle, cet art, tributaire de ses contraintes de réalisation matérielle, faiblit. Les États européens songèrent un moment à le soutenir comme ils le faisaient pour les autres arts, ce qui ne leur coûtait d'ailleurs pas très cher, puis ils l'abandonnèrent peu à peu. Arrivés à ce point, nos archéologues s'étonnent. Ils analysent cette conjonction étrange de la montée d'une autre image, la télévision, de l'assimilation des œuvres (les films) à de simples biens marchands, des difficultés économiques de certains pays de l'est de l'Europe et d'une sorte de découragement inexpliqué des États face à ce qui restait en cette fin de siècle l'art le plus populaire. Arrêtons la fable, poursuit le ministre, car la suite de l'histoire c'est à nous de l'écrire et d'en renverser le cours[43]. »

Et de proposer des mesures pour que l'Europe du cinéma puisse sauver cet art populaire menacé par le marché.

Toujours vigilant, il incite Elie Wiesel, Pierre Boulez et Marguerite Yourcenar, puis Yves Montand à créer un Comité pour la démocratie et protester contre la tentative de coup d'État contre Gorbatchev en 1991. Elie Wiesel est même chargé d'une mission à Moscou pour apporter un soutien à Gorbatchev.

Il n'a de cesse d'enfoncer le clou de l'Europe. Tous les moyens y sont bons. Il convainc François Mitterrand d'organiser une conférence à Prague, en présence de Vaclav Havel, sorti de prison, pour lancer l'idée d'une grande confédération européenne politique et culturelle. Tout ce que l'Europe compte d'artistes et d'intellectuels est présent. Voici Jack Lang promu premier secrétaire de l'Internationale des créateurs ! Il sait que la route vers l'Europe de l'économie sera longue et que la grande Europe peut au moins commencer par la politique et la culture. Mais nombre des pays d'Europe centrale et orientale craindront que la confédération ne soit une ruse pour retarder leur entrée dans le Marché commun. Ils vont donc en abandonner l'idée. Hélas ! s'exclame Lang[44].

Tous les moyens sont bons pour tenter de faire cette Europe culturelle. Y compris, car il ne faut pas perdre le moral, l'Europe de la gastronomie. Voici en novembre 1991, Jack Lang reçu au congrès « d'Eurotoques », assemblée des cuisiniers de la communauté européenne, dont le président n'est autre que Paul Bocuse. Trois mille cuisiniers ont ainsi choisi de contribuer au rayonnement de la cuisine européenne. « À l'heure de l'Europe, notre patrimoine devient commun. Nous luttons tous ensemble pour résister contre la banalisation du goût, préserver nos produits authentiques, respecter une stricte déontologie, défendre le savoir-faire des professionnels, développer les échanges de technologies et d'idées. Je ne peux qu'adhérer point par point à votre ambitieux programme qui prolonge sur le plan européen ce que j'ai entrepris en France[45]. »

Janvier 1992 : L'Europe culturelle est devenue une véritable croisade. À Paris se tiennent les Rencontres nationales pour l'Europe avec la participation de nombreux experts puisqu'on y parle non seulement de culture, mais aussi de médias et de santé. Pour la culture, l'accent est mis sur les langues, le patrimoine, l'audiovisuel[46].

Octobre 1992, c'est devant les ministres de la Culture du Conseil de l'Europe, invités à Paris, que Jack Lang fait part de son espoir et de ses craintes : « L'espoir du cœur était ma réponse personnelle au défi qui depuis deux ans, malmène l'Europe : la renaissance sur les ruines du communisme, des nationalismes violents et violemment exclusifs. Face à cet immense danger, il paraissait indispensable de manifester l'existence de la grande force d'une communauté intellectuelle européenne. […] L'espoir de l'action reposait, lui, sur la concomitance de cette réunion des intellectuels et des ministres de la Culture, venus si nombreux pour la VIIe conférence du Conseil de l'Europe. Il était enfin possible de rassembler une centaine de créateurs du continent et la quasi totalité des responsables publics. Sans doute à Blois, il y a maintenant trois ans, plusieurs de mes collègues avaient fait le déplacement ; mais encore mal dégagée de ses fers, l'Europe centrale et orientale, à l'exception significative de la Pologne, n'avait pu nous répondre. Mon ambition était — est en ce moment même — de relier l'idée à l'acte, que les propositions des intellectuels et des artistes soient directement et publiquement transmises aux ministres afin, comme nous y invitait Frédéric Edelmann, de "mettre les mains dans le ciment" [47]. »

Dans le même temps, le colloque de la grande Europe était organisé au théâtre du Rond Point qui marqua sans doute un des sommets de la prise de conscience de la solidarité européenne[48].

Les ambitions européennes du ministre ne l'empêchent sans doute pas de s'intéresser au sort des gardiens de musées, ni à l'avenir de son prochain budget, mais elles constituent désormais plus qu'une priorité, un horizon permanent. Il faut dire que l'ébranlement de 1990 en Europe est une rupture si profonde qu'il relève de ces cycles historiques que l'on qualifie de centenaires ou millénaires.

Blois et l'enracinement

Rien à voir avec le cycle de la politique locale. En 1989, Lang est maire de Blois depuis quelques mois. Mais il s'y installe durablement. Depuis qu'il règne sur Blois (le verbe ne convient pas, car s'il y a reçu royalement la reine d'Angleterre, il y joue plutôt le rôle d'animateur) la ville est devenue une sorte de capitale culturelle de l'Europe. Il est assez heureux d'adresser à François Mitterrand en novembre 1991, les résultats d'un sondage sur la popularité du maire de Blois lui attribuant 68 % d'opinions favorables[49]. Et la *Nouvelle République du Centre* de titrer : « Jack Lang, quelle star ! »

Le voici en moyenne deux à trois jours par semaine dans sa ville. On y retrouve Patrick Bouchain qui dirige un atelier d'urbanisme : construire un nouveau pont sur la Loire, bâtir l'université, ériger la bibliothèque municipale, promouvoir le Conservatoire des jardins, le travail ne manque pas et la ville de Blois devient le lieu où se condensent les nouvelles priorités du ministre. L'Europe culturelle et l'aménagement culturel local, deux des logiques qui désormais rythment sa vie d'homme politique.

Cette ville, qui a été au cours de l'histoire la capitale de la France, devient désormais le lieu d'où sont lancés un certain nombre de projets nationaux. Mais aussi locaux. Il est vrai que le ministre est bien placé pour trouver les subventions, susurrent les mauvaises langues. Ce qui permet de rêver parfois à ce qu'aurait pu entreprendre, et avec quelle vertu symbolique, Jack Lang à la tête de la mairie... d'Avignon ! Il aurait pu être à la fois maire, ministre, premier secrétaire du *Parti des créateurs* et... Jean Vilar. À Blois, il est tantôt maire, tantôt ministre, tantôt premier secrétaire du Parti des créateurs d'Europe...

Comme au Palais-Royal, il commence par interdire le stationnement dans la cour de l'hôtel de ville. Ici pas besoin de colonnes de Buren : le maire de Blois est plus puissant dans sa ville que le ministre de la Culture au Palais-Royal, découvre-t-il. Il lance la « maison de la magie[50] » en s'adressant à Christian Fechner, manière de faire un clin d'œil à un art populaire ; il construit une bibliothèque-médiathèque, à la fois publique et universitaire ; il érige un pont dessiné par Jean-Michel Wilmotte (et qu'il baptise François Mitterrand) ; il commande à Gilles Clément de refaire les jardins en terrasses de la ville ; il fait intervenir de jeunes créateurs paysagistes pour fleurir chacun des ronds-points[51].

Février 1990 : Colloque sur le thème « Les jardins historiques : conservation, reconstitution ou création[52] ? » Le « ministre-maire » développe la politique des jardins qui est l'une des priorités du ministère. À Blois, située « au cœur du jardin de France, les fameuses terrasses aménagées dès 1500 sous la conduite de Mercogliano constituent bien le premier grand jardin de notre Renaissance. [...] La situation est grave, explique le ministre-maire, beaucoup de nos grands parcs historiques sont malades et même quasiment ruinés. Comment décrire autrement Ermenonville, Rambouillet, Méréville, Chantilly et surtout Versailles et les Tuileries ? Tous ces lieux fameux ne sont plus que l'ombre de leur gloire. Quant aux créations jardinières des dernières décennies, le mot qui les désigne, Espaces verts, dit assez qu'on a trop souvent renoncé à toute recherche esthétique. [...] Aujourd'hui la redécouverte des jardins n'est pas une simple mode, c'est un véritable phénomène de société. »

Mars 1990 : Opération collège au cinéma. Le « ministre-maire » met en place, sous ce nom, une campagne d'information et de sensibilisation des collèges (20 établissements dans le Loir-et-Cher) soit 3 000 jeunes représentant 118 classes pour assister au rythme d'au moins une fois par trimestre aux séances de cinéma spécialement organisées pour eux dans les cinémas des villes du département.

Mars 1990 : L'académie Goncourt décerne un prix du premier roman, remis au château de Blois, en présence d'Hervé Bazin.

Mai 1990 : Le « ministre-maire » clôt la session de l'université du troisième âge de Blois et en profite pour annoncer la Flamboyance des « grands-mères conteuses », il souligne le rôle précieux de l'association « L'âge d'or en France », et lance le « Guide la Flamboyance ».

21 juin 1991 : Visite du président de la République à Blois. C'est l'occasion pour le « ministre-maire » de dire tout haut ce qu'il pense tout bas de son président préféré et tout ce qu'il lui doit aussi. La chaleur de la population entoure les deux hommes. Le président et son ministre, qui tiennent les rênes de la politique du pays depuis plus de dix ans, (huit ans pour Lang si l'on déduit les années de cohabitation) se font acclamer par les jeunes dans les cités HLM. Quelle plus belle récompense pour Jack que de recevoir, en qualité de jeune maire, son père spirituel, le jour de la Fête de la musique, symbole de la réussite de son action ?

François à Jack

Cette visite de François Mitterrand à Blois est une joie rare pour le maire de Blois. C'est aussi l'occasion d'un rappel de ce qu'est la culture pour le président de la République et d'un hommage public à Jack Lang : « Qu'est-ce que la culture si ce n'est l'expression créatrice ? Ce n'est pas un privilège réservé à quelques uns. Le 21 juin, Fête de la musique, en est le témoignage. La culture est un droit, un droit pour tous, le droit de comprendre, le droit de percevoir le monde dans ses richesses et ses virtualités. C'est aussi un devoir pour nous : c'est de permettre au plus grand nombre l'accès à la connaissance et d'ouvrir le champ illimité du savoir. Aujourd'hui, d'ailleurs, je crois que la culture n'est plus perçue comme un accessoire, comme un passe-temps, une manie un peu extravagante, ce n'est pas l'affaire de quelques initiés qui auraient à garder jalousement un trésor qu'ils n'auraient pas l'intention, ni même la permission de divulguer. Grâce à l'effort mené par le ministre de la Culture qui, depuis un peu plus de huit ans, a en charge l'ensemble des disciplines culturelles, je veux dire Jack Lang, maire de Blois, tout ceci est devenu vérité pour la majorité des Français. […] Le ministère de la Culture depuis déjà quelques années a fait beaucoup de travail. J'ai tenu à venir à Blois parce que c'était Blois, parce que je n'y étais pas officiellement venu de la même façon depuis très longtemps, parce qu'il s'agit d'un beau département. J'ai eu la chance de pouvoir aller ici et là au gré de la voiture et d'y rencontrer un sénateur, un député, le maire, et beaucoup de gens qui n'ont pas du tout suivi ces chemins. Ils sont tout simplement le peuple de France. Je ne pense pas qu'il y ait beaucoup d'endroits où le peuple de France soit autant habité par le rêve, l'imagination, la volonté, le goût de la culture[53]… »

Jack Lang est comblé. François Mitterrand, en lui parlant de la sorte, avec ce mélange de pudeur et d'affection qui lui est propre, ne vient-il pas de reconnaître en Jack les qualités qui font un homme d'État ? En tous les cas celles qui, fondées sur le bon usage du temps, permettent de laisser une empreinte profonde et durable.

19

L'empreinte

Ceux qui voient dans la croissance du « système culturel » — que l'on peut aussi dénommer « cinquième pouvoir » — des raisons de s'inquiéter doivent trouver aussi des motifs de satisfaction dans l'apparition de zones d'autonomie qui s'épanouissent soit dans ses interstices, soit dans les oppositions que la multitude de ses pôles ne manque pas de faire naître.

En juillet 1986, j'aurais pu retourner à la Cour des comptes. Je décide pourtant de créer une entreprise de conseil fondée sur le concept d'ingénierie culturelle que je mets au point. La veille du conseil des ministres qui devait décider mon remplacement, je rends visite à François Mitterrand et j'évoque avec lui mon projet. Il trouve le mot singulier, mais m'encourage vivement à œuvrer dans le cadre de la décentralisation, au sein de ce champ culturel de plus en plus autonome dont je ressens le développement.

Pour un fonctionnaire placé au sommet d'une pyramide de pouvoirs, devenir chef d'entreprise est un défi, voire une épreuve. Je me lançai bravement et vivai cette création comme une aventure. À cette place, mieux que dans les arcanes du pouvoir, je vais pouvoir agir dans le concret, sur le terrain, proche des acteurs culturels et observer le développement de l'autonomie du champ culturel. L'État a donné l'élan. Six ans plus tard n'est-il pas temps d'en évaluer l'effet ?

Effet d'autonomie, effet d'amplification, effet de démocratisation, l'empreinte est inégale selon les cas. Mais elle est irréversible.

1. L'EFFET D'AUTONOMIE

Il faut toujours avoir présente à l'esprit la déclaration de Lang à l'assemblée nationale : pas un ministère mais quarante quatre ministères de la Culture. Refus de l'absolu de l'État dans la culture, mais le concevoir comme un instrument au service de mouvements autonomes, d'initiatives, de réalisation périphériques.

À cette fin, rien de plus important que le développement de méthodologies permettant aux acteurs culturels de se comporter en citoyens majeurs. L'ingénierie culturelle est pour moi l'une de ces méthodologies.

Les méthodologies : l'ingénierie culturelle

- *Les origines*

Je fais remonter les origines de l'ingénierie culturelle à la construction du Centre Pompidou qui fut le premier grand projet impliquant un investissement massif dans la culture. On ne gère pas un milliard comme quelques millions de francs. Ce changement de degré fut aussi un changement de nature. Pour la première fois, les règles du management étaient appliquées à un projet culturel.

Une autre origine de l'ingénierie culturelle se trouve dans le FIC[1] : institution aussi légère que Beaubourg est lourd. Un système qui va susciter des méthodologies originales, notamment en matière d'évaluation de projets et qui va mettre l'accent sur le décloisonnement des domaines.

Enfin, Jack Lang nous a appris a conjuguer culture et économie. De là l'accent mis sur la réhabilitation de l'entreprise, sur la valorisation des compétences, sur l'expertise.

L'ingénierie culturelle n'a pas toujours été bien comprise au départ. On a souvent confondu mon agence, et celles qui vont lui emboîter le pas, avec un organisme de recherche du mécénat d'entreprise, ce qu'elle n'a jamais été, même si elle y a eu recours, parmi d'autres moyens de financement. Avec le recul, cette erreur d'interprétation prend un sens : on comprenait que l'ingénierie culturelle se plaçait sur le terrain de l'autonomie du champ culturel. Comme j'avais, d'une certaine manière, incarné la commande publique de l'État pendant six ans, ma conversion au secteur privé devait logiquement impliquer un passage du mécénat public au mécénat privé. On peut définir l'ingénierie culturelle comme la quête de l'autonomie. N'est-elle pas l'ensemble des méthodes et des techniques permettant à des acteurs culturels de définir leurs objectifs et leurs moyens de développement culturel de la manière la plus rationnelle et de façon à en retirer le maximum d'effets positifs ?

On a parfois confondu ingénierie culturelle et recherche du profit, ce qui est très réducteur. En fait, la conception de la culture sous tendue par l'ingénierie culturelle est celle de l'autonomie d'action, de l'émancipation, de la maîtrise des instruments de développement, dans un contexte qui refuse le « tout État culturel ».

Les principaux bénéficiaires de l'ingénierie culturelle sont donc les collectivités locales, les entreprises et établissements culturels, c'est-à-dire des acteurs culturels qui comptent de plus en plus dans le développement du système. Elle pouvait évidemment déranger l'administration d'État, dans la mesure où elle contribuait à faire échapper des partenaires à son emprise. Comme toute revendication d'indépendance, cette quête d'autonomie entraîne des conflits. Pendant cette période d'installation, je me suis parfois senti dans la peau d'un ancien colon passé du côté des indépendantistes ! Mais, progressivement, cette fonction a été mieux comprise puis reconnue. La rue de Valois a finalement accepté le mot et même lancé des consultations d'ingénierie culturelle.

Fondée sur cet état d'esprit, l'ingénierie culturelle est essentiellement une méthode dont l'esprit est la valorisation du réseau des partenariats plus que l'exercice de souverainetés culturelles, la mobilisation de réserves de savoir-faire, la recherche de conciliations entre la liberté de création et le souci de l'efficacité, l'investissement dans la recherche du concept plutôt que dans une personne, fût-elle géniale.

La méthode consiste à mobiliser les savoir-faire pour la conception, le financement et la réalisation technique de projets culturels pérennes ou temporaires, en termes de qualité, de coûts et de délais, afin de répondre de manière optimale aux objectifs donnés et aux besoins évalués.

• *Les méthodologies*[2]

L'ingénierie culturelle raisonne évidemment plus en termes de projet qu'en termes d'institution et met l'accent sur les études préalables.

Les prestations qu'elle propose sont multiples : l'audit culturel, l'étude des besoins, de définition, de faisabilité, de programmation architecturale (pour un équipement culturel) ou artistique (pour un événement), l'assistance à la mise en place d'un projet, à la communication, à la recherche de financements, au montage juridique d'un projet.

Ces méthodologies se sont enrichies du développement des grands projets et de la multiplication des équipements culturels sur le territoire. Elles se sont affermies par l'expérience au sein d'agences comme celle que j'ai créée en 1986 et qui est intervenue sur plus de cinq cents projets en dix ans en France et à l'étranger. Elles ont fait l'objet de formations. C'est une des raisons pour lesquelles j'ai décidé de créer en 1986 l'Institut Supérieur de Management Culturel (ISMC) qui dispense une formation supérieure au management et à l'ingénierie culturels depuis maintenant plus de douze ans, en même temps que se multiplient à l'université les formations à la gestion culturelle.

• *La recherche du concept*

Les « ingénieurs culturels » interviennent soit dans des agences comme ABCD[3], soit comme consultants individuels. Outre la compétence fondée principalement sur l'expérience, leur principale qualité est la pertinence dans la recherche du concept et l'économie globale de l'intervention. Le financement d'études préalables trouve en effet sa raison d'être si, en contrepartie d'une dépense initiale de l'ordre de 1 % du coût total du projet, il apporte au maître d'ouvrage une économie substantielle grâce à une meilleure définition et une meilleure configuration du projet.

La recherche du bon concept est essentielle. Elle permet de donner à un projet son âme. Elle se distingue en cela de la gestion qui est contrainte de recourir à des normes : tant de subvention pour tant de mètre carré de bibliothèque par habitant, par exemple. L'ingénieur culturel doit au contraire, à partir des normes, imaginer le concept qui va faire d'un équipement une réalisation originale et unique. Marier l'âme et la norme, le génie et la gestion (dans ingénierie n'y a-t-il pas génie ?). Ainsi de la bibliothèque de Limoges devenue « bibliothèque francophone de Limoges » du fait de l'accent mis sur son fonds d'expression française.

Dans un autre ordre d'idée, c'est la recherche du concept qui a conduit à proposer à l'évêque d'Évry que la cathédrale qu'il voulait ériger soit non seulement un édifice religieux mais aussi un centre d'art sacré, ce qui permettait de proposer une image d'édifice religieux moins fondée sur la seule catholicité et, subsidiairement, de réunir des financements complémentaires.

On pourrait multiplier les exemples à partir de projets aussi différents que la Fondation de la mémoire d'Oradour-sur-Glane, le Festival de musique africaine des dix pays de l'Afrique australe tenu à Harare au Zimbabwe en 1995, le musée du Chemin des dames dans le département de l'Aisne, la Fête de la terre en 1992, l'exposition des monuments de Calder à La Défense en 1993.

En une dizaine d'années, les consultants intervenant dans ce domaine, essentiellement auprès des collectivités territoriales, se sont multipliés jusqu'à atteindre plusieurs centaines de personnes. Signe que le développement culturel se répandait dans les interstices du système.

Cela a contribué à modifier les conditions dans lesquelles les nouveaux pouvoirs culturels nés du fait de la décentralisation et de l'investissement dans la culture se sont peu à peu affermis.

Ce champ de l'autonomie culturelle y a gagné en capacité de conceptualisation de ses projets, en organisation des débats culturels au plan local, en manière de prise des décisions, en qualité de négociation avec les représentants de l'État.

• *L'âme, le besoin et la norme*

Néanmoins, le principal acteur culturel public reste l'État. Et, en tant que dispensateur de subventions, il joue un rôle essentiel dans l'orientation des projets qui doivent toujours plus ou moins obéir à ses normes et ses objectifs. De ce fait, j'ai acquis la conviction que la centralisation culturelle reste plus importante qu'il ne paraît. Car elle est d'abord une centralisation mentale.

Les services centraux, par leurs normes, arrivaient à imposer aux communes leurs concepts, leurs architectes et leurs conseillers. Les élus avaient souvent une idée assez précise de leurs projets ou se faisaient conseiller à cette fin. En face d'eux, les services de l'État continuaient à penser que les communes ne sont guère compétentes en matière culturelle, ce qui était parfois vrai, mais se vérifiait moins du fait notamment de la nomination de directeurs des affaires culturelles. Mais les communes étaient souvent tentées de céder pour obtenir la caution toute puissante de Paris et les subventions du ministère.

L'intervention de l'État, si elle est unilatérale, est de plus en plus difficile à supporter par les élus locaux qui ont appris à s'autodéterminer. L'avenir de la décentralisation passe par la contractualisation réelle des interventions de l'État. Encore faudrait-il que le pouvoir central le veuille vraiment. Mais aussi que les élus locaux acceptent d'être moins dépendants de lui : leur soumission est souvent acceptée par commodité et manque de courage politique, car il reste plus facile de faire voter par une assemblée une décision culturelle présentée comme imposée de Paris que voulue par l'exécutif d'une commune. Face à ces stéréotypes de comportements, l'ingénierie culturelle apporte une méthodologie qui met l'accent sur l'analyse des besoins des artistes autant que des publics. Sur la recherche aussi de ce qui fait l'âme d'un lieu. On dépassionne ainsi le débat, on le nourrit de données objectives, extérieures, et pouvant servir de base ensuite à une bonne convention entre l'État et une ville.

Pendant cette période, je rencontre assez peu Jack Lang. Il est plus difficilement accessible. J'interviens paradoxalement plus auprès d'autres ministères que celui de la Culture : le ministère de la Défense nationale pour la reconversion de son patrimoine monumental, la Jeunesse et les Sports pour une grande étude sur la « Cause des jeunes[4] », l'Environnement pour organiser les « journées de l'environnement », la Datar, le ministère de l'Intérieur qui souhaite que je forme les sous-préfets aux questions du développement culturel local.

On entend souvent critiquer le centralisme du ministère de la Culture, même à travers la multiplicité des conventions de développement qui sont signées. Les années Lang restent pourtant une époque de référence pour un aménagement du territoire qui hésite encore entre despotisme éclairé et décentralisation.

Du despotisme éclairé à la décentralisation

En 1982, Jack Lang s'oppose aux transferts de compétences du ministère vers les collectivités locales en arguant du fait qu'il serait absurde de procéder à cette décentralisation l'année même où le ministère allait enfin disposer des moyens budgétaires dont il manquait cruellement.

Qu'en est-il dix ans plus tard ?

• *L'aménagement culturel du territoire*

En dix ans l'équipement culturel du territoire a connu un changement spectaculaire. Il apparaît surtout à l'échelon des communes. Selon l'Insee[5], il se mesure de la manière suivante :

Communes équipées d'au moins :	1980	1990
Un musée	1 437	2 009
Une bibliothèque	7 371	9 418
Une salle de spectacle	2 331	2 732
Un centre culturel	1 436	1 848
Une école de musique	4 202	5 985
Une école d'arts plastiques	498	1 173

Ces données sont en soi l'une des meilleures réponses que l'on puisse apporter aux fantasmes de Marc Fumaroli. La « politique culturelle-spectacle » de Jack Lang a permis l'ouverture de 2 047 bibliothèques, de 572 musées, de 1 783 écoles de musique et 675 écoles d'art… Et le mouvement ne s'est pas ralenti. Et ces chiffres ne prennent pas en compte les rénovations qui sont intervenues partout.

En 1988, lors du retour de Jack Lang rue de Valois, aurait-on pu engager une deuxième étape dans la décentralisation culturelle ? Certes, 1991 n'est pas 1981. Le ministre entreprend, l'administration administre. Comment pourrait-elle se dessaisir du pouvoir qu'elle vient d'acquérir ? Elle a toujours tendance à considérer que les projets proposés dans les régions sont toujours trop dispendieux ou mal conçus. Lang a beau tempêter, cette réticence se fait sentir sur le terrain. Et lui-même en est conscient. Au lieu d'accompagner les investissements culturels que son action a suscités, l'administration, et d'abord celle des finances, a plutôt tendance à les freiner.

René Rizzardo[6], à qui l'on a fait appel pour analyser l'état de la décentralisation, conclut en 1991 à un besoin d'adaptations mineures. Il avait été conseiller culturel en charge de la culture à la mairie de Grenoble auprès d'Hubert Dubedout. Nous avions travaillé au début des années quatre-vingt à la mise en place du Musée d'intérêt national et du Centre national d'art contemporain de Grenoble. Ce montagnard, grandi dans la mouvance de Peuple et Culture, est un homme de terrain qui sait parler le langage des élus. À force de fréquenter les bureaux de la rue de Valois, il devient leur porte-parole auprès de l'administration. On le surprend bientôt à parler aussi le langage des fonctionnaires de la rue de Valois. Non pas qu'il soit polyglotte. Mais comme tout bon montagnard il sait s'adapter aux aspérités du sol. Le voici devenu l'interface obligée entre l'État et les collectivités locales. Il arpente tout ce que la France compte de colloques et de rencontres sur la décentralisation culturelle. Augustin Girard saura en tirer parti. C'est donc naturellement qu'il est chargé en 1989 par le ministre de la Culture d'une mission d'évaluation sur les lois de décentralisation dont il propose de maintenir le système des financements croisés qui en découle. État, régions, départements et communes peuvent intervenir conjointement dans les financements de projets. On aurait pu sans doute envisager une accélération de la décentralisation, mais il est vrai aussi que la sagesse et la prudence conduisaient à pérenniser le statu quo. On décida de développer la déconcentration des crédits du ministère sur les DRAC[7], ce qui consistait au moins à rapprocher la décision de l'État du lieu où elle devait s'exercer.

Au cours des années 1990 à 1993, l'un des grands mouvements de la politique culturelle est ce développement de la déconcentration qui se traduit par un renforcement important du rôle, des moyens et de la place des Drac dans la politique culturelle régionale. Mais le deuxième souffle de la décentralisation n'est pas à l'ordre du jour.

- *L'observation des politiques culturelles*

C'est alors qu'est créé par René Rizzardo l'Observatoire des politiques culturelles avec le concours du département des études et de la prospective d'Augustin Girard. Il a pour mission de former le personnel culturel communal, de conduire des études et d'organiser des débats sur la décentralisation culturelle. Implanté en région, qui plus est à Grenoble, il est un symbole et préfigure toute une série d'initiatives locales.

Dans le même temps, un véritable aménagement culturel du territoire se construit sous nos yeux mais, au départ, plus par une addition d'initiatives isolées, émiettées que par une véritable conscience nationale et un éclairage des finalités. Aussi j'en vins à proposer à Jean-Pierre Duport, délégué à l'Aménagement du territoire, de lancer une mission sur l'aménagement culturel du territoire. Il fallait l'accord du ministère de la Culture. Une équipe fut constituée autour de Bernard Latarjet, à l'époque directeur général de la Fondation de France et René Rizzardo. Nous partîmes ausculter la France de la décentralisation culturelle. Les conclusions de notre mission ont été consignées par Bernard Latarjet dans un rapport qui a été publié à la Documentation française[8]. Nombre d'entre elles sont toujours d'actualité.

On rêve parfois que l'Observatoire puisse publier chaque année une sorte de rapport-bilan qui, sans ressembler à celui d'Amnisty international, mettrait en exergue les avancées et les reculs de la décentralisation sur le territoire national.

- *Compétences obligatoires, facultatives et croisées*

Les communes sont les seules collectivités locales à pouvoir réunir en un même lieu toutes les compétences culturelles détenues par le ministère. Elles dépensent ensemble pour la culture beaucoup plus que l'État. Si elles décident d'ouvrir un équipement culturel, elles s'obligent à respecter les règles édictées par lui, notamment en matière de contrôles scientifiques (sur les musées, les bibliothèques, les archives, les écoles d'art et de musique...). Pourtant, leur mission n'est guère reconnue par l'opinion publique qui pense que les départements, les régions et l'État sont plus fondés qu'elles à intervenir dans la politique culturelle[9]. L'opinion publique, on le voit, est ingrate...

Cela vient-il de ce que les autres collectivités locales disposent d'une beaucoup plus grande latitude dans leurs initiatives ? Ce qui leur permet plus de diversité et de visibilité ? Seuls les départements sont obligés d'intervenir sans l'aide de l'État dans le domaine des archives et des bibliothèques centrales de prêts. Mais pour le reste ils font comme bon leur semble. En règle générale, ils interviennent peu dans le domaine culturel, si ce n'est en matière d'enseignements musicaux, de gestion du patrimoine et de subventions à certaines associations. De ce fait, l'inégalité entre départements est grande. Certains, comme la Dordogne ou la Seine-Saint-Denis, par exemple, interviennent fortement, d'autres comme le Vaucluse, ne se considèrent guère concernés par la culture : leurs domaines d'intervention prioritaires sont plutôt l'action sociale et la voirie locale. Encore faut-il distinguer entre départements ruraux et départements urbains : ceux de la région Île-de-France par exemple vont jusqu'à créer un fonds départemental d'art contemporain dans le Val-de-Marne ou à gérer un équipement culturel important comme le château d'Auvers-sur-Oise dans le Val-d'Oise, voire engager le projet de « Cité de la terre » à Bobigny, comme la Seine-Saint-Denis. Les départements ruraux sont évidemment plus portés vers les chemins vicinaux.

Les régions ne sont assujetties à aucune dépense culturelle obligatoire. Elles interviennent peu dans le champ culturel sauf dans le domaine de l'art contemporain du fait du lancement des Frac auquel elles ont largement adhéré. Mais elle se contentent en règle générale de participer par voie de subvention au financement d'équipements culturels communaux.

La règle reste donc celle des financements croisés. Elle présente l'avantage d'obliger les quatre niveaux de partenaires culturels à se mettre d'accord sur des projets. Ce qui est parfait lorsqu'un consensus est possible mais peut conduire à la paralysie dès lors qu'un seul partenaire fait défaut. D'un côté, on additionne des financements multiples, de l'autre, on ralentit le développement des investissements culturels.

L'arrivée prochaine de financements culturels réguliers en provenance de l'Union européenne ajoutera un cinquième niveau supplémentaire, ce qui ne manquera pas de poser la question de la viabilité de l'échelon du département qui apparaît désuet.

- *Les fonctions régaliennes de l'État et le « despotisme éclairé »*

Dans le contexte actuel, l'État continue de se mêler de tout et à tous les niveaux. Depuis la loi du 6 février 1992, relative à l'administration territoriale de la République, il a accepté de déconcentrer une partie de ses interventions vers l'échelon régional sous l'autorité du préfet, mais il n'a en rien renoncé à ses compétences. Le principal argument mis en avant par les partisans de la centralisation est que l'État est un garant de la liberté de l'artiste ou du responsable culturel vis-à-vis de « l'autoritarisme, du fanatisme ou de l'obscurantisme de l'élu local » que Lang dénonçait à Reims comme on l'a vu. Les quelques affrontements de responsables culturels et d'artistes avec des élus du Front national ont montré que l'autorité de l'État pouvait faire contrepoids, sinon échec, à leurs visées destructrices.

Mais le trop plein d'État laisse souvent, en réalité, les élus locaux dans une situation de mineurs et d'assistés. Les mêmes arguments sont toujours avancés contre toutes les formes d'émancipation. N'est-ce pas ceux que les adversaires de la décolonisation opposaient aux réformateurs de l'époque en affirmant que l'autonomie de décision donnée aux États colonisés n'aboutirait qu'au désordre et à l'aventure ? N'en va-t-il pas un peu de même pour l'émancipation de la politique culturelle ? Si parfois les élus sont en retard par rapport à l'État, parfois aussi ils le précèdent, comme on peut le constater, par exemple, dans le domaine des musiques actuelles en Seine-Saint-Denis.

En attendant une avancée politique sur ce terrain, il peut être utile de prendre le problème par l'autre bout : celui des compétences absolument nécessaires de l'État, ce qui permettrait de définir a contrario les compétences qui devraient être transférées aux collectivités locales.

Pierre Moulinier[10] apporte sa contribution en définissant les quatre domaines de compétence de l'État qui s'imposent à ses yeux :

— l'État régalien, concepteur et gardien des lois ;

— l'État gestionnaire au moyen d'établissements publics nationaux de services publics culturels ;

— l'État redistributeur qui finance de plus en plus par les Drac les actions locales et distribue des subventions ;

— l'État animateur qui fixe l'échelle des valeurs culturelles selon une tradition très française : une bonne partie du temps d'un ministre de la Culture « est consacrée à définir une idée de la culture, des valeurs et des références ». Le ministère de la Culture posséderait le double avantage « de dire l'excellence, et celui de dire l'intérêt général ; autrement dit : celui de dire le beau et le bien ».

N'est-ce pas là une définition contemporaine du despotisme éclairé ?

Sauf grande réforme radicale, peu vraisemblable actuellement, et qui devrait toucher à l'ensemble de la décentralisation, il ne faut pas s'attendre à voir beaucoup évoluer la situation actuelle. La période est plutôt favorable à des évolutions progressives, faites au coup par coup. Une nouvelle carte de l'aménagement culturel du territoire se fait jour peu à peu, qui enregistre le développement de champs d'autonomies culturelles à l'ombre de ce que Pierre Moulinier appelle une « décentralisation rampante ».

Mais il ne faut pas pour autant désespérer de l'histoire qui peut parfois s'accélérer, comme on l'a vu en 1981.

L'initiative culturelle

L'autonomie culturelle fondée sur l'initiative a pu prendre, ici et là, son essor, chaque fois que des élus ou des individus exprimaient une claire volonté et une confiance en eux-mêmes.

Quelques exemples valent mieux qu'un long discours pour montrer les contours et la substance de l'autonomie culturelle, conséquence de la politique culturelle initiée en 1981.

- *Le Carré d'art de Nîmes*

Il était audacieux de la part de Jean Bousquet, PDG de Cacharel devenu maire de Nîmes en 1983, de vouloir lancer un projet aussi ambitieux que le Carré d'art. La manière dont il s'y prit est assez révélatrice des potentialités et des limites de l'initiative culturelle locale. Réunissant un musée d'art moderne et une bibliothèque, inspiré en cela par le Centre Pompidou, le Carré d'art conçu par l'architecte Norman Foster se veut résolument contemporain et implanté en plein cœur historique de la ville, en face de la romaine maison carrée. En 1985, Jean Bousquet vint me demander l'appui du ministère de la Culture. Jc lui répondis en réunissant autour de lui les différents services concernés et en particulier les arts plastiques, les musées et la direction du livre : trois directions peu habituées à travailler ensemble.

Il dut se rendre à l'évidence qu'il n'obtiendrait pas de subvention très importante du ministère. Son projet était jugé pharaonique. Le financement devrait donc se faire largement sur les ressources de la ville. Lang l'aidera à l'insérer dans le centre historique de la ville. Cela exigera deux mandats, l'inauguration étant faite en 1993 par Jacques Toubon, après huit ans de conception et de réalisation. Aujourd'hui, la ville de Nîmes dispose de l'un des équipements culturels les plus performants et dont la notoriété est la mieux reconnue en France.

- *La cathédrale d'Évry*

L'initiative de la cathédrale d'Évry est venue à la fois d'un évêque, Guy Herbulot, et du directeur de l'Établissement public de la ville nouvelle d'Évry, Yves Boucly. J'ai eu l'occasion de retracer ailleurs la saga de cette réalisation exemplaire avec la très belle architecture de Mario Botta à laquelle j'ai consacré près de huit ans d'efforts[11]. Elle doit surtout à la volonté d'une communauté religieuse vivante dans le département de l'Essonne et d'une équipe de professionnels et de bénévoles qui ont œuvré ensemble avec cohérence. Près de soixante millions de francs furent collectés auprès de 400 000 donateurs de France et d'ailleurs, un mouvement de forte solidarité s'organisa. Jack Lang à qui je fis part de ce projet dès 1988 lui apporta son plein appui et même quelques subsides, les entreprises s'engagèrent dans des actions de mécénat, même si les fonds collectés à ce titre furent moins abondants que prévu. Comme le disait le père Bobière, vicaire général, maître d'ouvrage et animateur de ce projet, il n'a été rendu possible que dans le climat favorable de l'opinion publique des années 1988-1992. Trois ou quatre ans plus tard, il n'aurait plus été concevable : les urgences avaient changé, la crise économique était arrivée, et surtout l'effet de « dynamisme » dû à l'enthousiasme de Jack Lang était retombé[12].

- *Les centres de culture scientifique et technique*[13]

Les années quatre-vingt/quatre-vingt-dix apparaîtront sans doute dans l'histoire des musées comme celles qui ont connu le plus fort développement des musées scientifiques et techniques, dans la lignée des écomusées lancés dans les années soixante par Georges Henri Rivière. Ces musées, appelés aussi centres d'interprétation, musées d'art et d'histoire, mettent l'accent sur une nouvelle donnée et une nouvelle définition du patrimoine : celle de la mémoire d'un lieu, d'un groupe humain, de techniques, alors que jusqu'ici les musées privilégiaient les collections d'objets d'art ou de techniques[14]. Il va m'échoir, sans doute parce que les initiatives de ce genre sont un des temps forts de cette période, de concevoir nombre de ces musées au point d'en faire l'une des spécialités de l'agence ABCD.

J'en cite un certain nombre pour montrer la richesse de ces initiatives :

— centre d'interprétation de la caverne du dragon sur le chemin des dames ;
— projet de musée du beurre, du lait et du fromage à Baignes-Sainte-Radegonde ;
— projet de Cité de l'image à Angoulême ;
— projet de palais du Champagne à Épernay ;
— la maison de Foujita dans le département de l'Essonne ;
— Agropolis museum à Montpellier ;
— Sésame d'information touristique à Laruns ;
— centre européen de la paix à Lorette, dans le Nord ;
— projet de Cité de l'huître à Marennes ;
— projet de pôle verrier à Nancy ;
— fondation de la Mémoire à Oradour-sur-la-Glane ;
— projet de musée sur la Légende napoléonienne à Ajaccio ;
— projet de centre d'interprétation de la bataille d'Azincourt ;
— projet de centre d'interprétation sur l'histoire de la ville d'Ajaccio ;
— Sésame d'information touristique au moulin du Bugue dans le Périgord ;
— château de Guillaume le Conquérant à Falaise ;
— conservatoire des métiers et des arts ruraux à Bolbec (Haute-Normandie)
— projet de la Demeure des trois mousquetaires à Lannes ;
— projet de la base des sous-marins allemands à Lorient ;
— projet de centre international du Romantisme à Nohant dans la maison de George Sand ;
— Musée historique de la ville de Sarlat ;
— le patrimoine du Vieux Pays à Tremblay-en-France ;
— projet de musée de la dragée à Verdun, etc.

On voit que la culture de la mémoire des lieux est l'une des caractéristiques de cette période : besoin de ses racines, recherche d'une légitimité culturelle, d'une meilleure vérité historique.

Jack Lang encourage ce mouvement. En particulier il ouvre les états généraux de la culture scientifique et technique à La Villette en décembre 1989. Il rappelle qu'il a fallu attendre 1981 « pour que les choses changent : pour la première fois, le ministère de la Culture reconnaît les sciences et les techniques comme faisant partie intégrante de la culture. [...] Notre pays est depuis 1981 le foyer d'un immense chantier associant les sciences, les techniques et l'industrie à l'éducation, la culture et la recherche. Je me réjouis de voir que nous sommes sur la voie de la réconciliation. C'est le seul moyen de gagner la bataille pour la connaissance et l'intelligence, contre l'ignorance et la crainte qui animent certains, les poussent à se replier dans le conservatisme et les empêchent de s'ouvrir aux autres[15]. »

Cette bataille de la culture scientifique et technique engagée et gagnée tout au long des années quatre-vingt, est bien une bataille de la gauche.

Le cœur du débat sur le devenir de la politique culturelle se trouve dans le développement des zones d'autonomie du champ culturel[16]. Les initiatives peuvent être multiples mais elles peuvent aussi être découragées dans un climat de moindre écoute. Les contrepoids aux interventions parfois trop unilatérales de l'État devraient être consolidés. Il serait utile qu'un certain nombre d'institutions nées grâce à l'État et sur ses marches acquièrent plus d'autonomie. Des réseaux comme celui des centres culturels de rencontre gagneraient à se multiplier. Le statut d'établissement public culturel local, que l'on attend depuis des années, est indispensable pour favoriser le développement de champs culturels qui soient autonomes et délivrés des soucis de la précarité financière. On pourrait même imaginer que des régions encouragent la création de fonds autonomes pour le financement de réseaux ou d'agglomérations de villes, ou organisent, sans aide de l'État, de leur propre initiative, l'exercice de compétences spécialisées, comme, par exemple, des réseaux culturels numériques.

L'empreinte de la politique culturelle de Lang est à rechercher aussi dans ses effets secondaires moins visibles mais plus durables. Le système culturel entre dans une période de complexité. Celle-ci peut être source de paralysie si on ne l'entrevoit que du point de vue de son coût et de ses incidences politiques. Elle peut être aussi mise à profit comme facteur de richesses, de diversités et d'initiatives : cela implique que les pôles des décideurs et des médiateurs transforment leur rôle et leur organisation. Dès lors que la période de décollage du développement culturel, annoncée il y a trente ans, s'est concrétisée au cours des années Lang, le système culturel ne devrait-il pas se penser en termes de champs plus qu'en termes de pouvoirs isolés, souvent en butte les uns contre les autres ?

Les effets d'amplification des décisions qui y sont prises ne pourraient-ils pas s'ajouter aux aspirations à l'autonomie ?

2. L'EFFET D'AMPLIFICATION

En 1993, Lang peut mesurer le chemin parcouru : il est resté rue de Valois plus longtemps que Malraux et a laissé une empreinte plus profonde que lui. Elle prend des formes multiples, notamment par le jeu des effets d'amplification des interventions publiques et par les transformations en profondeur du territoire national et des pratiques culturelles des Français.

L'effet multiplicateur : un franc égale cinq francs...

L'expérience du FIC devrait servir de modèle à l'organisation des financements des projets culturels. Chaque franc du FIC était multiplié par cinq du fait des concours apportés par les autres partenaires des projets, qu'ils soient nationaux ou locaux, publics ou privés.

Cet effet multiplicateur reste inscrit dans notre organisation culturelle. Il présente le double avantage d'accroître les moyens au service des projets et de développer les partenariats.

Le budget prévisionnel que j'ai établi pour les projets d'Avignon, ville européenne de la culture en l'an 2000, avant qu'ils ne soient finalement abandonnés par la ville, reposait sur une participation de la commune d'Avignon de 22 MF ce qui permettait le financement d'environ 100 MF pour des projets qui réunissaient l'État, la région, le département, la CEE, des recettes commerciales et des actions de sponsoring.

L'effet induit : le tourisme culturel

L'effet induit tend à mesurer l'impact d'une institution ou d'un événement culturel sur l'économie d'une ville sous forme de dépenses induites, essentiellement touristiques (hôtellerie, restauration, achats commerciaux divers...)

Le coefficient multiplicateur 3 apparaît souvent : par exemple les dépenses du Festival d'Avignon, soit environ 40 MF par an, engendrent un volume de dépenses dans l'économie de la ville de 120 MF. Il en va sensiblement de même du Festival interceltique de Lorient qui est le plus important festival français en termes de fréquentation (4 500 artistes, 260 manifestations, plus de 300 000 spectateurs).

La Datar, depuis quelques années, s'est efforcée de développer ce mécanisme autour de ce qu'elle a appelé les « pôles d'économie du patrimoine ». Les festivals et les monuments historiques sont en effet les deux principaux vecteurs de développement du tourisme culturel.

Mais notre appareil statistique en la matière est encore balbutiant.

L'effet d'exemplarité

Il est largement fondé sur la reproduction d'initiatives ayant réussi à Paris ou ailleurs. Il s'est trouvé amplifié par les grands projets de Georges Pompidou ou de François Mitterrand.

Par exemple le CAPC, musée d'art contemporain implanté par Jacques Chaban-Delmas à Bordeaux dans les entrepôts Lainé est un effet dérivé de la création du Centre Pompidou. De même, la création par Catherine Trautmann à Strasbourg d'un musée d'art contemporain est l'enfant de la politique de décentralisation artistique inaugurée en 1981.

Chaque maire soucieux de développement culturel devrait commencer par la visite des réalisations conduites par d'autres maires en France ou à l'étranger. Il m'est ainsi souvent arrivé d'organiser des voyages d'études pour montrer à des élus les dernières grandes bibliothèques, les derniers centres d'art contemporains, ou les derniers musées.

L'étude des manifestations nombreuses de cet effet d'exemplarité reste à faire : elle montrerait comment les expériences se reproduisent et s'enchaînent, ce qui atteste que la création des institutions culturelles est inséparable d'une connaissance du développement culturel dans un environnement plus large. Il en allait de même au temps des cathédrales lorsque les échevins ou les évêques faisaient appel aux architectes de l'ensemble de l'Europe. Il n'était pas rare de voir alors des architectes français participer à la construction de cathédrales à Prague ou en Angleterre. Et réciproquement.

L'effet d'émulation

La situation de monopole dans le système culturel est toujours porteuse de comportements malthusiens et protectionnistes. Un effet d'émulation peut être exercé sur une ancienne institution culturelle en situation de monopole grâce à la création d'une deuxième institution voisine et concurrente.

Les exemples de cet effet sont nombreux : c'est le cas des Frac au regard des musées de province qui vont, à la suite de leur création, s'engager plus nombreux dans le domaine de la création contemporaine; celui de l'ENSCI[17] qui, intervenant dans le champ de l'architecture intérieure et du design, va inciter l'ENSAD[18] à plus de dynamisme; voire même celui de l'opéra Bastille qui n'est pas pour rien dans la relance de l'opéra Garnier.

L'effet de vitalité : le moral des Français

Cet effet général de la politique culturelle sur la vitalité des Français est évidemment beaucoup plus difficile à mesurer. Il n'en existe pas moins. La multiplicité des initiatives prises par Jack Lang a eu pour effet de favoriser l'esprit d'innovation. Un climat nouveau a été créé laissant penser que désormais tout était possible, ou du moins que beaucoup pouvait être entrepris : les initiateurs (artistes, entrepreneurs, acteurs culturels, élus) avaient le sentiment de pouvoir être entendus et compris.

Les hommes politiques sous-estiment souvent combien une politique culturelle dynamique entraîne tout un ensemble d'initiatives en chaîne qui se valorisent mutuellement et finissent pas changer l'opinion publique. Cela commence souvent par les artistes, qui constituent une partie des élites du pays que l'on a intérêt à écouter et qui vont, à leur tour, se faire entendre des médias qui vont relayer le sentiment de ce bonheur d'entreprendre et d'innover. Un phénomène de réaction en chaîne aboutit finalement à toucher l'opinion. Et en retour, les publics réagissent eux-mêmes, guident les choix, orientent les innovations.

Les hommes politiques l'ont-ils confusément ou explicitement compris ? Le fait est qu'il est devenu difficile aujourd'hui pour des gouvernants de recevoir durablement l'assentiment de l'opinion publique sans engager une politique culturelle active. Jacques Chirac et Édouard Balladur de 1986 à 1988, Alain Juppé de 1993 à 1996 ont souffert d'avoir méconnu cette vérité. Je ne prétends pas que seule une politique culturelle serait susceptible de maintenir durablement la popularité d'un gouvernement, mais je maintiens qu'elle peut y contribuer largement et pour un coût réduit au regard des autres dépenses que les gouvernants sont conduits à engager. La popularité n'est certes pas une fin en soi, mais elle reste le signe de la réussite d'une action.

Jack Lang a montré qu'une politique culturelle, au-delà de son impact artistique, était « rentable » politiquement et économiquement.

Aménager pour animer

Une décision politique prise au plus haut niveau, relayée par la Parti des créateurs, soutenue par l'opinion publique, a modifié en profondeur le paysage de la France. Le rôle du ministre de la Culture est d'entretenir une ambiance favorable à la création, à l'initiative culturelle, de pousser les uns, d'encourager les autres. Il est l'aiguillon des élus locaux sans lesquels il n'est pas de politique culturelle possible. Et il peut d'autant plus favoriser la décentralisation qu'il joue ce rôle d'entraîneur.

J'ai été témoin des conséquences d'un changement de climat politique sur la vie culturelle. En 1993, au moment où Jack Lang a été remplacé rue de Valois par Jacques Toubon, je me trouvais en train de conduire une cinquantaine de projets avec des régions, des départements et des communes. Conseiller en ingénierie culturelle, mon rôle était de soutenir les initiatives des élus, de les aider à trouver les financements nécessaires et d'entretenir et d'encourager leur volonté. En quelques semaines, le changement de ministre s'est traduit par un freinage général des initiatives en cours, non pas que Jacques Toubon ait été un « mauvais ministre », (il a au contraire su révéler de réelles qualités dans ce domaine), mais il appartenait à un gouvernement qui commença par réduire le budget de la Culture, pensant ainsi montrer qu'il allait se consacrer aux « affaires sérieuses. » Alain Juppé, arrivant au ministère au Budget en 1986, à Matignon en 1993, à la mairie de Bordeaux en 1995, ne peut s'empêcher de commencer par réduire les budgets culturels. On peut comprendre qu'il veuille faire preuve de bonne gestion. Mais la bonne intervention n'est pas nécessairement chirurgicale. L'homéopathie convient mieux à la culture. Le mouvement de décélération des investissements culturels fut immédiat. L'effet d'amplification culturelle peut s'inverser rapidement et jouer alors négativement. On est dans un domaine extrêmement sensible où, comme à la Bourse, quelques indicateurs ou signes négatifs suffisent à inverser un mouvement. C'est une erreur politique qui peut se retourner contre ceux qui la commettent. Aujourd'hui, en France, un président de la République ou un Premier ministre qui n'a pas de dessein culturel est politiquement handicapé.

3. L'EFFET DE DÉMOCRATISATION : LES PRATIQUES CULTURELLES DES FRANÇAIS

On ne peut pas échapper à la tentation ou à la nécessité de mesurer, quantifier, évaluer les transformations apparues dans la vie quotidienne des Français du fait de la politique culturelle conduite au cours des vingt-cinq dernières années et de son contexte : « trente glorieuses », médiatisation culturelle, transformations sociales, etc. Sociologues et économistes ont commencé à se livrer à cet exercice délicat mais précieux.

Démocratisation et démocratie : tableau des pratiques culturelles de 1973 à 1989

Les pratiques culturelles des Français sont désormais mieux connues des sociologues qu'elles ne pouvaient l'être sous Malraux.

En 1989, l'enquête[19] sur les pratiques culturelles des Français conduite par Olivier Donnat, à l'instigation d'Augustin Girard, plonge Jack Lang dans la perplexité, voire la fureur. Elle tend à montrer que depuis dix ans, en dépit de la politique suivie, les pratiques culturelles des Français ne se seraient développées que dans le domaine des industries culturelles vis-à-vis desquelles l'État intervient moins que partout ailleurs.

Peut-être les questions ont-elles été mal posées ? À moins que les déterminismes sociaux soient plus lourds que prévu ? Peut-être aussi est-on en pleine mutation des comportements ce qui ne permet pas nécessairement d'en bien saisir le sens ?

Toujours est-il que l'on connaît mieux les pratiques des Français (pourcentages des Français de 15 ans et plus) et que cela peut déranger.

• *Les médias* : presse et radio en baisse, magazines et télévision en hausse

— presse quotidienne en baisse ; lecture régulière : 1973, 55 % ; 1989, 43 % ;

— magazines en hausse ; lecture régulière : 1967, 61 % ; 1989, 86 % ;

— radio en baisse ; écoute quotidienne : 1973, 72 % ; 1989, 66 % ;

— télévision en hausse ; pratique régulière : 1973, 65 % ; 1988, 73 %. Durée moyenne de l'écoute passée de 16 heures à plus de 19 heures par semaine en 1989.

• *La musique* : boom musical massif par son ampleur dans toutes les couches de la population et par son impact sur tous les types de musiques :

— possession d'un équipement musical (hi-fi) : 1973, 8 % ; 1989, 56 % ;

— écoute de disques et cassettes au moins un jour sur deux : 1973, 14 % ; 1989, 32 % ; soit un fort accroissement de la pratique musicale.

— constitution de sonothèques : en 1989, 74 % des foyers possèdent des disques, contre 62 % en 1973.

— genres écoutés le plus souvent (1997) : chanson et variétés françaises (44 %), variétés internationales (22 %), musique classique (18 %), musiques du monde (11 %), rock (10 %), jazz (7 %).

• *Le livre*

— accroissement des Français ayant des contacts avec le livre : 30 % des Français n'avaient lu aucun livre en 1973 ; 26 % en 1989 ;

— fléchissement de la quantité de livres lus, accroissement de la part des faibles lecteurs (1 à 9 livres par an) : 1973, 24 % ; 1989, 32 %. Réduction des gros lecteurs (25 livres et plus par an) : 1973, 22 % ; 1989, 17 %. Un tiers des Français lit aujourd'hui entre 1 et 9 livres par an, alors que seulement un quart d'entre eux était dans ce cas en 1973. Ce phénomène général s'accompagne d'une féminisation du lectorat et d'un recul de la lecture chez les 15-24 ans ;

— accroissement de la fréquentation des bibliothèques : sont inscrits en 1973, 13 % ; en 1989, 17 %. Mais en réalité 23 % des Français sont allés au moins une fois dans l'année dans une bibliothèque ou médiathèque ;

— un Français sur quatre n'a lu aucun livre au cours de l'année 1988.

• *Sorties et visites culturelles* : les pratiques culturelles où les disparités entre catégories sociales sont les plus marquées.

— La hiérarchie des sorties n'a pas changé depuis 1973 : le cinéma est en tête (49 % des Français y sont allés au moins une fois par an), suivi par les fêtes foraines (45 %) et loin derrière par les musées (30 % en 1988, contre 27 % en 1973). Viennent ensuite les monuments historiques (28 %), les expositions (23 % contre 19 % en 1973). Le théâtre professionnel concerne 14 % contre 12 % en 1973 ; les concerts de musique classique 9 % contre 7 % en 1973 ; les spectacles de danse 6 % et l'opéra avec 3 % est en dernière position.

— La progression la plus nette est celle du concert jazz ou rock : 13 % en 1988 contre 6 % en 1973.

— Les exclusions sont très fortes en ce qui concerne les sorties relevant de la culture classique (théâtre, concert classique, danse, expositions, monuments historiques et musées) : 76 % des Français n'ont jamais assisté à un spectacle de danse, 71 % à un concert de musique classique, 55 % à une représentation théâtrale, 51 % à une exposition de peinture ou de sculpture. Ce sont les musées et les monuments historiques qui sont les plus attractifs : respectivement 28 % et 26 % de personnes ne les ayant jamais visités. Les pratiquants de ces sorties culturelles n'ont augmenté que de 3 % au maximum. Et ces pratiques restent exceptionnelles puisque 60 % des pratiquants ne sont sortis qu'une seule fois. Enfin la structure du public n'a pratiquement pas évolué depuis 15 ans et a vieilli.

• *Les pratiques amateur* (photographier, pratiquer un instrument, faire une collection etc.), une tendance à l'accroissement.

— La participation à une association culturelle : 3 % en 1973 ; 9 % en 1988. Les personnes de plus de 65 ans sont deux fois plus nombreuses que les jeunes de 15-19 ans. Cette constatation rejoint l'intérêt croissant des Français pour les actions associatives au détriment des actions militantes (politiques, syndicales).

— Un Français sur quatre sait jouer d'un instrument de musique (44 % chez les cadres et les professions supérieures, 44 % chez les diplômés de l'enseignement supérieur, 37 % chez les Parisiens… 35 % des Français vivent dans un foyer où il y a un instrument de musique.

— Autres pratiques : dessin (14 %), journal intime (7 %), poèmes (6 %), peinture (6 %), danse (6 %), théâtre amateur (2 %). Plus d'un Français sur quatre pratique l'une des sept activités non musicales.

Quelles pratiques en 2000 ? La vague audiovisuelle

Cette enquête a été réitérée récemment. Et les questions que Jack Lang pouvait se poser en 1989 trouvent une réponse dans les résultats de cette récente actualisation de nos données qui portent aujourd'hui sur la période allant de 1973 à 1997, soit pratiquement la période qui va de Duhamel à Lang.

Cette dernière enquête sur les pratiques culturelles publiée en mars 1999[20] est encore réalisée sous la conduite d'Olivier Donnat[21] et confirme l'explosion des pratiques audiovisuelles à domicile. Les années quatre-vingt-dix sont celles de la généralisation du magnétoscope, de la télécommande, des lecteurs laser et du baladeur.

Les pratiques audiovisuelles occupent, selon les conclusions de l'enquête du DEP de 1997, une place désormais supérieure au temps de travail dans l'emploi du temps des personnes actives. Donnée qui devrait intéresser tous les refondateurs présents ou futurs de la politique culturelle.

Le mouvement enregistré en 1989 s'amplifie avec ses corollaires. Le nombre de livres lus diminue tandis que la fréquentation des bibliothèques et médiathèques s'accroît. Sans doute cette dernière donnée est-elle le reflet de la multiplication de l'offre sur le territoire. Pour les jeunes générations, l'exercice de l'imaginaire s'effectue de plus en plus dans le champ audiovisuel. Il provient aussi de l'accroissement des pratiques des étudiants, y compris à la Bibliothèque nationale de France. L'accroissement de la scolarisation des enfants, l'allongement de la durée des études des étudiants sont largement responsables de l'accroissement de la fréquentation des bibliothèques.

On constate, ce qui va faire plaisir à Jack Lang, une hausse — légère — de la fréquentation des équipements culturels. Mais elle ne se traduit pas par un élargissement réel du public, ce qui veut dire que les principaux bénéficiaires sont des pratiquants habitués de ces équipements qui les fréquentent avec plus d'intensité. Dans le même temps les Français sortent plus souvent en groupe. Il n'y a donc pas incompatibilité entre l'accroissement des pratiques à domicile et les pratiques hors domicile. Voilà une hypothèse faite par Lang qui se trouve vérifiée.

L'une des principales révélations de cette dernière enquête est la forte augmentation des pratiques amateurs. Pour la musique et la peinture, on enregistre jusqu'à un doublement des pratiques entre 1973 et 1997. Ce phénomène s'explique par l'augmentation du capital-temps individuel et s'applique aussi bien aux jeunes qu'aux personnes du troisième âge. Ces pratiques sont plus productrices d'identité que d'autres plus consommatrices et plus passives. Le ministère de la Culture, en cette fin de millénaire, n'est plus seulement le ministère des artistes, il devient bien le ministère des pratiquants. Ce qui le renvoie à la question de son rendez-vous éternellement manqué avec le ministère chargé de la jeunesse.

En vingt ans, le champ de la démocratisation des pratiques culturelles s'est diversifié : par les équipements à domicile, la fréquentation de l'offre des équipements, et par la multiplication des manifestations temporaires dont l'archétype reste la Fête de la musique.

À la fin des années quatre-vingt, les résultats de l'enquête allaient dans le sens opposé à celui que l'on attendait : l'influence forte des industries culturelles était vécue comme une atteinte portée à la politique de l'offre culturelle conduite intensivement depuis 1981. En 1998, les résultats surprennent dans un sens opposé. La marque de la sociologie a fini par convaincre les responsables que les mouvements de pratiques culturelles sont extrêmement lents. Et la découverte d'une intensification des pratiques liées à de nouvelles formes d'expression artistique vient légitimer en quelque sorte la politique suivie par Lang. C'est le développement des pratiques individuelles autour de la mode, du design, c'est la pratique de l'instrument de musique, la danse, les nouvelles technologies de l'image et la communication. En revanche au sein des équipements culturels classiques, les pratiques ne s'accroissent que légèrement, et de la part des seuls pratiquants habituels eux-mêmes.

L'appréciation portée par Robert Abirached sur le déclin des pratiques du texte au profit de genre d'expression musicaux, chorégraphiques, ou des arts du cirque, montre clairement que la culture de la fin du XXe siècle est fondée essentiellement sur le sens, la sensation, l'expression, ce qu'avait bien pressenti Malraux avec son *Musée imaginaire*. Comme si l'espace culturel était devenu une sorte de compensation à ce qu'il y a de trop rationnel dans notre espace civil et professionnel.

L'un des spectacles qui se prépare en région Île-de-France en 1999 est, dans le cadre du cirque Zingaro, une collaboration du plus intellectuel et savant des musiciens, Pierre Boulez, et de l'un des plus instinctifs metteurs en scène, Bartabas ; un tel spectacle en dit aussi long sur l'évolution de nos pratiques culturelles que les meilleures statistiques. En tous les cas il en corrobore la fiabilité. De même, Pierre Henry, remixé par une jeune génération de DJ fait un succès au box office et relance l'opéra de Béjart, *Messe pour le temps présent*.

Tous ces mouvement de comportements sont extrêmement lents et obéissent à des motivations qui ne sont pas toujours encore très claires. De là leur difficulté d'interprétation et le face-à-face obligé du politique et du sociologue.

Le politique et le sociologue

La sociologie est souvent la mauvaise conscience de la politique culturelle. Ne cessant de ramener au réel, elle interdit aux politiques de jouer avec les chiffres. Elle peut, en sens opposé, leur apporter quelques certitudes quant aux résultats de leur intervention. Pour autant le sociologue ne coupe pas les ailes du politique. On ne peut faire fi de ses observations. Tout comme le politique ne peut plus se passer du politologue…

Tout en sachant l'importance des chiffres, Jack Lang ne peut s'empêcher de craindre que la sociologie n'aboutisse à massifier les pratiques culturelles :

« Rien ne permet d'additionner des pratiques traduites en pourcentages alors que toutes sont différentes et que le sociologue ne peut guère leur affecter des indices de qualité. Or, c'est la qualité des pratiques qui importe autant sinon plus que leur nombre[22]. »

Mieux informé des mécanismes des déterminismes sociaux, le politique peut mieux s'opposer à eux. Il peut mieux balancer son action entre le court terme et le long terme.

Les enquêtes, comme les conduit Olivier Donnat, dérangent et en même temps sont nécessaires. Elles appellent de nombreuses réflexions[23].

Il y a un parallélisme évident entre le développement de certaines pratiques culturelles et l'existence d'un marché porteur. C'est vrai du boom musical et de l'industrie du disque, du développement de l'écoute de la télévision et de l'industrie de l'image en général. Mais est-il vrai que, inversement, la baisse relative de la lecture va de pair avec la crise qui affecte l'économie de l'édition, et que la diminution de la fréquentation du théâtre est d'autant plus compréhensible que cet art n'est pas soutenu par un marché d'industries culturelles ?

Cette lecture des pratiques culturelles à partir du critère du marché est difficilement acceptable par les responsables de la politique culturelle car elle revient à dire que les pratiques se développent là où le marché est prospère et inversement. Peut-être, mais quelle culture ? Et avec quels contenus ? *A contrario*, faudrait-il comprendre que les interventions des pouvoirs publics, en termes d'équipements culturels notamment, n'ont qu'une incidence mineure sur les pratiques ? Pourrait-on en déduire que les politiques culturelles sont inefficaces et que mieux vaudrait se contenter du libre jeu du marché ou d'incitations en faveur de ce marché comme cela existe en particulier en matière de cinéma ? Certains n'ont pas hésité à s'engager dans ce chemin. Jack Lang s'y est opposé.

La sociologie tend à expliquer cette situation par le poids des déterminismes sociaux et culturels. Olivier Donnat[24] se range de ce côté en compagnie d'un certain nombre de sociologues dont Pierre Bourdieu peut être considéré comme le chef de file.

« L'accès à la culture, et notamment à la culture consacrée, dit-il, paraît […] toujours largement gouverné par les mécanismes de domination et de distinction liés aux différences de capital culturel mis en évidence il y a maintenant plus de trente ans[25]. »

Le politique répond au sociologue en jouant de la stratégie des « champs » et des « pouvoirs. » Le jugement implacable du sociologue ne peut trouver de réponse que dans l'ingéniosité et la volonté du politique.

Les équipements culturels ont souvent bénéficié aux classes sociales privilégiées à l'exception d'une petite minorité de « boursiers » pour reprendre cette appellation ancienne. Mais ils constituent les instruments les plus à même de favoriser la mobilité sociale et culturelle. En particulier, ces équipements servent souvent d'instrument de rattrapage lorsque l'école n'a pas permis à l'enfant issu de classes sociales défavorisées d'assurer sa propre promotion sociale. Les études conduites en 1990 par le département Études et Prospectives du ministère de la Culture à la demande de Jack Lang sur l'impact public des nouveaux équipements culturels ont montré que, ponctuellement, les investissements culturels se traduisent par des accroissements de fréquentation sans qu'il soit toujours possible d'affirmer qu'il s'agit d'un nouveau public ou d'une fréquentation accrue d'un ancien public déjà acquis aux pratiques culturelles[26].

Ce que doit savoir le politique c'est que l'effet de ses actions n'est pas un absolu, qu'il échappe à toute mécanique horlogère et qu'il ne peut s'apprécier que sur la longue durée (ce qui ne plaît jamais au politique). Impossible donc semble dire le sociologue, d'être ministre de la Culture sur une trop courte durée. Jack Lang l'avait compris. Et nous avec lui.

L'empreinte que laisse sa politique culturelle est en définitive sociale et économique. Si les sociologues et les économistes[27] font de la culture un champ d'analyse c'est l'indice d'une marque d'intérêt qui dépasse la seule conjoncture pour toucher à des fondements de la vie. Les idées pèsent donc un poids de plus en plus perceptible dans notre société, mais qui peut selon les lieux où sa pression s'exerce arranger ou déranger les forces en place. Ceux des hommes politiques qui ne veulent ou ne peuvent pas voir cette réalité sont conduits à l'échec. Comme ils sont condamnés s'ils ne prennent pas en considération le chômage.

Elle est aussi idéologique. Plus elles s'éloignent, plus les années Lang montrent leur richesse, leur inventivité et leur actualité. Lorsque la marée se sera retirée, on verra tout ce qu'elles ont laissé derrière elles et qui illustrera le meilleur de ce qu'a pu faire une gauche de gouvernement, mais aussi une gauche agissant sur le « continent des rêves. »

Car la politique culturelle est aussi l'art de l'exploration du futur.

20

Question pour le XXI*e siècle*

La politique culturelle qui va de 1959 à 1993, soit 34 ans, s'achève sur des questions que beaucoup soulèvent et auxquelles les ministres qui succèdent à Jack Lang tentent de à répondre. De là le sentiment d'une politique culturelle suspendue. Certains ont cru que le moment était venu de proposer sa refondation[1]. Mais les questions les plus importantes, comme le cinéma et la télévision ont été éludées. D'autres se sont contentés de faire comme si la question ne se posait pas. En réalité on peut identifier une série de questions auxquelles il sera très vite nécessaire d'apporter des réponses.

Après que les élections législatives de 1993 ont donné la victoire à la droite et ouvert une nouvelle cohabitation, Bernard Latarjet réunit à l'Élysée un groupe de travail afin de tirer les conclusions de la défaite sur la base d'un bilan de douze années de politique culturelle.

« Même si la gauche avait remporté les élections législatives, une inflexion de la politique culturelle conduite par le précédent gouvernement se serait imposée. Pourquoi ? Cinq ordres de raisons se conjuguent :

1. Les principaux objectifs fixés au début de la décennie quatre-vingt ont été atteints : accroissement de l'offre culturelle, défense et promotion des artistes (droits des auteurs, aides à la création), défense ou relance du spectacle vivant (théâtre et spectacle vivant, art lyrique et chorégraphique, cinéma), professionnalisation des acteurs et médiateurs de la culture, développement des industries culturelles, aménagement culturel du territoire (le réseau d'équipement le plus dense et le plus diversifié du monde).

2. Les limites des capacités financières des pouvoirs publics (État et collectivités locales) ont été atteintes, et parfois franchies.

3. Les fonctions sociales de la culture se transforment avec la dimension culturelle accrue des problèmes de société [...], le besoin de repères symboliques à découvrir hors des systèmes de références traditionnels (religieux, politiques) à mesure que ceux-ci s'affaiblissent, l'évolution des modes de vie [...]. La politique culturelle ne peut plus se limiter aux systèmes de production et de diffusion d'œuvres d'art ; elle est engagée sur de nouveaux terrains de responsabilité civique.

4. De nouvelles données technologiques et internationales modifient les pratiques culturelles comme les conditions de la production et de la diffusion (négociations de l'Uruguay round sur les services, développement des techniques de télédiffusion...)

5. Trois lacunes de la dernière décennie doivent être comblées. Par ordre d'importance décroissante :

— Les enseignements artistiques comme moyen de construction de la personne, comme condition de démocratisation culturelle, d'accès aux œuvres de création des publics de demain.

— La télévision de service public comme outil d'éducation et de diffusion culturelles.

— L'action culturelle internationale au service du rayonnement de la France, du développement des pays, de la construction de l'Europe.

Cela posé, il faut répondre aux trois critiques exprimées par la droite lors du dernier débat électoral. Nous ne l'avons pas fait.

Ces trois critiques sont :

— L'échec de la démocratisation culturelle malgré l'accroissement de l'offre et des moyens financiers.

— Le « tout culturel » et la confusion des valeurs et des priorités.

— La culture utilisée à des fins politiques, l'art officiel, le goût de la fête, les chantiers fastueux[2]. »

Ce résumé permet d'introduire avec concision la réflexion sur les questions qui se posent à ceux qui réfléchissent au « continent des rêves ». Les trois critiques énoncées correspondent aussi à trois chantiers prioritaires auxquels Lang s'est voué dans les dernières années : les enseignements artistiques, avec les limites qu'il a rencontrées, mais aussi avec les premiers résultats, la télévision culturelle qui est son combat permanent et l'action internationale qui constitue sa nouvelle frontière, surtout en direction de l'Europe de l'Est et des pays les plus pauvres ou les plus opprimés.

Quant à la critique des chantiers fastueux, de l'art officiel, du goût de la fête, ne reprend-elle pas à son compte, à gauche, une analyse de la politique culturelle faite à droite ? C'est dire l'importance des débats idéologiques. À laisser sans réponse des propos polémiques et partisans, présentés comme la quintessence de la pensée contemporaine, on en vient à abandonner le pouvoir : l'occupation du « cinquième pouvoir » n'est pas que politique et économique, elle est d'abord intellectuelle.

Le rapport sur la refondation de la politique culturelle ne traite guère chacune de ces trois questions pour la bonne raison qu'elles ne relèvent pas de sa responsabilité, ce qui est ennuyeux pour trois domaines de préoccupation importants. Elles se situent en effet en dehors de la responsabilité du « petit ministère de la Culture » ; Elles exigent au contraire l'intervention d'un « grand ministère de la Culture ». La solution au problème des enseignements artistiques dépend en effet largement du ministère de l'Éducation nationale, la télévision exclue de la délibération par le ministre n'occupe que deux pages sur cent-cinquante-neuf et la question internationale dépend essentiellement du ministère des affaires étrangères.

Refonder le « petit ministère » n'a guère de sens. L'important est de repenser le « grand ». Car, depuis Malraux, la politique culturelle ne cesse d'être confrontée à ce dilemme.

Les questions qui restent posées pour le troisième millénaire n'ont de sens que si elles s'inscrivent dans la perspective d'un « grand ministère de la Culture ».

À la lumière de ces remarques, il convient d'apporter une réponse aux questions suivantes :

— Le système culturel est-il bloqué ou ouvert : comment se fait la mobilité des élites ? Comment interviennent les prescripteurs ? Comment se succèdent les générations ?
— Quel chemin se frayer entre le tout État et le libéralisme échevelé ?
— Quel peut être le second souffle de la décentralisation qui reste bloquée sur les acquis de 1981-1983 ?
— Quelle place réelle donner à la culture francophone ? Quel voie suivre entre les illusions passéistes et les potentialités réalistes ? Comment tourner la page de la France impériale ?
— Quel jeu la culture française doit-elle exercer avec les cultures des autres pays d'Europe ?
— Comment passer d'une éducation artistique expérimentale actuelle à une transformation réelle des comportements ?
— Quelle place donner aux cultures populaires dans la politique culturelle, notamment au regard des médias et des industries culturelles ?
— Où va la création artistique en France ? Comment passer de la morosité à la confiance, à la générosité, à la joie de vivre ?

1. LA RELÈVE DES GÉNÉRATIONS DANS LE SYSTÈME CULTUREL

Il est illusoire d'entonner le couplet de la démocratisation culturelle si les élites ne circulent plus dans un système qui serait comme bloqué. Or nous ne sommes pas éloignés d'une situation dans laquelle les élites culturelles, quelles que soient leurs opinions, sont atteintes des syndromes de consanguinité. Cette question de base de la démocratie n'est pas abordée dans les réflexions sur la refondation de la politique culturelle.

L'idée de relève des générations est bien naturelle dès lors que l'on arrive au ministère de la Culture en période de mutation profonde des générations intellectuelles et artistiques et que l'on y est présent sur une période de douze ans : relève des artistes, des créateurs, mais aussi de tous les acteurs du système culturel.

Côté artistes, la relève est un thème récurrent dans le discours de Jack Lang, y compris avec la coloration militaire que le mot suggère, puisque la politique culturelle est un combat. À plusieurs reprises, il participe à des manifestations qui s'attachent à ce thème. On peut en citer deux. C'est en 1984 une manifestation au musée des Arts décoratifs dont il a déjà été question. Lancée par Henry Dougier de la revue *Autrement*, elle s'intéresse à toutes les disciplines artistiques. En reste le témoignage d'un livre, *Paris-création*[3], qui montre l'universalité de la nouvelle création française. Il y eut aussi *Coup de talent dans l'hexagone*.

« La relève des générations », c'est le titre d'une note de Jack Lang à François Mitterrand : « Nous préparons un grand événement destiné à mettre en lumière le surgissement de générations nouvelles et brillantes dans toutes les disciplines artistiques et intellectuelles. Cette véritable efflorescence de jeunes talents constitue l'une des originalités de la vie intellectuelle française. C'est sans doute aussi le fruit de notre action. Consentiriez-vous à recevoir à l'Élysée une centaine de ces nouveaux créateurs ? » (Oui, inscrit en marge François Mitterrand[4].)

La coexistence de générations différentes, à un moment où les générations de valeurs évoluent plus rapidement que les générations de personnes, est source de conflits et de compromis placés au centre de la politique culturelle. Le binôme François Mitterrand-Jack Lang illustre bien l'équilibre voulu au sommet de l'État.

Dans un monde culturel où le poids des décideurs, des médiateurs, des créateurs pèse toujours plus lourd, il importe de veiller à ce que le relais entre les générations soit aussi libre, ouvert et démocratique que possible. Cela suppose une grande politique de formations supérieures et des recrutements de cadres culturels en dehors de tout clientélisme. Est-ce le cas ? La tendance au resserrement de l'origine sociale des professionnels de la culture n'est-elle pas l'une des sources plus ou moins confuses d'interrogation de ceux qui voient dans la politique culturelle une mainmise de l'État sur la culture[5] ? Le ministère de la Culture peut-il accorder à la question des formations supérieures de management culturel une plus grande attention que dans le passé ?

Dans le monde de la création, tout montre que les années quatre-vingt ont vu l'apparition de nouvelles générations d'artistes. Leur origine sociale et pédagogique a été étudiée par Raymonde Moulin[6]. Elle est à première vue extrêmement diverse, et s'affirme indépendamment des écoles spécialisées. Elle montre « une forte prédominance des origines urbaines. [...] Les artistes se recrutent majoritairement dans les catégories sociales élevées. [...] L'appartenance au secteur avancé du champ artistique apparaît comme le moyen le plus sûr, depuis le début du XXe siècle, et comme le moyen le plus rapide, au cours de la période récente, d'atteindre le degré le plus élevé de la visibilité sociale ». En outre, « la mise en question du système » est un moyen de rationaliser l'échec.

C'est donc encore des artistes que l'on peut attendre des comportements susceptibles d'éviter la cristallisation du système. Toute politique culturelle doit tenir compte de cette donnée.

2. TOUT ÉTAT OU LIBÉRALISME ?

Personne n'échappe aux interrogations sur les risques du « tout État culturel ». À droite, une petite minorité, composée de nostalgiques d'un système culturel qui réservait la place centrale aux médiateurs ne cesse de lancer ses brûlots contre le système culturel. À gauche, le combat contre les méfaits du marché peut-il se nuancer ? Comment ?

L'interventionnisme poussé de l'État dans la culture est-il susceptible d'engendrer des abus ? Passé l'élan donné par un ministre, la gestion administrative de la culture ne reprend-elle pas le dessus avec ses règles, ses normes et le règne anonyme des commissions ? Peut-il en aller autrement ? Un seul exemple : lorsque j'ai mis en place les statuts du Centre national des arts plastiques (CNAP), je souhaitais que le président de l'établissement public prenne lui-même les décisions de sélection des artistes (à exposer ou dont les œuvres sont à acquérir au titre des collections nationales). Mais le Conseil d'État m'imposa (au-delà de ma personne, au représentant de l'État) le recours aux choix des artistes par des commissions. L'appareil d'État tend naturellement à mettre l'administration de la culture sous la toise commune de toutes les administrations. Les grandes collections privées n'ont jamais été choisies par des commissions. Veut-on se priver de grandes collections d'État ? « L'exception culturelle » doit être aussi l'affirmation de l'autonomie de la gestion culturelle au regard des règles habituelles de gestion de l'État. « L'État culturel » est généré par le manque de doses d'exception culturelle dans l'organisation de l'État. Il y aurait donc intérêt à prescrire d'urgence des doses supplémentaires de ce remède magique au sein du corps social et spécialement des grands corps de l'État qui fournissent une part importante des effectifs du corps culturel public…

Jack Lang ne cessait de se plaindre que les budgets qu'il arrachait au ministre des Finances devinssent rapidement la chasse gardée des directeurs de son ministère sans que le ministre ne puisse guère agir sur ces crédits toujours « affectés à des actions déjà engagées ». C'est une des raisons pour lesquelles il avait souvent recours à des équipes de collaborateurs choisis en dehors de l'administration en qui il trouvait rapidité et imagination.

Le risque consécutif à la bureaucratie est évidemment l'art officiel. Le recours aux achats, aides et incitations décidés par les fonctionnaires est tentant pour les artistes qui sont la plupart du temps à la recherche de moyens financiers. Encore faut-il trouver le bon guichet. Et y consacrer du temps. Il faut aussi accepter de se soumettre aux critères exigés par les « chefs de guichets ». La logique du guichet n'est pas celle de la création.

L'un des dangers de l'inflation étatique peut prendre la forme de ce défaut très français qui tend à vouloir tout attendre de l'État et à l'accuser en même temps de trop intervenir. De là cette anecdote racontée par Robert Abirached qui en montre l'absurdité. Une compagnie de théâtre, le théâtre de l'Unité, volontiers violente et anticonformiste, avait monté un spectacle de rue qu'elle disait conçu en faveur de la gent canine. « Le bruit s'est immédiatement accrédité parmi les bonnes gens que le ministère poussait la perversité jusqu'à subventionner les chiens, et j'ai dû préparer, expose Robert Abirached, alors directeur du théâtre au ministère, une lettre-circulaire pour faire face à l'afflux du courrier des protestataires ! ». Il ajoute : « À supposer trop de puissance au Prince, on le rend du même coup responsable de tous les maux imaginaires ou réels de la vie artistique[7]. »

On peut dénoncer ces risques sans faire de la défense du libéralisme culturel une sorte de croisade dans laquelle Marc Fumaroli[8] joue le rôle de l'Académicien chef d'orchestre, Michel Schneider[9] celui du fonctionnaire démissionnaire amer et désabusé, Jean Clair[10], alias Gérard Régnier, celui du conservateur de l'art moderne blasé et revenu de ses premières amours[11] et Alain Finkielkraut, celui du philosophe désespéré.

Si les livres sur la politique culturelle sont devenus, à en croire sans rire Marc Fumaroli, « un grand genre littéraire français, un des derniers qui nous restent », il faut lui reconnaître d'avoir inauguré la série noire, contrepoint de ce nouveau genre littéraire. Selon ces essayistes, la cause du « mal français », sur lequel tant de beaux esprits se penchent, c'est tout simplement l'intervention de l'État dans la culture et le rôle néfaste qu'y jouent les fonctionnaires culturels. Il suffisait d'y penser… ce qui permet d'éviter de regarder les choses d'un peu près, quitte à tomber dans un des travers de l'esprit français que Dubuffet fustige : « L'homme de culture est aussi éloigné de l'artiste que l'historien l'est de l'homme d'action[12] ».

L'explication du « mal français » trouvée par Marc Fumaroli étant simple, elle permet de se dispenser de nuances. « La puissance de l'État-providence est devenue si envahissante qu'elle a besoin de se légitimer, de se célébrer. Ni l'État douanier, ni l'État éducateur, ni l'État banquier ne le font ni le peuvent. L'État culturel, le plus contestable de tous, s'en est chargé. La Culture est un autre nom de la propagande. Le prix à payer est lourd. Car au lieu de distinguer les ordres dans cette vaste « sphère culturelle » qu'il contrôle, la tentation est grande pour l'État, et il ne manque pas d'y céder, de faire de ce système un vaste échangeur qui permet aux loisirs de masse de refluer sur les œuvres de l'esprit, et inversement aux préférences de petites coteries au pouvoir d'envahir les loisirs de masse. »

On a compris que, dans cette conception qui fleure bon le libéralisme de papa, toute intervention de l'État est néfaste, et que les loisirs de masse, et donc, disons le mot, populaires, sont cause de la décadence du goût, du sens du « beau naturel » (le « beau naturel » existe, Marc Fumaroli l'a rencontré !). S'il n'y a donc plus ni artiste, ni architecte de talent dans l'hexagone, la faute en revient, selon lui, au peuple, à la démocratisation des pratiques sociales, voire aux fonctionnaires ! Ce qui fait monter sa plainte, belle comme l'Antique : « On voit Auguste et Mécène, mais où est Virgile ? On voit Jules II, mais où est Michel-Ange ? » Dès lors, la voie serait ouverte à notre « décadence » et notre « affaissement », deux mots qui résonnent étrangement en nous rappelant quelques mauvais souvenirs.

L'étude des politiques culturelles doit être sérieuse et éviter de travestir les documents et les faits. Autant je me méfie des abus de positions d'État, autant je m'inquiète lorsque leur critique cède au réactionnaire et à son florilège.

L'auteur nous livre, pages 280 et 281, un aveu de taille : les causes de l'affaiblissement de la culture française se trouveraient non seulement dans le rôle tentaculaire de l'État culturel mais… dans le grand déferlement de l'automobile et des automobilistes ! Il fallait y penser : « […] l'automobiliste est l'antihéros quotidien de cette humanité métamorphosée. Assis dans sa carcasse de métal, à l'abri dans un ingénieux système de rues et de routes bien balisées, de clignotants bien réglés, de police de la circulation et de gendarmes mobiles, harnaché par sa ceinture de sécurité […], distrait par son téléphone baladeur, il oscille entre l'euphorie et la fureur rouge. »

Ce tableau dramatique d'un auteur, dont on peut craindre qu'il n'ait pas passé son examen de permis de conduire, se poursuit sur le terrain de la télévision dont il doit s'abstenir comme de tout véhicule à roues : « Non moins emblématique, le Spectateur [avec un S majuscule pour bien montrer son caractère massif] de télévision. Pour ces egos [avec un s dans le texte pour mieux dénoncer le grand nombre] nerveux, inquiets, surprotégés et vulnérables, cela revient à se plonger, d'un geste facile, dans les eaux étales, chaudes, et brillamment illuminées d'une piscine à images, remplie à jet régulier par écran cathodique. »

Dans cette vision apocalyptique il ne reste sans doute de salut que dans la marche à pied comme les citoyens radicaux de la République athénienne… Car, pour notre homme déraciné dans ce monde moderne, l'avenir n'est guère rose : « […] l'ensemble de ces commodités extérieures, dont on attendait une libération, prédispose, même s'il n'y conduit pas nécessairement, à une atrophie du squelette et des muscles de la liberté [l'image est osée]. »

Bref, il vous faut troquer votre ordinateur portable et votre site Internet contre de bonnes vieilles chaussures à clous. Et surtout il faut réagir contre cette civilisation qui se couche. Il faut se dresser, vertical, en marcheur de randonnée, oserais-je dire « droit dans ses bottes », en tous les cas inspiré par une foi « qui insiste sur la dimension verticale de l'humanité, plongée dans le temps, mais appelée par vocation natale [sic] à connaître ce qui échappe au temps, et capable d'une mémoire qui lui donne forme dans cette autre lumière ». L'historien « des idées et des formes littéraires et artistiques de l'Europe » devient, hélas, dans son incompréhension du monde qui vient et qui le dépasse, un auteur de charabia, un aligneur de poncifs pour midinettes.

Le mécénat ouvrirait selon lui une issue à cette crise : mais le mécénat authentique, celui de la IIIe République, encore qu'il faille lire dans le texte le regret dont l'auteur salue l'intervention des anciens mécènes, « hélas » au service du surréalisme, dit-il : que cet « hélas » est bien venu ! Que cet « hélas » accuse bien son auteur ! Il dit tout de cette pensée au moment de conclure ce livre, de cette pensée qui s'érige pourtant en référence de la nouvelle droite. Le surréalisme voilà le signe de la décadence tout autant, sinon plus, que l'État culturel. Un État culturel qui n'est que l'arbre qui cache la forêt : la création poétique, l'empire des sens, voilà l'ennemi ! Pour Marc Fumaroli, l'art ne peut être que classique ou ne pas être. « Le Centre Pompidou lui-même, écrit-il, ne trouva jamais plus de prestige que lorsqu'il organisa des expositions classiques d'histoire de l'art : Paris-Moscou, Paris-Berlin, Paris-Vienne, Papiers collés cubistes, Pierre Bonnard… En contradiction avec le fanatisme moderniste de ses fondateurs [sic], il fut un moment accordé avec la tendance internationale à libérer les arts de l'impératif catégorique “moderne”. »

Comme si l'on pouvait distinguer Pontus Hulten et les conservateurs du musée d'art moderne des « fanatiques modernistes » fondateurs du centre, puisqu'ils participèrent à sa fondation, à l'exception, il est vrai, de l'ami de Marc Fumaroli, Jean Clair, qui y fut repêché à sa demande.

Le Centre Pompidou est donc à rejeter comme les maisons de la culture. Cette obsession des maisons de la culture conduit notre « classique » à des comparaisons grotesques identifiant les « cathédrales du XXe siècle » de Malraux aux monuments pastiches proposés aux foules de touristes de Las Vegas ! Ces monuments « sont à la fois les cartes postales d'une aventure humaine terminée et des maisons de jeux, des music-halls, joints à de gigantesques hôtels gratte-ciel, maisons de la culture polyvalentes, ils réunissent des salles de spectacles immenses, équipées avec un grand luxe technique, des halls tapissés de machines à jouer… »

Trop n'est-ce pas trop ?

Non, il faut s'en prendre au Musée d'art moderne lui-même : « installé dans le centre, et qui est à proprement parler sa raison d'être et son trésor, n'attire aujourd'hui pas plus de monde qu'au temps où il était, disait-on, à l'étroit au palais de Tokyo »

(p. 200). [Ce que personne de bonne foi ne peut accréditer y compris le plus conservateur des conservateurs du musée.] Il y avait un peu plus de 200 000 visiteurs par an au musée d'Art moderne du palais de Tokyo. Il y en a près de 1 000 000 à celui du Centre Pompidou[13].

Cette pensée vieille et confuse ne mériterait pas tant de citations et commentaires si elle n'avait tendance, depuis quelques temps, à servir de référence pour critiquer toute politique culturelle, et ne servait en réalité, il faut le dire, une tendance à dénier tout sens à l'art contemporain.

Je ne conteste pas que l'État culturel ait besoin de contrepoids. Je l'écris tout au long de ce livre, mais dans un esprit qui n'a pas besoin de renier sa fonction et sa responsabilité. Ces contrepoids se trouvent pour partie du côté du marché qui représente 80 % des dépenses culturelles de la nation.

Un autre contrepoids tient à la décentralisation. C'est certainement le plus important qui ait été mis en place au cours des années Lang. Y compris la décentralisation que j'appelle fonctionnelle et qui vise les organismes plus ou moins autonomes dont nous avons besoin au plan national et local[14].

Dégraisser la tête afin de donner plus de forces aux membres pourrait être l'axe central de la politique culturelle de demain.

3. LE SECOND SOUFFLE DE LA DÉCENTRALISATION

La décentralisation deviendra une réalité autant politique que culturelle le jour où les collectivités territoriales disposeront de compétences culturelles qui leurs seront propres, sans aide de l'État. On en est loin. Et comme elles sont récentes, les régions sont certainement appelées, du fait de leur ancrage dans l'histoire et de leur dimension, à jouer un rôle croissant dans la politique culturelle : c'est au demeurant ce que pense l'opinion publique comme on l'a vu plus haut.

Après le rapport de René Rizzardo, remis en juillet 1990[15], la question qu'il faut ici se poser est : quand et comment aller plus loin ? Car il n'est pas possible d'en rester à la première phase de la décentralisation culturelle.

Il s'agissait dans l'esprit de René Rizzardo, d'ouvrir « une nouvelle étape » ou encore un « nouvel élan » qui soit « mobilisateur ». « La décentralisation qui a été voulue par le président de la République peut constituer une idée forte dès lors qu'elle ne tire pas les exigences culturelles vers le bas, qu'elle ne réduit pas les ambitions mais les élève, qu'elle aboutit à moins de disparités, à plus d'égalités des chances. Une des conclusions de ce rapport est donc que le ministre de la Culture doit être le pilote des évolutions proposées autour de trois idées simples : faire de la décentralisation un nouvel élan culturel national pour adapter notre territoire aux exigences du futur — appeler au volontarisme des collectivités territoriales et à leur coopération — clarifier les responsabilités et le partenariat public, tout en mobilisant les ressources là où elles sont disponibles. »

Ce « nouvel élan » est toujours attendu. Mais il suscite ici et là quelques craintes. La relance de la décentralisation ne risque-t-elle pas de se traduire par un retrait et un désengagement financier de l'État ? La « recentralisation régionale » n'aboutirait-elle pas à favoriser « l'émergence de pouvoirs nouveaux qui n'auraient pas la même neutralité que celle qu'on accorde à l'État », écrit René Rizzardo. Nombre d'élus locaux « craignent aussi la concentration des moyens dans la capitale régionale lorsque celle-ci est puissante ». Une autre crainte est que, « décentralisation aidant, le couple élu-professionnel, fortement soutenu par les fonctionnaires de l'État, occupe la première place. L'essentiel des décisions appartient à ce trio qui semble avoir mis la vie associative sur la touche ». Et de constater que « détrônée par les industries culturelles et par la tendance à la médiatisation et au vedettariat, privée d'un véritable projet culturel à l'école et à la télévision, la philosophie de la démocratisation n'a que peu progressé en trente années d'efforts militants. »

Craignant les excès de la décentralisation, René Rizzardo se fait également le porte-parole de tous ceux qui se méfient en outre des relations entre culture et économie : « Ces dernières années ont vu naître ce qui peut être en partie un nouveau mythe : celui de la culture porteuse de développement… On peut cependant s'interroger sur la tendance à mettre le culturel à la remorque de l'économique. »

Serait-ce à dire, en d'autres termes, que culture et économie ne vont pas au même combat ?

La légitimité de l'intervention de l'État dans la culture reste fondée sur des arguments professionnels d'efficacité : « […] le partenariat de l'État est encore vivement souhaité parce qu'il légitimise, labellise, finance, et qu'aux yeux de nombreux décideurs ou acteurs il est le seul à pouvoir garantir de grandes orientations, de grands équilibres, le risque artistique, les choix difficiles. »

À noter que le bilan de la décentralisation culturelle signale, sans doute est-ce la première fois dans un rapport pour le ministère de la Culture depuis celui que j'avais écrit en 1986[16], le rôle de l'ingénierie culturelle dans l'évaluation de l'impact social, géographique et qualitatif des activités culturelles, dans la volonté d'assurer une meilleure adéquation entre l'offre et la demande.

Le rapport Rizzardo recommande en matière communale le développement de la coopération intercommunale, un meilleur statut des équipements culturels (toujours attendu), une incitation aux actions en faveur du développement des quartiers, une meilleure collaboration entre les villes, les départements et les régions, « une fermeté nouvelle (en faveur de la qualité architecturale) dans les négociations avec le secteur privé ou les administrations, par le recours à des procédures de protection négociées telles que les ZPPAU (zones de protection du patrimoine architectural et urbain) », le tout grâce à une administration culturelle locale de bon niveau.

Bref, améliorer un existant qui n'est pas si mauvais.

Au niveau des départements, les responsabilités suivantes devraient être assurées : l'élaboration de schémas départementaux d'enseignement de la musique et de la danse, la sauvegarde et la mise en valeur du patrimoine non protégé, la participation à l'élaboration avec les régions et l'État de schémas régionaux d'équipements culturels dans le cadre de contrats de Plan, la participation pour un tiers au financement des écoles des beaux-arts, des maisons de la culture et des scènes nationales, la participation au financement des compagnies de théâtre et de danse, la valorisation du patrimoine et de la culture scientifique et technique, l'élaboration de schémas régionaux de développement culturel, etc.

Donc, pratiquer par petites touches multiples : gérer mieux.

Dans la pratique, beaucoup d'aménagements de détail souvent pertinents n'impliquent pas le recours à des textes particuliers. Il n'y a guère qu'en matière de déconcentration de crédits que des mesures concrètes ont été prises : les administrations centrales du ministère de la Culture ont en effet progressivement transféré au niveau des directions régionales des affaires culturelles la gestion de leurs crédits, ce qui est un rapprochement entre le dispensateur des crédits et leurs bénéficiaires, mais pas une décentralisation.

Mais, on attend toujours une grande relance de la décentralisation culturelle. C'est-à-dire une refonte de la structure des compétences culturelles entre les quatre ordres de collectivités publiques qui financent la culture. La solution ? La recherche d'une idée simple dans ce monde complexe !

Pour tenter de faire avancer la réflexion, on peut essayer de dresser une nouvelle ligne de partage entre les compétences de l'État et celles des collectivités locales :

— la fonction législative et réglementaire est nécessairement entre les mains de l'État ;

— la fonction de formation et de recherche relève aussi de l'État, pour ce qui est des niveaux supérieurs, sans que les initiatives privées soient découragées ;

— la fonction d'incitation à la jeune création, la plus fragile et la moins aidée par le marché, devrait aussi relever de l'État, tout en pouvant être déconcentrée ;

— la fonction de conservation des œuvres devrait être partagée : celles qui relèvent du patrimoine national devraient relever de l'État, et le patrimoine local devrait relever les collectivités locales ;

— la fonction d'aménagement du territoire et surtout de correction des inégalités locales pourrait être partagée entre l'État (pour corriger les déséquilibres culturels entre régions) et les régions pour les déséquilibres intrarégionaux ;

— la fonction études pourrait être déléguée au secteur universitaire et au secteur privé non lucratif, plus indépendant que l'État et moins prisonnier de ses catégories ;

— la fonction d'animation pourrait être systématiquement déconcentrée ou décentralisée, ne relevant de l'État que par exception ;

— la fonction de production de manifestations ou d'œuvres devrait échapper au rôle de l'État dont ce n'est pas le rôle d'être producteur de films, organisateur d'exposition, ou entrepreneur de spectacles ;

— la commande publique nationale devrait rester entre les mains de l'État.

Cette nouvelle carte des compétences culturelles entraînerait des transferts de l'État aux collectivités locales et au secteur privé non lucratif, essentiellement dans les domaines de l'animation, de la production, des études, et de la conservation.

Elle suppose un fort renforcement des compétences culturelles des régions qui, avec les communes, sont l'échelon d'avenir des politiques culturelles décentralisées.

Est-il illusoire de voir ce chantier réaliste nous aider à franchir le cap du troisième millénaire ?

4. LA CULTURE ENTRE ESPACE LOCAL ET ESPACE INTERNATIONAL

On a vu comment la politique culturelle de Jack Lang a évolué progressivement de projets nationaux vers des projets plus enracinés localement ou au contraire plus internationaux. Cette évolution doit nous aider à réfléchir à l'avenir.

À cette fin, il nous faut commencer par lever un certain nombre d'illusions qui continuent d'être comme accrochées à nos basques afin de dessiner des pistes futures.

Les illusions de la francophonie

Sans doute, les gouvernements de droite comme de gauche qui se succèdent entendent-ils tous participer activement au développement de la politique en faveur de la francophonie. En réalité, il s'agit d'une survivance liée à notre Empire colonial qui prend la forme d'une action très timide, disposant de très peu de moyens et qui fournit simplement à la France une caisse de résonance pour appuyer un certain nombre de choix politiques dans le concert international. Un espace francophone qui s'accroît en nombre et en étendue au fur et à mesure que notre langue perd en « parts de marché » et en effectifs de pratiquants. Le nombre des pays dits francophones ne cesse de croître au point que s'y retrouvent des pays comme le Vietnam où seule une petite minorité, moins de 5 % de la population, et surtout des personnes âgées, parlent encore le français. Manière d'entretenir une illusion sur l'influence culturelle de la France.

Il faut avoir le courage de reconnaître que dans l'affrontement né dans les années soixante entre la langue anglo-saxonne et d'autres langues comme la langue française, la bataille a été perdue par la France. Le ministère des affaires Étrangères peut se vanter « de ses 132 instituts et centres culturels qui offrent des cours de langues à 140 000 adolescents ou adultes, de ses 300 lycées et écoles scolarisant 150 000 élèves dont 60 000 jeunes Français, de ses 1 060 alliances françaises enseignant le français à 318 000 étudiants[17] » ; dans le monde, cela ne fait guère que 600 000 étrangers qui apprennent le français, à comparer à une population mondiale de 5 milliards d'habitants ! Autant dire une goutte d'eau. On affecte encore trop souvent de l'ignorer. La langue française est dépassée dans le monde non seulement par l'anglais, mais aussi par l'espagnol, le portugais, le russe, le chinois… Il n'y a pas de quoi pavoiser.

La pratique du français dans le monde se fera plus par le développement des échanges économiques que par des piqûres de remontant. On connaît la musique : culture et économie ! Mais l'orchestre est-il toujours en ordre de marche ?

Qu'est-ce que la création française ?

Malraux a eu la chance d'être ministre à un moment où la France comptait encore les meilleurs artistes du siècle. Pour des raisons multiples, la première moitié du siècle a sans doute été plus prolifique en talents artistiques que la deuxième. Mais n'est-ce pas un phénomène international ? Pourquoi alors battre sa coulpe ? Ainsi, Malraux a pu être le témoin de cette richesse de création, sans y ajouter autre chose que l'éclat de son verbe. Lang n'a peut-être pas eu cette chance. Mais il a eu celle d'avoir favorisé la plus grande mutation intellectuelle, technologique et économique que la culture ait eu à affronter depuis, peut-être, la Renaissance.

Il a largement contribué à faire naître et entretenir un climat favorable à la création. De là, la réputation acquise par la France dans les années quatre-vingt d'être redevenue une terre d'accueil pour les artistes du monde entier.

Ainsi la France des années quatre-vingt-dix, si elle n'a pas connu les grands monstres des années quarante ou cinquante n'en a pas moins été une période féconde pour la création. Le colloque mondial à la Sorbonne en 1983 réunit des artistes et des intellectuels du monde entier à l'instigation du ministre de la Culture et de Jacques Attali[18]. La question de la création française y est posée. Les générations nationales de créateurs sont de plus en plus relayées par des générations internationales. Créer dans l'hexagone n'a plus guère de sens. Au début du XXe siècle, la création n'était-elle pas déjà mondiale ?

Le modèle français de développement culturel avec l'aide de l'État doit être assez ouvert, faire assez confiance à sa propre culture et donner la première place à la création. Les pratiques culturelles internationales vont en effet à la fois se diversifier sur tout le globe et s'intensifier. Et l'on entrevoit la constitution de ce que l'on peut appeler un « réseau de connivences ». Construit dans le déplacement et la transversalité, il doit se distinguer de plus en plus nettement de la politique de diffusion culturelle conçue et organisée par les institutions. Ce réseau ne reposera pas seulement sur la fraternité des créateurs. Il s'ouvrira à des villes, des associations, des groupements professionnels. L'intensification de ces pratiques, inscrite dans le développement des communications, doit également aider les échanges transculturels à ne pas céder, comme parfois, à l'abstraction des avant-gardes créatrices[19].

La crise de l'universalité et la chance européenne

La France appréhende, au double sens du mot, la crise de l'universalité de sa culture. Le chauvinisme français ne fait plus illusion dans un monde sans frontières. La revendication de la francophonie apparaît comme un dernier feu de cette culture universelle qui n'est plus et qui en réalité a été détrônée par la culture américaine. Le reconnaître n'est pas l'accepter. Il est des vérités qui fâchent, celle-ci plus que d'autres.

De Malraux à Lang, la France dans le monde ne cesse de continuer à penser qu'elle est unique et que sa culture est universelle. C'est l'un des grands domaines où se constate une véritable continuité dans la politique culturelle des trente-cinq dernières années... De là une politique culturelle résolument tournée vers l'étranger à grands renforts de moyens, plus que les autres États, qui se veut œcuménique, qui tient à être présente dans tous les pays du monde quelle que soit leur importance. Grandeur mais aussi limites d'une politique trop ambitieuse.

La riposte peut être européenne. Elle l'a été sur le terrain de l'économie. Pourquoi ne pourrait-elle pas l'être sur celui de la culture ?

C'est encore Jack Lang qui, sur ce terrain, parle vrai et fort[20] : « Inexorablement le jour décroît sur ce que nous n'osons déjà plus appeler notre "rayonnement culturel". [...] Le film français occupe une place marginale sur les écrans étrangers : 2 % des parts de marché en Grande-Bretagne, moins encore aux États-Unis et au Japon. Le salut par la francophonie ? Allons donc ! Notre langue marque le pas. En l'espace d'une décennie, le français a perdu la moitié de ses étudiants en Allemagne. Son usage se raréfie dans les documents de la Commission européenne : 70 % hier, 40 % aujourd'hui, 10 % demain ? Où s'arrêtera la dégringolade ? [...] Cette cause nationale exige une vraie mobilisation politique qui doit s'articuler autour de quatre idées fédératrices : un commandement unifié ; une doctrine renouvelée ; des vecteurs modernisés ; une Europe assumée. »

Et l'ancien ministre de s'exclamer : « La politique culturelle de la France, combien de ministères ? Éducation, culture, coopération, affaires étrangères, et, au gré des alternances, francophonie. [...] C'est le triomphe de Clochemerle à l'heure des autoroutes de l'information. Le moment est venu de constituer un ministère des relations culturelles extérieures. [...] Renouveler la doctrine pour en finir avec une conception étriquée et chauvine des relations culturelles. Il n'est ni amical ni efficace de prétendre renforcer la présence française à l'étranger tout en refusant celle des étrangers sur notre territoire. À ces schémas dépassés je propose de substituer l'hospitalité et l'entrisme. »

Jack Lang, plus « ministre des ministères » que jamais, poursuit par les vecteurs de notre action culturelle extérieure que sont le virtuel et l'audiovisuel. Il reste à la France enfin de « donner un nouveau souffle à notre continent par la création d'une Europe de l'imaginaire, de la jeunesse et de l'esprit : lutter en faveur de l'apprentissage de deux langues étrangères dans les écoles des pays européens ».

Et de conclure, nostalgique et pessimiste : « Une année a passé depuis que la majorité plurielle l'a emporté. Les réussites ne manquent pas. Pourtant, hors de nos frontières, nos positions s'érodent dans le silence du monde. Et le passif risque de s'alourdir. En l'an 2000, la créativité se déplacera à Rome, Londres, Berlin ou Hanovre, quand Paris restera en demi-teinte. Ce déficit n'est pas seulement celui de l'âme. À terme, il menace notre influence politique et compromet nos chances économiques. »

Si Lang a réussi à faire progresser le travail entre Européens, ces derniers n'ont, malheureusement, pas réussi à bâtir une véritable politique culturelle commune. La commission a investi l'une de ses directions, la DGX, de la mission de développer une politique culturelle commune. Mais les écarts sont sans doute trop importants entre les conceptions anglaise, allemande et française de la politique culturelle pour que des avancées aient pu voir le jour. Là aussi, la refondation de la politique culturelle ne peut se faire qu'au regard de la situation anglaise, très libérale, et de la situation allemande, très décentralisée. En position intermédiaire, comme souvent, la France est aussi dans une position inconfortable. Elle est en même temps bien placée pour proposer une perspective acceptable par tous. Affirmer la politique culturelle française c'est donc aussi y intégrer ce que Anglais et Allemands pourraient y apporter. Sans cette ouverture et cette confrontation, sans la tentative d'une politique culturelle, commune notre culture restera prise, quel que soit le nom retenu, dans un processus de colonisation.

Cette tâche est certainement l'une des plus importantes que devront accomplir les futurs ministres de la Culture en France. Sans cette évolution, l'Union européenne sera économique mais, sur le plan culturel, elle se construira sur la base des valeurs des États-Unis. La réponse américaine à la construction de la monnaie unique est d'ordre culturel et touche aux industries de programme. L'Europe n'a donc pas d'échappatoire.

À cet égard, la mission que se sont donné les neuf villes européennes de la culture pour l'an 2000 aurait pu constituer un laboratoire de l'action culturelle européenne. Elle aurait pu être conçue en réseaux, faire appel largement aux technologies multimédia, jouer des complémentarités entre villes. Mais l'Europe, la commission, les ministres de la Culture des États-membres et les neuf maires[21] eux-mêmes ont-ils compris l'importance de cet enjeu ?

Je l'ai espéré pendant plusieurs mois tout au long de l'année 1998. La France et l'Europe disposaient d'une chance à travers le projet de ces neuf villes de la culture. Avignon, l'une des neuf villes, avait demandé que j'assure pour son compte les fonctions de commissaire général de ce projet. Le maire, Marie-José Roig, et les élus, commencèrent par s'engager dans les projets que je leurs proposais avant de finir par refuser, effrayés par les responsabilités qui étaient les leurs. Je découvris une fois de plus que la décentralisation culturelle ne va pas de soi. Pourtant, pour la première fois, même si les rôles de l'État et de la CEE furent décevants, un projet fut élaboré conjointement par neuf villes européennes. Avignon 2000 ne traitera guère que de « la Beauté », un sujet complètement esthétique, bien coupé de la réalité sociale de la ville et des attentes de l'Europe de la culture.

5. L'ÉDUCATION ARTISTIQUE, DE L'EXPÉRIMENTAL AU RÉEL

L'équilibre entre l'approche intellectuelle et rationnelle, privilégiée dans tous les systèmes scolaires, et l'approche sensible et intuitive ne doit ni conduire à de nouvelles ruptures, ni imposer de nouvelles matières aux programmes.

Il faut au contraire que l'éducation artistique et culturelle, renouant avec la cohérence d'une « culture générale » permette de donner un sens, du sens, à l'ensemble des disciplines. De cette façon les enseignants, tous les enseignants, sont appelés à être les premiers médiateurs culturels auprès des enfants et doivent permettre à ceux-ci de se familiariser au bon usage des institutions culturelles.

Quand il quitte la rue de Grenelle en 1993, Jack Lang prend soin de rendre public un « Plan de cinq ans pour les enseignements artistiques », assorti de budgets. Il est soigneusement mis de côté par son successeur[22].

Ce chantier des enseignements artistiques dont les méthodologies ont été définies et expérimentées en grandeur réelle au cours des dix dernières années, a besoin maintenant de passer en phase de croisière. Claude Allègre a pris des décisions qui vont dans le bon sens. Mais comment faire pour toucher non pas 1 % ou 5 % des classes d'âge ? Une priorité politique doit être affichée : plus besoin de lois ou de commissions. Il faut seulement un budget. Un milliard pour les enseignements artistiques, est-ce trop demander, lorsque l'on sait que le Plan Université 2000 a coûté plus de 20 milliards ? De ce point de vue le rapport sur la refondation propose à juste titre une loi de programme sur les enseignements artistiques comme il y en a eu de nombreuses pour le patrimoine ou les musées.

Le transfert à l'État des enseignements supérieurs des écoles d'art et des conservatoires de musique va-t-il rester un vœu pieux ? Tant que cette question centrale n'aura pas été réglée — je sais qu'elle coûte de l'ordre de 500 MF — les propos sur le développement des enseignements artistiques resteront irréels. (Comme ceux qui se tenaient avant sur la politique culturelle, avant le doublement du budget en 1982).

Nous sommes prêts aujourd'hui pour la relance de cette réforme. Ne peut-on pas imaginer, comme en 1981, de commencer par le budget ? Car les programmes sont établis. Les idées sont prêtes. Les personnes ont procédé aux expériences nécessaires.

Est-il déraisonnable d'espérer le milliard des enseignements artistiques ?

6. LES CULTURES POPULAIRES ET LE « GRAND MINISTÈRE » DE LA CULTURE

Plus que culturel, le fondement de la politique culturelle me paraît devoir être social.

Le nécessaire fondement social

L'idéologie de la culture populaire qui s'est épanouie lors du Front populaire se trouve aujourd'hui contestée par les sociologues et les politiques. Elle est pourtant sans cesse reprise et affirmée tour à tour par les différents ministres qui se succèdent rue de Valois. Mais elle se décline désormais au pluriel. Cela concourt à donner à la politique culturelle, là aussi, une sorte d'irréalité. Il existe un sentiment commun aux ministres qui se succèdent pour déclarer que l'objectif qu'ils poursuivent est l'accès de tous les Français à la culture.

Dans ce contexte, la culture populaire peut s'entendre de différentes manières. Dans la filiation des idées du Front populaire, elle vise les entreprises principalement théâtrales conduites par des hommes comme Jean Vilar puis par Malraux autour des maisons de la culture mais dont on sait, en dépit des efforts accumulés, qu'elles n'ont pas réellement réussi à créer un nouveau public. On peut définir cette conception comme étant « historique » dans la mesure où elle est antérieure à la société de consommation qui a bouleversé la donne.

Une autre définition assimile la culture populaire au développement de la consommation culturelle. Elle comporte elle-même deux orientations : l'une « libérale », qui ferait volontiers confiance aux mécanismes du marché et l'autre, que l'on pourrait appeler « institutionnelle », qui unirait la régulation de l'État et le marché. Elle serait plutôt incarnée par un homme comme Pompidou.

Il existe une troisième définition de la culture populaire, prônée par Jack Lang, qui met l'accent sur l'organisation dans tout le pays d'un réseau et d'un maillage d'institutions culturelles diverses et qui ouvre la voie aux formes les plus variées de la création, qu'elles soient élitistes ou au contraire qu'elles relèvent encore du terme impropre des « arts mineurs ». Elle joue largement de la médiatisation. Elle se conjugue au pluriel.

Le choix de Malraux en 1960 de ne pas intégrer les institutions relevant de la culture populaire pèse encore sur la politique culturelle d'aujourd'hui. Et, parce qu'il a été fait dans le sens que l'on sait, la politique culturelle nationale rencontre des difficultés à être présente sur le front de la lutte pour la conquête de nouveaux droits culturels au profit des plus démunis.

En choisissant de faire du ministère de la Culture le « ministère des artistes » avant d'être celui des militants culturels, Malraux a durablement opté pour une politique culturelle en faveur des élites. Or dans une société où l'exclusion est devenue un phénomène majeur au point de fixer les termes du débat de l'élection présidentielle de 1995, il devient de plus en plus impossible d'accepter que le ministre de la Culture prononce des discours unanimistes sur la culture pour tous, alors que tout le monde voit bien qu'elle est réservée à quelques uns. Cela explique largement le malaise dans lequel n'ont cessé d'évoluer les successeurs de Jack Lang depuis 1993.

Pendant douze ans, Jack Lang a fait preuve d'un style qui lui est propre en tenant un discours ouvert à tous, en se situant sur le terrain de tous les champs de la création comme de la diffusion culturelle. Sans doute comblait-il par son énergie une réalité qui commençait à changer et qu'il ne voulait pas toujours reconnaître. Mais il opposait à cette réalité sociale des perspectives et des actions. Avec la disparition de l'activisme languien capable de se concrétiser dans des manifestations festives, sortes de concentrés de participation populaire, la réalité sociale de la vie culturelle est apparue dans toute sa nudité et sa réalité.

Ainsi, les institutions de la politique culturelle sont-elles toujours plus ou moins en décalage par rapport à la réalité des pratiques sociales. Il est vraisemblable que le début du prochain siècle connaîtra, par nécessité, un ajustement social des politiques culturelles, considéré comme l'un des principaux facteurs de la transformation à opérer. C'est bien pourquoi la pensée réactionnaire de cette fin de millénaire a compris qu'il lui fallait attaquer la politique culturelle sur le terrain de l'élitisme de l'art contemporain, de manière à atteindre le défaut de la cuirasse de la politique culturelle tout entière.

Cultures populaires et médiatisation

Malraux a pressenti que la politique culturelle pouvait engendrer une communication universelle, un appel à la citoyenneté, l'affirmation de valeurs nationales. Mais le premier ministre de la Culture à avoir rendu opératoire cette vertu de la culture est Michel Guy, le premier à avoir eu en charge les réalités institutionnelles de la communication est Jean-Philippe Lecat et le premier à lui avoir apporté son éclat et son retentissement est Jack Lang.

Mais Jack Lang, contrairement à ce qui est communément admis, n'a pas cherché la communication pour la communication. Il l'a trouvée pour n'avoir cessé de vouloir étonner en étant présent dans des lieux où ses prédécesseurs craignaient de s'égarer. Son action pour la communication se trouve en partie dans son goût pour l'exploration de lieux et de formes d'expressions artistiques nouvelles. Lang conçoit en effet un peu son rôle de ministre comme celui d'un explorateur. Curieux de tout, il veut tout savoir, être au courant de tout ce qui se passe, rencontrer les derniers artistes en train de s'exprimer.

La deuxième raison de la popularité de Lang est à chercher du côté de son militantisme de gauche. De là l'élargissement des frontières culturelles jusqu'à des limites que les partisans d'une culture plus classique contestent. C'est ce qui le conduit à rencontrer les jeunes, les artistes démunis, les groupes qui témoignent par leurs actes d'engagements militants comme SOS racisme.

Enfin la troisième raison du succès de Lang tient à des qualités personnelles, une gentillesse d'abord, une capacité d'écoute, une efficacité dans la réponse aux questions qui lui sont posées, l'organisation de ramifications dans un très grand nombre de réseaux culturels, le goût du théâtre et de la mise en scène, le sens de l'efficacité politique et, on l'aura compris, une obstination sans relâche.

La médiatisation de la politique conduite par Jack Lang est d'une certaine façon le triomphe de l'art théâtral comme genre culturel sur tous les autres. Il faut avoir vu le soin avec lequel il prépare une conférence de presse, multipliant les informations, les accumulant méticuleusement, rédigeant lui-même certains passages, réunissant ses collaborateurs dans son bureau quelques minutes avant de monter sur la tribune du salon Jérôme, avoir fait état une dernière fois de ses doutes sur la qualité de la prestation qu'il va fournir, de manière à être rassuré, être comme un acteur envahi par le trac avant de monter sur scène, puis se lancer dans le rôle qu'il doit jouer, oubliant notes et papiers afin d'être soi-même, se laisser posséder par son meilleur rôle : celui de ministre de la Culture de François Mitterrand.

Après avoir dénombré tous ces facteurs et toutes ces qualités on peut s'interroger sur l'art languien de la communication. D'abord Jack Lang veille jalousement à être pour lui-même son propre attaché de presse. Il cultive donc la relation avec les journalistes jour après jour, remerciant les uns, n'hésitant pas à critiquer pour ne pas dire plus ceux qui lui paraissent trop timides, silencieux ou injustes, suggérant à d'autres telles ou telles informations. Bref il s'occupe très concrètement de l'information et ne laisse pas passer le moindre silence ou la moindre inexactitude. Si son interventionnisme indispose parfois, il sait aussi rendre service. Il délivre aux uns et aux autres successivement la primeur d'une information, il les emmène sur le terrain de manière à les convaincre, il veut les transformer en avocats de ses propres convictions. Ce soin quotidien apporté aux choses de la presse, qui vont jusqu'à suggérer au président de la République telle ou telle initiative, finissent par donner des résultats. Mais il y faut une belle opiniâtreté, une continuité et une vigilance de chaque instant. Et, pour tout dire, en définitive, un respect et une reconnaissance de la mission de la presse.

Difficile dans ces conditions de distinguer ce qui relève de la motivation purement politique et ce qui touche à un goût plus personnel pour la notoriété.

Le grand ministère de la Culture : éducation, jeunesse, communication, culture

La culture sera « populaire » si elle sort du domaine étroit de la rue de Valois. C'est l'une des raisons pour lesquelles Lang n'a cessé d'agir comme « ministre des ministères ». Tel est le message qu'il n'a cessé de nous lancer pendant quinze ans.

On a vu qu'il était possible de réunir culture et communication. Il y a fallu près de vingt ans d'efforts. Puis culture et éducation, après trente ans de séparation.

Il n'est pas trop tard pour penser réunir, en outre, les structures des deux ministères de la Culture et de la Jeunesse. Lang y a déjà songé au début des années quatre-vingt-dix. Tel est aussi le sentiment de Michel Colardelle[23]. Seul conservateur des musées qui ait exercé une fonction de direction au ministère de la Jeunesse et des Sports, il insiste sur l'importance et la compétence des cadres de ce ministère, notamment dans chacune des directions départementales dont le ministère de la Culture est dépourvu, ce qui l'oblige à se limiter à une administration régionale toujours trop lointaine. Robert Abirached rejoint ce point de vue lorsqu'il considère que l'erreur commise par Malraux de la coupure entre culture et action sociale peut être encore réparée. Le ministère de la Culture a en effet besoin de l'éducation nationale et de l'éducation populaire : il y a là un champ social à investir pour des raisons évidentes de démocratie. Faute de le faire, l'État passera à côté de sa mission de correction des inégalités et prendra le risque de se livrer aux jeux et débauches du mécénat artistique, toujours plus excitant, mais limité à quelques uns.

Dans un sens complémentaire mais différent, l'expérience conduite pendant vingt ans par le conseil général de la Seine-Saint-Denis permet d'espérer le dépassement du débat développement culturel-éducation populaire. Les responsables culturels et politiques de ce département, haut lieu de l'action du parti communiste, sont arrivés à créer des réseaux de centres culturels de haute exigence artistique et culturelle qui structurent de plus en plus la vie des jeunes. Dans le même temps, les institutions socioculturelles ont été victimes de vieillissement et de perte d'énergie, les bâtiments se sont dégradés et le niveau de l'encadrement a décliné. Il est assez remarquable de constater que cette promotion sociale de l'action culturelle est le fait du département sans doute le plus avancé de France dans ce domaine tant pour le théâtre, la danse, les musiques actuelles[24], etc.

Le « grand ministère » de la culture est-il le ministère de l'Intelligence ? Est-il celui des cultures populaires ? Celui de la connaissance ? De la civilisation ? Il sera le ministère de la Culture tout simplement, mais dans un sens élargi par une pratique de trente ans, accélérée depuis Jack Lang.

7. LA CRÉATION ENTRE TECHNOLOGIES ET HUMOUR

Le grand ministère de la Culture devra évidemment se partager entre les publics et les créations. Ministère des cultures plurielles, il doit se fonder sur la création. L'impératif qui est le nôtre en ce passage du millénaire est le mariage entre l'art, la science et la personne.

Création et technologies

Les grandes civilisations ont toujours fondé leur culture sur une nouvelle relation de leur art à la technologie du moment. La Renaissance va de pair avec les inventions qui débouchent sur les grandes découvertes. Notre civilisation est tellement secouée par ses découvertes scientifiques qu'elle en oublie parfois les débouchés artistiques. Du moins les découvertes artistiques sont-elles en cours. Mais les anciennes pratiques nous en masquent la réalité.

Les relations entre l'art et les nouvelles technologies constituent l'un des thèmes majeurs de réflexion et d'expérimentation pour les prochaines années. Nombre d'observateurs de la vie artistique méprisent ou évitent pourtant ce débat et cette réalité. Cela tient à ce que l'irruption des technologies de la communication dans le monde artistique remet en cause beaucoup d'idées reçues et montre des voies de développement inédites qui bousculent des positions acquises. En gros, s'opposent sur ce terrain deux écoles : celle des tenants de la vision esthétique de la création et celle des tenants du renouvellement des formes d'expression sur des bases aussi esthétiques que sociales ou technologiques. Il va de soi que les premiers résistent au changement, car bien installés dans les institutions culturelles et artistiques, alors que les seconds ont le vent en poupe mais doivent guerroyer sur de nouvelles frontières. Une fois encore, sur ce terrain, la France est en retard. Les « cités numériques » restent trop souvent encore à l'état de projets, (Avignon 2000, Le Métafort de Jack Ralite à Aubervilliers, le Cyber-Espace de Paribas). Il faut espérer que nos responsables institutionnels vont se saisir rapidement de ce dossier avec l'ampleur qu'il requiert et ne pas prendre le risque du retard d'une bataille.

La joie par la création

Est-ce une insulte que le dire ? Pendant quinze jours le Mondial a fait rêver la France et le monde. Faut-il laisser cette ambition au seul sport ? La culture ne peut-elle pas y prendre sa part ? À Saint-Denis, pendant le Mondial, les associations culturelles ont su donner la parole et le geste à la population autour d'une « Carnavalcade » à la fois créative, populaire et festive. La joie par la création.

Il est étrange de remarquer combien ceux qui attaquent la politique culturelle ont la critique triste. Les nouveaux libéraux qui condamnent le soi-disant « État culturel » se révèlent être ceux-là mêmes qui contestent les fondements de l'art contemporain. Conjonction intéressante à approfondir ! On retrouve sur le front de cette bataille artistique, une fois encore, Marc Fumaroli toujours accompagné de Jean Clair qui contestent la légitimité même de la contemporanéité et prônent le retour aux valeurs du XIXe siècle. On est hostile à la politique culturelle non pas parce que l'État intervient mais en fait parce qu'il a fait le choix, depuis trente-cinq ans, de la modernité. Nos « classiques » ne le lui pardonnent pas. C'est la raison profonde pour laquelle ils lui sont si hostiles. Étant eux-mêmes « fonctionnaires culturels », ils ne sont pas favorables en réalité au dépérissement de l'État qui assure leur subsistance : c'est d'abord à l'art contemporain qu'ils en veulent, au nom d'un passéisme qui n'existe à ce point dans aucun grand pays contemporain.

Les nouveaux libéraux culturels, à force d'enfoncer le clou du soi-disant non-sens de la création contemporaine, s'efforcent de revenir sur l'un des acquis de la politique culturelle initiée par Malraux (la réconciliation entre État et modernité) et développée par Lang (ce qui explique la violence des attaques contre la politique de décentralisation artistique et la reconnaissance locale de l'art contemporain). La création contemporaine étant considérée comme une sorte de mal absolu, il convient d'en assurer l'isolement médiatique, puis d'en couper l'un des maillons pour en empêcher la diffusion dans les régions en dehors des élites parisiennes. Là est le mal qui justifie la croisade.

Première étape de la nouvelle croisade : dénigrer l'action de l'État dans la culture, au moyen de contrevérités et en jouant sur quelques relents de poujadisme. Deuxième étape : dénigrer l'art contemporain en montant en épingle certaines réalisations, en critiquant l'art conceptuel, oubliant que « l'arte e una causa mentale » depuis qu'un certain Leonardo da Vinci s'est exprimé sur ses fondements. Le troisième volet n'aura plus qu'à être politique : nos nouveaux libéraux attendent implicitement l'avènement d'une nouvelle politique culturelle, de droite comme il se doit, afin de restaurer une non-politique culturelle dont ils seront les barons dans des académies bien gardées.

Tout ce qui a compté en France depuis un siècle dans la création artistique, tout ce qui a été fondé sur l'audace des artistes, des mécènes, des politiques parfois (on pense à Clémenceau commandant les *Nymphéas* de Monet), n'a plus qu'à se bien tenir. Certains veillent et agissent, en espérant que ces avancées qui souvent ont fait briller la France dans le monde, seront bientôt prises et enfermées dans une parenthèse qui aura été refermée. La petite France nationale, à l'abri des ses frontières aussi bien patriotiques qu'idéologiques, la petite France boutiquière, qui a peur de l'étranger, la petite France nostalgique qui rêve encore à l'Empire perdu, qui n'aspire qu'à vivre entre soi une forme de consanguinité rétrograde, se prépare à un retour en force : sous l'éclairage rassurant, intelligent, traditionnel, « comme il faut » de quelques esprits académiques, comme les haïssait si bien Jeanne Laurent, qui n'en peuvent plus de voir que l'histoire ne s'arrête pas d'avancer au-delà des limites que leur propre pensée n'a pas pu franchir.

C'est pourquoi, afin d'empêcher cette entreprise sournoise de démolition d'une tristesse désespérante, j'ai voulu que l'on connaisse mieux les acquis de l'histoire culturelle qui va de Malraux à Lang. Nous n'avons pas à en rougir, bien au contraire. Elle n'est pas achevée.

L'une des meilleures réponses à opposer à cette offensive réactionnaire, austère et morose se trouve d'abord dans la présentation objective d'une histoire de la politique culturelle à la française que beaucoup nous envient.

C'est aussi le rire, cette qualité propre à l'homme et à notre culture ; à la culture plurielle répondra un rire pluriel : le rire du théâtre, le rire de la farce, le rire Pantagruélique, le rire de la critique totale, le rire béat, le rire aux éclats, le rire ventral, le rire guttural, le rire philosophique enfin et bien d'autres rires encore. Le rire du héros italien dans *La Vie est belle*, face à la barbarie nazie…

Je retrouve cet esprit du rire (comme on parle de l'esprit du vin) dans une anecdote des cérémonies auxquelles Jack Lang s'est prêté un jour où, à Aix-la-Chapelle, il fut intronisé au sein de « l'Ordre des pourfendeurs de manque d'humour » par Hans Dietrich Genscher, ministre fédéral des Affaires étrangères d'Allemagne : « Mes biens chers frères en folie sage, dit-il à la fois ministre et maire, sachez que le suis maire de Blois dans la vallée de la Loire. Une région où est née la sagesse bouffonne du Carnaval au sens de Rabelais. Je vous y convie ! Je suis très ému de rencontrer ici à Aix-la-Chapelle la tradition de ce frère spirituel de Rabelais qui s'appelait Till l'Espiègle. Le grand acteur Gérard Philipe a été un interprète inoubliable, au cinéma, de ce truculent et fascinant personnage de votre, de notre mythologie européenne de la "folie sage", ce Till qui brandit un miroir sous le nez de ceux qui ne veulent pas se voir comme ils sont, et qui a choisi comme emblème la chouette, l'animal de l'intelligence. Il est votre patron, qu'il soit le mien !

Vous connaissez le grand livre fondateur de notre doctrine de la "Sagesse par la folie", c'est ce livre extraordinaire qu'est l'*Éloge de la folie* d'Érasme. Érasme, cet homme à la stature immense que le roi de France et l'empereur d'Allemagne se disputaient pour diriger leurs systèmes d'éducation et qui leur préférait sa bibliothèque, n'est pas seulement le père de l'humanisme européen de la Renaissance, il est logiquement aussi un visionnaire de l'unification de l'Europe par les puissances positives de la culture. Dans son *Éloge de la folie*, il fait l'apologie des confréries comme la votre. Il explique que la profonde sagesse du Carnaval réside dans l'esprit de liberté, d'égalité, de fraternité. Que ce soit notre devise de folle sagesse aujourd'hui ! Oui : malgré ses excès, il y avait dans la Révolution française quelque chose d'un Carnaval contrarié, et cela c'était bon, c'était juste, cela doit continuer à nous inspirer de son souffle et de son élan.

Plus que jamais alors que les idéologies se sont effondrées et que les peuples pourraient se livrer ici au désespoir et à la « langueur », à la « morosité », il nous faut cette sagesse des fous qui n'acceptent jamais la prétendue loi de la pauvreté et de la souffrance. J'appartiens depuis longtemps à cette espèce de fous-là. Et je n'en démordrai pas ! Ce sera désormais avec votre appui [25]. »

N'était-ce pas aussi de politique culturelle dont le « ministre-maire » parlait ce jour-là ? Celle qui rassemble et oppose tout à la fois, de Malraux à Lang, le drame de l'artiste et le rire du comédien ? Dans une seule et même pièce où le Commandeur est rejoint par le challengeur ?

À moins que la pièce qui se joue de Malraux à Lang dans notre politique culturelle soit celle qui met en scène l'éternel Dom Juan ? Toujours vivant de Molière à Mozart, mais au destin toujours différent.

Une sorte de « Dom Juan culturel » jamais satisfait, toujours en quête de perfection, craignant sans cesse de ne pouvoir l'atteindre. Et toujours prêt à s'enflammer pour une nouvelle cause. À parcourir les « continents des rêves », sillonnant l'univers de nos mémoires et de nos créations. À transgresser les frontières, l'esprit sans repos. À affirmer toujours face aux pouvoirs son irréductible soif de liberté.

Pourquoi ne pas l'imaginer à la veille du banquet final en acteur regardant dans le miroir les reflets dont il déchiffrerait le sens pour y scruter non pas la culture en forme de « visage de mort « qui obsédait Malraux, mais la culture aux mille visages de vivants ?

L'acteur qui affronte la statue de pierre, à l'image de Malraux, mais aussi d'un autre Commandeur, aujourd'hui disparu, dont il est encore orphelin, n'est-il pas déjà entré dans la légende ?

Étrange pièce que celle qui se joue dans la politique culturelle, qui va chercher au plus profond de nous les racines de notre destin et qui nous révèle aujourd'hui que la politique, celle que l'on appelle culturelle, est peut-être, grâce à l'esprit de création et aux mythes qui l'accompagnent, encore pleine d'enthousiasmes, de dépassements, de fraternités, de fraîcheur même, pour mieux nous rappeler les fondements de l'autre politique, celle de tous les jours, que l'on nomme politicienne, qui s'épuise dans le pouvoir pour le pouvoir, et qui perd le sens des valeurs que la création et l'art renouvellent sans cesse.

ANNEXES

Annexe 1

Les gouvernements de la Ve République

PRÉSIDENCE DE CHARLES DE GAULLE (1958-1969)

1958

28 septembre. Référendum pour l'adoption de la constitution de la Ve République. Le « oui » l'emporte avec 79,25 % des suffrages exprimés en France métropolitaine.

1er juin. Investiture du général de Gaulle comme président du Conseil par 329 voix contre 290.

2 juin. Le gouvernement présidé par le général de Gaulle reçoit les pleins pouvoirs pour six mois et la mission de réformer la constitution.

23 et 30 novembre. Élections législatives. L'Union pour la nouvelle République (UNR), les modérés et les élus d'Algérie forment près de 70 % des sièges de l'Assemblée nationale, assurant une majorité importante à Charles de Gaulle.

21 décembre. Charles de Gaulle est élu président de la République par 78,5 % des suffrages exprimés des grands électeurs et prend ses fonctions le 9 janvier 1959.

1959

Gouvernement Michel Debré

10 janvier. Michel Debré est nommé Premier ministre et forme le gouvernement. André Malraux est nommé ministre d'État, puis, le 22 juillet, ministre d'État chargé des Affaires culturelles.

1961

8 janvier. Référendum sur l'autodétermination en Algérie. Le « oui » l'emporte avec 75,2 % des suffrages exprimés.

22 au 22 avril. Putsch des généraux. Le général de Gaulle, au titre de l'article 16 de la constitution, obtient les pleins pouvoirs.

1962

7-18 mars. Deuxième négociation et signature des accords d'Évian

8 avril. Référendum sur l'approbation des accords d'Évian. 90 % des suffrages exprimés répondent « oui ».

Gouvernement Georges Pompidou I

14 avril. Michel Debré remet sa démission. Georges Pompidou est nommé Premier ministre et forme un nouveau gouvernement. André Malraux est nommé ministre d'État, chargé des Affaires culturelles.

3 juillet. Reconnaissance de l'indépendance de l'Algérie. Constitution d'un gouvernement provisoire en Algérie.

28 octobre. Référendum sur le mode d'élection du président de la République. 61, 7 % des suffrages exprimés répondent « oui » à l'élection au suffrage universel du président de la République.

18 et 25 novembre. Élections législatives. L'Union pour la nouvelle République remporte 233 sièges sur 482.

Gouvernement Georges Pompidou II

28 novembre. Un nouveau gouvernement est formé par Georges Pompidou. André Malraux est nommé ministre d'État, chargé des Affaires culturelles.

1965

5 et 19 décembre. Élections présidentielles. Charles de Gaulle est élu au second tour avec 55, 20 % des suffrages exprimés.

1966

Gouvernement Georges Pompidou III

8 janvier. Comme le veut la tradition après chaque élection présidentielle, le gouvernement remet sa démission. Un nouveau gouvernement est formé par Georges Pompidou. André Malraux est nommé ministre d'État, chargé des Affaires culturelles.

1967

5 et 12 mars. Élections législatives. Les gaullistes (Union démocrate pour la Ve République et les Républicains indépendants) remportent 244 sièges, la majorité absolue.

Gouvernement Georges Pompidou IV

6 avril. Un nouveau gouvernement Georges Pompidou est formé. André Malraux est nommé ministre d'État, chargé des Affaires culturelles.

1968

Mars. Création du « mouvement du 22 mars ». Cet événement marque les débuts de la crise de mai 1968.

13 mai. Manifestations des étudiants et des syndicats ouvriers. D'importants mouvements de grèves commencent.

28 mai. François Mitterrand réclame un nouveau gouvernement provisoire. Le Parti communiste réclame un « gouvernement populaire ».

30 mai. Le général de Gaulle annonce la dissolution de l'Assemblée nationale. Manifestation gaulliste sur les champs Élysées.

Gouvernement Georges Pompidou V

31 mai. Un nouveau gouvernement Georges Pompidou est formé. André Malraux est nommé ministre d'État, chargé des Affaires culturelles.

23 et 30 juin. Élections législatives. La majorité dispose de plus de 72 % des sièges (UDR et apparentés, Républicains indépendants).

Gouvernement Maurice Couve de Murville

10 juillet. Georges Pompidou est remplacé par Maurice Couve de Murville à la tête d'un nouveau gouvernement. André Malraux est nommé ministre d'État, chargé des Affaires culturelles.

1969

27 avril. Référendum sur la réforme du Sénat. Le non l'emporte avec 52,41 % des suffrages exprimés.

28 avril. Le général de Gaulle publie un communiqué de presse : « Je cesse d'exercer mes fonctions de président de la République. Cette décision prend effet aujourd'hui, à midi. »

Alain Poher, président du Sénat, assure l'intérim de la présidence de la République, comme le prévoit la constitution.

15 juin. Deuxième tour des élections présidentielles. Georges Pompidou est élu président de la République avec 58,21 % des suffrages exprimés contre Alain Poher.

PRÉSIDENCE DE GEORGES POMPIDOU (1969-1974)

1969

Gouvernement Jacques Chaban-Delmas

20 juin. Jacques Chaban-Delmas est nommé Premier ministre et compose son gouvernement. Edmond Michelet est nommé ministre d'État, chargé des Affaires culturelles.

1970

19 octobre. Après le décès d'Edmond Michelet, André Bettencourt est nommé ministre des Affaires culturelles par intérim.

1971

7 janvier. Jacques Duhamel quitte le ministère de l'Agriculture et est nommé ministre des Affaires culturelles.

1972

Gouvernement Pierre Messmer I

5 juillet. Le président Pompidou demande à Jacques Chaban-Delmas, Premier ministre, de démissionner. Pierre Messmer est nommé Premier ministre et compose un nouveau gouvernement. Jacques Duhamel est nommé ministre des Affaires culturelles.

1973

4 et 11 mars. Élections législatives. La droite conserve la majorité avec 268 sièges à l'Assemblée nationale.

Gouvernement Pierre Messmer II

2 avril. Un nouveau gouvernement Pierre Messmer est formé. Maurice Druon est nommé ministre des Affaires culturelles.

1974

Gouvernement Pierre Messmer III

27 février. Un nouveau gouvernement Pierre Messmer est formé. Alain Peyrefitte est nommé ministre des Affaires culturelles et de l'Environnement.

2 avril. Mort de Georges Pompidou. Alain Poher, président du Sénat, est appelé à assurer les fonctions de président de la République par intérim.

19 mai. Deuxième tour des élections présidentielles. Valéry Giscard d'Estaing est élu président de la République avec 50,80 % des suffrages exprimés contre François Mitterrand.

PRÉSIDENCE DE VALÉRY GISCARD D'ESTAING (1974-1981)

1974

27 mai. Valéry Giscard d'Estaing prend ses fonctions et nomme Jacques Chirac au poste de Premier ministre.

Gouvernement Jacques Chirac

8 juin. Composition d'un nouveau gouvernement. Michel Guy est nommé secrétaire d'État à la Culture.

1975

31 décembre. Réforme du statut de la Ville de Paris. Dorénavant, Paris aura un maire élu.

1976

Gouvernement Raymond Barre I

27 août. Démission du Premier ministre, Jacques Chirac, qui est remplacé par Raymond Barre. Françoise Giroud est nommée secrétaire d'État à la Culture.

1977

25 mars. Élections municipales : Jacques Chirac est élu maire de Paris contre Michel d'Ornano, soutenu par Valéry Giscard d'Estaing.

Gouvernement Raymond Barre II

30 mars. Un nouveau gouvernement Raymond Barre est constitué. Michel d'Ornano est nommé ministre de la Culture et de l'Environnement.

1978

12 et 19 mars. Élections législatives : 291 sièges pour la « majorité » contre 200 pour la gauche.

Gouvernement Raymond Barre III

5 avril. Un nouveau gouvernement est formé par Raymond Barre. Jean-Philippe Lecat est nommé ministre de la Culture et de la Communication.

1981

4 mars. Jean-Philippe Lecat est appelé à s'impliquer dans la campagne présidentielle de Valéry Giscard D'Estaing. Michel d'Ornano est nommé ministre de la Culture et de la Communication par intérim.

10 mai. Deuxième tour des élections présidentielles. François Mitterrand est élu avec 51,76 % des suffrages exprimés contre Valéry Giscard d'Estaing.

PRÉSIDENCE DE FRANÇOIS MITTERRAND (1981-1989)

1981

23 mai. Dissolution de l'Assemblée nationale par François Mitterrand.

Gouvernement Pierre Mauroy I

21 mai. Pierre Mauroy est nommé Premier ministre et compose un gouvernement provisoire dans l'attente des élections législatives. Jack Lang est nommé ministre de la Culture.

14 et 21 juin. Élections législatives. Le groupe socialiste remporte 285 sièges et obtient la majorité absolue à l'Assemblée nationale.

Gouvernement Pierre Mauroy II

22 juin. Pierre Mauroy compose un nouveau gouvernement. Jack Lang est nommé ministre de la Culture.

1983

6 et 13 mars. Élections municipales. 38,54 % des suffrages exprimés pour la gauche et 61,30 % pour la droite.

Gouvernement Pierre Mauroy III

22 mars. Pierre Mauroy est reconduit dans ses fonctions et compose un nouveau gouvernement. Jack Lang est ministre délégué à la Culture.

1984

17 juin. Élections européennes. Le Parti socialiste ne recueille que 20,75 % des voix.

24 juin. Manifestation pour la défense de l'enseignement privé.

12 juillet. Le projet de loi sur l'enseignement privé est retiré.

Gouvernement Laurent Fabius

17 juillet. Pierre Mauroy démissionne et est remplacé par Laurent Fabius à la tête du gouvernement. Jack Lang est nommé ministre délégué à la Culture.

1986

16 mars. Deuxième tour des élections législatives. La gauche perd la majorité des sièges à l'Assemblée nationale (215 sièges sur 573 sièges). Une période de « cohabitation » commence.

21 mars. François Mitterrand désigne Jacques Chirac comme Premier ministre.

GOUVERNEMENT JACQUES CHIRAC

26 mars. Jacques Chirac compose son gouvernement. François Léotard est nommé ministre de la Culture et de la Communication. Philippe de Villiers est nommé secrétaire d'État auprès du ministre de la Culture.

1988

DEUXIÈME SEPTENNAT DE FRANÇOIS MITTERRAND (1988-1995)

8 mai. Deuxième tour des élections présidentielles. François Mitterrand est réélu avec 54,01 % des suffrages exprimés contre Jacques Chirac. Il décide de dissoudre l'Assemblée Nationale.

10 mai. Nomination de Michel Rocard comme Premier ministre.

Gouvernement Michel Rocard I

13 mai. Michel Rocard compose un nouveau gouvernement. Jack Lang est nommé ministre de la Culture.

12 juin. Deuxième tour des élections législatives. Les socialistes et divers gauches remportent 278 sièges. Ils n'ont qu'une majorité relative.

Gouvernement Michel Rocard II

16 juin. Michel Rocard compose un nouveau gouvernement. Jack Lang est nommé ministre de la Culture, de la Communication, des Grands Travaux et du Bicentenaire. Catherine Tasca est nommée ministre délégué auprès du ministre de la Culture, chargé de la Communication et Émile Biasini, secrétaire d'État auprès du ministre de la Culture, chargé des Grands Travaux.

1990

1er juillet. Le ministre de la Culture, de la Communication, des Grands Travaux et du Bicentenaire devient ministre de la Culture, de la Communication et des Grands Travaux.

1991

Gouvernement Édith Cresson

16 mai. Michel Rocard est remplacé par Édith Cresson au poste de Premier ministre. Jack Lang est nommé ministre de la Culture et de la Communication, porte-parole du gouvernement. Georges Kiejman est nommé ministre délégué à la Communication auprès du ministre de la Culture, en remplacement de Catherine Tasca.

1992

22 mars. Deuxième tour des élections régionales. Le PS remporte 18,3 % des suffrages exprimés et l'UPF (UDF et RPR), 33 % des suffrages exprimés.

Gouvernement Pierre Bérégovoy

2 avril. Pierre Bérégovoy remplace Édith Cresson au poste de Premier ministre. Jack Lang est nommé ministre d'État, ministre de l'Éducation nationale et de la Culture.

1993

28 mars. Deuxième tour des élections législatives. La droite remporte 405 sièges à l'assemblée contre 91 sièges pour la gauche.

Gouvernement Édouard Balladur

29 mars. Nouvelle cohabitation. Édouard Balladur est nommé Premier ministre et nomme Jacques Toubon, ministre de la Culture et de la Francophonie.

1995

PRÉSIDENCE DE JACQUES CHIRAC (1995…)

7 mai 1995. Jacques Chirac élu président de la République avec 52,67 % des voix, contre Lionel Jospin.

Gouvernement Alain Juppé

20 mai 1995. Alain Juppé est désigné comme Premier ministre. Philippe Douste-Blazy est nommé ministre de la Culture.

7 novembre 1995. Deuxième gouvernement Alain Juppé. Philippe Douste-Blazy est confirmé dans ses fonctions.

1997

1er juin 1997. Dissolution du parlement. La gauche remporte les élections législatives. Jacques Chirac charge Lionel Jospin de former le gouvernement.

Gouvernement Lionel Jospin

4 juin 1997. Lionel Jospin est nommé Premier ministre. Catherine Trautmann est nommée ministre de la Culture et de la Communication.

ANNEXE 2

Part du budget du ministère de la Culture dans le budget général de l'État

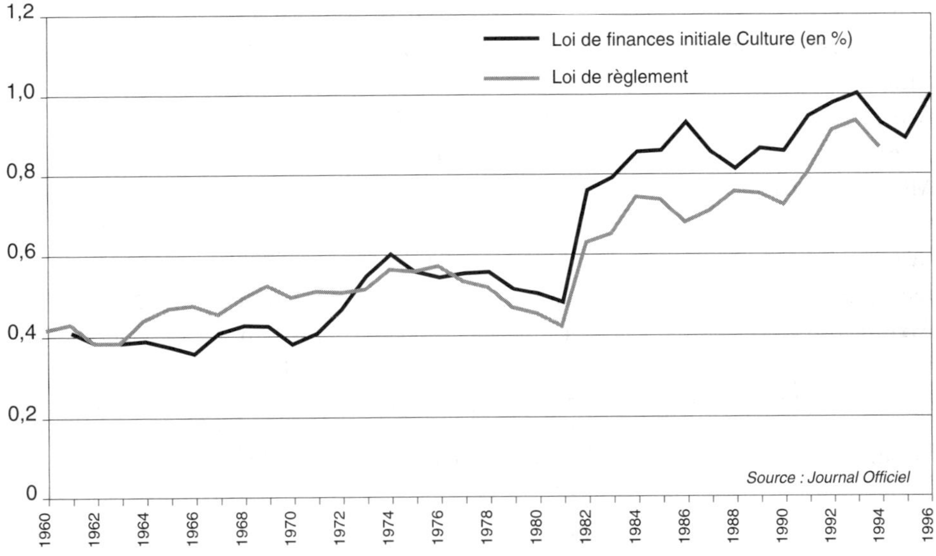

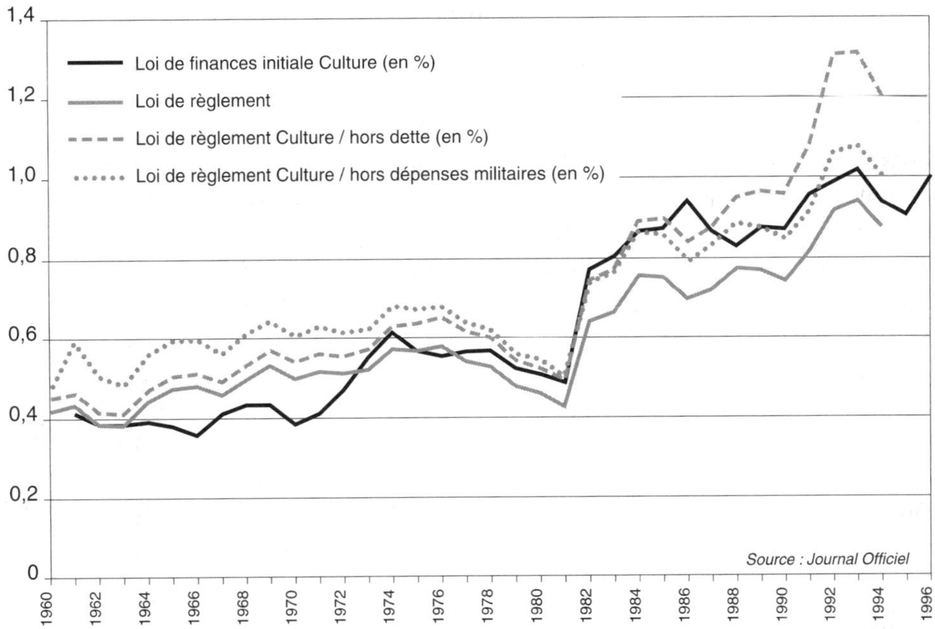

Les dépenses sectorielles de fonctionnement (en %)
titres III et titre IV

	Comparaison de quatre années clef			
	1965	**1973**	**1983**	**1996**
Archives	4,64	3,32	1,64	1,15
Livre et lecture	0,22	0,20	18,56	11,11
Monuments historiques	32,74	14,28	6,20	4,54
Musées	8,11	7,36	9,83	11,34
Arts plastiques	6,31	14,83	4,75	6,21
Théâtre	26,15	16,04	15,37	11,92
Musique et danse	12,12	20,68	17,72	17,40
Cinéma	0,10	0,71	3,92	2,78
Beaubourg	0,00	0,83	4,94	3,41
Développement culturel	0,00	2,14	10,40	5,38
Architecture	4,57	10,15	0,00	6,17
Divers	0,00	0,00	0,00	8,04
Action de soutien	5,05	9,46	6,67	10,55
Totaux	100,00	100,00	100,00	100,00

Les crédits d'équipement par secteur (en %)
titre V et titre VI : les AP

	Comparaison de quatre années clef			
	1965	**1973**	**1983**	**1996**
Archives	1,27	3,21	2,75	1,76
Livre et lecture	2,03	0,00	6,53	9,30
Monuments historiques	77,02	40,30	21,22	43,79
Musées	8,25	8,72	27,66	13,05
Arts plastiques	0,46	6,95	2,28	1,70
Théâtre	10,27	13,89	5,47	4,11
Musique et danse	0,00	6,63	10,79	3,48
Cinéma	0,00	1,03	1,67	2,37
Beaubourg	0,00	0,00	0,54	2,95
Développement culturel	0,00	0,00	2,91	3,31
Architecture	0,41	15,46	10,02	1,62
Divers	0,00	0,00	0,00	6,88
Action de soutien	0,30	3,80	8,17	5,68
Totaux	100,00	100,00	100,00	100,00

Annexe 3

Les systèmes culturels

1. Le système global

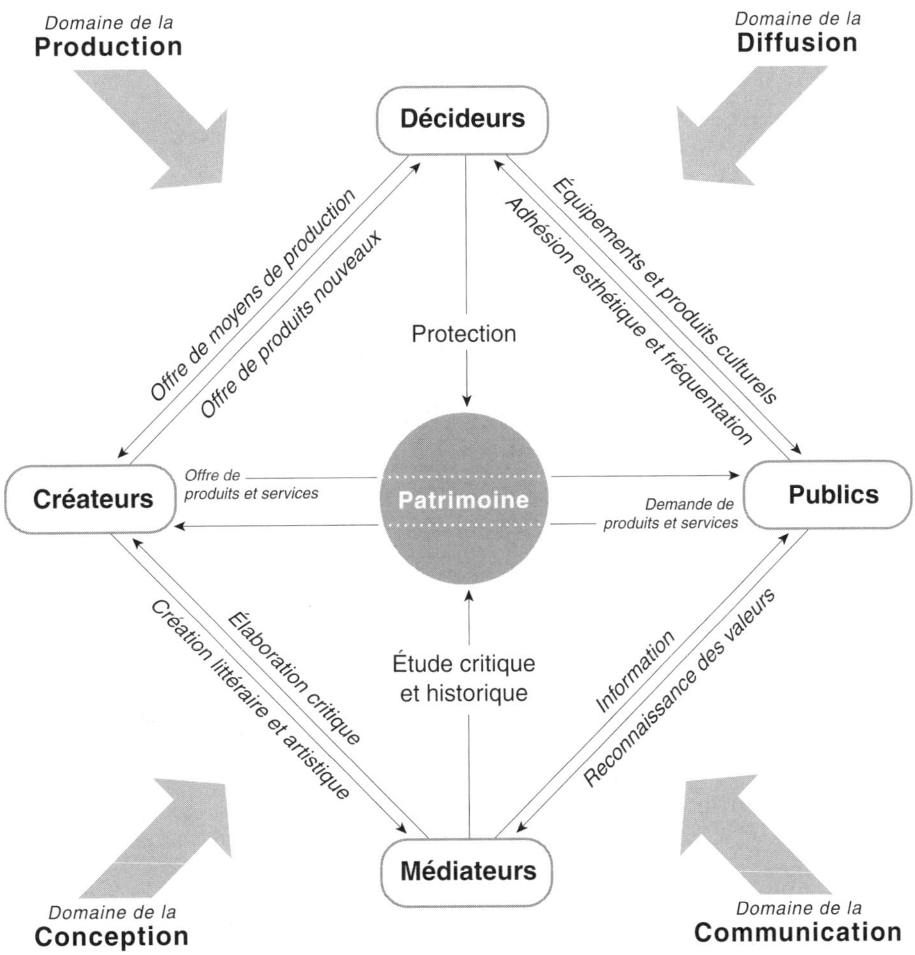

2. Le système Malraux

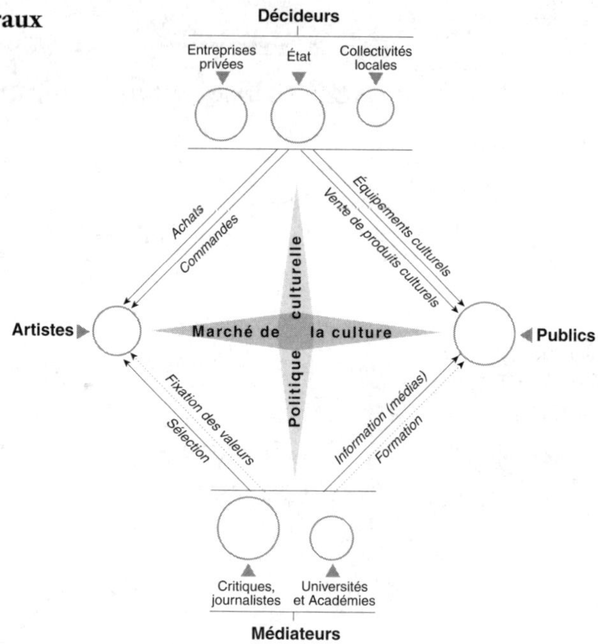

3. Le système Lang

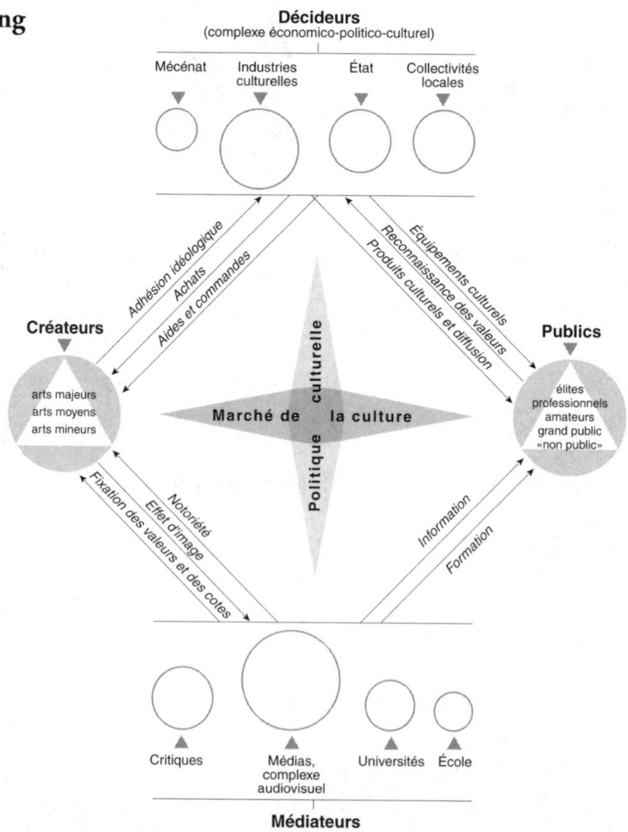

Notes

Introduction

1 André Malraux, *Promenades imaginaires*; Catalogue des journées consacrées à André Malraux à Pontarlier : 7,8 et 9 février 1997 ; avec la participation de Jean Lacouture, et la projection des films de Jean-Marie Drot et de Claude Santelli.

2 Charles de Gaulle, *Mémoires d'espoir*.

3 Les notes et lettres, dactylographiées ou manuscrites, constituent un fonds auquel l'auteur a pu accéder avec l'autorisation de Jack Lang.

4 Discours d'inauguration de la maison de la culture d'Amiens, 19 mars 1966.

5 Discours du 17 novembre 1981 à l'Assemblée nationale.

6 Marc Fumaroli, *L'État culturel*, de Fallois, 1991.

7 Jack Lang, *Lettre à Malraux*, Hachette, 1996, 186 p.

8 On retiendra en particulier « Éléments d'histoire administrative », ministère de la Culture, 1959-1996, La Documentation Française, *Travaux et Documents*, n° 5, 1997. De même on peut se référer à *Points de repère : quelques sources d'information sur le ministère de la Culture à l'usage des étudiants et des jeunes chercheurs*; comité d'histoire du ministère de la Culture, ministère de la Culture, DEP, 1996.

9 Pierre Moinot répondant à une intervention de Jacques Sallois sur la politique culturelle initiée en 1981, plus de vingt ans après la nomination de Malraux, s'exclame : « Ce qui me frappe c'est l'analogie de toutes les difficultés rencontrées, quand le ministère est né, d'une part, et, d'autre part, quand il a pris son second souffle parce qu'on lui a donné les moyens de grandir. Il y a eu les mêmes types de difficulté, les mêmes types de regrets, les mêmes types de gestion… d'absence de structure… La continuité m'a frappé. La décentralisation a été un de nos soucis majeurs. Les troupes permanentes et les centres dramatiques, c'était déjà la décentralisation. L'idée d'une direction pour le Développement culturel était là au départ… Un autre rêve que je veux rappeler dans sa continuité est celui d'internationalisation des efforts culturels… », *in Les Affaires culturelles au temps d'André Malraux 1959-1969*, comité d'histoire du ministère de la Culture, La Documentation Française, 1996.

10 Jacques Rigaud, *L'Exception culturelle*, Grasset, 1995.

11 Claude Mollard, *Le Mythe de Babel*, essai sur l'artiste et le système, Grasset, 1984.

12 Bernard Charbonneau, *Le Paradoxe de la culture*, Denoël, 1965.

13 Marc Fumaroli, *L'État culturel*, De Fallois, 1991.

14 Jeanne Laurent, « Une démission ? », *Le Monde*, 4 février 1982.

15 Marie-Claude Genet-Delacroix, *Art et État sous la IIIe République. Le système des Beaux-Arts, 1870-1940*, publications de la Sorbonne, 1992.

16 André-Hubert Mesnard, *Droit et politique de la culture*, Paris, PUF, 1990.

17 Marc Fumaroli, « De Malraux à Lang : l'excroissance des affaires culturelles », revue *Commentaires*, n° 18, 1982.

Avant-propos

1 « André Malraux, à qui cette croissance [budgétaire] avait été refusée, avait coutume de dire, pour minimiser l'importance des crédits de la culture et pour tenter de convaincre les députés : « trois sous multipliés par deux, cela ne fait jamais que six sous. » (Discours de Jack Lang ; Assemblée nationale, 17 novembre 1981.)

2 Jean Lacouture, *Malraux, une vie dans le siècle*, Le Seuil, 1973-1976.

3 Cité par Augustin Girard dans *Trente ans d'études au service de la vie culturelle*; table ronde organisée à l'occasion du départ à la retraite d'Augustin Girard, chef du département des études et de la prospective du ministère de la Culture, 8 mars 1993.

4 Pascal Ory, « Pierre Bourdan et la politique culturelle du gouvernement Ramadier », *in Les Affaires culturelles au temps d'André Malraux*, *op. cit.*

5 Guy Brajot, « Les premières années des maisons de la culture », *in Les Affaires culturelles au temps d'André Malraux*, comité d'histoire du ministère de la Culture, la Documentation française, 1996.

6 Robert Brichet, « Pour un ministère des Arts », *Cahiers de la République*, décembre 1956. Cité dans *Les Affaires culturelles au temps d'André Malraux*, 1959-1969, *op. cit.*

7 En 1881, pendant quelques mois, Gambetta nomme Antonin Proust à la tête du ministère des Arts qui peut être considéré comme le furtif ancêtre républicain du ministère de la Culture.

8 André Holleaux, *Malraux ministre*, document ronéoté, env. 1985, 136 p.

9 André Holleaux, *op. cit.*

10 André Malraux, *Royaume-Farfelu*, Gallimard, 1928

11 Pierre Cabanne, *Le Pouvoir culturel sous la Ve République*, Olivier Orban, 1982, 445 p.

12 André Brincourt, *André Malraux ou le temps du silence*, Paris, 1966.

13 Discours à l'Assemblée nationale, 17/11/1981.

14 Certaine photo le montre à quatre pattes, au milieu de dizaines de photographies, en train de choisir les images du *Musée imaginaire*... qui jonchent le sol jusqu'à le cerner de toutes parts.

15 Pierre Cabanne, *Le Pouvoir culturel sous la Ve République*, *op. cit.*

15 bis Jean-Marie Colombani, Georgette Elgey, *La Cinquième, ou la République des phratries*, Fayard, 1999.

16 Marie-Claude Genet-Delacroix, *Art et État sous la IIIe République. Le système des Beaux-Arts, 1870-1940*, *op. cit.*

17 André Malraux, *La Tête d'obsidienne*, Gallimard, 1974.

Chapitre 1

1 Serge Mallet, *La Nouvelle Classe ouvrière*, Le Seuil, 1963; édition suivie de nombreuses autres rééditions.

2 Émile Biasini, *Grands travaux. De l'Afrique au Louvre*, éditions Odile Jacob, 1995.

3 Jean-Marie Drot, « La générosité de Malraux », *in Villa Medici*, spécial André Malraux, 1986.

4 Pierre Cabanne, *op. cit.*

5 Il sera brouillé avec elle pendant sept ans. Alain Malraux, son beau-fils, relate la réaction de Malraux à la nouvelle de la signature de l'appel par Florence, qui deviendra Madame Alain Resnais : « Dans la salle de bains de ma mère, lieu clair et animé de tropismes propices aux échanges spontanés, André regarda la feuille où s'étalaient les cent vingt et un noms qui, soudain, n'existaient plus. Après un silence bref, mais incroyablement pesant, je me souviens qu'il releva la tête brusquement et, le regard perdu, laissa tomber d'une voix neutre : Cette fois, je l'ai assez vue [...]. Après un autre silence : Quel livre a-t-elle écrit, quel tableau a-t-elle peint pour signer ce texte ? Quand nous aurons fait la paix en Algérie, ils auront bonne mine, ces grands révolutionnaires qui m'expliquent ce que je devrais faire au nom de ce que j'ai fait. Sartre a chaussé mes pantoufles... » (Alain Malraux, *Les Marronniers de Boulogne*, Plon, 1978.)

6 Régis Debray, *André Malraux ou l'impératif du mensonge*, Éloges, Gallimard, 1977.

7 Propos transmis par André Holleaux dans ses notes sur Malraux (dont il fut directeur de cabinet de 1962 à 1966), *op. cit.*

8 Pierre Mendès-France, appelé PMF, à l'américaine, par JJSS.

9 Jean-Yves Guérin, « Malraux et Sartre ou de l'art et la manière de s'engager », *in André Malraux, unité de l'œuvre, unité de l'homme*, colloque de Cerisy-la-Salle, département des études et de la prospective du ministère de la Culture, La Documentation française, 1989, 381 p. Avec la participation notamment de Christiane Moatti, Michel Autard, François Trécourt, Maurice Larès, Jean-René Bourrel, Yves Beigbeder, Philippe de Saint Robert, Monseigneur Bockel, Bettina Knapp, Janine Mossuz-Lavau, André Holleaux, Bernard et Geneviève Anthonioz.

10 Jean-Yves Guérin, « Malraux et Sartre ou de l'art et de la manière de s'engager », *op. cit.*

11 Frank Elgar, « Interview dans Carrefour », *in Les Affaires culturelles au temps d'André Malraux, op. cit.*

12 Alfred Willener, *La Culture image-action de la société*, Paris, le Seuil, 1970.

13 Jean-Michel Frodon, *L'Âge moderne du cinéma français*, Flammarion, 1995, 910 pages.

14 Pascale Gœtschel et Emmanuelle Loyer, *Histoire culturelle et intellectuelle de la France au XXe siècle*, Armand Colin, 1994.

15 Pierre Bourdieu, Jean-Claude Passeron, *Les Héritiers. Les étudiants et la culture*, Les Éditions de minuit, 1964.

16 Pierre Bourdieu, Alain Darbel, *L'amour de l'art. Les musées européens et leur public*, Les Éditions de minuit, 1966.

17 Michel Foucault, *Les Mots et les Choses*, NRF, Gallimard, 1966.

18 Frank Elgar, *op. cit.*

Chapitre 2

1 Philippe Urfalino, *L'Invention de la politique culturelle*, comité d'histoire du ministère de la Culture, La Documentation française, 1996.

2 Philippe Urfalino, *op. cit.*

3 Cité par Pierre Cabanne, *Le Pouvoir culturel sous la Ve République*, Olivier Orban, 1981, 447 p.

4 Philippe Urfalino, *L'Invention de la politique culturelle*, comité d'histoire du ministère de la Culture, La Documentation française, 1996.

5 Émile Biasini, « Action culturelle, An I », *in Les Affaires culturelles au temps d'André Malraux, 1959-1969*, op. cit.

6 La direction générale comporte une sous-direction des spectacles et de la musique, un service des enseignements, un service des lettres, la direction des musées de France, et des éléments de services de l'éducation populaire transférés de la Jeunesse et Sports.

7 Gaëtan Picon, *Malraux par lui-même*, Le Seuil, 1953.

8 André Malraux, Discours de présentation du budget des affaires culturelles à l'assemblée nationale, 17 novembre 1959.

9 Pierre Moinot, Exposé devant le groupe de travail « théâtre et musique » de la commission de l'équipement culturel et du patrimoine artistique du IVe Plan, 6 mars 1961, *in Les Affaires culturelle au temps d'André Malraux, 1959-1969, op. cit.*

10 Émile Biasini, *Grands Travaux. De l'Afrique au Louvre*, Odile Jacob, 1995.

11 Cité par Roger Stéphane, *André Malraux, entretiens et précisions*, Gallimard, 1984, p. 103.

12 Discours de New York, 15 mai 1962.

13 Festival de Cannes, 15 mai 1959.

14 Discours d'inauguration de la maison de la culture de Grenoble, 3 février 1968.

15 Pierre Bourdieu, *Les Règles de l'art*, Seuil, 1992, p. 202.

16 Cité par Robert Abirached dans *Le Théâtre et le Prince, 1981-1991*, Plon, 1992.

17 Philippe Poirrier, *La naissance des politiques culturelles et les rencontres d'Avignon, 1964-1970*, ministère de la Culture et de la Communication, comité d'histoire, 1997.

18 Augustin Girard, *Trente Ans d'études au service de la vie culturelle*, publication du ministère de la Culture, 8 mars 1993.

19 Conférence de presse du 9 avril 1959.

20 *Les Affaires culturelles au temps d'André Malraux, 1959-1969*, journées d'études des 30 novembre et 1er décembre 1989, Augustin Girard et Geneviève Gentil, comité d'histoire du ministère de la Culture, La Documentation française, 1996.

21 André Holleaux, *Malraux ministre*, document ronéoté, 1985 env., 136 p.

22 Assemblée nationale, 17 novembre 1959.

23 Assemblée nationale, 27 octobre 1966.

24 Assemblée nationale, 27 octobre 1966.

25 Athènes, 28 mai 1959.

26 Discours prononcé le 14 juillet 1958

27 Janine Mossuz-Lavau, « André Malraux ministre : une nouvelle vision de la France, une idée certaine de la culture », *in Les Affaires culturelles au temps d'André Malraux, op. cit.*

28 Robert Abirached, *Le Théâtre et le Prince, 1981-1991*, Plon, 1992.

29 Georges Duthuit, *Le Musée inimaginable*, Paris, 1956.

30 Dans les Balkans, en 1999, par exemple.

31 Émile Biasini, *Grands Travaux. De l'Afrique au Louvre*, éditions Odile Jacob, 1995.

32 Marc Fumaroli, *L'État culturel, op. cit.*

33 André Holleaux, *op. cit.*

34 Émile Biasini, *Grands Travaux. De l'Afrique au Louvre, op. cit.*

Chapitre 3

1 Jacques Charpentier fut l'un des collaborateurs de Marcel Landowski, puis, après Jean Maheu, directeur de la musique jusqu'en 1981.

2 Jacques Charpentier, *in Les Affaires culturelles au temps d'André Malraux, op. cit.*

3 André Chastel, « L'invention de l'inventaire », *in Les Affaires culturelles au temps d'André Malraux, op. cit.*

4 « Dès la création du ministère, il y avait eu de la part d'André Malraux un choix très net et très délibéré en faveur du théâtre. », Guy Brajot, *in Les Affaires culturelles au temps d'André Malraux, op. cit.*

5 *Les Affaires culturelles au temps d'André Malraux*, journées d'études des 30 novembre et 1er décembre 1989, sous la direction d'Augustin Girard et de Geneviève Gentil, *op. cit.* À partir de ce document, établi par le département Études et Prospectives à l'occasion du vingtième anniversaire de la mort de Malraux, on peut répartir les notices consacrées à chacun des grands secteurs d'activité du ministère.

6 Jacques Rigaud, cité dans *Les Affaires culturelles au temps d'André Malraux, op. cit.*

7 Philippe Urfalino, *L'Invention de la politique culturelle*, comité d'histoire du ministère de la Culture, La Documentation française, 1996.

8 André Malraux, *La Tête d'obsidienne*, Gallimard, 1974.

9 Cité par André Holleaux, op. cit., dans « Malraux ou l'imaginaire au pouvoir », émission diffusée sur FR3 le 24 novembre 1986.

10 C'est ce que me confirmait Jean Leymarie en 1982, alors directeur de la Villa Médicis à Rome, qui a bien connu Malraux, pour avoir notamment organisé la grande rétrospective Picasso de 1966 et qui, comme Malraux, défendait l'idée que l'histoire de l'art du XXe siècle s'arrêtait plus ou moins à ces artistes auxquels on peut ajouter Giacometti. André Chastel partageait cette idée et aura une grande influence sur les étudiants qui suivaient ses cours, ce qui explique qu'elle soit autant répandue dans les milieux du ministère de la Culture. François Mathey, à qui je faisais part de ces conceptions limitatives, rétorquait que le combat de l'art contemporain ne sera jamais achevé, car il y a toujours des historiens qui veulent arrêter le cours de l'histoire.

11 Sophie de Vilmorin, *Aimer encore*, Gallimard, 1999.

12 Alors maire de Blois…

13 Alors conservateur au musée des Arts décoratifs de Paris.
14 Pierre Cabanne, *op. cit.*
15 Dominique Bozo, *Constats et propositions pour une politique du patrimoine artistique du XXe siècle dans le domaine des arts plastiques*, décembre 1987, archives Claude Mollard.
16 Pierre Cabanne, *Le Pouvoir culturel sous la Ve République*, Olivier Orlan, 1981.
17 Pierre Cabane, *op. cit.*
18 Pierre Cabanne, *op. cit.*
19 André Malraux, *Le Miroir des Limbes*, Gallimard, 1976.
20 Jean-François Lyotard, *Signé Malraux*, Grasset, 1996.
21 Ce qui fait preuve d'un état d'esprit particulier.
22 Pierre Cabanne, *op. cit.*
23 Mireille Gaüzière, « Le Centre Pompidou, un succès pour la modernité », *in Les Affaires culturelles au temps de Jacques Duhamel, op. cit.*
24 Cité par Pierre Cabanne, *op. cit.*
25 Hubert Landais, « La direction des musées de France de 1939 à 1989 », *in Les Affaires culturelles au temps d'André Malraux, op. cit.*
26 Elle est retracée avec détails par Pierre Cabanne, *op. cit.*
27 Pierre Cabanne, *op. cit.*
28 *Le Monde*, 9 juillet 1969.
29 Philippe Urfalino, *L'Invention de la politique culturelle*, comité d'histoire du ministère de la Culture, La Documentation française, 1996.
30 Rencontre avec l'auteur le 16 septembre 1998.
31 Daniel Mandon, *Les Barbelés de la culture. Saint-Étienne ville ouvrière*, FEDEROP, 1976, 383 p.
32 Jeanne Laurent, *Arts et pouvoirs en France de 1793 à 1981*, Saint-Étienne, CIEREC, 3e édition, 1983, 191 p.
33 Il venait de l'administration coloniale.
34 Louis Guilloux, *La Maison du peuple*, Grasset, 1927, 234 p.
35 Jack Lang, *L'État et le théâtre*, Paris, Librairie de droit et de jurisprudence, 1968, 375 p.
36 Émile Biasini, « Action culturelle, an I », *in Les Affaires culturelles au temps d'André Malraux, 1959-1969, op. cit.*

Chapitre 4

1 Georges-Henri Rivière est aussi l'un des pères de la muséographie française, qui finira ses jours grâce à l'aide de mécènes comme Anne Gruner-Schlumberger, et sa fondation des Treilles à Tourtour.
2 Voir le développement de l'affaire dans Pierre Cabanne, *op. cit.*, pp. 175 à 184.
3 *Le Monde* du 26 avril 1966.
4 Comme il le fera lui-même en arrivant à la tête de l'Ircam qu'il va codiriger avec un directeur administratif (Le premier sera Yves Galmot).
5 Le *Nouvel Observateur* du 4 mai 1966.
6 Maurice Fleuret occupera les fonctions de directeur de la musique auprès de Jack Lang en 1981.
7 Le *Nouvel Observateur* du 25 mai 1966.
8 Émile Biasini, *Grands Travaux, op. cit.*
9 Marcel Landowski laisse même entendre que son départ n'a rien à voir avec sa nomination, *Batailles pour la musique*, Le Seuil, 1978.
10 Marcel Landowski, « La création, d'une politique musicale en France », *in Les Affaires culturelles au temps d'André Malraux, op. cit.*
11 6 avril 1966.

12 Jusqu'à sa mort en 1998.

13 *Le Monde* des 11 et 12 février 1968.

14 *Le Monde* du 13 février 1968.

15 Pierre Cabanne, *op. cit.*

16 *Le Monde* du 18 février 1968.

17 *Le Monde* du 25 février 1968.

18 *Le Monde* du 25 février 1968.

19 Pierre Cabanne, *op. cit.*

20 *Le Monde* du 24 avril 1968.

21 Pierre Restany, « L'anti-carrière ou les spéculations sur la culture impossible », *in Domus*, septembre 1969.

22 Alain Malraux, *op. cit.*

23 Interview d'André Malraux dans *Carrefour*, 1953. L'État n'est pas fait pour diriger l'art mais pour le servir ; cité dans *Les Affaires culturelles au temps d'André Malraux, 1959-1969, op. cit.*

24 Toutes les données budgétaires sont issues d'une recherche effectuée par des étudiants de l'ISMC sous la direction de Jean-François Chougnet, avec la participation de Valérie Flacher et Mme Grigner-Niddam.

25 André Holleaux, *Malraux*, document dactylographié de 136 pages, 1985 environ.

26 Selon son témoignage.

27 Philippe Urfalino, *L'Invention de la politique culturelle*, comité d'histoire du ministère de la Culture, La Documentation française, 1996.

28 Philippe Urfalino, *op. cit.*

29 André Malraux, Assemblée nationale, 27 octobre 1966.

30 Cité par Francis Jeanson, *L'Action culturelle dans la cité*, Le Seuil 1973.

31 Cité par Francis Jeanson, *op. cit.* Cette déclaration est signée par Pierre Barat (Angers), Didier Béraud (Grenoble), Pierre Bobzon (Nevers), Antoine Bourseiller (Centre dramatique national du sud-est), Patrice Chéreau (Sartrouville), Jean Dasté (Saint-Étienne), Philippe Dauchez (Firminy), Pierre Debauche (Amandiers), Henri Degoutin (Nancy), Jacques Fornier et Francis Jeanson (théâtre de Bourgogne), Gabriel Garran (Aubervilliers), Hubert Gignoux (Strasbourg), Robert Gilbert et Roger Planchon (Villeurbanne), Georges Goubert et Guy Parigot (Rennes), Jean Guichard (Pays-de-la-Loire), René Jauneau (Thonon-les-Bains), Jacques Kraemer (théâtre populaire de Lorraine), René Lesage et Bernard Floriet (comédie des Alpes), André Mairal (Reims), Marcel Maréchal et Jean Sourbier (théâtre du Cothurne), Gabriel Monnet (Bourges), Bernard Mounier (Le Havre), Marc Renaudin (Longwy), Guy Rétoré (Théâtre de l'Est parisien), André Reybaz (centre dramatique du Nord), Maurice Sarrazin (Toulouse), Jo Tréhard, (Caen), Georges Wilson (TNP).

32 Émile Biasini, « Action culturelle, An I », *in Les Affaires culturelles au temps d'André Malraux, 1959-1969, op. cit.*

33 Discours d'inauguration de la maison de la culture de Grenoble, 6 février 1968.

34 *Le Monde*, 6 février 1968.

35 André Holleaux, *in Les Affaires culturelles au temps d'André Malraux, 1959-1969, op. cit.*

36 Dominique Bozo, *Constats et propositions pour une politique du patrimoine artistique du XXe siècle dans le domaine des arts plastiques*, décembre 1987, Archives Claude Mollard.

37 Jack Lang, *Note au président de la République*, 2 avril 1990.

38 Selon le témoignage de Jean Maheu à l'auteur, le 8 mars 1999.

39 Georges Bilbille a rédigé ses mémoires, encore non édités, *Une histoire de théâtre du côté de Mouffetard* (Archives Claude Mollard), qui sont une mine d'informations sur cette époque et cette expérience, dont sont tirées les informations des pages qui suivent.

40 Nom donné aux emplois de directeurs de MJC financés par le ministère de la Jeunesse et des Sports.

41 Cité par Georges Bilbille, *in Une histoire de théâtre du côté de Mouffetard*, document ronéoté, 1985, *op. cit.*

42 Paul Morelle (cité par Georges Bilbille), écrivait de lui dans *Libération* : « Lorsque l'on écrira plus tard l'histoire du théâtre des années soixante, peut-être l'événement le plus marquant et le plus révolutionnaire ne sera-t-il pas les pièces de Messieurs Dubillard et Billetdoux, mais l'apparition sur la scène de la jeune Communauté théâtrale. »

43 Georges Bilbille, *op. cit.*

44 Claude Mollard, « Les établissements culturels intégrés », *in L'Enjeu du Centre Pompidou*, chap. 9, p. 219-232, éditions 10 × 18, 1976

45 Journal citoyen local dans lequel je serai, un moment, rédacteur d'articles sur la spéculation immobilière dans le Ve arrondissement.

46 Cité par Georges Bilbille, *op. cit.*

47 Georges Bilbille, *op cit.*

48 Élu de la ville d'Avignon, avant de succéder à Jean Vilar à la tête du Festival.

49 Bernard Gilman deviendra conseiller technique au cabinet de Jack Lang en 1982 où il me succédera.

50 Ces informations sont tirées de l'article de Philippe Poirrier, « De l'expérience à l'exemplarité. Les élus locaux aux Rencontres d'Avignon, 1964-1970 », *in Politiques locales et enjeux culturels. Les clochers d'une querelle, XIX-XXe siècles*, comité d'histoire du ministre de la Culture, fondation Maison des sciences de l'Homme, La Documentation française, 1998.

51 Cité par Philippe Poirrier dans *La Naissance des politiques culturelles et les rencontres d'Avignon*, ministère de la Culture et de la Communication, 1997.

52 Groupes d'action municipale.

Chapitre 5

1 Jean-Pierre Rioux, « L'État et la culture, du Front populaire à la Ve République : un nouveau champ d'études pour la recherche historique », *in Les Affaires culturelles au temps d'André Malraux, 1959-1969, op. cit.*

2 Discours d'inauguration de la maison de la culture de Bourges, 18 avril 1964.

3 André Malraux, *Lunes en papier*, éditions Gallimard, 1989 (première édition en 1921).

4 Jean-Pierre Rioux, *op. cit.*

5 Selon le témoignage de Robert Bordaz, directeur général de l'ORTF de 1962 à 1964.

6 Pierre Cabanne, *op. cit.*

7 Entretien avec l'auteur, *op. cit.*

8 Discours à l'assemblée nationale, 14 octobre 1965.

9 Pour plus d'information sur le système culturel, voir Claude Mollard, *Le Mythe de Babel, essai sur l'artiste et le système*, Grasset, 1984.

10 Philippe Urfalino, *L'Invention de la politique culturelle, op. cit.*

11 Il prononça un jour à l'Institut cette phrase superbe : « Nous ne soutenons pas assez l'art moderne sain » (cité par Pierre Cabanne, *op. cit.*).

12 Isidore Isou, « Lettre ouverte à André Malraux », en préface au *Livre noir du ministère de la Culture*, 1964, 30 exemplaires.

13 Michel de Certeau, *La Culture au pluriel*, éditions 10 × 18, 1974.

14 Voir ci-dessus pages 63-64.

15 Régis Debray, *Cours de médiologie générale*, Bibliothèque des idées, 1991.

16 Base de données *SERI*, ministère de l'Éducation nationale.

17 *Cf.* Claude Mollard, *Le Mythe de Babel. L'artiste et le système*, Grasset 1984.

18 Guy Debord, *La Société du spectacle*, Buchet-Castel, 1967 ; réédité en 1992 chez Gallimard.

19 Jean Dubuffet, *Asphyxiante culture*, Éditions de minuit, 1968.

20 Sophie de Vilmorin, *Aimer encore*, Gallimard, 1999, p. 251.

21 Henri Matisse, *La Chapelle de Vence, journal d'une création*, Le Cerf, Ménil Foundation, éditions d'art Albert Skira, 1993, 477 p.

22 Pierre Cabanne, *op. cit.*

23 Tous deux morts dans un accident en 1961.

24 Entretien d'André Malraux avec Madeleine Chapsal, *in Express*, 8 novembre 1976.

25 Alain Malraux (le fils de Madeleine Malraux et le beau-fils d'André Malraux), *Les Marronniers de Boulogne*, Plon, 1978.

Chapitre 6

1 Jacques Delors, responsable du service social du commissariat au Plan, a rejoint en 1969 le cabinet du Premier ministre qui plaide pour la « nouvelle société » avec des accents keynésiens et des complicités au sein de la nouvelle gauche, notamment la CFDT.

2 Au sein du groupe financement qui était présidé, il faut le remarquer, par Sylvain Floirat, PDG d'Europe n° 1, ce qui exprimait un souci récent d'ouverture au secteur privé et au mécénat culturel.

3 Les membres de cette commission sont : outre Pierre Emmanuel, président, Jean Sérignan, vice-président, Paul Teitgen, rapporteur général, Augustin Girard et Marie-Aimée Latournerie, rapporteurs généraux adjoints, René Pucheu, Claude Mollard, rapporteurs, Gérard Ambroselli, Gérald Antoine, Serge Antoine, Pierre Baraillé, Guy Baudrillard, Eugène Bérest, Guy Braibant, André Chamson, Jacques Charpentreau, Jean Châtelain, Michel Chevalier, Jacques Dacqmine, Jean Danet, Jean-Pierre Dannaud, François Dausset, Michel Denieul, Étienne Dennery, Jean-Marie Domenach, Hubert Dubedout, Jean Dubois, Joffre Dumazedier, Paul-Marie Duval, Jean-Charles Edeline, Robert Escarpit, Sylvain Floirat, Pierre Frédet, Hubert Gignoux, l'abbé Jules Gritti, René Huyghe, Olivier Jannin, Marguerite Jégu, Bertrand Labrusse, Jacques Lagarde, M. La Mache, Albert Lamorisse, Pierre Laurent, Raymond Lebescond, Denise Legrand, Aimé Maeght, Jean Maheu, Bertrand Monnet, Michel Philippot, Jack Ralite, Gérard Rivière, Raoul Rocoffort, Philippe Saint-Marc, Pierre Schaeffer, Bertrand Schwartz, Robert Secrétain, Henri Théry, Gérard Turnauer, Philippe Viannay, François-Régis Bastide, René Dumont, Gilles Schaaf, Maurice Tissot et les fonctionnaires compétents du ministère de la Culture.

4 Pierre Emmanuel gardera un bon souvenir de cette collaboration et nommera Michel Roux directeur général de l'INA que je rejoindrai en 1978 en qualité de secrétaire général.

5 Georges Pompidou, *Le Nœud gordien*, Paris, Flammarion, 1974.

6 Pierre Emmanuel, *Pour une politique de la culture*, éditions du Seuil, 1971.

7 Augustin Girard, *Développement culturel : expériences et politiques*, Unesco, 1972.

8 Pierre Gaudibert, *De l'ordre moral*, Grasset, 1973.

9 P. Pujo, mai 1973.

10 Pierre Gaudibert, *op. cit.*

11 Pierre Gaudibert, *op. cit.* Mais aussi : B. Miège et À. Roux, *L'Action culturelle, une des modalités de traitement de la crise culturelle*, PUG, 1973 ; et L. Althusser, *Réponse à John Lewis*, Paris, Maspéro, 1973.

12 Georges Pompidou, *Le Nœud gordien*, Plon, 1974 (ouvrage paru après la mort de l'ancien président).

13 Parti communiste marxiste léniniste de France.

14 Guy Debord, *La Société du spectacle*, 1967, Buchet-Chastel ; puis 1971, éditions du Champ libre, 1992, Gallimard.

15 Alain Jouffroy, « Que faire de l'art ? », *in Art et Contestation*, La connaissance, Bruxelles, 1968.

16 Alain Jouffroy, « Que faire de l'art ? De l'abolition de l'art à l'individualisme révolutionnaire », *in Art et Contestation*, témoins et témoignages (Jean Cassou, Michel Ragon, André Fermigier, Gilbert Lascault, Gérald Gassiot-Talabot, Raymonde Moulin, Pierre Gaudibert, René Micha et Alain Jouffroy), La connaissance, Bruxelles, 1968.

17 Jean-Marc Poinsot, *Support-Surfaces*, Limage 2, 1983.

18 François Pluchart, *L'Art corporel*, Limage 2, 1983.

19 Régis Debray, *Le Pouvoir intellectuel en France*, éditions Ramsay, 1979.

20 *Trente ans d'études au service de la vie culturelle*; table ronde organisée à l'occasion du départ à la retraite d'Augustin Girard, chef du département des études et de la prospective du ministère de la Culture de 1963 à 1993; publication du ministère de la Culture, 8 mars 1993.

21 André Bettencourt assure l'intérim de Michelet et signe les textes qui décident de la création d'une direction du Théâtre, des Maisons de la culture et des Lettres — décret du 27 octobre 1970 — et d'une direction de la Musique, de l'Art Lyrique et de la Danse — décret du 23 décembre 1970.

22 Pierre Cabanne, *op. cit.*

Chapitre 7

1 Cité par Jacques Rigaud dans « La politique culturelle de Jacques Duhamel. Bilan de deux années », *in Les Affaires culturelles au temps de Jacques Duhamel*, La Documentation française, 1995.

2 Jacques Rigaud, *La Culture pour vivre*, Gallimard, « L'air du temps », 1975.

3 Jacques Rigaud, « Conclusion des journées d'études des 7 et 8 décembre 1993. Les avancées de politique culturelle dues au ministère Jacques Duhamel », *in Les Affaires culturelles au temps de Jacques Duhamel, op. cit.*

4 Jacques Duhamel, « Discours d'installation du Conseil du développement culturel, Hôtel Matignon, 2 décembre 1971 », *in* Jacques Duhamel, *Discours et Écrits*, ministère de la Culture et de la francophonie, comité d'histoire, 1993.

5 Selon Pierre Emmanuel cité par Sophie Gauthier, « Le conseil de développement culturel : une occasion manquée », *in Les Affaires culturelles au temps de Jacques Duhamel, op. cit.*

6 *Idem.*

7 Jean-Marie Domenach, *Le Développement culturel : obstacles et suggestions*, Paris, ministère des Affaires culturelles, 1971, 50 p.

8 Jacques Chaban-Delmas, « Jalons vers une nouvelle société », *in Revue des deux mondes*, janvier 1971.

9 Jean-Marie Domenach, « Le conseil de développement culturel, l'espoir d'une culture pour tous », *in Les Affaires culturelles au temps de Jacques Duhamel, op. cit.*

10 Jack Lang, « Hommage d'une génération à un homme de dialogue », *in Les Affaires culturelles au temps de Jacques Duhamel, op. cit.*

11 Sur la construction du Centre Pompidou : Claude Mollard, *L'Enjeu du Centre Pompidou*, 10 × 18, 1976.

12 Expression née sous la plume du sociologue Michel Crozier et reprise par Jacques Chaban-Delmas dans son discours d'investiture devant le parlement comme Premier ministre sur la « nouvelle société ».

13 Robert Bordaz, *Le Centre Pompidou, une nouvelle culture*, Ramsay, 1978, 200 p.

14 Jacques Chaban-Delmas, « Jalons vers une nouvelle société », *Revue des Deux Mondes*, janvier 1971.

15 Jacques Rigaud, *La Culture pour vivre*, Paris, Gallimard/NRF, 1975.

16 Assemblée nationale, 8 novembre 1972.

17 Jack Lang, « Hommage d'une génération à un homme de dialogue », *op. cit.*

18 Pierre Moulinier, « Jacques Duhamel ou l'aube des politiques culturelles locales », *in Les Affaires culturelles au temps de Jacques Duhamel, op. cit.*

19 On remarquera que deux ministres vont accéder à la rue de Valois après avoir dirigé un festival : Michel Guy après 4 ans à la tête du Festival d'automne, Jack Lang après le Festival de Nancy…

20 Pascale Goetschel, Emmanuelle Loyer, « Une politique contractuelle pour les théâtres », *in Les Affaires culturelles au temps de Jacques Duhamel, op. cit.*

21 Bertrand Poirot-Delpech, « Une année de théâtre », *Le Monde* des 24, 26, 27 juillet 1971.

22 Pascale Goetschel et Emmanuelle Loyer, « Une politique contractuelle pour les théâtres », *in Les Affaires culturelles sous Jacques Duhamel, op. cit.*

23 Pierre Emmanuel, *Culture noblesse du monde, histoire d'une politique*, préface de Jacques Chirac, Stock, 1980.

24 Discours à l'assemblée nationale, 22 avril 1971.

25 *Les Affaires culturelles au temps de Jacques Duhamel, op. cit.*

26 *Les Affaires culturelles au temps de Jacques Duhamel, op. cit.*

27 Circulaire du 23 février 1973.

28 Jean Jenger, « L'architecture oubliée », *in Les Affaires culturelles au temps de Jacques Duhamel, op. cit.*

29 Entretien de Gérard Monnier et de François Mathey, cité dans par Gérard Monnier dans l'exposition « Douze ans d'art contemporain », *in Les Affaires culturelles au temps de Jacques Duhamel*, La Documentation française, 1995.

30 On notera, tout au long de cet ouvrage que sous Pompidou, Giscard, Mitterrand et aujourd'hui Chirac, la famille occupe toujours une place dans les fonctions officielles, ce qui est peut-être une des caractéristiques de la politique culturelle (et mériterait une thèse… ou un mémoire…)

31 Note de Georges Pompidou à Henri Domerg, non datée, *in Georges Pompidou et la modernité*, catalogue de l'exposition de la Galerie nationale du Jeu de Paume, février 1999.

32 Fils de Vasarely.

33 Lettre du 1er février 1972 de Georges Pompidou à François Mathey, *in Georges Pompidou et la modernité*, catalogue *op. cit.*

34 C'est l'un des mérites de l'exposition de Daniel Abadie sur *Georges Pompidou et la modernité* d'avoir exhumé la lettre de Georges Pompidou à Mathey, ce qui m'a permis d'opérer cette intéressante découverte…

35 François Mathey, *72-72, Douze ans d'art contemporain en France, 1960-1972*, catalogue de l'exposition, éditions des Musées nationaux, 1972 (la citation cachée de Pompidou est soulignée par nous).

36 Cette surface d'exposition n'a jamais été offerte aux artistes.

37 Témoignage de Jean Châtelain, *in Les Affaires culturelles au temps de Jacques Duhamel, op. cit.*

38 Gérard Monnier, L'exposition « Douze ans d'art contemporain », *in Les Affaires culturelles au temps de Jacques Duhamel, op. cit.*

39 René Salanon, Pierre Kayser, Florence Contenay, Claude Cobbi.

40 Déclaration d'Hubert Astier citée par Éric Lengereau dans « La crise de l'enseignement de l'architecture », *in Les Affaires culturelles au temps de Jacques Duhamel, op. cit.*

41 Éric Lengereau, *in Les Affaires culturelles au temps de Jacques Duhamel, op. cit.*

42 *Le Figaro* du 27 mai 1972.

43 Données réunies par un groupe d'étude d'étudiants de l'ISMC dirigés par Jean-François Chougnet, *op. cit.*

44 Voir page 86, dans la partie consacrée à André Malraux la comparaison entre les budgets des années 1965 et 1973.

45 Jean-François Chougnet, « Le budget de la politique Duhamel : le cap du milliard », *in Les affaires culturelles au temps de Jacques Duhamel, op. cit.*

46 Rapport fait au nom de la commission des finances, de l'économie générale et du Plan sur le *Projet de loi de finances pour 1972*, présenté par Raymond Boisdé, Assemblée nationale n° 2010, annexe I, p. 6.

47 Nicole Briot, « Le budget, la gestion budgétaire, ciment d'unité », *in Les Affaires culturelles au temps de Jacques Duhamel, op. cit.*

48 Le *Nouvel Observateur*, juillet 1972.

49 Maurice Druon, *La Parole et le Pouvoir*, Plon, 1974, 378 p.

50 Entretien avec Jean Mauriac, diffusé par l'Agence France Presse, 6 mai 1973.

51 Discours à l'assemblée Nationale du 23 mai 1973.

52 Assemblée nationale, séance du 23 mai 1973.

53 Discours budgétaire à l'Assemblée nationale le 9 novembre 1973.

54 Jack Lang, Jean-Denis Bredin ; notes d'Antoine Vitez, *Éclats* ; J.-C. Simoën, 1978.

55 Alors qu'il se vante de ne pas être élu… mais il est vrai qu'il appartient à un gouvernement qui a la majorité.

56 Lettre du 9 septembre 1989.

57 Citation empruntée à Jacques Chaban-Delmas dans *L'Ardeur* (Paris, Stock, 1975) par Charles-Louis Foulon, *in Les Affaires culturelles au temps de Jacques Duhamel*, La Documentation française, 1995.

Chapitre 8

1 Pierre Emmanuel, *La Culture noblesse du monde, histoire d'une politique*, Stock, 1980, 177 pages.

2 Valéry Giscard d'Estaing, *Démocratie française*, Fayard, 1976.

3 Guy Scarpetta et Jacques Vistel, *Le Festival d'automne de Michel Guy*, éditions du Regard, 1992.

4 La hiérarchie ministérielle, considérée du haut vers le bas, comporte les dénominations suivantes : le ministre d'État est celui qui est placé au grade le plus élevé. Il supplée le Premier ministre lorsqu'il est absent, notamment en cas de voyage à l'étranger. Le protocole le place immédiatement après le Premier ministre. Vient ensuite le ministre, ministre à part entière. Il peut exister des ministres délégués auprès d'un autre ministre (ce qui fut la position de Lang), quelques mois, avant de siéger à nouveau, sous le gouvernement de Laurent Fabius, ce qui peut, par exemple, conduire le ministre délégué à ne pas assister à certains conseils des ministres. Au bas de la hiérarchie se trouve placé le secrétaire d'État qui est soit autonome (cas de Michel Guy), soit placé auprès d'un ministre (cas de Philippe de Villiers secrétaire d'État auprès de François Léotard, ministre de la Culture et de la communication).

5 Pierre Dehaye, *Rapport à Monsieur le président de la République sur les difficultés des métiers d'art*, Centre de documentation du DEP, ministère de la Culture, 1975, 128 p.

6 Ce qui sera fait à l'initiative de Jack Lang.

7 Proposition complètement irréaliste.

8 Ce qui ne sera jamais fait, mais montre la différence entre Pompidou et Giscard : le premier crée le centre de création industrielle, le second veut (mais ne crée pas) un centre de création artisanale.

9 Excellente idée que je mettrai en œuvre à la délégation aux arts plastiques mais qui sera ensuite abandonnée.

10 Jack Lang, Jean-Denis Bredin, *Éclat, op. cit.*

11 Richard Desneux, *Jack Lang, la culture en mouvement*, Favre, 1990.

12 *Le Monde* du 28 juin 1974.

13 Claude Pompidou, *L'Élan du cœur. Propos et souvenirs*, Paris, Plon, mai 1997.

14 Jacques Vistel, *op. cit.*

15 Il reprendra cette idée dans son rapport sur la refondation de la politique culturelle en 1995.

16 Entretien avec Louis Dandrel, *Le Monde* du 28 juin 1974, op. cit.

17 Entretien avec Louis Dandrel, *op. cit.*

18 Entretien avec Louis Dandrel, *op. cit.*

19 Entretien avec Louis Dandrel, *op. cit.*

20 *Le Monde* du 20 décembre 1973, conférence de presse de Marcel Landowski.

21 Entretien avec Louis Dandrel, *op. cit.*

22 Nom donné à un amendement à la loi de finances permettant de faire voter une disposition législative sans recourir à une loi particulière.

23 En témoigne cette anecdote : Michel Guy convoque un jour Jean Maheu dans son bureau et lui présente Pierre Boulez. Et il ajoute : « il est désormais votre conseiller », ce qui voulait dire, étant donné la personnalité du compositeur, que le directeur de la musique devenait l'adjoint de Pierre

Boulez... Ce dernier mit Jean Maheu à l'aise en lui disant qu'il n'avait pas du tout l'intention de superviser sa mission, mais qu'il pouvait l'appeler quand il voudrait. Heureusement Pierre Boulez a une claire vision des missions respectives du fonctionnaire culturel et de l'artiste.

24 Guy Scarpetta, *Le Festival d'automne de Michel Guy*, Paris, éditions du Regard, 1992, 270 p.

25 Statistiques réunies par un groupe de travail de l'ISMC, sous la direction de Jean-François Chougnet, *op. cit.*

26 Françoise Giroud, *Leçons particulières*, Fayard, 1990, p. 235.

27 Pierre Cabanne, *op. cit.*

28 Régis Debray, *Le Pouvoir intellectuel en France*, notamment pp. 153 à 172, Ramsay, 1979, 281 p.

29 Décret 76-860 du 9 septembre 1976.

30 Jean Castarède, *La Communiculture*, Stock, 1980, 296 p.

31 Jean Baudrillard, *L'Effet Beaubourg, implosion et dissuasion*, Éditions Galilée, 1977, 50 p.

32 Robert Bordaz, *Le Centre Pompidou, une nouvelle culture, op. cit.*

Chapitre 9

1 *Architectures en France. Modernité, post-modernité*, Centre de création industrielle, 1981.

2 Les grands ensembles rectilignes répondaient à une organisation de chantier dans laquelle l'architecte se bornait à prévoir un seul « chemin de grue » le long des façades, ce qui explique leur longueur et leur monotonie. Cette technique était censée être plus rentable et plus rapide.

3 Décret n° 776630 du 21 juin 1977.

4 Statistiques réunies par un groupe de travail de l'ISMC sous la direction de Jean-François Chougnet, *op. cit.*

5 « Fais pas l'con », lui avait-il crié.

6 Note du ministère de la Culture et de la Communication du 7 janvier 1981 : un sondage sur l'impact de l'année du patrimoine.

7 Pierre Cabanne, *op. cit.*

8 Par note du 10 octobre 1978.

9 Par décret du 7 mai 1979.

10 Décret du 18 février 1980.

Chapitre 10

1 Pierre Emmanuel, *Pour une politique de la culture*, éditions du Seuil, 1971.

2 « L'utopie Beaubourg dix ans après », revue *Esprit*, février 1987.

3 Jean-François Barbier-Bouvet, « Un lieu de prélèvement », *in Esprit, op. cit.*

4 Il avait exercé les fonctions d'ingénieur des ponts et chaussées en Côte-d'Ivoire de 1946 à 1961. Il avait été notamment député, puis ministre des travaux publics de Côte-d'Ivoire de 1957 à 1961.

5 « M. Mollard quitte le Centre Pompidou, une protestation de Jack Lang », *Le Monde*, 11 mars 1978.

6 Olivier Donnat et Denis Cogneau, *Les Pratiques culturelles des Français, 1973-1989*, La Documentation française, 1990.

7 Régis Debray, *Le Pouvoir intellectuel en France, op. cit.*

Chapitre 11

1 Dans une interview donnée au magazine *Playboy* en juillet 1981, Jack, en réponse au questionnaire de Marcel Proust : quel serait le plus grand malheur ?, s'exclame : « être séparé de Monique ».

2 Outre Jack Lang, François Léotard, Jacques Toubon, Philippe Douste-Blazy, Catherine Trautmann.

3 Mark Hunter, *Les Jours les plus Lang*, Éditions Odile Jacob, 1990.

4 Alain Finkielkraut, *La Défaite de la pensée*, Gallimard 1987.

5 Marc Fumaroli, *L'État culturel, op. cit.*

6 Sénat, 29 juillet 1981.

7 Exposant un paradoxe inverse, Jack Lang dira en 1981 que l'idéal serait la dissolution du ministère de la Culture dans l'action des autres ministères. Les deux hommes, à leur manière, insistent sur l'assimilation du champ culturel à la totalité du champ politique.

8 Entretien avec l'auteur, 10 juin 1999.

9 Directeur de cabinet de Jack Lang de 1981 à 1984.

10 Le décret du 24 juillet 1959 expose dans son article I : « Le ministère des Affaires culturelles a pour mission de rendre accessibles les œuvres capitales de l'humanité, et d'abord de la France, au plus grand nombre possible de Français ; d'assurer la plus vaste audience à notre patrimoine culturel, et de favoriser la création des œuvres de l'art et de l'esprit qui l'enrichissent ».

11 Jean-Paul Aron, *Les Modernes*, Gallimard, 1984, 317 p.

12 Pascal Ory, *L'Entre-Deux-Mai : histoire culturelle de la France, mai 1968- mai 1981*, éditions du Seuil, 1983, 282 p.

13 Jean-Pierre Changeux, « L'État culturel », *in 1981-1991, Chronique d'une décennie culturelle*, Centre national de la photographie, 1992.

14 Voir en particulier le débat organisé par la revue *Commentaire* en 1985, avec un important article de Marc Fumaroli, « L'excroissance des affaires culturelles ».

15 Discours à l'assemblée nationale, 17 novembre 1981.

16 Lettre de Jack Lang à André Rousselet.

17 Régis Debray, *À demain de Gaulle*, Gallimard, 1990. Il y écrit, notamment : « Napoléon fut le grand mythe politique du XIXe siècle. De Gaulle celui du XXe. [...] Face à l'événement, de Gaulle est préemptif et Mitterrand réactif. Le lion provoque le choc et cherche la crise ; le renard esquive et gagne du temps. Le militaire aiguise les angles, le civil les arrondit. On rudoie ou on louvoie. [...] Et si le cours des choses, humoriste comme d'habitude, nous jouait un vilain tour : de Gaulle le premier grand homme du XXIe siècle ; Mitterrand, le dernier du XIXe ? [...] François Mitterrand a eu l'immense mérite de faire subir à la gauche des bons sentiments l'épreuve de réalité. Il était normal qu'il lui casse son ressort en brisant ses rêves et sa colère. À trop penser l'avenir, on déserte le présent, que l'adversaire peut occuper seul. C'est la tentation puriste, celle de la gauche tribunitienne. À trop s'occuper du présent on déserte l'avenir... »

18 Lettre de Régis Debray à Jack Lang, 15 février 1983.

19 Pierre Favier, Michel Martin-Roland, *La Décennie Mitterrand*, tome I, Points Seuil, 1995.

20 Entretien avec l'auteur, 10 juin 1999.

21 Lettre d'Erik Arnoult, 17 janvier 1986.

22 Érik Orsenna, *Grand Amour*, Le Seuil 1993.

23 Personnage qu'il incarne à Nancy en 1963. *L'Est républicain* écrit : « Monsieur Lang a brillé. Philosophe délicat ou dictateur sanguinaire, il tient en haleine, au travers de tous ses états d'âme. Les mimiques du dément à l'œil noir, l'économe du geste décèlent plus que le métier : le talent. »

24 Catherine Clément, *Rêver chacun pour l'autre*, Fayard, 1992, 320 p.

25 Note de Jack Lang à François Mitterrand, 15 juin 1992.

26 Note de Jack Lang à François Mitterrand, 29 avril 1983.

27 Note de Jack Lang à François Mitterrand, 9 avril 1992.

28 Arts plastiques (Michel Troche), lecture publique (Bernard Pingaud), cinéma (Jean-Denis Bredin), culture ouvrière (Pierre Belleville), cultures régionales (Bernard Giordan), établissements culturels (Paul Puaux), patrimoine (Max Querrien).

29 Lettre à Laurent Fabius, Premier ministre, 13 novembre 1984.

30 J'ai pu en consulter une partie de 1981 à 1993 adressées à des ministres ou des membres de cabinets qui s'exclament encore : « Ah ! les notes de Lang ! », avec un mélange d'agacement et de respect, voire d'admiration.

31 Parti socialiste unifié issu de la fusion du PSA (Parti socialiste autonome) et de l'UGS (Union de la gauche socialiste) aux débuts de la Ve République.

32 Union nationale des étudiants de France.

33 On peut se référer aux excellentes publications des séminaires sur l'Histoire du théâtre : « La Décentralisation théâtrale », vol. I : *Le Premier Âge (1945-1958)*, vol. II : *Les Années Malraux (1959-1968)*, vol. III : *Le Tournant (1968)*, vol. IV : *Le Temps des incertitudes (1969-1981)*, ANRAT, éditeur : Les cahiers Théâtre-Éducation ; actes des rencontres organisées par Robert Abirached, avec la participation de Pascal Ory, Jean-Pierre Rioux, Bernard Dort, Danièle Robin, Geneviève Poujol, Philippe Urfalino, Guy Brajot, Gabriel Monnet, Joël Masson, Philippe Téry, Jean-Claude Marrey, Guy Rétoré, Gabriel Garran, Michel Bataillon, Émile Copfermann, Denis Guenoun, Jean-Jacques Hoccard, Jean-Gabriel Carasso, Jean-Claude Lallias, etc.

34 Francis Beck sera directeur de cabinet de Lang de 1988 à 1992, avant de devenir préfet. Il est président de l'INA (Institut national de l'audiovisuel) depuis 1999.

34 bis Jacques Renard a écrit un excellent témoignage sur Lang I : *L'Élan culturel*, PUF, 1987.

35 Enseignant à l'ISMC, il organise des visites chez Xenakis et Pierre Henry : il demande aux étudiants (entre 23 et 30 ans) d'être présents une demi-heure avant ; il les compte et les fait mettre en rangs par deux pour monter les escaliers et leur demande de s'asseoir en silence en attendant le maître... Les étudiants étaient ravis d'être ainsi encadrés !

36 Note de Jack Lang à François Mitterrand, 21 août 1981.

37 Alors ministre du Budget.

38 Elle commence officiellement ses travaux en octobre 1981, mais les fait précéder par des approches préalables.

39 Exactement 0,48 %.

40 Par suite d'ajustements divers le pourcentage finalement retenu sera de 0,76 %.

41 Statistiques originales produites par un groupe de travail de l'ISMC sous la direction de Jean-François Chougnet. Ces données ont été calculées à partir des budgets primitifs, des lois de finances rectificatives et des lois de règlement.

42 Note de Jack Lang à François Mitterrand, 29 avril 1983.

43 Lorsqu'il était « ministre délégué », Jack Lang n'assistait pas à tous les conseils des ministres.

44 Note de Jack Lang à François Mitterrand, 25 novembre 1983.

45 Note de Jack Lang à François Mitterrand, 5 avril 1984.

46 Lette manuscrite à Laurent Fabius, 23 juillet 1984.

47 Lettre de Jack Lang à Laurent Fabius, 18 décembre 1984.

48 Lettre de Jack Lang à Louis Schweitzer, 18 décembre 1984.

49 Note de Jack Lang à François Mitterrand, 21 mai 1985.

50 Lettre manuscrite de Jack Lang à Laurent Fabius, 8 juillet 1985.

51 Claude Helleu, « Fabius en FRAC », *Le Quotidien de Paris*, 22 juin 1985.

52 Lettre de Jack Lang à François Mitterrand, 24 juillet 1985.

53 Discours de Jack Lang à l'Assemblée nationale, 28 octobre 1985.

54 Travaux d'un groupe d'études de l'ISMC sous le tutorat de Jean-François Chougnet, 1997. Données originales présentées en annexe au présent ouvrage.

55 En 1983, l'architecture est de la compétence du ministère chargé de l'équipement depuis 1978.

56 Proche de Valéry Giscard d'Estaing, il reste directeur du Budget quelques temps et sera chargé par François Mitterrand de la construction du nouveau ministère des Finances à Bercy.

57 En date du 23 décembre 1983.

58 Ministre de l'Éducation nationale.

59 Elle n'a pas encore pris le nom de Zénith.

60 C'est-à-dire la venue du président sur place, à l'occasion du spectacle inaugural du Zénith.

61 L'intervention du ministre de la Culture dans les domaines de la communication et des affaires étrangères, qui ont un aspect culturel plus évident et plus habituel, seront traitées plus loin.

62 Jack Lang a précédé Claude Allègre dans l'usage de l'expression.
63 Alors ministre chargé de l'Éducation nationale.
64 André Chastel, *La Création d'un Institut national d'histoire de l'art*, rapport au Premier ministre, La Documentation française, mai 1983.
65 Direction du Développement culturel.
66 Discours de Jack Lang, 6 juin 1985.
67 Jean-Pierre Colin, *La Beauté du manchot*, Publisud, 1986.
68 Discours de Jack Lang à Aurillac, 26 octobre 1984.
69 Discours de Jack Lang, Assemblées nationale, 28 octobre 1985.

Chapitre 12

1 Catherine Clément, *Rêver chacun pour l'autre*, Fayard, 1992.
2 Débats parlementaires, Sénat, 29 juillet 1981.
3 Note de Jack Lang à François Mitterrand, 29 juillet 1981.
4 Allusion à l'exonération des œuvres d'art de l'impôt sur les grandes fortunes.
5 Extrait du *Journal officiel*, rapport du sénateur Miroudot sur le budget de la Culture pour 1982.
6 Document d'un groupe d'études de l'ISMC, rapport de Juliette Rajon sur le prix unique du livre, 1997.
7 Débats parlementaires, Sénat, 29 juillet 1981.
8 SOFRES et ASFODELP (association pour la formation des libraires et des papetiers).
9 Pierre Menerlin, *Le Prix du livre, analyse de la loi Lang*, Institut La Boétie, 1985.
10 L. Zucchini, *Le Débat sur le prix unique du livre*, Universalia, 1986, Paris.
11 François Rouet, *Le Livre : mutation d'une industrie culturelle*, La Documentation française, 1992.
12 Bernard Pingaud, *Le Livre a son prix*, ministère de la Culture, 1983.
13 Note au président de la République du 4 juin 1984, archives Jack Lang.
14 Note de Jack Lang au président de la République, 7 janvier 1985, archives Jack Lang
15 Note de Jack Lang au président de la République, 10 janvier 1985, archives Jack Lang.
16 Entretien avec l'auteur, 11 juin 1999.
17 Cet appel est signé notamment par François Jacob, Alfred Kastler, André Lwoff, François Gros, Laurent Schwartz, Léon Schwartzenberg, Gilles Deleuze, Jean-Pierre Faye, Félix Guattari, Vladimir Jankélévitch, Raymond Jean, Jean Lacouture, Emmanuel Le Roy Ladurie, Clara Malraux, Bernard Pingaud, Madeleine Rébérioux, Pierre Vidal-Naquet, Antoine Vitez, Jean Daniel, Étienne Balibar, Max Gallo, etc.
18 Louis Clayeux avait été le condisciple de François Mitterrand à la maison des étudiants de la rue de Vaugirard. Conseiller d'Aimé Maeght lors de la création de sa fondation à Saint-Paul-de-Vence, il est l'un des rares grands collectionneurs français spécialisés dans l'art moderne et contemporain. Il servira souvent d'émissaire entre Jack Lang et François Mitterrand.
19 Note de Jack Lang à François Mitterrand, 26 octobre 1981.
20 Le Fonds d'intervention culturel (FIC) a été créé par Michelet et mis en œuvre par Duhamel (*cf.* chapitre 7).
21 On s'inspire du rapport commandé par le gouvernement précédent à Catherine Savouré : *La Facture instrumentale française*, La Documentation française, 1980.
22 « Objet : Création au sein de l'Institut d'une cinquième Académie. Après examen approfondi, c'est tout à fait possible (et rapidement). [...] Elle marquerait l'ouverture d'une ère culturelle nouvelle. Ce serait une Académie internationale et pluridisciplinaire rassemblant une cinquantaine de créateurs et de savants. [...] L'affaire relève de la tutelle du ministre de l'Éducation nationale. Au moment de la détermination des compétences des deux ministères, j'avais suggéré l'idée d'une co-tutelle — idée qui avait été repoussée à ce moment-là. » (Note de Jack Lang à François Mitterrand, 10 septembre 1981.)

23 Discours de Jack Lang à Lille, 20 juin 1982, service de presse et d'information, ministère de la Culture.

24 Note de François Mitterrand à Jack Lang, 2 juillet 1985.

25 Note de Jack Lang à François Mitterrand du 27 mai 1982.

26 Note de Jack Lang à François Mitterrand du 6 avril 1983.

27 Le « groupe des quatre » est composé de Paul Guimard, conseiller culturel du président de la République, Roger Quillot, ministre du Logement, Jack Lang et Robert Lion, directeur du cabinet du Premier ministre, Pierre Mauroy (ce dernier sera ensuite directeur général de la Caisse des dépôts et consignations). C'est ce groupe qui examine les projets, les oriente, les corrige, avant de les soumettre au président. Yves Dauge et Jean-Louis Subileau mettent en œuvre les décisions.

28 Entretien avec l'auteur, 9 juin 1999.

29 Docteur-explorateur, « naufragé volontaire », devenu célèbre dans les années cinquante pour avoir traversé l'Atlantique à bord d'un canoë pneumatique et s'être nourri seulement de plancton marin.

30 Dans un contexte assez trouble, la fille de l'ancien propriétaire ayant été retrouvée noyée au large de Nice...

31 « Musées et sociétés », actes du colloque national *Musées et Sociétés*, Mulhouse-Ungersheim, juin 1991, direction des Musées de France, 1993.

32 Elle renvoie, ce qui est un signe du temps, à l'importante publication assurée sous la direction de Pierre Nora, *Les Lieux de mémoire*, Gallimard, 1986.

32 bis En matière archéologique, le ministère, tout en poursuivant sa tradition méditerranéenne (Rome, Athènes, Le Caire) va orienter ses recherches au sein de l'hexagone avec les grottes ornées, les mégalithes, les traditions celtes (le site de Bibracte), la proto-histoire et l'histoire de France.

33 Discours prononcé à Reims le 17 juin 1983.

34 Discours de Jack Lang prononcé à Gaillon, 9 juillet 1984 : « 1 329 décisions de protection de monuments historiques (dont plus de 600 au titre du patrimoine traditionnel), 862 inscriptions, et en particulier : 19 gares et ponts, 28 édifices agricoles et fermes, 121 édifices commerciaux, 2 synagogues, 6 théâtres, 8 cinémas, 11 bâtiments industriels...

35 Lettre de Jack Lang à François Mitterrand, 13 septembre 1984.

36 Discours de François Mitterrand, 31 août 1982.

37 Conseil restreint des ministres du 20 octobre 1977.

38 Jack Lang lui-même regrette cette séparation (entretien avec l'auteur, 11 juin 1999).

39 Jean Jenger, *Orsay. De la gare au musée, histoire d'un grand projet*, Electa Moniteur, 1987.

40 Celui de Pierre Mauroy en 1981.

41 Note de Jack Lang à François Mitterrand, 28 novembre 1986, à un moment où le gouvernement Chirac de cohabitation ralentit les travaux du Grand Louvre (alors que le gouvernement de 1981 avait accéléré Orsay) et où il ampute l'opéra Bastille alors qu'Orsay a été agrandi.

42 Note de Jack Lang à François Mitterrand, 7 décembre 1984, en vue d'un projet d'entretien avec le *Nouvel Observateur*.

43 *La Politique culturelle de la France, Conseil de l'Europe*, La Documentation française, 1988, p. 283. Cette étude de 393 pages est le premier « audit culturel » national de la politique culturelle française et comporte des informations précieuses.

44 « L'Architecture religieuse et le retour du monumental », actes des *Rencontres internationales d'Évry*, 20, 21 septembre 1989.

45 Claude Mollard, *La Cathédrale d'Évry*, Odile Jacob, 1996,

46 Entretien avec l'auteur, 11 juin 1999.

47 Atelier parisien d'urbanisme, qui dépend de la ville de Paris.

48 François Seigneur, à la fois architecte et plasticien, sera l'auteur du *Pavillon de la France* à l'Exposition universelle de Séville. .

49 Note de Jack Lang à François Mitterrand, 26 mai 1981.

50 Note de Jack Lang à François Mitterrand, 18 décembre 1984.

51 Note de Jack Lang à François Mitterrand, 20 décembre 1984.

52 Entretien avec l'auteur, 11 juin 1999.

53 Le lancement est effectif en 1977, après l'achèvement du Centre Pompidou, et Maurice Doublet demandera aux deux anciens de Beaubourg, François Lombard et moi-même, de l'aider à faire la programmation de ce bâtiment.

54 Ce qui montre la fécondité des grands projets dans la formation des équipes.

55 Philippe Urfalino avec le concours de Michèle Audon, François Bloch Lainé, Gérard Charlet, Michael Dittmann, *Quatre Voix pour un opéra*, éditions Métailé, 1990.

56 François Bloch-Lainé, grand commis de l'État, a été notamment directeur du Trésor, banquier, directeur de la Caisse des dépôts et consignations, tout en s'intéressant sans cesse aux mouvements sociaux et associatifs.

57 Une « commission du bilan » avait été créée par le nouveau gouvernement en juin 1981 afin de dresser un audit objectif de la situation rencontrée sur le plan de la gestion de l'État. Présidée par François Bloch-Lainé, elle remit son rapport en décembre 1981 : *La France en mai 1981, forces et faiblesses*, La Documentation française, décembre 1981.

58 Note de Jack Lang à François Mitterrand, 21 juillet 1982.

59 Entretien avec l'auteur, 11 juin 1999. Le jury, présidé par François Bloch-Lainé, était composé des personnalités suivantes : architectes étrangers : Carlo Aymonino, Herman Hertzberger, Gustav Peichl, Dennis Sharp, Corindo Testa, Oswald-Mathias Ungers, Robert Venturi ; en outre : Massimo Bogianckino, administrateur délégué de l'opéra de Paris, Michaël Hamps, directeur de l'opéra de Cologne ; architectes français : Jean Nouvel, Bernard Huet, Alain Sarfati ; en outre : Jean-Pierre Duport, directeur de l'architecture, Pierre Boulez, Patrice Chéreau, Christian Dupavillon, Louis Erlo, Maurice Fleuret, Pierre-Yves Ligen. Suppléants ayant siégé : Mario Botta et Horst Birr.

60 En fait, ce sera un communiqué du porte-parole de l'Élysée, Michel Vauzelle.

61 Note de Jack Lang à François Mitterrand, 2 novembre 1983.

62 Député gaulliste, proche de François Mitterrand, qui servira souvent d'émissaire entre les deux hommes.

63 Note de Jack Lang à François Mitterrand, 2 novembre 1983.

64 Philippe Urfalino avec le concours de Michèle Audon, François Bloch Lainé, Gérard Charlet, Michael Dittmann, *Quatre Voix pour un opéra*, éditions Métailé, 1990.

65 Note de Jack Lang à François Mitterrand, 6 juin 1983.

66 Entretien avec l'auteur, 11 juin 1999.

67 *La Grande Arche, l'Événement média-SEM Tête Défense*, 1989, avec la participation de Robert Lion, de Karen Von Spreckelsen, Paul Andreu, Joseph Belmont, Kisho Kurokawa, Jean-Louis Subileau, Peter Rice, Jean-Pierre Reynaud, Jean-Pierre Hoss, François Barré, François Loyer.

68 Note de Jack Lang à François Mitterrand, 2 mai 1984.

69 Note du 27 juillet 1981, archives de Jack Lang.

70 Émile Biasini, *Grands travaux. De l'Afrique au Louvre*, éditions Odile Jacob, 1995.

71 Note du 4 décembre 1981 de Jack Lang à François Mitterrand, archives Jack Lang.

72 J'avais découvert en 1979, dans les combles du musée des Arts décoratifs, la maquette d'un projet d'aménagement de la cour Napoléon, datant de 1910, émanant de je ne sais quel architecte, qui prévoyait, à l'emplacement exact de la Pyramide de Peï, le creusement d'une sorte d'entonnoir permettant par des gradins, l'accès du public aux différentes ailes du Louvre…

73 Bruno Foucart, Sébastien Loste, Antoine Schnapper, *Paris mystifié*, 1985.

74 Note de Jack Lang à François Mitterrand, 21 janvier 1985.

75 Lettre de Jean Prouvé à Jacques Chirac, 3 janvier 1984.

76 Note de Jack Lang à François Mitterrand, 3 février 1984

77 Note de Jack Lang à François Mitterrand, 9 février 1984.

78 Le 30 avril 1984.

79 Dominique Bezombes, *Le Grand Louvre, histoire d'un projet*, Le Moniteur, 1993.

80 Il y a eu a Paris en 1925, l'exposition internationale des Arts décoratifs et industriels modernes, en 1931, l'exposition coloniale, en 1937 l'exposition internationale des Arts et techniques dans la vie moderne, et depuis lors plus aucune exposition internationale ni universelle (les expositions internationales ne sont pas qualifiées d'universelles car elles sont spécialisées à la différence des expositions universelles).

81 Note de Jack Lang à François Mitterrand, 19 juin 1981.

82 Robert Bordaz, *Pour donner à voir*, pp. 243 à 277, Diagonales-Le Cercle d'art, 1987.

83 Note de Jack Lang à François Mitterrand, 5 juillet 1983.

84 *Le Monde*, 6 juillet 1983.

85 Déclaration devant le Conseil de Paris, 11 juillet 1983.

86 Robert Bordaz, *Pour donner à voir, op. cit.*

87 *Le Livre des expositions universelles, 1851-1989*, commissaire général : Yvonne Brunhammer, éditions des arts décoratifs Herscher, 1983.

88 Pierre Drouin, « Symboles et gros sous », *Le Monde*, 6 juillet 1983.

89 Note au président de la République du 11 avril 1985, signée Jack Lang, Paul Quiles (qui a remplacé Roger Quillot), Paul Guimard, Robert Lion.

90 François Roche et Bernard Pignau, *Histoires de diplomatie culturelle des origines à 1995*, La Documentation française, 1995.

91 Jacques Rigaud, *Rapport sur les relations culturelles extérieures*, 1979.

92 Discours de Jack Lang à la réunion des ministres de la Culture des pays latins, Venise, 11, 12, 13 juin 1982.

93 Lettre de Jack Lang à Laurent Fabius, 6 mai 1985.

94 Une bonne illustration en est donnée à l'occasion de son voyage de 1973 en Inde et au Bangladesh bien qu'il ne fût plus ministre ; *cf.* Sophie de Vilmorin, *Aimer encore*, Gallimard, 1999, 283 p.

95 Jack Lang, discours prononcé à Mexico le 27 juillet 1982, archives Claude Mollard.

96 Jack Lang, discours prononcé à Mexico le 27 juillet 1982, archives Claude Mollard.

97 Note de Jack Lang à François Mitterrand, 3 août 1982.

98 Lettre de Jack Lang à Laurent Fabius, 30 mai 1985.

99 Lettre de Jack Lang à Danielle Mitterrand, 8 novembre 1985.

100 Note de Jack Lang à François Mitterrand, 12 décembre 1988.

101 Note de Jack Lang à François Mitterrand, 20 août 1991.

102 Dans le langage de la CEE, la direction n° 10 est en charge des affaires culturelles et de la communication au sein de la commission de l'Union européenne.

103 Note à François Mitterrand, 29 août 1985.

104 En décembre 1984, une note confidentielle que j'adresse à Jack Lang se retrouve quelques jours plus tard publiée dans *Le Matin* (13 décembre 1984). Elle y fait scandale. J'y prononçais des jugements un peu péremptoires sur l'absence de politique offensive en Allemagne au profit des artistes français. Cela donna lieu à un incident avec Roland Dumas, alors ministre des Affaires étrangères, qui protesta auprès du ministre de la Culture pour me demander de bien vouloir cantonner mon action à l'intérieur de l'hexagone : pas de chance, je revenais précisément d'un voyage en Allemagne et j'étais bien décidé à ne pas borner là mes relations extérieures que je poursuivis avec des artistes du monde entier.

105 Jean Caune, *La Culture en action. De Vilar à Lang : le sens perdu*, préface de Jacques Rigaud, Presses universitaires de Grenoble, 1992.

106 Jack Lang, discours à l'assemblée nationale, 28 octobre 1985.

Chapitre 13

1 Bien avant que le mot ne gagne le terrain de la politique avec la majorité plurielle nouée en 1997.
2 Michel de Certeau, *La Culture au pluriel*, Le Seuil, 1993.
3 Alain Finkielkraut, *La Défaite de la pensée*, Gallimard 1986.
4 Note de Jack Lang à Laurent Fabius, 20 juin 1985.
5 Note au Premier ministre du 23 août 1984, *op. cit.*
6 Note de Jack Lang à François Mitterrand, 6 août 1985.
7 Discours devant les deuxièmes assises nationales du mécénat culturel d'entreprise, le 7 octobre 1981.
8 Discours à l'assemblée nationale, 6 novembre 1985.
9 *La Politique culturelle 1981-1991*, ministère de la Culture et de la Communication, réalisation : Avant-garde, 1991.
10 Ces citations qui suivent sont empruntées au discours prononcé à l'assemblée nationale le 17 novembre 1981.
11 Lettre de Jack Lang à Laurent Fabius, 30 janvier 1985.
12 Lettre de Jack Lang à Laurent Fabius, 28 octobre 1985.
13 Henri Giordan, *Démocratie culturelle et droit à la différence*, la Documentation française, 1982.
14 Lettre de Jack Lang à Henri Giordan, 6 août 1981.
15 Assemblée nationale, 21 avril 1982.
16 François Mitterrand, discours à Lorient, mars 1981.
17 *Le Monde*, 19 juin 1999.
18 Député du PS.
19 *Le Monde*, 19 juin 1999.
20 Jean-Paul Aron, *Les Modernes*, Gallimard, 1984.
21 *Cf.* chapitre 11, § 5, « Le ministre des ministères ».
22 Jean-Pierre Colin, *La Beauté du manchot*, *Culture et différence*, éditions Publisud, 1986.
23 Note de Jack Lang au Premier ministre le 23 août 1984.
24 Jacques Rigaud, *L'Exception culturelle*, Grasset, 1995.
25 Et le présent ouvrage s'efforce d'y apporter quelque lumière.
26 C'est pourquoi je fais du conflit entre la droite et la gauche sur l'Exposition universelle de 1989, un révélateur de leurs différences en matière de politique culturelle.
27 Lettre de Jack Lang à Laurent Fabius, 1994.
28 Discours de Jack Lang à Reims, 17 juin 1983.
29 *Le Monde*, 27, 28 juillet 1983.
30 *Le Monde*, 26 juillet 1983.
31 Lettre de Vercors au Monde, 6 août 1983.
32 *Le Monde*, 6 août 1983.
33 André Gide, *Les Nourritures terrestres*, La Pléiade, Gallimard, 1958.
34 Entretien avec l'auteur, 11 juin 1999.
35 Note de Jack Lang à François Mitterrand, 2 octobre 1985.
36 Dossier de presse du 12 septembre 1985. Toutefois, les modalités évolueront : le ticket acheté fait office de pass pour d'autres films tout au long de la journée. Il faudra par la suite verser 10 F par séance.
37 Discours de Jack Lang, 24 septembre 1985.
38 Discours de Jack Lang, 26 septembre 1985.
39 Discours de Jack Lang, gare d'Auteuil, pour l'inauguration du train-forum de la micro-informatique, 26 avril 1984.

40 Discours à l'Assemblée nationale, 28 juin 1985.
41 Conférence de presse du 10 septembre 1995.
42 Conférence de presse, au Gibus, 17 décembre 1984.
43 *Graine de curieux. La science, le livre et les jeunes*, dossier de presse, 22 octobre 1985.
44 Note de Jack Lang à François Mitterrand, 27 janvier 1986.
45 Louis Pauwels, *Figaro magazine*, 6 décembre 1986.
46 Discours à l'Assemblée nationale, 17 novembre 1981.
47 Discours devant l'Assemblée nationale, 17 novembre 1981.
48 Entretien avec l'auteur, 24 juin 1999.
49 Lang-Trautmann, « Les deux cultures », *in Politis*, 27 mai 1999.
50 Discours à l'Assemblée nationale, 28 octobre 1985.
51 Guy Alloucherie et Éric Lacascade, « Jusqu'où aller trop loin ? », *in Où va le théâtre ?*, sous la direction de Jean-Pierre Thibaudat, Hoëbeke-Libération, 1994.
52 Alain Ollivier, « Le commerce d'une action poétique », *in Où va le théâtre ? op. cit.*
53 *Paris-Création, une renaissance*, Autrement, 1984, 450 pages.
54 Discours du 5 juin 1991.
55 *Musées et sociétés*, actes du colloque de juin 1991, *op. cit.*
56 On peut se référer à l'excellent rapport de Maurice Godelier, *Les Sciences de l'homme et de la société française*, rapport au ministre de la recherche et de l'industrie (Jean-Pierre Chevènement), La Documentation française, 1983.
57 Max Querrien, *Pour une nouvelle politique du patrimoine, 1982*, La Documentation française, 1982.
58 Jacques Rigaud, *L'Exception culturelle*, Grasset, 1995, p. 116.
59 Décret du 16 mai 1990 créant et organisant l'École nationale du patrimoine.
60 Discours de François Mitterrand, 17 septembre 1985.
61 Émile Biasini, *Grands Travaux. De l'Afrique au Louvre*, Éditions Odile Jacob, 1995.
62 Conseiller technique au cabinet de Jack Lang pour les musées et arts plastiques de 1984 à 1986, puis dans le cabinet de 1988, avant d'être directeur de la Caisse des monuments historiques et des sites, puis directeur de cabinet de Frédérique Bredin, ministre de la Jeunesse et Sports, il va retrouver les MJC et l'éducation populaire, dont Malraux n'avait pas voulu, après être venu du ministère de la Culture.
63 Organisé à l'instigation de la DAP et de la commission du patrimoine cultuel, juillet 1986.
64 En qualité de directeur du cabinet de Frédérique Bredin, ministre de la Jeunesse et des Sports, 1991-1993.
65 On se réfère à la note de synthèse de Jean-François Chaintreau : *Éducation artistique et culturelle, histoire d'un concept*, 1999, archives Claude Mollard, 25 p.
66 Entretien avec l'auteur, 11 juin 1999.
67 Entretien avec l'auteur, 11 juin 1999.
68 *Le Cinéma, ministère de la Culture et de la Communication*, La Documentation française, 1992.
69 Conférence de presse de Jack Lang, service de presse et d'information, ministère de la Culture, 1er avril 1982.
70 Loi du 29 juillet 1982.
71 La mise en place de cette réforme sera difficile : Marie-Josée Mondolini, « La loi de 1982 sur la concurrence, bilan d'une réforme », *in Film échange*, n° 48, 1989.
72 Le premier médiateur sera Jean-Michel Galabert.
73 Centre national de la cinématographie.
74 *Le Film français*, 1er décembre 1995.
75 Sur l'économie de l'audiovisuel, voir : René Bonnell, *La vingt-cinquième image, une économie de l'audiovisuel*, Gallimard-FEMIS, 1989.

76 Note de François Mitterrand à Jack Lang, janvier 1985.
77 Note de Jack Lang à François Mitterrand, 15 janvier 1985
78 Note manuscrite de François Mitterrand, janvier 1985.
79 On est le 17 février 1986, à quelques semaines des élections législatives qui vont donner la victoire à la droite.
80 Ces citations sont empruntées à : *Ministère de la Culture*, La Documentation française, 1992.
81 Entretien avec l'auteur, 11 juin 1999.
82 Discours à l'Assemblée nationale, 28 octobre 1985.
83 Entretien avec l'auteur, 11 juin 1999.
84 Note de Jack Lang à François Mitterrand, 15 mars 1982.
85 Pierre Favier et Michel Martin-Roland, *La Décennie Mitterrand*, tome I, Points le Seuil, 1995.
86 Le premier DESS de gestion culturelle est créé à l'université de Paris Dauphine en 1985. L'Institut supérieur de management culturel (ISMC) est créé en 1986.
87 Pierre Moulinier, *Politique culturelle et décentralisation*, CNFPT, 1995.
88 Philippe Urfalino, Catherine Vilkas, *Les fonds régionaux d'art contemporain. La délégation du jugement esthétique*, L'Harmattan, 1995.
89 Dominique Bozo, *Constats et propositions pour une politique du patrimoine artistique du XX*e *siècle dans le domaine des arts plastiques*, rapport au ministre de la Culture, 1987.
90 Raymonde Moulin, *L'Artiste, l'Institution et le Marché*, Flammarion, 1992.
91 Robert Abirached, *Le Théâtre et le Prince, 1981-1991*, Plon, 1992, 205 p.
92 *La Politique culturelle 1981-1990, le théâtre et les spectacles*, ministère de la Culture, 1991.
93 Robert Abirached, *Le Théâtre et le Prince, 1981-1991*, *op. cit.*
94 Appel lancé par : Samuel Beckett, Elie Wiesel, Lawrence Durrell, Andrei Tarkovski, Andrej Wajda, Graham Greene, Arthur Miller, Gabriel Garcia Marquez, Zubin Mehta, Léopold Sédar Senghor, Akira Kurosawa, Umberto Eco, Ingmar Bergman, William Styron, Francis Ford Coppola, Alberto Moravia. Les premier signataires étaient : Peter Brook, Jorge Amado, Robert Altman, Barbara Heindricks, Kate Millet, Youssef Chahine, Marco Ferreri, Giorgio Strehler, Alan Pakula, Luciano Berrio, Ettore Scola, Matta, Kenneth Galbraith, Azzedine Alaia, Susan Sontag, Chici Buarque, Volker Schloendorff, Marcello Mastroiani, Sidney Lumet, Vittorio Gassman, Issey Miyake, Oscar Niemeyer, I. M. Peï, Yachar Kemal, Miguel Angel Estrella, Miklos Jancso, Anthony Burgess, Yannis Xenakis, Francesco Rosi…
95 Discours de Jack Lang, 17 février 1986.

Chapitre 14

1 Note de Jack Lang à François Mitterrand, 24 septembre 1982.
2 Note de Jack Lang à François Mitterrand, 31 août 1982.
3 Sculpture de Roselyne Granet, installée dans un jardin de la Bibliothèque nationale de la rue de Richelieu.
4 Tchang a aussi réalisé un buste d'Hergé qui est visible à Angoulême, capitale française de la BD.
5 Alors ministre des Finances.
6 Renaud Jude de La Génière de La Ramée de Sesprés (que nous appelions familièrement Gégène entre nous) avait été directeur du Budget et m'avait fortement reproché de quitter l'administration des Finances pour aller construire le Centre Pompidou.
7 Note de Jack Lang à François Mitterrand, 22 mars 1983.
8 Délégation aux arts plastiques.
9 Commandes d'un montant de 80 MF dont 20 MF au titre du ministère des Finances (note de Jack Lang à François Mitterrand du 5 septembre 1983), avec une exposition des prototypes au musée des Arts décoratifs : « L'Empire du bureau » (en février 1984).
10 Note manuscrite de François Mitterrand à Jack Lang, 3 août 1983.

11 Note de Jack Lang à François Mitterrand, 3 août 1983.

11 bis Un certain nombre de galeries vont se révéler à cette occasion, parmi lesquelles : Pierre et Marie Nahon, Daniel Templon, Daniel Lelong, Yvon Lambert, Michel Durand-Dessert, Jean-Gabriel Mitterrand, Gilbert Brownstone, Claire Burrus, Philippe Casini, Eric Franck, Ghislaine Hussenot, Laage-Salomon, etc.

12 Loi dont il a été question dans la période Malraux qui permet à un héritier de régler ses frais de succession en remettant des œuvres d'art à l'État.

13 Cette question est développée par Claude Mollard, *La Passion de l'art, L'art et la modernisation de l'État*, p. 267-293, La Différence, 1986.

14 Blandine Barret-Kriegel, *Rapport au président de la République sur la modernisation de l'État*, La Documentation française, 1986.

15 Sur les raisons et le contexte de cette création voir *Le Mythe de Babel*, Claude Mollard, Grasset, 1984, et *La Passion de l'art*, du même auteur, La Différence, 1986.

16 Galeries de prêt d'œuvres d'art, souvent municipales, et à base de lithographies.

17 Marcel Landowski, *Batailles pour la musique*, Seuil, 1979.

18 Lettre de Jack Lang à François Mitterrand, 13 septembre 1984.

19 Même lettre du 13 septembre 1984.

20 Note de Jack Lang à François Mitterrand, 20 octobre 1983.

21 Entretien avec l'auteur, 11 juin 1999.

22 Lettre de Jack Rigaud à Jack Lang, 4 novembre 1985.

23 Lettre de Jack Lang à Laurent Fabius, 25 novembre 1985.

24 Lettre de Jack Lang à Laurent Fabius, 26 novembre 1985.

25 Lettre de François Mitterrand à Jack Lang, 28 novembre 1985.

26 Bertrand Tavernier, *Le Monde*.

27 Entretien avec l'auteur, 11 juin 1999.

28 Note de Jack Lang à François Mitterrand, 4 mai 1984.

29 Discours à l'Assemblée nationale, 28 octobre 1985.

30 L'UCAD rendit ce service au ministère de prendre en charge, contre subvention, les premières dépenses de gestion de la nouvelle école, à titre intérimaire.

31 Architecte-ingénieur, qui a été le président du jury du Centre Pompidou.

32 Architecte-designer, disciple de Le Corbusier, auteur notamment de la station des Arcs en Savoie.

33 Discours de Jack Lang, 1984, archives Claude Mollard.

34 *Le Monde* du 20 juin 1999.

35 Lettre de Jack Lang à François Mitterrand, 30 janvier 1985.

36 Centre national de la bande dessinée et de l'image.

37 Yvonne Deslandres, Florence Muller, *Histoire de la mode au XXe siècle*, Samogy, 1986. Yvonne Deslandres, *Le Costume, image de l'homme*, Albin Michel, 1976.

38 Dominique Waquet, Marion Laporte, *La Mode*, Que sais-je? PUF, n° 3426, 1999.

39 Yves Navarre, texte joint à la note de Jack Lang à François Mitterrand, 17 octobre 1984, archives Jack Lang.

40 Discours de François Mitterrand, 17 octobre 1984.

41 Développement, exportation, formation, image.

42 Association nationale pour le développement des arts de la mode.

43 Danielle Mitterrand a apporté sa contribution à cette réalisation.

44 Le discours prononcé par Jack Lang le 28 juin 1982 à l'occasion de la présentation du projet comprend des indications précieuses (archives Claude Mollard).

45 Discours de Jack Lang, 23 octobre 1985.

46 Assemblée nationale, compte rendu analytique officiel, première séance du mercredi 17 avril 1985.

47 Patrice de Plunkett, *La Culture en veston rose*, La table ronde, 1982,

48 Société d'encouragement aux métiers d'art (SEMA).

49 Les Ateliers pluridisciplinaires d'expression plastiques de Fontblanche, à Vitrolles, vont réunir pendant une quinzaine d'années autour de Jacqueline Jouve une équipe d'artistes, artisans, créateurs de toutes disciplines pour des expérimentations, des recherches, et des formations. J'en assurerai la présidence un certain temps avant de céder la place à François Mathey.

50 *Dédale 84*, catalogue de la deuxième Biennale internationale des métiers d'art.

51 Discours de Jack Lang à l'Imprimerie nationale, 27 septembre 1982.

52 Le nouveau président de la République, Jacques Chirac, avait annoncé ce rattachement comme un engagement culturel de sa propre politique. Mais, en réalité, ce transfert va permettre surtout d'accroître de l'ordre de 500 MF le budget du ministère de la Culture par l'artifice de ce rattachement (artifice puisqu'il ne se traduit par aucune mesure nouvelle pour les autres domaines d'intervention du ministère) et au nouveau gouvernement Juppé de prétendre que l'engagement du 1 % pour la culture pris lors de la campagne présidentielle, était tenu, alors que dans le même temps les interventions traditionnelles du ministère de la Culture faisaient l'objet de réductions… Il en va de même pour l'opération de transfert à la Culture du musée de la Villette.

53 « L'Esthétique urbaine », actes du colloque d'Aix-en-Provence, revue *Droit et Ville*, n° 33, 9 septembre 1991.

54 Cette réalisation, toujours visible, est l'une des grandes commandes publiques effectuées par la IVe République.

55 Discours du 20 septembre 1985.

56 À l'invitation de la DAP des artistes purent travailler avec l'aide d'une palette graphique, comme Matta, Arroyo, Boisrond, Cane, Kiki Picasso, etc.

57 Discours de Jack Lang, 6 février 1986.

58 Alain Finkielkraut, *La Défaite de la pensée, op. cit.*

59 L'ISMC, implanté à Paris, est une association à but non lucratif qui délivre une formation supérieure au management et à l'ingénierie culturels sanctionnés par un diplôme homologué au niveau 1. Cette formation débouche sur des emplois dans les domaines de l'administration, de la programmation artistique, du conseil et de la communication culturels.

60 *Le Complexe de Léonard ou la société de création*, Paris-La Sorbonne, février 1983 ; éditions du Nouvel Observateur-Jean-Claude Lattes, 1983.

61 Parmi les participants : Jean Daniel, Norman Birnbaum, Jean-Pierre Faye, Giorgio Strehler, Umberto Eco, Ilya Prigogine, Jacques Derrida, Michel Tournier, Susan Sontag, François Châtelet, Wassili Leontieff, Jack Lang, John Kenneth Galbraith, Jacques Ruffié, Claude Simon, Yachar Kemal, Tom Bishop, Hélène Ahrweiler, Henri Laborit, Hélène Cixous, Félix Guattari, Maurice Fleuret, Henri Lefebvre, Leopold Sendar Senghor, Jacques Le Goff, Adonis, Maria-Antonietta Macchiocchi, Max Frisch, Marc Ferro, Joseph Ki-Zerbo, Carlos Fuentes, Jacques Lacarrière, Claude Mollard, Elie Wiesel, Ettore Scola, Jacques Rigaud, Jacques Attali, François Mitterrand, Graham Greene, etc.

Chapitre 15

1 Ayant quitté le ministère, je m'étais mis en congé de l'administration pour créer une entreprise de conseil en ingénierie culturelle qui intervenait notamment auprès des collectivités locales.

2 Robert Abirached, *Le Comédien et le Prince, op. cit.*

3 Dominique Bozo, *Le Patrimoine du XXe siècle*, rapport au ministre, *op. cit.*

4 Raymonde Moulin, *L'Artiste, l'Institution et le Marché*, Flammarion, 1992.

5 Lettre de Jack Lang à François Mitterrand, 17 mars 1986.

6 Note de Jack Lang à François Mitterrand, 25 avril 1986.

7 Note de Jack Lang à François Mitterrand, 3 février 1988.

8 Arman a réalisé en 1984 dans le jardin de la Fondation Cartier à Jouy-en-Josas une accumulation de voitures prises dans du béton de vingt mètres de haut intitulée *Long Term Parking*.

9 Architecte des bâtiments civils et palais nationaux.

10 Le budget est imputé à la fois sur des crédits de la DAP et sur des reports de crédits des monuments historiques. Au total, environ 13 MF. Mais ce chiffre comprenait toutes les additions apportées par les différents services du ministère. En réalité, le coût de l'œuvre proprement dite était de l'ordre de 7 MF.

11 Architecte du XIXe siècle qui a construit l'actuelle colonnade de la Cour d'honneur.

12 Voir à cet effet : Jacques Henric, *La Peinture et le Mal*, Grasset, 1983 ; et Guy Scarpetta, *L'Impureté*, Grasset, « Figures », 1985.

13 Allusion aux difficultés rencontrées pour trouver dans Paris un emplacement où implanter la « tour aux Figures » qui sera finalement installée dans l'île Saint-Germain à Issy-les-Moulineaux.

14 Note de Jack Lang à François Mitterrand, 30 septembre 1985.

15 Émission sur « L'affaire Buren », France-Culture, 11 janvier 1999, Emmanuel Laurentin, *L'Histoire en direct*.

16 Arrêt immédiat du chantier ordonné dans l'attente d'un jugement sur le fond.

17 Le 5 mai 1986.

18 « Il s'agit d'une entreprise de désacralisation, de démoralisation et de déstabilisation qui s'est introduite en France et en Europe, non par suite de l'évolution naturelle des formes d'expression, mais par le biais d'une mode venue d'outre-Atlantique et qui n'est autre que celle de la réactualisation des aspects périmés d'un dadaïsme conceptuel exercé dans la mouvance de Marcel Duchamp avec soixante-dix ans de retard ! »

19 Louis Pauwels, « Palais-Royal : Buren a-t-il gagné ? », *Figaro Magazine*, mai 1986.

20 Serge Antoine, Jacques Daroles, Anne Fourcade, André Gadiou, Denis Laming, Christian Pattyn, Jean Saint Bris, *Promouvoir le patrimoine français pour l'an 2000*, Rapport à M. Philippe de Villiers, secrétaire d'État à la culture et à la communication, CNMHS, 1987, 380 p.

21 Alors dirigé par Alain Juppé.

22 Lettre de Dominique Wallon à François Léotard, 22 mai 1986.

23 Attitude qui traduit un changement important par rapport à celle de Lang pour qui les États-Unis ne sont pas un modèle culturel.

24 Ministère de la Culture, *François Léotard, principales mesures politiques et institutionnelles*, DEP.

25 François Léotard, *À mots découverts*, Grasset, 1987.

Chapitre 16

1 Note de Jack Lang à François Mitterrand, 6 octobre 1989.

2 Note de Jack Lang à François Mitterrand, 27 mai 1988.

3 Entretien avec l'auteur, 1999.

4 Conférence de presse du 4 février 1992.

5 Délégation aux Arts plastiques.

6 Société d'encouragement aux métiers d'art.

7 Note de Jack Lang à François Mitterrand, 17 avril 1989.

8 Note manuscrite de Jack Lang à François Mitterrand, 17 juin 1988.

9 Groupe d'études de l'ISMC sur la culture et la télévision, Mireille Caralp, Claude Lemaire, Xavier Perron, 1997.

10 Note de Jack Lang à François Mitterrand, 2 septembre 1991.

11 L'actuel gouvernement est chargé d'organiser les élections législatives après la dissolution de l'Assemblée nationale prononcée par le président réélu.

12 Note de Jack Lang à François Mitterrand, 27 mai 1988.

13 Note de Jack Lang à François Mitterrand, 1er juillet 1988.

14 Note de Jack Lang à François Mitterrand, 25 juin 1988.

15 Il quitte le gouvernement pour des raisons de convenances personnelles.

16 Note de Jack Lang à François Mitterrand, 22 février 1989.

17 Entretien avec l'auteur, 14 juin 1999.

18 Note de Jack Lang à François Mitterrand, 22 décembre 1989.

19 Note de Jack Lang à François Mitterrand, 11 septembre 1989.

20 Selon le témoignage de Bernard Latarjet (conseiller auprès de François Mitterrand de 1993 à 1995) à l'auteur, mars 1999.

21 Note de Jack Lang à François Mitterrand, 15 mars 1991.

22 Jacques Rigaud, *Pour une refondation de la politique culturelle*, La Documentation française, 1996, 201 p.

23 Note manuscrite de Jack Lang à François Mitterrand, 10 mai 1991.

24 Note de Jack Lang à François Mitterrand, 15 mai 1991.

25 Note de Jack Lang à François Mitterrand, 21 mai 1991.

26 Note de Jack Lang à Édith Cresson, 27 mai 1991.

27 Entretien avec l'auteur, 14 juin 1999.

28 Note de Jack Lang à François Mitterrand, 16 mai 1991.

29 Lettre de Jack Lang à François Mitterrand, 6 juillet 1990.

30 Note de Jack Lang à François Mitterrand, 31 mars 1992.

31 Communiqué de l'AFP, 29 septembre 1992 à l'occasion de l'opération Musées en Tête.

32 Georges Pompidou arrive à l'Élysée au printemps 1969, le projet du centre Beaubourg est annoncé en décembre 1969, le programme est fait entre janvier 1970 et mai 1970. Le concours d'architecture est lancé au printemps 1970 et jugé en juillet 1970. Jacques Chirac annonce le projet de musée des arts premiers quelques mois après son arrivée à l'Élysée, au cours de l'été 1995, le concours d'architecture est lancé au printemps 1999 : quatre ans là où il en fallait un pour Pompidou.

33 Note de Jack Lang à François Mitterrand, 6 juillet 1990.

34 Alain Duhamel, « Compromis historique », *Le Courrier de l'Ouest*, juin 1992.

35 Discours de François Mitterrand, 24 octobre 1988.

36 Cette maquette avait été présentée au Grand Palais, lors de l'exposition organisée en 1973 par le Cnac sous la direction de Germain Viatte.

37 Il fut aussi ministre de l'Industrie dans le gouvernement de Pierre Mauroy en 1981.

38 *Jean Dubuffet, Rétrospective*, fondation Maeght, Jean-Louis Prat, 1985.

39 Il devait recevoir à titre de dommages et intérêts une somme de l'ordre de 1 000 000 francs.

40 Il est, entre autres choses, le commanditaire de *L'Hommage à Eiffel* par César et de *Long Term Parking* par Arman, au parc du Monsel où fut installée la fondation Cartier au début des années quatre-vingt.

41 *Cf. infra*, chapitre 12, § 1.

42 Discours de Jack Lang, 17 octobre 1990.

43 Dossier de presse, ministère de la Culture et de la Communication.

44 Entretien avec l'auteur, 14 juin 1999.

45 Discours de Jack Lang, 26 septembre 1989.

46 Il est alors directeur de la Caisse des monuments historiques, tout en s'étant spécialisé dans les bois gorgés d'eau et les fouilles du lac de Paladru (Michel Colardelle, *Chevaliers-paysans de l'an mil*, en collaboration avec Éric Verdel, musée Dauphinois de Grenoble, 1993).

47 Il s'intéresse notamment au musée des tumulus de Bougon, Deux-Sèvres ; Jean-Pierre Mohen, *Les Rites de l'au-delà*, Éditions Odile Jacob, 1995.

48 Il est, en 1989, remercié de ses fonctions de directeur du musée d'Art moderne afin de laisser la place à Dominique Bozo.

49 Alors ministre d'État, ministre de l'Éducation nationale, de la Recherche et des Sports (ce qui en fait un autre « ministre des ministères » dans d'autres spécialités).

50 Pierre Baqué, *Enseignements artistiques, analyses et propositions*, rapport au ministre d'État, ministre de l'Éducation nationale, de la Jeunesse et des Sports, janvier 1989.

51 Alors déléguée au développement et aux formations au ministère de la Culture.

52 Direction du développement culturel.

53 Délégation au développement et aux formations.

54 Direction régionale des affaires culturelles.

55 Notamment une grande exposition organisée au Grand Palais avec le concours d'Anne-Marie Boutin, de François Barré et de Margo Rouard.

56 « Les Français et la musique », *Développement culturel*, juin 1990.

57 La part des directeurs du ministère de la Culture issus respectivement de la Cour des comptes et du Conseil d'État serait intéressante à connaître. Un rapide calcul donnerait : 11 magistrats de la Cour des comptes, 6 membres du Conseil d'État, et 3 inspecteurs des Finances, ce qui est un bon signe de la reconnaissance du ministère par la haute fonction publique.

58 Michel Schneider, *La Comédie de la culture*, Seuil, 1993.

59 Où est le siège de la direction de la musique.

60 Discours de Jack Lang, 13 juin 1989.

61 Ce projet a aujourd'hui été démembré.

62 Le jour de mon départ du ministère, en juillet 1986, il m'offre une affiche représentant un éléphant optimiste marchant d'un bon pas en serrant sa trompe de la main, avec le commentaire : « fonctionnaire culturel se félicitant de sa propre démarche », qui est devenue une sorte de mascotte.

63 Discours de Jack Lang, 28 mai 1991.

64 Dossier de presse, 25 mai 1992.

65 Note de Jack Lang à François Mitterrand, 30 mai 1991.

66 Jean-Michel Lucas, « Quartiers lumières », *in La Lettre des musées de France*, n° 13, juillet 1991.

67 Note de Jack Lang à Laurent Fabius, 3 mars 1986.

68 Jean d'Ormesson, « La démocratie entre autorité et publicité », *Le Figaro Magazine*, 24 juillet 1989.

69 Note de Jack Lang à François Mitterrand, 26 juillet 1989.

70 Note de Jack Lang à François Mitterrand, 30 mai 1988.

71 *Le Figaro*, 24 février 1989.

72 Discours de Jack Lang pour les six premiers mois d'ouverture du Grand Louvre, 19 septembre 1989.

73 *Quatre Voix pour un opéra*, Philippe Urfalino avec le concours de Michèle Audon, François Bloch Lainé, Gérard Charlet, Michael Dittmann, éditions Métailé, 1990.

74 Note de Jack Lang à François Mitterrand, 25 janvier 1991.

74 bis Jugement de Hugues Gall cité par Maryvonne de Saint Pulgent *in Le Syndrome de l'opéra*, Robert Laffont, coll. Accords, 1991.

75 Dossier de presse sur la cité de la musique, ministère de la Culture, 7 décembre 1990.

76 Pour reprendre l'expression d'André François.

77 Ce qui sera examiné au chapitre 18, « L'empreinte ».

78 Jacques Sallois, *Les Musées de France*, Que sais-je ? PUF, 1995.

79 *La Politique culturelle 1981-1991, les musées de France*, ministère de la Culture, de la Communication et des Grands Travaux, 1991.

80 Fonds régional d'achat des musées, géré au plan régional avec des financements de l'État et des régions.

81 *La Politique culturelle 1981-1991, les musées de France*, ministère de la Culture, de la Communication et des Grands Travaux, 1991.

82 Dossier de presse, direction des Musées de France, 29 septembre 1992.

83 Dossier de presse, direction des Musées de France, op. cit.

84 Pascal Ory, *Un espace hors du commun, in 1981-1991. Chronique d'une décennie culturelle*, Centre national de la photographie, 1992.

85 Claude Mollard, *Profession ingénieur culturel*, éditions de la Différence, 1987.
86 Conférence de presse du 12 janvier 1993, « Bilan et mesures nouvelles pour les arts plastiques ».
87 Marc Fumaroli, *L'État Culturel*, *op. cit.*, éditions de Fallois, 1991.
88 Entretien de l'auteur avec Jack Lang, 24 juin 1999.
89 Conférence de presse, « *Nouvelles actions en faveur du livre, de la lecture et de la poésie* », 10 mars 1992.
90 Conférence de presse du 6 juin 1989.
91 Rencontre sur le théâtre, 12 novembre 1990.
92 Dossier, *Théâtre et Spectacle*, mars 1993.
93 Interview dans *Libération*, 7 juin 1989.

Chapitre 17

1 Entretien avec l'auteur, 14 juin 1999.
2 De 1986 à 1988.
3 Patrice Bollon, « La fête comme un des beaux-arts », *in 1981-1991, Chronique d'une décennie culturelle*, Centre national de la photographie, 1992.
4 Note de Jack Lang à François Mitterrand, 10 juillet 1987.
5 Note de Jack Lang à François Mitterrand, 24 avril 1989. 1. Écrivains, éditeurs, personnalités : Marek Halker, Yves Bonnefoy, Georges Duby, M. et Mme André Dubouchet, Hélène Cixous, Annie Cohen, Henri Colonge, Fouad el Etr, M. Chaillou, Viviane Forrester, Patrick Grainville, Olivier Kaeppelin, Gilbert Lascault, Marc Le Bot, Jean-François Lyotard, Jacques Nadeau, Maurice Nadeau, Claude Ollier, Éric Orsenna, Philippe Sollers, Julia Kristeva, François Peyrot, Jean-Jacques Pauvert, Suzanne Prou, Marie Redonnet, Denis Roche, Danielle Sallenave, Michel Tournier, Françoise Verny, Jean-Didier Wolfromm, Marc Cholodenko, Hubert Nyssen, Pascal Quignard, M. et Mme Jean Tardieu, Pierre Oster, Jacques Duvignaud, Henri Poirot-Delpech, Pierre Nora, Françoise Giroud, André Velter, Pascal Lainé ; 2. Peintres sculpteurs, galeries photographes : Geneviève Asse, Pierre Alechinsky, Pol Bury, Érik Dietman, Jean Fournier, Erro, M. et Mme Honneger, Marcel Jean, Ange Leccia, Daniel Lelong, Adrien Maeght, M. et Me Étienne Martin, Jacques Monory, Christian Rouan, Pierre Soulages, Mme Yan Voss, M. et Mme Morellet, Bruno Carbonnet, Titus Carmel, Michel Hass, Valério Adami, Georges Jeanclos, Mathilde Ferrer, Jean Ipousteguy, M. Geerbrandt, Jean-Paul Chambas, Daniel Pontoreau, Jean Bazaine, M. et Mme Dezeuze, Jean Le Gac, Jean-Michel Alberola, Dominique Thilollat, Hervé Télémaque, Gisèle Freund, Édouard Boubat.
6 Note de Jack Lang à François Mitterrand, 17 septembre 1991.
7 Michel Serres ne dédaignant pas ici de se prendre pour Le Nôtre.
8 Entretien avec l'auteur, 24 juin 1999.
9 Note de Colette Gutman à Jack Lang : « Le président approuve le choix de Pol Bury », 13 janvier 1983.
10 Note manuscrite de François Mitterrand à Jack Lang : « La presse annonce ce matin la démission de Georgel (Picasso). Il ne serait donc pas trop tard pour nommer son successeur. J'insiste pour Régnier. le musée Picasso va mal. Informez-vous auprès du personnel. Vous serez inquiet. À vous. » (1er mars 1989.)
11 Note de Jack Lang à François Mitterrand, 26 septembre 1988.
12 Note manuscrite de François Mitterrand à Jack Lang.
13 Note de Colette Gutman à Jack Lang. (4 juillet 1984)
14 Note de Paul Guimard à Jack Lang : « D'accord pour Vitez à Chaillot » (27 août 1982).
15 Note d'Érik Arnoult à Jack Lang du 16 juin 1983.
16 Note d'Érik Arnoult à Jack Lang, 16 juin 1983.
17 Note d'Eric Arnoult à Jack Lang, 16 juin 1983.
18 Note d'Érik Arnoult à Jack Lang, 9 janvier 1985.

19 Note d'Érik Arnoult à Jack Lang, 9 janvier 1985.

20 Note de Colette Gutman à Jack Lang, 19 octobre 1982.

21 Conseiller culturel du président à l'Élysée.

22 Entretien de l'auteur avec Bernard Latarjet, mars 1999.

23 Note de Jack Lang à François Mitterrand, 31 janvier 1986.

24 Lettre de Jack Lang à François Mitterrand, 1er octobre 1990.

25 Note manuscrite de Jack Lang à François Mitterrand, 2 avril 1990.

26 Alors secrétaire d'État au Budget.

27 Note de Jack Lang à François Mitterrand, 21 juillet 1988.

28 Note de Jack Lang à François Mitterrand, 12 janvier 1989.

29 Alors ministre de l'Éducation nationale.

30 Note de Jack Lang à François Mitterrand, 27 mars 1990.

31 Lettre de Jack Lang à François Mitterrand, 6 juillet 1990.

32 Note de Jack Lang à François Mitterrand, 18 juillet 1991.

33 Note de Jack Lang à François Mitterrand, 2 février 1993.

34 Témoignage de Bernard Latarjet (alors conseiller pour la culture à l'Élysée), entretien avec l'auteur le 15 mars 1999. Selon lui, le président a prononcé un mot nettement plus relâché, ce qui n'était pas son habitude, et que Jack Lang n'a pas entendu ainsi…

35 La comparaison est quelque peu faussée par le fait que les données relatives aux dépenses culturelles des ministères autres que le ministère de la Culture sont prises en compte dans une acception plus large qu'en 1990.

36 Entretien avec l'auteur, 24 juin 1999. Notamment : environ 500 MF de budget transféré à la Culture au titre du musée de la Villette par Philippe Douste-Blazy, sans moyens supplémentaires et pour aider à atteindre, artificiellement, le seuil du 1 %.

37 Patrice de Plunkett, *Le Socialisme en veste rose*, La table ronde, 1982.

38 Jean Clair, *Considérations sur l'état des beaux-arts*, Gallimard, NRF, 1994.

39 Pierre Bourdieu, *Un art moyen, essai sur les usages de la photographie*, Minuit, 1965 ; *Les Règles de l'art, genèse et structure du champ littéraire*, Paris, Libre examen, Seuil, 1992.

40 *Les Français face à la culture*, Éditions la découverte, 1994.

41 Exactement 19 852 en 1990 sur la base du recensement général de la population.

42 Raymonde Moulin, en collaboration avec Jean-Claude Passeron, D. Pasquier et F. Porto-Vasquez, *Les Artistes, essai de morphologies sociale*, Centre de sociologie des Arts, 1984 ; voir aussi, *L'Artiste, l'Institution et le Marché*, Flammarion, 1992.

43 Olivier Donnat, *Les Français face à la culture. De l'exclusion à l'éclectisme*, éditions de la Découverte, 1994 ; voir aussi *Les Pratiques culturelles des Français* à la Documentation française.

44 Claude Mollard, *Les Publics de la culture*, colloque de l'ISMC, 1992.

45 Entretien avec l'auteur, 24 juin 1999.

46 Michel de Certeau, *La Culture au pluriel*, Le Seuil, 1993 (réédition).

47 *Op. cit.*

48 Sur une liste de 65 noms d'artistes proposés dans son enquête.

49 Recensement de 1990 : 16 164 artistes professionnels de la musique et du chant, 11 304 artistes dramatiques et danseurs, 8 688 artistes de variétés, 19 852 artistes plasticiens, 10 458 artisans d'art, 17 360 ouviers d'art.

50 Travaux d'un groupe d'études de l'ISMC, Jacqueline Samulon, M.-G. de Saint Venant, Gilles Duval, 1997. La détermination de l'échantillon a été faite essentiellement à partir du *Who's Who* et du *Dictionnaire socioculturel* de Geneviève Pujol.

51 Olivier Donnat, *Les Français face à la culture, op. cit.*

52 Qui a été longtemps PDG de Arte-La SEPT.

53 Entretien avec l'auteur, 24 juin 1999.

54 Note de Jack Lang à François Mitterrand, 5 décembre 1989.

55 Discours au Panthéon, 12 décembre 1989.

56 Entretien avec l'auteur, 24 juin 1999.

Chapitre 18

1 Lettre de Jack Lang à Laurent Fabius, Premier ministre, 25 février 1985, archives Jack Lang.

2 Jacques Chirac, maire de Paris : « Je voudrais bien qu'on rende à César ce qui est à César. Le projet de très grande bibliothèque a été conçu par François Léotard quand il était ministre de la Culture, approuvé par mon gouvernement, présenté au conseil des ministres par mon gouvernement et approuvé à ce moment-là. [...] C'est mon gouvernement qui a pris l'initiative [...] C'est tellement une bonne idée dans mon esprit que j'ai même proposé l'un des plus beaux terrains dont nous disposerons dans les toutes prochaines années, c'est-à-dire un terrain en bordure de Seine, en face du nouveau parc de Bercy, dans le cadre de la grande opération que je compte faire d'aménagement urbain dans la zone Tolbiac-Masséna-Austerlitz. » (Déclaration à Europe n° 1, février 1989).

3 Qui organise des réunions de travail au cours des mois de mai à juillet 1988 (note de Jack Lang à François Mitterrand, 7 juillet 1988).

4 Note de Jack Lang à François Mitterrand (27 février 1989) : « C'est mon actuel directeur de cabinet, Francis Beck, qui, le premier, a proposé, dans un rapport au ministère de la Culture, la construction d'une nouvelle bibliothèque nationale. Léotard s'est contenté à l'époque de reprendre à son compte cette idée qui n'était pas la sienne ».

5 Jack Lang s'est rendu sur le site en compagnie de François Mitterrand : il pensait que la présence du château aurait pu être « une contrainte architecturale stimulante » (entretien du 24 juin 1999).

6 Note de Jack Lang à François Mitterrand, 20 octobre : « Plus j'avance, plus je me dis que le Quai Branly serait peut-être la meilleure idée, dans un quartier prestigieux sur les bords de la Seine. » Note de Jack Lang à François Mitterrand, 21 octobre 1988 : « la montagne Sainte Geneviève, ce pourrait être une idée fabuleuse, en plein cœur du quartier latin. »

7 Note de Jack Lang à François Mitterrand : « Dominique Perrault continue à réclamer une véritable programmation détaillée sans laquelle il ne peut concevoir l'architecture des volumes intérieurs. Il attend des réponses précises à des questions simples concernant chacun des espaces : quelles conditions d'accès à quels livres ou documents ? Quels modes de consultation ? Quels types d'équipements mobiliers ? », 9 juillet 1991.

8 Entretien avec l'auteur, 24 juin 1999.

9 Au moment où j'écris ces lignes, je viens d'imprimer, à partir d'Internet, la citation du général de Gaulle sur Malraux extraite des *Mémoires d'espoir* : à mon domicile.

10 Cette concentration présente aussi un danger du point de vue de la sécurité des collections. L'actuel conflit au Kosovo montre que l'Europe n'est pas à l'abri de conflits militaires et que les frappes, comme on dit, peuvent atteindre des objectifs clairement visés mais aussi se tromper...

11 Entretien avec l'auteur, 24 juin 1999.

12 Gilles Clément, Pascal Cribier et Louis Benech, Michel Corajoud, François Houtin, Bertrand Lassus, Jacques Segard, Michael Van Valkenburgh, Jacques Wirtz.

13 Dossier de presse du ministère de la Culture : Projet de réaménagement du jardin des Tuileries, 29 novembre 1990.

14 Conférence de presse de Jack Lang, 3 mars 1992.

15 Conférence de presse de Jack Lang, 14 mars 1991.

16 Conférence de presse de Jack Lang et de Michel Delebarre, ministre de l'Équipement, du Logement, des Transports et de la Mer, 15 mai 1990.

17 Conférence de presse de Jack Lang, 3 mars 1992.

18 Note de Jack Lang à François Mitterrand, 24 janvier 1989.

19 Qui a une fonction pédagogique distincte de celle du Cnac.

20 Conférence de presse à l'occasion de l'installation du Conseil national des arts culinaires, 19 décembre 1989.

21 Discours de Jack Lang sur l'inventaire du patrimoine culinaire, 25 février 1992.

22 *L'Inventaire du patrimoine culinaire français, Nord-Pas-de-Calais, produits du terroir et recettes traditionnelles*, Albin Michel/Cnac, 1992, 284 pages.

23 Comme son nom l'indique, (ou ne l'indique pas) ce club très fermé regroupe cent gastronomes qui sont choisis par cooptation.

24 Discours de Jack Lang, 25 février 1992.

25 Discours de Jack Lang à la Cité de La Villette sur le programme d'éveil au goût dans les écoles élémentaires, 2 juin 1992.

26 Texte de Jack Lang pour la conférence de presse du 18 juin 1992, prononcée par Bernard Latarjet.

27 Il en va ainsi de la Fête de la musique, la Ruée vers l'art…

28 Discours de Jack Lang pour le lancement de la Flamboyance, 7 juin 1990.

29 Département Études et Prospective au ministère de la Culture.

30 *Développement culturel*, « Les pratiques culturelles des personnes âgées », n° 86, juin 1990.

31 Lettre de mission de Philippe Douste-Blazy à Jacques Rigaud, 29 janvier 1996.

32 Député-maire d'Aubervilliers, membre du parti communiste, ancien ministre du gouvernement de Pierre Mauroy en 1981.

33 Jack Ralite, *Contribution additionnelle au rapport pour une refondation de la politique culturelle*, La Documentation française, 1996.

34 Entretien avec l'auteur, 24 juin 1999.

35 Note de Jack Lang à François Mitterrand, 2 septembre 1991.

36 Note de Jack Lang à François Mitterrand, 19 décembre 1991.

37 Note de Jack Lang à François Mitterrand, 7 novembre 1991.

38 Note de Jack Lang à François Mitterrand, 24 novembre 1992.

39 Note de Jack Lang à François Mitterrand, 2 octobre 1991.

40 Note de Jack Lang à François Mitterrand, 14 novembre 1988.

41 Jack Lang, discours de clôture du colloque « Europe continent culture », Blois, 2 et 3 novembre 1989.

42 Discours de Jack Lang, colloque « Cinéma et Liberté », 12 mai 1990.

43 Discours de Jack Lang, réunion des ministres de la Culture de la CEE, 3 septembre 1990.

44 Entretien avec l'auteur, 24 juin 1999.

45 Discours de Jack Lang, 25 novembre 1991.

46 Avec la participation de : Claude Berri, Jérôme Clément, Georges Duby, Roland Dumas, Jack Lang, Gérard Moine, Érik Orsenna, Christèle Rastoile, Jacques Rigaud, Joseph Rovan, Stéphane Saurel, Dominique Schnapper, et Michèle Cotta.

47 Discours de Jack Lang, 15 octobre 1992.

48 Dossier du colloque, département des affaires internationales du ministère de la Culture, 13 et 14 octobre 1992

49 Note de Jack Lang à François Mitterrand, 20 novembre 1991.

50 Inaugurée en juin 1998.

51 L'expérience est réputée et constitue à de nombreux égards le point de départ de la révolution du fleurissement des villes de France.

52 Discours sur la politique des jardins, 16 février 1990

53 Discours de François Mitterrand, Blois, 21 juin 1991.

Chapitre 19

1 Fonds d'intervention culturel.

2 Pour plus de détails voir : Claude Mollard, *L'Ingénierie culturelle*, 2e édition, Que sais-je ? 1993-1999 ; Claude Mollard, *Concevoir un équipement culturel*, Le Moniteur, 1992.

3 Nom de l'agence que je crée en 1986 : Arts, Budget, Communication, Développement.

4 « La cause des jeunes », cahier supplémentaire du *Monde de l'éducation*, n° 202, mars 1993.

5 *Ministère de la culture : Chiffres-clés, 1998*, Paris, La Documentation française, 1999.

6 René Rizzardo (avec la collaboration de Pierre Moulinier), *La Décentralisation culturelle*, rapport au ministre de la Culture, La Documentation française, 1991.

7 Directions régionales des affaires culturelles, *cf. supra.*

8 *L'Aménagement culturel du territoire*, Bernard Latarjet, avec le concours de Mari-Claire Amblard, Marthe de La Taille-Rivero, Claude Mollard, René Rizzardo, La Documentation française, 1992, 127 p.

9 Enquête de l'IFOP, juin 1996, publiée dans le cadre de la mission sur la refondation de la politique culturelle (*Pour une refondation de la politique culturelle*, op. cit.) Interventions souhaitables dans la culture : communes : 32 % ; départements : 41 % ; régions : 44 % ; État : 56 %. Quelles institutions doivent le plus participer au financement de la culture ? État : 50 % ; régions : 18 % ; communes : 13 % ; départements : 10 %. Faut-il en déduire que les Français souhaitent que la politique culturelle reste financée essentiellement par l'État ?

10 Pierre Moulinier, *Politique culturelle et décentralisation*, CNFPT, 1995 ; voir aussi, du même auteur, *Les Politiques publiques de la culture en France*, Que sais-je ? PUF, 1999.

11 Claude Mollard, *La Cathédrale d'Évry*, Odile Jacob, 1996, 277 p.

12 François Mitterrand ne disait pas autre chose à Bernard Latarjet, *cf. supra* chapitre 17, § 2.

13 « Musées et sociétés », Actes du colloque national, Mulhouse-Ungersheim, juin 1991, direction des Musées de France, 1993.

14 Marion Laporte, *L'Air de la mode et l'Art du temps*, Cujas, 1996.

15 Discours de Jack Lang, 1er décembre 1989.

16 Sur la notion d'autonomisation d'un champ culturel, voir Pierre Bourdieu, *Les Règles de l'art*, *op. cit.*

17 École nationale supérieure de création industrielle.

18 École nationale supérieure des arts décoratifs.

19 *Les Pratiques culturelles des Français*, Olivier Donnat et Denis Cogneau, département Études et Prospective, ministère de la Culture et de la Communication, La Documentation française, 1990.

20 « La montée irrésistible de l'audiovisuel », *in Développement culturel*, ministère de la Culture et de la communication, n° 128, mars 1999.

21 Olivier Donnat, *Les Pratiques culturelles des Français. Enquête 1997*, DEP, La Documentation française, 1988, 360 p.

22 Entretien avec l'auteur, 24 juin 1999.

23 On se réfère en particulier aux conclusions du groupe d'études de l'ISMC sur les pratiques culturelles : musées, monuments historiques et cinéma : Barbara Lugez ; radio et télévision : Martin Bidou ; théâtre et danse : Christine Goby ; livre, presse, pratiques amateurs : Nadia Roger, 1997.

24 *Les Français face à la culture. De l'exclusion à l'éclectisme*, Olivier Donnat, éditions La Découverte, 1994.

25 Pierre Bourdieu et A. Darbel, *L'Amour de l'art*, éditions de Minuit, Paris 1966

26 Claude Mollard, *Les Publics de la culture*, colloque de l'ISMC, 1992.

27 Sur l'économie de la culture, on peut consulter Alain Herscovoci, *Économie de la culture et de la communication*, L'Harmattan, 1994, 267 p. ; Joëlle Farchy, Dominique Sagot-Duvauroux, *Économie des politiques culturelles*, PUF, 1994, 165 p.

Chapitre 20

1 Jacques Rigaud, *Pour une refondation de la politique culturelle*, La Documentation française, 1996, 201 p.

2 Déjeuners de travail à l'Élysée (11 mai, 22 juin, 7 juillet 1993), résumé des conclusions.

3 William Mahder, *Paris Création*, Autrement, 1984.

4 Note de Jack Lang à François Mitterrand, 16 janvier 1992.

5 *Cf.* chapitre 17, « L'apothéose » ; § 4, Le système culturel, les décideurs.

6 Raymonde Moulin, *L'Artiste, l'Institution et le Marché*, Flammarion, 1992.

7 Robert Abirached, *Le Théâtre et le Prince*, 1981-1991, *op. cit.*

8 Marc Fumaroli, *L'État culturel. Essai sur une religion moderne*, De Fallois, 1991

9 Michel Schneider, *La Comédie de la culture*, Seuil, 1993.

10 Jean Clair, *Considérations sur l'état des beaux-arts*, Gallimard-NRF, 1994.

11 Après avoir été responsable de la revue de l'art vivant publiée par Aimé Maeght, il a été successivement conservateur au Musée d'art moderne du Centre Pompidou, puis conservateur du musée Picasso, tout en prônant le retour au dessin et au pastel.

12 Jean Dubuffet, *Asphyxiante culture*, les éditions de Minuit, 1986 (édition augmentée).

13 Le travail d'historien devant être précis, je donne les chiffres exacts (source : Centre Georges Pompidou) : 825 000 en 1996, 788 000 en 1995, 948 000 en 1994 ; que Marc Fumaroli pourra lui-même vérifier, s'il maintient sa position.

14 Yves Michaux, « Un siècle de politique culturelle », *Beaux-Arts Magazine*, janvier 1998.

15 *La Décentralisation culturelle*, René Rizzardo, La Documentation française, février 1991.

16 Claude Mollard, *L'Ingénierie culturelle et le développement du marché de la culture, une nouvelle manière de penser l'action culturelle en France*, rapport au ministre de la Culture, septembre 1986.

17 *Histoires de la diplomatie culturelle des origines à 1995, op. cit.*

18 *Le Complexe de Léonard*, acte du colloque à Paris la Sorbonne, février 1983, éditions du Nouvel Observateur/Jean-Claude Lattes.

19 Claude Mollard, « Les pratiques culturelles internationales », *in Le Complexe de Léonard, op. cit.*, 28 pp.

20 Jack Lang, « La culture française en berne », *Le Monde* du 30 juin 1998.

21 Les neufs villes européennes de la culture choisies par la CEE sont : Avignon, Bergen, Bologne, Bruxelles, Cracovie, Helsinki, Prague, Rejkjavik, Saint-Jacques-de-Compostelle.

22 Dossier de presse du 1er mars 1993. Plan en faveur de l'éducation artistique à l'école.

23 Entretien avec l'auteur le 9 mars 1999.

24 Selon le témoignage à l'auteur de Claudine Valentini, directrice de la Culture, des Sports et des Loisirs au conseil général de Seine-Saint-Denis (mars 1999).

25 Discours de Jack Lang, 15 février 1992.

Index

A

B

C

D

E

F

G

H

I

J

K

U

V

W

X

Y

Z

Table des matières

PARTIE III

Jack Lang, le « ministre des ministères » (1981-1988)

MISE EN PAGE • CATHERINE MARTIN • PAGIMAGE • 58310 DAMPIERRE-SOUS-BOUHY

Armand Colin • 21, rue du Montparnasse • 75006 Paris • N° de projet 10071823 (I) 3 OSBN 80°
Achevé d'imprimer sur les presses de SNEL S.A. • Rue Saint-Vincent 12 • B 4020 Liège
Dépôt légal : octobre 1999 • N° d'imprimeur 14383 • Imprimé en Belgique